U0783928

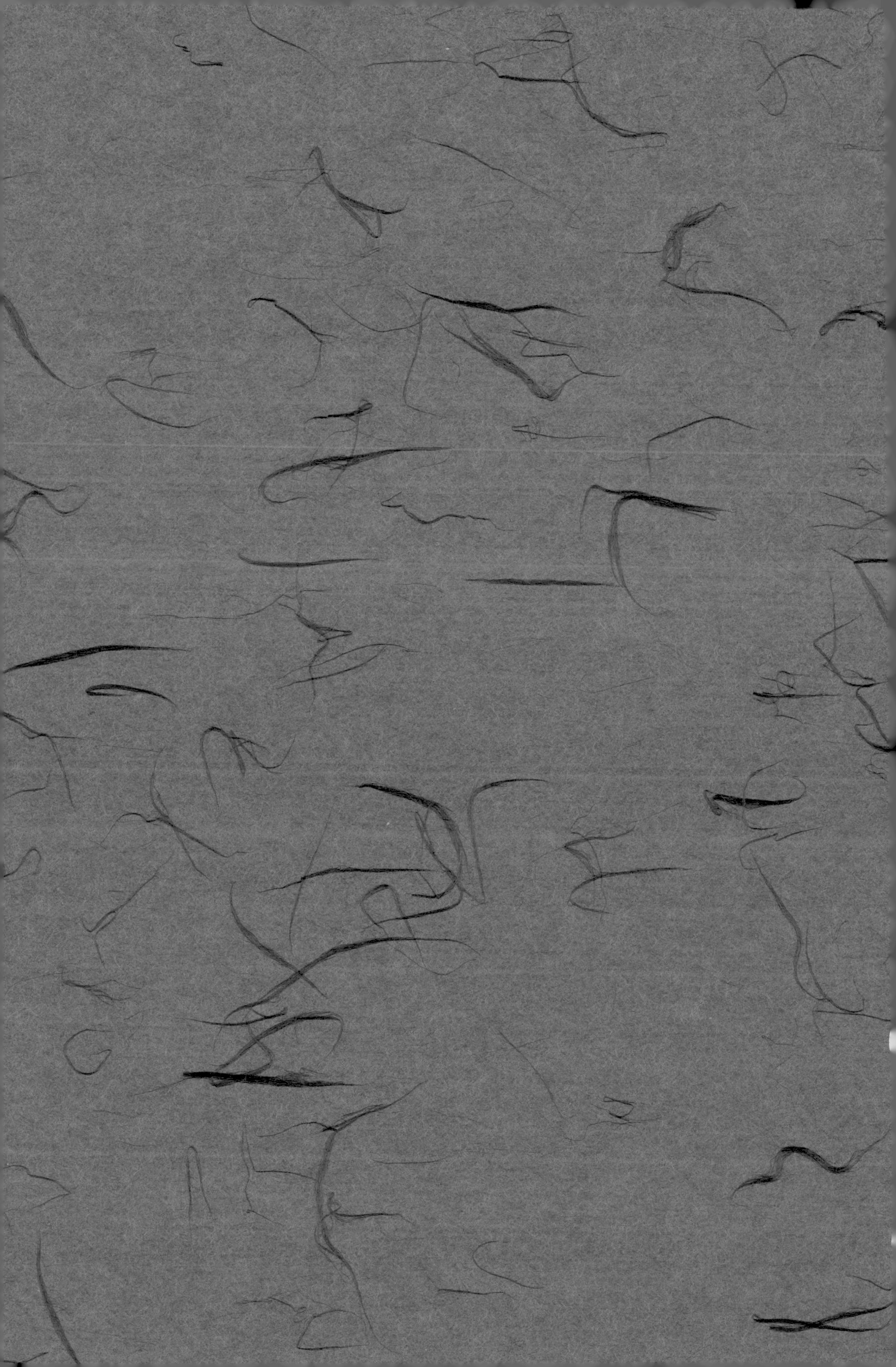

中國科技典籍選刊

叢書主編：孫顯斌

上海圖書館藏清道光抄本等

明清之際西法軍事技術文獻選輯

MINGQINGZHIJI XIFAJUNSHIJISHUWENXIANXUANJI

[明]何良燾等◇撰　鄭誠◇整理

湖南科學技術出版社

國家重點出版物中長期規劃項目
國家古籍整理出版專項經費資助項目
二〇一一—二〇二〇年國家古籍整理出版規劃項目

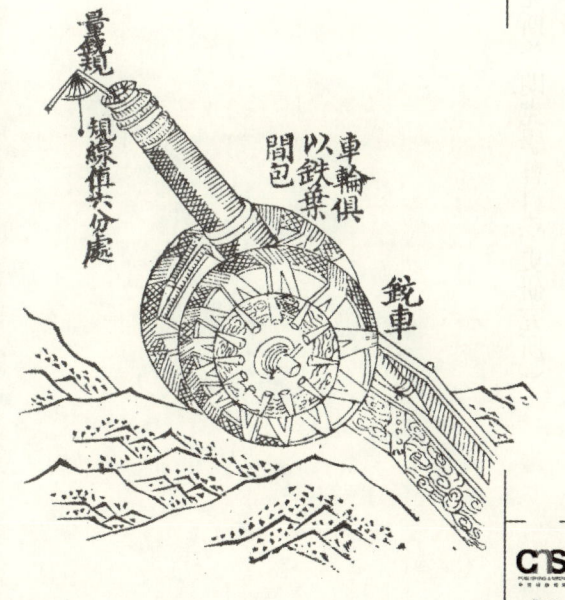

中國科技典籍選刊

中國科學院自然科學史研究所組織整理

《中國科技典籍選刊》總序

我國有浩繁的科學技術文獻，整理這些文獻是科技史研究不可或缺的基礎工作。竺可楨、李儼、錢寶琮、劉仙洲、錢臨照等我國科技史事業開拓者就是從解讀和整理科技文獻開始的。二十世紀五十年代，科技史研究在我國開始建制化，相關文獻整理工作有了突破性進展，涌現出许多作品，如胡道静的力作《夢溪筆談校證》。

改革開放以來，科技文獻的整理再次受到學術界和出版界的重視，這方面的出版物呈現系列化趨勢。巴蜀書社出版《中華文化要籍導讀叢書》（簡稱《導讀叢書》），如聞人軍的《考工記導讀》、傅維康的《黄帝内經導讀》、繆啓愉的《齊民要術導讀》、胡道静的《夢溪筆談導讀》及潘吉星的《天工開物導讀》。上海古籍出版社與科技史專家合作，爲一些科技文獻作注釋并譯成白話文，刊出《中國古代科技名著譯注叢書》（簡稱《譯注叢書》），包括程貞一和聞人軍的《周髀算經譯注》、聞人軍的《考工記譯注》、郭書春的《九章算術譯注》、繆啓愉的《東魯王氏農書譯注》、陸敬嚴和錢學英的《新儀象法要譯注》、潘吉星的《天工開物譯注》、李迪的《康熙幾暇格物編譯注》等。

二十世紀九十年代，中國科學院自然科學史研究所組織上百位專家選擇并整理中國古代主要科技文獻，編成共約四千萬字的《中國科學技術典籍通彙》（簡稱《通彙》）。它共影印五百四十一種書，分爲綜合、數學、天文、物理、化學、地學、生物、農學、醫學、技術、索引等共十一卷（五十册），分别由林文照、郭書春、薄樹人、戴念祖、郭正誼、唐錫仁、苟翠華、范楚玉、余瀛鰲、華覺明等科技史專家主編。編者爲每種古文獻都撰寫了『提要』，概述文獻的作者、主要内容與版本等方面。自一九九三年起，《通彙》由河南教育出版社（今大象出版社）陸續出版，受到國内外中國科技史研究者的歡迎。近些年來，國家立項支持《中華大典》數學典、天文典、理化典、生物典、農業典等類書性質的系列科技文獻整理工作。類書體例容易割裂原著的語境，這對史學研究來説多少有些遺憾。

總的來看，我國學者的工作以校勘、注釋、白話翻譯爲主，也研究文獻的作者、版本和科技内容。例如，潘吉星將《天工開物校注及研究》分爲上篇（研究）和下篇（校注），其中上篇包括時代背景，作者事跡，書的内容、刊行、版本、歷史地位和國際影響等方面。

《導讀叢書》、《譯注叢書》和《通彙》等爲讀者提供了便于利用的經典文獻校注本和研究成果，也爲科技史知識的傳播做出了重要貢獻。不過，可能由於整理目標與出版成本等方面的限制，這些整理成果不同程度地留下了文獻版本方面的缺憾。《導讀叢書》、《譯注叢書》和其他校注本基本上不提供保持原著全貌的高清影印本，并且録文時將繁體字改爲簡體字，改變版式，還存在截圖、拼圖、換圖中漢字等現象。《通彙》的編者們儘量選用文獻的善本，但《通彙》的影印質量尚需提高。

歐美學者在整理和研究科技文獻方面起步早於我國。他們整理的經典文獻爲科技史的各種專題與綜合研究奠定了堅實的基礎。有些科技文獻整理工作被列爲國家工程。例如，萊布尼兹（G. W. Leibniz）的手稿與論著的整理工作於一九〇七年在普魯士科學院與法國科學院聯合支持下展開，文獻内容包括數學、自然科學、技術、醫學、人文與社會科學，萊布尼兹所用語言有拉丁語、法語和其他語種。該項目因第一次世界大戰而失去法國科學院的支持，但在普魯士科學院支持下繼續實施。第二次世界大戰後，項目得到東德政府和西德政府的資助。迄今，這個跨世紀工程已經完成了五十五卷文獻的整理和出版，預計到二〇五五年全部結束。

二十世紀八十年代以來，國際合作促進了中文科技文獻的整理與研究。我國科技史專家與國外同行發揮各自的優勢，合作整理與研究《九章算術》、《黄帝内經素問》等文獻，并嘗試了新的方法。郭書春分别與法國科研中心林力娜（Karine Chemla）、美國紐約市立大學道本周（Joseph W. Dauben）和徐義保合作，先後校注成中法對照本《九章算術》（*Les Neuf Chapters*，二〇〇四）和中英對照本《九章算術》（*Nine Chapters on the Art of Mathematics*，二〇一四）。中科院自然科學史研究所與馬普學會科學史研究所的學者合作校注《遠西奇器圖説録最》，在提供高清影印本的同時，還刊出了相關研究專著《傳播與會通》。

按照傳統的説法，誰占有資料，誰就有學問，我國許多圖書館和檔案館都重『收藏』輕『服務』。在全球化與信息化的時代，國際科技史學者們越來越重視建設文獻平臺，整理、研究、出版與共享寶貴的科技文獻資源。德國馬普學會（Max Planck Gesellschaft）的科技史專家們提出『開放獲取』經典科技文獻整理計劃，以『文獻研究+原始文獻』的模式整理出版重要典籍。編者盡力選擇稀見的手稿和經典文獻的善本，向讀者提供展現原著面貌的複製本和帶有校注的印刷體轉録本，甚至還有與原著對應編排的英語譯文。同時，編者爲每種典籍撰寫導言或獨立的學術專著，包含原著的内容分析、作者生平、成書與境及參考文獻等。

任何文獻校注都有不足，甚至引起對某些内容解讀的争議。真正的史學研究者不會全盤輕信已有的校注本，而是要親自解讀原始文獻，希望看到完整的文獻原貌，并試圖發掘任何細節的學術價值。與國際同行的精品工作相比，我國的科技文獻整理與出版工作還可以精益求精，比如從所選版本截取局部圖文，甚至對所截取的内容加以『改善』，這種做法使文獻整理與研究的質量打了折扣。

實際上，科技文獻的整理和研究是一項難度較大的基礎工作，對整理者的學術功底要求較高。他們須在文字解讀方面下足够的功夫，并且準確地辨析文本的科學技術内涵，瞭解文獻形成的歷史與境。顯然，文獻整理與學術研究相互支撑，研究決定着整理的質量。隨着研究的深入，整理的質量自然不斷完善。整理跨文化的文獻，最好藉助國際合作的優勢。如果翻譯成英文，還須解決語言轉换的難題，找到合適的以英語爲母語的合作者。

在我國，科技文獻整理、研究與出版明顯滯後於其他歷史文獻，這與我國古代悠久燦爛的科技文明傳統不相稱。相對龐大的傳統科技遺産而言，已經系統整理的科技文獻不過是冰山一角。比如《通彙》中的絶大部分文獻尚無校勘與注釋的整理成果，以往的校注工作集中在幾十種文獻，并且没有配套影印高清晰的原著善本，有些整理工作存在重複或雷同的現象。近年來，國家新聞出版廣电總局加大支持古籍整理和出版的力度，鼓勵科技文獻的整理工作。學者和出版家應該通力合作，借鑒國際上的經驗，高質量地推進科技文獻的整理與出版工作。

鑒於學術研究與文化傳承的需要，中科院自然科學史研究所策劃整理中國古代的經典科技文獻，并與湖南科學技術出版社合作出版，向學界奉獻《中國科技典籍選刊》。非常榮幸這一工作得到圖書館界同仁的支持和肯定，他們的慷慨支持使我們倍受鼓舞。國家圖書館、上海圖書館、清華大學圖書館、北京大學圖書館、日本國立公文書館、早稻田大學圖書館、韓國首爾大學奎章閣圖書館等都對『選刊』工作給予了鼎力支持，尤其是國家圖書館陳紅彦主任、上海圖書館黄顯功主任、清華大學圖書館馮立昇先生和劉薔女士以及北京大學圖書館李雲主任還慨允擔任本叢書學術委員會委員。我們有理由相信有科技史、古典文獻與圖書館學界的通力合作，《中國科技典籍選刊》一定能結出碩果。這項工作以科技史學術研究爲基礎，選擇存世善本進行高清影印和録文，加以標點、校勘和注釋，排版採用圖像與録文、校釋文字對照的方式，便於閲讀與研究。另外，在書前撰寫學術性導言，供研究者和讀者參考。受我們學識與客觀條件所限，《中國科技典籍選刊》還有諸多缺憾，甚至存在謬誤，敬請方家不吝賜教。

我們相信，隨着學術研究和文獻出版工作的不斷進步，一定會有更多高水平的科技文獻整理成果問世。

孫顯斌

於中關村中國科學院基礎園區

二〇一四年十一月二十八日

目録

前言

十七世紀是中國歷史上最動蕩的時期之一，也是西學東漸的大時代。明清鼎革之際的軍事技術，特別是火器技術受到歐洲知識的強烈影響，產生了一批編譯性質的軍事技術論著。這類作品主要出自有識之士挽救時局的努力，而今已成爲反映知識傳播的文化遺產。

歐洲軍事技術傳華可以追溯至十六世紀前葉。正德、嘉靖年间，葡萄牙武裝商船達到東亞海域，艦載佛郎機銃（提心式後裝砲）、鳥銃（火繩鎗）、發熕（歐式前裝砲）等各式火器，通過戰爭與貿易，迅速擴散。此時歐洲火器的性能已明顯優於中國傳統火器，無論明朝官方、民間武裝皆著力仿造，恃爲利器。嘉靖後期兵書，如鄭若曾《籌海圖編》、戚繼光《紀效新書》已刊載佛郎機銃圖説、鳥銃圖説，力主推廣。嘉靖朝前後對歐洲火器的引進與本土化，大體限於器物層面，直接參與者多爲軍人、工匠，知識階層較少介入，有關技術細節的文字記載相當簡略。

十六世紀末，耶穌會士利瑪竇（Matteo Ricci，一五五二—一六一〇）採取知識傳教策略，通過介紹西學，吸引士大夫，開啟歐亞大陸兩端知識階層的直接交流。隨着明清戰爭的來臨，耶穌會士與中國天主教徒也成爲引進、譯介歐洲事技術的中堅力量。萬曆四十八年（一六二〇），奉教官員徐光啟、李之藻、楊廷筠合議捐資，派遣天主教徒張燾與孫學詩（分別爲李之藻、徐光啟門人）赴澳門，購買歐式前裝火砲，對抗後金威脅。經澳門葡商捐助，四門大鐵銃運往北京。其中一門西洋大砲，與稍後得自廣東沿海歐洲沉船的十門紅夷大砲，最終到達山海關外的寧遠衛城，在天啟六年（一六二六）正月的寧遠保衛戰中發揮重要作用。

所謂西洋砲與紅夷砲皆爲歐式前裝滑膛砲的泛稱。澳門葡人自稱西洋人，其砲爲西洋大砲。天啟、崇禎年間，荷蘭艦隊與明朝沿海駐軍、海商勢力發生多次衝突。荷蘭人船堅砲利，海上稱雄。明人稱荷蘭人爲紅夷，其砲爲紅夷大砲。

天啟元年（一六二一）四月，李之藻上『制勝務須西銃疏』，主張調運西銃，募集澳門銃師，並召耶穌會士陽瑪諾（Manuel Dias Jr，一五七四—一六五九）、畢方濟（Francesco Sambiasi，一五八二—一六四九）進京，協助傳習砲術。天啟二、三年間，陽瑪諾多次參與兵部會商。一六二二年七月，陽瑪諾自北京致信耶穌會總會長維特勒奇（Mutio Vitelleschi，一五六三—一六四五），陳述本會向明朝政府提供技術支援對傳教事業大有裨益，如能將中國修會擁有的軍事工程書籍獻給中國朝廷，回報當甚爲可觀。所謂軍事工程書籍，當即歐洲出版的砲學與築城專著。一六二三至一六三五年，陽瑪諾擔任中國傳教區負責人（副省會長）。天啟、崇禎年間，以至南明永曆政權時期，各種形式的軍事援助成爲耶穌會傳教士在中國立足的籌碼。

天啟二年（一六二二），張燾與孫學詩再次來到澳門，接洽購募火砲、銃師事宜。次年四月，張燾率領葡萄牙軍士運送西砲，抵達北京。雖然尚未發現直接證據，不過獲取軍械、人員的同時，尋求技術手册，自在情理之中。目前所知最早一種西法火器專著《祝融佐理》，似即因應這一需求的産物。《祝融佐理》天啟年間成書，傳世孤本約一萬五千字，是一部邏輯清晰、結構完整的西法砲學手册。筆録者何良燾時爲澳門議事會下屬翻譯小組成員、首席文案，負責潤色議事會發往廣東地方政府的文書。與其合作的口授者身份不詳，或係寓居澳門的耶穌會士。《祝融佐理》至少參考了兩位西班牙軍事工程師的火器專著——柯拉多（Luys Collado）《實用砲學手册》（一五八六），普拉多（Diego de Prado y Tovar）《鑄砲全書》（一六〇三）、《砲学指南》（一六〇三）。《實用砲學手册》爲當時名作，一五八六年、一五九二年、一六〇六年三次印行。《鑄砲全書》與《砲学指南》未曾出版，僅有西班牙文稿本傳世。一六〇八年前後，普拉多在環球航行途中一度旅居馬尼拉，且爲本城設計防禦工事，後經印度返回歐洲。

一五八〇年至一六四〇年間，葡萄牙處於西班牙國王統治之下。澳門葡人對馬尼拉的西班牙殖民當局心存戒備，唯恐自身在中國沿海的特殊地位受到損害。一六二〇年代，隨着荷蘭東印度公司艦隊大舉進入東亞海域，雙方有了共同的敵人，轉而加強合作。一六二二年，荷蘭艦隊試圖奪取澳門，爲葡萄牙人擊敗。澳門議事會隨即向馬尼拉尋求軍事援助。馬尼拉戰前已向澳門供應火砲，戰後增派兵員，襄助防守。一六二三年澳門建立王家鑄砲廠，最初也由來自馬尼拉的西班牙人負責管理。《祝融佐理》取材西班牙軍事工程師未出版的作品，與這一時代背景息息相關。

《祝融佐理》乃是明末西法兵書的主要源頭。現存孫元化著《西法神機》（光緒二十八年刻本）、何汝賓輯《兵録·西洋火攻神器説》（崇禎元年刻本），主體篇章皆與《祝融佐理》相類，可相互參校補缺。張燾、孫學詩《西洋火攻圖説》一卷一册，《澹生堂藏書目》（一六二八）著録，惜已失傳。該書很可能也是參考《祝融佐理》改編而成。

孫元化撰《西法神機》是一部未定稿，主要材料源於何良燾《祝融佐理》、孫元化《贊遼類稿》及其他筆記。孫元化爲徐光啟門生、天主教徒。崇禎三年，孫元化出任登州巡撫，張燾任副總兵，在孫氏麾下效力。葡萄牙軍官公沙的西勞（Gonçalo Teixeira Corrêa，約一五八三—一六三二）應邀訓練登州砲兵部隊，耶穌會士陸若漢（João Rodrigues，一五六一—一六三三）隨軍協助。孫元與張燾共享西砲知識，乃情理中事。

崇禎元年（一六二八），廣東總兵官何汝賓輯成《兵録》刊行，卷十三收録《西洋火攻神器説》，九成内容與何良燾《祝融佐理》、孫元化《西法神機》一致，同時保存九幅火砲插圖，爲傳本《祝融佐理》、《西法神機》所無，甚爲珍貴。《西洋火攻神器説》或即摘自《西洋火攻圖説》，亦未可知。寬政十一年（一七九九），日本學者平山潛（一七五九—一八二八）將《西洋火攻神器説》自《兵録》析出訓點，享和二年（一八〇二）與荻生徂徠所作日文譯本《西洋火攻神器説國字解》合刊印行。《西洋火攻神器説》在傳世西法砲學著作中刊印時間最早，入清後幾乎堙沒，反於東國重刊、翻譯，流傳更廣。

明末廣東、福建兩地冶鐵技術發達，又與澳門、馬尼拉人員往來頻繁，容易獲得西砲樣品，很快成爲明末仿造西砲的中心。崇禎年間，閩廣兩地督撫向北方前線供應歐式鐵砲近千門。崇禎元年（一六二八），兩廣總督王尊德自澳門借用大小砲二十門，命工匠仿造鐵砲二百門，陸續送往北京，並刻《大銃事宜》一册，送呈兵部。該書类似使用手册，原書失傳，引文片段見存徐光啟奏疏（《徐光啟集》，上海古籍出版社一九八四年版，第三〇二頁）。

崇禎九年（一六三六），徐光啟門生、天主教徒韓霖輯印《守圉全書》，收録大量西學相關文獻。該書第一次較爲系統的介紹了歐洲文藝復興時期興起的防禦工程技術。《守圉全書》摘録之《西洋城堡制》，插圖似源於意大利軍事工程師卡斯特里奧托（Jacopo Fusto Castriotto）的作品《論城市設防》（一五六四）。《西洋城堡制》係韓霖之兄韓雲筆録，爲其講解西法之人，很可能是當時在山西傳教的意大利籍耶穌會士高一志（Alfonso Vagnone，一五六八—一六四〇）。

明末兵書出版極盛。隨著文獻傳播，軍器擴散，教外人士編纂兵書，間或涉及西洋大砲、西法築城，不僅前代流行之佛郎機、鳥銃、發熕而已。例如，何汝賓輯《兵録》（一六二八）收録《西洋火攻神器説》。范景文輯《戰守全書》（一六三九）收録何良燾《銃臺説》、西洋飛彪銃圖説、以及沈弘之對西銃西臺傳華歷程的回顧。程子頤輯《武備要略》（一六三二）載《西洋砲説》。畢懋康著《軍器圖説》（一六三八）之自生火銃圖説。鄭大郁輯《經國雄略·武備考》（一六四六）刊入佛郎機大熕銃、搬鈎銃（即斑鳩銃）之圖，等等。雖零星圖式，亦足珍貴。此外，短篇作品《火攻要略》介紹西法，或爲徐光啟所撰，僅有抄本傳世。

崇禎十五年（一六四二），耶穌會士湯若望（Johann Adam Schall von Bell，一五九二—一六六六）奉命爲明廷鑄造西洋砲，於北京設計督造『無間大小銃二十餘位』，『又命若望教放銃法，及條纂火藥城守書進覽』（傅維鱗《明書·四國傳·歐邏巴》，康熙三十四年刻本）。這部『火藥城守書』未聞傳世。崇禎十六年，署名湯若望授，焦勗纂之《火攻挈要》成書，總約兩萬五千字，插圖三十餘幅。焦勗自序，謂融會當世火攻書要旨、師友傳授、苦心偶得，編纂成篇。焦勗生平事跡不詳，或係湯若望在京指導鑄砲時期的助手。《火攻挈要》不僅系統講解如何造銃用銃，也有戰術戰略層面的討論和反思，水平較高。該書在明末西法砲學著作中篇幅最大，影響也最爲深遠。一八四一年以降五十年間，至少出現六種清刻本和一種朝鮮活字本。

康熙三年（一六六四），薛鳳祚編刻叢書《曆學會通·致用部》，收録《中外火法部》一卷，題穆尼閣撰，薛鳳祚纂。順治年間，薛鳳祚在南京師從波蘭籍耶穌會士穆尼閣（Johannes Nikolaus Smogulecki，一六一〇—一六五六），學習西學知識。《中外火法部》內容駁雜，直接涉及西洋火器的條目僅數百字。康熙十四年（一六七五），吕磻、盧承恩輯《兵鈐外書》，卷五『火攻』載有神威大將軍（紅夷砲）圖説，火砲尺量數據與《中外火法部》類似，或係參考《曆學會通》改編增廣。

康熙十三年至二十七年間（一六七四—一六八八），耶穌會士南懷仁（Ferdinand Verbiest，一六二三—一六八八）奉命爲清廷設計製造歐式火砲數百門。康熙二十一年（一六八二），南懷仁進呈《神威圖説》，凡『理論二十六，圖解四十四』。該書未曾刊印，似已失傳。唯進書奏本及插圖兩幅，刻入《熙朝定案》（參見中華書局二〇〇六年版整理本，第一四三—一四七頁）。此外，南懷仁編譯《窮理學》

（北京大學圖書館藏清抄本，參見浙江大學出版社二〇一六年版整理本，第一七一—一八三頁）收録砲彈遠度比例表等條目，涉及彈道學理論。明末興盛一時的西法兵學至此已成絶響。

清代前期成書的火器著作傳世極少。整個十八世紀，清朝統治者的文化政策愈發嚴酷，明季兵書，如《兵録》《守圉全書》等多列入禁燬書目。除《大清會典》《皇朝禮器圖式》《工部軍器則例》等官書對火砲技術略有涉及，幾乎没有討論火器技術的個人著作問世。道光二十一年（一八四一），京旗砲營參領鍾方（一七九三—一八四八後）纂成《砲圖集》（北京大學圖書館藏稿本），開載京師『砲位名色、鑄造年分、砲位形式各項、砲車圖式，以及庚子歲赴天津海口，教練直省兵弁事宜，并辛丑歲赴山東登州海沿，教練東省兵弁事宜、鑄砲各事，逐一繪繕圖式，要之開卷了然。』該書可謂清代傳統砲學之總結，無論器物還是技術，大體仍處於十七世紀的水平。

同樣是在道光二十一年，在鴉片戰爭的直接刺激下，長期僅有抄本流傳的《火攻挈要》刊版印行。問世近二百年後，《火攻挈要》再次成爲當時『最新』的中文砲學專著。道光、咸豐年間，龔振麟、丁拱辰等人留心砲學，借鑒《火攻挈要》，研究西砲實物，發掘傳統工藝技術潛力仿造西砲，繼承明末遺產，有所創造發明。然而，面對工業化時代的戰爭與軍事技術革新，依靠傳統工藝仿造新式火器的技術路線已至盡頭。

經過兩次鴉片戰爭、太平天國戰爭，清末最終轉向全面引進西方軍事技術，中國近代兵工產業艱難起步。一八六〇年代以降，洋務運動時期，新一代的漢譯兵書大批出版。明清之際形成的西法軍事技術著作，最終成爲純粹的歷史文獻。

十七世紀西法漢籍兵書，乃是明清之際歐洲軍事技術傳華複雜過程中遺存的歷史碎片。這些碎片相對完整，彌足珍貴。儘管耶穌會士與奉教士人合作，形成文字資料較多，這種合作絶非軍事技術傳播的唯一渠道。正如十六世紀的情況一樣，大量實際存在、影響深遠的知識傳播與技術實踐並未留下文字記載，或僅存隻言片語。進而言之，編譯作品本身既非技術傳播的必要因素，也未必能夠直接反映技術實踐，需注意避免誇大其歷史作用。少數曾在马尼拉、澳門鑄砲廠工作的閩廣工匠，曾經接受葡萄牙人培訓的登州砲兵，並非依靠文本學習新知，也未能對自身經歷留下記述。明末工匠絶大多數没有機會接觸歐洲鑄砲技術，採用可靠的傳統技艺，特别是成熟的生鐵冶煉、分范合鑄技術，模仿西砲形制，即可批量生產。從傳世明清古砲實物看來，『土法造洋砲』恐怕更爲普遍。漢譯西法兵書中介紹的新知識，包括火器形制設計、煉銅、鑄砲、熟鐵鍛造、銃膛加工、銃車設計、製造、彈藥生產、裝放、射擊測準等等一系列技術，究竟在哪些層面、多大程度上曾在中國付諸實踐，絶非不證自明，需要具體的案例研究。

本書彙集明清之際西法軍事技術文獻，選取《祝融佐理》、《西洋火攻神器説》、《西法神機》、《火攻挈要》、《中外火法部》五種，分别冠以整理説明，逐葉影印，對照録文。《祝融佐理》附録《銃臺説》、西法砲學漢籍數據比較表。《西法神機》附録《輯本贊遼稿略》、《孫元化著述目録》。《西洋火攻神器説》附録和刻本序例、《火攻要略》、《守圉全書選》等篇。《火攻挈要》附録丁拱辰《增補讀則克録記略》、《演礮摘要》等篇。《中外火法部》附録《曆學會通・致用部》序目、《兵鈐外書・神威大將軍圖説》。各書盡量採用最古最佳之底本。《祝融佐理》選用之上海圖書館藏道光抄本，係傳世孤本，首次影印、整理出版。《火攻挈要》底本選用國家圖書館藏莫友芝跋清抄本，主要參校湖北省圖書館藏清抄本，點校本内容較通行之清刻本完備可靠，更爲接近該書原始面貌。

二〇一二年前後，因研究明代火器史，搜集整理明清之際西法軍事技術文獻，本書選題已具雛形。多年來承蒙師友大力支持，是所銘感。中國國家圖書館、中國科學院圖書館、自然科學史研究所圖書館、上海圖書館、清華大學圖書館等機構提供文獻支持，楊林先生精心編輯，校對組同仁多與匡正，統此謹致謝忱。

鄭誠 謹識

二〇一九年六月三日

中國科學院自然科學史研究所

祝融佐理

本書據上海圖書館藏道光抄本影印。原書高二三七毫米，寬一三七毫米。無行格欄線。

整理說明

《祝融佐理》不分卷，明何良燾筆記。何良燾，字烈侯，浙江仁和人，天主教徒，教名Leão。崇禎十年（一六三七）左右，嘉定人沈弘之回顧西洋火砲、築城技術傳華始末，謂徐光啓與孫元化『明其說而未見其制』，『唯何良燾居鄉山嶴，爲其人代筆，習見其銃與臺，而悉其事理。』〔一〕按一六二七年澳門議事會訂立之《譯員章程》（葡文），可知天啓年間，何良燾在澳門充任首席文案，爲澳門議事會效力〔二〕。崇禎八年，何氏已加入明朝軍隊，任軍前贊畫，在浙江沿海參與清剿海盜；崇禎十一年駐防北邊，專長爲製造、使用西洋火器。中國長城博物館（八達嶺）陳列崇禎十一年三月款『敕賜神威大將軍』生鐵大砲，砲身陽鑄銘文，尚有『閣部提授贊畫何良燾監製』字樣。

《火攻挈要》焦勖自序（一六四三）提及《祝融佐理》一書，謂『其中法則規制，悉皆西洋正傳。』韓霖輯《守圉全書》（一六三六），卷首『采證書目』列有《祝融佐理》，且注明作者爲何良燾。《守圉全書》卷二《設險篇》引用『築造衛城臺銃說』四百餘字，署名何良燾。范景文輯《戰守全書》（一六三八）卷十『守部』亦摘録何良燾《銃臺說》約兩千五百字，其中『衛城銃臺法』一節與《守圉全書》所載『築造衛城臺銃說』文字略同。由此可見，《祝融佐理》應是一部有關西式火砲與砲臺的軍事著作，崇禎九年之前已有流傳。不過遍檢明清間公私書目，迄未見相關著録。

上海圖書館藏《祝融佐理》道光鈔本一册（索書號：線普535128），不分卷，凡四十七葉，約一萬五千七百字。半葉八行，行廿至廿八字，無行格欄線，未標葉碼。有目録、無序跋。全書用朱筆點過並校字，朱校與墨鈔筆跡一致。卷首大題『祝融佐理』，下書『道光元黓仲秋月鈔』，鈐朱文小方印『恪庭』。次行署『仁和何良壽烈侯筆記』。古人名與字號，意義每多相關，『燾』、『烈』從火，寓功業之思。『壽』當即『燾』字形近之誤。『筆記』一詞，在明末西學著作署名中頗爲常見，義同『筆受』、『筆録』。此類書籍，多爲歐洲傳教士口授、中國文人筆録之作。《祝融佐理》原稿應有不少插圖，传世鈔本僅存圖題二十九條（如『造銃身模』、『戰銃式』等）。鈔本內容

〔一〕沈弘之稱徐光啓爲『徐文定公』，寫作時間應在崇禎六年徐氏身故賜謚之後，崇禎十一年刻書之前。參見范景文輯《戰守全書》卷十，四十九a-b，《四庫禁燬書叢刊》子部第三十六册影印崇禎十一年刻本。

〔二〕《譯員章程》（*Regimento do Lingua da Cidade, e dos Jurubaças menores, e Escrivaens*），出自《耶穌會在亞洲》文獻集，原件藏於里斯本阿儒達圖書館：Biblioteca da Ajuda (BA), *Jesuítas na Ásia* (JA), Códice 49—V—6, fols. 457v—463v. 全文英譯參見J. M. Bragn, "Interpreters and Translators in Old Macao," *International Conference on Asian History at the University of Hong Kong*. Hong Kong: 1964. No. 49, pages 1 - 11。葡文版已有整理本，底本據另一抄件（BA, JA 49—V—3, fls. 245—251v）。參見Miguel Rodrigues Lourenço, Elsa Penalva (eds.), *Fontes para a histoia de Macau no século XVII*, Lisboa: Centro Científico e Cultural de Macau, 2009, p. 15, 378 ff.

爲十六世紀歐洲砲學實用知識，没有涉及銃臺事宜，未見《守圉全書》、《戰守全書》内相關引文。

近期研究表明，《祝融佐理》很可能是一六二〇年前後，在澳門編譯而成。該書的部份内容源於兩位西班牙軍事工程師的作品：Luys Collado之《實用砲學手册》（*Pratica manuale di arteglieria*，一五八六）與 Diego de Prado y Tovar之《鑄炮全書》（*Encyclopedia de fundición de artilleria y su platica manual*，一六〇三）及《砲学指南》（*La obra manual y platica de la artillería*，一六〇三）。〔一〕

明末編譯之西法砲學著作，今可考者，大凡五種：

何良燾《祝融佐理》（天啟間成書，存道光間鈔本，約一萬五千七百字）

孫元化《西法神機》（未定稿，編纂止於崇禎四年，存光緒二十八年刻本，約二萬一千字）

張燾、孫學詩《西洋火攻圖説》（天啟間成書，佚）

何汝賓輯《兵録・西洋火攻神器説》（存崇禎元年刻本，約五千八百字）

湯若望、焦勖《火攻挈要》（崇禎十六年成書，存清鈔本、道光間刻本，約二萬五千字）

以上各書，大都與奉教人士有關。何良燾、孫元化、張燾、孫學詩皆天主教徒，湯若望更是著名的耶穌會士。張燾與孫學詩，分别是李之藻與徐光啟的門生，曾兩次共至澳門（一六二〇、一六二二），招募銃師，採購西砲。崇禎三年六月，孫元化出任登州巡撫，張燾爲副總兵，在孫氏麾下任效力，與葡萄牙軍官合作，訓練砲兵部隊，當共享砲學知識。《祝融佐理》與《兵録・西洋火攻神器説》、《西法神機》篇目頗多雷同。三書傳本皆有訛脱，可相互校訂配補。《兵録・西洋火攻神器説》則很可能翻刻自《西洋火攻圖説》。鑒於何良燾與澳門關係最爲緊密，《祝融佐理》很可能是最早的西法軍事技術譯著，並爲後續著作取材。

本次整理《祝融佐理》，據上海圖書館藏道光鈔本，重加標點、分段。異體字稍加統一，如『銕』改作『鐵』。原書雙行小字，改爲單行小字。書前冠以新編目録。范景文《戰守全書》卷十收録何良燾《銃臺説》，茲輯作附録一。又自《祝融佐理》、《西法神機》、《兵録・西洋火攻神器説》、《火攻挈要》四書，輯録火砲尺量、射程等數據，分門列表，以資比較，合編爲附録二。

〔一〕詳見鄭誠《〈祝融佐理〉考——明末西法砲學著作之源流》，《自然科學史研究》第三十一卷第四期，二〇一二年，第四五七—四八三頁。

新编目録

祝融佐理目録

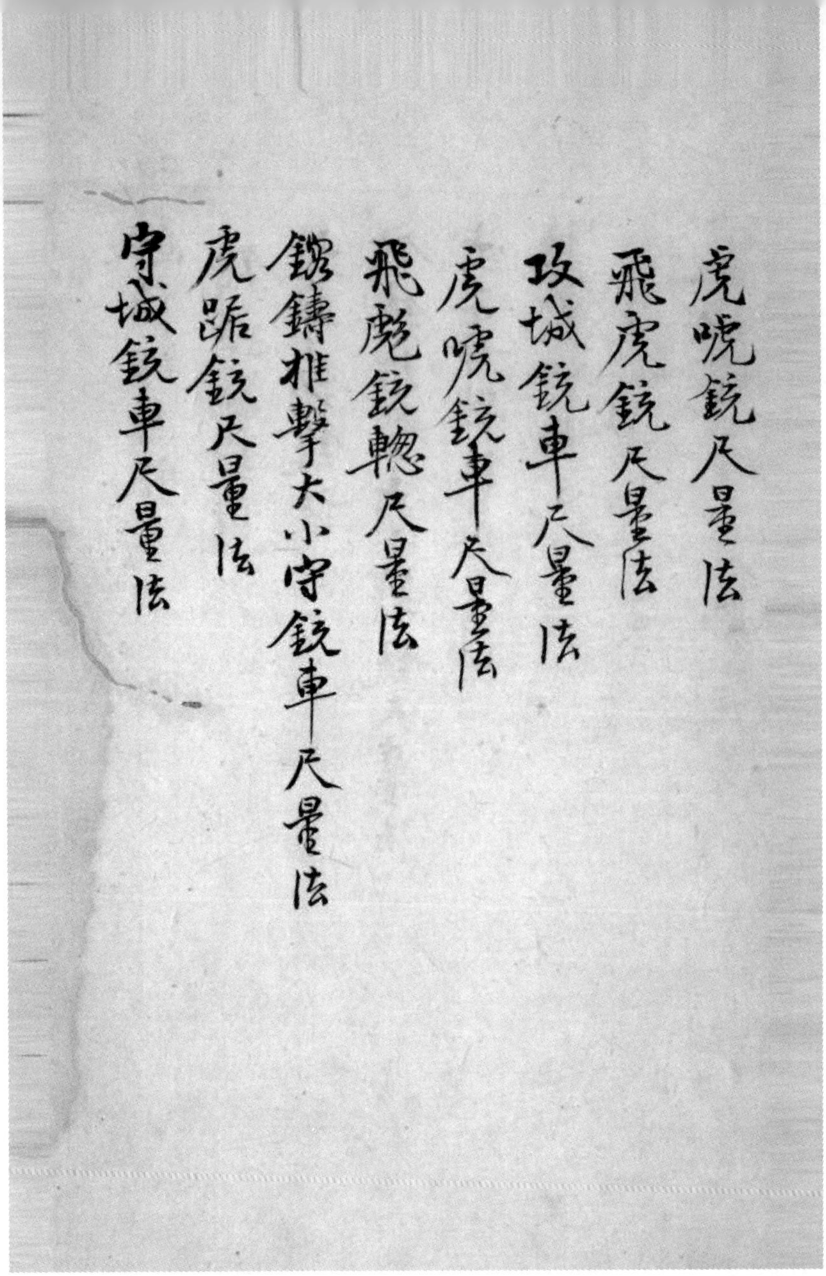

虎唬銃尺量法
飛彪銃尺量法[1]
攻城銃車尺量法
虎唬銃車尺量法
飛彪銃尺量法
鎔鑄椎擊大小守銃尺量法[2]
虎踞銃尺量法
守城銃車尺量法

1 飛彪銃，原作“飛虎銃”，據正文改。
2 守銃，原作“守銃車”，衍。

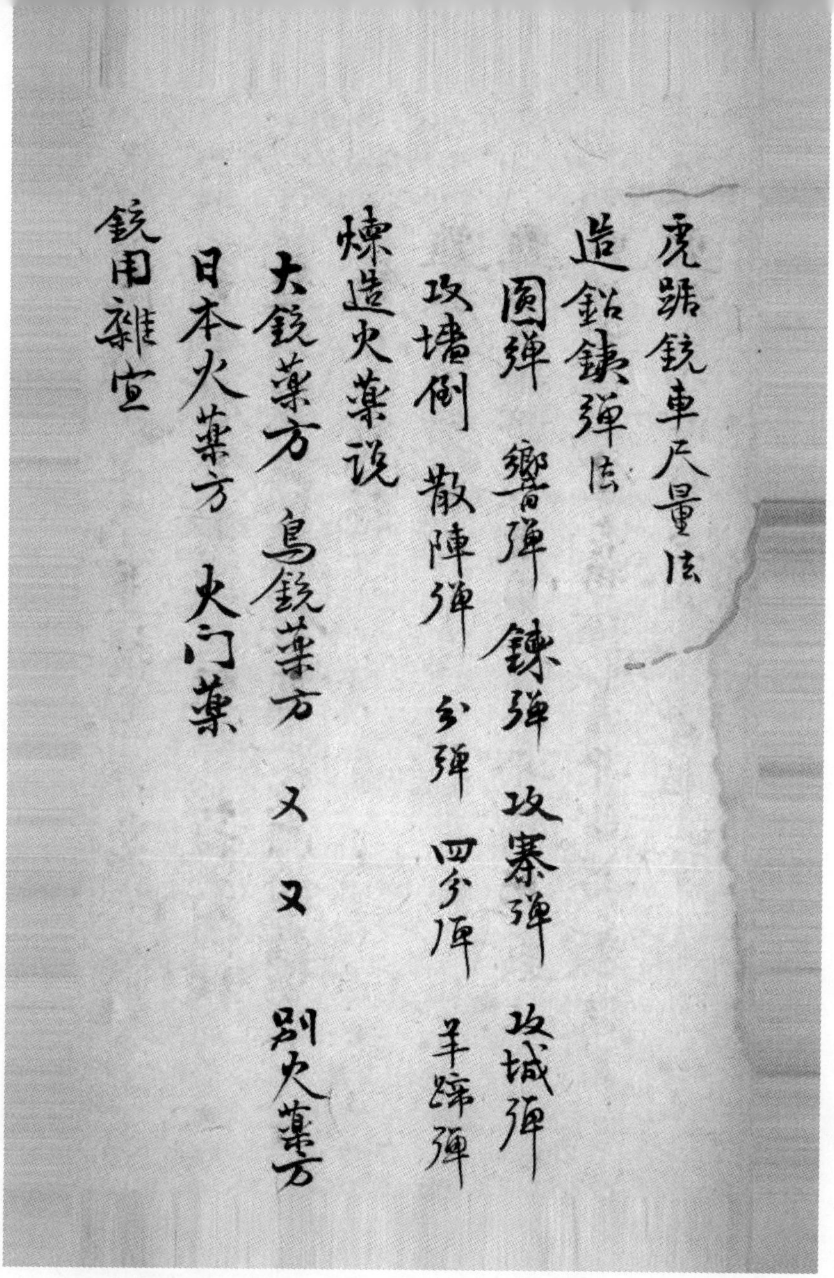

虎踞銃車尺量法

造鉛鐵彈法

圓彈　響彈　鍊彈　攻寨彈　攻城彈

攻墻彈　散陣彈　分彈　四分彈　羊蹄彈

煉造火藥説

大銃藥方　鳥銃藥方　又大銃藥方[1]　别火藥方

日本火藥方　火門藥

銃用雜宜

1 又大銃藥方，原作“又又”，據正文改。

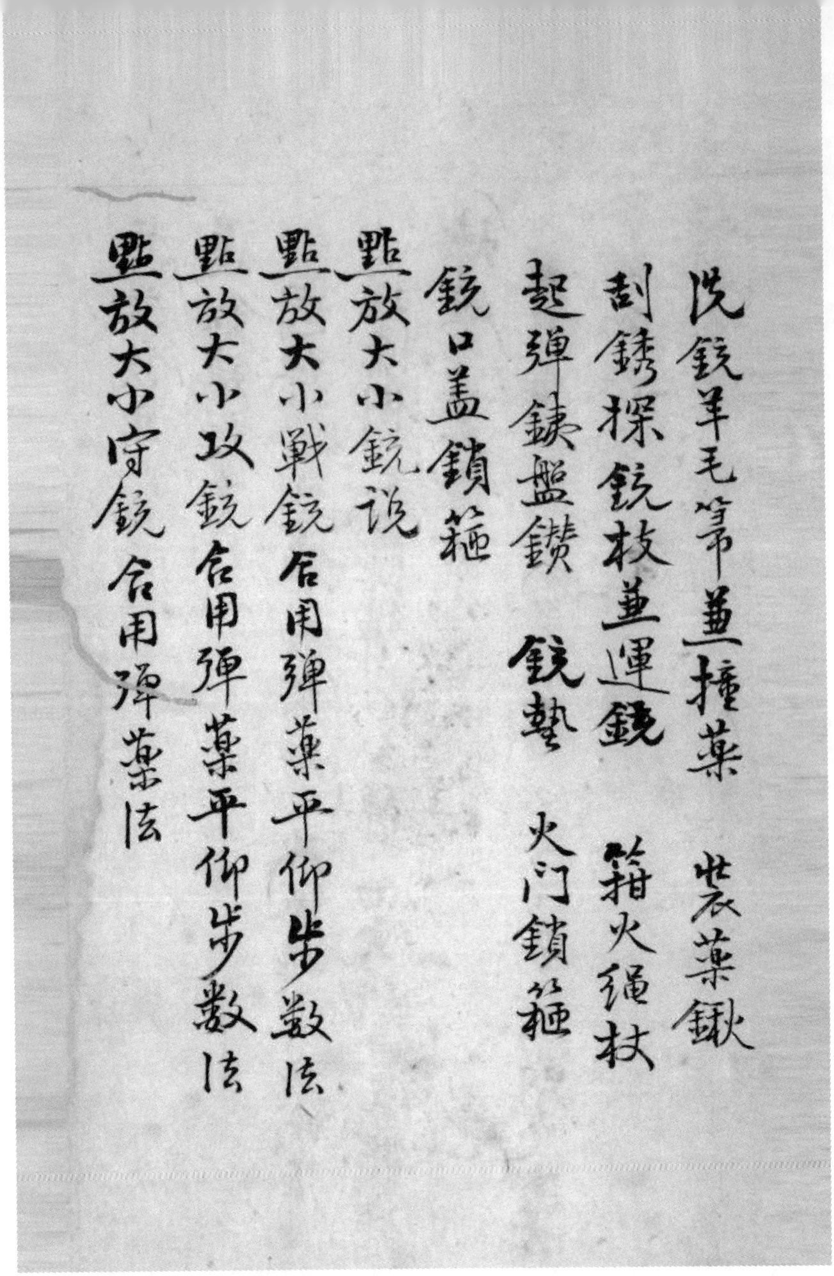

洗銃羊毛帚兼撞藥　裝藥鍬
刮銹探銃杖兼運銃　箝火繩杖
起彈鐵盤鑽　銃墊　火門鎖箍
銃口蓋鎖箍
點放大小銃説
點放大小戰銃合用彈藥平仰步數法
點放大小攻銃合用彈藥平仰步數法
點放大小守銃合用彈藥法

祝融佐理　　道光元黓仲秋月鈔[1]

仁和何良燾[2]烈㑒筆記

鑄造銅銃説

夫銃之爲物雖粗，其理最精，其法最密。今世造銃者，不狃於省費之一言，便失於流傳之訛誤。椎擊銃管，既非一致，生熟夾鎔，性實殊絶。則盍不於銃、於彈、於火藥，一詳審乎？蓋藥以推彈，銃以管彈，則彈出銃管之際，不勝鼓之盪之，激之怒之。必其銃毫無罅漏，毫無偏

1 下鈐“恪/庭”朱文方印。

2 何良燾，原作“何良壽”。校改根據，詳見整理説明。

曲，而藥始不旁洩，而彈始不阻礙也。乃椎擊之管，能無偏曲乎？數接之管，能無罅漏乎？且用煤炭風箱，人力有幾，究必一鎔便鑄，從何審驗，火候成色。甚至物料不多具，鑄之再續。有此數端，安望其銃之有用者？

西法不然[1]。先以大木爲銃之外模，口徑幾何，尾徑幾何，長幾何。以二木作半月形，乘其大木。復以片板，側鏤其銃之口徑尾徑，而以大木展轉，較之無異。始以松香、黄蠟，塗之半寸許，以刀劃銃上花紋。然後以細麻夾黄土、磁灰

1 西法不然，"西法"原作"其法"。據《西法神機・造西洋銅銃説》改。

塗之，至再至三至四，必厚三寸。用鐵條直鏇之[1]，鐵箍密纏，再以土塗，而後以火熨之。則大木香蠟，流出銃模之外。大木可去，而銃之外模成矣。另成銃尾之模，亦塗之，鐵條箍之如前。復將銃外模，用木梯扶起捆定，以長木點燒三時。乃照銃尾週幾何，打一熟鐵箍，嵌以十字，中穴其孔，以套銃心之模。先以鐵條爲之，徑一寸五分，條週以炭灰二色，均而塗之，厚四五分。綿紗線纏之，繼以黄土、細沙，夾細麻三色，亦均而塗之，如其口徑而止。務必前後大小如一，

1 天頭墨批“鏇，普諫切”。

则片側直線[1]，展轉較之，不可少也。夫然後以鐵絲經緯纏之，用細沙、黄土、磁末，塗填鐵絲内，再以粗鐵絲捆之。猛炭火燒一時，取出待冷，去粗鐵絲，塗以木炭細末。其銃心模之末端，套於銃尾十字中。銃心模之上端，鑿一方眼，套於口徑之十字中。

鑄時或二或三，豎立於爐前地窨中，銃口向上。銃鐵心以鐵索上提下壓，使不動搖。地窨方一丈，深一丈五尺，用磚砌成三面，左右口各立石柱，鑿以石槽，豎銃模時，然後以石板閘之，細土墊之。鑄銃地宜高敞，故地窨半

1 則片側直線，《西法神機》作“測片板測板側直線”。

顯，如高墉也。

鑄爐貼銃模處，以土坯築一土竈。内徑六尺，高四尺，下如箕，上如蓋。中可藏初出礦紅銅二百擔。左右開一方孔，以便出烟，看成色。銅初時似未易化，化後則銅自能化銅矣。其後造一土窑，方其外，锐其内，通一穴於土竈，進其火勢。穴寬八寸，高二尺，斜級而上，順火勢也。窑之口，不對於穴之口，穴口在窑鐵網之上，窑口在窑鐵網之下。網條俱見方三寸，疏密得宜。惟窑口處少寬，以便擲措長木於上，猛燒一晝夜。柴炭下於鐵網，網旁有穴，以鐵鍬探取之，

待其銅化翻滾後於左右方孔處用二長木糙之以加一淨
錫點之俟其半時而始鑿前眼放銅水滿其一銃而至
二銃三銃銅甯使其有餘而不使其不足有餘則鍋底
銅渣庶不致混流充數耳鑄畢先去其口徑十字待
兩日後畧冷用繩索穿引鉄條方眼抽取銃心心先以
灰炭爲之炭遇火亦成灰故易抽取也七日乃老始去外
銃模再照銃口空徑幾何作六棱鋼鑽鉄條套之銃
口前架一大輪中嵌鉄條末段主定鋼鑽入銃口內人力

待其銅化翻滾後，於左右方孔處，用二長木糙之，以加一淨錫點之。俟其半時，而始鑿前眼放銅水，滿其一銃，而至二銃三銃。銅甯使其有餘，而不使其不足。有餘則鍋底銅渣，庶不致混流充數耳。鑄畢，先去其銃心，心先以灰炭爲之，炭遇火亦成灰，故易抽取也。七日乃老，始去外銃模。

再照銃口空徑幾何，作六棱鋼鑽，鐵條套之。銃口前架一大輪，中嵌鐵條，末段主定鋼鑽，入銃口內。人力踏轉大輪，則鋼鑽自然旋轉，銃内自然光表。然又恐鑽之難入也，復於銃尾竪二短柱，架二小輪。用一大木押於大輪之前，捆二繩於横木二端，引繩於小輪架上。是大小三輪，一時并舉。大者展轉光，小者展轉入，鑽光銃管，量識銃底。後鑽火門，則一氣鑄成。既無罅漏偏曲之弊，又省人力風箱之苦。鑄一銃實收一銃之用，何至嘆流傳訛誤，使帑費於無益也。

造銃身模　造銃尾模　造銃心模　造化銅爐　造鑽銃輪

椎擊鐵銃説

鑄造大銃，鐵不如銅者，謂銅煉則純，鐵煉則白，故鑄銃則銅覺善於鐵矣。若能椎擊熟鐵爲之，又鐵實善於銅。何者，椎擊以人力勝，鐵質雖粗，火候椎煉果至，則湊理縝密，更愈於銅鑄者故也。惟是以人力椎擊，自三百斤至千三四百斤，口徑二寸至三寸，長可四五尺至一丈而止，過此恐重大而未能也。用鐵以福建爲上，煉鐵以炭火爲上。煉鐵至五火，用黄土和作漿，入稻草，浸一二宿。將鐵放在漿中半日，取出再鍊至十火。荒鐵十斤，鍊至三斤爲熟。先較成銃者若干，分作九節，節者一尺二三寸。闊照銃口空徑，週墻定數，仍計前後厚薄斤兩派定。每節先打鐵刺八片，合成鐵瓦四塊。然後用口徑鐵棒長三尺，將鐵瓦圍上，左右包裹如筍殼。要燒極熟，先打中節，兩頭調打。以鐵棗過之，口撞擊之，有缺處補之，多處鑿之。待後平接，又用鐵撞，即於火内接撞，然後取出椎擊，趁紅，用口徑鐵棗，上下捱擦。接光，凡六次。多打冷錘，自然合一。銃尾另打撞入，火門用鋼鐵鑽鑽之，務必帖底始妙。

大約椎擊之銃，照鑄銃週墻，十省十分之二。銃身不必多用外箍，尤莫妙打造子母戰銃。母一而子九，輪流裝放，更可免熱也。

椎造鐵砧，見方一尺五寸。鈐錘、圈鈐，俱長五尺餘。至於爐式，長六尺，闊四尺，高一尺六寸。中嵌爐條，見方一寸，長一尺五寸，密排之。爐條之下，内掛鐵扇葉二片，徑大五寸。鐵扇葉邊爲爐墻，高五尺，闊六尺，厚一尺。左右中砌衡墻三帶，中墻厚可二寸，左右墻厚可七寸，夾兩木扇於中。木扇各長四尺，闊二尺二寸。其樞柏在上，用石板壓定。左右扯手

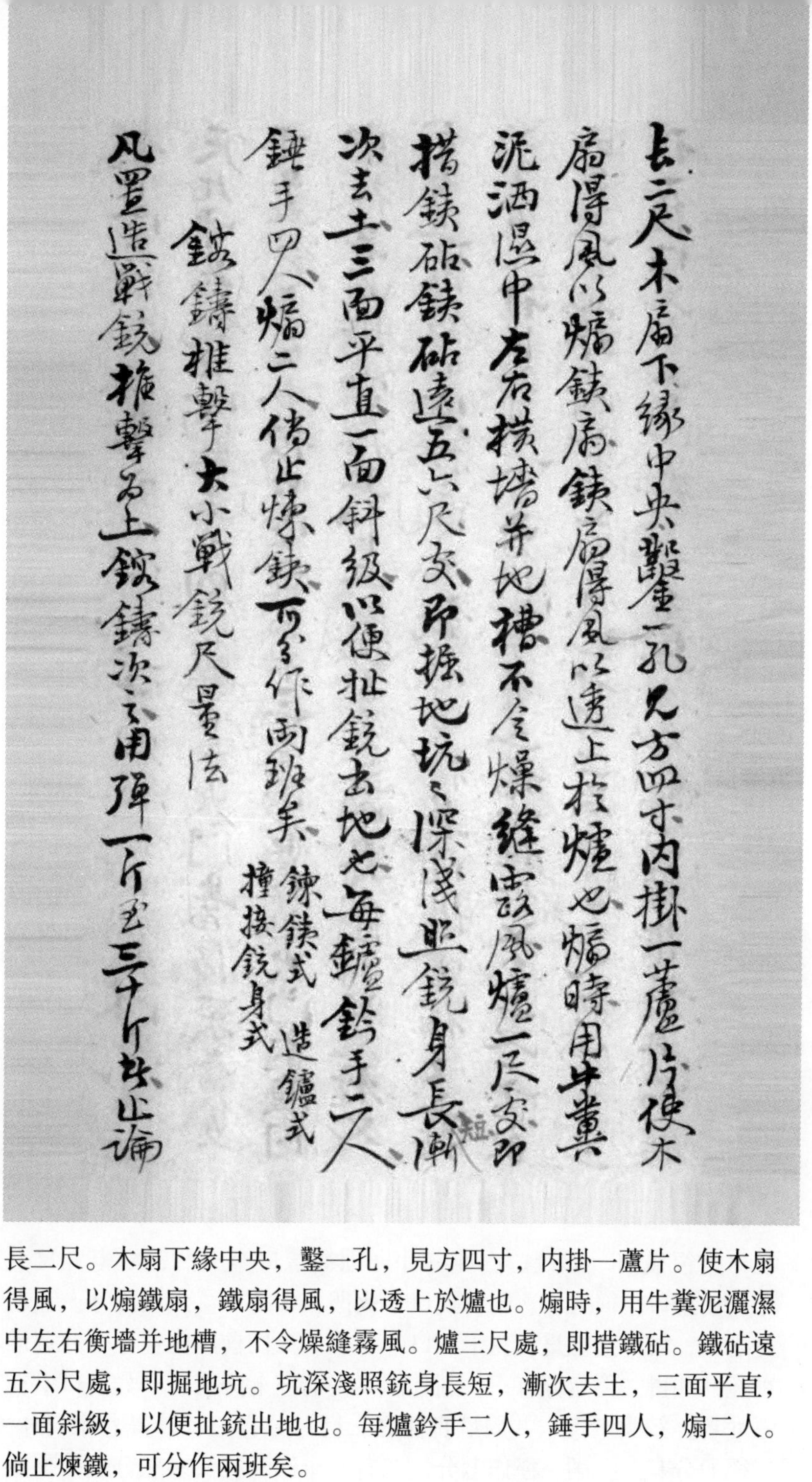

長二尺。木扇下緣中央，鑿一孔，見方四寸，内掛一蘆片。使木扇得風，以煽鐵扇，鐵扇得風，以透上於爐也。煽時，用牛糞泥灑濕中左右衡墻并地槽，不令燥縫霧風。爐三尺處，即措鐵砧。鐵砧遠五六尺處，即掘地坑。坑深淺照銃身長短，漸次去土，三面平直，一面斜級，以便扯銃出地也。每爐鈐手二人，錘手四人，煽二人。倘止煉鐵，可分作兩班矣。

鍊鐵式　造爐式　撞接銃身式

鎔鑄椎擊大小戰銃尺量法

凡置造戰銃，椎擊爲上，鎔鑄次之。用彈一斤至三十斤者，止論銃口空徑幾何。如銃口空徑三寸，則從銃口至火門，當得九尺九寸。如銃口空徑五寸，則自銃口至火門，當得一丈六尺五寸。蓋銃身之長，較口空徑爲長三十三口空徑也。火門前腹内空徑，并週墻實徑，共得二徑七分有三，則外圍共得七徑七分有三。如銃口空徑三寸者，銃腹空徑，并周墻實徑之二徑七分有三，計得七寸三分，二徑七分有三，謂一徑作七分，二有一十四分，又多三分也。外圍七徑七分有三。計得二尺二寸二分。七徑七分有三。謂一徑作七分，七七四十九分，又多三分也。餘可類推。銃耳前腹内空徑，并周墻實徑，共得二徑百分有五，則外圍共得六徑七分有二。如銃口空徑三寸者，銃腹空徑，并周墻實徑之二徑百分有五，計得六寸一分強，二徑百分有五，謂一徑作百分，二得二百分，有多五分也。外圍六徑七分有二，計得一尺八寸強，六徑七分有二，謂一徑作七分，六七四十二分，又多二分也。餘可類推。銃口後一徑處内空口徑，并周墻實徑，共得一徑十分有七，則外圍共得五徑七分有三。如銃口空徑三寸者，内口空徑，并周墻實徑之一徑十分有七，計得五寸一分，一徑十分有七，謂一徑作十分，一得十分，又多七分也。外圍五徑七分有三，計得一尺六寸二分，五徑七分有三，謂一徑作七分，五七三十五分，又多三分也。餘可類推，火門至銃尾厚處，照銃口空徑一徑，銃尾珠在外，火門距銃尾耳處，照銃口一十四徑，耳際照銃口空徑一徑，耳去照銃口空徑一徑半，耳前距銃口處，照銃口空徑一十八徑。合之，除銃尾外，銃身實得銃口空徑三十三徑也。

大子母戰銃尺量法

銃身去照銃口空徑，共二十五徑至二十八徑而止。宜以熟鐵椎擊爲之，如銃口空徑三寸者，子母銃身長或七尺五寸，或八尺四寸也。子銃有提梁，或五或七，以便裝換疊放。子銃内口空徑，照母銃口空徑五徑。火門距銃底，照母銃口空徑一徑，如銃口空徑三寸者，子銃身長得一尺五寸，火門距銃底得三寸也。子銃火門腹内空徑，并周墻實徑，共得二徑半，則外圍共得七徑七分有五。如銃口空徑三寸者，子銃腹内空徑，并周墻實徑之二徑半，計得七寸五分，外圍七徑七分有五，計得二尺三寸一分，七徑七分有五，謂一徑作七分，七七四十九分，又多五分也。餘可類推。子銃半托圍得十徑，長得八徑，半托圍每邊實徑，得一徑十分六不足。銃尾螺形，得二徑半，爲銃口空徑三寸者，半托圍之十徑，計得三尺，長八徑，計得二尺四寸。半托圍每邊實徑之一徑十分六不足，謂一徑作十分，除去六分也。銃尾螺形之二徑半，計得七寸五分。餘可類推。子銃入簨，照銃口空徑一徑七分二不足，後拴照銃口空徑，一徑七分一不足。如銃口空徑三寸者，子銃入簨之一徑七分二不足，計得二寸一分強，一徑七分二不足，謂一徑作七分，除去二分也。後拴之一徑七分一不足，計得二寸六分弱，一徑七分一不足，謂一徑作七分，除去一分也。餘可類推。母銃耳前腹内空徑，并周墻實徑，共得三徑，則外圍共得九徑七分有二。如銃口空徑三寸者，銃腹内空徑，并周墻實徑之三徑，計得九寸，外圍九徑七分有二，計得二尺七寸八分，九徑七分有二，謂一徑作七分，七九六十三分，有多二分也。餘可類推。銃口後一徑處内空口徑，并周墻實徑，共得二徑，則外圍共得六徑七分有二。如銃口空徑三寸者，内口空徑并周墻實徑之二徑，計得六寸，外圍六徑七分有二，計得一尺一寸八分，六徑七分有二，謂一徑作七分，六七四十二分，又多二分也。餘可類推。子銃火門，距母銃耳處，照銃口空徑十徑。母銃耳際，照銃口空徑一徑，耳去照銃口空徑一徑半。母銃耳前距銃口處，照銃口空徑十四徑。合之，除子銃半托圍拴尾外，子銃實得銃口空徑二十五徑也。若至二十八徑，則耳前加一徑七分有五，耳後加一徑七分有二。一徑七分有五，與一徑七分有二，謂一徑作七分，一七得七分，一多五分，一多二分也。

戰銃式　大子母銃圖式

陸戰銃車尺量法

銃彈遠近，全賴銃口低昂。銃口低昂，復憑銃尾高下，則駕銃耳之車，可不豫爲之講乎？夫銃既有陸戰水戰，攻城守城之不同，而車應有陸戰水戰，攻城守城之各異。先以陸戰銃車言之。蓋陸戰雖地形有平險，要皆不能移臺作障，止可翼車牌圈壘爲營。故銃車利在輕便高大，庶使致遠。車兩墻縱度，照銃身盈五徑。如銃身長連尾三十五徑者，四十徑。三十二徑者，三十七徑也。車墻衡度，照銃身火門外圍九徑者，當用三徑。如銃口空徑三寸者，外圍九徑，計得二尺七寸。車墻衡度，當用三徑，計得九寸也。餘可類推。車墻端至駕銃銃耳處，前照銃口車墻四十徑者，長十四徑，後照銃口車墻四十徑者，長十八徑。前墻中九寸，遞減至墻端五寸，後墻中九寸，皆平行，至銃尾復加榑。如墻厚板一尺五寸，以便向内左右開槽插墊銃尾閘木。銃尾至墻尾，照銃口空徑八徑，曲垂而鏇員之，使就地焉。兩墻俱厚四寸，豎立中央，寬窄似銃耳，銃尾周徑三分之一。若三十七徑者，則前後各減一徑有半。如銃口空徑三寸者，前墻照十四徑，得四尺二寸，後墻長照十八徑，得五尺四寸，墻尾照八徑，得二尺四寸也。其墻中駕銃耳處，穴半規，照銃耳大小以爲深淺，用長四尺，闊四寸，厚二分，鐵葉裹包。又以厚三分，闊一寸，長五寸鐵鑻，左右拘鑻之。墻底後五尺四寸處，軫木五條，内見方四寸，長三尺，軫木二條，一在銃耳下，一在銃尾下，皆嵌墻底。又闊四寸，厚三寸，長三尺，軫木三條，則分排於前軫木，二條之中，俱用簨透出墻外。墻中央，嵌長五尺二寸，闊一尺，厚一寸木板，以乘銃尾。若墻底前四尺二寸處，用見方四寸，長一尺二寸不等軫木八段，分排於左右墻外，皆透簨。同後五軫木，平縮於扯車左右輓木之上。車墻緊束銃身，前後不無闊狹，而輓木平縮軫木，則前後俱準三尺也。左右輓木見方四寸，長一丈五尺，從車墻尾二尺四寸處起，縮至墻端九尺六寸，餘五尺四寸。前伸以爲駕騾張本，以故輓木用闊三尺，厚二寸，長三尺，軏[1]木一條。縮紐駕牛騾鞍仗。墻端用徑一寸，長一尺七寸鐵條，衡門銃口底緣。行時俱用以扯架，使不下墜。止時俱去，以便放銃俯仰如意也。銃耳下亦箭以徑一寸，長二尺，鐵條一根。車墻尾用見方四寸，長一尺四寸木，左右出兩簨，以鐵箭箭之。復以徑一

1 天頭朱批“軏，俗軋字”。“軋”字闕末筆。

寸，長二尺二寸鐵條拘之。仍釘徑三寸鐵環，墻外左右各一。而車墻尾緣，用厚二分，闊四寸，長三尺鐵葉包裹之。下車墻并輓木四處，排掛鐵鉤心八條，以夾轑，俱闊一寸五分，厚八分，長一尺二寸，車轑[1]正副二株，見方六寸，長六尺，中分闊三尺二寸，透出輓木兩端，即透出處，箍以厚四分，闊一寸，方鐵箍二，就方徑斜上作員。端木徑五寸，以至端末，徑四寸五分，左右各長一尺四寸。挨箍用生鐵，間照轑圍上稀下密嵌入，務與轑平，每端二轉，每轉八段，段各長二寸，見方四分，以當車輨内外二生鐵齒圈，束轊銕

1 按“轑”，音老。《廣韻》解作車軸。《祝融佐理》“轑”字處，《西法神機》作“軸”。

拴二長六寸闊八分厚五分車輗二每徑五尺中用輨二長一尺徑如之空其中納以生鉄齒圈向內圈空徑如轑端本向外圈空徑如轑端末輨緣以厚三分闊一寸熟鉄箍之車轢共一十八塊塊各闊二寸八分厚一寸八分長如割圈長一尺六寸六分車輻共三十八根根各厚二寸八分闊一寸六分長二尺二寸上下兩簨用鰾鱲鍼入輨轢仍於近輨轢一寸處俱套一小鉄箍轢每用透轢釘二十八包轢鉄條共一十八條各厚一寸闊一寸五分碾頭大釘每條九个木轢騎縫處護以鉄葉輓木前端掛

拴二，長六寸，闊八分，厚五分。車二，每徑五尺，中用輨二，長一尺，徑如之，空其中，納以生鐵齒圈，向内圈，空徑如轑端本，向外圈，空徑如轑端末，輨緣以厚三分，闊一寸，熟鐵箍之。車轢共一十八塊，塊各闊二寸八分，厚一寸八分，長如割圈，長一尺六寸六分。車輻共三十八根，根各厚二寸八分，闊一寸六分，長二尺二寸，上下兩簨，用魚鰾鍼入輨轢，仍於近輨轢一寸處，俱套一鐵箍，轢每用透轢釘二十八，包轢鐵條，共一十八條，厚一寸，闊一寸五分，碾頭大釘，每條九个。木轢騎縫處，護以鐵葉，輓木前端，掛以大鐵圈二，以摠扯車牛騾繩索。

水戰銃車尺量法

水戰大銃，實取子母銃二十五徑至二十八徑者。蓋以船上地窄，銃向兩旁，銃口對出船外，裝藥定從脚船裝入。一銃不中，後裝誠難。若用子銃，則裝換在船内，自然膽壯從容。既二十五徑至二十八徑，較三十三徑爲短，故用之水上。則水戰銃車，烏得比長於陸戰銃車哉？水戰銃車，車兩墻縱度，照銃口空徑三徑。駕耳處至銃尾，長幾何，爲幾何？如銃口空徑三寸者，自受銃耳墻端三徑至銃尾，二十五徑者十八徑，計五尺四寸。二十八徑者二十徑，計得六尺也。車墻端衡度，照銃身火門外圍九徑者，當用三徑。如銃口空徑三寸者，外圍九徑，計得二尺七寸。車墻衡度，當用三徑，計得九寸也。車墻端方形，墻則曲垂而員鏇之，距尾三徑處，左右墻向内各開以槽，閘以寸厚薄板四五張，以便放銃時襯墊銃尾高下度數也。墻片厚不得過四寸，墻端照銃口空徑距三徑受銃耳處，包以鐵葉，墻板内外，嵌以二道鐵箍，聯墻軫木三，銕箚二，貫墻板，緊束銃身。其軫木之三，前後距墻端墻尾，照銃口空徑二徑，中軫木適前後之中，三木俱闊四寸，厚三寸，距墻面，視銃尾斜墜而酌量焉。軫木透墻處，拴以鐵拴。鐵箭二，俱徑一寸，長稍短於前後軫木，亦透墻用鐵拴拴之也。車轅一，見方五寸，長照銃耳外圍三分之一，爲透墻端，照銃口空徑三徑，抵墻緣二寸有餘。夾轅鐵鉤心四條，闊一寸，厚六分，長八寸。車端二，每徑三尺二寸，以厚五寸板爲之。鏤其中，規其外，納於轅。周緣斜削木片，漸至二寸五分，裹以鐵條，而以平面輲板向外，用拘輲，銕拴拴之。

銃車尾，嵌以徑五寸員木，爲滚軸。放時用濕草薦墊，或用輴槽厚板一塊。庶百殺銃藥出口猛烈之勢，亦不致有坐後震撼船縫之患也。

陸戰車式　水戰車式

鎔鑄椎擊大小攻銃尺量法

凡置造攻銃，純用銅鑄，宜照前置法。若用鐵鑄，則又有先用椎擊熟鐵爲筒，而後以生鐵附鑄，始可保無炸裂。用彈九斤至三十斤者，亦論銃口空徑幾何，銃身照口空徑，止須十七八徑。如銃口空徑五寸[1]者，則自銃口至火門，當得八尺五寸，或九

1 五寸，原作“三寸”。據文意改。按前後文，“銃身照口空徑，止須十七八徑”，“則自銃口至火門，當得八尺五寸，或九尺也”。銃口空徑五寸，十七徑即八尺五寸。《西法神機·鑄造大小攻銃尺量法》相應處亦作“五寸”。

尺也。火門前腹内空徑，并周墻實徑，共得二徑八分有七，則外圍共得九徑十分有一。如銃口空徑三寸者，銃腹空徑，并周墻實徑之二徑八分有七，計得八寸七分弱，二徑八分有七，謂一徑作八分，二八一十六分，又多七分也。外圍九徑十分有一，計得二尺七寸三分，九徑十分有一，謂一徑作十分，九得九十分，又多一分也。餘可類推。銃耳前腹内空徑，并周墻實徑，共得二徑半，則外圍共得七徑七分有五。如銃口空徑三寸者，銃腹空徑，并周墻實徑之二徑半，計得七寸五分，外圍七徑七分有五，計得二尺三寸強。七徑七分有五，謂一徑作七分，七七四十九分，又多五分也。餘可類推。銃口後一徑處，内口空徑，并周墻實徑，共得一徑四分有三，則外圍共得五徑半。如銃口空徑三寸者，内口空徑，并周墻實徑之一徑四分有三，計得五寸一分強，一徑四分有三，謂一徑作四分，一四得四分，又多三分也。外圍五徑半，計得一尺六寸五分。餘可類推。火門至銃尾厚處，照銃口空徑一徑。銃尾珠在外。火門距銃耳處，照銃口空徑七徑。耳際照銃口空徑一徑，長照銃口空徑一徑半。耳前距銃口處，照銃口空徑九徑。合之，除銃尾外，銃身實得銃口空徑十七徑也。如銃身十八徑，則銃耳後加半徑弱，銃耳前加半徑強也。然攻銃銃腹，有窟底平正者，有凹窟員様者，有底窄推彈者，様有不同。要歸計銃口空徑幾何尺寸，用彈幾何斤兩，用藥幾何斤兩，務使彈貼火藥。若彈前段銃直光溜，毫無寬窄隙漏，則彈遠射而有力。

虎唬銃尺量法

銃身長較銃口空徑，二十三徑至二十五徑而止。銃腹容彈五十斤至百斤者。此項大銃及後飛彪銃，口徑自七八寸以至二尺之大。即内筒亦難椎擊。止可造模鎔鑄而成。如銃口空徑八寸，則自銃口至火門，當得一丈八尺四寸或二丈。如銃口空徑一尺，則從銃口至火門，當得二丈三尺，或二丈五尺也。火門前腹内空徑，并周墻實徑，共得三徑半，則外圍共得十徑七分有五。如銃口空徑八寸者，銃腹空徑，并周墻實徑之三徑半，計得二尺八寸。外圍十徑七分有五，計得八尺五寸六分，十徑七分有五，謂一徑作七分，十得七十分，又多五分也。餘可類推。銃耳前腹内空徑，并周墻實徑，共得三徑。則外圍共得九徑七分有二。如銃口空徑八寸者，銃腹空徑，并周墻實徑之三徑，計得二尺四寸，外圍九徑七分有二，計得七尺四寸二分。九徑七分有二，謂一徑作七分，七九六十三分，又多二分也。餘可類推。銃口後一徑處，内口空徑，并周墻實徑，共得二徑半，則外圍共得七徑七分有五。如銃口空徑八寸者，内口空徑，并周墻實徑之二徑半，計得二尺，外圍七徑七分有五，計得六尺一寸六分，七徑七分有五，謂一徑作七分，七七四十九分，又多五分也。餘可類推。火門至銃尾厚處，照銃口空徑一徑，銃尾珠在

外火门距銃耳處照銃口空徑十徑耳際照銃口空徑一徑
弱長照銃口空徑一徑強耳前距銃口處照銃口空徑十二徑
強合之除銃尾珠外銃身實得銃口空徑二十三徑也若
至二十五徑銃耳後加一徑弱銃耳前加一徑強也
飛虎銃尺量法
銃形如鐘銃口空徑最大銃身長照銃口空徑或四徑或五
徑如銃口空徑二尺者銃口至火门或八尺或一丈也火门前腹內
裝藥空徑得銃口空徑十分四不足深照銃口空徑二徑周墻

外。火門距銃耳處，照銃口空徑十徑，耳際照銃口空徑一徑弱，長照銃口空徑一徑強。耳前距銃口處，照銃口空徑十二徑強。合之，除銃尾珠外，銃身實得銃口空徑二十三徑也。若至二十五徑，銃耳後加一徑弱，銃耳前加一徑強也。

飛彪銃尺量法[1]

銃形如鐘，銃口空徑最大，銃身長照銃口空徑，或四徑，或五徑。如銃口空徑二尺者，銃口至火門，或八尺，或一丈也。火門前腹内裝藥空徑，得銃口空徑十分四不足，深照銃口空徑二徑，周墻

1 飛彪銃，原作“飛虎銃”。

實徑曰銃口空徑二徑十分有四則外圍共得九徑七分有二如銃口空徑二尺者銃腹裝藥空徑之十分四不足計得一尺二寸十分四不足謂一徑作十分止用六分除去四分也深照銃口空徑之二徑計得四尺周墻實徑之二徑十分有四計得四尺八寸二徑十分有四謂一徑作十分二得二十分又多四分也外圍共得九徑七分有二謂一徑作七分七九六十三分又多二分也餘可類推銃口空徑并周墻實徑得三徑則外圍共得九徑七分有二如銃口空徑二尺者銃口空徑并周墻實徑之三徑

實徑，得銃口空徑二徑十分有四，則外圍共得九徑七分有二。如銃口空徑二尺者，銃腹裝藥空徑之十分四不足，計得一尺二寸十分四不足。謂一徑作十分，止用六分，除去四分也。深照銃口空徑之二徑，計得四尺，周墻實徑之二徑十分有四，計得四尺八寸，二徑十分有四，謂一徑作十分，二得二十分，又多四分也。外圍共得九徑七分有二。謂一徑作七分，七九六十三分，又多二分也。餘可類推。銃口空徑，并周墻實徑，得三徑，則外圍共得九徑七分有二。如銃口空徑二尺者，銃口空徑，并周墻實徑之三徑，計得六尺。外圍九徑七分有二，計得一丈八尺五寸強。九徑七分有二，謂一徑作七分，七九六十三分，又多二分也。餘可類推。銃耳距火門處，照銃口空徑，銃身五徑者二徑，四徑者一徑半。火門至銃尾厚處，照銃口空徑一徑。銃員形如蓋，銃耳徑照銃口一徑半徑，長照銃口空徑一徑。耳端鑄一方眼，長二寸，闊二寸五分，便插鐵箭，以束鐵轗也。

攻銃窟底平正圖式　攻銃凹窟員樣式　攻銃底窄推彈式　虎唬銃式　飛彪銃式[1]

攻城銃車尺量法

攻城銃車，是我直逼賊處，便可修墻櫓，製轒輼，具器械，

1 飛彪銃，原作“飛虎銃”。

築土山而我大銃乘高施放不是陸地追奔逐北也故銃
可減徑車兩墻縱度亦照銃身羸五徑如銃身長連尾
十九徑者二十四徑二十徑者二十五徑也車墻端衡度照銃
身火門外圍九徑者當用四徑如銃口空徑三寸者外圍
九徑計得二尺七寸當用四徑計得一尺二寸如銃口空徑五寸者外
圍九徑計得四尺五寸當用四徑計得二尺也車墻末照墻端
折半而曲垂之墻片薄者四寸厚者五寸也墻端墻面受銃
耳處裹以鐵葉墻板内外嵌以三道鐵箍墻端照銃口空徑

築土山，而我大銃，乘高施放，不是陸地追奔逐北也。故銃可減徑，車兩墻縱度，亦照銃身羸五徑。如銃身長連尾十九徑者二十四徑，二十徑者二十五經也。車墻端衡度，照銃身火門外圍九徑者，當用四經。如銃口空徑三寸者，外圍九徑，計得二尺七寸，當用四經，計得一尺二寸。如銃口空徑五寸者，外圍九徑，計得四尺五寸，當用四徑，計得二尺也。車墻末，照墻端折半而曲垂之，墻片薄者四寸，厚者五寸也。墻端墻面受銃耳處，裹以鐵葉，墻板内外，嵌以三道鐵箍。墻端照銃口空徑三徑處，穴半規，以駕銃耳。聯墻軫木三，箾鐵爲之，貫墻面，緊束銃身，毋使點放震撼。其軫木之三,一則距墻頭，照銃口空徑四經，墻面照墻端衡度十分之四。一則距墻頭，照銃口空徑十七徑者十二徑，十八徑者十三徑。距墻面照墻端衡度八分之二,一則距墻尾，照銃口空徑二徑，距墻尾衡度四分之二。三軫木見方小則四寸，大則五寸也。闊狹視銃耳外圍徑，銃尾外圍徑三分之一。木端俱爽簨透出墻外二寸，以鐵拴拴之。墻端軫木，至墻中軫木，墊寸板以乘銃尾。適尾處兩墻開以槽，閘寸厚板四五片，備墊銃尾高下。鐵箭三，徑俱一寸，長短照軫木，透出墻外，亦以鐵拴拴之。惟墻尾鐵箭端用兩環，徑三寸，以便貫繩轉動。車轅一，見方大者八寸，小者六寸，方透兩墻，照銃耳外圍三分之一，透出墻外。兩端去一尺四寸，即透出距墻二寸處，就徑斜上作員。其端本大者徑七寸，小者徑五寸，以至端末七寸者六寸五分，五寸者四寸五分。其墻所容方轅，距墻頭與所受銃耳距等。轅眼緣抵墻緣二寸，夾轅鐵鉤心四條，闊一寸二分，厚八分，長一尺二寸。轅兩端本，用鐵箍二，闊一寸，厚二分，挨箍用生鐵，間上稀下密，嵌入兩轉，以當車端兩外二生鐵齒圈。束端鐵箭二，或長八寸，闊一寸，厚二分，或長六寸，闊厚如之。車輴二，每徑照銃口空徑三寸者五尺，銃口空徑五寸者六尺，俱用厚一尺板，實槫爲之。空其中，規其外，納以向内向外生鐵齒圈二，向内圈空徑如轆端本，向外圈空徑如轆端末。復自向内圈一尺處，斜削木片，以至端緣。厚四寸，其内外平凸輴面，俱以厚三分，闊一寸五分鐵條騎縫嵌鑤之。而輴緣，亦裹以厚三分，闊三寸鐵條，釘以碾頭大釘，間存排釘之。

虎唬銃車尺量法

銃腹容彈五十斤至百斤，空徑二十三至二十五者，則是銃極大且長而重矣。故墻身亦如前，羸銃五徑，車輴止用一雙，又安能架重穩放哉。宜先取六寸厚板爲車底，前闊照銃耳外圍，後闊照銃尾外圍三分之一。左右餘地，照兩墻厚數，以爲載墻張本。長照銃口二十三徑者十五徑，二十五徑者十七徑。車墻縱度，照車底厚八寸，車墻衡度，照銃身火門外圍十徑者，當用四徑。如銃口空徑八寸者，外圍十徑，計得八尺，當用四徑，計得三尺二寸也。餘可類推。車墻末，高稍減於墻端半徑。墻端照銃口空徑距二徑處，穴半規以受銃耳，墻末照銃口空徑二徑處，開以槽，閘一二三寸不等横木，以便墊銃尾高下，指度點放。車轅二，前者見方一尺，後者見方七寸。前後距車地板端，照銃口空徑一徑半，鏤底板二寸以嵌轅，自墻面貫車底，以及車轅左右用闊二寸，厚一寸，長五尺，鐵條四根插入。其距墻端，照銃口空徑二徑處，用軫板一道，亦厚八寸，高二尺五寸，聯束兩墻，左右上下，透出四簨，各三寸，以鐵拴拴之。中作半月形以乘銃身。

復以徑一寸五分鐵箚，前後各一根，務透墻面，緊拘銃身。箚尾亦以鐵拴拴之。墻端受銃耳處，上下各二尺，裹以鐵葉，闊六寸。其前轃左右，出車底各二尺。後轃左右，出車底各一尺六寸。即透出二寸處，向上作員。端本前者徑九寸，後者六寸，以至端末，徑九寸者八尺五分，徑六寸者五尺五分。挨底墻轃輲，箍以厚三分，闊一寸鐵條各一。嵌以生鐵，間上稀下密，二轉以當輲内外鐵齒圈。箚輲鐵拴，闊一寸二分，厚六分，長一尺一寸者二。闊厚四分，長九寸者二。車輲四，前者照銃口空徑八徑，後者照銃口空徑四徑。如銃口空徑八寸者，前輪照銃口空徑之八徑，計得六尺四寸。後輪照銃口空徑之四徑，計得三尺二寸也。前輪以厚一尺六寸板實樽之，後輪以厚一尺板實樽之。皆規其外，鏤其中，約以生鐵齒圈。向內圈空徑如轑端本，向外圈空徑如轑端末。其向外輪板，嵌以厚三分口二寸鐵條二。其向內輪板，自生鐵齒圈周一尺處，斜削木片至端緣，一尺六寸者厚八寸，一尺者厚五寸。亦以厚三分闊二寸鐵條二，嵌鏤之。輪緣以厚五分，闊七寸、闊四寸鐵葉裹包。徑二寸，長四寸，碾形釘，間寸排釘之。亦如前攻銃車也。

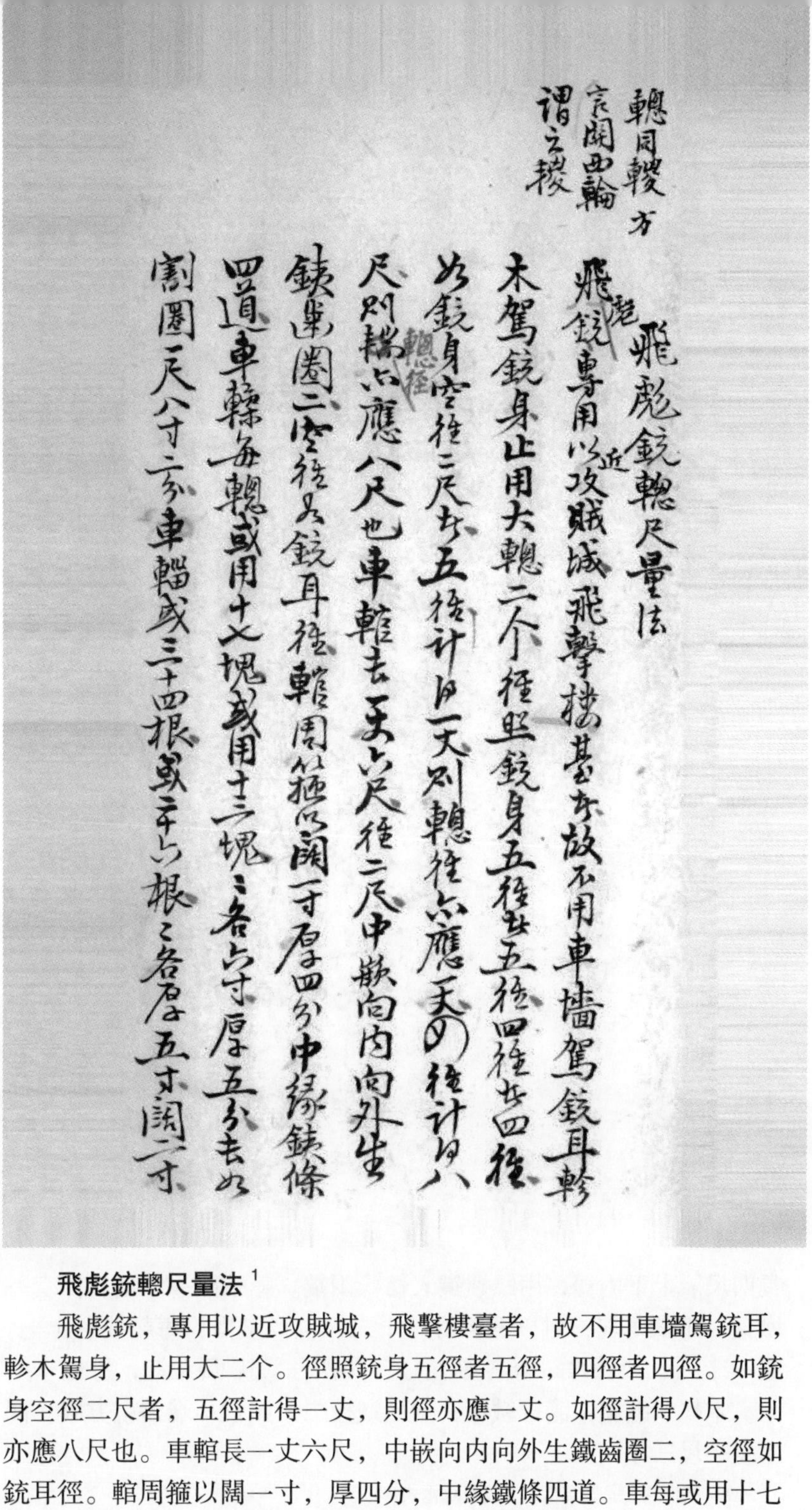

飛彪銃轆尺量法[1]

飛彪銃，專用以近攻賊城，飛擊樓臺者，故不用車墻駕銃耳，軫木駕身，止用大二个。徑照銃身五徑者五徑，四徑者四徑。如銃身空徑二尺者，五徑計得一丈，則徑亦應一丈。如徑計得八尺，則亦應八尺也。車輨長一丈六尺，中嵌向內向外生鐵齒圈二，空徑如銃耳徑。輨周箍以闊一寸，厚四分，中緣鐵條四道。車每或用十七塊，或用十三塊。塊各六寸，厚五分，長如割圈，一尺八寸二分。車輻或三十四根，或二十六根。根根各厚五寸，闊二寸，

1 天頭有墨筆批語："轆同轂。《方言》：關西輪謂之轂。"

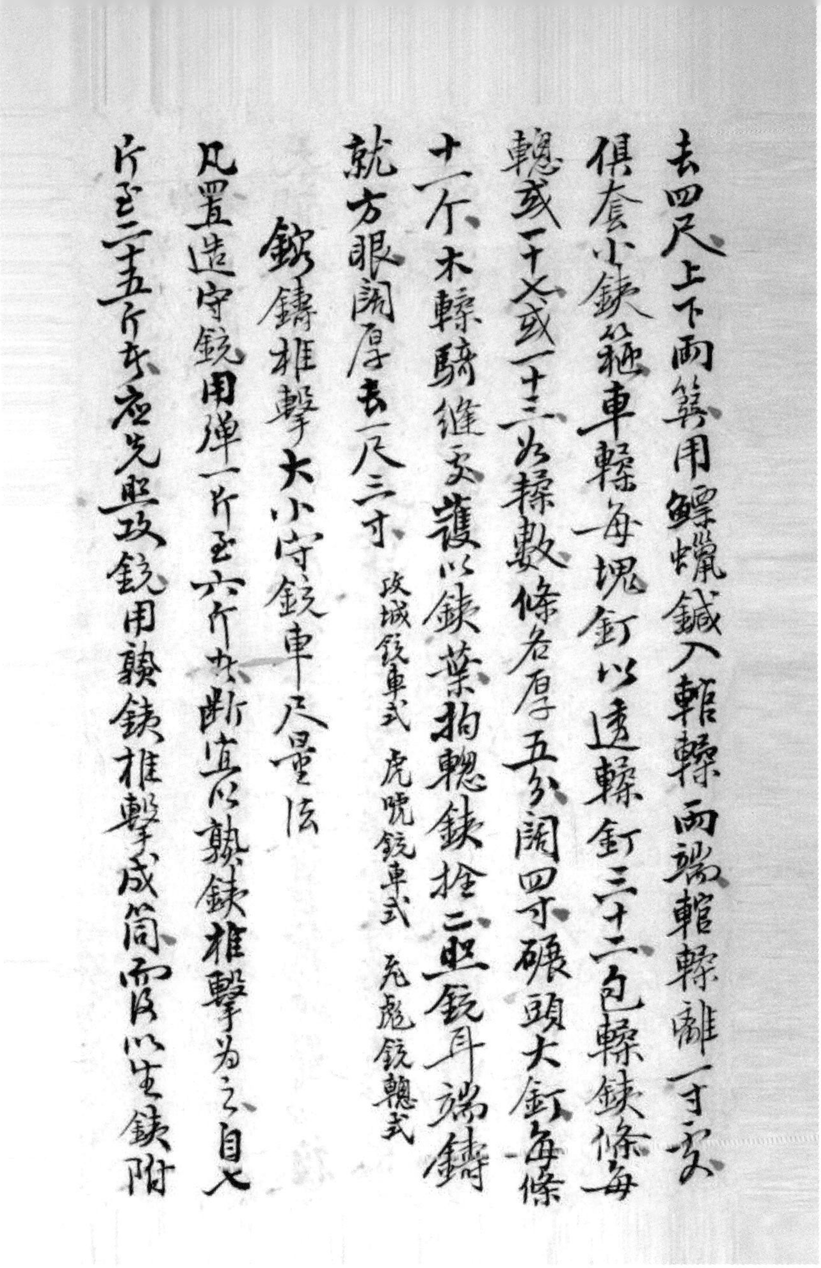

長四尺。上下兩簨，用鰾蠟鍼入輴轃兩端。輴轃離一寸處，俱套一鐵箍。車轃每塊，釘以透轃釘三十二，包轃鐵條，每轗或一十七，或一十三，如轃數。條各厚五分，闊四寸。碾頭大釘，每條十一个。木轃騎縫處，護以鐵葉，拘轗鐵拴二，照銃耳端鑄就方眼，闊厚長一尺三寸。

攻城銃車式　虎唬銃車式　飛彪銃轗式

鎔鑄椎擊大小守銃尺量法 [1]

凡置造守銃，用彈一斤至六斤者，斷宜以熟鐵椎擊爲之。自七斤至二十五斤者，應先照攻銃，用熟鐵椎擊成筒，而後以生鐵附

1 守銃，原作“守銃車”，衍。

鑄。亦論銃口幾何空徑，銃身照攻銃十七八徑而止。蓋攻是我去近賊，守是賊來近我，用彈不須遠到。故銃身只照銃口空徑十七八徑而止也。火門前腹内空徑亦論銃口幾何空徑，銃身照攻銃十七八徑而止。并周墻實徑，共得三徑七分有一。則外圍共得九徑七分有四。如銃口空徑三寸[1]者，銃腹内空徑并周墻實徑之三徑七分有一，計得九寸四分強。三徑七分有一，謂一徑作七分，三七二十一，又多一分也。外圍九徑七分有四，計得二尺八寸六分強。九徑七分有四，謂一徑作七分，七九六十三分，又多四分也。餘可類推。銃耳前腹内空徑，并周墻實徑，共得二徑七分有六。則外

1 三寸，原作"三徑"，據文意改。

圍共得八徑七分有六。如銃口空徑三寸者，銃腹内空徑，并周墻實徑之二徑七分有六，計［得］八寸四分強。二徑七分有六，謂一徑作七分，二七十四分，又多六分也。外圍共得八徑七分有六，計得二尺六寸四分強。八徑七分有六，謂一徑作七分，七八五十六分，又多六分也。餘可類推。銃口一徑處，内口空徑，并周墻實徑，共得二徑。則外圍共得六徑七分有二。如銃口空徑三寸者，内口空徑，并周墻實徑之二徑，計得六寸。外圍共得六徑七分有二。謂一徑作七分，六七四十二分，又多二分也。餘可類推。火門至銃尾厚處，照銃口空徑一徑。

銃尾珠在外。火門距銃耳，銃耳距銃口，耳際徑長，悉與攻銃尺量同。夫銃身既同攻銃矣，周墻實徑并圍徑，每多二三分者何？以守銃貯臺歲久，厚之者，慎之也。

虎踞銃尺量法

銃腹容彈，自二十六斤至五十斤。銃口空徑自五寸至一尺。身長或照口徑十八徑，或照口徑二十五徑。但前攻銃，如虎唬、飛彪等銃，不過取用一時，即簡上號生鐵亦可。惟此虎踞大銃，用以守城，貯放歲久，斷非出礦紅銅配鑄不可也。其徑圍尺量，較他銃更宜倍厚焉。火門前腹空徑，并周墻實徑，共得四徑。則外圍十二徑七分有三。如銃口空徑五寸者，腹内空徑，并周墻實徑之四徑，計得二尺。外圍共得一十二徑七分有三，計得六尺二寸強。十二徑七分有三，謂一徑作七分，十二徑得八十四分，又多三分也。餘可類推。銃耳前腹内空徑，并周墻實徑，共得三徑半，則外圍共得十徑七分有五。如銃口空徑五寸者，銃口空徑，并周墻實徑之三徑半，計得一尺七寸五分，外圍共得十徑七分有五，計得五尺三寸五分。十徑七分有五，謂一徑作七分，十得七十分，又多五分也。餘可類推。銃口後一徑處，内口空徑并周墻實徑，共得三徑，則外圍共得九徑七分有二。如銃口空徑五寸者，内口空徑并周墻實徑之三徑，計得一尺五寸。外圍共得九徑七分有二，計得四尺六寸四分。九徑七分有二，謂一徑作七分，七九六十三分，又多二分也。餘可類推。火門至銃尾厚處，照銃口空徑一徑。銃尾珠在外。火門距銃耳處，照銃口空徑十八者八徑，二十五徑者十一徑。耳際照銃口空徑一徑弱。耳前照銃口空徑十八徑者九徑，二十五徑者十三徑也。

守銃式　虎踞銃圖式

守城銃車尺量法

守銃貯放城臺，不惟不似戰銃之隨營進止，亦不似攻銃之飛擊賊城。故守城銃車尺量，可減於戰、攻銃車尺量也。車兩墻縱度，宜照銃身減二徑。如銃身長連尾十九徑者十七徑，二十徑者十八徑也。車墻衡度，照銃身火門外圍九徑者，當用四徑。如銃口空徑三寸者，外圍九徑，計得二尺七寸。車墻衡度，當用四徑，計得一尺二寸也。餘可類推。車墻末減如墻端衡度三分之一而曲垂之。如車墻衡度一尺二寸者，八寸也。餘可類推。墻片宜厚五寸。墻端照銃口空徑三寸處，穴半規以受銃耳。用厚三分，闊四寸，長三尺鐵葉裹包。而墻板内外，亦嵌以厚四分，闊一寸五分鐵箍三道。其聯墻軫木三根，俱見方四寸，長照銃耳外圍，銃尾外圍三分之一。左右各雙簨，透出墻外二寸，以鐵拴拴之。前後二軫木，所距墻端墻尾墻面，并銃尾兩墻開槽閘板，悉與攻銃車等。惟中軫木距墻端，照銃口空徑十七徑者十七徑半，十八徑者十二徑半也。墊銃板，自墻端軫木，至墻中軫木，照長短闊窄嵌入。束墻鐵筍三，徑俱一寸，長如三軫木，亦透墻，以鐵拴拴之。墻尾亦用厚三分，闊四寸，長三尺鐵葉包裹，左右釘以徑三寸鐵環，以便貫繩轉動。車轅一，見方大者七寸，小者五寸。方透兩墻，即透出處，距二寸爲轅徑端本。就徑斜上作員，大者徑六寸，小者徑四寸。以至端末六寸者五寸五分，四寸者三寸五分。端本至端末，視輴板厚薄，或長一尺三寸，或長一尺一寸。其墻端轅眼，與所受銃耳距等。夾轅鉤心，及箍鐵間鐵，與攻銃車轅同。束輴鐵拴二，或長一尺，闊一寸，厚四分，或長八寸，闊厚如之。車輴二，每徑照銃口空徑，或十二徑，或十徑。如銃口空徑三寸者，則照銃口空徑十二徑，計得三尺六寸。如銃口空徑五寸者，則照銃口空徑十徑，計五尺也。大者以厚一尺板實榑爲之。小者以厚八寸板實榑爲之。規其外，鏤其中，嵌生鐵齒圈二。以乘車轑間鐵處，向内圈空徑視轑端本，向外圈空徑視轑端末。復自向内齒圈周徑八寸處，斜削木片，至端緣，一尺者厚五寸，八寸者厚四寸。輞板内外平凸兩面騎縫處，俱嵌厚三分，闊一寸鐵條各二。輞緣視厚薄包以厚三分，闊三四寸不等鐵葉，間寸排釘以碾頭大釘。其半墻輴板内外，俱用瀝青松香鎔塗之，以防雨雪。

虎踞銃車尺量法

虎踞銃腹容彈二十六斤至五十斤，則銃身連尾，長可丈餘矣。銃長，車墻僅減於銃身二徑，恐臺地址無幾，措置猶未得宜也。乃照攻城銃車而損益之。先取五寸厚板爲車底，前闊照銃耳外圍，後闊照銃耳外圍三分之一。左右照兩墻厚數，以爲載張本。長照銃口空徑十七徑者十二徑，十八徑者十三徑也。車墻縱度，照銃底厚六寸。車墻衡度，照銃身火門外圍九徑者當用四徑。如銃口空徑五寸者，外圍九徑，計得四尺五寸。車墻衡度，當用四徑，計得二尺也。餘可類推。車墻末減如墻端半徑。墻端照銃口空徑距二徑處，穴半規以受銃耳。其束墻軫板，距墻端照銃口空徑二徑。板厚六寸，高一尺五寸，中作半月形，以乘銃身。左右上下，出四簨於墻外，各三寸，以鐵拴拴之。前後復以徑一寸二分鐵箭二道，透出墻外，緊束銃身，亦以鐵拴拴之。墻端受銃耳處，以厚三分，闊五寸，長四尺鐵葉圍裹。車轅二，前者見方八寸，後者見方六寸，

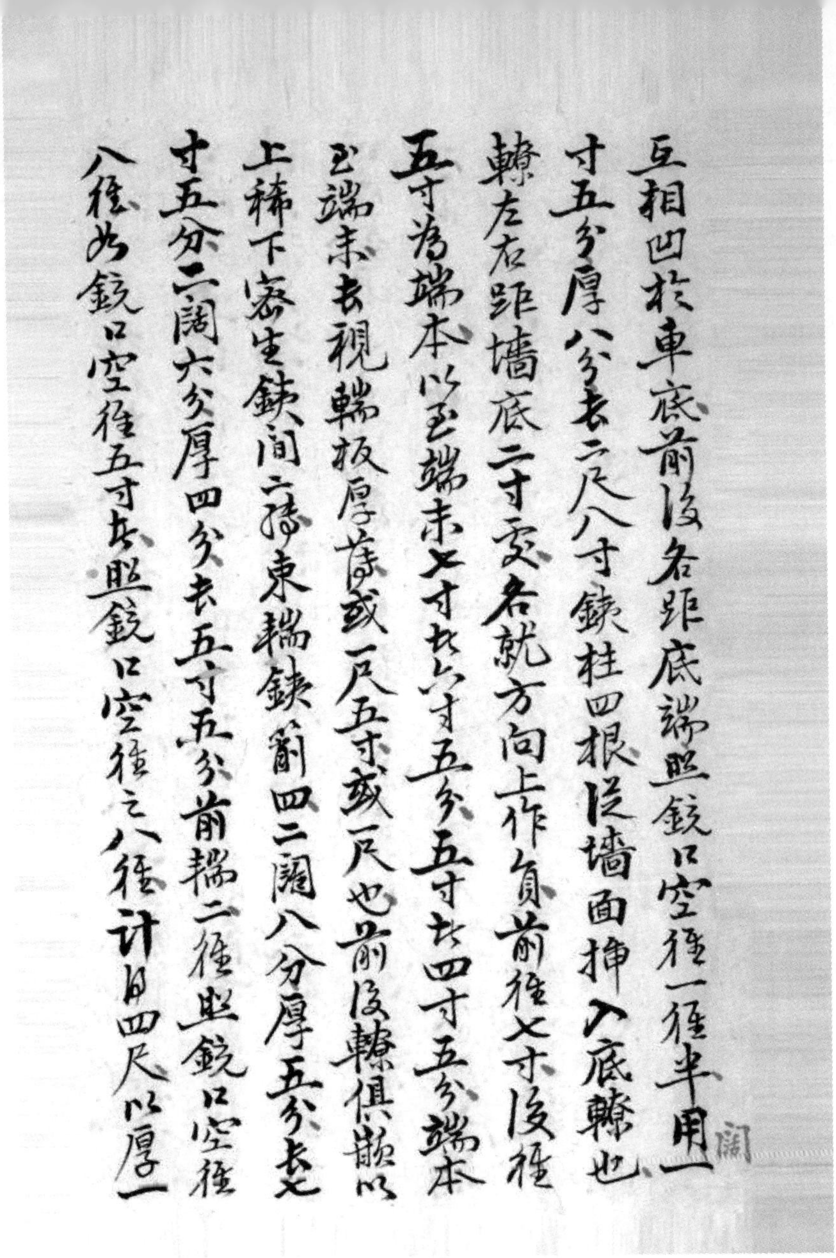

互相凹於車底。前後各距底端，照銃口空徑一徑半，用闊一寸五分，厚八分，長二尺八寸鐵柱四根，從墻面插入底轅也。轅左右距底墻二寸處，各就方向上作員，前徑七寸，後徑五寸爲端本。以至端末，七寸者六寸五分，五寸者四寸五分。端本至端末，長視�υ板厚薄，或一尺五寸，或一尺也。前後轅俱嵌以上稀下密生鐵間二轉，束輪鐵�四。二闊八分，厚五分，長七寸五分。二闊六分，厚四分，長五寸五分。前輞二，徑照銃口空徑八徑。如銃口空徑五寸者，照銃口空徑之八徑，計得四尺。以厚一

尺二寸板實榑爲之。鏤其中，規其外，嵌以向内向外生鐵齒圈。復自向内齒圈周徑一尺處，斜削木片，至端緣，厚六寸。後輻二，徑照銃口空徑四徑。如銃口空徑五寸者，照銃口空徑之四徑，計得二尺。以厚八寸板實榑之，亦鏤其中，規其外，嵌以向内向外生鐵齒圈。復自向内齒圈周徑八寸處，斜削木片至端緣，厚四寸。其向内齒圈空徑，俱視轑端本，向外齒圈空徑，俱視轑端末。而輻平凸兩面，悉用闊一寸五分，厚三分。鐵條二條，騎縫嵌鑻。輻緣又用厚四分，闊五寸、闊三寸鐵葉包裹。間寸排釘磃頭大釘也。至於鎔塗車墻，及車輪等木，以瀝青松香者，緣銃爲衛城至寶，永遠貯臺，恐雨雪侵壞，故不可少耳。

造鉛鐵彈法

夫銃既盡法矣，乃彈不遠，以藥不精之故，藥精矣，乃彈對真又不及，豈盡可以藥咎者。譬之銃猶弓也，彈猶矢也。良工能使歪斜不調之箭命中乎？當先以銃口幾何大小，規爲一大周線。仍照半徑幾何，點照周線，爲甲爲乙，復以甲乙之規，跨量爲丙。即將規分開，從丙至甲，將甲丙規自乙至丁。丁至大周線幾何闊窄，復分爲三股，虛其一股，以規再員小周線一圍，而彈始中式可用。然後照小周線樣，鏤一木板，車一木彈，展轉較之無差。即以木彈爲鉛鐵模。雖百千勿得任意大小，則臨期用彈，自覺寬窄之謬矣。

大彈十種

圓彈

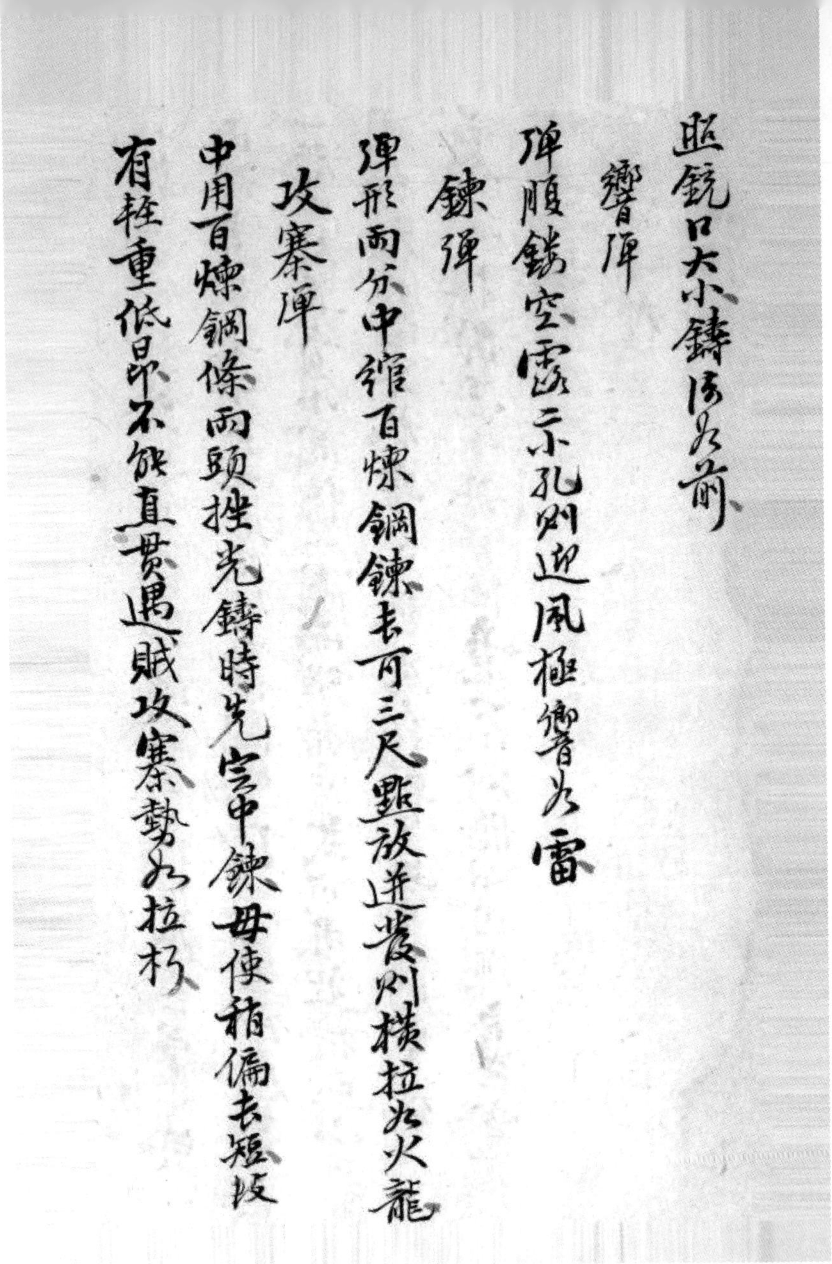

照銃口大小，鑄法如前。

響彈

彈腹鏤空，露二小孔，則迎風極響如雷。

鍊彈

彈形兩分，中縮百煉鋼鍊，長可三尺。點放迸發，則橫拉如火龍。

攻寨彈

中用百煉鋼條，兩頭銼光[1]，鑄時先定中鍊[2]，毋使稍偏長短，致有輕重低昂，不能直貫。遇賊攻寨，勢如拉朽。

1 銼光，《西法神機》作“銼尖”。

2 中鍊，《西法神機》作“中線”。

攻城彈

城之最厚者，只用十餘彈。先鑿破其磚石，繼以員彈擊之，未有不推倒者。

攻墻彈[1]

攻墻攻城，其義一也。特中用鋼鑿，大小厚薄不同，鑄法如前。

散陣彈

二員分爲四塊，形如分彈，特柄稍短而鐵鈕居中。

分彈

1 彈，原作“倒”，據上下文改。

以鋼條爲柄，長尺餘，用鐵圈爲鈕。裝時以繩縛之，放時則火然開而横拉。

四分彈

一員彈分作四塊，每塊鋼柄長尺餘，然必輕重等均，毋使偏墜。

羊蹄彈

彈員形，如銃口大而扁，厚寸許，中鋼條亦員形，徑一寸，長尺許，樞鈕左右相抱，以便伸縮。

造彈模圖式　大彈十種式[1]

1 大彈十種式，原作“大彈一種式”，據上文改。

煉造火藥説

火藥配合分兩，毋論中國南北不同，傳聞不一，盍不於炭、磺、硝三者調劑之乎？夫木火輕烈，土火沉重，水火清揚，性也，理也。調劑而因其性，不得其理，用之必不遂意。若欲迅速快便，必將硫黄去下沾黑色底，研極細末，仍用水飛過，入藥方不滚珠。柳炭則用清明後采取柳條，如筆管大者，去皮去節，皮則煙多，節則迸炸。焰硝用雞蛋清煉之，每硝一斤，雞蛋一枚。不惟去硝渣滓，要去硝中鹽味。是以雞蛋之外，又用蘿蔔、豆腐、葫蘆等物，以拔硝之鹽味。煉硝之水，宜用雨水雪水。每硝半鍋，入水一鍋，雞蛋就冷攪入鍋内。待滚其渣，又入蘿蔔等物。不得已，纔用長流溪水。斷不可用井水，以井水有城故也。其硝鍋初出火時，必須用蓋蓋定，不可掀動泄氣。恐硝中照渣，不肯隨水而出。照渣如粗白米粒。此物最能滚珠，與城鹽同害。直待兩日後，水冷稍凝之時，將硝囫圇取起，用布包好。再以淡水淋之，安在灰上，令徹淨，曬乾，方得潔淨。以上三味，如此置煉明白，研成細末，然後先將硫黄入柳炭内，調和極匀，使木火與土火，合作一家，彼此相濟。再入硝，和搗成珠，大約藥一斤，水一碗。研搗之人，約以藥成，即令其人手中試點，自然不敢苟且。一法，將硝一半，研極細末，一半用水化開。研搗時，用此水拌硝磺炭諸藥柏搗，更覺渾化。使輕烈之火，泛起沉重之火，俾得與流暢之火，一齊行走，斯爲得法。但三者分兩，各有不同，俱列於後，以俟采用。

大銃藥方

硝一斤，磺二兩六錢七分，炭二兩六錢七分[1]。

硝一斤，磺二兩，炭

1 大銃藥方第一方，成分配比同《西洋火攻神器説・大銃配藥方》："硝六觔。磺一觔。炭一觔。"

三兩。

硝一斤，磺一兩，炭三兩。

鳥銃藥方

硝一斤，磺二兩四錢，炭二兩七錢二分。

硝一斤，磺二兩二錢四分，炭二兩八錢八分[1]。

硝一斤，磺二兩二錢四分，炭二兩五錢六分。

硝一斤，磺一兩六錢，炭二兩七錢二分。

硝一斤，磺一兩一錢二分，炭二兩七錢二分。

硝一斤，磺八錢，炭二兩四錢[2]。

硝一斤，磺四錢，炭六錢八分。

又大銃藥方[3]

1 鳥銃火藥第二方，同《紀效新書》鳥銃火藥方。

2 鳥銃火藥第六方，同《神器譜》鳥銃火藥方。

3 又大銃藥方，似當作“又鳥銃火藥方”。

硝一斤，磺三兩，炭三兩[1]。
硝一斤，磺二兩七錢，炭三兩。
硝一斤，磺二兩五錢，炭三兩。
硝一斤，磺一兩四錢三分，炭二兩二錢八分。
别火藥方[2]
硝一斤，磺二兩，炭六兩。
日本火藥方[3]
硝一斤，磺二兩八錢，炭六兩八錢。
火門藥

1 又大銃藥方第一方，成分配比略同《西洋火攻神器説·小銃配藥方》“硝六觔。磺一觔二兩（或十六兩二錢或十五兩）。炭一觔二兩。”

2 别火藥方，成分配比同《神器譜》嚕密銃火藥方。

3 日本火藥方，成分配比同《神器譜》日本火藥方。

硝一斤，磺四錢八分，葫蘆炭四兩八錢，斑毛四兩八錢。

硝一斤，磺四錢八分，柳炭一兩六錢，稭炭九錢六分，斑毛七十頭。[1]

約而論之。大銃藥，硝一斤，宜用磺二兩，炭三兩。鳥銃藥，硝一斤，磺一兩二錢，炭二兩五錢。惟火門藥，硝一斤，必須牙硝火酒製造。稭二兩五錢，必以火酒浸過曬乾，又浸又曬。看炭有白霜起，然後研細。先用細磺五錢，調和極匀，方拌入牙硝，斑毛七十頭，灑水力搗萬杵。趁藥不乾不濕之時，用

1 火門藥第二方，同《神器譜》鳥銃火門藥方。

馬尾羅細篩，篩出如蒸糕米粉一樣粗細。太細恐糊入火門，陰天難用。最可笑者，今時火藥，不用水搗，又要研細拌勻。不知一入軍士之手，或步走，或馬上，終日撞篩。其磺與硝性重而沉底，炭性輕而上浮。初放不響，以炭多故。後放銃炸，以硝磺多故。此不可不察也。搗藥之法，要放在銅鑲木臼内，以銅包木杵搗之。復將酸果汁破雨水，或泉水，不時灑濕[1]，使搗有力。搗藥之人，須則勤慎者，莫使毫釐沙土，蒙塵藥内。恐搗熱之際，石能生火。亦不可

1 灑濕，原作“曬濕”。

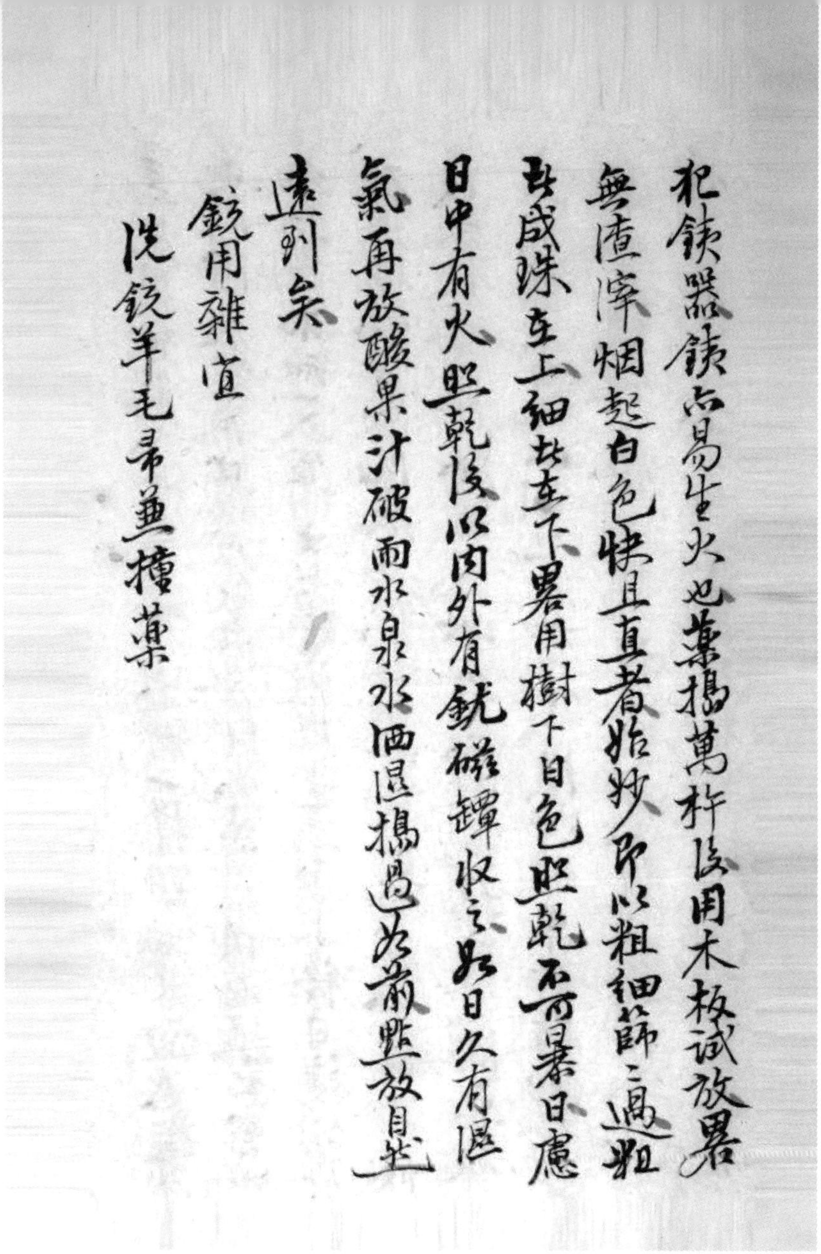

犯鐵器，鐵亦易生火也。藥搗萬杵後，用木板試放，略無渣滓，煙起白色，快且直者始妙。即以粗細篩篩過，粗者成珠在上，細者在下，略用樹下日色照乾。不可暴日，慮日中有火。照乾後，以內外有鈂磁罈[1]收之。如日久有濕氣，再放酸果汁破雨水泉水，灑濕搗過如前，點放自然遠到矣。

銃用雜宜

洗銃羊毛帚兼撞藥

1 有鈂磁罈，當即“有釉磁罈”。

羊毛帚徑如銃口，使帚銃之用。彈前如遇砂土碎石，恐出彈之際，猛烈壞銃。須裝藥之先，以銃帚細細埽之。若連放劇熱，則以此羊毛帚，蘸米醋攪其中，又以帚濡醋潤其外。醋行火斂，不待涼亦可點放。帚柄照銃長贏尺，柄末插以檀木，亦如銃口内徑，以便撞藥實火藥。

裝藥鍬

凡銃藥幾何，即用銅板照銃口空徑大小，作一半員藥鍬。長照銃口空徑五徑，毋使臨時多寡，有誤大事。若猶慮用

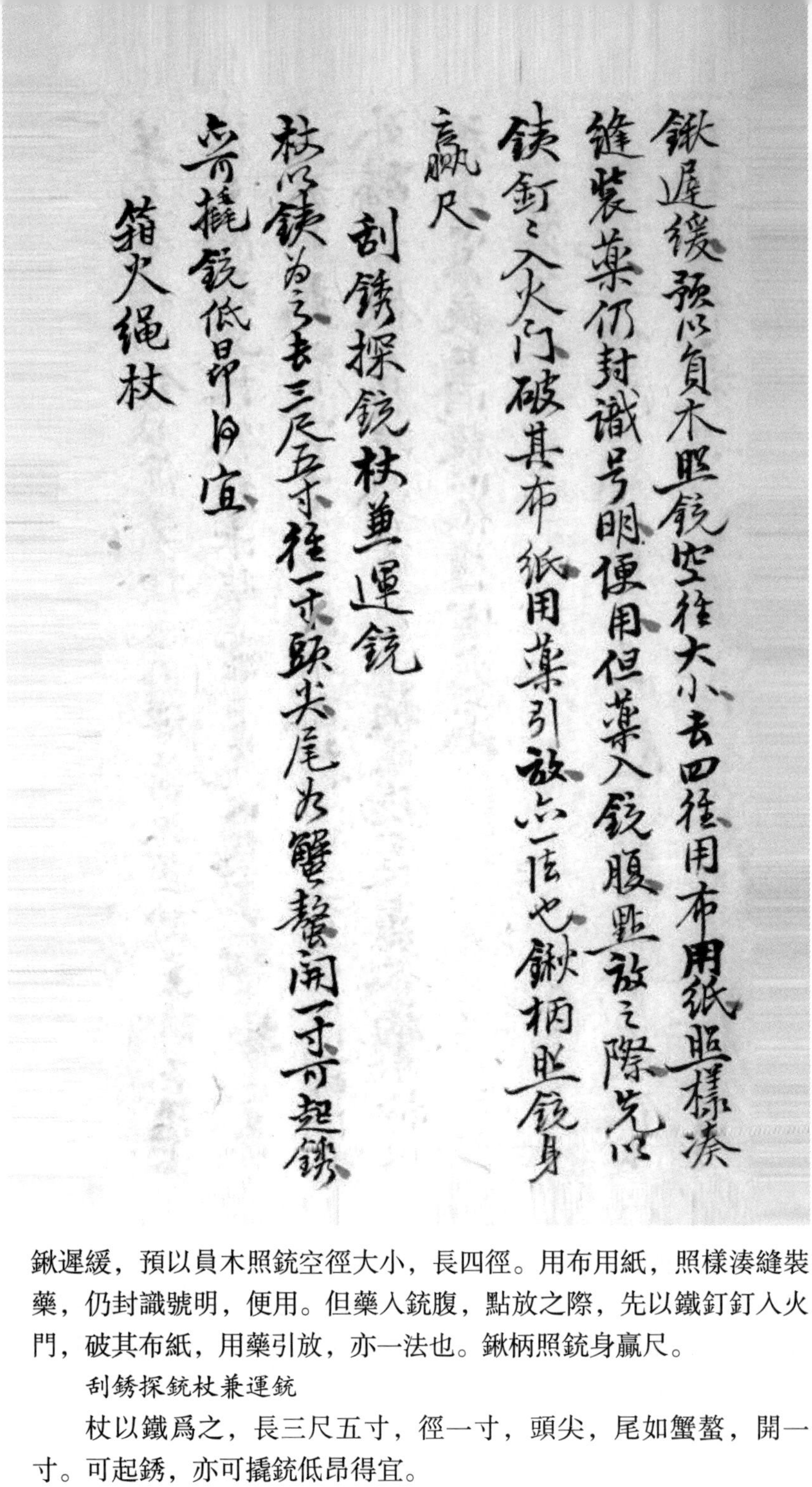

鍬遲緩，預以員木照銃空徑大小，長四徑。用布用紙，照樣湊縫裝藥，仍封識號明，便用。但藥入銃腹，點放之際，先以鐵釘釘入火門，破其布紙，用藥引放，亦一法也。鍬柄照銃身赢尺。

刮銹探銃杖兼運銃

杖以鐵爲之，長三尺五寸，徑一寸，頭尖，尾如蟹螯，開一寸。可起銹，亦可撬銃低昂得宜。

箝火繩杖

箝叉左右各彎長三寸餘，其中直鋭二寸，裝柄處亦兩寸，以銅爲之，以木爲柄。其左右彎兩頭各開槽，以便箝繩點放。火繩□用最嫩榕根搗鬆爲繩，江南則以竹青新綿花爲繩，江北則以麻爲繩，用灰水煎之，俱可用。

起彈鐵盤鑽

鑽長七寸，煉鐵爲之，頭最尖利，盤旋蜿蜒。柄照銃身贏尺。如彈不甚中規，或因誤投，衡撑於不上不下之間，則用此攪之，轉展即出。或因藥銹彈阻，則先用熱湯衝入銃腹，洗

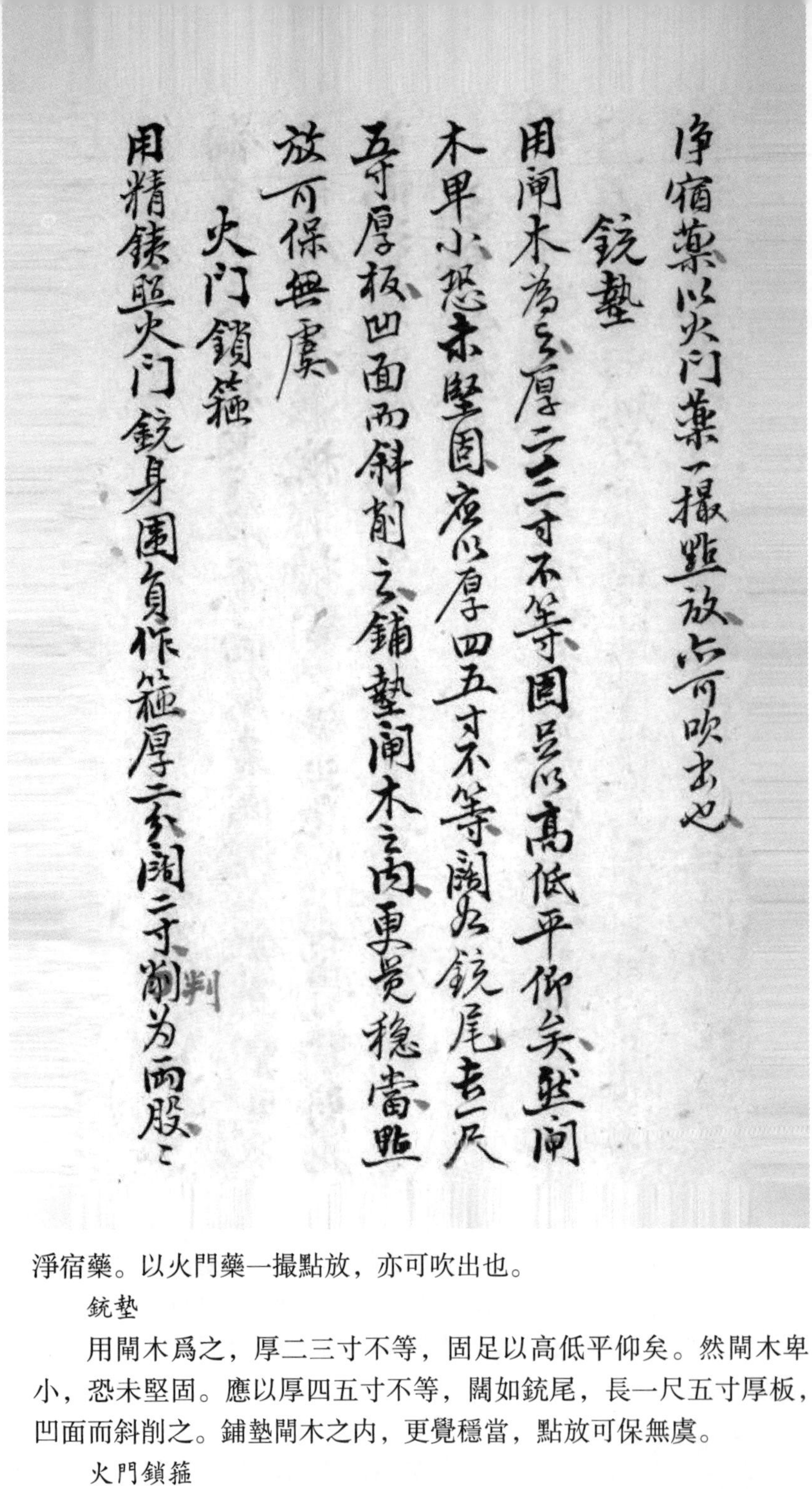

淨宿藥。以火門藥一撮點放，亦可吹出也。

銃墊

用閘木爲之，厚二三寸不等，固足以高低平仰矣。然閘木卑小，恐未堅固。應以厚四五寸不等，闊如銃尾，長一尺五寸厚板，凹面而斜削之。鋪墊閘木之内，更覺穩當，點放可保無虞。

火門鎖箍

用精鐵，照火門銃身圍員作箍，厚二分，闊二寸，判爲兩股，股似半規每股兩端用樞貫以鐵箚聯之爲一以便開闔餘兩股樞以待合而鎖之但鎖爲火門設箍繫銃圍而無根蒂則可上可下故宜近鎖稍偏處增闊見方三寸即於箍之陰方之中豎一鐵柱如火門稍細以便出納鎖時先以柱之股納火門內然後用鎖不惟箍有根蒂不致上下其手其見方增闊亦不致雨水之侵入至於子母戰銃則半托圍上下宜添二箍箍之之中用鐵瓦嵌蓋蓋之中央豎一鐵柱適對鐵門處左右原出有頭箚即頭箚轉展套鐵鐸以

似半規。每股兩端，用樞貫以鐵箚，聯之爲一，以便開闔。餘兩股樞，以待合而鎖之。但鎖爲火門設，箍緊銃圍，而無根蒂，則可上可下。故宜近鎖稍偏處，增闊見方三寸，即於箍之陰方之中，豎一鐵柱，如火門稍細，以便出納。鎖時，先以柱之股，納火門內，然後用鎖。不惟箍有根蒂，不致上下其手。其見方增闊，亦不致雨水之侵入。至於子母戰銃，則半托圍上下，宜添二箍箍之。中用鐵瓦嵌蓋，蓋中央豎一鐵柱，適對鐵門處。左右原出頭箚，即頭箚轉展套鐵鐸，以釘於瓦鎖窾眼，系於鐵箭上也。其子銃，俱用員木如子銃者，長一尺，距三寸處，則削如子銃空徑，便套入撞藥。若平時，則引鑻於火門箍上，以便鎖云。

銃口蓋鎖箍

銃口蓋鎖，折旋如火門箍樞鈕，惟多一蓋，以精鐵爲之。其蓋照銃之外圍，務寬大，覆轉之如繖幃，以避雨水侵灌。蓋徑兩際各系鑻，以一鑻合箍箭鐵處摠結之，以便折疊，以一鑻開兩窾，套兩股，箍以鎖之。但無根蒂，亦可那移[1]。故照銃

1 亦可那移，原作“亦那移”。《西法神機》作“亦可挪移”，據補。

口内圍爲員木，去三寸，釘於蓋之陰，如火門柱，則難於轉移矣。

銃用雜宜式

點放大小銃説

點放欲知幾遠，須爲器以度之。狀如覆鉅，以銅爲之。勾者尺餘，股長一寸五分。以勾股爲運規，心作四分規之一。規心透竅，繫以線，線末用錘。循規邊，勾分十二度。用時，以勾入銃口内，是亦銃之身。以線所值度數，即可知銃彈到處。每高一度，則銃彈到處，較平放更遠。推而至於六度，遠步乃止。高七度，彈反短步矣。假若平放，必須銃身上水銀點滴不走方是，則彈遠到二百六十八步。仰放高一度，則彈較平放，遠過三百二十六步，共五百九十四步。高二度，較一度，又遠二百步，共七百九十四步。高三度，較高二度，又遠過一百六十步，共九百五十四步。高四度，較高三度，又遠過五十六步，共一千零一十步。高五度，較高四度，又遠過三十步，共一千零四十步。高六度，較高五度，又遠過一十三步，共一千零五十三步。以上每度計六尺[1]，此其大略也。諸銃點放平

1 以上每度計六尺，按此處有訛誤。《西法神機・點放大小銃説》作"以上每步幾二尺"。《西洋火攻神器説・西洋點放大小神器略法》作"以上每步計二尺"。明代二尺合 62cm，《祝融佐理》以二尺之"步"對應西書長度單位 paso（約 58cm）。

仰步數，仍悉開於各銃之下。

既知銃高幾度，得至遠步幾何矣。然人於步之遠近，從何測驗，則又當另置一器。器以銅板爲之，見方六寸，上端有兩耳，厚三分，見方一寸，橫竪板面之上，距兩端各一寸。見方之中，鑽一細眼，彼此相平。板面先畫一見方楞，方楞角端爲勾股運心。心繫一線。線末用錘，循規直到規分各十度[1]。同時立表於地，而以銅板端耳兩見方細眼，對視所立表，以及所指之地，以線所值幾何度也。攻打樓臺，飛彪大銃，可踰十度十一度者，亦必以斯器量

1 循規直到規分各十度，按此處有訛誤，似應作“循規直到規分，各十二度”。《西法神機·點放大小銃説》作“循規作四分之一規，分十二度，亦如量銃法”。即將矩度兩直角邊各分十二等分。矩度（Geometric quadrant）形制，詳見《測量法義》。

之，斯點放不誤。

凡彈下銃腹，必須貼藥點放推出，方有力遠到。其彈俱小銃口内徑一運[1]，庶彈易出，而銃不壞也。彈自一斤至八斤者，藥照彈配用。如彈一斤，用藥一斤，彈二斤，用藥二斤。彈自九斤至十七斤者，彈作五分，用藥止四分。如彈九斤作五分，用藥四分，止該七斤三兩二錢。彈十斤作五分，用藥四分，止該八斤。彈自十八斤至二十六斤者，彈作四分，用藥三分。如彈十八斤作四分，用藥三分，止該十三斤八兩。彈十九斤作四分，用藥三分，止該十四斤四兩。彈自二十七斤以上者，彈作三分，用藥二分。

1 一運，《西法神機・點放大小銃説》作"一運（運作線解）"。《西洋火攻神器説・西洋裝彈用藥法》云"凡彈俱要小銃口一運"。《火攻挈要》（莫友芝跋清鈔本）"火攻要略附餘"云銃彈"只許略小一運，仍入銃口内，滚溜無礙，方爲圓厚合式"；"教習裝放次第及涼銃諸法"云"凡彈……筒内上下滚過不礙，止略小一線"。穆尼閣《火法》云"鉛子要小口徑一運"。"運"相當於口徑與彈徑之間的游隙（windage）。

如彈二十七斤作三分，用藥二分，止該十八斤。餘可類推。若彈帶鐵菱、鐵鍊、小鐵彈、碎石者，悉準彈斤兩。其輕重用藥，照前法筭之，然亦皆大略也。諸銃用藥宜增宜減者，仍悉開於各銃之下。

點放大小戰銃合用彈藥平仰步數法

銃腹容彈九斤至十七斤者，名曰半蛇銃。彈藥相勻用，彈以鐵爲之。如彈重十斤者，用藥十斤。平放五百五十步。仰放五千五百步。如彈重十二斤者，用藥十二斤，平放六百步，仰放五千六百步。如彈重十五斤者，用藥十五斤，平放六百五十步，仰放六千一百八十步。

銃腹容彈十八斤至二十五斤者，名曰大蛇銃，亦彈藥相匀用。如彈十八斤者，用藥十八斤，平放七百步，仰放六千八百步。如彈重二十一斤者，用藥二十一斤，平放八百二十步，仰放七千三百五十五步。如彈重二十五斤者，用藥二十五斤，平放九百步，仰放七千二百六十九步。

銃腹容彈二十六斤至三十斤者，名曰倍大蛇銃，亦彈藥相匀用。如彈重三十斤者，用藥三十斤，平放九百十步，仰放七千一百九十步。

大子母戰銃[1]，

1 大子母戰銃，原作"大母戰銃"。據文意改。

彈用鉛鑄者，鉛較鐵重十之三，亦彈藥相匀用。如彈重十斤者，用藥十斤，平放八百二十步，仰放八千二百步。如彈重十五斤者，用藥十五斤，平放九百六十步，仰放九千六百步。

點放大小攻銃合用彈藥平仰步數法

銃腹容彈九斤至十三斤者，名曰半鳩銃[1]。彈作三分，藥用二分。彈亦以鐵爲之。如彈重十斤者，用藥六斤十兩六錢。平放五百步，仰放三千五百四十步。

銃腹容彈十四斤至十八斤者，名曰大鳩銃[2]。彈作三分，藥用二分。如彈重十八斤者，用藥十二斤，平放六百

1 半鳩銃，按《西洋火攻神器説》、《西法神機》，此條應屬鷹隼銃。

2 大鳩銃，按《西洋火攻神器説》、《西法神機》，此條應屬梟啄銃 / 梟喙銃。

步，仰放四千五百八十七步。

銃腹容彈十九斤至三十斤者，名曰倍大鳩銃[1]。彈五分，藥用三分。如彈重二十斤者，用藥十二斤，平放七百步，仰放五千三百八十九步。

銃腹容彈五十斤已上至一百斤者，名曰虎唬銃。彈作十分，藥用五分。如彈重五十斤者，用藥二十五斤，平放二千步，仰放八千九百步。如彈重一百斤者，用藥五十斤，平方四千步，仰放一萬六千步。

飛彪銃，原以照準攻城者。他銃仰放，不得過六度。此銃仰或過十度、十一度。内裝鐵菱、石塊、小鐵彈、毒火砲[2]。復以大石彈封口，彈件

1 倍大鳩銃，按《西洋火攻神器説》、《西法神機》，此條應屬半鳩銃。

2 毒火砲，原作“毒火包”。據《西洋火攻神器説》改。

作三分，藥用二分。如大石彈及鐵菱等件，重一百五十斤者，用藥一百斤。攻城之日，將此銃仰輪[1]於賊城之外，引藥放之，則飛彈驟雨城中，損其城臺屋舍，又何攻不破之有。

點放大小守銃合用彈藥法

銃腹容彈九斤至十二斤者，名曰半象銃。彈藥相匀用。彈以石爲之。先裝以鐵菱、鐵鍊、石塊、小彈、毒火包等件，後以石彈壓之。但鐵菱等件，不得過重石彈。如彈重三斤，鐵菱等重三斤，藥重六斤。餘可類推。

銃腹容彈等十

1 輪，《西洋火攻神器説》作“埋”。

三斤至十八斤者，名曰大象銃。彈等作五分，藥用四分。如彈等重十三斤者，用藥十斤六兩四錢。餘可類推。

銃腹容彈十九斤至二十五斤者，名曰倍大象銃。彈等作四分，藥用三分。如彈等重十九斤者，用藥十四斤四兩。餘可類推。

銃腹容彈等二十六斤至五十斤者，名曰虎踞銃。彈等作三分，藥用二分。如彈重三十斤者，用藥二十斤。餘可類推。以上守銃，彈藥猛烈，推步最多。特我乘臺施放，以逸待勞。俟賊臨近，審定對擊，務必糜爛賊寇後止。故不細開平仰步數也。

放銃規式
量地規式
平放銃式
仰放銃式

附録一　銃臺説

銃臺説[一]　何良燾

今人不知造臺之法，多緣不知用銃之法。謂臺高則銃越人而過，能殺人于遠，不能殺人于近，能遠射彼陣心，不能近顧我臺脚。此爲論銃病根，遂以臺爲廢物。蓋臺有二，有衛城之臺，有衛地之臺。衛城之臺，必在城四隅。正面無月城連築之，有月城者另建之，犄角相望，照准對擊，敵攻我城，則我用左右兩臺救援，敵攻我左臺，則我用右臺救援，攻我右臺，則我用左臺救援。是臺銃不惟顧我臺脚矣。又誰謂止殺人於遠，不能殺人於近乎？而況我於要害之地，預設陷馬坑；女墻之間以懸簾；多備鷹嘴銃、鳥銃、萬人敵、風塵砲。日則遠瞭望，夜則遇警先用明火毬、石榴箭，抛擲城下，虜情自然燭照，又何慮城臺之難守哉！若衛地之臺，必相地勢以爲臺形。如地當平原曠野，則臺形方角。地當曲道險阨，則臺形尖鋭。地當仰高臨下，則臺形半圓。潴水濟渴，擇地耕種，銃臺屹立，便成鎖鑰。是故知用銃之法者，斯可議臺。而況臺法不行，守銃無地，不能用銃。我但無銃之利，不能守，銃反以資敵，而我有銃之害矣。

衛城銃臺法[二]

按，城有不可用銃者三。一曰圓城，謂銃能直放，不能遶放也。二曰直城，謂銃能仰前，不能俯下也。三曰方形馬面臺，謂方臺止能顧城脚，不能顧臺脚也。似此三種，以致賊虜臨城，我銃不及，敵得填濠築土[三]。則所稱衛城之臺，可不于閑暇之時，一究心乎？衛城之臺，不宜築於城正面處，當築于城之四隅，城委角處也。城有五角六角，臺亦宜有五座六座。蓋城委曲處，左右顧盼，歷歷分明，角角有臺，則彼此又互相照應。臺勢鋭形[四]，臺尖踰于馬面臺者十丈，左右尖共廣十五丈。臺城竝高[五]，每臺角厝大銃三門，臺基擊以石礎

〔一〕何良燾《銃臺説》，據范景文輯《戰守全書》卷十守部收録銃臺説、衛城銃臺法（二二a—二五a）、衛地方角銃臺法、衛地尖銃臺法、衛地半圓銃臺法（五一a—五五a），《四庫禁燬書叢刊》子部第三十六册影印崇禎十一刻本，三九六—三九七頁，四一〇—四一三頁。

〔二〕衛城銃臺法，《守圉全書》題作『築造衛城臺銃説　何良燾』，内文亦略有出入，且附有『委角築臺圖』一幅（三二b）。參見韓霖《守圉全書》卷二之一（三一a—三二a），《四庫禁燬書叢刊補編》第三二册影印崇禎九年刻本，四九八頁。

〔三〕敵得填濠築土，《守圉全書》作『故得填濠思逞，筑土内窺，主客勝負，事未可定。』

〔四〕臺勢鋭形，原作『臺勢銃形』。《守圉全書》作『臺式作三角形』。據改。

〔五〕臺尖踰于馬面……臺城竝高，《守圉全書》無此句。

木杵，墊以大石。臺墻砌以磚，用砂、瓦屑、石灰三和土築之。築尺許，以糯米汁沃之，或以片糖汁沃之。日久堅硬如鐵，迸發〔一〕猛銃，可保無虞。臺之中，砌一磚窖，以藏火器。若城門正面有月城者，則城角銃臺僅踰于馬面臺十丈〔二〕，恐左右銃臺，又爲月城所間。宜于城角外，另建方臺而斜形之，以臺角對城角〔三〕，廣袤各十五丈，務必遠過月城，俾左右得相應援，即月城亦在所管顧也。臺開竅于城角，夾以石墻，備防外盜竄入。其築基、砌墻、窔窖如前。每臺之銃，編成字號，鐫以平仰俯放，得至某地成法，庶不至臨期忙迫失措。夫操練衛城臺銃法，與操練衛地臺銃法，理雖一，而勢實殊。何者，衛地銃臺，遠在邊塞，遼闊易於操練，且寓以揚聲振威之意。衛城銃臺，近在市廛，放弹既難，聲聞可駭〔四〕。况銃〔五〕有遠銃，有近銃，一銃有近法，有遠法。知銃方可用臺，乗臺即可識銃，惟在講明照對約度之法而已矣。有志城守者留神焉。

委角築臺圖〔六〕 【圖見後頁】

衛地方角銃臺法

何良燾曰：方角形臺者，取其前後左右，隨處可用銃擊也。故宜於平原曠野，亦宜於山脊要衝。臺高三丈，週四十八丈，以石爲脚，或用磚砌，或用土築，土必石灰、砂、瓦屑，三和爲之。臺墻厚一丈五尺，四隅依方折角，倍厚一丈五尺左右。闊、長各二丈，置大銃於其上，每角六門。臺之後爲大門，門之内搆大屋一間，深二丈，闊二丈，左爲階級，以便人登臺，右爲斜級，以便扯銃，悉廣六尺。

臺之中爲水池，週八丈，深五丈〔七〕，下築底，旁築墻。若遇大石焉而鑿之池，以石爲之底。與墻與緣有缺，則以灰灌之。如遇平原土基，則以方石爲墻，厚二丈，以油灰密塗其罅，墻如臺高，以鵝卵石或小石墊之。其底厚五寸以上，不壓厚，既墊之，復杵之、碓之，不壓堅。既平既堅，又以灰灌之，浮於石而止候其乾，有隙焉而復灌之。石墻先以石灰水遍灑之，乾而後塗以三和細灰塗泥。初塗厚五分，以木擊擊之，欲其平以實。次日又擊之，有罅焉，則以鐵槩槩之，乾則以水沃而槩之，無罅而止。三日以後，皆如之。候其乾十分之六，復以三和灰塗之，厚二分，亦擊之、槩之如前。又候其乾十分之六再以最細三和灰塗之，厚一分亦擊之、槩之如前。欲厚則四塗五塗，任意加之。凡周與底之交，必謹察之，而倍功焉。

〔一〕迸發，《守圉全書》作「送發」。
〔二〕則城角銃臺僅踰于馬面臺十丈，《守圉全書》無此句。
〔三〕之以臺角對城角，《守圉全書》無此句。
〔四〕夫操練衛城臺銃法……聲聞可駭，《守圉全書》無此句。
〔五〕况銃，《守圉全書》作「夫鑄銃」。
〔六〕委角築臺圖書影據《守圉全書》卷二之一「築造衛城臺銃説」，三二b。
〔七〕五丈，似當作「五尺」。

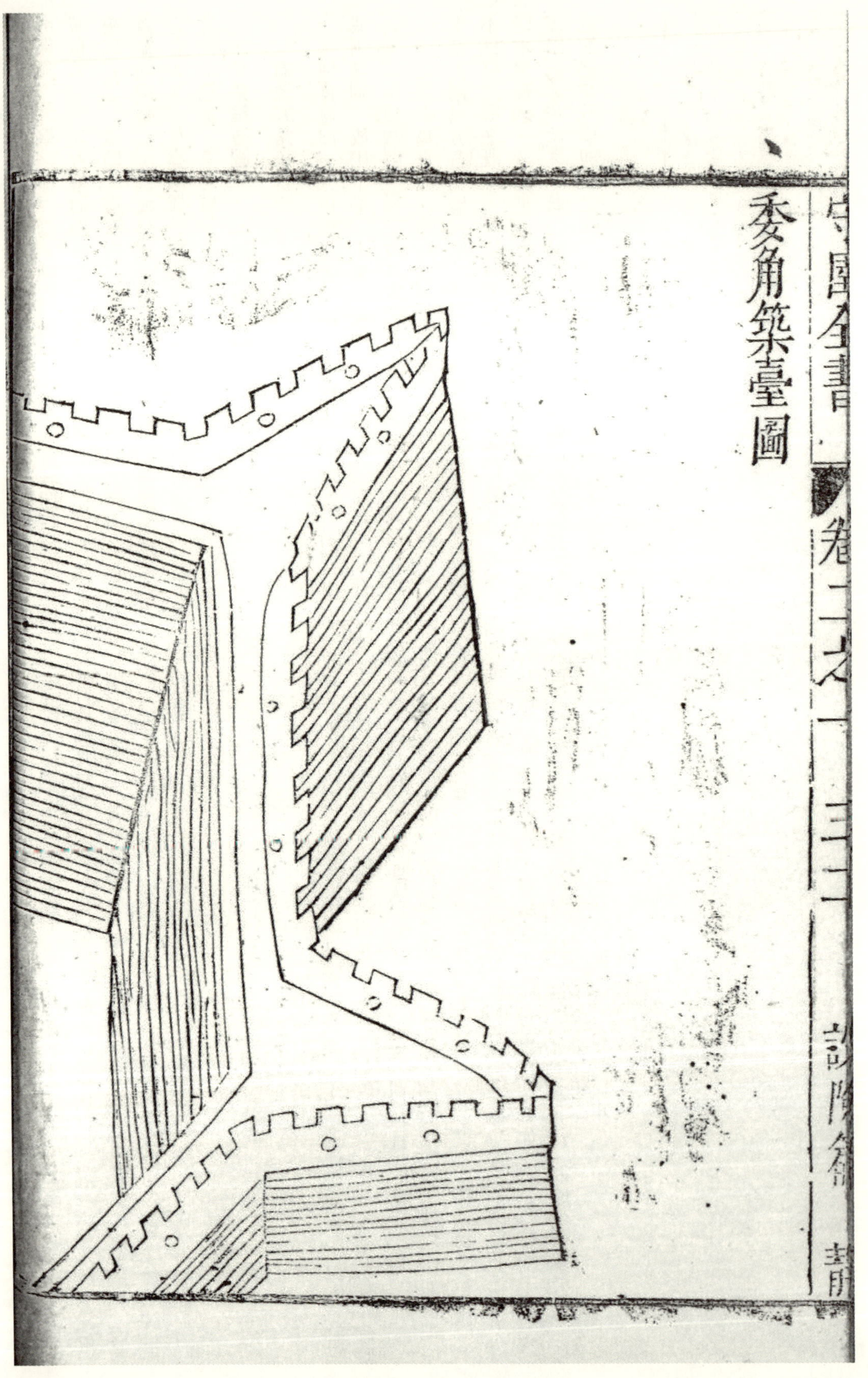
守圉全書　卷二之一　三二　設險篇
委角築臺圖

池之上，則用木爲柵，以拉人足，池墻左右，各搆磚屋，闊二丈，長五丈，高二丈五尺，以爲之藥窖。旁通一穴于臺墻，內寛外窄，用鐵作楞，以宣其氣，以露其光。磚屋之上，以土填平，與池墻臺墻等，使人登臺不知有磚屋也。磚屋之門，竅于臺面，用石級遞砌，而下闊六尺。池墻之前，以土填平爲臺，面内砌一暗溝，深七尺、闊二尺，從臺面週臺底，通小竇於臺脚，砌以方石，塗以三和灰，以便放臺面容水。臺面四週俱用女墻，高二尺，厚二尺，以平仰俯放大砲不碍爲法。

臺面之前之左右，搆瓦屋十五間，中爲公舘，左右以藏糧束，守臺軍丁百名，縻以重餉。平於束草於野〔一〕，登臺用彈，以試彈之到否中否。試驗純熟，臨敵自然照準多殺。臺基四週，削築深壍，布爲護基。護基之上，搆營房二十間，凡軍丁炊爨悉在焉，不得進臺，以遠火也。每夜輪番軍丁八名，以守基之四角。臺門蔽以短墻，使人不得窺内。卒登臺側左右，量地遠近，畫爲營盤，掘濠建屋，各出自安插或將五百或將一千，無事則議耕牧，可免輸運，爲久屯之計。有事則臺銃先其聲，而兩營張其翼，正所謂節制之師也。然必得地以護銃，而後可藉器以護人，造臺者慎之哉。

衛地尖銃臺法

尖銳〔二〕形臺者，取其一路迸發，可阻截銃擊也。故宜于曲道險阻。蓋曲道，則我臺有間道應援，險阨，則敵虜無攀蹬可及。然必度我臺下，素爲虜所必經之地。而後削崗爲墻，據頂爲臺，有不足處，或鑿石或以三和土補之。臺高數丈，前高後低，形勢三角。每大銃三門。一角當其前，兩角翼其後。前角至後左右角，長十丈。後角自左至右，廣八丈。前角如鳥首，只取銳形〔三〕。後角如鳥翼，故每角又依角倍角一丈，折長二丈。臺門在後，左右角之中門之内，搆屋一間，深闊各二丈，左爲階級，以便人登臺，右爲斜級，以便扯銃，悉廣六尺。臺之前爲方池，週四丈，深五尺，拉攔木干上，其石砌鑿磋塗擊，如方角形臺方池之法。臺之中搆一磚屋，以爲火藥窖，闊長三丈。磚屋之高，以土填平爲臺面。磚屋之門，竅于臺面，用石級遞砌，而下闊五尺。磚屋之上，即搆瓦屋六間，以藏糧束。砌暗溝一條，以出臺面客水。臺緣俱築女墻，高二尺，厚二尺，亦以平仰俯放大銃，不磚〔四〕爲法。守臺軍丁五十名。平時登臺，照準點放操練銃法。臺門通間道蔽以短墻。臺後搆營房十間，凡軍丁炊，不得進臺。每夜輪流四名更值。似此曲處險阨之處，必多層巒叠嶂，得按是法，而星棋布列焉。一逢警報，彼此聲援，截殺阻遏，虜將何術而能飛渡耶。

〔一〕平於束草於野，參照下文，意指設立標靶，似當作『平時束草於野』。
〔二〕尖銳，原作『尖銃』。
〔三〕銳形，原作『銃形』。
〔四〕磚，似當作『碍』。

衛地半圓銃臺法

半圓形臺者，取其扇布四散，可抽叠銃擊也。故宜于仰高臨下，凡山谷極衝，及依山帶海之處，皆宜築此臺式。臺爲三級，或二級，級每高一丈，起自山腰。初級左右徑直十五丈，列大銃九門，臺緣女墻高二尺，厚二尺。二級左右徑直十二丈，列大銃七門，臺緣女墻高二尺，厚二尺。三級左右徑直九丈，列大銃五門，臺緣女墻高二尺，厚二尺。其臺墻不以石築，即以三和土築之。三級之巔，搆以瞭房五間。空以藥窖，藏以糧束。其水池，山腰或能引泉注潴，尤稱至便。如其不能，則亦如方角形臺，鑿池砌墊，塗碪擊槩之法，深廣如之。級各有石梯，或偏左，或偏右，以達於臺側之營房。守臺軍丁七十名，營房十四間，一切炊爨，悉在焉。每夜輪流軍丁每級二名更值。如遇賊警，則先放初級大銃五門，二級大銃四門，三級大銃三門。次放初級〔一〕大銃四門，二級大銃三門，三級大銃二門。乘臺用銃，抽叠更放。藥自口出，一丈之外，其徑十倍，十丈之外可推而知。而况數彈齊發，兼以高下相因，遠近同斃，虜有不焦爛糜肉者未之有也。

〔一〕初級，原作「三級」，據前文例改。

附録二　數據比較表

説明：以下表格十五種，據《祝融佐理》（簡稱祝）、《西法神機》（簡稱西）、《西洋火攻神器説》（簡稱火）、《火攻挈要》四種著作整理彙總，羅列火器尺量、射程相關數據。表八、表九分别插入 Luys Collado《實用砲學手册》（*Pratica Manuale di Arteglieria,* 1586, fol. 50r）, Diego de Pradoy Tovar《砲學指南》（*La Obra Manual y Platica de la Artillería*, 1603, 第二卷第十章射程表）二書相關内容，與《祝融佐理》、《西法神機》、《西洋火攻神器説》三書射程數據對比。《祝融佐理》等書將射程单位『步』定義爲二尺，約 64 釐米，接近西書之射程單位 paso，與一步合五尺之傳統標準有别。關於火砲參數的討論，可參閲鄭誠《〈祝融佐理〉考——明末西法砲學著作之源流》,《自然科學史研究》第三十一卷第四期，二〇一二年，頁四五七—四八三。

表一　漢籍三書詳略對比表

	祝融佐理	西洋火攻神器説	西法神機
銃身尺量	詳	略	詳
銃車尺量	詳	無	略
彈藥用量－射程數據	詳	詳	詳
火藥配方	詳	略	詳

表二　《祝融佐理》火砲參數

名稱	口徑（寸）例	倍徑*	彈量（斤）	銃身材質
大小戰銃	3, 5	33	1–30 / 9–30	鐵，銅
大子母戰銃	3	（25–28）	10, 15	熟鐵
大小攻銃	5	17, 18	9–30	内层熟鐵外层生鐵，銅
虎唬銃	7, 8, 20	23–25	50–100	銅，上號生鐵
飛彪銃	20	4, 5	＞100	上號生鐵
大小守銃	3	17, 18	1–6（A）, 7–25（B）	A 熟鐵，B 内层熟鐵外层生鐵
虎踞銃	5, 10	18, 25	26–50	銅

（* 銃口至火門距離與口徑之比）

表三　《西法神機》火砲參數

名稱	口徑（寸）例	倍徑	彈量（斤）	銃身材質
大小戰銃	3, 5	33	9–25	——
大佛狼機銃	5	50–55	10, 15	——
小佛狼機	1	50	——	熟鐵
大小攻銃	5, 10	17, 18	9–60	——
虎唬銃	15	23–25	60–100	——
飛彪銃	20	4, 5	150	——
大小守銃	3	17, 18	6–25	——
虎踞銃	——	——	26–50	——

表四 《西洋火攻神器説》火器參數

名稱	口徑（寸）例	倍徑	彈量（斤）	銃身材質
大小戰銃	3	33	9–40	銅，生鐵
佛狼機銃	1	50–55	4.8–6.4 兩	熟銅，熟鐵
大佛狼機	——	50–55	1–4	熟銅，熟鐵
鳥銃	——	（長 30–35 寸）	0.6–0.7 兩	熟鐵
大鳥銃	——	（長 40 寸）	1.2–1.6 兩	熟鐵
大小攻銃	5, 10	17, 18	9–60*	銅
虎唬銃	15	23–25	60–100	——
飛彪銃	20	4, 5	150	——
大小守銃	5, 10	17, 18	6–25	銅
虎踞銃	——	——	26–50	銅

（* 原書有脱文，部分數據補自《西法神機》）

表五 戰銃比較表（culebrina）

祝融佐理	西洋火攻神器説	西法神機	彈量
半蛇銃	半蛇銃	半蛇銃	9–17 斤
大蛇銃	大蛇銃	大蛇銃	18–25 斤
倍大蛇銃	倍大蛇銃	——	26–30 斤（祝）;26–40 斤（火）
大子母戰銃	——	大佛郎機銃	10 斤，15 斤
——	佛狼機銃	——	4.8–6.4 兩
——	大佛狼機銃	——	1–4 斤

表六 攻銃比較表（cañon）

祝融佐理	西洋火攻神器説	西法神機	彈量（斤）
半鳩銃【應作鷹隼銃】	鷹隼銃	鷹隼銃	9–13
大鳩銃【應作梟啄銃】	梟啄銃	梟喙銃	14–18
倍大鳩銃【應作半鳩銃】	半鳩銃【有題無文】	半鳩銃	19–30（祝）;19–28（西）
——	——	大鳩銃	29–39
——	——【殘存後半】	倍大鳩銃	40–60
虎唬銃	虎唬銃	虎唬銃	50–100（祝）;61–100（火、西）
飛彪銃	飛彪銃	飛彪銃	150

表七 守銃比較表（cañon）

祝融佐理	西洋火攻神器説	西法神機	彈量（斤）
半象銃	半象銃	半象銃	9–12（祝）;6–12（火、西）
大象銃	大象銃	大象銃	13–18（祝、火）;12（西）
倍大象銃	倍大象銃	倍大象銃	19–25
虎踞銃	虎踞銃	虎踞銃	26–50

表八　射程比較表・甲

文獻出處	火砲名稱	彈量	0°	7.5°	15°	22.5°	30°	37.5°	45°
Collado	falconetto	3	268	594	794	954	1010	1040	1053
祝融佐理	——	——	268	594	794	954	1010	1040	1053
西法神機	——	——	268	594	794	954	1010	1040	1053
西洋火攻神器説	——	——	268	594	794	954	1010	1040	1053

（彈量單位:lb / 斤；射程單位:paso / 步；一步合二尺）

表九　射程比較表・乙

文獻出處	火砲名稱	彈量	0°	7.5°	15°	22.5°	30°	37.5°	45°
Prado	falconete	2	330	704	1408	2112	2640	2970	3200
祝融佐理	——	——	——						——
西法神機	——	——	——						——
西洋火攻神器説	大佛狼機銃	1–2	320						3200
Prado	falconete	4	400	880	1760	2640	3300	3712	4000
祝融佐理	——	——	——						——
西法神機	——	——	——						——
西洋火攻神器説	大佛狼機銃	4	400						4000
Prado	sacre	6	450	990	1980	2970	3742	4176	4500
Prado	media culebrina	8	500	1100	2200	3300	4125	4640	5000
Prado	media culebrina	10	550	1210	2420	3630	4837	5104	5500
祝融佐理	半蛇銃	10	550						5500
西法神機	半蛇銃	10	550						5500
西洋火攻神器説	半蛇銃	10	550						5500
Prado	media culebrina	12	600	1320	2640	3960	4750	5346	5700
祝融佐理	半蛇銃	12	600						5600
西法神機	半蛇銃	12	600						5600
西洋火攻神器説	半蛇銃	12	600						5600
Prado	culebrina	15	650	1430	2860	4290	5150	5720	6180
祝融佐理	半蛇銃	15	650						6180
西法神機	半蛇銃	15	650						6180
西洋火攻神器説	半蛇銃	15	650						6180
Prado	culebrina	18	700	1487	2974	4516	5419	6380	6800
祝融佐理	大蛇銃	18	700						6800
西法神機	大蛇銃	18	700						6800
西洋火攻神器説	大蛇銃	18	700						6800
Prado	culebrina	20	720	1560	3150	5000	5990	6587	7200
祝融佐理	——	——	——						——
西法神機	大蛇銃	20	720						7200
西洋火攻神器説	大蛇銃	20	720						7200

续表

Prado	culebrina	22	800	1737	3466	5548	6469	7120	7355
祝融佐理	大蛇銃	21	820						7355
西法神機	大蛇銃	22	820						7210
西洋火攻神器説	大蛇銃	27	820						7355
Prado	tercio cañon	12	500	1033	2066	2581	3064	3300	3300
祝融佐理	半鳩銃[1]	10	500						3540
西法神機	鷹隼銃	10	500						3540
西洋火攻神器説	鷹隼銃	10	500						3540
Prado	medio cañon	16	600	1280	2560	3400	3980	4246	4380
祝融佐理	大鳩銃[2]	18	600						4587
西法神機	梟喙銃	18	600						4387
西洋火攻神器説	梟啄銃	18	600						4387
Prado	medio cañon	20	700	1540	3080	3620	4090	4526	5389
祝融佐理	倍大鳩銃[3]	20	700						5389
西法神機	半鳩銃	20	700						5389
西洋火攻神器説	——	——	——						——
Prado	medio cañon	25	750	1600	3200	3800	4434	4800	5600
Prado	cañon	30	800	1866	3421	4227	4636	4814	4900
祝融佐理	——	——	——						——
西法神機	大鳩銃	30	800						4900
西洋火攻神器説	——	——	——						——
Prado	cañon	35	850	2040	3570	4284	4613	4766	4834
祝融佐理	——	——	——						——
西法神機	大鳩銃	35	850						4834
西洋火攻神器説	——	——	——						——
Prado	cañon	40	900	2220	3700	4316	4490	4780	4792
祝融佐理	——	——	——						——
西法神機	倍大鳩銃	40	900						4622
西洋火攻神器説	【殘缺前半】	——	——						4622
Prado	cañon	45	950	2400	3800	3947	4464	4620	4700
祝融佐理	——	——	——						——
西法神機	倍大鳩銃	46	950						4728
西洋火攻神器説	倍大鳩銃	46	950						4728
Prado	cañon	50	1000	2500	3900	4000	4486	4550	4660
祝融佐理	——	——	——						——
西法神機	倍大鳩銃	50	1000						4655
西洋火攻神器説	倍大鳩銃	50	1000						4655

（彈量單位:lb / 斤；射程單位:paso / 步；一步合二尺）

1 半鳩銃，應作鷹隼銃。

2 大鳩銃，應作梟啄銃。

3 倍鳩銃，應作半鳩銃。

表十　射程比較表・丙[*]

	祝融佐理	西法神機	西洋火攻神器説
大蛇銃	25，平 900，仰 7269[**]	——	25，平 900，仰 7269
倍大蛇銃	30，平 910，仰 7190	——	30，平 980，仰 7190
大子母戰銃（祝）	10，平 820，仰 8200	10，平 820，仰 8200	——
大佛郎機銃（西）	15，平 960，仰 9600	10，平 960，仰 9600	
以上戰銃			
虎唬銃	50，平 2000，仰 8900	70，平 2000，仰 8900	——
	100，平 4000，仰 16000	100，平 4000，仰 16000	——
飛彪銃	150	150	150
以上攻銃			
鳥銃	——	——	0.6–0.7 兩，平 80，仰 430
大鳥銃	——	——	1.2–1.6 兩，平 200，仰 1000

（*《砲學指南》所無條目；** 即用彈 25 斤，平射 900 步，45 度仰射 7269 步。餘可類推）

表十一　《西法神機・西洋神器》火砲參數

	口徑	銃口壁厚[*]	底圍	通長[*]	銃口至火門[*]	倍徑[**]
一號銃	0.27	0.21	3.42	8.19	7.19	26.6
二號銃	0.26	0.21	3.4	7.42	6.52	25.1
三號銃	0.24	0.16	2.95	6.75	6.15	25.6

（單位：尺。* 計算值；** 銃口至火門距離與口徑之比）

一一五

表十二　《西法神機・西洋神器》射程表

	彈量	藥量	0	7.5°	15°	22.5	30°	37.5°
一號銃	4	4 或 2	480	1000	2000	2800	3400	4700
二號銃	同上	同上	——	——	——	——	——	——
三號銃	2	2	400	880	1770	2650	3860	4000

（重量單位：斤。射程單位：步。一步合二尺）

表十三　《西法神機・西洋神器車》銃車參數

	西洋神器車一號	西洋神器車二號	西洋神器車三號
車墻・長	8.9	8.9	7.7
車墻・墻頭高	2	2	1.7
車墻・墻尾高	1	1	1.1
車墻・厚	0.33	0.33	0.25
車軸・長	5.3	5.3	4.5
車軸・見方	0.6	0.6	0.5
車輪・徑	3.6	3.6	3

（單位：尺）

表十四 《火攻挈要》火砲參數

名稱	口徑（寸）	倍徑	彈量（斤）
戰銃	3–4	33	——
飛龍銃	3–5	55	——
家銃	5	8	——
噴銃	10	4	——
攻銃	4–6	18–22	10–50
虎唬銃	6–10	20	50–100
獅吼銃	10–15	15	100–300
飛彪銃	20	4	——
守銃	3–5	16–18	4–10

表十五 《火攻挈要》射程表

名称	彈量	0°	7.5°	15°	22.5°	30°	37.5°	45°
三號大銃	3–4	400	800	1400	1800	2000	2100	2150
二號大銃	6–7	700	——	——	——	——	——	3500
頭號大銃	9	1000	——	——	——	——	——	5000
頂尖飛龍戰銃	20	7–8(里)	——	——	——	——	——	30(里)
攻銃	10–40	500	——	——	——	——	——	1500–5000
小銃狼機	0.5–2	300–500	——	——	——	——	——	2000–3000
大銃狼機	3–5	700–800	——	——	——	——	——	3000–4000
鳥機、鳥鎗	——	100	——	——	——	——	——	300
火箭	——	100	——	——	——	——	——	300

（彈量單位：斤；射程單位：步）

西法神機

本書據中國科學院自然科學史研究所圖書館藏光緒二十八年刻本影印。原書高二六八毫米，寬一六五毫米。半葉版框高一九八毫米，寬一三六毫米。

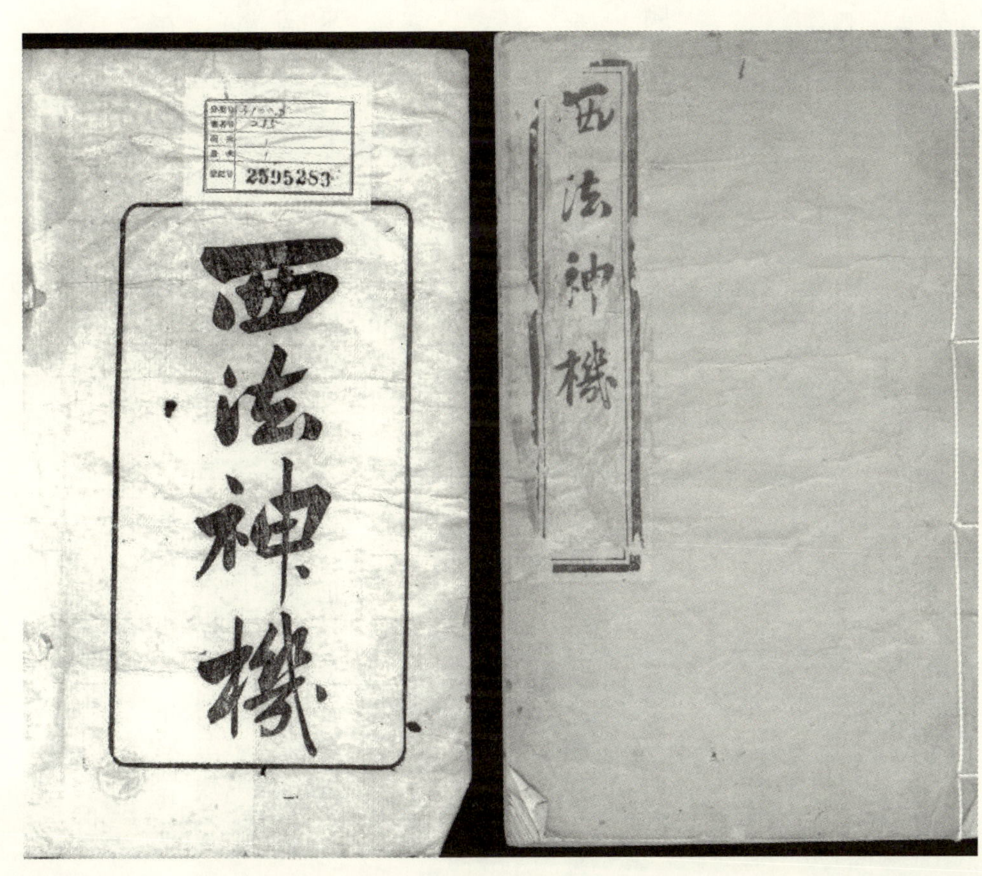

整理說明

《西法神機》二卷，明孫元化著。孫元化（一五八三—一六三二），字初陽，號火東，嘉定人。十九歲（一六〇一）入上海縣學，師事徐光啓（一五六二—一六三三）。後爲國子監生，萬曆四十年（一六一二）順天中舉，此前已領洗入天主教〔一〕，教名依納爵（Ignatius）。天啓二年（一六二二），孫元化投筆從戎，出任軍需贊畫，先後在王在晉、孫承宗（一五六三—一六三八）幕中爲參謀，三年返回兵部，歷任主事、員外郎，力主採用西式火砲、構築西式銃臺，對抗後金。六年三月，孫氏以原官授遼東軍前贊畫，再次出關，與袁崇煥共議守城事宜，並負責督造西洋砲，同年六月回部。天啓七年二月，閹黨矯旨控元化營謀贊畫一職，施以『冠帶閑住』之處分。崇禎三年（一六三〇）六月，陞任登萊巡撫，招募葡萄牙軍士，教習火器，訓練砲兵部隊。同教王徵（一五七一—一六四四）任遼海監軍道僉事、張燾（？—一六三二）官東江前協副總兵，相與助之。登州一時成爲『東陲之西學堡壘』〔二〕。崇禎五年（一六三二）正月，吴橋兵變之孔有德叛軍攻陷登州，孫氏被執，三月釋歸。同年七月，因兵變失城之罪，孫元化與張燾於京師棄市。〔三〕

孫元化生平著作頗多，大半散佚。僅見於著録或已失傳者，計有《水一方人集》、《周禮類編》、《離騷解》、《三古姓繫彙譜》、《經武全書》、《西學雜著》、《幾何用法》；完整傳世，或部分篇章殘存者，計有《勾股義》、《太西算要》、《幾何體論》、《贊遼稿略》、《西法神機》，以及協助耶穌會士編譯筆録之《日晷圖法》、《晝答睡答》。

《西法神機》上下二卷，約兩萬一千字，傳世僅見光緒二十八年（一九〇二）刻本，題『嘉定孫元化火東氏著』。〔四〕半葉十行，行二十二字，白口，單魚尾，左右雙邊。書前有康熙元年（一六六二）金造士題記，書後附光緒二十八年楊恒福跋語。綜合二人之説，孫元化被處決後，兵事著作多爲家人焚棄，幸而中表王式九預留此書副本，遞傳至嘉定金造士。康熙元年，金造士録副『以示同學』。光緒年間，金氏家藏本爲同邑葛起鵬（字味荃）所得，出示楊恒福，並付剞劂。按，金造士（一六四三—一七〇二後），字民譽，善繪事，與吴歷

〔一〕張世偉《登撫初陽孫公墓誌銘》，《張異度先生自廣齋集》卷十二，十四a—二六b，《四庫禁燬書叢刊》集部第一六二册影印崇禎十一年刻本，三六五—三七一頁。

〔二〕方豪《中西交通史》，上海：上海人民出版社，二〇〇八年，五四三—五四四頁。

〔三〕孫元化生平，參閱黄一農《天主教徒孫元化與明末傳華的西洋火砲》，《中央研究院歷史語言研究所集刊》第六七本第四分，一九九六年，九一一—九六六頁。

〔四〕孫元化《西法神機》二卷，《中國科學技術典籍通匯·技術卷》第五册影印中國科學院自然科學史研究所圖書館藏光緒二十八年刻本。此外，上海圖書館（線普長44091）、南京圖書館（GJ/3009514）、京都大學人文科學研究所圖書館藏有同版光緒刻本。

（一六三二—一七一八）交厚，亦是天主教徒〔一〕。楊恒福、葛起鵬乃同治光緒間嘉定知名紳士。〔二〕《西法神機》至少經過王式九、金造士兩次重鈔。光緒刻本中標明『金氏』注解、補圖數處。卷下末尾正文中混入康熙三十五年（一六九六）時事，似係金造士手筆。〔三〕

光緒本《西法神機》拼湊痕跡明顯，實爲一部未定稿。該書的主要素材，源自何良燾《祝融佐理》、孫元化《贊遼略稿》及其它筆記〔四〕。孫氏生前未及排比定稿，後世輾轉傳抄，脱漏訛奪不少。其中大約一半篇幅，與另一部西學火器專著《祝融佐理》存在明顯的對應關係。《祝融佐理》全書凡二十三節，內有十四節，可在《西法神機》中發現對應條目。至於敘述繁簡，文字措辭，兩書多有出入。例如《祝融佐理》內有七節分別論述七種銃車構造比例、配件參數（約五千三百字）。《西法神機》僅『造銃車説』一節，先將戰銃（含大佛郎機）、攻銃（含虎唬銃銃車）形制綜合敘述，又略述守銃銃車形制，實際僅介紹五種銃車（約一千三百字），相對《祝融佐理》，缺少飛彪銃（臼砲）砲座、虎踞銃銃車相關內容，應是根據《祝融佐理》縮編而成。《祝融佐理》論述火砲構造各節，均簡要説明材料、工藝，爲《西法神機》相應各節所無。這種體例上的變動，似是有意爲之。又如《祝融佐理》內『虎踞銃尺量法』（約五百字）雖爲《西法神機》所無，然《西法神機》卷下『點放大小守銃合用彈藥法』（《祝融佐理》略同）尚有虎踞銃彈藥用量數據，可見《西法神機》原書本應包含『虎踞銃尺量法』，當是傳鈔失落。《西法神機》卷下『點放大小銃説』（《祝融佐理》略同），提及『徐宮詹之《幾何編》、《測量法》，及李太僕《容圓較義》、《同文算指》』〔五〕，應是孫元化加筆。根據徐光啟、李之藻二人仕履，可知此語應寫於天啟二年至七年間。〔六〕

何汝賓編《兵録·西洋火攻神器説》（崇禎元年刻本）保存了《祝融佐理》傳抄本失落的火砲插圖，摹自西班牙軍事工程師 Collado 所著《實用砲學手册》（一五八六）。《西法神機》原有之火砲圖也應出自《祝融佐理》。然而光緒本《西法神機》的火砲插圖樣與《西洋火攻神器説》差別較大，顯係重繪。此外，《西法神機》中『銃臺圖説』、『火藥庫圖説』以及部份無題段落，大都摘自天啟二年孫元化在山海關任職時呈文，曾收入《贊遼略稿》。『銃臺圖説』第一、第三圖顯誤，另兩圖比例失調，當是後人臆測補繪。

〔一〕方豪《中國天主教史人物傳》，上海：天主教上海教區光啟社，二〇〇三年，四〇二—四〇三頁；吴歷著，章文欽箋注《吴漁山集箋注》，北京：中華書局，二〇〇七年，一三二頁，四九四頁，六一六頁，六二四頁。

〔二〕范鍾湘等修（民國）《嘉定縣續志》卷十一，二b—三a，十七a，民國十九年鉛印本。

〔三〕《西法神機》卷下（二五b）末節述一火砲事故，謂『丙子年范制台任中曾有此事』。按崇禎丙子（一六三六），孫元化已去世四年。康熙丙子（一六九六），兩江總督（制台）爲范承勳。范氏任中（一六九四—一六九八）恰有造紅夷砲之舉。參閲康熙三十七年五月十六日工部尚書薩穆哈題本：《題覆［兩江總督］范承勳請銷造换京口紅彝砲位繩索用過麻觔人夫銀兩比前造浮多應照例逐一核減具題到日再議》。中央研究院歷史語言研究所内閣大庫檔案檢索：http://archive.ihp.sinica.edu.tw/mctkm2/index.html

〔四〕例如《西法神機》卷上（二一b—二二a）『銃有用銅者，有生鐵者，有熟鐵者』云云，出自《贊遼略稿·論台銃事宜書》；『佛郎本西洋國名』及『虎蹲銃』（二二一a—二三a）云云，出自《贊遼略稿·改造火器呈》。《贊遼略稿》原書久佚，韓霖《守圉全書》（崇禎九年刻本）摘録其中九篇。對比《西法神機》所摘四篇，可知光緒本文字有頗多顛倒錯漏。

〔五〕《幾何編》、《測量法》、《容圓較義》，當即《幾何原本》、《測量法義》、《圜容較義》。

〔六〕相關考證，參見鄭誠《〈祝融佐理〉考——明末西法砲學著作之源流》，《自然科學史研究》第三十一卷第四期，二〇一二年，第四五七—四八三頁。

本次整理《西法神機》，底本採用中國科學院自然科學史研究所藏光緒二十八年刻本。重分段落，並加新式標點。異體字略作統一。部分段落新擬標題，外加粗括號（【】）。原書雙行小字改作單行小字。原作無目録，整理本冠以新編總目。附録一《輯本贊邃稿略》，凡九篇八千字，輯自《守圉全書》崇禎九年刊本。附録二《孫元化著述目録》，乃就胡道静編《孫元化著述目》略作增訂。〔一〕

〔一〕胡道静編《孫元化著述目》，收入薄樹人編《中國傳統科技文化探勝》，北京：科學出版社，一九九二年，二七—二九頁。

新編目録

西法神機

此書爲我嘐孫中丞所著蓋泰西利瑪竇所傳也先生好
奇略啓禎間從軍遼左洊升登萊巡撫歷數戰皆火攻取
勝其法甚秘迨吳橋激變禍生肘腋中丞歸朝待罪其後
人痛之凡著作之有關兵事者輒焚棄而火攻一法亦鮮
有傳者幸中丞中表王公式九預留副本遞傳及余且三
十年矣因錄之以示同學康熙元年四月嘐城金造士民
譽識於古香草堂

西法神機 卷上

西法神機

此書爲我嘐孫中丞所著，蓋泰西利瑪竇所傳也。先生好奇略，啟禎間從軍遼左，洊升登萊巡撫，歷數戰，皆火攻取勝，其法甚秘。殆吳橋激變，禍生肘腋，中丞歸朝待罪。其後人痛之，凡著作之有關兵事者輒焚棄，而火攻一法亦鮮有傳者。幸中丞中表王公式九預留副本，遞傳及余，且三十年矣。因録之以示同學。康熙元年四月嘐城金造士民譽識於古香草堂。

西法神機卷上

嘉定孫元化火東氏著

泰西火攻總說

夫物之不精必需人之巧既精矣有獨力爲用者有相需
爲用者若銃車彈藥咸求其精必相需以爲用焉顧一銃
也精於理者能知亦精於理者能造成之不易煉之更難
若質理粗疏似無罅隙而藥猛火烈立見分崩究其鼓鑄
之初未推物理之妙耳夫銅鐵之質理猶人之肌理也人
肌理不密則外邪可侵如銅粗疏即火藥易炸鐵理較銅
更疏兼有土性非煉去其土則湊理不合而性不純鑄鐵

西法神機 卷上 一

西法神機卷上

嘉定孫元化火東氏著

泰西火攻總說

夫物之不精，必需人之巧，既精矣，有獨力爲用者，有相需爲用者，若銃車彈藥，咸求其精，必相需以爲用焉。顧一銃也，精於理者能知，亦精於理者能造。成之不易，煉之更難，若質理粗疏，似無罅隙，而藥猛火烈，立見分崩。究其鼓鑄之初，未推物理之妙耳。夫銅鐵之質理，猶人之肌理也。人肌理不密，則外邪可侵。如銅粗疏，即火藥易炸。鐵理較銅更疏，兼有土性，非煉去其土，則湊理不合，而性不純。鑄鐵比銅更爲不易，非若銅之有金銀精氣也。紅銅百斤，可煉出赤金二兩，又出山之銅礦，與銀同脉。故云，有金銀精氣。銅出礦時，被人採去金銀之氣，而以鉛補之。今欲鍊用，必裒其鉛，而益以銀，庶合本來天性。如謬以錫代，傷於柔矣。工於斯者，必按火候，審成色，幼而習之，以至於老，鑄百得一，即爲國手。摩其式，則根株大如斗，口徑小如升，身不及丈，兩傍有耳，耳至口即三分身度之二，其火門至底，咫與尺之間，此大略也。若銃最大者，口可容人出入也。

初試用大木二入土丈餘，夾銃而固縶之，實藥與彈，較常加倍，點放數旬，完固不變，則永無炸損，斯成有用之器。

夫駕銃以車節其不偏不倚之勢因勢卻行以殺其彈藥出口之烈將發軔而以椿其節短矣既猛烈而益以彈藥其勢險矣勢險節短利器由是而別使臨敵者氣定心專而無炸損之慮戰必勝守必固矣然必車製合宜如獨木刳成而後可又求大木以爲牆牆凡兩面縱度如銃身長贏尺牆端衡度如底圍折半贏寸牆末如端減半而曲垂之周緣以鐵穴半規承銃兩耳其距牆端度即銃口徑四聯牆木拴三箭鐵如之貫牆面緊束銃身毋使點放震撼施軸間鐵以轉輪輪用輻輻湊轂轂内以鐵以當軸則承銃於上若吻合一體而無齟齬欲俯仰攻則以木墊上下

夫駕銃以車節，其不偏不倚之勢，因勢卻行，以殺其彈藥出口之烈。將發軔而以椿其節短矣，既猛烈而益以彈藥，其勢險矣。勢險節短，利器由是，而別使臨敵者，氣定心專，而無炸損之慮，戰必勝，守必固矣。然必車製合宜，如獨木刳成，而後可又求大木，以爲墻。墻凡兩面，縱度如銃身，長贏尺，墻端衡度，如底圍折半贏寸，墻末如端減半而曲垂之。周緣以鐵穴半規，承銃兩耳，其距墻端度，即銃口徑四，聯墻木拴三，箭鐵如之，貫墻面，緊束銃身，毋使點放震撼。施軸間鐵，以轉輪。輪用輻，輻凑轂，轂内以鐵以當軸，則承銃於上。若吻合一體，而無齟齬。欲俯仰攻，則以木墊上下

之欲左右擊則以輪轂轉移之無不當意者
其彈發遠近度數出幾何編及測量法
至若彈有十種範以鐵必合銃口之徑中空迎風即爲響
彈凡馬聞之莫不辟易分而爲兩系以鋼條爲分彈或以
鍊合爲鍊彈可以斷豎木截堅甲橫行迅烈不殊拉朽攻
陣無踰圓彈貫以鋼條表而出之鋭其兩端夫銃有不同
攻亦有異因異立名則彈有攻城攻寨攻牆之別也或一
彈而分爲四或二彈分而爲四各系鋼條總一樞鈕名有
分殊彈無二致若因彈求斤以絜銃則同文算指容圓較
義可考也

之，欲左右擊，則以輪轂轉移之，無不當意者。

其彈發遠近度數，出《幾何編》及《測量法》[1]。

至若彈，有十種，範以鐵，必合銃口之徑。中空迎風，即爲響彈，凡馬聞之，莫不辟易。分而爲兩，系以鋼條，爲分彈，或以鍊合爲鍊彈，可以斷豎木，截堅甲，橫行迅烈，不殊拉朽。攻陣無踰圓彈，貫以鋼條，表而出之，鋭其兩端。夫銃有不同，攻亦有異，因異立名，則彈有攻城、攻寨、攻墻之別也。或一彈而分爲四，或二彈分而爲四，各系鋼條，總一樞鈕，名有分殊彈，無二致，若因彈求斤以絜銃，則《同文算指》、《容圓較義》[2]可考也。

1《幾何編》《測量法》，當即《幾何原本》《測量法義》。

2《容圓較義》，當即《圜容較義》。

火藥不過硝磺炭三品硝取其清以雞卵白煮之出釜成
珠注盌成鎗明似水晶爲度磺求其淨以牛脂蔴液煉之
渣滓澄澈爲度炭擇其輕蔴楷爲上茄梗次之迎春梧柳
枝又次之杉木最下三種既精屑爲微渺非極力杵億萬
不能合一以微渺各具其體欲合衆渺以爲體務竭衆力
以爲用也故杵愈力則藥愈熱熱則沃以涓滴之水有若
水火烹鍊者然是以膠結而不解以鍤疏離纍纍如珠非
若今之製藥者求珠不得有意成之者也或謂用杵甚其
性益烈能無自燎之防乎不如以釜鎔之藥性自合而無
害不知物各有性性各有合有不合不合而強以合惟火

火藥不過硝磺炭三品。硝取其清，以雞卵白煮之，出釜成珠，注盌成鎗，明似水晶爲度。磺求其淨，以牛脂蔴液煉之，渣滓澄澈爲度。炭擇其輕，蔴楷爲上，茄梗次之，迎春、梧柳枝又次之，杉木最下。三種既精，屑爲微渺，非極力杵億萬不能合一。以微渺各具其體，欲合衆渺以爲體，務竭衆力以爲用也。故杵愈力，則藥愈熱，熱則沃以涓滴之水，有若水火烹鍊者然。是以膠結而不解，以鍤疏離，纍纍如珠，非若今之製藥者，求珠不得，有意成之者也。或謂用杵甚，其性益烈，能無自燎之防乎。不如以釜鎔之，藥性自合而無害。不知物各有性，性各有合有不合，不合而強以合，惟火

藥爲然而最忌塵沙木屑之入以藥力堅凝完固即礎潤
不滋猛烈可想況空中有火麗木則明苟錯雜一粒一萌
有不俟久蘊搏激即能發火迸烈矣故蓄藥須曲房邃室
叠嶂重垣穴隙宜多以宣洩蘊藏之氣而惟避蒙塵所以
製鍊避人非避不淨慮人服染泥沙不覺撲入藥中爲害
非小俗忌生人專爲此耳至若物料不淨製合不精具有
土性則鬱蒸陰雨滷溢則藥滋縱無木屑塵沙杵臼相戛
亦有自爇之患也故用杵臼以銅銅無火性亦無木氣時
浥以水雖爇不燃杵到藥成自然湊合若就火鎔之恐物
得自由性從其類硝自硝磺自磺炭自炭矣豈能混合成

藥爲然。而最忌塵沙木屑之入，以藥力堅凝完固，即礎潤不滋，猛烈可想。况空中有火麗木，則明苟錯雜一粒一萌，有不俟久蘊，搏激即能發火迸烈矣。故蓄藥須曲房邃室，叠嶂重垣，穴隙宜多，以宣洩蘊藏之氣。而惟避蒙塵，所以製鍊，避人非避不淨，慮人服染泥沙，不覺撲入藥中，爲害非小。俗忌生人，專爲此耳。至若物料不淨，製合不精，具有土性則鬱，蒸陰雨滷，溢則藥滋，縱無木屑塵沙，杵臼相戛，亦有自爇之患也。故用杵臼以銅，銅無火性，亦無木氣，時浥以水，雖不燃杵到藥成，自然凑合。若就火鎔之，恐物得自由，性從其類，硝自硝，磺自磺，炭自炭矣，豈能混合成

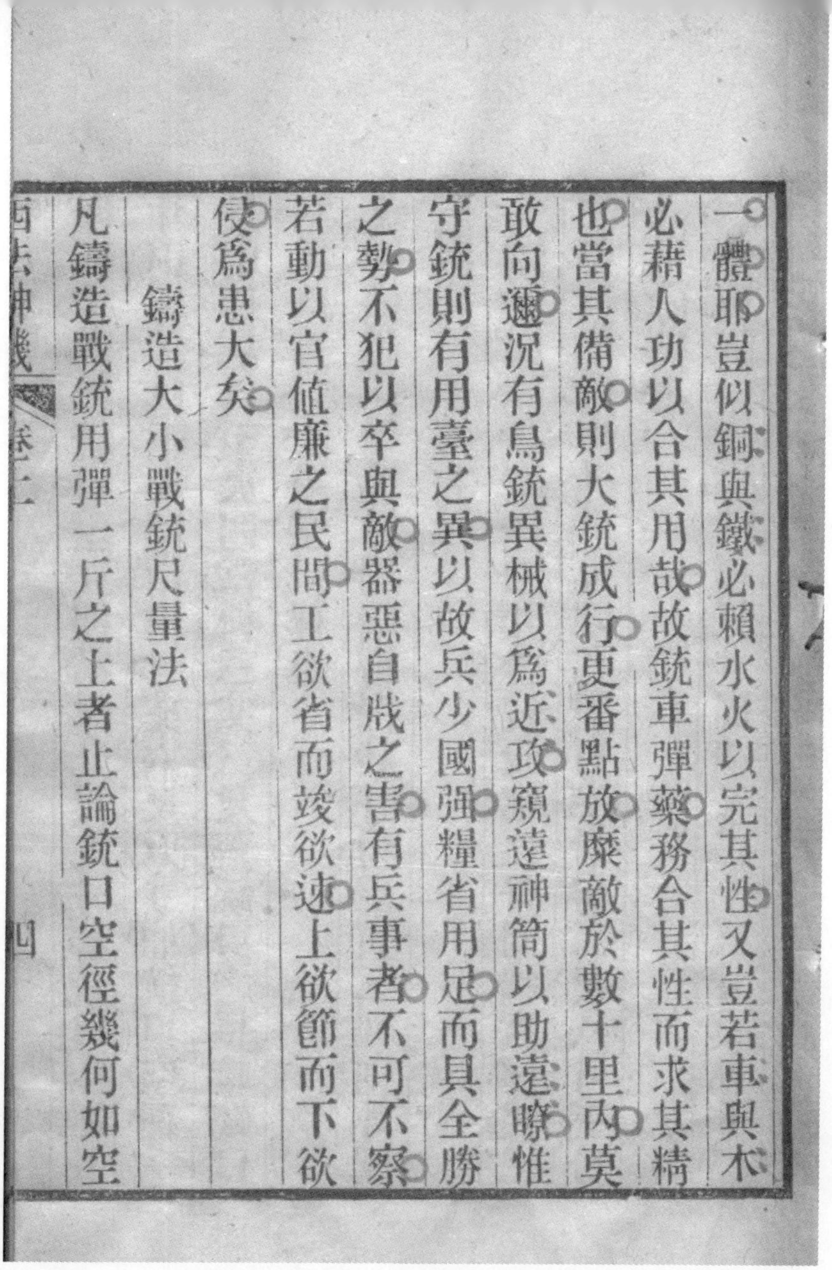

一體耶豈似銅與鐵必賴水火以完其性又豈若車與木
必藉人功以合其用哉故銃車彈藥務合其性而求其精
也當其備敵則大銃成行更番點放糜敵於數十里內莫
敢向邇況有鳥銃異械以爲近攻窺遠神筒以助遠瞭惟
守銃則有用臺之異以故兵少國强糧省用足而具全勝
之勢不犯以卒與敵器惡自戕之害有兵事者不可不察
若動以官値廉之民間工欲省而竣欲速上欲節而下欲
侵爲患大矣
鑄造大小戰銃尺量法
凡鑄造戰銃用彈一斤之上者止論銃口空徑幾何如空
西法神機 卷二 四

一體耶。豈似銅與鐵，必賴水火以完其性。又豈若車與木，必藉人功以合其用哉。故銃車彈藥，務合其性，而求其精也。當其備敵，則大銃成行，更番點放，糜敵於數十里内，莫敢向邇。況有鳥銃異械，以爲近攻，窺遠神筒，以助遠瞭。惟守銃，則有用臺之異，以故兵少國強，糧省用足，而具全勝之勢，不犯以卒與敵，器惡自之害，有兵事者，不可不察。若動以官值廉之民間，工欲省而竣欲速，上欲節而下欲侵，爲患大矣。

鑄造大小戰銃尺量法

凡鑄造戰銃，用彈一斤之上者，止論銃口空徑幾何。如空

西法神機　卷上　四

徑三寸則從銃口至火門當得九尺九寸如銃口空徑五
寸則從銃口至火門當得一丈六尺五寸如銃口空徑一
尺則從銃口至火門當得三丈三尺蓋銃身之長較銃口
空徑爲長三十三空口徑也
火門前腹内空徑并周牆實徑共并得虛實三徑則外圍
包之共得九徑有半
注曰如銃口空徑三寸者銃腹空徑并周牆實徑之二
个三徑計得九寸外圍九徑有半計得二尺八寸五分
也餘類推
金氏解曰銃口空徑三寸周牆又二个三寸共九寸徑

徑三寸，則從銃口至火門，當得九尺九寸。如銃口空徑五寸，則從銃口至火門，當得一丈六尺五寸。如銃口空徑一尺，則從銃口至火門，當得三丈三尺。蓋銃身之長，較銃口空徑爲長三十三空口徑也。

火門前腹内空徑并周墻實徑，共并得虛實三徑，則外圍包之，共得九徑有半。

注曰：如銃口空徑三寸者，銃腹空徑并周墻實徑之二个三寸[1]，計得九寸。外圍九徑有半，計得二尺八寸五分也。餘類推。

金氏解曰：銃口空徑三寸，周墻又二个三寸，共九寸徑，

1 三寸，原作“三徑”，據文意改。

一圍三有餘故外周三九二十七寸而加一寸半也
銃耳前腹內空徑并周牆實徑共得二徑半則外圍共得
八徑七分一不足
註曰如銃口空徑三寸者銃腹空徑并周牆實徑之二
徑半計得七寸五分二徑六寸半徑一寸半共七寸五分外圍八徑七分
一不足計得二尺三寸六分弱也
解曰八徑七分一不足者謂一徑作七分餘類推
金氏注曰本該七徑半算今借八徑算得二尺四寸內
扣去一徑七分之一應四分三釐實存二尺三寸五分
七釐故曰六分弱也

一圍三有餘，故外周三九二十七寸，而加一寸半也。

銃耳前腹內空徑并周墻實徑，共得二徑半，則外圍共得八徑七分一不足。

注曰：如銃口空徑三寸者，銃腹空徑并周墻實徑之二徑半，計得七寸五分。二徑六寸，半徑一寸半，共七寸五分。外圍八徑七分一不足，計得二尺三寸六分弱也。

解曰：八徑七分不足者，謂一徑作七分。餘類推。

金氏注曰：本該七徑半算，今借八徑算得二尺四寸，內扣去一徑七分之一，應四分三釐，實存二尺三寸五分七釐，故曰六分弱也。

銃口後內口空徑并周牆實徑共得二徑則外圍共得六
徑七分有二
注曰如銃口空徑三寸者內口空徑并周牆實徑之二
徑計得六寸外圍六徑七分有二計得一尺八寸八分
五釐强也
解曰六徑七分有二者謂一徑三寸作七分每分四分
三釐二分八分六釐也餘推此
火門至銃尾厚處照銃口空徑一徑銃尾珠在外火門距
銃耳處照銃口空徑十三徑弱耳際照銃口空徑一徑長
一徑耳前距銃口處照銃口處空徑十九徑强合之除銃

銃口後内口空徑并周墻實徑，共得二徑，則外圍共得六徑七分有二。

注曰：如銃口空徑三寸者，内口空徑并周墻實徑之二徑，計得六寸，外圍六徑七分有二。計得一尺八寸八分五釐強也。

解曰：六徑七分有二者，謂一徑三寸作七分，每分四分三釐，二分八分六釐也。餘推此。

火門至銃尾厚處，照銃口空徑一徑，銃尾珠在外。火門距銃耳處照銃口空徑十三徑弱。耳際照銃口空徑一徑，長一徑。耳前距銃口處，照銃口處空徑十九徑強。合之，除銃

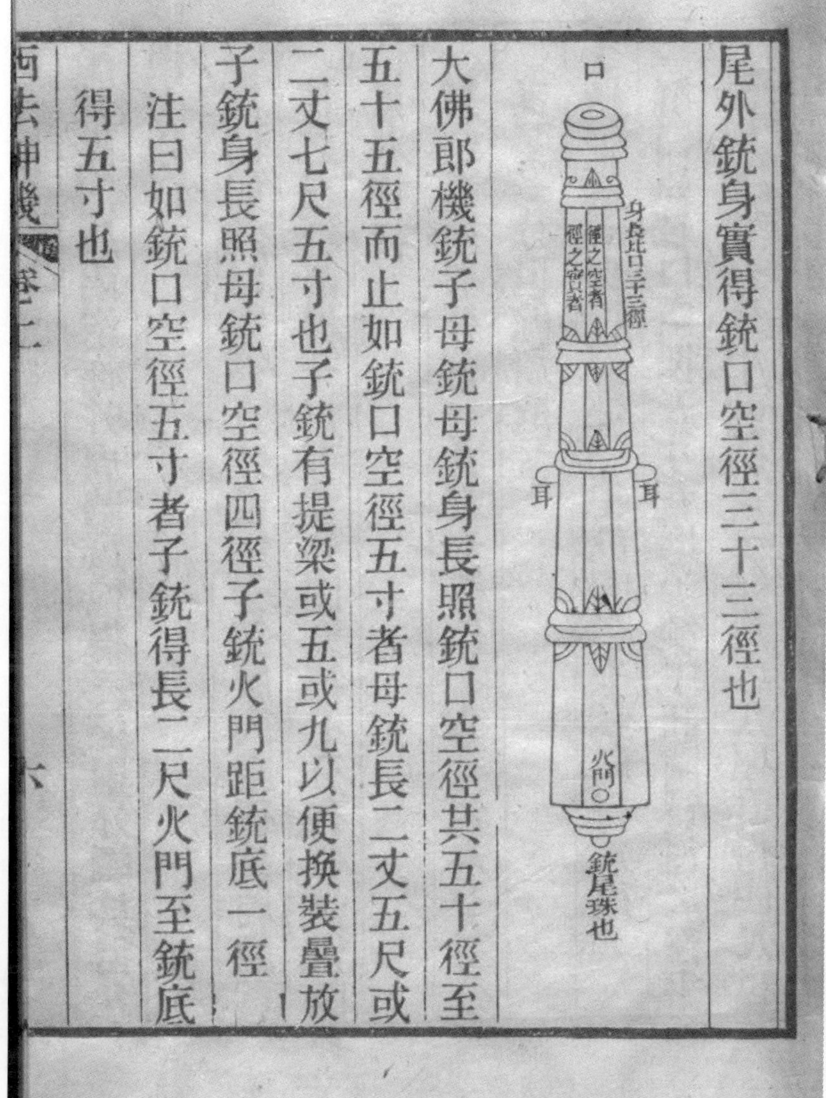

尾外銃身實得銃口空徑三十三徑也

大佛郎機銃子母銃母銃身長照銃口空徑共五十徑至五十五徑而止如銃口空徑五寸者母銃長二丈五尺或二丈七尺五寸也子銃有提梁或五或九以便換裝疊放子銃身長照母銃口空徑四徑子銃火門距銃底一徑

注曰如銃口空徑五寸者子銃得長二尺火門至銃底得五寸也

西法神機　卷二　六

尾外，銃身實得銃口空徑三十三徑也。

【圖】口。身長比口三十三徑。耳。火門。銃尾珠也。

大佛郎機銃。子母銃。母銃身長，照銃口空徑共五十徑至五十五徑而止。如銃口空徑五寸者，母銃長二丈五尺，或二丈七尺五寸也。子銃有提梁，或五或九，以便換裝疊放。子銃身長，照母銃口空徑四徑，子銃火門距銃底一徑。

注曰：如銃口空徑五寸者，子銃得長二尺，火門至銃底得五寸也。

西法神機 卷上 六

子銃火門腹内空徑并周墻實徑得三徑則外圍共得九徑七分有一

注曰如銃口空徑五寸者則子銃腹内空徑并周墻實徑之三徑計得一尺五寸外圍九徑七分有一計得四尺六寸弱

解曰九徑七分有一者言一徑作七分七九六十三分又多一分也餘類推

子銃半託圍實徑得徑半半託圍長至銃尾得八徑

解曰如銃口空徑五寸者則子銃半託圍實徑之徑半計得七寸五分半託圍長至銃尾之八徑計得四尺也

子銃火門腹内空徑并周墻實徑，得三徑，則外圍共得九徑七分有一。

注曰：如銃口空徑五寸者，則子銃腹内空徑并周墻實徑之三徑，計得一尺五寸。外圍九徑七分有一，計得四尺六寸弱。

解曰：九徑七分有一者，言一徑作七分，七九六十三分，又多一分也。餘類推。

子銃半託圍實徑得徑半，半託圍長至銃尾得八徑。

解曰：如銃口空徑五寸者，則子銃半託圍實徑之徑半，計得七寸五分。半託圍長至銃尾之八徑，計得四尺也。

餘類推。

子銃凑簨宜深，後拴鎮壓當緊，簨照口空徑半徑，拴照銃口空徑一徑七分二不足。

解曰：如銃口空徑五寸者，子銃入簨半徑，得二寸半也。拴一徑七分二不足，得見方三寸六分弱也。

解曰：一徑七分二不足，謂一徑作七分，止用五分，尚不足二分也。餘類推。

母銃耳前銃腹空徑并周墻實徑，得三徑半，則外圍共得十一徑。

解曰：如銃口空徑五寸者，銃腹内空徑并周墻實徑之三徑半，計得一尺七寸五分。外圍十一徑，計五尺半。餘類推。

銃口後一徑處，内口空徑并周墻實徑，得三徑七分有一，則外圍共得十徑七分有四。

解曰：如銃口空徑五寸者，内口空徑并周墻實徑之三徑七分有一，計得一尺五寸七分强。三徑七分有一，謂一徑作七分，三七二十一分，又多一分也。外圍十徑七分有四，計得五寸三分弱，十徑七分有四者，謂一徑作七分，十得七十分，又多四分也。餘推此。

子銃火門距母銃耳處，照銃口空徑二十徑。母銃耳處，照

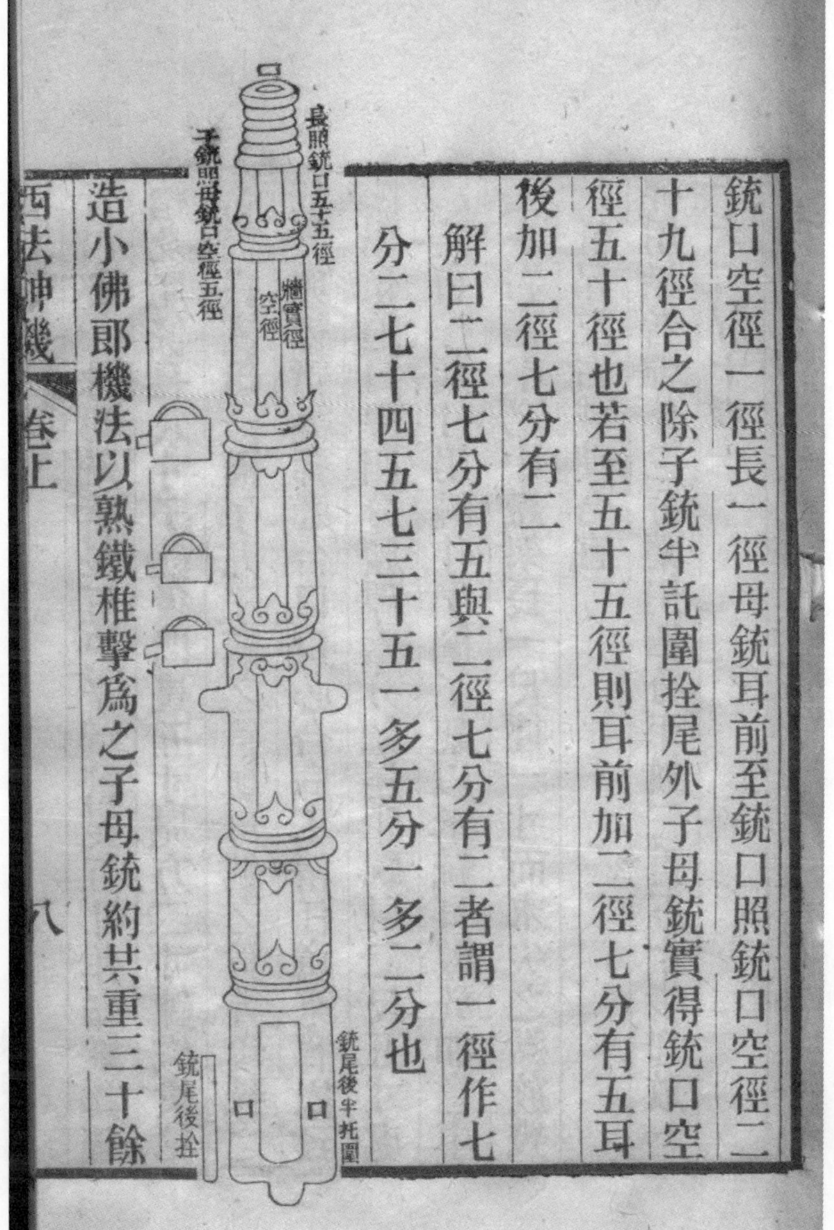
銃口空徑一徑長一徑母銃耳前至銃口照銃口空徑二
十九徑合之除子銃半託圍拴尾外子母銃實得銃口空
徑五十徑也若至五十五徑則耳前加二徑七分有五耳
後加二徑七分有二
解曰二徑七分有五與二徑七分有二者謂一徑作七
分二七十四五七三十五一多五分一多二分也

造小佛郎機法以熟鐵椎擊爲之子母銃約共重三十餘
西法神機　卷上　八

銃口空徑一徑，長一徑。母銃耳前至銃口，照銃口空徑二十九徑。合之，除子銃半託圍拴尾外，子母銃實得銃口空徑五十徑也。若至五十五徑，則耳前加二徑七分有五，耳後加二徑七分有二。

解曰：二徑七分有五，與二徑七分有二者，謂一徑作七分，二七十四,五七三十五,一多五分，一多二分也。

【圖】 口。長照銃口五十五徑。子銃照銃口空徑五徑。墻實徑。空徑。銃尾後半托圍。銃尾後拴。

造小佛郎機法。以熟鐵椎擊爲之，子母銃約共重三十餘

斤口徑一寸母銃管長五尺子銃管長五寸作雌雄簨銃
槽及尾條長八寸子銃後門長五寸見方二寸鍊鐵貴精
合筒貴密母一而子九子銃之管與母銃之管等母銃之
前管與後管等彈必合口口必合底不得任意寬窄以致
臨用忙迫口厚四分腰厚六分銃尾距銃身二尺五寸處
爲銃耳徑八寸用鐵作半圜丫架以承銃耳豎於如意車
面左右橫木之中鐵架長一尺徑一寸而末尖之點放幾
銃低昂左右咸使合宜
彈用鉛者彈作三分藥用四分平放三百五十步仰放一
千六百五十步

斤，口徑一寸，母銃管長五尺，子銃管長五寸，作雌雄簨，銃槽及尾條，長八寸。子銃後門，長五寸，見方二寸。鍊鐵貴精，合筒貴密。母一而子九，子銃之管與母銃之管等。母銃之前管與後管等。彈必合口，口必合底，不得任意寬窄，以致臨用忙迫。口厚四分，腰厚六分，銃尾距銃身二尺五寸處爲銃耳，徑八寸。用鐵作半圜丫架以承銃耳，豎於如意車面，左右橫木之中。鐵架長一尺，徑一寸而末尖之。點放幾銃，低昂左右咸使合宜。

彈用鉛者，彈作三分，藥用四分，平放三百五十步，仰放一千六百五十步。

鑄造大小攻銃尺量法

凡鑄攻銃用彈九斤之上者亦論銃口空徑幾何銃身較口空徑止須十七八徑如銃口空徑五寸則從銃口至火門當得八尺五寸或九尺如銃口空徑一尺則從銃口至火門當得一丈七尺或一丈八尺

火門前銃腹內空徑并周牆實徑共得二徑八分有七外圍共得九徑十分有一

解曰如銃口空徑五寸者銃腹空徑并周牆實徑之二徑八分有七計得一尺四寸四分弱二徑八分有七謂一徑作八分二八十六分又多七分也外圍九徑十分

鑄造大小攻銃尺量法

凡鑄攻銃，用彈九斤之上者，亦論銃口空徑幾何。銃身較口空徑，止須十七八徑。如銃口空徑五寸，則從銃口至火門，當得八尺五寸或九尺。如銃口空徑一尺，則從銃口至火門，當得一丈七尺或一丈八尺。

火門前銃腹内空徑并周墻實徑，共得二徑八分有七，外圍共得九徑十分有一。

解曰：如銃口空徑五寸者，銃腹空徑并周墻實徑之二徑八分有七，計得一尺四寸四分弱。二徑八分有七，謂一徑作八分，二八十六分，又多七分也。外圍九徑十分

西法神機　卷一

有一計得四五五寸五分九徑十分有一謂一徑作十
分九徑作九十分又多一分也餘類推
銃耳前腹内空徑并周牆實徑共得二徑半外圍共得七
徑八分有一
解曰如銃口空徑五寸者銃腹空徑并周牆實徑之二
徑半計得一尺二寸五分外圍七徑八分有一計得三
尺五寸六分強七徑八分有一謂一徑作八分七八五
十六分又多一分也餘類推
銃口後一徑處内口空徑并周牆實徑得一徑四分有三
外圍得五徑半

有一，計得四五五寸五分。九徑十分有一，謂一徑作十分，九徑作九十分，又多一分也。餘類推。

銃耳前腹内空徑并周墻實徑，共得二徑半，外圍共得七徑八分有一。

解曰：如銃口空徑五寸者，銃腹空徑并周墻實徑之二徑半，計得一尺二寸五分。外圍七徑八分有一，計得三尺五寸六分強。七徑八分有一，謂一徑作八分，七八五十六分，又多一分也。餘類推。

銃口後一徑處，内口空徑并周墻實徑，得一徑四分有三，外圍得五徑半。

解曰如銃口空徑五寸者內口空徑并周牆實徑之一
徑四分有三計得八尺七分五釐
注曰一徑四分有三者謂一徑五寸作四分一四得四
分又多三分也外圍五徑半計得二尺七寸五分餘類
推
火門至銃尾厚處照銃口空徑一徑銃尾珠在外火門至
銃耳處照銃口空徑六徑弱耳際照銃口空徑一徑長一
徑耳前距銃口處照銃口空徑十徑強合之除銃尾外銃
身實得十七徑也如銃十八徑則銃耳後加半徑弱耳前
加半徑強也然攻銃銃腹有屈底平正者有屈凹圓樣者

解曰：如銃口空徑五寸者，內口空徑并周墻實徑之一徑四分有三，計得八尺七分五釐。

注曰：一徑四分有三者，謂一徑五寸作四分，一四得四分，又多三分也。外圍五徑半，計得二尺七寸五分。餘類推。

火門至銃尾厚處，照銃口空徑一徑，銃尾珠在外。火門至銃耳處，照銃口空徑六徑弱。耳際照銃口空徑一徑，長一徑。耳前距銃口處，照銃口空徑十徑強。合之，除銃尾外，銃身實得十七徑也。如銃十八徑，則銃耳後加半徑弱，耳前加半徑強也。然攻銃銃腹有屈底[1]平正者，有屈凹[2]圓樣者，

1 屈底，《祝融佐理》、《西洋火攻神器説》作“窟底”。

2 屈凹，《祝融佐理》作“凹窟”，《西洋火攻神器説》作“窟凹”。

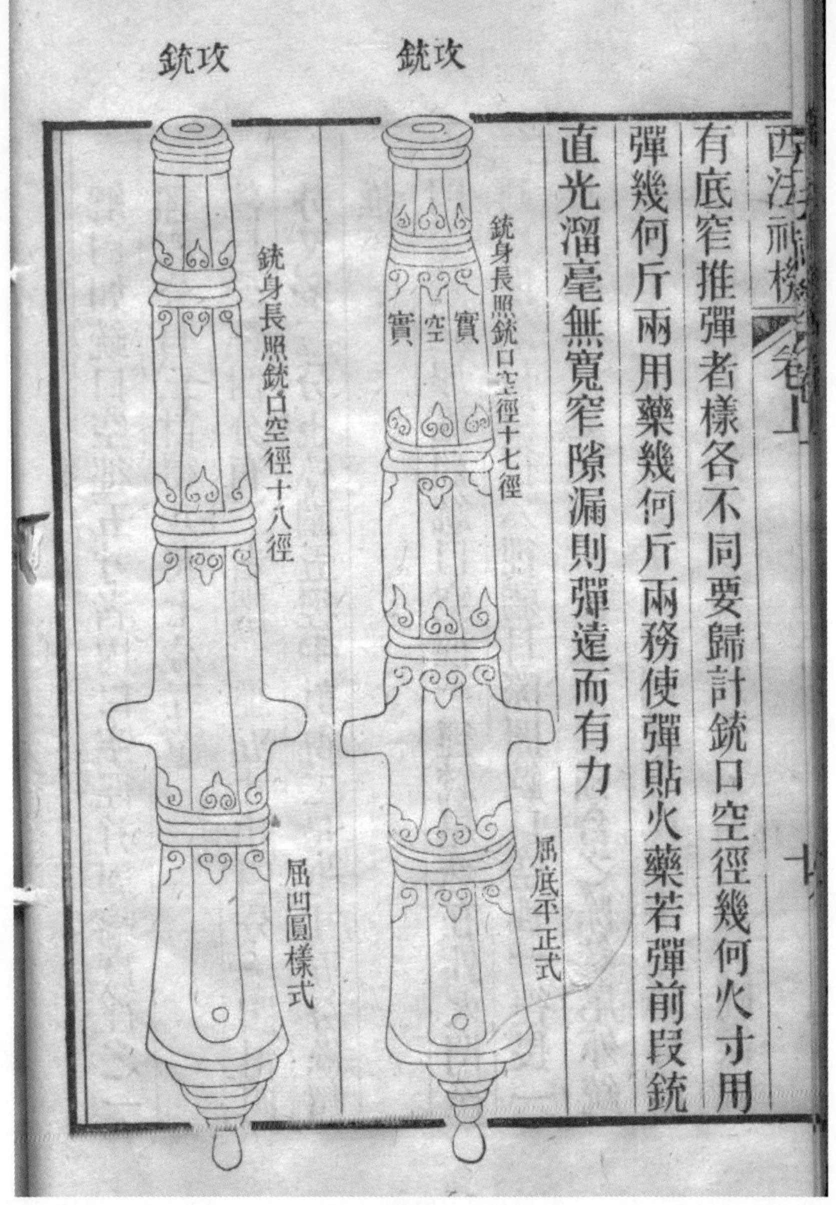
西法神機　卷上

有底窄推彈者樣各不同要歸計銃口空徑幾何火寸用
彈幾何斤兩用藥幾何斤兩務使彈貼火藥若彈前段銃
直光溜毫無寬窄隙漏則彈遠而有力

有底窄推彈者，樣各不同。要歸計銃口空徑幾何尺寸[1]，用彈幾何斤兩，用藥幾何斤兩，務使彈貼火藥。若彈前段銃直光溜，毫無寬窄隙漏，則彈遠而有力。

【圖】 攻銃。銃身長照銃口空徑十七徑。實。空。屈底平正式。

【圖】 攻銃。銃身長照銃口空徑十八徑。屈凹圓樣式。

1 尺寸，原作“火寸”，據《祝融佐理》、《西洋火攻神器説》改。

【圖】攻銃。銃身長照銃口空徑十八徑。底窄推彈式。火門。

虎唬銃，銃身長較銃口空徑，二十三徑至二十五徑而止，銃腹容彈六十斤以上至百斤者。如銃口空徑一尺五寸，則從銃口至火門，當得三丈四尺五寸，或三丈七尺五寸。火門前銃腹空徑并周墻實徑，共得四徑，則外圍共得十二徑七分有三。

解曰：如銃口空徑一尺五寸者，銃腹空徑并周墻實徑之四徑，計得六尺。外圍十二徑七分有三，計得一丈八尺六寸四分强。

注曰：十二徑七分有三，謂一徑作七分，十二徑得八十四分，又多三分也。餘類推。

銃耳前腹内空徑并周墻實徑，得三徑半，則外圍共得十徑七分有五。

注曰：如銃口空徑一尺五寸者，銃腹空徑并周墻實徑之三徑半，計得五尺二寸五分。外圍十徑七分有五，計得一丈六尺零六分。

解曰：十徑七分有五者，謂一徑作七分，十得七十分，又多五分也。餘並推。

銃口後一徑處內口空徑并周牆實徑得三徑則外圍共
得九徑七分有二
注曰如銃口空徑一尺五寸者內口空徑并周牆實徑
之三徑計得四尺五寸外圍九徑七分有二計得一丈
三尺九寸強
解曰九徑七分有二言一徑作七分七九六十三分又
多二分也餘類推
火門至銃耳處照銃口空徑九徑弱耳際照空徑一徑長
耳前至銃口處照空徑十三徑強除銃尾外合得銃身二
十三徑也如銃身二十五徑者耳前加一徑強耳後加一

銃口後一徑處，內口空徑并周墻實徑，得三徑，則外圍共得九徑七分有二。

注曰：如銃口空徑一尺五寸者，內口空徑并周墻實徑之三徑，計得四尺五寸。外圍九徑七分有二，計得一丈三尺九寸強。

解曰：九徑七分有二，言一徑作七分，七九六十三分，又多二分也。餘類推。

火門至銃耳處，照銃口空徑九徑弱。耳際照空徑一徑，長一徑[1]。耳前至銃口處，照空徑十三徑強。除銃尾外，合得銃身二十三徑也。如銃身二十五徑者，耳前加一徑強，耳後加一

1 長一徑，原脱“一徑”，據前文例補。

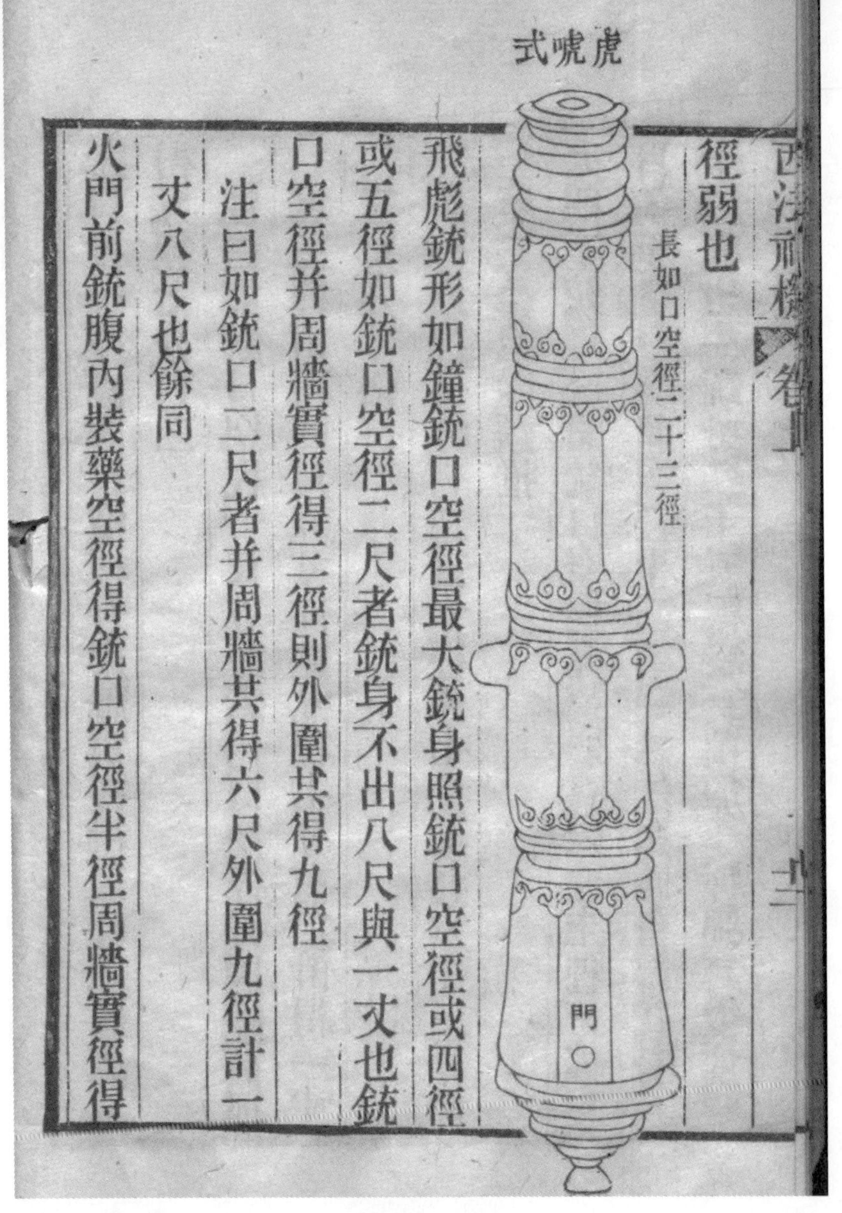
徑弱也
長如口空徑二十三徑

飛彪銃形如鐘銃口空徑最大銃身照銃口空徑或四徑或五徑如銃口空徑二尺者銃身不出八尺與一丈也銃口空徑并周牆實徑得三徑則外圍共得九徑
注曰如銃口二尺者并周牆共得六尺外圍九徑計一丈八尺也餘同
火門前銃腹內裝藥空徑得銃口空徑半徑周牆實徑得

徑弱也。

【圖】 虎唬式。長如口空徑二十三徑。門。

飛彪銃，形如鐘，銃口空徑最大。銃身照銃口空徑，或四徑或五徑。如銃口空徑二尺者，銃身不出八尺與一丈也。銃口空徑并周墻實徑，得三徑，則外圍共得九徑。

注曰：如銃口二尺者，并周墻共得六尺，外圍九徑計一丈八尺也。餘同。

火門前銃腹内裝藥空徑，得銃口空徑半徑，周墻實徑，得

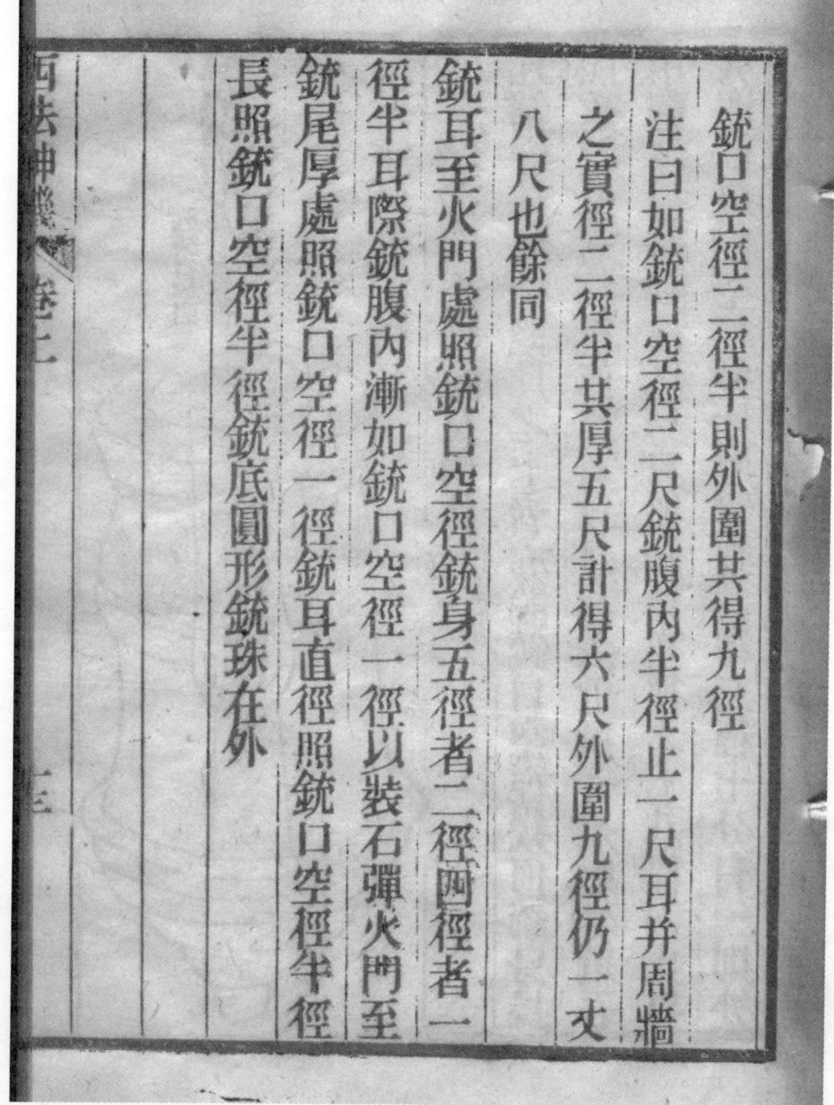
銃口空徑二徑半則外圍共得九徑
注曰如銃口空徑二尺銃腹內半徑止一尺耳并周墻之實徑二徑半其厚五尺計得六尺外圍九徑仍一丈八尺也餘同
銃耳至火門處照銃口空徑銃身五徑者二徑四徑者一徑半耳際銃腹內漸如銃口空徑一徑以裝石彈火門至銃尾厚處照銃口空徑一徑銃耳直徑照銃口空徑半徑長照銃口空徑半徑銃底圓形銃珠在外

銃口空徑二徑半，則外圍共得九徑。

注曰：如銃口空徑二尺，銃腹内半徑止一尺耳，并周墻之實徑二徑半，共厚五尺，計得六尺。外圍九徑，仍一丈八尺也。餘同。

銃耳至火門處，照銃口空徑，銃身五徑者二徑，四徑者一徑半。耳際銃腹内，漸如銃口空徑一徑，以裝石彈。火門至銃尾厚處，照銃口空徑一徑。銃耳直徑，照銃口空徑半徑，長照銃口空徑半徑。銃底圓形，銃珠在外。

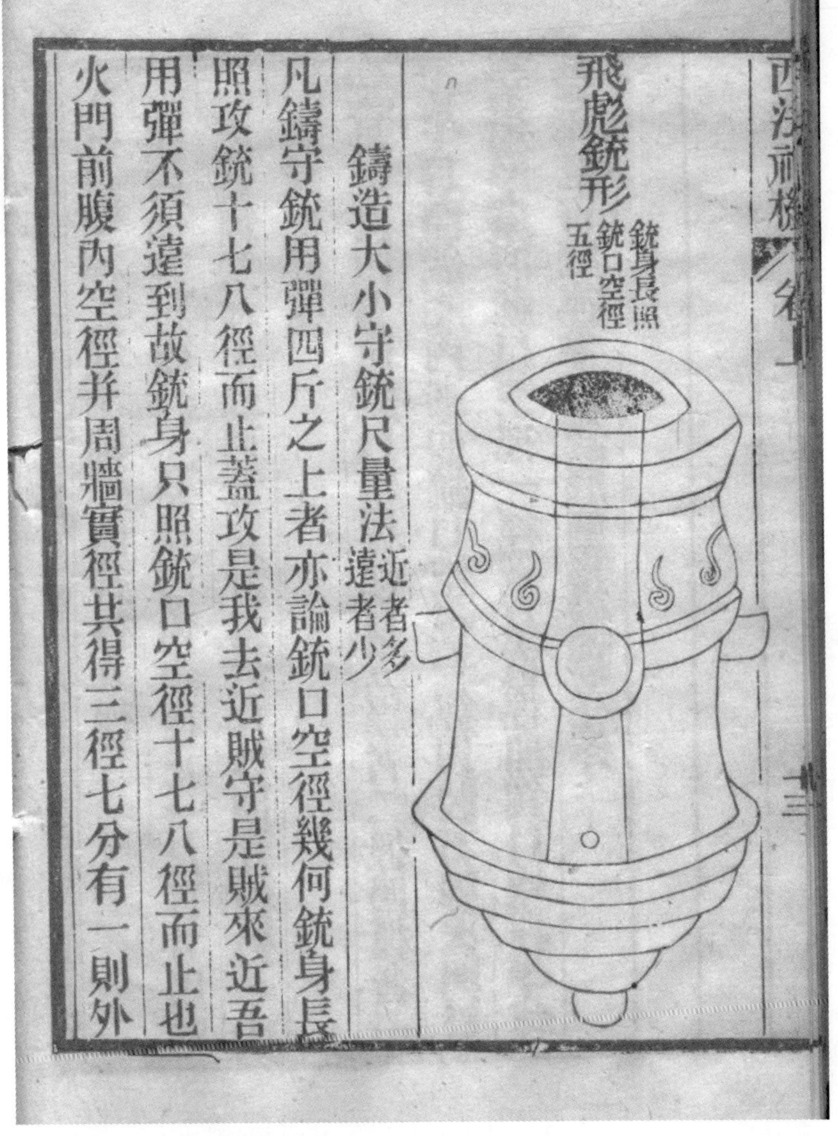

【圖】 飛彪銃形。銃身長照銃口空徑五徑。

鑄造大小守銃尺量法 近者多遠者少

凡鑄守銃，用彈四斤之上者，亦論銃口空徑幾何，銃身長照攻銃十七八徑而止。蓋攻是我去近賊，守是賊來近吾，用彈不須遠到，故銃身只照銃口空徑十七八徑而止也。火門前腹內空徑并周墻實徑，共得三徑七分有一，則外

圍共得九徑七分有四
解曰如銃口空徑三寸者銃腹內空徑并周牆實徑之
三徑七分有一計得九寸四分強
注曰三徑七分有一謂一徑作七分三七二十一分又
多一分也外圍九徑七分有四計得二尺八寸六分強
九徑七分有四謂一徑作七分七九六十三分又多四
分也餘同
銃耳前腹內空徑并周牆實徑共得二徑七分有六則外
圍共得八徑七分有六
注曰如銃口空徑三寸者銃腹空徑并周牆實徑之二

圍共得九徑七分有四。

解曰：如銃口空徑三寸者，銃腹内空徑并周墻實徑之三徑七分有一，計得九寸四分強。

注曰：三徑七分有一，謂一徑作七分，三七二十一分，又多一分也。外圍九徑七分有四，計得二尺八寸六分強。九徑七分有四，謂一徑作七分，七九六十三分，又多四分也。餘同。

銃耳前腹内空徑并周墻實徑，共得二徑七分有六，則外圍共得八徑七分有六。

注曰：如銃口空徑三寸者，銃腹空徑并周墻實徑之二徑七分有六，計得八寸四分強。八徑七分有六，謂一徑作七分，七八五十六分又，多六分也。餘同。

銃口後一徑處，內口空徑并周墻實徑，共得二徑，則外圍共得六徑七分有二。

注曰：如銃口空徑三寸者，內口空徑并周墻實徑之二徑，計得六寸。外圍六徑七分有二，計得一尺八寸八分強。六徑七分有二者，謂一徑作七分，六七四十二分，又多二分也。餘同。

火門至銃尾厚處，照銃口空徑一徑，銃尾珠在外。火門至銃耳，銃耳至銃口，耳際徑長，悉與攻銃尺量同。夫銃身既

同攻銃矣周牆實徑并外圍徑每多二三分者何也以守
銃貯臺歲久厚之者慎之也
西洋神器一號銃口圍二尺一寸七分內徑二寸七分自
口至耳四尺二寸三分耳圍八寸四分長二寸六分自耳
至火門二尺六寸九分傍耳圍身二尺六寸七分底圍最
大處三尺四寸二分上至火門三寸五分下至銃頂六寸
五分銃頂圍九寸底內徑如口內徑也

同攻銃矣，周墻實徑并外圍徑每多二三分者何也，以守銃貯臺歲久，厚之者慎之也。

【西洋神器】[1]

西洋神器一號銃。口圍二尺一寸七分，內徑二寸七分。自口至耳四尺二寸三分。耳圍八寸四分，長二寸六分。自耳至火門二尺六寸九分。傍耳圍身二尺六寸七分。底圍最大處三尺四寸二分，上至火門三寸五分，下至銃頂六寸五分。銃頂圍九寸，底內徑如口內徑也。

1 西洋神器，擬題。

西法神機　卷上　二十五

西洋神器二號銃口圍二尺一寸五分内徑二寸六分自口至耳三尺八寸五分耳圍八寸四分長二寸六分自耳至火門二尺四寸傍耳圍身二尺六寸五分底圍最大處三尺四寸上至火門三寸四分下至銃頂五寸六分銃頂圍九寸底内徑如口内徑也

西洋神器三號銃口圍一尺七寸八分内徑二寸四分自口至耳三尺五寸五分耳圍六寸三分長二寸三分自耳至火門二尺四寸傍耳圍身二尺零四分底圍最大處二尺九寸五分上距火門二寸五分下距銃頂三寸五分銃頂圍九寸底内徑如口内徑也

西洋神器二號銃。口圍二尺一寸五分，内徑二寸六分。自口至耳三尺八寸五分。耳圍八寸四分，長二寸六分。自耳至火門二尺四寸。傍耳圍身二尺六寸五分。底圍最大處三尺四寸，上至火門三寸四分，下至銃頂五寸六分。銃頂圍九寸，底内徑如口内徑也。

西洋神器三號銃。口圍一尺七寸八分，内徑二寸四分。自口至耳三尺五寸五分。耳圍六寸三分，長二寸三分。自耳至火門二尺四寸。傍耳圍身二尺零四分。底圍最大處二尺九寸五分，上距火門二寸五分，下距銃頂三寸五分。銃頂圍九寸，底内徑如口内徑也。

造西洋銅銃説

銃之爲物雖粗，其理最精，其法最密。今世造者，狃於省費之言，更執流傳之訛。椎擊銃管，既非一致，生熟夾鎔，性更懸絕。蓋藥以推彈，銃以管彈，則彈出銃管之際，必銃身毫無罅漏，毫無偏曲，而藥始不旁洩，彈始無阻礙也。乃椎擊之管，能無偏曲乎？數接之管，能無罅漏乎？且用煤炭風箱，人力有幾，究必一鎔便鑄，從何審驗，火候成色。甚至物料不多具，鑄之或再或續。有此數端，安望其銃之有用哉？

西法不然，先以大木爲銃之外模。口徑幾何，尾徑幾何，長幾何。又以二木，各刳作半月形，金氏補半月形圖。乘其大木。復

西法神機　卷上　二十六

以片板側鏤其銃之口徑尾徑而以大木轉展較之無異大木直去半月木始以牛油黃蠟塗之半寸許以刀劃如銃上花紋然後以細麻夾黃土磁灰塗之至再至三至四必厚三寸用鐵條直鑻之鐵箍密纏之再以土塗而以火熨之則木上牛油黃蠟盡入吃土灰之内大木可去而銃之外模成矣另造銃尾之模亦油之塗之鐵條箍之如前復將銃外模用梯扶起以長木透燒三時乃照銃尾周幾何打一熟鐵箍嵌以十字中穴其孔以套銃心之模若銃心之模先以鐵條爲之徑一寸五分條周以灰炭二色均而塗之厚四寸五分綿紗纏之繼以黃土細砂夾寸麻三

以片板，側鏤其銃之口徑、尾徑，而以大木轉展，較之無異。大木直，去半月木。始以牛油、黃蠟塗之半寸許，以刀劃如銃上花紋。然後以細麻夾黃土、磁灰塗之，至再至三至四，必厚三寸。用鐵條直鑻之，鐵箍密纏之，再以土塗而以火熨之。則木上牛油、黃蠟，盡入吃土灰之内，大木可去，而銃之外模成矣。另造銃尾之模，亦油之塗之，鐵條箍之如前。復將銃外模，用梯扶起，以長木透燒三時。乃照銃尾周幾何，打一熟鐵箍，嵌以十字，中穴其孔，以套銃心之模。若銃心之模，先以鐵條爲之。徑一寸五分，條周以灰炭二色，均而塗之，厚四寸五分，綿紗纏之。繼以黃土細砂夾寸麻三色，亦均而塗之，如其口徑而止。務必前後大小如一，測片板測板側直線[1]，轉展較之，不可少異。夫然後以鐵絲經緯纏之，用細砂、黃土、磁末塗填鐵絲內，再以粗鐵絲捆之，猛炭火燒三時，取出待冷定，去粗鐵絲，又塗以木灰細末。其銃心模之末端，套於銃尾模之十字中，銃心模之上端，鑿一方眼，套於銃口徑之十字中。

金氏補銃心圖。內設鐵圈及十字但宜大銃耳。若小銃則外立。

鑄時或二或三或四，豎立於爐前地窖中。銃口向上，銃之鐵心，又鐵索壓住。地窖方一丈，深二丈餘，用磚砌成。三面左右口，各立石柱，鑿以石槽。豎銃模時，然後以石板壓之，細土墊之。鑄銃地宜高厰，故地窖半顯，如高墉

1 測片板測板側直線，《祝融佐理》作“則片側直線”。

焉鑄爐貼銃模處以土環作一土竈內徑六尺高四尺下如箕上如蓋中如可藏初出礦紅銅二百餘担者左右開一方孔以便出煙看成色銅初鎔時似未易化化後則銅自能化銅矣其後造臺土窰方其外銳其內通一穴於土竈進其火勢穴寬八寸高二尺五寸斜級而上順風勢也窰之口不對於穴之口穴口在窰鐵網之上網所以隔炭窰口在窰鐵網之下網條俱見方三寸疏密得宜惟窰口處稍寬以便擲長木於上猛燒一晝夜柴之炭下於鐵網旁有穴以鐵鍬探取之待其銅花翻滚後於左右方孔處用二長木糙之稍以淨錫點之俟其半時而始鑿前眼放銅汁

焉。鑄爐貼銃模處，以土環作一土竈。內徑六尺，高四尺，下如箕，上如蓋，中如可藏初出礦紅銅二百餘担者，左右開一方孔，以便出煙看成色。銅初鎔時，似未易化，化後則銅自能化銅矣。其後造臺土窰，方其外，鋭其内，通一穴於土竈，進其火勢。穴寬八寸，高二尺五寸，斜級而上，順風勢也。窰之口不對於穴之口，穴口在窰鐵網之上，網所以隔炭。窰口在窰鐵網之下。網條俱見方三寸，疏密得宜。惟窰口處稍寬以，便擲長木於上，猛燒一晝夜。柴之炭下於鐵網，旁有穴，以鐵鍬探取之。待其銅花翻滚，後於左右方孔處，用二長木糙之，稍以淨錫點之。俟其半時，而始鑿前眼，放銅汁

水滿其一銃而至二銃三銃四銃夫銅寧令有餘毋使不
足有餘則鍋底銅渣不致混流充數耳鑄畢先去其口徑
之十字待兩日後略冷用輪索穿引鐵條方眼抽取鐵心
心先以灰炭爲之炭遇火亦成灰故易抽也七日乃老始
去銃模再照銃口空徑幾何用六稜鋼鑽鐵條套之銃口
前側架一大輪中嵌鐵條末段主定鋼鑽入銃口內人力
踏轉大輪則鋼鑽自然旋轉銃內自然光表又恐鑽之難
入復於銃尾豎二短柱架二小輪用一橫木押於大輪之
前綑二繩於橫木兩端引二繩於小輪架上是大小三輪
一時並舉大者碾光小者碾入鑽光銃管矣此是一氣鑄

水，滿其一銃，而至二銃三銃四銃。夫銅寧令有餘，毋使不足。有餘，則鍋底銅渣，不致混流充數耳。鑄畢，先去其口徑之十字。待兩日後略冷，用輪索穿引鐵條方眼，抽取鐵心。心先以灰炭爲之，炭遇火亦成灰，故易抽也。七日乃老，始去銃模。

再照銃口空徑幾何，用六稜鋼鑽鐵條套之。銃口前側架一大輪，中嵌鐵條，末段主定鋼鑽，入銃口內。人力踏轉大輪，則鋼鑽自然旋轉，銃內自然光表。又恐鑽之難入，復於銃尾豎二短柱，架二小輪。用一橫木押於大輪之前，綑二繩於橫木兩端，引二繩於小輪架上。是大小三輪，一時並舉，大者碾光，小者碾入，鑽光銃管矣。此是一氣鑄

西法神機　卷下　　六

就既無罅漏偏曲之弊又且煉銅純熟可省人力風煽之勞鑄一銃收一銃之用矣

造銃車說

銃彈遠近全賴銃口低昂銃口低昂復憑銃尾高下則架銃耳之車製不可不講矣夫銃有戰攻守之不同車亦有戰攻守之各異請先以車製言之戰直逼前攻臨賊地此時可翼車挨牌圈壘爲營不能移臺作障則銃車利在高大庶任重可以致遠車面牆縱度照銃身羸五徑如戰銃身長三十三徑者三十八徑長五十徑者五十五徑攻銃身長十七八徑者二十二三徑長二十三至二十五徑者

就，既無罅漏偏曲之弊，又且煉銅純熟，可省人力風煽之勞，鑄一銃收一銃之用矣。

造銃車説

銃彈遠近，全賴銃口低昂，銃口低昂，復憑銃尾高下，則架銃耳之車製，不可不講矣。夫銃有戰攻守之不同，車亦有戰攻守之各異，請先以車製言之。戰直逼前，攻臨賊地，此時可翼車挨牌，圈壘爲營，不能移臺作障，則銃車利在高大，庶任重可以致遠。車面墻縱度，照銃身羸五徑。

如戰銃身長三十三徑者三十八徑，長五十徑者五十五徑。

攻銃身長十七八徑者二十二三徑，長二十三至二十五徑者

二十八至三十徑也車牆端衡度照銃身火門外圍或四
分用三或五分用三或五分用二如戰銃火門外圍九徑
半者當得七徑百分一十六大佛郎機火門外圍九徑七
分有一者當得七徑七分一不足此四分之三也攻銃火
門外圍九徑十分有一者當得五徑百分四十六此五分
之三也虎唬銃火門外圍十二徑七分有三者當得五徑
七分二不足此五分之二也車牆末減如牆端衡度折半
而曲垂之牆片厚薄視銃重輕加減大約輕者牆薄亦須
三四寸重者牆厚可六七寸也周緣以鐵穴半規照銃耳
直徑幾何大小以爲深淺其距車牆端度卽銃口空徑之

二十八至三十徑也。車墻端衡度，照銃身火門外圍，或四分用三，或五分用三。或五分用二，如戰銃火門外圍九徑半者，當得七徑百分一十六。

大佛郎機火門外圍九徑七分有一者，當得七徑七分一不足，此四分之三也。

攻銃火門外圍九徑十分有一者，當得五徑百分四十六，此五分之三也。

虎唬銃火門外圍十二徑七分有三者，當得五徑七分二不足，此五分之二也。

車墻末減，如墻端衡度折半而曲垂之。墻片厚薄，視銃重輕加減。大約輕者墻薄亦須三四寸，重者墻厚可六七寸也。周緣以鐵穴半規，照銃耳直徑幾何大小，以爲深淺。其距車墻端度，即銃口空徑之四。聯墻木拴三箭，鐵如之，貫墻面，緊束銃身，毋使點放震撼。其木拴之三，則距墻頭，照銃口空徑五徑，距墻面，照墻端衡度十分之四。一則距墻頭。照銃口空徑，銃身三十三徑者十八徑，銃身五十徑者二十六徑，銃身十七八徑者十一徑半十二徑半，銃身二十三至二十五徑者十四徑半十六徑半。距墻面照墻端衡度八分之三。一則距墻尾照銃口空徑二徑，距墻面照墻尾衡度折半四分之二三。横木見方五寸或八寸，視銃之輕重，以爲大小焉。

車身濶狹，眎銃耳外圍徑，銃尾外圍徑三分之一，木端俱透於墻外六寸，以鐵拴拴之，墻端横木，至墻中横木，塾以板長，闊

如之厚一寸以乘銃尾鐵箭三徑俱一寸長短照横木亦
透於牆外亦用鐵拴拴之惟牆尾鐵箭端用兩環徑四寸
以便貫繩轉動車軸一見方眎銃重者九寸輕者六寸方
透面牆照銃耳外圍三分之一透出牆外兩端長者二尺
四寸短者一尺六寸即透出處爲端本就徑斲圓距墻二
寸其大者二尺四寸小者一尺五寸其大者八寸小者五
寸以至端末八寸者七寸强五寸者四寸四分弱其牆所
容方軸距牆頭與所受銃耳距等軸眼緣抵牆緣一寸有
餘兩端本用鐵箍二挨箍用鐵片照軸圍上稀下密嵌入
務與軸平每端二轉以當車轂内外二鐵圈每轉八段計

如之，厚一寸，以乘銃尾。鐵箭三徑，俱一寸長短。照横木，亦透於墻外，亦用鐵拴拴之。惟墻尾鐵箭，端用兩環，徑四寸，以便貫繩轉動。車軸一，見方眎銃重者九寸，輕者六寸，方透面墻。照銃耳外圍三分之一，透出墻外兩端，長者二尺四寸，短者一尺六寸。即透出處爲端本，就徑斲圓，距墻二寸。其大者二尺四寸，小者一尺五寸。其大者八寸，小者五寸。以至端末八寸者七寸强，五寸者四寸四分弱。其墻所容方軸，距墻頭與所受銃耳距等。軸眼緣抵墻，緣一寸有餘，兩端本用鐵箍二，挨箍用鐵片，照軸圍，上稀下密嵌入，務與軸平。每端二轉，以當車轂。内外二鐵圈，每轉八段，計

十六段兩端三十三每長二寸厚三分濶一寸裝輪鐵拴
三每長一尺一寸濶一寸一分厚四分或長六寸七分濶
厚如之車輪二每徑照銃口空徑三寸者十二徑五寸者
十三徑一尺者八徑一尺五寸者七徑中用轂二輪大者
長二尺輪小者長一尺二寸徑各如其長空其中納以生
鐵齒圈向內圈二徑如端本向外圈二徑如端末轂周復
用熟鐵箍每轂內外箍以四道箍鐵俱厚一分餘濶一寸
餘車輻輪大者計三十六根輪小者計二十八根每根見
方三寸兩簨各五寸車輞輪大者十八塊小者十四塊每
厚四寸濶五寸長如割圓每塊輞釘七務透輞木長四寸

十六段。兩端三十三，每長二寸，厚三分，闊一寸。裝輪鐵拴三。每長一尺一寸，闊一寸一分，厚四分。或長六寸七分，闊厚如之。車輪二，每徑照銃口空徑三寸者十二徑，五寸者十三徑，一尺者八徑，一尺五寸者七徑。中用轂二，輪大者長二尺，輪小者長一尺二寸，徑各如其長，空其中，納以生鐵齒圈，向内圈二，徑如端本，向外圈二徑，如端末。轂周復用熟鐵箍，每轂内外，箍以四道箍，鐵俱厚一分餘，闊一寸餘。車輻輪大者計三十六根，輪小者計二十八根。每根見方三寸，兩簨各五寸。車輞輪大者十八塊，小者十四塊。每厚四寸，闊五寸，長如割圓。每塊輞釘七，務透輞木。長四寸

五分頭徑八分用鐵眼錢以碾釘脚包輞縫鐵濶三寸厚
三分輪大者十八塊小者十四塊塊用碾頭釘六每長二
寸五分頭徑二寸三分此是戰攻銃之車製也至若守銃
則乘臺施放可減於戰攻銃車尺數車兩牆縱度宜照銃
身減二徑如銃身十八徑者止須十六徑牆端衡度照銃
身火門外圍五分用三如火門外圍九徑七分有四者只
須五徑七分有五規穴乘銃横木鐵箭車軸透牆悉與戰
攻銃車等車軸不必分轂輻及輞用五寸厚濶板規圓也其
外鏤穴也其中嵌生鐵齒圈以乘車軸耳輪徑照銃口空徑
三寸者十徑五寸者九徑一尺者六徑包輞條鐵亦如之

五分，頭徑八分，用鐵眼錢，以碾釘脚包輞縫。鐵闊三寸，厚三分。輪大者十八塊，小者十四塊。塊用碾頭釘六，每長二寸五分，頭徑二寸三分。此是戰攻銃之車製也。

至若守銃，則乘臺施放，可減於戰攻銃車尺數。車兩墻縱度，宜照銃身減二徑。如銃身十八徑者，止須十六徑。墻端衡度，照銃身火門外圍，五分用三。如火門外圍九徑七分有四者，只須五徑七分有五。規穴乘銃，横木鐵箭，車軸透墻，悉與戰攻銃車等。車軸不必分轂，輻及輞用五寸厚闊板，規圓也，其外鏤穴也。其中嵌生鐵齒圈，以乘車軸耳輪，徑照銃口空徑三寸者十徑，五寸者九徑，一尺者六徑。包輞條鐵亦如之。

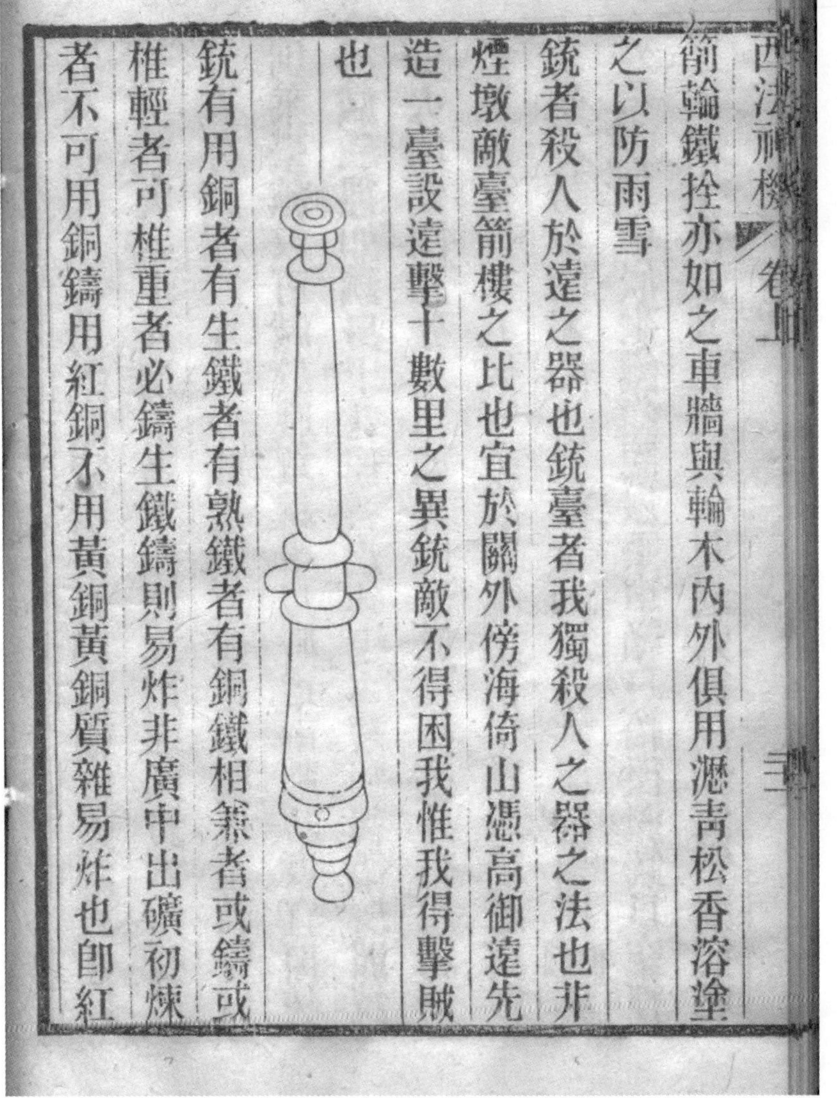

箭輪鐵拴亦如之。車墻與輪木内外，俱用瀝青松香溶塗之，以防雨雪。

【雜抄一】[1]

銃者，殺人於遠之器也。銃臺者，我獨殺人之器之法也，非煙墩敵臺箭樓之比也。宜於關外傍海倚山，憑高御遠，先造一臺，設遠擊十數里之異銃，敵不得困我，惟我得擊賊也。[2]

銃有用銅者，有生鐵者，有熟鐵者，有銅鐵相兼者，或鑄或椎，輕者可椎，重者必鑄。生鐵鑄則易炸，非廣中出礦初煉者不可用。銅鑄用紅銅，不用黃銅，黃銅質雜易炸也。即紅

1 雜抄一，擬題。

2 "銃者"至"惟我得擊賊也"，摘自《上王經臺清營設險呈》，全文參見附録一。

銅亦須出礦初煉者蓋銅理甚疏初出礦者百分其銅而
銀居其一有銀故密而實也奸匠初煉半取之奸商再煉
全取之矣今若用銅須復其原質否則炸矣惟銅鐵相兼
者昄純銅差省而堅過之亦椎亦鑄可大可小然此最爲
精器亦難多得熟鐵小銃用鉗大者用提架庸工所能今
分三等一等內徑五寸空長一丈二尺二等內徑一尺空
長八尺三等內徑五寸空長六尺五寸徑者鐵彈一尺徑
者石彈
佛郎本西洋國名其機之妙全在子銃與母銃二管確合
不得增減絲毫故彈自子銃而達母銃不知其爲二管也

銅，亦須出礦初煉者。蓋銅理甚疏，初出礦者，百分其銅而銀居其一，有銀故密而實也。奸匠初煉，半取之，奸商再煉，全取之矣。今若用銅，須復其原質，否則炸矣。惟銅鐵相兼者，昄純銅差省而堅過之，亦椎亦鑄，可大可小。然此最爲精器，亦難多得。熟鐵小銃用鉗，大者用提架，庸工所能。[1]

今分三等，一等内徑五寸，空長一丈二尺。二等内徑一尺，空長八尺。三等内徑五寸，空長六尺五寸。徑者，鐵彈一尺，徑者，石彈。[2]

佛郎本西洋國名，其機之妙，全在子銃與母銃，二管確合，不得增減絲毫。故彈自子銃而達母銃，不知其爲二管也。

1"銃有用銅者"至"庸工所能"，摘自《論臺銃事宜書》，較原文多有删省，全文參見附録一。

2"分今三等"云云，出處不明。本節文字似多舛誤。

特以母銃重故多設子銃更番提換一以便裝二以免熱
若子銃之口小於母銃之口二分猶之乎無母銃也若彈
形不圓又不能入子銃之腹使藥行數寸而後及彈藥力
衰矣猶之乎無子銃也彈既浮於子銃之口纔脫口而母
銃又寬力從何得若此者猶之乎無銃無彈也蓋彈必合
口口必合底子銃必合母銃若彈緊而不到藥彈寬而先
出口枉費工力也若藥不配性彈不合口裝不到底所謂
參天而發適在五步之內耳
虎蹲銃稍大矣而長不稱之亦不能遠到且銃管外寬而
內窄則出彈無力彈又大小不齊而彈重十四兩藥止十

特以母銃重，故多設子銃，更番提換，一以便裝，二以免熱。若子銃之口小於母銃之口二分，猶之乎無母銃也。若彈形不圓，又不能入子銃之腹，使藥行數寸而後及彈，藥力衰矣，猶之乎無子銃也。彈既浮於子銃之口，纔脱口而母銃又寬，力從何得，若此者，猶之乎無銃無彈也。蓋彈必合口，口必合底，子銃必合母銃。若彈緊而不到藥，彈寬而先出口，枉費工力也。[1]

若藥不配性，彈不合口，裝不到底，所謂參天而發，適在五步之內耳。[2]

虎蹲銃稍大矣，而長不稱之，亦不能遠到，且銃管外寬而內窄，則出彈無力。彈又大小不齊。而彈重十四兩，藥止十

1 "佛郎本西洋國名"至"枉費工力也"，摘自《改造火器呈》，參見附録一。

2 本段摘自《改造火器呈》，參見附録一。原文此節言三眼鎗，《西法神機》脱文甚多，且誤接佛郎機後。

兩一無力也彈小於管二無力也管口太寬三無力也
西洋神器車一號車牆板二每長八尺九寸牆頭高二尺
牆尾高一尺厚各三寸三分箍鐵三道一圍四尺六寸六
分其箍距相等兩牆共六道箍釘共九十三釘長二寸牆
頭包鐵二條各長六七尺濶三寸五分厚三分釘共二十
釘長三寸牆面至頭一尺爲半圜式受銃耳處深二尺三
分濶三寸車底横木三一長一尺兩端簨各二尺横處距
牆頭各一尺三寸距牆面八寸四分一長一尺二寸兩端
簨各二寸横處距牆頭三尺九寸五分距牆面七寸三分
一長一尺四寸外簨各六寸以簨長故用鐵拴二各長六

兩，一無力也。彈小於管，二無力也。管口太寬，三無力也。[1]

【西洋神器車】[2]

西洋神器車一號。車墻板二，每長八尺九寸，墻頭高二尺，墻尾高一尺，厚各三寸三分。箍鐵三道，一圍四尺六寸六分，其箍距相等，兩墻共六道。箍釘共九十三，釘長二寸。墻頭包鐵二條，各長六七尺，闊三寸五分，厚三分。釘共二十，釘長三寸。墻面至頭一尺，爲半圜式受銃耳處，深二尺三分，闊三寸。車底横木三。一長一尺，兩端簨各二寸[3]，横處距墻頭各一尺三寸，距墻面八寸四分。一長一尺二寸，兩端簨各二寸，横處距墻頭三尺九寸五分，距墻面七寸三分。一長一尺四寸，外簨各六寸。以簨長，故用鐵拴二，各長六

1 本段摘自《改造火器呈》，參見附録一。
2 西洋神器車，擬題。
3 簨各二寸，原作"簨各二尺"，據後文改。

寸濶一寸厚四分其横處距牆尾六寸五分距尾面四寸
俱見方五寸上覆墊板一長三尺濶一尺二寸厚五分鐵
箾三徑俱一寸內二頂平尾竅一兩頭俱竅其長一尺七
寸者附頭横木後長二尺一寸者居中横木前長二尺四
寸者居尾横木前小拴二長各三寸拴中與前横箾竅鐵
環二徑四寸貫尾箾環竅便繩牽進退高下之車軸一長
五尺三寸見方六寸方透兩牆止計二尺一寸兩端各長
一尺六寸透出牆面即透出處爲端本就徑斵圓距牆二
寸其圍一尺五寸其徑五寸從端本以至端末徑四寸四
分弱其牆所容方軸距牆頭一尺與所受銃耳距等兩距

寸，闊一寸，厚四分。其横處距墻尾六寸五分，距尾面四寸，俱見方五寸。上覆墊板一，長三尺，闊一尺二寸，厚五分。鐵箾三，徑俱一寸，内二頂平尾竅，一兩頭俱竅。其長一尺七寸者附頭横木後，長二尺一寸者居中横木前，長二尺四寸者居尾横木前。小拴二，長各三寸，拴中與前横箾竅。鐵環二，徑四寸，貫尾箾環竅，便繩牽進退高下之。車軸一長五尺三寸，見方六寸，方透兩墻，止計二尺一寸，兩端各長一尺六寸，透出墻面。即透出處爲端本，就徑斵圓，距墻二寸，其圍一尺五寸，其徑五寸。從端本以至端末，徑四寸四分弱。其墻所容方軸，距墻頭一尺，與所受銃耳距等，兩距

上下相離一尺一寸軸眼緣抵牆緣一寸三分兩端本用
鐵箍二圍一尺八寸濶一寸二分厚二分挨箍以鐵片照
軸圍上稀下密嵌入務與軸平每端二轉以當車輪內外
鐵圈每轉八段計十六段兩端共三十二每長二寸厚三
分濶一寸裝輪鐵拴二每長六寸七分濶一寸一分厚四
分車輪二每徑三尺六寸中用轂共二各長一尺二寸徑
如之空其中納以圈生鐵爲之內向圈二徑五寸外向圈
亦二徑四寸五分外以鐵箍計八向內四圍各三尺六寸
濶一寸二分向外四圍各三尺三寸濶一寸二分輻計二
十八每長六寸兩簨各五寸見方三寸輞計十四塊每厚

上下相離一尺一寸，軸眼緣抵墻緣一寸三分。兩端本用鐵箍二，圍一尺八寸，闊一寸二分，厚二分。挨箍以鐵片照軸圍，上稀下密嵌入，務與軸平。每端二轉，以當車輪内外。鐵圈每轉八段，計十六段，兩端共三十二，每長二寸，厚三分，闊一寸。裝輪鐵拴二，每長六寸七分，闊一寸一分，厚四分。車輪二，每徑三尺六寸，中用轂共二，各長一尺二寸，徑如之。空其中，納以圈生鐵爲之，内向圈二，徑五寸，外向圈亦二，徑四寸五分。外以鐵箍計八。向内四，圍各三尺六寸，闊一寸二分。向外四，圍各三尺三寸，闊一寸二分。輻計二十八，每長六寸，兩簨各五寸，見方三寸。輞計十四塊，每厚

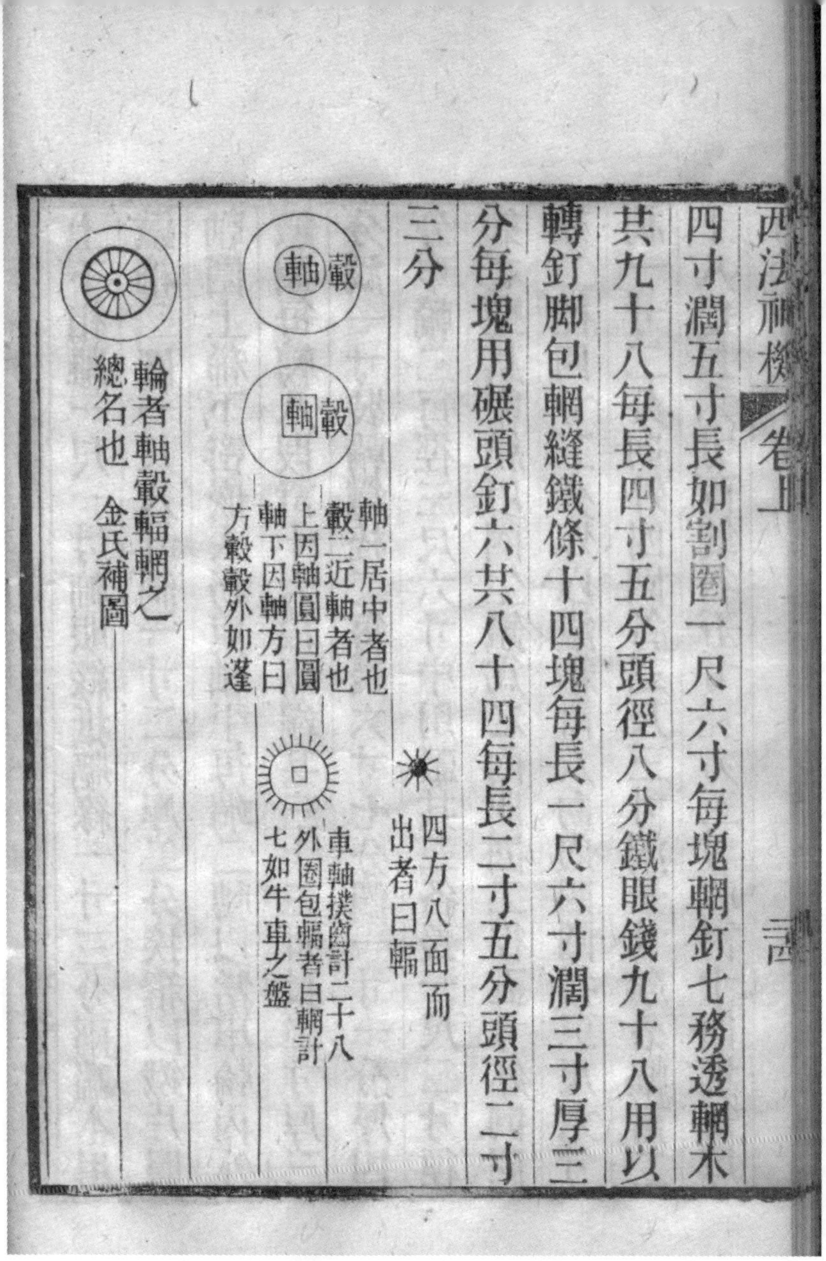

四寸濶五寸長如割圈一尺六寸每塊輞釘七務透輞木共九十八每長四寸五分頭徑八分鐵眼錢九十八用以轉釘脚包輞縫鐵條十四塊每長一尺六寸濶三寸厚三分每塊用碾頭釘六共八十四每長二寸五分頭徑二寸三分

四方八面而出者曰輻

轂軸　轂軸

軸一居中者也轂二近軸者也上因軸圓曰圓軸下因軸方曰方轂轂外如蓬

車軸撲齒計二十八外圈包輻者曰輞計七如牛車之盤

輪者軸轂輻輞之總名也　金氏補圖

四寸，闊五寸，長如割圈一尺六寸。每塊輞釘七，務透輞木，共九十八。每長四寸五分，頭徑八分，鐵眼錢九十八，用以轉釘脚包輞縫。鐵條十四塊，每長一尺六寸，闊三寸，厚三分。每塊用碾頭釘六，共八十四，每長二寸五分，頭徑二寸三分。

四方八面而出者曰輻。

軸。轂。 　軸。轂。

軸一居中者也。轂二近軸者也。上因軸圓曰圓軸，下因軸方曰方轂。轂外如蓬。

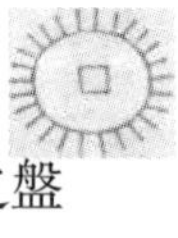

車軸撲齒，計二十八。外圈包輻者曰輞，計七，如牛車之盤

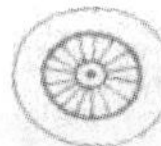

輪者，軸轂輻輞之總名也。金氏補圖。

西洋神器車二號車牆板二每長八尺九寸牆頭高二尺
牆尾高一尺厚三寸三分箍鐵三道一圍四尺六寸六分
濶二寸六分一圍四尺四寸濶二寸五分一圍三尺三寸
六分濶二寸二分俱厚二分其箍距相等兩牆共六道箍
釘共九十三枚每長二寸牆頭包鐵二條每長六七尺濶
三寸厚二分釘共二十隻每長三寸車牆面距頭一尺爲
半圓受銃耳深二寸三分濶三寸車底横木有三其一長
一尺兩端鑲各二寸横處距牆頭一尺三寸距牆面七寸
其一長一尺二寸兩端鑲亦各二寸横處距牆頭三尺八
寸五分距牆面五寸五分其一長一尺四寸外鑲各六寸

西洋神器車二號。車墻板二，每長八尺九寸，墻頭高二尺，墻尾高一尺，厚三寸三分。箍鐵三道，一圍四尺六寸六分，闊二寸六分，一圍四尺四寸，闊二寸五分，一圍三尺三寸六分，闊二寸二分，俱厚二分。其箍距相等，兩墻共六道。箍釘共九十三枚，每長二寸。墻頭包鐵二條，每長六七尺，闊三寸，厚二分。釘共二十隻，每長三寸。車墻面距頭一尺，爲半圓受銃耳，深二寸三分，闊三寸。車底横木有三。其一長一尺，兩端鑲各二寸，横處距墻頭一尺三寸，距墻面七寸。其一長一尺二寸，兩端鑲亦各二寸，横處距墻頭三尺八寸五分，距墻面五寸五分。其一長一尺四寸，外鑲各六寸。

以㯶長，故用鐵拴二，各長六寸，闊一寸，厚四分。其横處距墻尾七寸，距尾面三寸，俱見方五寸。上覆墊板一，長三尺，闊一尺二寸，厚五分。鐵箭三，徑俱一寸，内二頂平尾竅，一兩頭俱竅。其長一尺七寸者，附頭横木前，長二尺一寸者居中横木後，長二尺四寸者居尾横木前。小拴二，長三寸，拴中與前横箭竅。鐵環二，徑四寸，貫尾箭竅。用環者，便繩牽進退高下之。車軸一長五尺三寸，見方六寸，方透兩墻，止計二尺一寸，透出墻面。兩端各長一尺六寸，即透出處爲端本，就徑斲圓，距墻二寸，其圍一尺五寸，其徑五寸，以至端末，徑四寸四分弱。其墻所容方軸，距墻頭一尺，與所受銃耳距等兩距上下相離一尺一寸下軸眼緣抵牆緣一寸三分兩端本鐵箍二圍一尺八寸濶一尺二分厚二分挨箍以鐵片照軸圍上稀下密嵌入務與軸平每端二轉以當車輪內外鐵圈每轉八段計十六段兩端共三十二每長二寸厚三分濶一寸裝輪鐵拴三每長六寸七分濶一寸一分厚四分車輪二每徑三尺六寸中用轂共二各長一尺二寸徑亦如之空其中納以圈生鐵爲之內向圈二徑五寸外向圈二徑四寸五分外以鐵箍計八向內四圍各三寸六分濶一寸二分向外四圍各三寸三分濶一寸二分輻二十八每長六寸兩簨各五寸見方三寸輞

受銃耳距等，兩距上下，相離一尺一寸。下軸眼緣，抵墻緣一寸三分。兩端本鐵箍二，圍一尺八寸，闊一尺二分，厚二分。挨箍以鐵片，照軸圍上稀下密嵌入，務與軸平。每端二轉，以當車輪内外鐵圈。每轉八段，計十六段，兩端共三十二。每長二寸，厚三分，闊一寸。裝輪鐵拴三，每長六寸七分，闊一寸一分，厚四分。車輪二，每徑三尺六寸。中用轂共二，各長一尺二寸，徑亦如之。空其中，納以圈，生鐵爲之。内向圈二，徑五寸，外向圈二，徑四寸五分。外以鐵箍計八。向内四，圍各三寸六分，闊一寸二分。向外四，圍各三寸三分，闊一寸二分。輻二十八，每長六寸，兩簨各五寸，見方三寸。輞

西法神機　卷上

計十四塊每厚四寸濶五寸長如割圓一尺六寸每塊輞
釘七務須透木共九十有八每長四寸五分頭徑八分鐵
眼錢亦九十八以便轉釘脚包輞縫鐵條十四塊每長一
尺六寸濶三寸厚三分每塊用碾頭釘六共八十四每長
二寸五分頭徑二寸三分
西洋神器車三號車牆板二每長七尺七寸牆頭高一尺
七寸牆尾高一尺一寸厚二寸五分箍鐵三道一圍三尺
九寸濶二寸一圍三尺四寸濶一寸七分俱厚二分其箍
距相等兩牆共六道箍釘共七十七每長二寸牆頭包鐵
二條每長四尺二寸濶二寸五分厚二分釘共十六每長

計十四塊，每厚四寸，闊五寸，長如割圓一尺六寸。每塊輞釘七，務須透木，共九十有八。每長四寸五分，頭徑八分，鐵眼錢亦九十八，以便轉釘脚包輞縫。鐵條十四塊，每長一尺六寸，闊三寸，厚三分。每塊用碾頭釘六，共八十四，每長二寸五分，頭徑二寸三分。

西洋神器車三號。車墻板二，每長七尺七寸，墻頭高一尺七寸，墻尾高一尺一寸，厚二寸五分。箍鐵三道，一圍三尺九寸，闊二寸，一圍三尺四寸，闊一寸七分，俱厚二分。其箍距相等，兩墻共六道。箍釘共七十七，每長二寸。墻頭包鐵二條，每長四尺二寸，闊二寸五分，厚二分。釘共十六，每長

三寸車牆面距頭八寸爲半圓受銃耳深二寸一分濶二
寸七分車底横木有三其一長七寸兩端簨各一寸五分
横處距牆頭八寸五分距牆面五寸五分其一長九寸九
分兩端簨亦各一寸五分距牆頭三尺四寸八分距牆面
四寸六分其一長一尺二寸外簨各五寸以簨長故用鐵
拴二各長六寸厚四分濶一寸其横處牆牆尾七寸距牆
面三寸俱見方四寸上覆墊板一長三尺濶一尺一寸厚
四分鐵箭三徑俱一寸內二頂平尾竅一兩頭俱竅其長
一尺四寸者附頭横木後其長一尺七寸七分者居中横
木前其長二尺者居尾横木前小拴二長二寸拴中與前

三寸。車墻面距頭八寸，爲半圓受銃耳，深二寸一分，闊二寸七分。車底横木有三。其一長七寸，兩端簨各一寸五分，横處距墻頭八寸五分，距墻面五寸五分。其一長九寸九分，兩端簨亦各一寸五分，距墻頭三尺四寸八分，距墻面四寸六分。其一長一尺二寸，外簨各五寸。以簨長故，用鐵拴二，各長六寸，厚四分，闊一寸。其横處墻，墻尾七寸，距墻面三寸，俱見方四寸。上覆墊板一，長三尺，闊一尺一寸，厚四分。鐵箭三，徑俱一寸，内二頂平尾竅，一兩頭俱竅。其長一尺四寸者附頭横木後，其長一尺七寸七分者居中横木前，其長二尺者居尾横木前。小拴二，長二寸，拴中與前

西法神機　卷上

橫筩竅鐵環二徑四寸貫尾筩竅環便繩牽進退高下之車軸一長四尺五寸見方五寸方透兩牆止計一尺七寸透出牆面兩端各一尺四寸即透出處爲端本就徑斵圓距牆二寸其圍一尺二寸其徑四寸以至端末徑三寸五分弱其牆所容方軸距牆頭六寸五分與所受銃耳距羸二寸兩距上下相離一尺下軸眼緣抵牆緣一寸兩端本鐵箍二圍一尺五寸濶一寸厚二分挨箍以鐵片照軸圍上稀下密嵌入務與軸平每端二轉以當車輪內外鐵圈每轉八段計十六段兩端共三十二每長二寸厚三分濶一寸裝輪鐵拴二每長五寸濶一寸厚四分車輪二每徑

橫筩。竅鐵環二，徑四寸，貫尾筩竅環，便繩牽進退高下之。車軸一，長四尺五寸，見方五寸。方透兩墻，止計一尺七寸，透出墻面兩端，各一尺四寸。即透出處爲端本，就徑斵圓，距墻二寸，其圍一尺二寸，其徑四寸，以至端末，徑三寸五分弱。其墻所容方軸，距墻頭六寸五分，與所受銃耳距，羸二寸。兩距上下，相離一尺。下軸眼緣，抵墻緣一寸。兩端本鐵箍二，圍一尺五寸，闊一寸，厚二分。挨箍以鐵片，照軸圍上稀下密嵌入，務與軸平。每端二轉，以當車輪，內外鐵圈，每轉八段，計十六段，兩端共三十二。每長二寸，厚三分，闊一寸。裝輪鐵拴二，每長五寸，闊一寸，厚四分。車輪二，每徑

三尺中用轂共二各長一尺徑如之空其中納以生鐵圈
內向圈二徑四寸外向圈二徑三寸五分外以鐵箍計八
向內四圍各三尺濶一寸二分向外四圍各二尺七寸濶
一寸二分輻計二十四每長五寸兩箕各四寸見方三寸
輞計十二塊每厚三寸四分濶四寸三分長如割圓一尺
六寸每塊輞釘七務透輞木共八十四每長四寸三分頭
徑六分鐵眼錢亦八十四用以轉釘脚包輞縫鐵條十二
塊每長一尺六寸濶二寸四分厚三分每塊用碾頭釘六
共七十二每長二寸五分頭徑二寸
銃臺圖說從贊遼稿畧摘補

三尺，中用轂共二，各長一尺，徑如之。空其中納以生鐵圈，内向圈二，徑四寸，外向圈二，徑三寸五分。外以鐵箍計八。向内四，圍各三尺，闊一寸二分。向外四，圍各二尺七寸，闊一寸二分。輻計二十四，每長五寸。兩箕各四寸，見方三寸。輞計十二塊，每厚三寸四分，闊四寸三分，長如割圓一尺六寸。每塊輞釘七，務透輞木，共八十四，每長四寸三分，頭徑六分。鐵眼錢亦八十四，用以轉釘脚包輞縫。鐵條十二塊，每長一尺六寸，闊二寸四分，厚三分。每塊用碾頭釘六，共七十二，每長二寸五分，頭徑二寸。

銃臺圖説[1] 從《贊遼稿略》摘補

1《銃臺圖説》，又載《守圉全書》，文字略有出入。《西法神機》文末多“必蓄二十人受圍十日之需而可矣”一句。二書所附插圖則全異，參見附録一。

西法神機　卷上　六

造臺之制取高瞭亦資遠擊銃大則遠臺高又遠今人每疑在高不能取準者未聞用銃之法也請先約略言之夫銃之行也全用其直勢亦半用其曲勢曲勢過半不能殺人矣銃有四種遠銃三種近銃雖遠銃利攻近銃利守然可並濟也銃頭低昂合於天度別有器量二種一方方度二十四一圓圓度九十方器以量敵營之遠近圓器以量銃頭之高低平時先以方器就所據之臺量來路高下幾何遠近幾何宜用何銃每里卽立一表或樹或石次以圓器就所用之銃試擊之視銃頭高幾度者至何處低幾度者至何處臨時視敵所至卽依所定度數擊之有此器具

造臺之制，取高瞭，亦資遠擊。銃大則遠，臺高又遠。今人每疑在高不能取準者，未聞用銃之法也。請先約略言之。夫銃之行也，全用其直勢，亦半用其曲勢，曲勢過半，不能殺人矣。銃有四種遠銃，三種近銃，雖遠銃利攻，近銃利守，然可並濟也。銃頭低昂，合於天度，別有器量二種。一方，方度二十四。一圓，圓度九十。方器以量敵營之遠近，圓器以量銃頭之高低。平時先以方器，就所據之臺，量來路高下幾何，遠近幾何，宜用何銃，每里即立一表，或樹或石。次以圓器，就所用之銃試擊之，視銃頭高幾度者至何處，低幾度者至何處，臨時視敵所至，即依所定度數擊之。有此器具，

有此算法故任所處而百變不窮一成不誤故敢任敢言
也銃法既明乃論臺法今人每疑銃能震臺者未審用銃
之理也請再約略言之夫銃氣出口空氣相激氣之動也
最捷故山谷皆答其近而裂者則能排牆能撼石然銃勢
向前火性從上藥力四潰有三理焉即有排撼其傍受之
未有其下其後受之者也故牆在銃前銃傍可震今銃在
臺上必無震理亦惟有格致故敢任敢言也夫守必以銃
爲利銃必以大爲神而又可用於臺且無害於臺則奈何
造臺者不爲用銃計乎夫銃我欲擊人先虞人之奪我而
且困我也凡敵至城下則銃不及矣有棚梯則抛石滾木

有此算法，故任所處而百變不窮，一成不誤，故敢任敢言也。

銃法既明，乃論臺法。今人每疑銃能震臺者，未審用銃之理也。請再約略言之。夫銃氣出口，空氣相激，氣之動也最捷，故山谷皆答。其近而裂者，則能排墻，能撼石。然銃勢向前，火性從上，藥力四潰，有三理焉。即有排撼，其傍受之，未有其下其後受之者也。故墻在銃前銃傍可震。今銃在臺上，必無震理。亦惟有格致，故敢任敢言也。夫守必以銃爲利，銃必以大爲神，而又可用於臺，且無害於臺，則奈何造臺者，不爲用銃計乎。夫銃，我欲擊人，先虞人之奪我而且困我也。凡敵至城下，則銃不及矣。有棚梯，則抛石滾木

西法神機　卷上
無用矣是以出爲馬面臺使我兵從馬面臺橫擊也然敵
又以棚梯薄臺安從橫擊故法宜出爲銃角銃角者猶推
敵於角外以就我擊故銃無不到而敵無得近也今築城
則馬面臺宜爲小銃角如第一圖城之四隅宜爲大銃角
如第二圖若止築臺則或於四隅爲大銃角如第三圖或
於四面各出小銃角如第四圖城虛而銃角皆實故城體
薄而銃角皆厚臺則體與角皆實皆厚城用大銃於角而
鳥鎗弓矢助之於牆臺用大銃於中而鳥鎗弓矢助之於
角用大銃之處傍出土筐一以防銃二以代堵蓋銃最爲
害器雖精猶恐裂也故防之筐隱人於後既隔銃亦扞敵

無用矣。是以出爲馬面臺，使我兵從馬面臺橫擊也。然敵又以棚梯薄臺，安從橫擊。故法宜出爲銃角[1]。銃角者，猶推敵於角外，以就我擊。故銃無不到，而敵無得近也。

今築城，則馬面臺宜爲小銃角，如第一圖。城之四隅，宜爲大銃角，如第二圖。若止築臺，則或於四隅爲大銃角，如第三圖。或於四面各出小銃角，如第四圖。城虛而銃角皆實，故城體薄而銃角皆厚，臺則體與角皆實皆厚。城用大銃於角，而鳥鎗弓矢助之於墻，臺用大銃於中，而鳥鎗弓矢助之於角。用大銃之處，傍出土筐，一以防銃，二以代堵。蓋銃最爲害器，雖精猶恐裂也，故防之筐，隱人於後，既隔銃亦扞敵

1 銃角，據《守圉全書·銃臺圖説》，“銃角”均當作“鋭角”，下同。

矣堵薄故易震旣設筐遂不設堵矣用鎗矢之處不獨堵
之因其堵以蓋其房因堵之口以爲其窗因窗之懸板以
爲其牌我在牌之下房之內我得見敵擊敵敵不得見我
擊我也故城之上設堵於牆卽爲營房臺之上設堵於角
卽爲望房使其飲食坐卧於斯用志不紛矣角之銳者西
法也堵之卽爲營房者閩粵秦晉皆有之也其臺之向內
一面設級以登更以矮牆護之鐵門扃之矮牆一門由門
登級由級入房通級之房亦以鐵門扃之虞牆之破也臺
上宜爲藥窖宜爲水庫別有法度必蓄二十人受圍十日
之需而可矣銃以强兵臺以强銃臺有一定之形勢面角

矣。堵薄故易震，既設筐遂不設堵矣。用鎗矢之處，不獨堵之。因其堵以蓋其房，因堵之口，以爲其窗，因窗之懸板，以爲其牌。我在牌之下，房之内，我得見敵擊敵，敵不得見我擊我也。故城之上設堵於墻，即爲營房，臺之上設堵於角，即爲望房。使其飲食坐卧於斯，用志不紛矣。角之鋭者，西法也。堵之即爲營房者，閩粤秦晋皆有之也。其臺之向内，一面設級以登。更以矮墻護之，鐵門扃之。矮墻一門，由門登級，由級入房，通級之房，亦以鐵門扃之，虞墻之破也。臺上宜爲藥窖，宜爲水庫，别有法度。必蓄二十人受圍十日之需而可矣。

【雜抄二】[1]

銃以强兵，臺以强銃。臺有一定之形勢面角，

1 雜抄二，擬題。

有一定之周徑廣狹其直其折其平有繩矩其虛其實其
屯營其更舍有方位稍不合法不可用銃也銃則銅錫之
劑量煉鐵之火候內外徑之厚薄前後徑之加減彈與藥
之重輕亦莫不有比例稍不合法不惟不能害敵且以自
害而其用之也有床法有車法有七法有裝法有放法有
涼法有衛法稍不合法亦自害敵在十里之遠營中帳帳
中人有看法有測法有照對法有約度變通法敵已至臺
我高彼下有互擊法有聯擊法

有一定之周徑廣狹，其直其折其平有繩矩，其虛其實其屯營其更舍有方位。稍不合法，不可用銃也。銃則銅錫之劑量，煉鐵之火候，內外徑之厚薄，前後徑之加減，彈與藥之重輕，亦莫不有比例。稍不合法，不惟不能害敵，且以自害。而其用之也，有床法，有車法，有七法，有裝法，有放法，有涼法，有衛法。稍不合法，亦自害。敵在十里[1]之遠，營中帳，帳中人，有看法，有測法，有照對法，有約度變通法。敵已至臺，我高彼下，有互擊法，有聯擊法。[2]

1 十里，《防守京城揭》作“五里十里”。
2 自“銃以強兵”至“有聯擊法”，摘自《防守京城揭》，參見附録一。

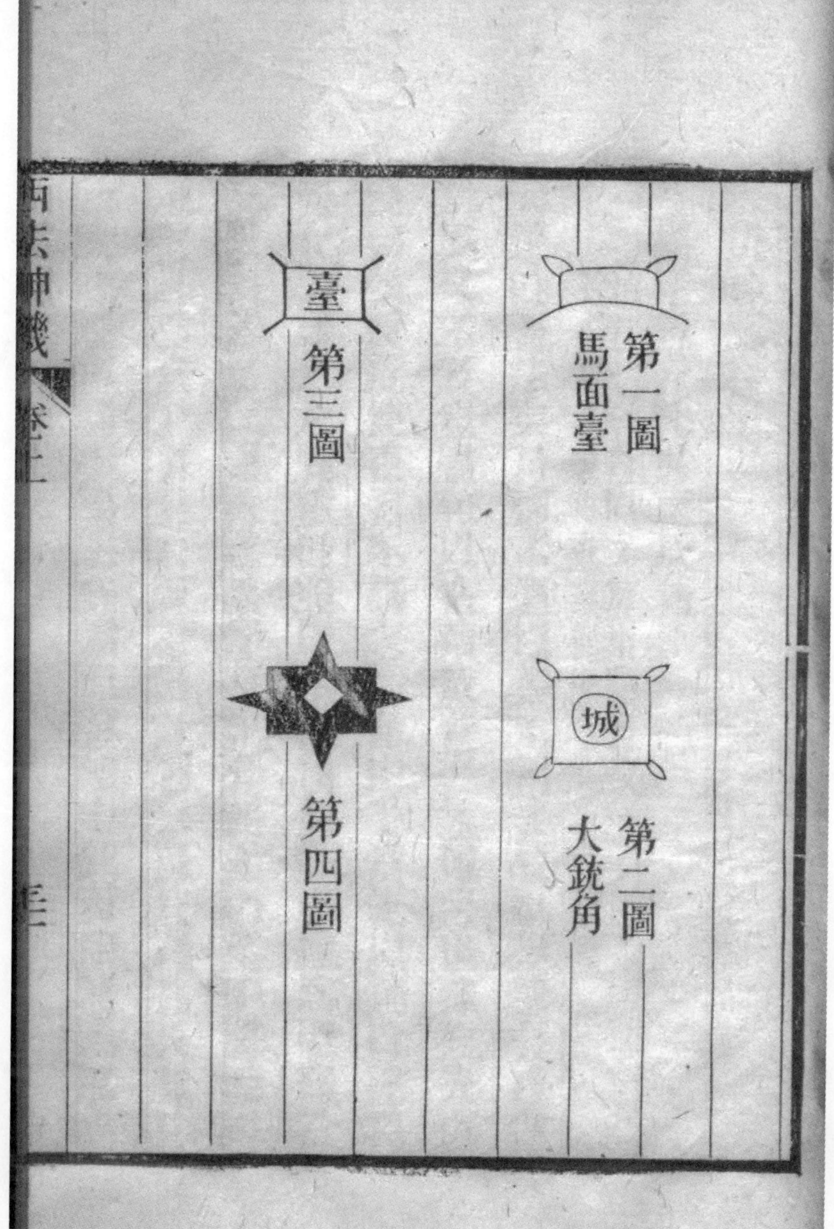

第一圖馬面臺。

第二圖大銃角[1]。城。

第三圖。臺。

第四圖。

1 大銃角，“銃”當作“鋭”。此處圖繪有誤。對比附録一影印《守圉全書》引《銃臺圖説》所附“大鋭角”“小鋭角”圖。

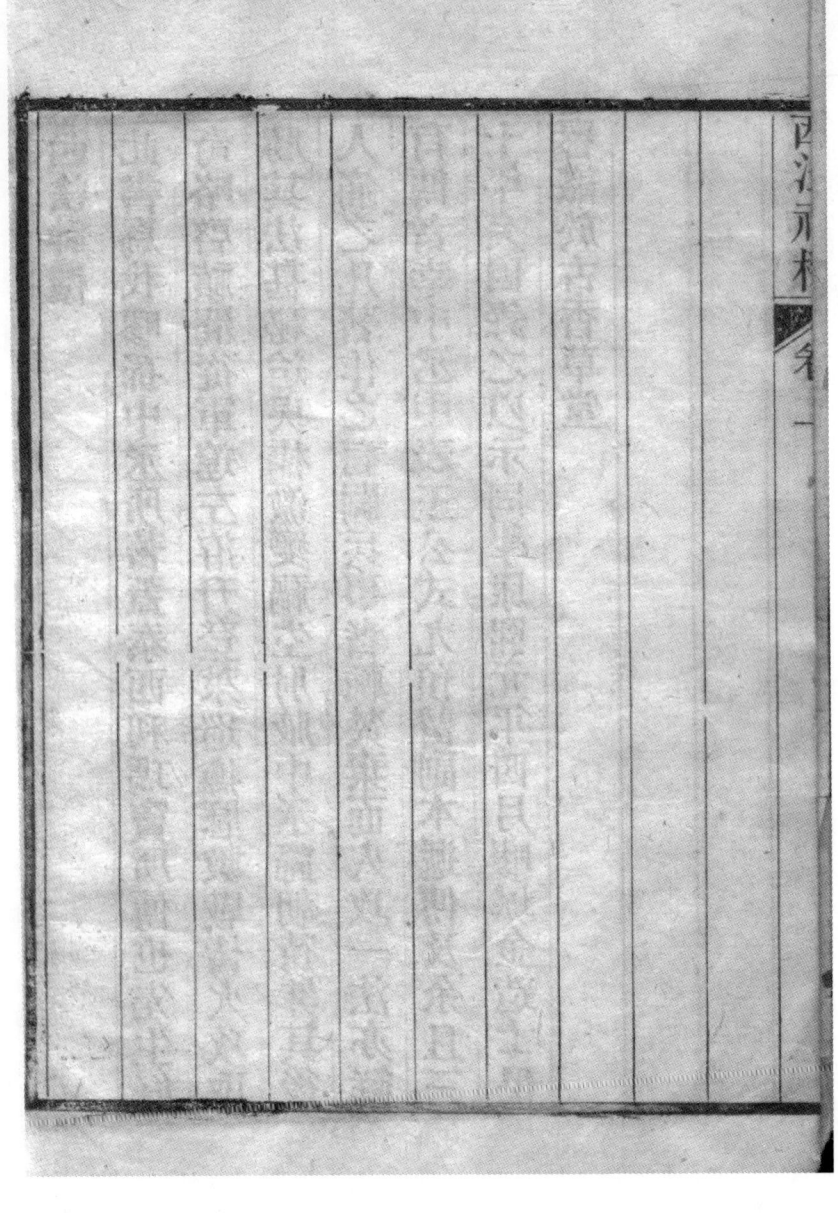

西法神機卷下

嘉定孫元化火東氏著

造鐵彈法　查《同文算指》、《圜容較義》，再查《幾何原本》

夫銃既盡法矣，乃彈不遠，以藥不精之故也。藥精矣，乃彈對真又不及，豈盡可以咎藥哉。譬之銃，猶弓也，彈猶矢也。良弓雖良，能使歪斜不調之箭命中乎。當先以銃口徑幾何大小，爲一大周線。仍照規半徑幾何，點周線爲甲爲乙，復以甲乙之規，跨量爲丙。即將規分開，從丙至甲，將丙甲同規，自乙至丁。丁至大周線幾何闊窄，復分爲三股，虚其一股，以規再圓小周線一圍，而彈始中式可用。然後照小

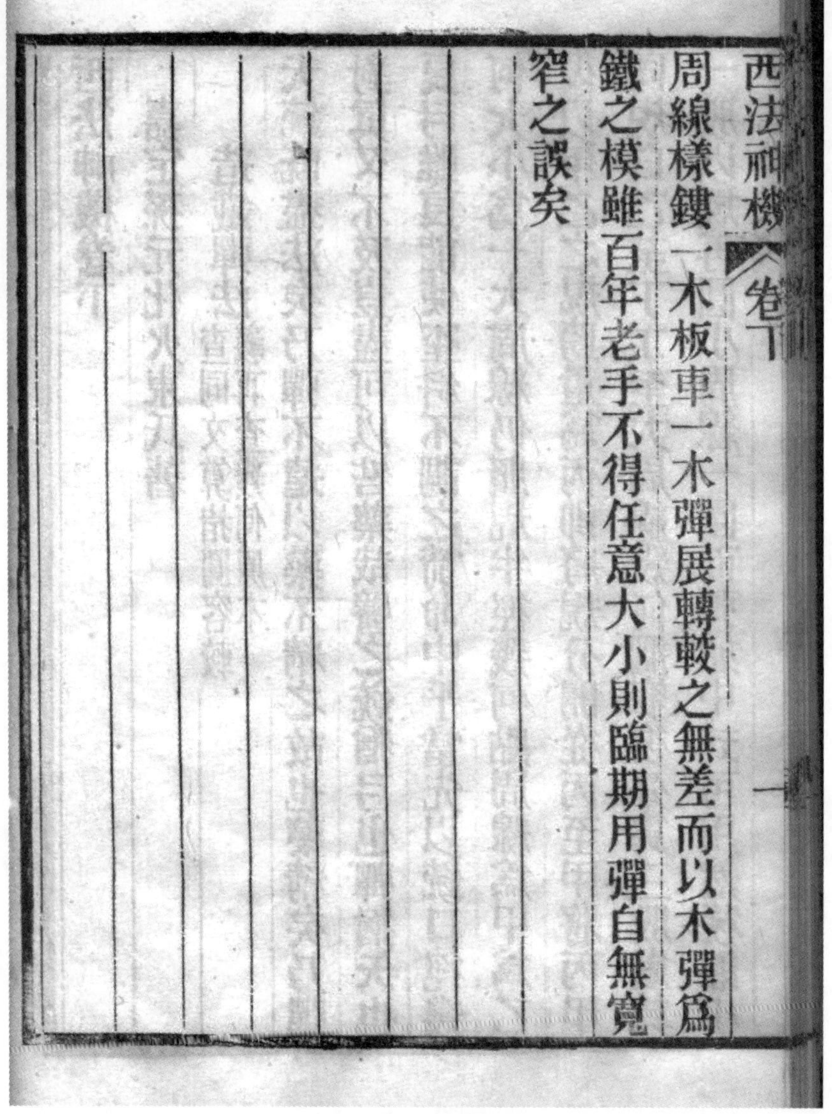

周線樣，鏤一木板，車一木彈，展轉較之無差。而以木彈爲鐵之模。雖百年老手[1]不得任意大小，則臨期用彈，自無寬窄之誤矣。

1 雖百年老手，《祝融佐理》作"雖百千"。

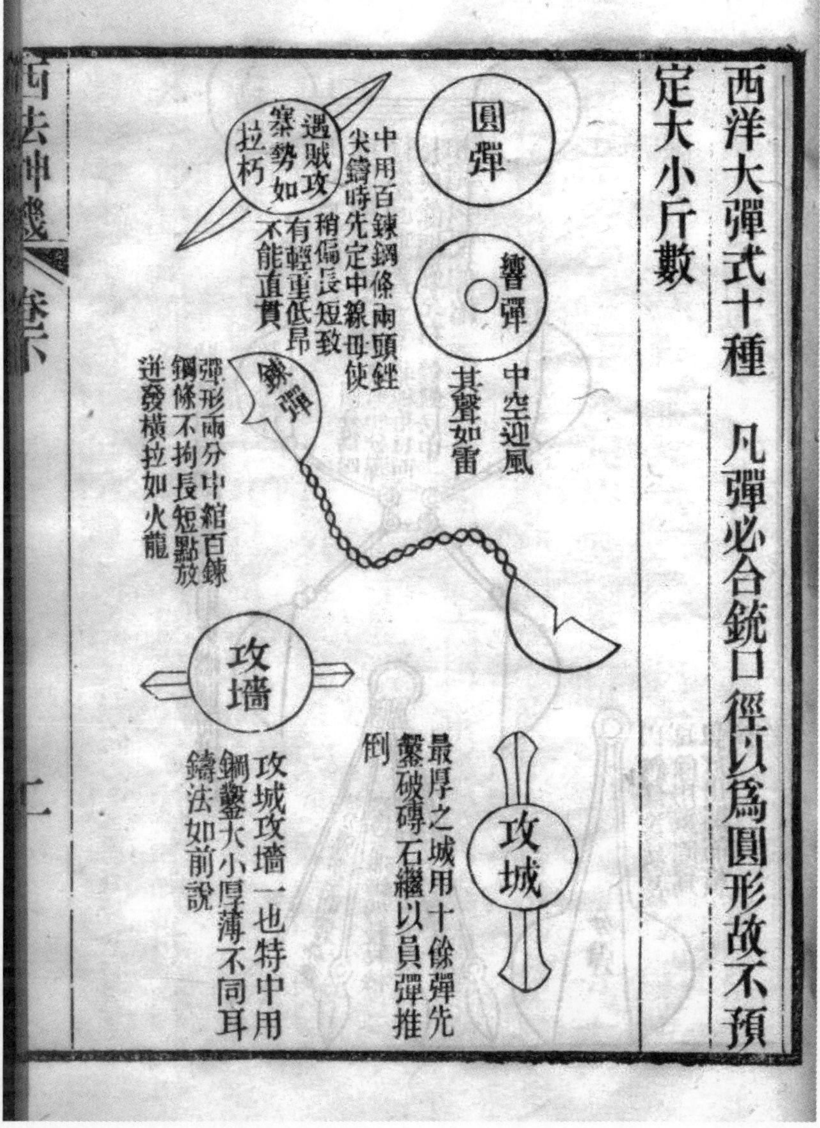

西洋大彈式十種

凡彈必合銃口徑，以爲圓形，故不預定大小斤數。

圓彈。

響彈。中空迎氣，其聲如雷。

鍊彈。彈形兩分，中縮百鍊鋼條，不拘長短，點放迸發，橫拉如火龍。

［攻寨彈］[1]。中用百鍊鋼條，兩頭銼尖，鑄時先定中線，毋使稍偏長短，致有輕重低昂，不能直貫。遇賊攻寨，勢如拉朽。

攻城。最厚之城，用十餘彈。先鑿破磚石，繼以員彈推倒。

攻墻。攻城攻墻，一也。特中用鋼鑿，大小厚薄不同耳，鑄法如前說。

1 攻寨彈，原無題名，據《祝融佐理》補。《火攻挈要·鑄造各種奇彈圖説》名之“鑽彈”。

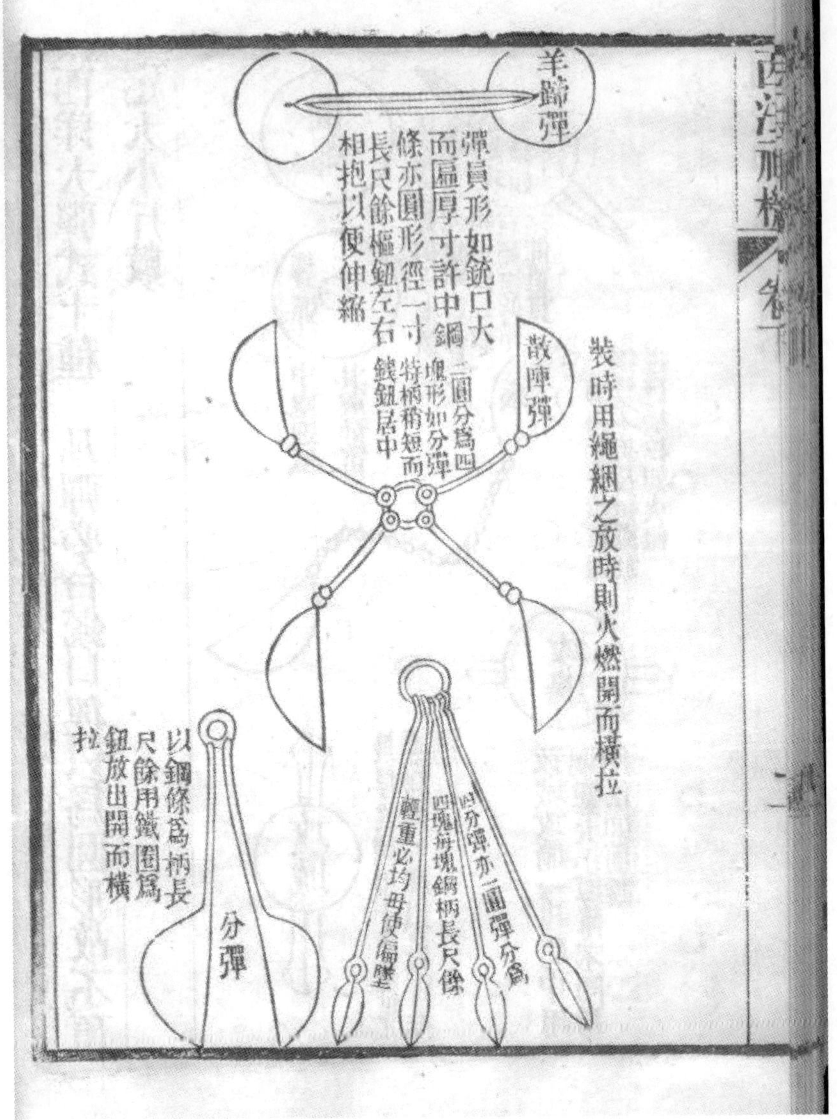

羊蹄彈。彈員形，如銃口大而匾，厚寸許，中鋼條亦圓形，徑一寸，長尺餘，樞鈕左右相抱，以便伸縮。

散陣彈。裝時以繩綑之，放時則火燃開而橫拉[1]。二圓分爲四塊，形如分彈，特柄稍短而鐵鈕居中。

四分彈。亦一圓彈，分作四塊，每塊鋼柄長尺餘，輕重必均，毋使偏墜。

分彈。以鋼條爲柄，長尺餘，用鐵圈爲鈕。裝出開而橫拉。

1 時以繩綑之放時則火燃開而橫拉，按《祝融佐理》，此條屬“分彈”。

立圓開方問徑法　今有立圓積六萬二千二百八尺問
立圓徑若干法曰置積六二二八以十六乘之得九十九
萬五千三百二十八尺以九歸之得一十一萬五百九十
二尺爲實以開方法除之初商四十於左亦置四十於右
四四自乘得一百六十四與一六再乘之得六萬四千除
上實餘實四萬六千五百九十二尺另以初商四十以三
因之得一百二十爲方法列位次商八尺於初商之次亦
置八尺於下法共四十八尺就以次商八尺乘之得三百
八十四尺爲廉法以方乘廉得四萬六千八十尺除實又
另置次商八尺自乘再乘得五百一十二尺爲隅法除實

立圓開方問徑法

今有立圓積六萬二千二百八尺。問立圓徑若干。法曰，置積六二二八以十六乘之，得九十九萬五千三百二十八尺，以九歸之，得一十一萬五百九十二尺，爲實。以開方法除之，初商四十於左，亦置四十於右，四四自乘，得一百六十四，與一六再乘之，得六萬四千。除上實，餘實四萬六千五百九十二尺。另以初商四十，以三因之，得一百二十，爲方法列位。次商八尺於初商之次，亦置八尺於下，法共四十八尺，就以次商八尺乘之，得三百八十四尺，爲廉法。以方乘廉得四萬六千八十尺，除實。又另置次商八尺，自乘再乘，得五百一十二尺，爲隅法。除實

西法神機　卷下　三

恰盡得立圓徑四十八尺此立圓球也

解曰平圓不離平方立圓不離立方以十六乘九除之得十一萬五百九十二尺者即立方之積也以開立方法除之得立方面即立圓徑也其以十六乘九除者立圓得立方十六分中九分四隅得七分也平圓得平方四分之三圓得三分四隅得一分也立圓如球四隅所餘加多將十六三因四歸得十二是平圓數又將十二三因四歸得九是立圓數是十六分之九分乃兩次三因四歸之數猶之一乘再乘也立方是一乘再乘而得立圓亦本立方一三因四歸再三因四歸而得也將立

恰盡。得立圓徑四十八尺，此立圓球也。

解曰：平圓不離平方，立圓不離立方，以十六乘九除之，得十一萬五百九十二尺者，即立方之積也。以開立方法除之，得立面，即立圓徑也。其以十六乘九除者，立圓得立方十六分中九分，四隅得七分也。平圓得平方四分之三，圓得三分，四隅得一分也。立圓如球四隅，所餘加多，將十六三因四歸，得十二，是平圓數。又將十二三因四歸，得九，是立圓數。是十六分之九分，乃兩次三因四歸之數，猶之一乘再乘也。立方是一乘再乘而得，立圓亦本立方一三因四歸再三因四歸而得也。將立方面四十八尺一乘再乘[1]，得立方積十一萬五百九十二尺，又兩次三因四歸之[2]得六萬二千二百八尺，即立圓之積也。若因徑問積，以徑四八一乘再乘得積，用九因十六歸，得立圓積也。

立圓開方問周法

今有立圓積六萬二千二百八尺。問立圓周若干。法曰，置積數以四十八尺乘之，得二百九十八萬五千九百八十四尺，爲實。以開方法除之，初商一百尺於左，自乘一萬再乘百萬，除實訖。次商四十於左，初商一百之次，位就於下。法置初次商共一百四十，自乘得一萬九千六百。又置初次共商一百四十，以初商一百乘之，

1 再乘，底本紙殘欠字，據上海圖書館藏《西法神機》光緒二十八年刻本補。

2 歸之，底本紙殘欠字，據上海圖書館藏《西法神機》光緒二十八年刻本補。

得一萬四千。又置初商一百，自乘一萬，併三數共四萬三千六百，以次商四十乘之，得一百七十四萬四千。除實訖，餘積二十四萬一千九百八十四尺。再商四尺於左，初商一百四十之下，亦置四尺於下，法共一百四十四尺，自乘得二萬七百三十六尺。又置初次三商一百四十四尺，以初次商一百四十尺乘之，得二萬一百六十尺。又置初次商共一百四十尺，自乘得一萬九千六百，併三數共六萬四百九十六尺。以三商四尺乘之，得二十四萬一千九百八十四尺。除實恰盡，得周一百四十四尺也。

解曰：問周而以積四十八乘之者，一个圓周係三个圓徑，即三个方面也。以三个方面自乘，橫竪皆三个，得九个平方也。再以三个方面乘之，高俱三个，每一个平方，因作三个立方，共三九二十七个立方也。立圓得立方十六分之九，將二十七以十六因之，得四百三十二，以九歸之，得四十八。是四十八个立圓積，合二十七个立方積也。故以四十八乘立圓，積得二百九十八萬五千九百八十四尺，即二十七个十一萬零五百九十二尺立方積也。

金球問徑法

今有金球積一百二十一寸五分。問球徑若干。置積一二一五以十六乘之，得一千九百四十四寸。

以九歸之，得二百十六寸，爲實。以開立方法除之，初商六寸，自乘得三十六寸，再乘得二百一十六寸，恰得球徑六寸。

凡鐵彈鉛彈，以此爲準則。方寸鐵重六兩，方寸鉛重九兩五錢，方寸青石重三兩也。

金球以徑問積歌

有个金球裏面空，球高尺二厚三分。一寸自方十六兩，試問金球多少金。法曰置球十二寸，一再乘之，得一千七百二十八寸，九因十六除，得九百七十二寸，爲金球積。 另置球高十二寸，將上下實墻各三分，并得六分，以減十二寸，得球内空徑一十一寸四分，亦

用一乘再乘得一千四百八十一寸五分四釐四毫九因
十六除得八百三十三寸三分六釐八毫五絲爲球內空
積以減全金球之積實存金一百三十八寸六分三釐一
毫五絲每寸一斤作一百三十八斤其零者以斤兩加六
法又得十兩一錢四釐并之得球之重
凡彈有中空藏鍊者以此算法爲準則
方五斜七圍三徑一其實每方五步斜得七步零七釐一
毫零六忽七微八纖一沙一塵八埃六渺五漠四七五二
四四不盡也每圓徑五十尺周一百五十七尺徑七尺周
二十一尺徑三十二尺周一百尺也

用一乘再乘，得一千四百八十一寸五分四釐四毫，九因十六除，得八百三十三寸三分六釐八毫五絲，爲球内空積。以减全金球之積，實存金一百三十八寸六分三釐一毫五絲，每寸一斤作一百三十八斤，其零者以斤兩加六法，又得十兩一錢四釐，并之得球之重。凡彈有中空藏鍊者，以此算法爲準則。

方五斜七，圍三徑一。其實每方五步，斜得七步零七釐一毫零六忽七微八纖一沙一塵八埃六渺五漠四七五二四四不盡也。每圓徑五十尺，周一百五十七尺；徑七尺，周二十一尺；徑三十二尺，周一百尺也。

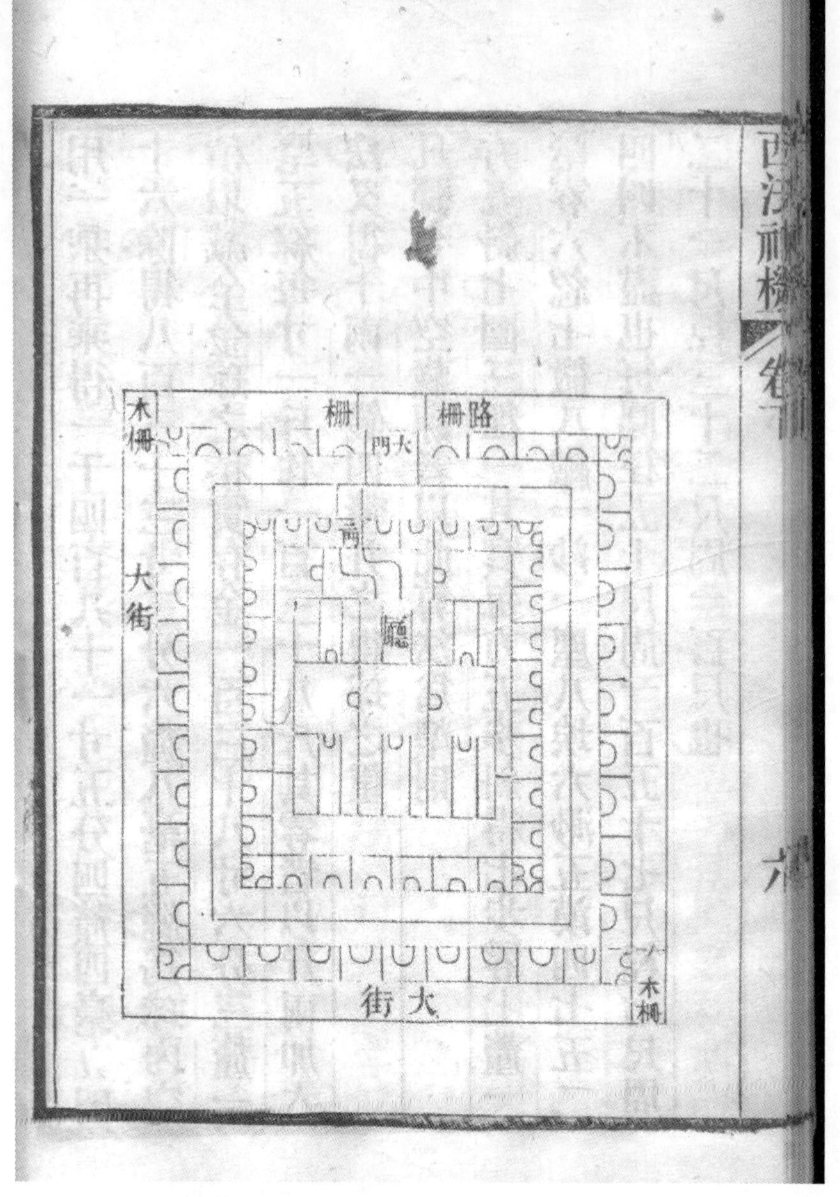

廳。門。大門。柵。木柵。大街。

火藥庫圖說

事有今人所迂而不肖以爲最急者未運米先造倉未聚兵先造房未合火藥先造庫也彥威不弃令將作從不肖受指揮不肖聞命爲畫圖而說解之時壬戌六月從經略巡寨上下馬篝燈走馬馳報殊愧不文然匠亦無庸文也

火藥庫之制宅之欲其中以遠火也簷用包牆不露椽柱以遠火也四圍圍房愈多爲貴以遠火也本止用牆而易以房者有其地有其牆因并作庫無使地費牆費也度庫地之廣袤南北二十三丈東西二十八丈設藥局於中央前後兩層東西九間其外餘地尙可圍二房兩圍之間尙

火藥庫圖說 [1]

事有今人所迂，而不肖以爲最急者，未運米先造倉，未聚兵先造房，未合火藥先造庫也。彥威 [2] 不弃，令將作從不肖受指揮，不肖聞命，爲畫圖而說解之。時壬戌六月，從經略巡寨上，下馬篝燈，走馬馳報，殊愧不文，然匠亦無庸文也。

火藥庫之制，宅之欲其中，以遠火也。簷用包，墻不露椽柱，以遠火也。四圍圍房，愈多爲貴，以遠火也。本止用墻，而易以房者，有其地，有其墻，因并作庫，無使地費墻費也。度庫地之廣袤，南北二十三丈，東西二十八丈。設藥局於中央，前後兩層，東西九間。其外餘地，尚可圍二房。兩圍之間，尚

1《守圉全書》引《火藥庫圖説》，開首缺“事有今人所迂”至“然匠亦無庸文也”一段。其餘相應文字稍有異同，參見附録一。

2 按，沈棨，字彥威，浙江烏程人，萬曆四十一年進士。天啟間與孫元化同爲孫承宗幕僚。

可圍一墻。内圍房俱向外，其後包簷，使房之火不通庫也。外圍房俱向内，其後包簷，使四鄰之火不通房也。兩圍房之間，又圍一墻，使兩房之火不相通也。大門正對庫廳，由大門東折，而二門，由二門西折而庫廳。凡火或乘風勢而來，路直則徑破，故欲其曲也。外圍房既向内，而四隅各有向外房二間，以居邏卒，使出頭見路，且在隅，則彼此相望無隱藏也。庫之東北，兩面皆大街，既與鄰隔。其南則留大路，以隔南鄰，且便往來。其西則留小路，以隔西鄰，金氏曰：留小路者，必置庫之地適限於地耳，不然不必獨小。且通廵緝也。南路之東口與西路之北口木柵之，夜則鎖之，其鑰守卒掌之。大門之傍，左右

各柵之鎖之官至則開其鑰官掌之鎖以防奸柵以通瞭
晾使廵者守者不必進街而可以直見又不必至門而可
以互見也兩圍房之間因其牆以爲內圍房之總門或四
間而隔或三間而隔或五間而隔每隔一門每門一庫每
庫一器晾其器之多寡以用其房總鍵之題而識之收便
取亦便也外圍房之內面如廊焉或遮以檽落每三四間
合一大間每一大間內隔一厚牆每一隔總一大門此以
藏車牌鎗筅等亦視其器之大小以用之其間大所以便
收貯其門大所以便出入隔以厚牆者爲房之骨凡房空
則跛倚預度其設牆之處爲柱焉則不費梁矣正庫兩層

各柵之鎖之。官至則開，其鑰官掌之。鎖以防奸，柵以通瞭晾，使廵者守者不必進街，而可以直見，又不必至門，而可以互見也。

兩圍房之間，因其墻以爲内圍房之總門，或四間而隔，或三間而隔，或五間而隔。每隔一門，每門一庫，每庫一器。晾其器之多寡，以用其房，總鍵之，題而識之，收便取亦便也。外圍房之内面如廊焉，或遮以檽落，每三四間合一大間，每一大間内隔一厚墻，每一隔總一大門。此以藏車牌鎗筅等，亦視其器之大小以用之。其間大，所以便收貯，其門大，所以便出入。隔以厚墻者，爲房之骨。凡房空，則跛倚，預度其設墻之處，爲柱焉，則不費梁矣。正庫兩層，前層之中，三間合爲一堂，以待官府。堂之後九房，皆向南，而堂左右各三房，皆北向。欲庫門之在廳後，使官入廳，而人不得窺庫也。廳後分爲五庫，庫各三間，一庫則一墻隔之，一門扃之。使官入一庫，而人不得窺他庫也。二門之後，堂之前，左右各一墻隔之，一門扃之。使官入廳，而人不得入夾道，窺庫後也。東西夾道之内，對庫脊各横隔一墻[1]，通小洞口焉。使庫之不東西倚也。外圍房之内，既有夾道，以通各外庫，視墻内兩隔之間，於墻外又横隔一墻，各通洞口焉。使圍房與圍墻相依爲固也。

藏藥者，藏兵器者，板墊之，高一尺五寸。壁之風孔，亦高一尺五寸，無太闊，高取其通，狹

1 一墻，原脱，據《守圉全書》補。

取其固也。凡風孔，宜在室之四隅，隅者氣之所盤聚也，風之則無不風矣。氣蒸乎上孔，與板等高，則板之下即風矣。或以銅絲網其孔，必無落入捲入之火矣。藥庫四壁，皆包簷，然亦宜通氣，則於每室四隅，當簷溜之下，爲曲孔焉。又以銅絲網焉，必無飛空颺入之火矣。官廳及門房之左右壁，高至於脊，勿露柱。四隅更鋪之，左右壁高至於脊，勿露柱。官廳之門，勿用槅，地勿加薦，勿糊紙。二門及五庫之門，勿露木，必無因物延入之火矣。

其丈尺，則正庫各深二丈，正間闊一丈四尺餘，各闊一丈三尺。內外兩圍房，各深一丈六尺，各闊一丈二尺。正庫之空地，深三丈。正庫外之夾

西法神機　卷下

道南二丈北東西各一丈五尺外房內之夾道四面各一
丈五尺衆庫前之院各一丈五尺南之大路一丈六尺西
之小路八尺蓋以南北而言之則圍房四層共六丈四尺
外兩夾道共三丈內兩夾道共三丈五尺內圍房前之兩
院共三丈兩正庫共四丈庫內空地三丈南路一丈六尺
并之爲二十丈也以東西而言之則圍房四層共六丈四
尺外兩夾道共三丈內圍房前之兩院共三丈正庫房十
一丈八尺西路八尺并之爲二十八丈也

煉火藥總說

火藥配合分兩毋論中國南北不同卽泰西亦傳授不一

道，南二丈，北東西各一丈五尺。外房内之夾道，四面各一丈五尺。衆庫前之院，各一丈五尺。南之大路一丈六尺，西之小路八尺。蓋以南北而言之，則圍房四層，共六丈四尺。外兩夾道，共三丈，内兩夾道，共三丈五尺。内圍房前之兩院，共三丈。兩正庫共四丈，庫内空地三丈，南路一丈六尺。并之爲二十丈[1]也。以東西而言之，則圍房四層，共六丈四尺。外兩夾道，共三丈。内兩夾道，共三丈[2]。内圍房前之兩院，共三丈。正庫房十一丈八尺，西路八尺。并之爲二十八丈也。

煉火藥總説

火藥配合分兩，毋論中國南北不同，即泰西亦傳授不一，

1 二十丈，《守圉全書》作“二十三丈”。
2 内兩夾道共三丈，原脱，據《守圉全書》補。

盍不於炭硝磺之性理一調劑之乎夫柳炭木火也硫磺土火也焰硝水火也木火輕烈土火沈重水火流暢性也理也調劑不因其性不得其理用之必不遂意若欲迅速快便必將硫黃去下面黑脚研極細末仍水飛過入藥方不滚珠柳炭須清明後採取如筆管大者去皮去節有皮則多煙有節則迸炸焰硝以雞子清煉之每硝一斤雞子一枚不惟去硝中渣滓兼去水中鹹味是以雞子之外又用萊菔豆腐葫蘆等類以拔去其鹹煉硝之水宜雨水雪水次用長流水蓋不得已耳深忌井水有鹹味故也每硝半鍋水用一鍋雞白趁冷即攪入鍋內待滚起渣又入萊

盍不於炭硝磺之性理，一調劑之乎。夫柳炭，木火也。硫磺土，火也。焰硝，水火也。木火輕烈，土火沈重，水火流暢，性也，理也。調劑不因其性，不得其理，用之必不遂意。若欲迅速快便，必將硫磺去下面黑脚，研極細末，仍水飛過入藥方，不滚珠。柳炭須清明後採取如筆管大者，去皮去節，有皮則多煙，有節則迸炸。焰硝以雞子清煉之，每硝一斤雞子一枚，不惟去硝中渣滓，兼去水中鹹味。是以雞子之外，又用萊菔、豆腐、葫蘆等類，以拔去其鹹。煉硝之水，宜雨水、雪水，次用長流水，蓋不得已耳，深忌井水，有鹹味故也。每硝半鍋，水用一鍋，雞白趁冷即攪入鍋內，待滚起渣，又入萊

菔等物硝鍋初出火時必須用蓋蓋定勿掀動泄氣恐硝
中照渣不肯隨流而出照渣者形如粗米粉此物最能滚
珠與鹽鹹同害直待兩日後水冷硝凝之時將硝囫圇取
起用布包好再以淡水澆之置於灰上令撒淨晒乾方得
潔淨已上三味如此製煉明白研成細末然後先將硫磺
與柳炭調和極勻使土木二火合作一家彼此相濟再入
製硝和搗成珠大約藥一斤水一碗研搗之人約以成藥
之時在渠掌中點試自然不敢苟耳　又法將硝一半研
細一半用水開化研搗時用硝水拌三味更覺渾化蓋欲
使輕烈之火泛起沉重之火俾與流暢之火一齊行走甚

菔等物。硝鍋初出火時，必須用蓋蓋定，勿掀動泄氣，恐硝中照渣，不肯隨流而出。照渣者，形如粗米粉，此物最能滚珠，與鹽鹹同害。直待兩日後，水冷硝凝之時，將硝囫圇取起，用布包好，再以淡水澆之，置於灰上，令撒淨晒乾，方得潔淨。已上三味，如此製煉明白，研成細末，然後先將硫磺與柳炭調和極匀，使土木二火，合作一家，彼此相濟，再入製硝，和搗成珠。大約藥一斤，水一碗。研搗之人，約以成藥之時，在渠掌中點試，自然不敢苟耳。

又法。將硝一半研細，一半用水開化，研搗時，用硝水拌三味，更覺渾化。蓋欲使輕烈之火，泛起沉重之火，俾與流暢之火一齊行走，甚

得三物之性理俱列備用　搗法三種各各精製照各方
稱準明白然後和勻入銅鑲木臼以銅包木杵搗之復以
酸菓汁點淨雨水泉水不時洒濕搗之還有力搗藥之人
須擇勤慎者莫使砂石蒙塵毫釐入藥恐打熱之際石能
生火亦勿著鐵器鐵亦能生火也藥搗萬杵後用木板試
放略無渣滓煙起白色快且直者爲妙即以粗細夾篩篩
過粗者成珠在上細者在下略放樹下映日晒乾勿經暴
日恐日中有火焚燎耳照乾後以內外有銑磁罈收之如
日久有澀氣再取酸菓汁破雨水泉水洒溼搗過如前點
放自然遠到矣

得三物之性理，俱列備用。

搗法。三種各各精製，照各方稱準明白，然後和勻，入銅鑲木臼，以銅包木杵搗之。復以酸菓汁點淨雨水泉水，不時洒濕搗之，選有力。搗藥之人，須擇勤慎者，莫使砂石蒙塵，毫釐入藥。恐打熱之際，石能生火，亦勿著鐵器，鐵亦能生火也。藥搗萬杵後，用木板試放，略無渣滓，煙起白色，快且直者爲妙。即以粗細夾篩篩過，粗者成珠在上，細者在下。略放下映日晒乾，勿經暴日，恐日中有火焚燎耳。照乾後，以內外有銑[1]磁罈收之。如日久有濕氣[2]，再取酸菓汁破雨水，泉水，洒濕搗過如前，點放自然遠到矣。

1 銑，當指釉。
2 濕氣，原作“温氣”，據《祝融佐理》改。

西法神機　卷一

煉硝又法每硝一斤雞子二个先審硝質何如以卵白加
減煉之不拘於一卵也亦量鍋大小可容硝幾何大約以
硝平鋪半鍋爲度假使半鍋之硝重二十五斤卽用雞卵
二十五枚別鍋擊開去黃用清與殼投別鍋內以手碎殼
極力打勻漸加以水傾入硝鍋以蛋清浮於硝面三寸爲
度然後煑之以木作楫狀不時攪之將沸則沫浮沸甚則
沫亦甚以密眼銅杓兜掠其沫并取其渣滓則清澈可鑒
毫末以涓滴成珠爲度但滴時不宜逼近火傍亦不宜避
火躭閣近火難凝傷於太老遠火易凝傷於太嫩其法以
草莖蘸出硝汁卽轉身背火滴於指甲上試之以成珠爲

煉硝又法。每硝一斤，雞子二个。先審硝質何如，以卵白加減煉之，不拘於一卵也。亦量鍋大小，可容硝幾何，大約以硝平鋪半鍋爲度。假使半鍋之硝重二十五斤，即用雞卵二十五枚。別鍋擊開，去黄，用清與殼，投別鍋内，以手碎殼，極力打勻。漸加以水，傾入硝鍋。以蛋清浮於硝面三寸爲度，然後煮之。以木作楫狀，不時攪之。將沸，則沫浮，沸甚，則沫亦甚。以密眼銅杓兜掠其沫，并取其渣滓，則清澈可鑒，毫末以涓滴成珠爲度。但滴時不宜逼近火傍，亦不宜避火躭閣。近火難凝，傷於太老，遠火易凝，傷於太嫩。其法以草莖蘸出硝汁，即轉身背火，滴於指甲上試之，以成珠爲

度預放有銧磁釭釭口覆苧布二層將鍋硝傾入擡貯潔淨之所俟七日後成鎗去水復晒乾搗細重絹篩羅聽用

又法硝以雞子白煉硝一斤蛋二枚硝不潔者加蛋數枚先以蛋白攪勻訖次將硝下鍋水高二指復將蛋白水傾入大滚數次則硝渣蛋白俱浮鍋面以竹笊抄起又用細麻布濾過再易淨鍋重將硝水傾入用文火煮成冰塊置鍋冷地一日則鹽在下而硝在上只取上硝研細用

煉磺又法每磺十斤用牛油蔴油各一斤將牛油分半斤與蔴油入鍋內盪滌之鍋經油染磺不粘滯然後以搗細之磺徐徐投入即投即攪如不能即化就磺中戳一窩以

度。預放有銧磁釭，釭口覆苧布二層，將鍋硝傾入，擡貯潔淨之所。俟七日後，成鎗去水，復晒乾搗細，重絹篩羅用。

又法。硝以雞子白煉，硝一斤，蛋二枚。硝不潔者，加蛋數枚。先以蛋白攪勻訖，次將硝下鍋，水高二指，復將蛋白水傾入，大滚數次。則硝渣、蛋白俱浮鍋面，以竹笊抄起。又用細麻布濾過，再易淨鍋，重將硝水傾入，用文火煮成冰塊。置鍋冷地，一日則鹽在下，而硝在上，只取上硝研細用。

煉磺又法。每磺十斤，用牛油蔴油各一斤。將牛油分半斤，與蔴油入鍋內，盪滌之。鍋經油染，磺不粘滯。然後以搗細之磺，徐徐投入，即投即攪。如不能即化，就磺中戳一窩，以

存下牛油八兩納入窩中以牛油之潤殺磺燥性不即燃
耳俟磺盡鎔乃以有鈂缸盆覆以蒲蓆以當漉巾以磺傾
注清液自下砂石自留於上切不可使一毫著火亦不可
使一毫沾鍋恐或沾或著鬼焰倏發耳俟凝搗細以重絹
羅過聽用　又法硫磺用生者亦可製先搥碎去砂土每
十斤用牛油二斤煮化火不可旺以木棍旋攪鍋底化盡
麻布濾巾濾入缸內則油浮於上磺沉於下去油研細聽
用　又法以防風川烏煎汁將磺碎如豆粒鎔化以前汁
冲入同熬則磺之渣滓悉沉於底取其上半用之不用牛
油而磺更精此法邊人傳於馮相西洋會士見其妙而傳

存下牛油八兩，納入窩中。以牛油之潤，殺磺燥性，不即燃耳。俟磺盡鎔，乃以有鈂缸盆，覆以蒲蓆，以當漉巾。以磺傾注，清液自下，砂石自留於上。切不可使一毫著火，亦不可使一毫沾鍋，恐或沾或著，鬼焰倏發耳。俟凝，搗細，以重絹羅過聽用。

又法。硫磺用生者，亦可製先搥碎去砂土。每十斤，用牛油二斤煮化。火不可旺，以木棍旋攪鍋底化盡。麻布濾巾，濾入缸內，則油浮於上，磺沉於下。去油研細聽用。

又法以防風、川烏煎汁，將磺碎如豆粒，鎔化，以前汁冲入同熬。則磺之渣滓，悉沉於底，取其上半用之，不用牛油，而磺更精。此法邊人傳於馮相，西洋會士見其妙而傳

之但須再三試之恐未周到耳　炭用蔴稭爲上茄梗次
之迎春梧柳枝次之搗羅聽用大都取其輕浮之性耳
西洋大銃藥方　硝四斤炭一斤磺十二兩以上皆羅過
細末用水和勻而搗之務力緊杵則藥常溫熱時以水滴
則藥常滋潤杵頭用銅臼底亦用銅則藥不焚燒杵至三
日膠結成塊用篩揉下莫不成珠晒乾貯甕月餘取出復
晒然後封固收貯永無潤氣
中國又方大銃藥硝一斤磺二兩炭三兩又方硝一斤磺
一兩炭三兩又方硝一斤磺二兩六錢七分炭二兩六錢
七分又方硝六斤磺炭各一斤又方硝四斤磺十二兩炭

之，但須再三試之，恐未周到耳。

炭用蔴稭爲上，茄梗次之，迎春梧柳枝次之，搗羅聽用，大都取其輕浮之性耳。

【火藥方】[1]

西洋大銃藥方。硝四斤，炭一斤，磺十二兩。以上皆羅過細末，用水和勻而搗之。務力緊杵，則藥常温，熱時以水滴，則藥常滋潤。杵頭用銅臼，底亦用銅，則藥不焚燒。杵至三日，膠結成塊，用篩揉下，莫不成珠。晒乾貯甕，月餘取出，復晒。然後封固收貯，永無潤氣。

中國又方。大銃藥硝一斤，磺二兩，炭三兩。又方。硝一斤，磺一兩，炭三兩。又方。硝一斤，磺二兩六錢七分，炭二兩六錢七分。又方。硝六斤，磺、炭各一斤。又方。硝四斤，磺十二兩。炭

1 火藥方，擬題。

一斤上六方分兩不同杵製同前方　附嚕密國火藥方
硝一斤磺二兩炭六兩日本國火藥方硝一斤磺二兩八
錢炭六兩八錢
鳥銃藥方硝七斤磺十兩炭一斤合法如前又西洋方硝
一斤磺炭三兩又方磺二兩七錢又方磺二兩五錢硝炭
同上又方硝一斤磺一兩四錢三分炭二兩二錢八分又
方硝六斤磺一斤二兩或十五兩二錢炭一斤二兩又方
硝二斤八兩磺四兩炭六兩八錢
中國鳥銃方五種一硝一斤磺二兩四錢炭二兩七錢二
分二硝一斤磺八錢炭二兩四錢三硝一斤磺一兩一錢

一斤。上六方，分兩不同，杵製同前方。

附嚕密國火藥方。硝一斤，磺二兩，炭六兩。

日本國火藥方。硝一斤，磺二兩八錢，炭六兩八錢。

鳥銃藥方。硝七斤，磺十兩，炭一斤，合法如前。又西洋方。硝一斤，磺、炭三兩。又方。磺二兩七錢。又方。磺二兩五錢，硝炭同上。又方。硝一斤，磺一兩四錢三分，炭二兩二錢八分。又方。硝六斤，磺一斤二兩，或十五兩二錢，炭一斤二兩。又方。硝二斤八兩，磺四兩，炭六兩八錢。

中國鳥銃方五種。一、硝一斤，磺二兩四錢，炭二兩七錢二分。二、硝一斤，磺八錢，炭二兩四錢。三、硝一斤，磺一兩一錢

二分炭二兩七錢二分四硝一斤磺一兩六錢炭二兩七
錢二分五硝一斤磺四錢炭六錢八分
火門藥方硝一斤磺二兩五錢炭三兩合製同前但搗法
滿七日爲妙又方硝一斤磺二兩三錢炭三兩又方硝一
斤磺二兩七分炭三兩又方硝一斤磺二兩二錢炭三兩
又方硝一斤磺一兩四錢三分炭二兩二錢八分
金氏曰五方總以磺爲差等因磺有石土之别力量不
同耳引藥每兩入信石三分發得緊足硝要提清精瑩
如練爲妙火門藥方與小銃藥分兩相同但硝用最上
面一層者配磺炭訖多搗數時不用篩揉成珠日乾研

二分，炭二兩七錢二分。四、硝一斤，磺一兩六錢，炭二兩七錢二分。五、硝一斤，磺四錢，炭六錢八分。

火門藥方。硝一斤，磺二兩五錢，炭三兩。合製同前，但搗法滿七日爲妙。又方。硝一斤，磺二兩三錢，炭三兩。又方。硝一斤，磺二兩七分，炭三兩。又方。硝一斤，磺二兩二錢，炭三兩。又方。硝一斤，磺一兩四錢三分，炭二兩二錢八分。

金氏曰：五方總以磺爲差等，因磺有石土之别，力量不同耳。引藥每兩入信石三分，發得緊足。硝要提清，精瑩如練爲妙。火門藥方與小銃藥，分兩相同，但硝用最上面一層者。配磺炭訖，多搗數時，不用篩揉成珠，日乾研

西法神機〈卷一〉 一四

細即是
中國火門藥方一硝一斤磺五錢六分炭五兩二錢八分一硝一斤磺八錢炭五兩七錢六分一硝一斤磺四錢八分炭用柳炭一兩六錢又稭灰九錢六分一硝一斤磺四錢八分炭用葫蘆灰四兩八錢斑蝥四兩八錢只用蟲頭
約而論之大銃藥硝一斤宜配磺二兩炭三兩而已鳥銃藥硝一斤磺一兩二錢亦以火酒浸過晒乾又浸又晒看炭上有白霜起然後研細先用細磺五錢調和極匀方拌入牙硝斑猫七十頭洒水力搗萬杵趁藥不乾不濕之時用馬尾羅細細篩出如蒸糕米粉一樣粗細太細恐糊火

細即是。

中國火門藥方。一、硝一斤，磺五錢六分，炭五兩二錢八分。一、硝一斤，磺八錢，炭五兩七錢六分。一、硝一斤，磺四錢八分，炭用柳炭一兩六錢，又稭灰九錢六分。一、硝一斤，磺四錢八分，炭用葫蘆灰四兩八錢，斑蝥四兩八錢，只用蟲頭。

約而論之，大銃藥硝一斤，宜配磺二兩，炭三兩而已。鳥銃藥硝一斤，磺一兩二錢。［炭二兩五錢。惟火門藥，硝一斤，必須牙硝火酒製造，稭二兩五錢］[1] 亦以火酒浸過，晒乾又浸，又晒。看炭上有白霜起，然後研細。先用細磺五錢，調和極匀，方拌入牙硝，斑猫七十頭。洒水力搗萬杵，趁藥不乾不濕之時，用馬尾羅細細篩出，如蒸糕米粉一樣粗細，太細恐糊火

1“炭二兩五錢”至“稭二兩五錢”，原脱，據《祝融佐理》補。

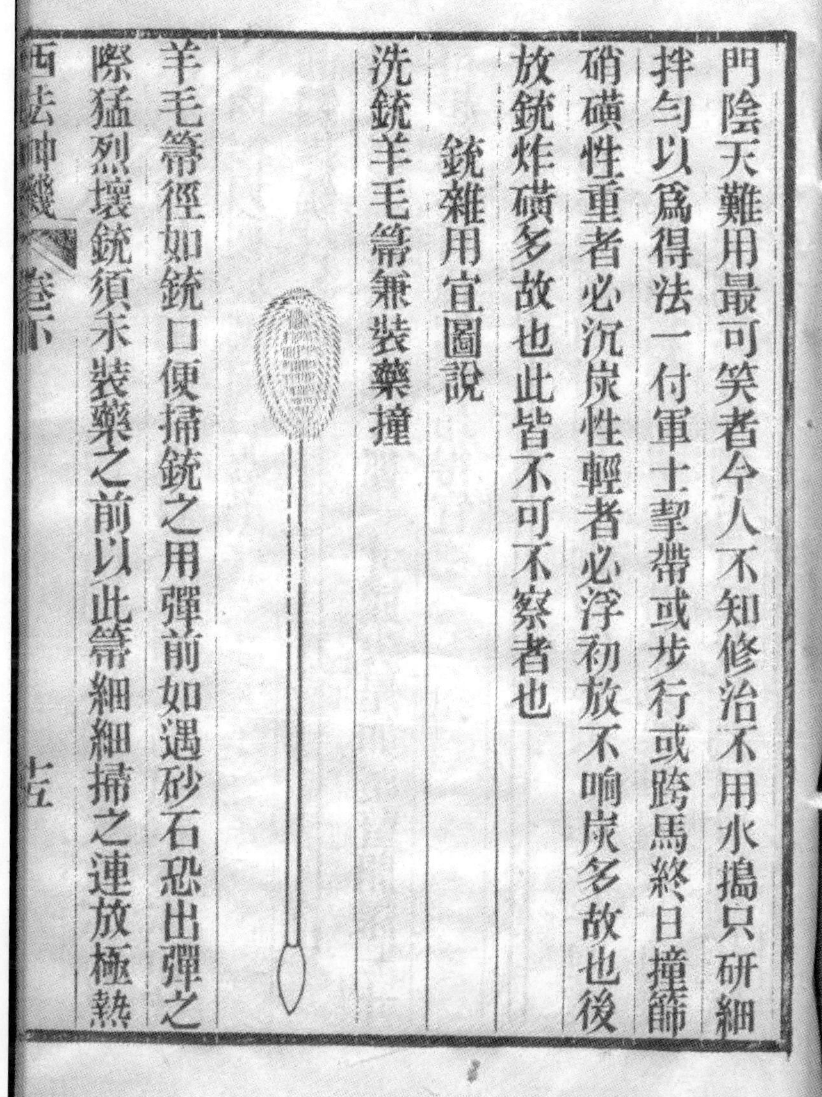
門陰天難用最可笑者今人不知修治不用水搗只研細
拌勻以爲得法一付軍士挈帶或步行或跨馬終日撞篩
硝磺性重者必沉炭性輕者必浮初放不响炭多故也後
放銃炸磺多故也此皆不可不察者也
銃雜用宜圖說
洗銃羊毛箒兼裝藥撞
羊毛箒徑如銃口便掃銃之用彈前如遇砂石恐出彈之
際猛烈壞銃須未裝藥之前以此箒細細掃之連放極熱

門陰天難用。最可笑者，今人不知修治，不用水搗，只研細拌勻以爲得法。一付軍士挈帶，或步行或跨馬，終日撞篩。硝磺性重者必沉，炭性輕者必浮。初放不响，炭多故也，後放銃炸，磺多故也。此皆不可不察者也。

銃雜用宜圖說

洗銃羊毛箒兼裝藥撞

羊毛箒，徑如銃口，便掃銃之用。彈前如遇砂石，恐出彈之際，猛烈壞銃，須未裝藥之前，以此箒細細掃之。連放極熱，又以此箒蘸米醋，攪其中，濡醋潤其外。醋行火斂，不待其涼，亦可點放。箒柄長於銃身一尺，柄末插以檀木，亦如銃口内徑，以便裝藥，撞實火藥。

刮鏽探銃杖兼運銃

以鐵爲之，長三尺五寸，徑一寸，頭尖尾如蟹螯，開深一寸。可起鏽，亦可撬銃低昂得宜。

裝藥鍬

凡銃用藥幾何，即用銅板，照銃口空徑大小，作一半圓藥鍬。量稱藥數，以爲長短，毋使臨時多寡悮事。銅片一塊，長一尺一寸，尖闊三寸，中闊五寸三分，底闊八寸。圈轉作鍬，以木爲底，底長二寸五分。徑圈合銃口内徑，柄長比銃身嬴尺。若嫌用鍬遲緩，預以圓木範銃空徑大小，用布與紙，照樣粘縫裝藥，仍封號明白。使用點放之時，先以鐵釘入火門，破其包裹，乃用引藥。

火繩

箝火繩杖

箝火繩之杖，箝叉左右，各灣長三寸餘，其中直鋭二寸，裝柄處亦二寸，以銅爲之，以木爲柄。其左右灣長頭，各開兩槽，以便箝繩點放。火繩用榕樹根最嫩者，去皮心搗鬆之，撚爲繩。竹青亦可。用綿繩，新者爲佳。各從其便。

起彈鐵盤鑽

鑽長七尺，煉鐵爲之。頭最尖利，盤旋蜒蜿，如蛇繞竿頭，而無竿頭之實。柄長如銃盈尺。如鐵彈不甚中規，以急需而誤投銃内，或撑於不上不下之間，用此攪之，轉輾而出。

銃墊

以木爲之，厚四寸，闊八寸或一尺，長一尺五寸，或三或五。酌可爲柄處，採出圓柄，約長四寸，居墊之中，距柄根平面二寸，漸殺至末，約厚二寸，欲平欲俯，以墊銃之底。

火門鎖箍

用精鐵照火門銃身圍圓作箍厚二分濶二寸判爲兩股股以半規每股兩端用樞先以兩股樞貫以鐵箭聯之爲一以便開閤餘兩股樞以待合而鎖之但設此爲鎖鎖爲火門今箍抱銃圍而無根蒂則可上可下故於近鎖稍偏三寸須比箍增濶一寸長稱之則見方三寸矣卽於箍之陰方之中豎一鐵柱如火門少細以便出納鎖時先以箍内柱納火門中乃環規搭樞用鎖則箍不上下其見方處增濶三寸并不致雨水之溼侵　金氏曰火門口邊鑄時先隆一線而以箍陰之線凑合封鎖更妙

銃口蓋鎖箍

用精鐵，照火門銃身圍圓作箍。厚二分，闊二寸，判爲兩股，股以半規。每股兩端用樞，先以兩股樞，貫以鐵箭，聯之爲一，以便開閤。餘兩股樞，以待合而鎖之。但設此爲鎖，鎖爲火門，今箍抱銃圍而無根蒂，則可上可下。故於近鎖，稍偏三寸，須比箍增闊一寸，長稱之，則見方三寸矣。即於箍之陰方之中，豎一鐵柱，如火門少細。以便出納鎖時，先以箍内柱納火門中。乃環規搭樞用鎖，則箍不上下。其見方處，增闊三寸，并不致雨水之濕侵。[1] 金氏曰：火門口邊，鑄時先隆一線，而以箍陰之線凑合封鎖更妙。

銃口蓋鎖箍

1《祝融佐理·火門鎖箍》文末另有子母銃鎖箍一段。

折旋如火門箍之樞鈕惟多一蓋以精鐵爲之其蓋照銃
口外圍務寬大覆轉之如傘幃以避雨水其蓋經兩際各
系鑻以一鑻合樞箭鐵處總結之以便折疊以一鑻開竅
套兩股樞以鎖之但無根蒂亦可挪移故照銃口內圍爲
圓木長三寸釘於蓋之陰如上條火門之柱一般則亦難
於轉移
登山扯銃裝嵌銃尾車輪法
銃尾車輪包鐵於軸轂間悉如銃車前輪式但輪徑差小
於車前輪之徑一徑耳軸本鑿嵌於銃車尾橫木之下
山頂十字轉盤法

折旋如火門箍之樞鈕，惟多一蓋，以精鐵爲之。其蓋照銃口外圍，務寬大，覆轉之如傘幃，以避雨水。其蓋經兩際各系鑻，以一鑻合樞箭鐵處總結之，以便折疊，以一鑻開竅，套兩股，樞以鎖之。但無根蒂，亦可挪移。故照銃口內圍爲圓木，長三寸，釘於蓋之，陰如上條火門之柱一般，則亦難於轉移。

登山扯銃裝嵌銃尾車輪法

銃尾車輪，包鐵於軸轂間，悉如銃車前輪式，但輪徑差小於車前輪之徑一徑耳。軸本鑿嵌於銃車尾橫木之下。

山頂十字轉盤法

轉盤中柱長一丈徑一尺輪木空徑一尺周緣實徑二尺
長四尺以一寸厚二寸濶鐵箍上
計開
銃重千斤用彈二斤半藥二斤十兩銃重一千三百斤用
彈藥各三斤銃重二千斤彈藥各四斤銃重二千七百斤
彈藥各七斤相方配合藥少則送彈不遠如多至一斤半
斤卽恐不虞銃未入藥先以木棍纏雞毛掃淨銃腹將稀
布或厚綿紙做成布袋貯藥照斤兩用木棍送入撞實加
彈子紙裹送藥上須包裹緊入然後彈子在中不偏仍用
鐵椎鑽開布袋以引藥裝入

轉盤中柱，長一丈，徑一尺。輪木空徑一尺，周緣實徑二尺，長四尺。以一寸厚、二寸闊鐵箍上。

【演砲事宜】[1]

計開

銃重千斤，用彈二斤半，藥二斤十兩。銃重一千三百斤，用彈藥各三斤。銃重二千斤，彈藥各四斤。銃重二千七百斤，彈藥各七斤。相方配合。藥少則送彈不遠，如多至一斤半斤，即恐不虞。銃未入藥，先以木棍纏雞毛掃淨銃腹。將稀布或厚綿紙做成布袋貯藥，照斤兩用木棍送入撞實，加彈子。紙裹送藥，上須包裹緊入，然後彈子在中不偏。仍用鐵椎鑽開布袋，以引藥裝入。

1 演砲事宜，擬題

放銃人恐不慣熟用木牌一面竹一段長四尺鑽一空子用火繩穿過點火放時不必近迫防火藥縱於面目放銃訖火氣未消用雞毛刷銃腹引出火氣後可入藥再放放畢亦如之銃放三次火氣已盛銃身大熱入藥恐惹起火候其火退冷定即用水洗銃身將木棍纏布濕水洗入銃腹方可進藥大抵每銃只好連放二次三次多則紅熱難近打造者亦然

放銃恐人污穢以紅布數尺掛紅糖擦銃身庶可無虞銃每門俱用木桶將藥預裝紙袋內配定斤兩編成字號以便臨敵　銃置架上欲高則不必墊欲低欲平銃後以木

放銃人恐不慣熟，用木牌一面，竹一段，長四尺，鑽一空子，用火繩穿過。點火放時不必近迫，防火藥縱於面目。放銃訖，火氣未消，用雞毛刷銃腹，引出火氣，後可入藥。再放放畢，亦如之。銃放三次，火氣已盛，銃身大熱，入藥恐惹起火。候其火退冷定，即用水洗銃身，將木棍纏布濕水，洗入銃腹，方可進藥。大抵每銃只好連放二次三次，多則紅熱難近。打造者亦然。

放銃恐人污穢，以紅布數尺，掛紅糖擦銃身，庶可無虞。銃每門俱用木桶，將藥預裝紙袋内，配定斤兩，編成字號，以便臨敵。銃置架上，欲高則不必墊，欲低欲平，銃後以木

片墊之　銃宜置乾處被雨濕則生鏽鏽則以石并鉎鐵
打磨將桐油松香煮熟徧塗以避雨水銃口用蠟塞密將
銅板鎖固以防奸細其銃每月須連演一二次放之不必
用彈
銃藥既築緊用稻草加築藥上約厚一寸即將鎚碎鍋鐵
如豆大者用布包一包築於草上然後放置彈子俱撞實
推住不可鬆碎鐵每彈二斤者用半斤彈四斤者用一斤
此物飛打入肉即死或小鉛彈亦可用又將木柴片架疊
其實藥於銃也以鍬鍬轉而出即以撞極力撞之藥未足
再鍬再撞如前既足矣摶故布塞之其撞如前始納彈彈

片墊之。

銃宜置乾處，被雨濕則生鏽，鏽則以石并鉎鐵打磨。將桐油松香煮熟徧塗，以避雨水。銃口用蠟塞密，將銅板鎖固，以防奸細。其銃每月須連演一二次，放之不必用彈。

銃藥既築緊，用稻草加築藥上，約厚一寸。即將鎚碎鍋鐵，如豆大者，用布包一包，築於草上。然後放置彈子，俱撞實推住，不可鬆碎。鐵每彈二斤者用半斤，彈四斤者用一斤。此物飛打入肉即死，或小鉛彈亦可用。又將木柴片架疊，其實藥於銃也。以鍬鍬轉而出，即以撞極力撞之。藥未足，再鍬再撞如前，既足矣，摶故布塞之，其撞如前，始納彈。彈後復加布搏塞之，撞不必力。如臨敵點放宜速，則以布預製小圓筒，度銃用藥緊束之。綮銃口而小之，庶無澁滯。上書號數，則可省權衡度量之躭延。倘頻放大熱，則以羊皮毛箒浸醋攪其中，潤其外，醋性行，火性歛，不待涼冷，又可點放也。

【西洋神器合用彈藥平仰步數】[1]

凡神器一號，用藥四斤，彈四斤。連放五次，減藥半斤，即放至百銃，亦不必減矣。其放視規度之線，所值欵列之線，與句直垂，則銃與股平。彈發水平至四百八十步。線過一度則銃高一度，彈發一千步。過二度則銃高二度，彈發二千步。過三度則銃高三度，彈發二千八百步。過四度則銃高

1 西洋神器合用彈藥平仰步數，擬題。

四度彈發三千四百步過五度則銃高五度彈發四千七
百步
神器二號用法同前遠近度如後
神器三號藥彈各二斤此銃藥即放至後亦不減用法同
前線與勾直垂則銃與股平彈發水平去四百步線過一
度則銃高一度彈發八百八十步過二度彈發一千七百
七十步過三度彈發二千六百五十步過四度彈發三千
八百六十步過五度則銃高五度彈發四千步
點放大小銃說
點放欲知幾遠須爲器以度之狀如覆矩以銅爲之勾長

四度，彈發三千四百步。過五度則銃高五度，彈發四千七百步。

神器二號，用法同前，遠近度如後。

神器三號，藥彈各二斤。此銃藥即放至後，亦不減。用法同前。線與勾直垂，則銃與股平，彈發水平，去四百步。線過一度，則銃高一度，彈發八百八十步。過二度，彈發一千七百七十步。過三度，彈發二千六百五十步。過四度，彈發三千八百六十步。過五度，則銃高五度，彈發四千步。

點放大小銃説

點放欲知幾遠，須爲器以度之。狀如覆矩，以銅爲之，勾長尺餘，股長一寸五分。以勾股交爲運規心，只作四分規之一。規心透竅，繫以線，線末用錘。循規繞邊，匀分十二度。用時以勾入銃口内，則是此勾即同銃身也。以線所直度爲高下數，以測遠近之步，即可知銃彈到處。此測量而兼以藥力究竟也。然必度銃身及口折中之，不能虚度以例推耳。其定數具後。每高一度，則銃彈到處，較平放更遠。推而至於六度，遠步乃止。高七步，彈反短步矣。假若平放，必須銃身上水銀點滴不走方是，則彈遠到二百六十八步。仰放高一度，則彈較平放遠到三百二十六步，共五百九十四步。高二度，較高一度又遠二百步，共七百九十四步。高

三度較二度又遠一百六十步共九百五十四步高四度
較三度又遠五十六步共一千十步高五度較四度又遠
三十步共一千四十步高六度較五度又遠十三步共一
千五十三步以上每步幾二尺此其大略若推廣則有徐
宮詹之幾何編測量法及李太僕容圓較義同文算指焉
諸銃點放平仰步數仍悉開於各銃之下既知銃高幾度
得至遠步幾何矣然人於步之遠近從何測驗則又當另
置一器其器以銅板爲之見方六寸上端有兩耳厚三分
見方一寸橫豎於板面之上距兩端各一寸見方之中鑽
一細眼彼此相平板面先畫一方楞方楞角端爲勾股交

三度，較二度又遠一百六十步共，九百五十四步。高四度，較三度又遠五十六步，共一千十步。高五度，較四度又遠三十步，共一千四十步。高六度，較五度又遠十三步，共一千五十三步。以上每步幾二尺。此其大略。若推廣，則有徐宮詹之《幾何編》、《測量法》，及李太僕《容圓較義》[1]、《同文算指》焉。諸銃點放平仰步數，仍悉開於各銃之下。既知銃高幾度，得至遠步幾何矣。然人於步之遠近，從何測驗，則又當另置一器。其器以銅板爲之，見方六寸，上端有兩耳，厚三分，見方一寸，橫豎於板面之上，距兩端各一寸。見方之中，鑽一細眼，彼此相平。板面先畫一方楞，方楞角端爲勾股，交

1《幾何編》《測量法》《容圓較義》，當即徐光啟《幾何原本》《測量法義》，李之藻《圜容較義》。

運規心心繫一線線末用錘循規作四分之一規分十二度亦如量銃法用時務立表於地而以銅板端之耳兩見方細眼對視器所指之表以線所直幾何度即知當用銃高幾何度也攻打樓臺飛彪大銃可踰一度者亦必以此器量之斯點放不誤

凡彈下腹銃必須貼藥點放推出方有力遠到其彈俱小銃內口一運運作線解庶彈易出而銃不壞也彈自一斤至八斤者藥照彈配用如彈一斤用藥一斤彈二斤用藥二斤也彈自九斤起至十七斤者彈作五分用藥止四分如彈九斤作五分用藥四分止該七斤三兩二錢彈十斤作五

運規心，心繫一線。線末用錘，循規作四分之一規，分十二度，亦如量銃法[1]。用時務立表於地，而以銅板端之，耳兩見方，細眼對視器所指之表，以線所直幾何度，即知當用銃高幾何度也。攻打樓臺，飛彪大銃，可踰十度[2]者，亦必以此器量之，斯點放不誤。

凡彈下銃腹[3]，必須貼藥，點放推出，方有力遠。到其彈俱小銃內口一運（運作線解），庶彈易出，而銃不壞也。彈自一斤至八斤者，藥照彈配用。如彈一斤，用藥一斤，彈二斤，用藥二斤也。彈自九斤起，至十七斤者，彈作五分，用藥止四分。如彈九斤作五分，用藥四分，止該七斤三兩二錢。彈十斤作五

1"循規作四分之一規，分十二度，亦如量銃法"。按，此處應作"循規直到規分，各十二度"。即將矩度兩直角邊各分十二等分。矩度（Geometric quadrant）形制，詳見《測量法義》。

2 十度，原作"一度"，據《祝融佐理》改。

3 銃腹，原作"腹銃"，據《祝融佐理》乙。

分用藥四分止該八斤也彈自十八斤起至二十六斤者
彈作四分用藥止三分如彈十八斤作四分用藥三分止
該十三斤八兩彈十九斤作四分用藥三分止該十四斤
四兩彈自二十七斤以上者彈作三分用藥止二分如彈
二十七斤作三分用藥二分該十八斤餘俱例推若彈帶
鐵蒺鐵鍊小鐵彈碎石者悉準彈斤兩其輕重用藥照前
法算之然亦皆大略也諸銃用藥有宜增宜減者仍悉開
於各銃之下

金氏曰凡彈九斤至十七斤者照彈斤兩藥皆八折也
十八斤起至二十八斤照彈斤兩藥用七五折二十七

分，用藥四分，止該八斤也。彈自十八斤起至二十六斤者，彈作四分，用藥止三分。如彈十八斤作四分，用藥三分，止該十三斤八兩。彈十九斤作四分，用藥三分，止該十四斤四兩。彈自二十七斤以上者，彈作三分，用藥止二分。如彈二十七斤作三分，用藥二分，該十八斤。餘俱例推。若彈帶鐵蒺、鐵鍊、小鐵彈、碎石者，悉準彈斤兩，其輕重用藥，照前法算之，然亦皆大略也。諸銃用藥，有宜增宜減者，仍悉開於各銃之下。

金氏曰：凡彈九斤至十七斤者，照彈斤兩藥皆八折也。十八斤起至二十八斤，照彈斤兩，藥用七五折。二十七

斤彈以上藥六六折不盡

點放大小戰銃合用彈藥平仰步數法

銃腹容彈九斤至十七斤者名半蛇銃彈與藥相均彈以鐵爲之彈重十斤藥用十斤平放五百五十步仰放五千五百步彈藥各十二斤者平放六百步仰放五千六百步彈藥各十五斤者平放六百五十步仰放六千一百八十步

銃腹容彈十八斤至二十五斤者名大蛇銃亦彈藥相均如彈藥十八斤平放七百步仰放六千八百步彈藥各二十斤者平放七百二十步仰放七千二百步彈藥各二十

斤彈以上，藥六六折不盡。

點放大小戰銃合用彈藥平仰步數法

銃腹容彈九斤至十七斤者，名半蛇銃。彈與藥相均，彈以鐵爲之。彈重十斤，藥用十斤。平放五百五十步，仰放五千五百步。彈藥各十二斤者，平放六百步，仰放五千六百步。彈藥各十五斤者，平放六百五十步，仰放六千一百八十步。

銃腹容彈十八斤至二十五斤者，名大蛇銃。亦彈藥相均。如彈藥十八斤，平放七百步，仰放六千八百步。彈藥各二十斤者，平放七百二十步，仰放七千二百步。彈藥各二十

二斤者平放八百二十步仰放七千二百十步彈藥各二
十五斤者平放九百步仰放七千二百六十九步
大佛郎機銃亦用鐵彈彈作四分藥用三分如彈重十斤
用藥六斤十兩六錢平放八百二十步仰放八千二百步
彈重十五斤者用藥十二斤平放九百六十步仰放九千
六百步
點放大小攻銃合用彈藥平仰步數法
銃腹容彈九斤至十三斤者名鷹隼銃彈作三分藥用二
分彈亦用鐵如彈重十斤者藥用六斤十兩六錢平五百
步仰三千五百四十步

二斤者，平放八百二十步，仰放七千二百十步。彈藥各二十五斤者，平放九百步，仰放七千二百六十九步。

大佛郎機銃，亦用鐵彈，彈作四分，藥用三分。如彈重十斤，用藥六斤十兩六錢。平放八百二十步，仰放八千二百步。彈重十五斤者，用藥十二斤平。放九百六十步，仰放九千六百步。

點放大小攻銃合用彈藥平仰步數法

銃腹容彈九斤至十三斤者，名鷹隼銃。彈作三分，藥用二分，彈亦用鐵。如彈重十斤者，藥用六斤十兩六錢。平五百步仰，三千五百四十步。

銃腹容彈十四斤至十八斤者名梟喙銃彈作三分藥用
二分彈重十六斤藥用十斤十兩六錢平六百步仰四千
三百八十七步
銃腹容彈十九斤至二十八斤者名半鴆銃彈作五分藥
用三分如彈二十斤藥用十二斤平七百步仰五千三百
八十九步
銃腹容彈二十九至三十九斤者名大鴆銃彈作十分藥
用五分彈三十斤藥十五斤平八百步仰四千九百步彈
三十五斤藥十七斤半平八百五十步仰四千八百三十
四步

銃腹容彈十四斤至十八斤者，名梟喙銃[1]。彈作三分，藥用二分，彈重十六斤。藥用十斤十兩六錢。平六百步，仰四千三百八十七步。

銃腹容彈十九斤至二十八斤者，名半鴆銃。彈作五分，藥用三分，如彈二十斤。藥用十二斤，平七百步，仰五千三百八十九步。

銃腹容彈二十九至三十九斤者，名大鴆銃。彈作十分，藥用五分。彈三十斤，藥十五斤。平八百步，仰四千九百步。彈三十五斤，藥十七斤半。平八百五十步，仰四千八百三十四步。

1 梟喙銃，《西洋火攻神器説》作"梟啄銃"。

銃腹容彈四十斤至六十斤者名倍大熕銃彈作十分藥用五分彈四十斤藥二十六斤平九百步仰四千六百二十二步如彈四十六斤藥二十三斤平九百五十步仰四千七百二十八步如彈重五十斤者藥二十五斤平一千步仰四千六百五十五步彈重六十斤者藥三十斤平一千六十步仰四千六百步

銃腹容彈六十斤以上至百斤者名虎唬銃彈作十分藥用五分如彈重七十斤者藥用三十五斤平二千步仰八千九百步如彈重百斤藥五十斤平四千步仰一萬六千步

銃腹容彈四十斤至六十斤者，名倍大熕銃。彈作十分，藥用五分。彈四十斤，藥二十六斤。平九百步，仰四千六百二十二步。如彈四十六斤，藥二十三斤。平九百五十步，仰四千七百二十八步。如彈重五十斤者，藥二十五斤。平一千步，仰四千六百五十五步。彈重六十斤者，藥三十斤。平一千六十步，仰四千六百步。

銃腹容彈六十斤以上至百斤者，名虎唬銃。彈作十分，藥用五分。如彈重七十斤者，藥用三十五斤。平二千步仰，八千九百步。如彈重百斤，藥五十斤平，四千步仰一萬六千步。

西法神機　卷下

飛彪銃原以照準攻城者故他銃用車此銃不用車他銃
仰放不得過六度此銃仰放可過十度十一度內裝鐵菱
石塊小鐵彈毒火包復以大石彈封口彈作三分藥用二
分如大石彈及鐵菱等重一百五十斤藥一百斤攻城之
時以此銃仰輪於賊城之外引藥放之則飛彈驟雨城中
損其屋宇城樓一時鼎沸何城不破乎
點放大小守銃合用彈藥法
銃腹容各等彈六斤至十二斤者名半喙銃彈藥相均用
彈以石先裝鐵菱鐵鍊小鐵彈毒火包等件後以石彈壓
之但鐵菱等物不得重過石彈如石彈三斤各物三斤藥

飛彪銃，原以照準攻城者。故他銃用車，此銃不用車，他銃仰放不得過六度，此銃仰放可過十度十一度。內裝鐵菱、石塊、小鐵彈、毒火包[1]，復以大石彈封口。彈作三分，藥用二分。如大石彈及鐵菱等重一百五十斤，藥一百斤。攻城之時，以此銃仰輪於賊城之外，引藥放之，則飛彈驟雨城中，損其屋宇城樓，一時鼎沸，何城不破乎。

點放大小守銃合用彈藥法

銃腹容各等彈六斤至十二斤者，名半象銃[2]。彈藥相均用。彈以石，先裝鐵菱、鐵鍊、小鐵彈、毒火包[3]等件，後以石彈壓之。但鐵菱等物，不得重過石彈。如石彈三斤，各物三斤，藥

1 毒火包，《西洋火攻神器説》作“毒火砲”。
2 半象銃，原作“半喙銃”，據後文改。
3 毒火包，《西洋火攻神器説》作“毒火砲”。

六斤是也餘類推
銃腹容各等彈十二斤者名大象銃彈作五分藥用四分
如彈等重十二斤者藥用九斤六兩
銃腹容彈等十九斤至二十五斤者名倍大象銃彈等作
四分藥用三分彈十九斤者藥十四斤四兩餘同
銃腹容彈等二十六斤至五十斤者名虎踞銃彈等作三
分藥用二分如彈重三十斤者藥止二十斤餘同
已上守銃彈藥猛性烈步最遠特吾乘臺施放以逸待勞
俟賊臨近審定對擊務必糜爛故不細開平仰步數也
舊銃久不放蓄藥未洗或洗不盡而口内鏽澁者勿輕用

六斤是也。餘類推。

銃腹容各等彈十二斤者[1]，名大象銃。彈作五分，藥用四分。如彈等重十二斤者，藥用九斤六兩。

銃腹容彈等十九斤至二十五斤者，名倍大象銃。彈等作四分，藥用三分。彈十九斤者，藥十四斤四兩。餘同。

銃腹容彈等二十六斤至五十斤者，名虎踞銃。彈等作三分，藥用二分。如彈重三十斤者，藥止二十斤。餘同。

已上守銃，彈藥猛性，推步[2]最遠。特吾乘臺施放，以逸待勞，俟賊臨近，審定對擊，務必糜爛，故不細開平仰步數也。

【雜抄三】[3]

舊銃久不放，蓄藥未洗，或洗不盡而口内鏽澁者，勿輕用

1 彈十二斤者，按前後文，似應作“彈十三斤至十八斤者”。
2 推步，原作“烈步”，據《祝融佐理》改。
3 雜抄三，擬題。

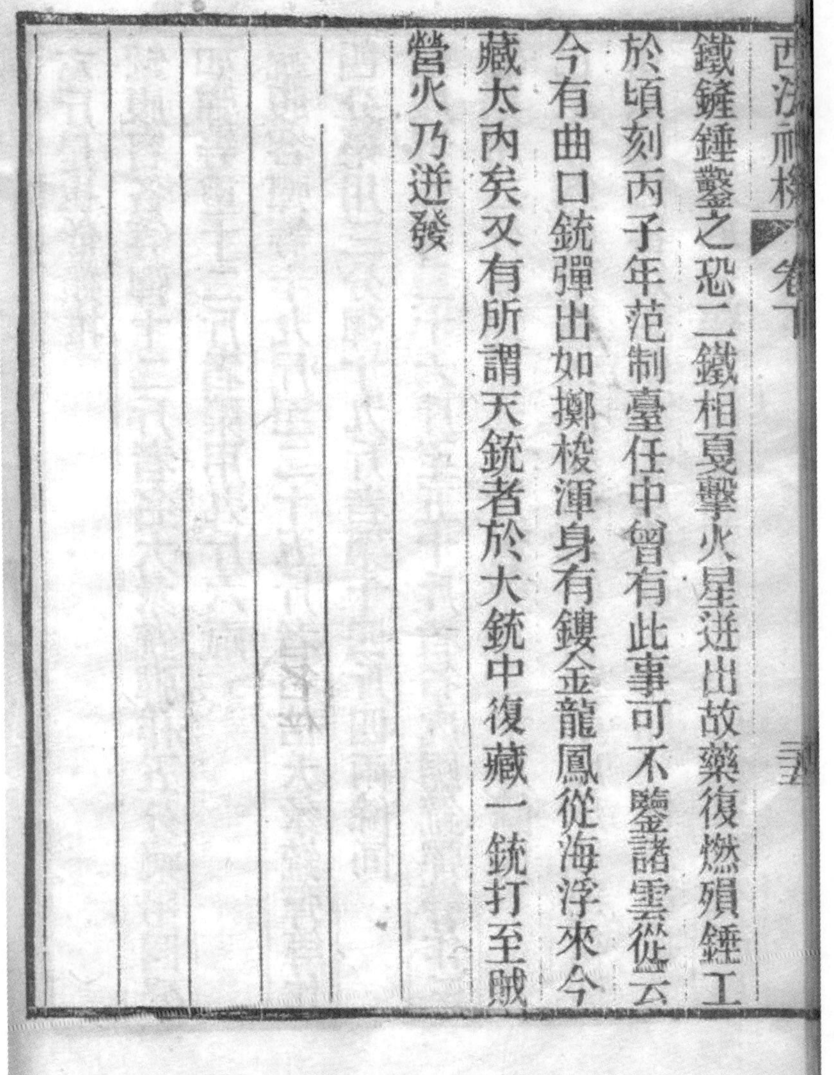

鐵鏟錘鑿之。恐二鐵相戛，擊火星迸出，故藥復燃，殞錘工於頃刻。丙子年范制臺任中曾有此事[1]，可不鑒諸。雲從[2]云，今有曲口銃，彈出如擲梭，渾身有鏤金龍鳳，從海浮來，今藏大内[3]矣。又有所謂天銃者，於大銃中復藏一銃，打至賊營，火乃迸發。

1“舊銃久不放”云云，似非孫元化語。按崇禎九年丙子（一六三六）孫元化已去世。康熙三十五丙子（一六九六）前後，兩江總督范承勳（一六九四——一六九八年在任）恰有造紅夷砲之事（詳見本書整理説明），與“丙子年范制臺任中”云云相符。或係嘉定金造士加筆。

2雲從，不明何許人。或係金樹（字雲從），清初嘉定人。

3大内，原作“太内”。

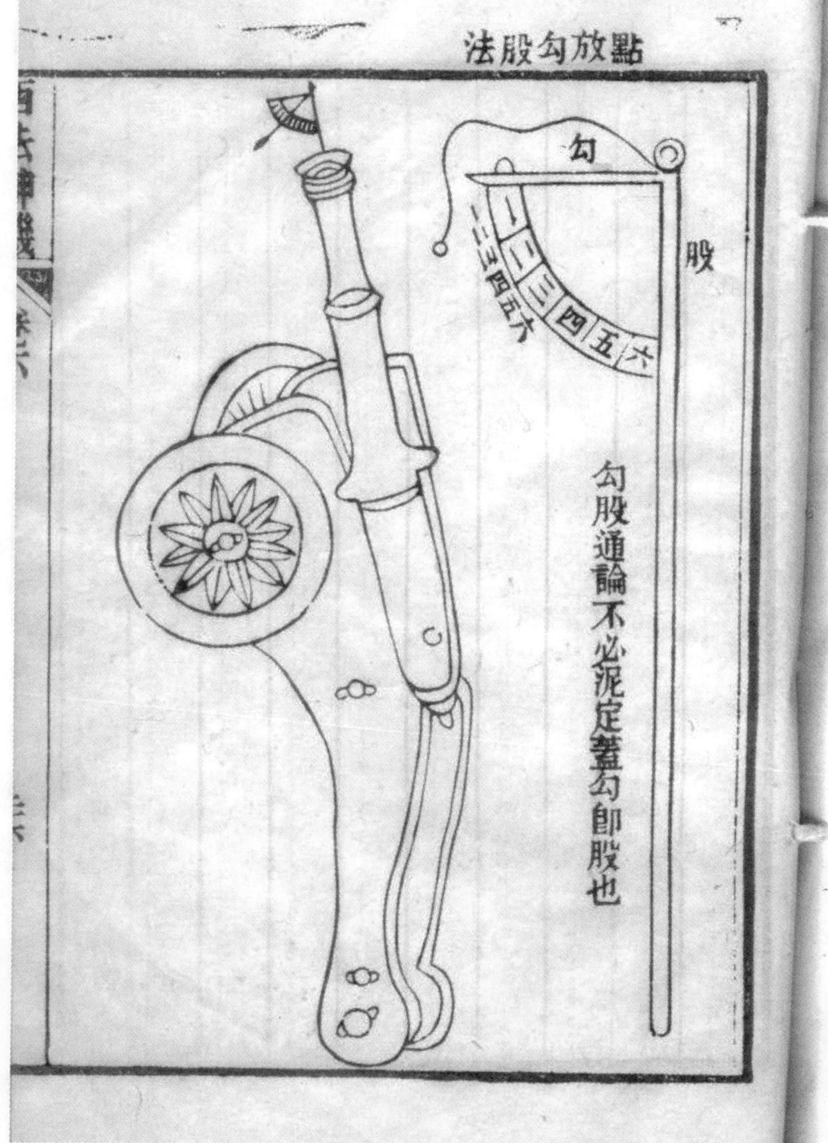

點放勾股法

勾股通論，不必泥定，蓋勾即股也。

西法神機
卷下

明萬歷間西人利瑪竇入中國時上海徐文定官贊善從
利氏學天算火器吾邑火東先生又學於文定盡其術是
書爲金民譽家藏本流傳於濤閣葛氏葛君味荃出以示
余謀付梓余受而讀之有圖有說條理秩然註解者未詳
爲誰金氏疑即民譽也邇來西藝益精巧器非求舊惟新
此特仍其舊而已然製造演放測量合度今昔原無異致
存之以見一斑并以見中西授受之源云
光緒二十八年夏日邑後學楊恒福跋

明萬歷間，西人利瑪竇入中國。時上海徐文定官贊善，從利氏學天算火器。吾邑火東先生又學於文定，盡其術。是書爲金民譽家藏本，流傳於濤閣葛氏。葛君味荃出以示余，謀付梓。余受而讀之，有圖有説，條理秩然。注解者未詳爲誰，金氏疑即民譽也。邇來西藝益精巧，器非求舊惟新，此特仍其舊而已。然製造演放，測量合度，今昔原無異致，存之以見一斑，并以見中西授受之源云。光緒二十八年夏日邑後學楊恒福跋。

附録一　輯本贊遼稿略

整理説明

韓霖輯《守圉全書》卷首『采證書目』列有『贊遼稿略　孫元化』。《守圉全書》正文引天啟二年二月至八月間孫元化所作揭帖及呈文九篇，當即出自《贊遼稿略》。茲據寫作時間次序録出，編爲《輯本贊遼稿略》。《守圉全書》卷一載二篇、卷二之一載四篇，據上海圖書館藏崇禎九年刻本（《四庫禁燬書叢刊補編》第三二册影印）録文。卷三之一載三篇，據傅斯年圖書館藏崇禎九年刻本録文。〔一〕

孫火東先生元化防守京城揭〔二〕

爲邊關恐不可支，都城急宜防守，謹陳一得，以備採擇，以資條奏，以圖全勝事。生會試赴京，數百里外，即遇歸人。非不能中道以偷生，乃冒然而來，隨行入試者，臣之誼，國之法也。第今此何時，而必欲捐數萬之資，荒一月之功，相與伏几振筆爲文蝟。譬則虎入門而室人不持兵呵禦；颶風中流，而同舟者不爲楫維槳刺之事，顧羣呼笑傲，若罔聞知，豈人情哉。生所以哭都門而不忍離，望棘闈而不勝自笑者也。即欲扣閽，恐疑躍冶，且信友獲上，道有後先，集思廣忠，誼資伯仲。請攄一得於當事明公，倘有是其説而轉□聞，則早一刻有一刻之益，何必終場，何必登榜。若其言而不用，己亦無愧致身，死且不朽。

夫國之事，豫則立。兵之道，先者勝。今無問東西何虜，春夏何時，第可幸其不來，來則山海之不足恃，三尺童子知之矣。破敗之餘，未陣而慄，即管、葛復生，不能以今日之兵將，守今日之城堡，而奈何不急爲内修之策也。第生所謂内修，有必用之器，而今或以爲迂；有必用之糧，而今或以爲費；有必用之時日，而今或以爲緩。生姑妄言之，可乎？

夫兵器之遠必勝近也，定勢也。弓矢勝刀鎗，火器勝弓矢，不必言矣。方今兵膽破落，非憑頓於層臺之上，則我氣不堅；非用遠銃、精銃，以先殺於十里之外，則敵不挫，而我氣亦不堅。故銃以強兵，臺以強銃。臺有一定之形勢面角，有一定之周徑廣狹，其直其折其平有繩矩，其虚其實其屯營其更舍有方位。稍不合法，不可用銃也。銃則銅錫之劑量，煉鐵之火候，内外徑之厚薄，前後徑之加減，彈與藥

〔一〕上海圖書館藏《守圉全書》刻本闕卷三之一。承蒙常修銘先生寄示傅斯年圖書館藏本書影。傅斯年圖書館藏《守圉全書》卷三之一目録，參見湯開建《委黎多〈報效始末疏〉箋注》，廣州：廣東人民出版社，二〇〇四年，二一七頁。

〔二〕按文後韓霖識語，本篇繫於天啟二年二月初五。

之重輕，亦莫不有比例。稍不合法，不惟不能害敵，且自害。而其用之也，有床法，有車法，有七法〔一〕，有裝法，有放法，有涼法，有衛法。稍不合，亦自害。而敵在五里十里之遠，營中帳，帳中人，有看法，有測法，有照對法，有約度變通法。即敵已至臺，而我高彼下，有互擊法，有聯擊法，又皆銃、臺相乘以爲功者。此必用之器也。

然生但能指皇天，叩列聖，誓不尅剝絲毫，乾没絲毫；於今日之民膏國髓，而不能以濫竄之器，苟且之功，避糜耗之嫌，博簡省之名。故築臺有費，營房有費，鑄銃各色材料、工匠有費；厚餉以招之，破格以賞之，重信以市之，皆有費；旗幟衣色雜用，皆有費。以一臺爲式，凡臺可挈而算也。多寡之定額，出入之定册，必有以上復至尊，下質兵役，中告四方，則生所能。若其需而不應，應而不全，全而不繼，則生不能竟其功，亦不敢任其咎。此必用之糧也。

今虜情孔亟，倘山海不守，則都城必有蕭墻之憂。雖有善者，無如之何。臺未堅完，銃未精熟，兵未忠勇，而遽謂事任在身，遂以數十年、千百人共壞之事，責效於兩三月間，生不敢許。惟是徼天之幸，稍緩叩關，使生得相度要害，置成數臺，鼓勵豪傑，練成萬騎，鳩集工料，造成百銃，而後翼以鳥銃弓矢一萬，短刀盔甲各一萬，車牌各一千，長短鎗各五千。生又運其機妙，神其恩威，使此萬人者，與生如手足之相顧，首尾之相應。且凡我王臣，不爲撓掣故習，皆能換一副肺腸，換一副口舌耳目，以揣諒生，以誘掖生，以議論觀聽生之心之事，則半年内可固都城，一年之後，可巡邊邑。此必用之時也。

請以三者，與當事明公熟計，果以爲迂也、費也、緩也，亦已矣。如一念以爲迂，以爲費，以爲緩，又一念以想其不迂、不費、不緩者。有則明目張膽而言之，損生拚死而任之。生且退避十舍，其或胸無成馬，目有全牛，手未可以指麾，足未涉於行陣，則耕問奴，織問婢。三年之艾，不蓄不得，千里之馬，請自隗始。幸勿以局中之積習，滋事外之閒評。庶使芻蕘片言，得聞天聽，共相推援，以保此太平。豈不勝於開口長吁，撫膺短氣，以聖明爲孤注，而坐以待其至耶？此公務也，敢公佈之。若旬日之内，莫遇同心，則蕭蕭斑馬，揮手自兹矣。

【《守圉全書》卷一，三六a—三九b】

孫火東先生并防邊關揭曰〔二〕

爲虜急宜專内備，虜緩宜兼外防，謹因續聞，再陳末議事。夫今日之事，非銃不可用兵，非臺不可用銃，前揭略已明之。京師根本，有備無患，何煩更計。今聞廣寧之失，未嘗被虜，山海之外，未嘗見虜，則未雨綢繆，即邊關尚可及爲也。臺則容生相度九門，因墻取勢，或可省全費三分之一，全工二分之一。相度既定，一面建築，一面巡視，宣府以東諸口，宜因者因，宜改者改，宜創者創，以厚京

〔一〕七法，原文如此。
〔二〕按文後韓霖識語，本篇繫於天啟二年二月初七。

師之腰背，掖京師之股掌。兵則容生即於京營點選，各口即於本邊就近點選，教以守臺之法，擇其忠智可恃者，教以用銃之法。銃則容生遍閱廠庫舊貯，可用者留之，不可用者改之。留者舁出教場，造合彈藥，依法試放，庶免臨陣炸裂，以害我兵。蓋銃有攻銃，有守銃。攻銃遠者多，近者少；守銃近者都，遠者少。舊銃雖非遠器，倘試而不壞，亦可省鑄造工費之半矣。近邊既固，漸及山海，山海既固，漸及河西，繇内而外，繇西而東，乃爲萬全之策。若守山海，便忘諸口，守諸口，便忘都城者，又以國家僥倖者也。倘能假生事權，竭其股肱，因兵因將，因器因地，可苟完於一年之内。第恐人心不齊，主張不一，未任而先疑，未成而先阻，則從古無此治法，無此兵法，生不敢自保其必濟也。作事如行路，一步不行，一步不至。故不禁熱腸，欲爲朝廷惜此寸陰。議論躊躇，皆足損功費日，迨事勢逾迫，乃始支吾。猶千里之程，責以旦夕，氣盡狂奔，徒速其仆。誰能任之，誰能任之。以前揭既出，續聞虜緩，恐虜緩而我亦緩也。再布數言，從此不復置一喙矣。

霖按，二揭爲壬戌未入棘闈投當道者，一在二月初五日，一在二月初七日，乃先生發軔之始。先生於徐文定公，師弟也，故所言如出一口。辛未夏秋間，霖留滯都下，時用海撤海，無定議。余言之當道，以爲登撫宜調關門，語多不盡述，而人微言輕，當道無執其咎者。亡何，孔賊發難，變起倉卒，先生以身殉之。傷哉。

【《守圉全書》卷一，三九b—四一b】

改造火器呈[一]　孫元化

爲摘陳守禦等事。照得昔日之遼，宜以戰爲守，今日之關，宜以守爲戰。守具既修，則兵有所恃，膽氣則生，而後戰可議也。火器誠利于攻戰，而城守尤急。職昨至城堵，迤往海邊，見城上陳列者，不過三眼鎗、虎蹲砲及佛郎機三種。

三眼鎗管短而藥微，即盡法用之，不能百步。若藥不配性，彈不合口，裝不到底，所謂參天而發，適在五步之内者耳。

虎蹲銃稍大矣，而長不稱之，故亦不能遠到，且銃管外寬而内窄，則出彈無力。驗其彈，則大小不齊。大彈之徑，尚減於銃徑二分有餘，況小者乎。而重彈四十兩，藥止十兩，以十兩之藥發四十兩之彈，一無力也。彈小于管，二無力也。管口太寬，三無力也。

佛郎本西洋國名，其機之妙，全在子銃與母銃，二管確合，不得增減絲毫。故彈自子銃而達母銃，不知其爲二管也。特以母銃重，故多設子銃，更番提換。一以便裝，二以免熱。今城上佛郎機子銃之口小于母銃之口二分，猶之乎無母銃也。且彈形不圓，又不能入子銃之腹，使藥行數寸而後及彈，藥力衰矣，猶之乎無子銃也。彈既浮于子銃之口，纔脱口而母銃又寬，力從何得。若此者，猶之乎無銃無彈也。亦何怪遼陽逃兵之謂奴有神術，使我彈不得過濠乎。

[一] 本篇云『職昨至城堵，迤往海邊』，當係孫元化初抵山海關時所作，或在天啟二年四月初。

火器雖粗，其理精，其法密，徒委之匠作，不如不造也。若謂濫造之省于精造，則不如并此而省之，而況乎其冒破侵漁，仍不省也。此可驗而知，比而試者，誠見在守器之第一急務。伏乞本部院，俯採一得之愚，通行各軍器局。彈必合口，口必合底，子銃必合母銃。每等之管，千百如一，每等之彈，萬千如一，不得任其寬窄，致使臨用匆忙，或彈緊而不到藥，彈寬而先出口，枉費工力也。此三軍性命，一關安危，不容隱忍，爲此具呈。

【《守圉全書》卷三之一，一〇〇a—一〇二a】

上王經臺清營設險呈 壬戌四月十四日　孫元化

爲謹陳最急機情，以佐末議事。職奉命至關，職專臺銃，雖諸事計議，續有明旨，似可與聞，然文武之臣，如雲如雨，終非書生所敢侵。但亦有目擊心危，不忍坐視者。與沈職方商榷料理，先後具呈外，茲有二端，一關急勢，一關執掌，冒昧上呈，伏候採擇速行。

一、造銃臺以扼要害。

照得有殺人之於遠之器，而又求殺人於近之器。有我獨殺人之法，而又求人得對殺我之法。工費可惜，時日可惜也。遠殺人之器，則銃是。獨殺人之法，則臺是。銃法奇妙多端，未敢殫述。除於公館開爐，則置異銃、合精藥，又分派各局，廣造常品，以備急需外，所有銃臺之法，實非衆人所知，實非煙墩、敵臺、箭樓之比。行將著爲圖說，以傳永久，并不具論。惟是關城與歡喜嶺，有客高主下之勢，非銃臺之形也。宜於關外傍海倚山，憑高御遠，先造一臺，設遠擊十數里之異銃。敵不能困我，我得擊敵，敵亦惡敢越中前而窺山海哉。且山海工作煩興，民生囂苦，分勞於他口，亦可省事於本關。一臺成，而東西仿之，法明而工愈易矣。

【《守圉全書》卷二之一，六五b—六六b】

論臺銃事宜書〔一〕　孫元化

臺銃事宜，不出兩言，苟可爲固必勿省，苟可爲省必勿溢而已。臺基必實，體必厚。今所築不止一關，地勢有險夷，則臺形有大小，物料有難易，則物價有重輕。須到彼相度，方可估計，或乘山據頂，剷其傍而平其上，則即此是臺，其費更省。蓋銃臺有二法。一法用銃於臺內，故必築堅城。一法用銃於臺上，故止用山勢也。銃有用銅者，有生鐵者，有熟鐵者，有銅鐵相兼者，或以鑄或以椎，輕者可椎，重者必鑄。生鐵鑄則易炸，非廣中出鑛初煉者不可用，姑置之矣。銅鑄用紅銅，不用黃銅，以黃銅質雜，雜則易炸。即紅銅，亦須出鑛初煉者。蓋銅理甚疏，初出鑛者，百分其銅而銀居其一，有銀故密而實也。奸匠初煉半取之，奸商再煉全取之矣。今若用銅，須復其原質，

〔一〕本篇云『須到彼相度，方可估計』。當作於四月下旬出關相度地形之前（參看《議三道關外造臺呈》）。又按《上王經臺清營設險呈》（壬戌四月十四日），云『茲有二端，一關急勢，一關執掌』，引文僅摘第一款『急勢』，本篇全論臺、銃，或出於第二款『執掌』。

否則炸。軍需方告匱，豈能多得也。惟銅鐵相兼者，視純銅差省而堅過之，亦椎亦鑄，可大可小。然此最爲精器，亦難多得。宜於京局多造熟鐵銃，熟鐵小者用鉗，大者用提架，庸工所能也。

【《守圉全書》卷三之一，九九a—一〇〇a】

議三道關外造臺呈　壬戌四月二十二日　孫元化

爲議守要害，以保危疆事。照得山海一關，昔爲室中之屏障，今爲京左之藩籬。外嶺反高，地勢既失，若非擇險東偏，何以憑高南顧。前已稟明台臺，許其相度。昨謹會同葉主事出關，沿山而東，直抵一片石、廟山口，周圍陟降，審面度基。大約邊墻舊勢，自山海關而至一片石皆東行，過此則折而北矣。今止以山海論之，則近爲八里鋪，遠爲中前所，狹而長，皆可横截。但八里鋪以東，岡嶺層層高卑相似，不可據以扼人，更宜進而求之。其一片石，爲邊墻轉角，似可左右兼防。而山勢紆回，連墻則繞遠而費不貲，獨臺則隔山而視不廣。以之護本口則切，以之保山海則迂。尚須爲本口而議臺銃，不必爲山海而議邊墻也。獨一片石之西十里，山海關之東十五里，適當三道關之口外，北倚峻嶺，南望滄溟，我得見敵，敵不得困我。而左水右田，可盤營，可屯地，可設伏，就河而深之，可濟渴。夏秋之交，盈渠汪洋，可遏渡。地利山形，無過於是。至於中前一帶，臺銃漸添，則屯駐漸廣，守禦所到，便爲恢復。但去關差遠，轉運稍艱，工作更遲，秋防恐後。且背負西虜，面迎東酋，畚插之人，亦難自固。在今日政宜繇近及遠，以守爲戰，如嬰兒學步，不越庭除，而驟馳四方，俱積此矣。伏候台臺酌議，或於風日晴和，移旌往視，如果可行，當速具修筑屯營。鑄造事宜條款，另文上請。

【《守圉全書》卷二之一，六六b—六七b】

上王經臺乞定三道關山寨銃臺揭　壬戌五月初六日　孫元化

本職之出，專爲臺銃。此以真見聞，願爲實事業也。築臺，宜遠不宜近，宜要不宜多。竊已暗合於高明，可勝欣幸。今聞即刻命駕出關，仰見台臺確識虚懷，不避勞險，皇天列聖，實式靈之。第此番相度，便須決議。若不總覽全式，無以審定地形，亦安見本職所擬之果可盤營，果可擊遠，果可瀦水與設伏、屯種也？台臺欲繇八里鋪，轉至海邊，則出關便迤山而東，枉道不過四五里，即可并覽三道關。萬乞不吝移旌，憑嶺試望，則自此以東以西，莫有兼美如此者。夫以書生而抗言於諸先達之前，則非分而取忌，以特命而因人爲不必成之事，則曲學而負君。台臺此行，係臺工之舉廢。臺工之舉廢，大之係全鎮之安危，小之係本職之留去。台駕非親往，則各道必不行，非獨斷則各道必不定。乃本職所以不欲公言，而反私致之者，誠以位宜慮下，權不侵奪，萬世之功，一聽台臺之主持，不敢居其名也。

至於銃力遠到，袁監軍亦能言之。台臺謂京營所鑄，尚及二十里外。此彈未合法，藥不盡量者且然，又何疑焉。若以爲乘臺不便，則銃之爲用，實有理勢。藥自口出，乃作圓形，一丈之外，其徑十倍，數丈之外，可推而知也。善用銃者，據高望之，以銃心對敵陣心，藥力團圓百步，即所殺百步。若置之平地，雖一彈餘力，能殺二三層，而全銃之下，半圓空費於地矣。故戰銃、攻銃、守銃，各有其法，不可以一而律百。平放、仰放、俯放，各有其功，不可以此而病彼也。

今亦惟有兩言，台臺能信職之銃，則宜依職之臺法。若臺法不行，不惟不能用銃，并不能守銃。不能用，但無銃之利；不能守，并有銃之害矣。害在一時，則敵資以反攻；害在日後，則我更無救着矣。故地不善，必不敢築臺，臺不成，必不敢造銃。非吝臺而私銃也，政恐以不得地之臺，爲敵設壘，以不得臺之銃，爲敵助器也。部道師師，亦何取書生爲綴旒哉。雖暫負皇上之特命，台臺之玉成，朝中之推轂，亦可留此勝技，以待不時之需，即所以報知己矣。本職不敢侵定議之權，不敢居成事之名，而不敢不於今日盡布腹心者以此。

【《守圉全書》卷二之一，六七b—七〇a】

火藥庫圖説〔一〕　孫元化

火藥庫之制，宅之欲其中，以遠火也。簷用包，墻不露椽柱，以遠火也。四圍圍房，愈多爲貴，以遠火也。本用墻而易以房者，有其地，有其墻，因作他庫，無使地費墻費也。度庫地之廣袤，南北二十三丈，東西二十八丈。設藥局于中央，前後兩層，東西九間。其外餘地，尚可圍二房。兩圍之間，尚可圍一墻。內圍房俱向外，其後包簷，使房之火不通庫也。外圍房俱向內，其後包簷，使四鄰之火不通房也。兩圍房之間，又圍一墻，使兩房之火不相通也。大門正對庫廳，繇大門東折而二門，繇二門西折而庫廳。凡火或乘風勢而來，路直則徑破，故欲其曲也。外圍房既向內，而四隅各有向外房二間，以居邏卒，使出頭見路，且在隅，則彼此相望無隱藏也。庫之東北兩面皆大街，既與鄰隔。其南則留大路，以隔南鄰，且便往來。其西則留小路，以隔西鄰，且通廵緝也。南路之東口與西路之北口木栅之，夜則鎖之，其鑰守卒掌之。大門之傍，左右各栅之鎖之。官至則開，其鑰官掌之。鎖以防奸，栅以通瞭視，使廵者守者不必進街而可以直見，又不必〔二〕至門而可以互見也。

兩房圍之間，因其墻以爲內圍房之總門，或四間而隔，或三間而隔，或五間而隔。每隔一門，每門一庫，每庫一器。視其器之多寡，以用其房。總鍵之，題而識之，收便取亦便也。外圍房之內面如廊焉，或遮以欞落，每三四間合一大間，每一大間隔一厚墻，每一隔總一大門。此以藏車牌鎗筅等，亦視其器之大小以用之。其間大，所以便收貯，其門大，所以便出入。隔以厚墻者，爲房之骨。凡房空，則跛倚，預度其設墻之處，爲柱焉，則不費梁矣。庫房兩層，前層之中，三間合爲一堂，以待官府。堂之後九房，皆向南，而左右各三房，皆北向。欲庫門之在廳後，使官入廳而人不得窺庫也。廳後分爲五庫，庫各三間，一庫則一墻隔之，一門扃之。使官入一庫而人不得窺他庫也。二門之後，堂之前，左右各一墻隔之，一門扃之。使官入廳而人不得入夾道窺庫後也。東西夾道之內，對庫脊各横隔一墻，通小洞口焉。使庫之不東西倚也。外圍房之内，既有夾道，以通各庫，視墻内兩隔之間，于墻外又横隔一墻，各通洞口焉。使圍房與圍墻相依爲固

〔一〕《西法神機·火藥庫圖説》開首多出一段：『事有今人所迂，而不肖以爲最急者，未運米先造倉，未聚兵先造房，未合火藥先造庫也。彥威不弃，令將作從不肖受指揮，不肖聞命，爲畫圖而説解之。時壬戌六月，從經略巡寨上，下馬篝燈，走馬馳報，殊愧不文，然匠亦無庸文也。』可知本篇作於天啟二年六月。

〔二〕不必，原作『不得』，據《西法神機·火藥庫圖説》改。

也。

藏藥者，藏兵器者，板埶之，高一尺五寸。壁之風孔，亦高一尺五寸，無太闊，高取其通，狹取其固也。凡風孔，宜在室之四隅，隅者氣之所盤聚也，風之則無不風矣。氣蒸乎上孔，與板等高，則板之下即風矣。或以銅絲網其孔，必無落地捲入之火矣。藥庫四壁皆包簷，然亦宜通氣，則于每室四隅，當簷溜之下，爲曲孔焉。又以銅絲綱焉，必無飛空飈入之火矣。官廳及門房之左右壁，高至于脊，勿露柱。四隅更鋪之，左右壁高至于脊，勿露柱。官廳之門，勿用槅，地勿加薦，上與旁勿糊紙。二門及五庫之門，勿露木。必無因物延入之火矣。

其丈尺，則正庫各深二丈，正間闊一丈四尺餘，各闊一丈三尺。内外兩圍房，各深一丈六尺，各闊一丈二尺。正庫之空地，深三丈。正庫外之夾道，南二丈，北東西各一丈五尺。外房内之夾道，四面各一丈五尺。衆庫前之院，各一丈五尺。南之大路一丈六尺，西之小路八尺。蓋以南北而言之，則圍房四層，共六丈四尺。外兩夾道，共三丈，内兩夾道，共三丈五尺。内圍房前之兩院，共三丈。兩正庫共四丈，庫内空地三丈，南路一丈六尺。并之爲二十三丈也。以東西而言之，則圍房四層，共六丈四尺。外兩夾道，共三丈。内兩夾道，共三丈。内圍房前之兩院，共三丈。正庫房十一丈八尺，西路八尺。并之爲二十八丈也。

【《守圉全書》卷三之一，一〇二a—一〇五a】

銃臺圖説　壬戌八月十一日　孫元化

造臺之制，既取高瞭，亦資遠擊。銃大則遠，臺高又遠。今人每疑在高不能取準者，未聞用銃之法也。請先約略言之。夫銃之行也，全用其直勢，亦半用其曲勢，曲勢過半，不能殺人矣。銃有四種曰遠銃，有三種曰近銃，雖遠銃利於攻，近銃利於守，然可變通而並濟也。銃頭低昂，合於天度，别有器量凡二種。一種用方，方度二十四。一種用圓，圓度九十。方器以量敵營之遠近，圓器以量銃頭之高低。平時先以方器，就所據之臺，量敵來路高下[一]幾何，遠近幾何，宜用何銃。每里即立一表，或樹或石。次以圓器，就所用之銃試擊之，視銃頭高幾度者至何處，低幾度者至何處，臨時視敵所至，即依所定度數擊之。有此器具，有此筭法，故任所處而百變不窮，一成不誤，故敢於任敢於言也。

銃法既明，乃論臺法。然今人每疑銃能震臺者，此又不審用銃之理也。請再約略言之。凡銃氣出口，空氣相激，氣之動也最捷，故山谷皆答。其近而烈者，則能排墻，能撼石。然銃勢向前，火性從上，藥力四潰，有三理焉。即有排撼，其傍受[二]之，未有其下其後受之者也。故墻在銃前銃可震，在銃傍[三]可震。今銃在臺上，必無震理。亦惟有格致，故敢於任敢於言也。夫守既必以銃爲利，銃既必以大

[一]高下，原空二字，據《西法神機·銃臺圖説》補。
[二]傍受，原空二字，據《西法神機·銃臺圖説》補。
[三]傍，原空一字，據《西法神機·銃臺圖説》補。

爲神，而又可用於臺，且無害於臺。則奈何造臺不爲用銃計乎。夫銃，我欲擊人，先虞人之奪我而且困我也。凡敵至城下，則銃不及矣。有棚梯，則抛石滚木無用矣。是以出爲馬面臺，謂我得從馬面臺横擊也。然敵以棚梯薄馬面臺，安從横擊。故法宜出爲鋭角。鋭角者，猶推敵於角外，以就我擊。故銃無不到，而敵無得近也。

今築城，則馬面臺宜爲小鋭角，如第一圖。城之四隅，宜爲大鋭角，如第二圖。若止築臺，則或於四隅爲大鋭角，如第三圖。或於四面各出小鋭角，如第四圖。城虚而鋭角皆實，故城薄而鋭角皆厚。臺則體與角皆實皆厚矣。城用大銃於角，而鳥鎗弓矢助之於墻。臺用大銃於中，而鳥鎗弓矢助之於角。用大銃之處，傍出土筐，一以防銃，二以代堵。蓋銃最爲害器，雖精猶恐其裂也。故防之以筐，隱人於後，既隔銃亦扞敵矣。堵薄易震，既設筐遂不設堵矣。用鎗矢之處，不獨堵之。因其堵以蓋其房，因堵之口，以爲其窗，因窗之懸板，以爲其牌。我在牌之下，房之内，我得見敵擊敵，敵不得見不得擊我〔一〕也。故城之上設堵於墻，即爲營房，臺之上設堵於角，即爲望房。使其飲食坐卧於斯，用志不分矣。角之鋭也，外洋法也。堵之即爲營房也，閩粤亦有之，即近地邊臺亦有之也。其臺之向内，一面設級以爲登。更以矮墻護之，鐵門扃之。矮墻一門，繇門登級，繇級入房，通級之房，亦以鐵門扃之，虞墻之破也。臺上宜爲藥窖，宜爲水庫，别有法度。〔二〕【圖見後頁】小鋭角　大鋭角　垜下圈爲砲眼

【《守圉全書》卷二之一，三三a—三五b】

〔一〕我，原脱，據《西法神機·銃臺圖説》補。

〔二〕别有法度，《西法神機·銃臺圖説》下多一句：『必蓄二十人受圍十日之需而可矣』。

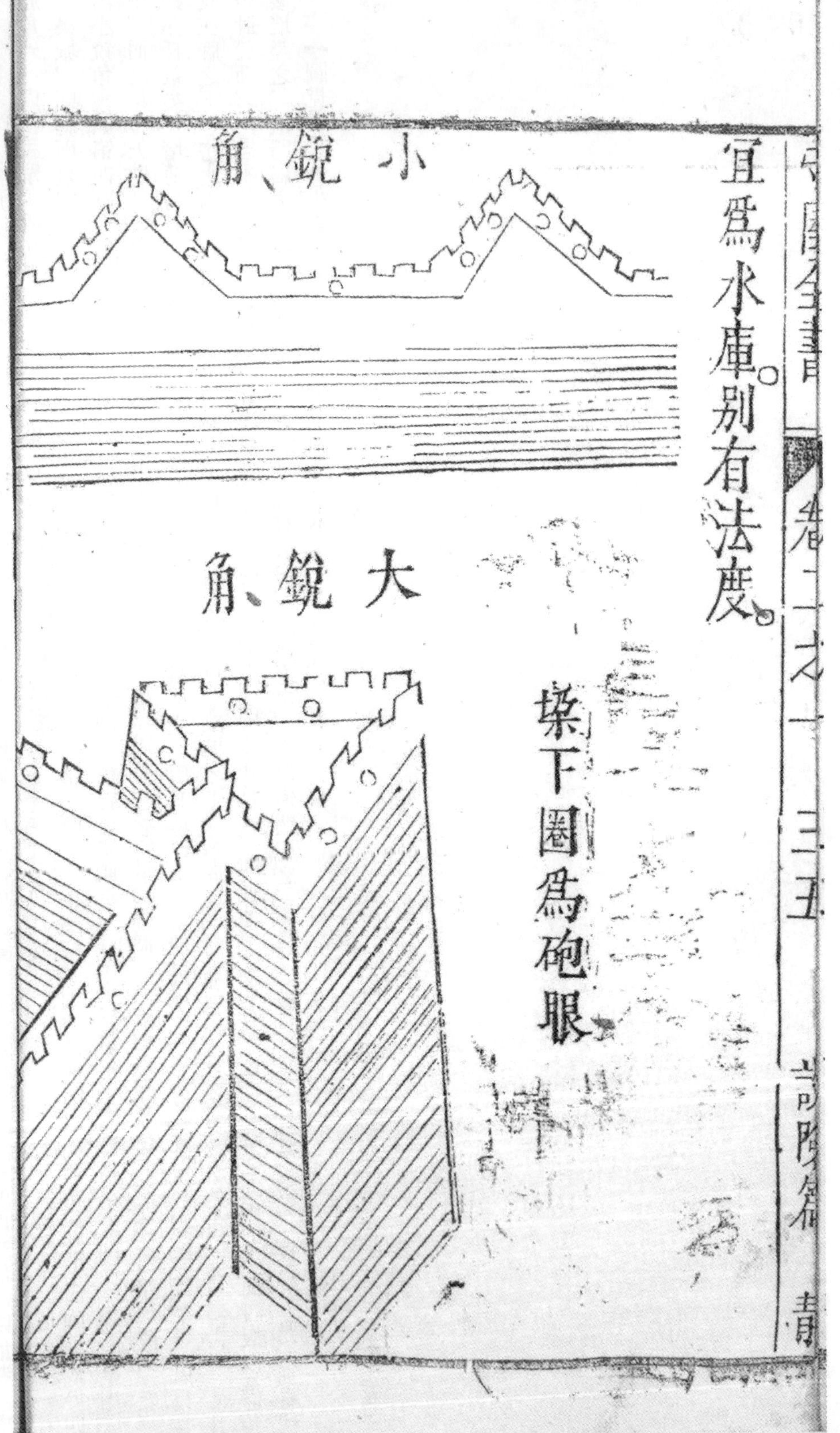
宜爲水庫別有法度
小銳角
大銳角
垜下圖爲砲眼

附録二　孫元化著述目録

一、著譯作品

西法神機二卷　孫元化著　光緒二十八年刻本

《中國科學技術典籍通彙·技術卷》（大象出版社，一九九四）第五册影印中國科學院自然科學史研究所藏本。

太西算要　孫元化撰　上海圖書館藏《徐文定雜著》抄本

《徐光啟著譯集》（上海古籍出版社，一九八三）影印。

幾何體論　孫元化撰　北京大學圖書館藏清抄本

勾股義　徐光啟著　孫元化删訂《天學初函》本

日晷圖法　龐迪我口譯　孫元化筆授　湖北省圖書館藏《經武秘要》清抄本

晝答睡答　畢方濟著　孫元化訂　明刻本

《耶穌會羅馬檔案館明清天主教文獻》（利氏學社，二〇〇二）第六册影印。

贊遼稿略

原書佚。韓霖《守圉全書》（崇禎九年刻本）引用九篇。録文參見本書附録一。

幾何用法

原書佚。《持靜齋書目》子部天文算法類著録抄本。上海商務印書館東方圖書館原藏孫元化《幾何用法》鈔本四十八葉，燬於一九三二年一二八戰火。李儼《東方圖書館善本算書解題》節引是書序文，參見《李儼錢寶琮科學史全集》（遼寧教育出版社，一九九八）第六卷，第四六〇頁。

水一方人集

按，以下《水一方人集》至《西學雜著》六種未聞傳世，書名據（乾隆）《嘉定縣志》卷十一藝文志。（光緒）《嘉定縣志》卷二十五藝文志節録徐時勉《水一方人集序》。

周禮類編

朱彝尊《經義考》卷一百二十八著録。

離騷解

三古姓繫彙譜

經武全書

西學雜著

光緒《嘉定縣志》藝文志謂之『亦爲闡明演算法之書』。

二、遺文

（一）奏疏移文

寧前兵備道奏爲格卑才拙地重任難等事（崇禎二年閏四月一日）

《明清史料》甲編第八本，第七一二頁。

積勞病廢久候代題新命驚聞萬難臥理伏乞聖慈矜賜生還無誤封疆事（崇禎三年）

按張世偉《登撫初陽孫公墓誌銘》引用該奏本近千字，參見《自廣齋集》卷十二，《四庫禁燬書叢刊》集部第一六二册影印崇禎刻本。

登萊巡撫孫元化請設遼海監軍道并薦王徵爲僉事題本（崇禎四年正月）

《王徵遺著·特命録奏議》（李之勤輯，陝西人民出版社，一九八七），第一三三至一三四頁。

登萊巡撫孫元化請給王徵敕印奏本（崇禎四年六月）

《王徵遺著·特命録奏議》，第一四一頁。

登萊巡撫衙門移復兵部職方清吏司文（崇禎四年八月）

《王徵遺著·特命録奏議》，第一四二頁。

登萊巡撫孫爲奏繳春季新兵餉數目事（崇禎四年閏十一月十五日）

《明清史料》乙編第一本，第九〇頁。

（二）序跋

幾何用法自序（萬曆四十八年）

李儼《東方圖書館善本算書解題》節引是序，參見《李儼錢寶琮科學史全集》（遼寧教育出版社，一九九八）第六卷，第四六〇頁。

新鐫武經七書序（天啟元年）

《新鐫武經七書》天啟刻本，《孫子集成》（齊魯書社，一九九三）第二册影印，第五七九至五八六頁。

幾何體論序（天啟三年）

《幾何體論》，北京大學圖書館藏清抄本。

太西算要自識（天啟五年）

《太西算要》，上海圖書館藏《徐文定雜著》抄本，《徐光啟著譯集》（上海古籍出版社，一九八三）影印。

則聖十篇引（天啟六年）

高一志《則聖十篇》閩中景教堂刻本，《法國國家圖書館明清天主教文獻》（利氏學社，二〇〇九）第四册影印。

季華韻經序

佚名纂修《江東志》卷七，上海圖書館藏清抄本。

歸愚庵初學集序

李繼佑《歸愚庵初學集》，日本尊經閣文庫藏萬曆刻本。參見黄仁生《日本現藏稀見元明文集考證與提要》（嶽麓書社，二〇〇四），第三六四至三六六頁。

（三）雜著

登萊都察院孫爲謝雨事（約崇禎四年）

劉凝輯《天學集解》卷九，俄羅斯國家圖書館（聖彼得堡）藏清抄本。

交誼始末（崇禎五年七月）

徐景賢《明孫火東先生致王葵心先生手書考釋（初稿）》，《聖教雜誌》一九三一年第二〇卷第九期，第五二〇至五二一頁間影印孫元化書手卷。又見方豪《孫元化手書與王徵交誼始末注釋》，《真理雜誌》一九四四年第一卷第二期；宋伯胤《明涇陽王徵先生年譜（增訂本）》（陝西師範大學出版社，二〇〇四），第七四至七五頁。

兩頭蛇

詩一首。朱彝尊《靜志居詩話》卷十七。

傳記資料

登撫初陽孫公墓誌銘　張世偉

張世偉《自廣齋集》卷十二，《四庫禁燬書叢刊》集部第一六二册影印崇禎十一年刻本。

孫中丞傳　歸莊

佚名纂修《江東志》卷八，《中國地方志集成·鄉鎮志專輯》第一號影印上海圖書館藏清抄本；上海社會科學院出版社，二〇〇六年整理本。

書明孫初陽中丞遺集後　黄汝成

黄汝成《袖海樓文録》卷三，道光十八年刻本。

巡撫孫先生象記

程祖慶《練川名人畫象》，道光二十九年刻本。

志書小傳：

（康熙）《嘉定縣志》卷十六，康熙十二年刻本。

（嘉慶）《直隸太倉州志》卷二十八，嘉慶七年刻本。

西洋火攻神器説

本書據中國科學院圖書館藏崇禎元年刻本影印。原書高二六三毫米，寬一六八毫米。半葉版框高二〇六毫米，寬一三七毫米。

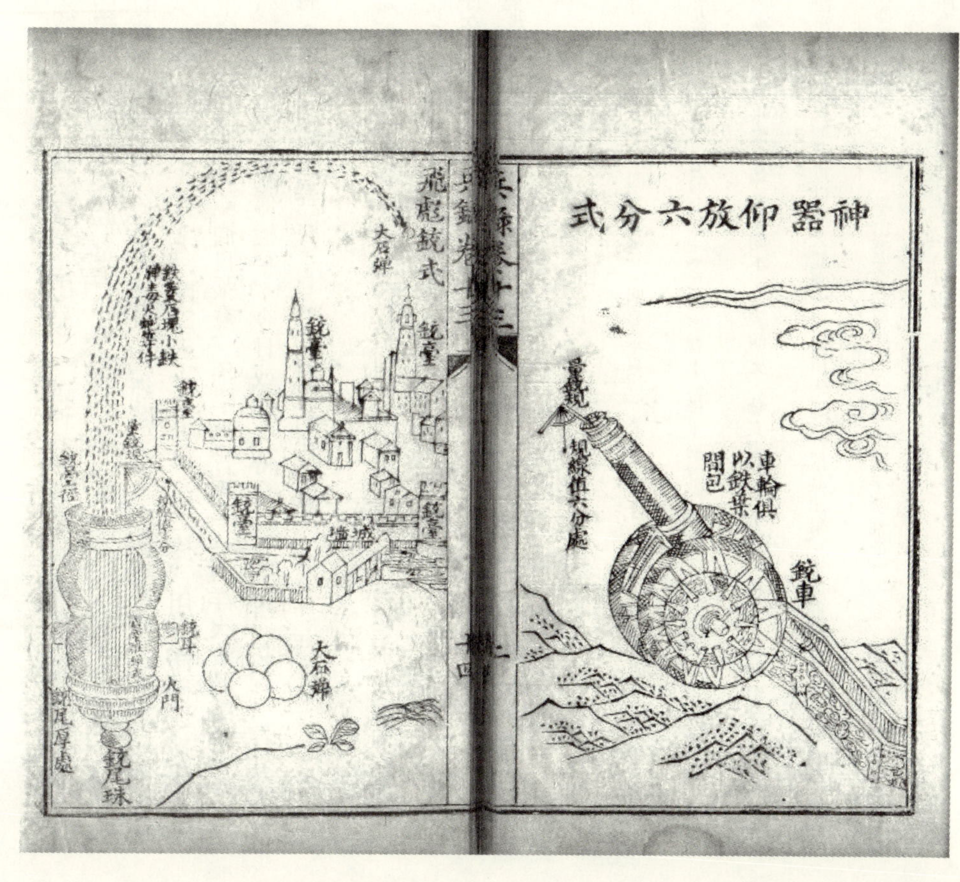

整理説明

《西洋火攻神器説》不分卷，未題撰人，見載明何汝賓輯《兵録》第十三卷。何汝賓，字寅之，號仲升，南直隸蘇州衛世襲指揮使，歷官山東濟寧遊擊，天啟二年（一六二二）任浙江寧紹參將，三年升副總兵，天啟六年兵部會推廣東總兵官〔一〕。何汝賓輯《兵録》凡十四卷，約二十一萬字，崇禎元年（一六二八）刻於廣東，是一部輯録體的綜合性兵書，篇目多採自《武經總要》、《紀效新書》、《練兵實紀》、《神器譜》等前人著作。《兵録》卷十三前半題作《西洋火攻神器説》〔二〕，約五千八百字。開篇云『邇者寧遠之捷，用西洋砲以挫奴氛』。蓋指天啟六年正月寧遠之戰，當是何氏按語。《西洋火攻神器説》的主體内容很有可能摘自張燾、孫學詩合編之《西洋火攻圖説》。《西洋火攻圖説》僅見祁承㸁（一五六三—一六二八）《澹生堂藏書目》著録〔三〕。後世流傳極罕，今日或已失傳〔四〕。幸得《兵録》存其大略。寬政十一年（一七九九），日本學者平山潛（一七五九—一八二八）將《西洋火攻神器説》自《兵録》析出訓點，享和二年（一八〇二）與荻生徂徠所作日文譯本《西洋火攻神器説國字解》合刊。〔五〕

《西洋火攻神器説》九成内容與何良燾《祝融佐理》、孫元化《西法神機》一致，同時保存九幅火砲插圖，爲傳本《祝融佐理》、《西法神機》所無，甚爲珍貴。這些插圖據考來自西班牙軍事工程師 Luys Collado 的著作《實用砲學手册》（*Pratica manuale di arteglieria*, 一五八六）〔六〕。對比《西法神機》，也可發現《西洋火攻神器説》存在有大段脱文、衍文。

本次整理，底本據中國科學院圖書館藏《兵録》崇禎元年刻本，摘取第十三卷《西洋火攻神器説》（一 a—二十六 b）。參校《祝融佐理》

〔一〕參見何汝賓輯（天啟）《舟山志》卷三，九 a，影抄天啟六年何氏刊本，《中國方志叢書·華中地方》第四九九號。《明熹宗實録》卷六九，十二 a，天啟六年三月壬子條，中央研究院歷史語言研究所影印舊鈔本，一九六二年，三三〇三頁。

〔二〕何汝賓輯《兵録》卷十三，一 a—二六 b，崇禎元年刻本，《四庫禁燬書叢刊》子部第九册，六九五—七〇七頁。《兵録》卷十三後半摘録《神器譜》（二七 a—四〇 b）、輯『醫藥總説』（四一 a—七六 b）

〔三〕『西洋火攻圖説一册一卷　張燾　孫學詩』參見祁承㸁《澹生堂藏書目》卷十，十七 a，光緒十八年徐氏鑄學齋刻本。按《明史·藝文志》、《千頃堂書目》著録《西洋火攻圖説》，皆據《澹生堂藏書目》轉抄著録，非實見其書。

〔四〕道光二十二年初春，潘仕成跋丁拱辰《演礮圖説》，謂《演礮圖説》『實爲明張燾《西洋火攻圖説》及近世《火龍經》諸書所未逮。』觀其語氣，道光間潘仕成或曾經目睹《西洋火攻圖説》。參見丁拱辰《演礮圖説》，中國國家博物館藏道光二十一年廣州刻本。

〔五〕何汝賓輯、平山潛校《西洋火攻神器説》一卷、物茂卿（荻生徂來）撰《西洋火攻神器説國字解》一卷、平山潛著《西洋火攻神器説國字解補缺》一卷，早稻田大學圖書館藏享和二年（一八〇二）刊本。

〔六〕參閲尹曉冬《火器論著〈兵録〉的西方知識來源初探》，《自然科學史研究》第二十四卷第二期，二〇〇五年，一四四—一五五頁。

（上海圖書館藏道光鈔本）、《西法神機》（光緒二十八年刻本）。正文重加分段、標點。新編目録，置於書前。

中國科學院圖書藏《兵録》兩部，係同版，半葉九行，行十九字，白口，單魚尾，四周雙邊。其一簡稱甲種本（索書號：子100/018），原東方文化事業總委員會藏書，凡二函二十册，書品較好，第十三卷西洋火器部分文字完整。其二簡稱乙種本（索書號：2910975—90），四函十六册，曾經影印收入《四庫禁燬書叢刊》集部第九册。乙種本諸序、卷一、卷十四係鈔配；第十三卷西洋火器部分，略有紙殘傷字處，但插圖刷印較甲種本清晰。玆採用甲種本爲底本影印、録文。同時將乙種本插圖部分輯出，作爲附録一。享和二年和刻本《西洋火攻神器説》序文、凡例，移作附録二。明末短篇西法火器文獻《火攻要略》，作爲附録三。另行選輯韓霖《守圉全書》（一六三六）有關西洋築城術、火藥製造相關條目，作爲附録四。

新編目録

兵錄卷之十三

西洋火攻神器說

夫五兵以火器爲長技火器又以銃砲爲先鋒

蓋摧堅陷陣莫利于此也

國初撻伐胡虜俱用火器奏功及蕩平之後盡以

諸器貯之神機庫其法不傳邇者寧遠之捷用

西洋砲以挫奴氛則制勝之明效睹矣西洋神

器其鑄造物料價厚精工凡大小不一製式各

別隨用命名裝藥互異大約有三種一曰戰銃

兵錄卷十三

兵録卷之十三

西洋火攻神器説

夫五兵以火器爲長技，火器又以銃砲爲先鋒。蓋摧堅陷陣，莫利于此也。國初撻伐胡虜，俱用火器奏功，及蕩平之後，盡以諸器貯之神機庫，其法不傳。邇者寧遠之捷，用西洋砲以挫奴氛，則制勝之明效睹矣。西洋神器，其鑄造物料，價厚精工，凡大小不一，製式各别，隨用命名，裝藥互異。大約有三種。一曰戰銃，

兵録卷十三

謂敵自遠来結陣索戰我用器照準以我銃心
對敵陣心霹靂聲聞敵膽皆碎一曰攻銃謂我
軍進攻敵憑城固守我援高用器照準敵國城
中或臺或屋風雨驟至所當立破一曰守銃謂
敵至城下我憑臺照準點放敵人在陸則肝腦
塗地在水則舟楫焚溺立刻披靡退走他如两
銃對壘利在先發乃百戰百勝之器也第利害
最大火藥不煉則無以傷賊神器不固則反以
傷我司兵者不可不慎兹特詳列于右

謂敵自遠來，結陣索戰，我用器照準，以我銃心對敵陣心，霹靂聲聞，敵膽皆碎。一曰攻銃，謂我軍進攻，敵憑城固守，我援高用器，照準敵國城中，或臺或屋，風雨驟至，所當立破。一曰守銃，謂敵至城下，我憑臺照準點放，敵人在陸則肝腦塗地，在水則舟楫焚溺，立刻披靡退走。他如兩銃對壘，利在先發，乃百戰百勝之器也。第利害最大，火藥不煉則無以傷賊，神器不固則反以傷我，司兵者不可不慎。玆特詳列于右。

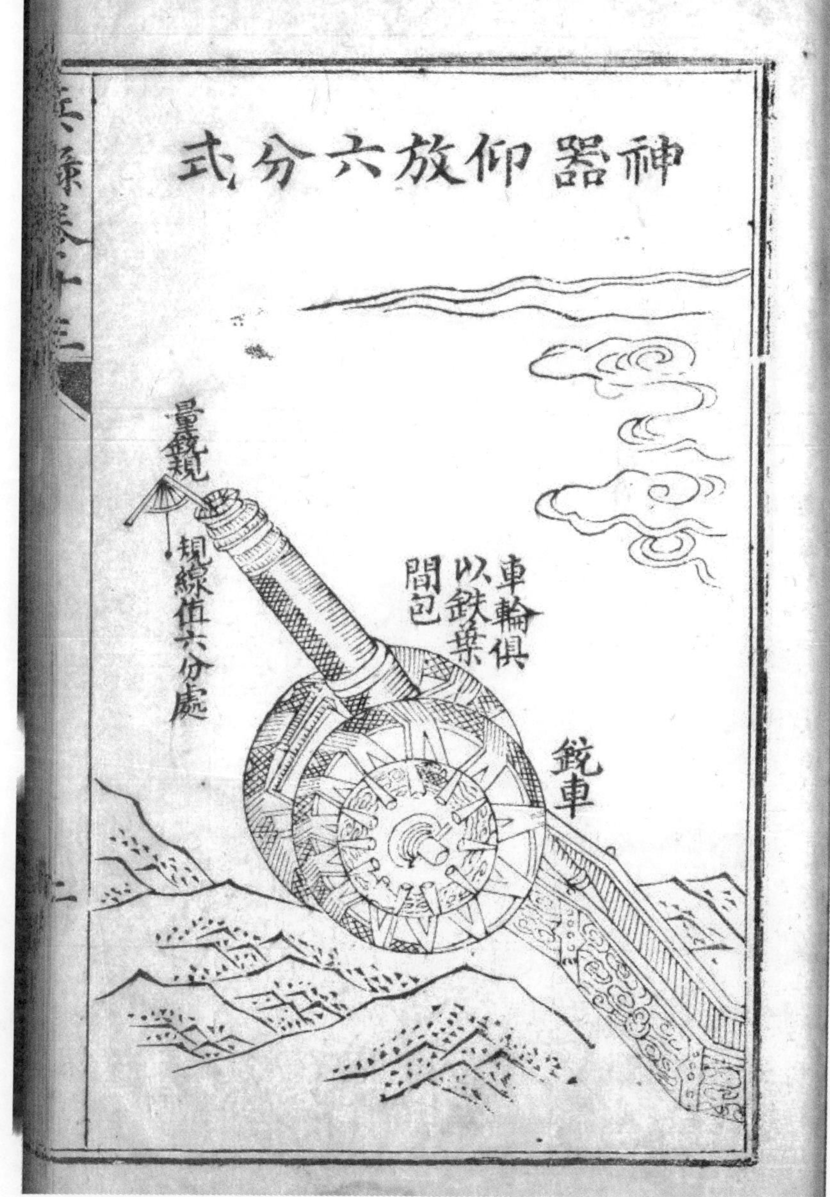

神器仰放六分式

量銃規，規線值六分處。車輪俱以鐵葉間包。銃車。

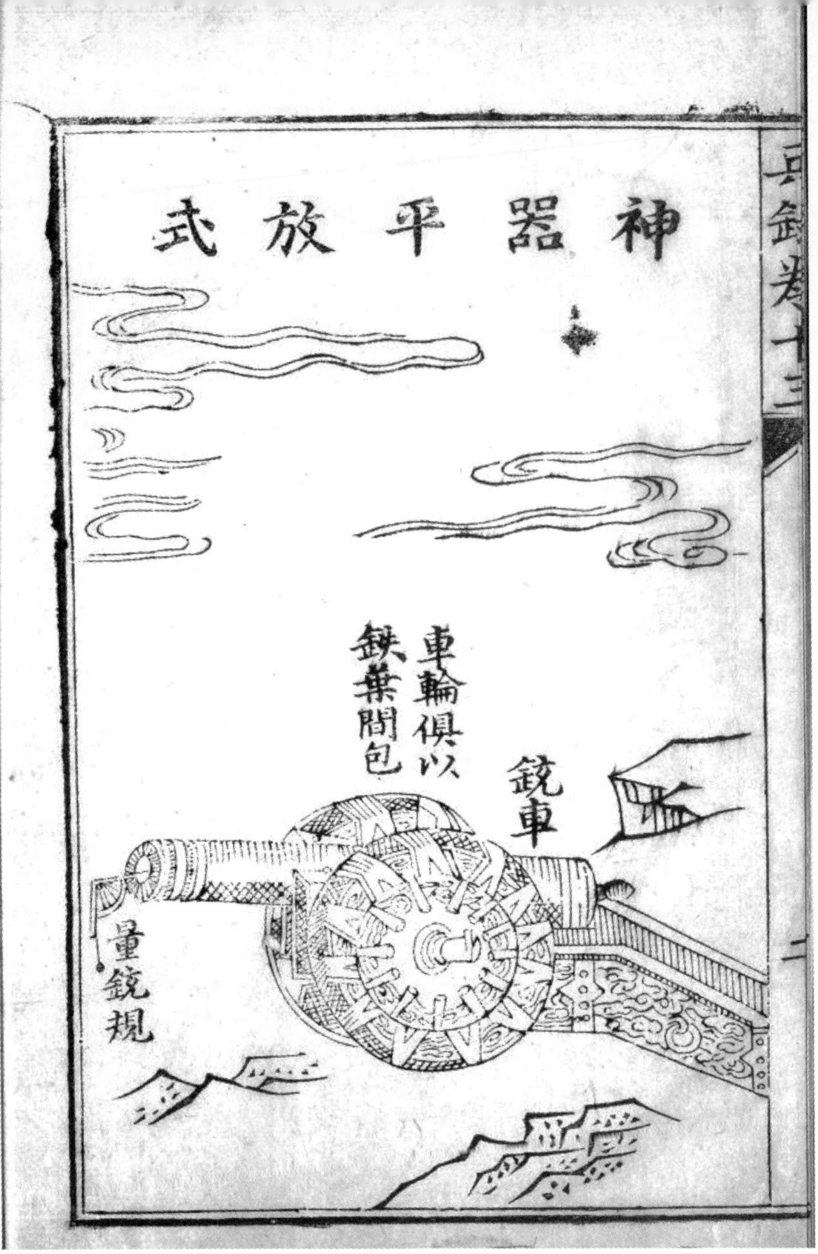

神器平放式

量銃規。車輪俱以鐵葉間包。銃車。

西洋點放大小神器略法

凡神器，俱隨樣大小，作厚牆鐵圍神車，架銃耳于上，銃力最猛，車輪圖轉[1]，以殺其勢。點放之法有二。一曰平放，一曰仰放。故銃尾處，預備木墊聽用，以便高下。製一量器，用四分規之一，規分十二分，以銅爲之。規分之端，有銅柄。量時以銅柄插入銃口，規心穿一線墜，看線所至分數，即可知銃彈到處。每高一分，則銃彈到處，較平放更遠推。而至于六分，遠步乃止，高七分彈，反短步矣。假若平放，必須

1 圖轉，似當作“圓轉”。

銃身上水銀點滴不走方是，則彈遠到二百六十八步。仰放高一分，則彈較平放遠到三百二十六，步共五百九十四步。高二分，較高一分又遠到二百步，共七百九十四步。高三分，較高二分又遠到一百六十步，共九百五十四步。高四分，較高三分又遠到五十六步，共一千零一十步。高五分，較高四分又遠到三十步，共一千零四十步。高六分，較高五分又遠到十三步，共一千零五十三步。以上每步計二尺。此其大略也。諸銃點放平仰步數，仍

悉開於各銃之下
西洋裝彈用藥法
凡彈俱要小銃口一運以其出彈易而銃不壞
凡彈下銃腹必須貼藥點放推出方有力遠到
凡彈下銃腹彈前不可有細砂石恐出彈之際猛
烈壞銃須未裝藥之先以銃箒細細掃之
凡彈用藥幾何即用銅板照銃口空徑大小作一
半圜藥鍬量秤藥數以為長短毋致臨時多寡
有悞大事

悉開於各銃之下。

西洋裝彈用藥法

凡彈俱要小銃口一運，以其出彈易，而銃不壞。

凡彈下銃腹，必須貼藥，點放推出，方有力遠到。

凡彈下銃腹，彈前不可有細砂石，恐出彈之際，猛烈壞銃，須未裝藥之先，以銃箒細細掃之。

凡彈用藥幾何，即用銅板，照銃口空徑大小，作一半圜藥鍬，量秤藥數，以爲長短，毋致臨時多寡，有悞大事。

凡彈用藥慮鍬遲慢預以員木照銃口空徑大小
用布或紙照樣湊縫裝藥仍封識號明臨時便
用但藥入銃腹點放之際先以鉄釘入火門破
其布與紙然後用火門藥引放迅速不悞大事
凡彈自一觔至八觔者藥照彈配用如彈一觔用
藥亦一觔彈二觔用藥亦三觔至八觔皆倣此
凡彈自九觔至十七觔者彈作五分用藥止四分
如彈九觔作五分用藥四分止該七觔三兩二
錢如彈十觔作五分用藥四分止該八觔十一

凡彈用藥，慮鍬遲慢，預以員木，照銃口空徑大小，用布或紙，照樣凑縫。裝藥仍封識號明，臨時便用。但藥入銃腹，點放之際，先以鐵釘入火門，破其布與紙，然後用火門藥，引放迅速，不悮大事。

凡彈自一觔至八觔者，藥照彈配用。如彈一觔，用藥亦一觔，彈二觔，用藥亦三觔。至八觔皆倣此。

凡彈自九觔至十七觔者，彈作五分，用藥止四分。如彈九觔作五分，用藥四分，止該七觔三兩二錢，如彈十觔作五分，用藥四分，止該八觔。十一

觔至十七觔皆倣此
凡彈自十八觔至二十六觔者彈作四分用藥止
三分如彈十八觔作四分用藥三分止該十三
觔八兩如彈十九觔作四分用藥三分止該十
四觔四兩二十觔至二十六觔皆倣此
凡彈自二十七觔以上者彈作三分用藥止二分
如彈二十七觔作三分用藥二分止該十八觔
餘皆倣此
凡彈帶鉄蔆鉄練小鐵彈碎石者俱准彈觔兩其

觔至十七觔皆倣此。

凡彈自十八觔至二十六觔者，彈作四分，用藥止三分。如彈十八觔作四分，用藥三分，止該十三觔八兩，如彈十九觔作四分，用藥三分，止該十四觔四兩。二十觔至二十六觔皆倣此。

凡彈自二十七觔以上者，彈作三分，用藥止二分。如彈二十七觔作三分，用藥二分，止該十八觔。餘皆倣此。

凡彈帶鐵菱、鐵練、小鐵彈、碎石者，俱準彈觔兩，其

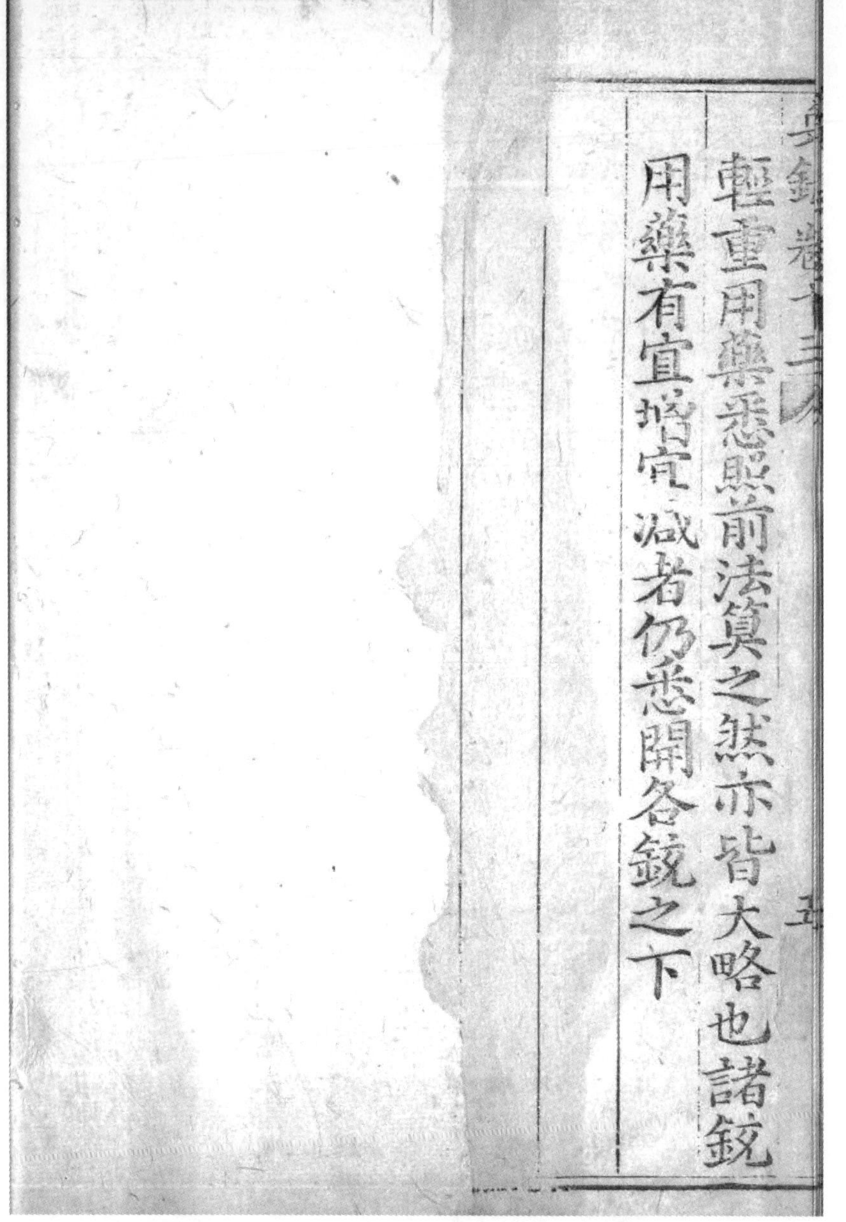

輕重用藥，悉照前法算之，然亦皆大略也。諸銃用藥，有宜增宜減者，仍悉開各銃之下。

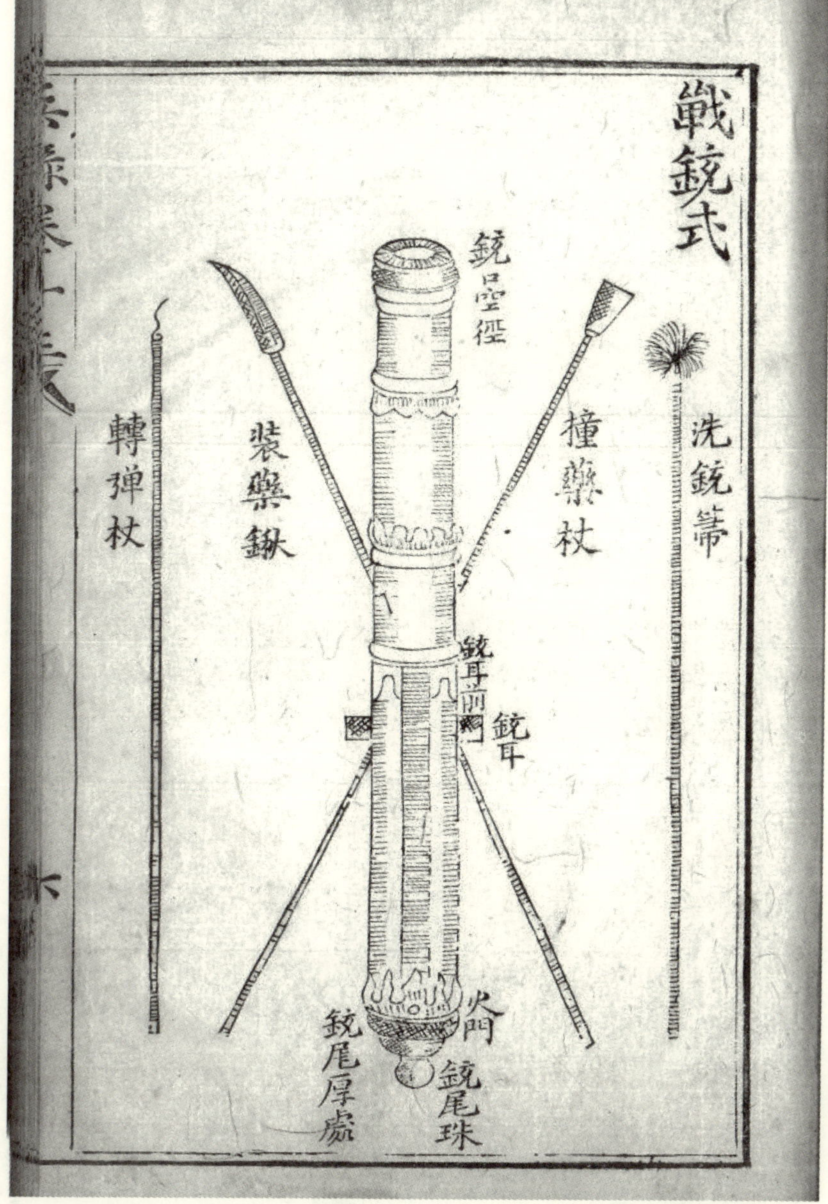

戰銃式

銃口空徑、銃耳前、銃耳、火門、銃尾厚處、銃尾珠。轉彈杖。裝藥鍬。撞藥杖。洗銃箒。

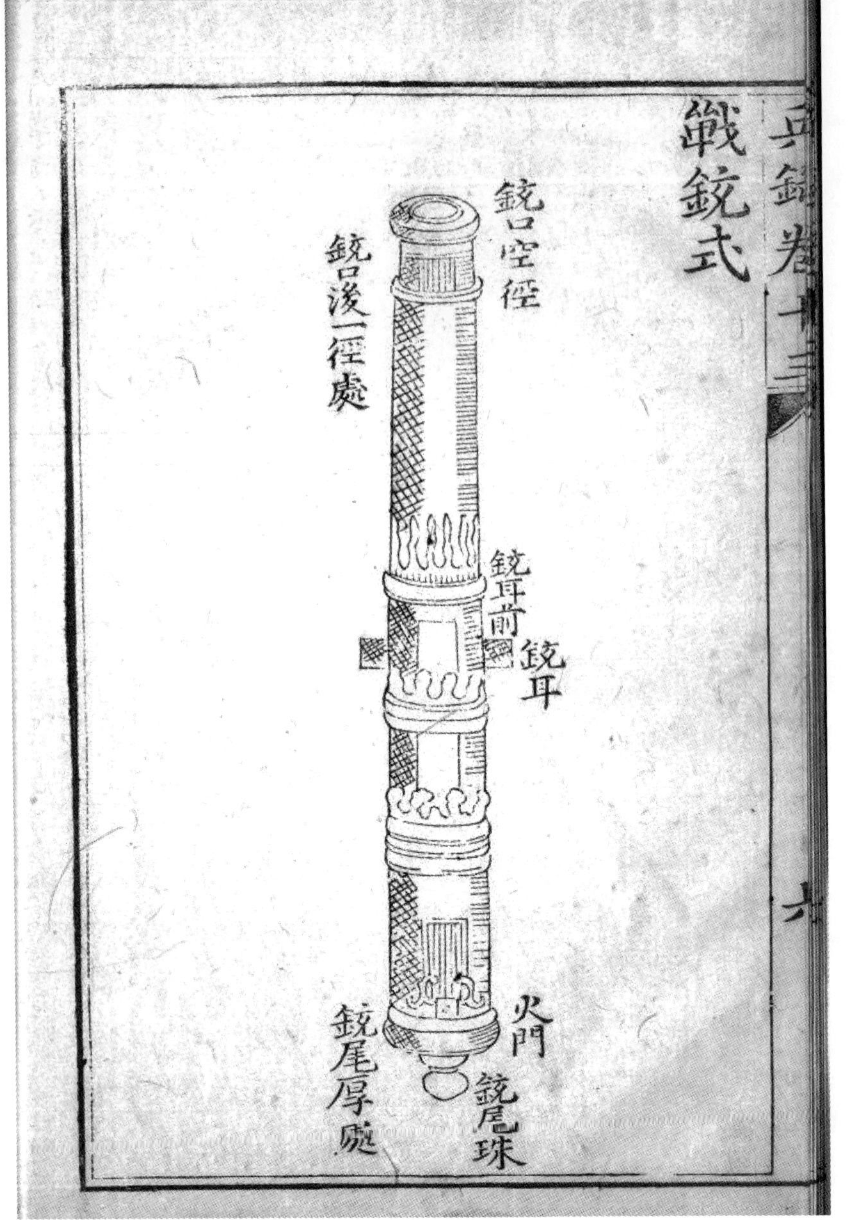

戰銃式

銃口空徑、銃口後一徑處、銃耳前、銃耳、火門、銃尾厚處、銃尾珠。

西洋鑄造大小戰銃尺量法
凡鑄戰銃用彈一觔之上者止論銃口空徑幾何
如口空徑三寸則從銃口至火門當得九尺九寸
如口空徑五寸則從銃口至火門當得一丈六尺
五寸如口空徑一尺則從銃口至火門當得三丈
三尺蓋銃身之長較口空徑為長三十三空口徑
也火門前銃腹空徑并周牆實徑共得三徑則外
圍共得九徑有半如銃口空徑三寸者銃腹空徑
并周牆實徑之三徑計得九寸外圍九徑半計得

西洋鑄造大小戰銃尺量法

凡鑄戰銃，用彈一觔之上者，止論銃口空徑幾何。如口空徑三寸，則從銃口至火門，當得九尺九寸。如口空徑五寸，則從銃口至火門，當得一丈六尺五寸。如口空徑一尺，則從銃口至火門，當得三丈三尺。蓋銃身之長，較口空徑爲長三十三空口徑也。火門前銃腹空徑并周牆實徑，共得三徑，則外圍共得九徑有半。如銃口空徑三寸者，銃腹空徑并周牆實徑之三徑，計得九寸，外圍九徑半，計得

二尺八寸五分也餘可類推銃耳前腹内空徑并
周牆實徑共淂二徑半則外圍共淂八徑七分一
不足如銃口空徑三寸者銃腹空徑并周牆實徑
之二徑半計淂七寸五分外圍八徑七分一不足
計淂二尺三寸六分弱也八徑七分一不足謂一
徑作七分則七八五十六分除去一分也餘可類
推銃口後一徑處内口空徑并外周牆實徑共淂
二徑則外圍共得六徑七分有二如銃口空徑三
寸者内口空徑并外周牆實徑之二徑計淂六寸

二尺八寸五分也。餘可類推。銃耳前腹内空徑并周牆實徑，共得二徑半，則外圍共得八徑七分一不足。如銃口空徑三寸者，銃腹空徑并周牆實徑之二徑半，計得七寸五分，外圍八徑七分一不足，計得二尺三寸六分弱也。八徑七分一不足，謂一徑作七分，則七八五十六分，除去一分也。餘可類推。銃口後一徑處，内口空徑并外周牆實徑共得二徑，則外圍共得六徑七分有二。如銃口空徑三寸者，内口空徑并外周牆實徑之二徑，計得六寸，外圍六徑七分有二計淂一尺八寸八分五厘强也六徑七分有一謂一徑作七分則六七四十二分又多二分也餘可類推火門至銃尾厚處照銃口空徑一徑銃尾珠在外火門距銃耳處照銃口空徑十四徑半耳際照銃口空徑一徑半耳前距銃口處照銃口空徑十七徑合之除銃尾外銃身實淂銃口空徑三十三徑也如溶鑄之時當以黄蠟為銃母內外寸尺悉照前法而又檢擇初出礦銅料方可裝放有力銃藥若有厚薄并鐵鑄銃便

外圍六徑七分有二，計得一尺八寸八分五釐強也。六徑七分有二[1]，謂一徑作七分，則六七四十二分又多二分也。餘可類推。火門至銃尾厚處，照銃口空徑一徑，銃尾珠在外。火門距銃耳處，照銃口空徑十四徑半。耳際照銃口空徑一徑半。耳前距銃口處，照銃口空徑十七徑。合之，除銃尾外，銃身實得銃口空徑三十三徑也。如溶鑄之時，當以黄蠟爲銃母，内外寸尺，悉照前法。而又檢擇初出礦銅料，方可裝放有力。銃藥若有厚薄，并鐵鑄銃，便

1 六徑七分有二，原作“六徑七分有一”，據上下文改。

當減裝火藥矣不可不審
西洋大小戰銃製造點放法
半蛇銃
半蛇銃及大蛇銃倍大蛇銃鑄法尺量載前鑄造大小戰銃尺量中此只以彈之輕重為銃口空徑之大小亦因彈之輕重分半大倍之名色俱用鉄彈自九觔起至十七觔者名曰半蛇銃彈藥相為用如彈重十觔者用藥十觔平放五百五十步仰放五千五百步如彈重十二觔者

當减裝火藥矣。不可不審。

西洋大小戰銃製造點放法

半蛇銃

半蛇銃及大蛇銃、倍大蛇銃鑄法尺量，載前鑄造大小戰銃尺量中。此只以彈之輕重，爲銃口空徑之大小，亦因彈之輕重，分半、大、倍之名色。俱用鐵彈，自九觔起至十七觔者，名曰半蛇銃，彈藥相爲用。如彈重十觔者，用藥十觔，平放五百五十步，仰放五千五百步。如彈重十二觔者，

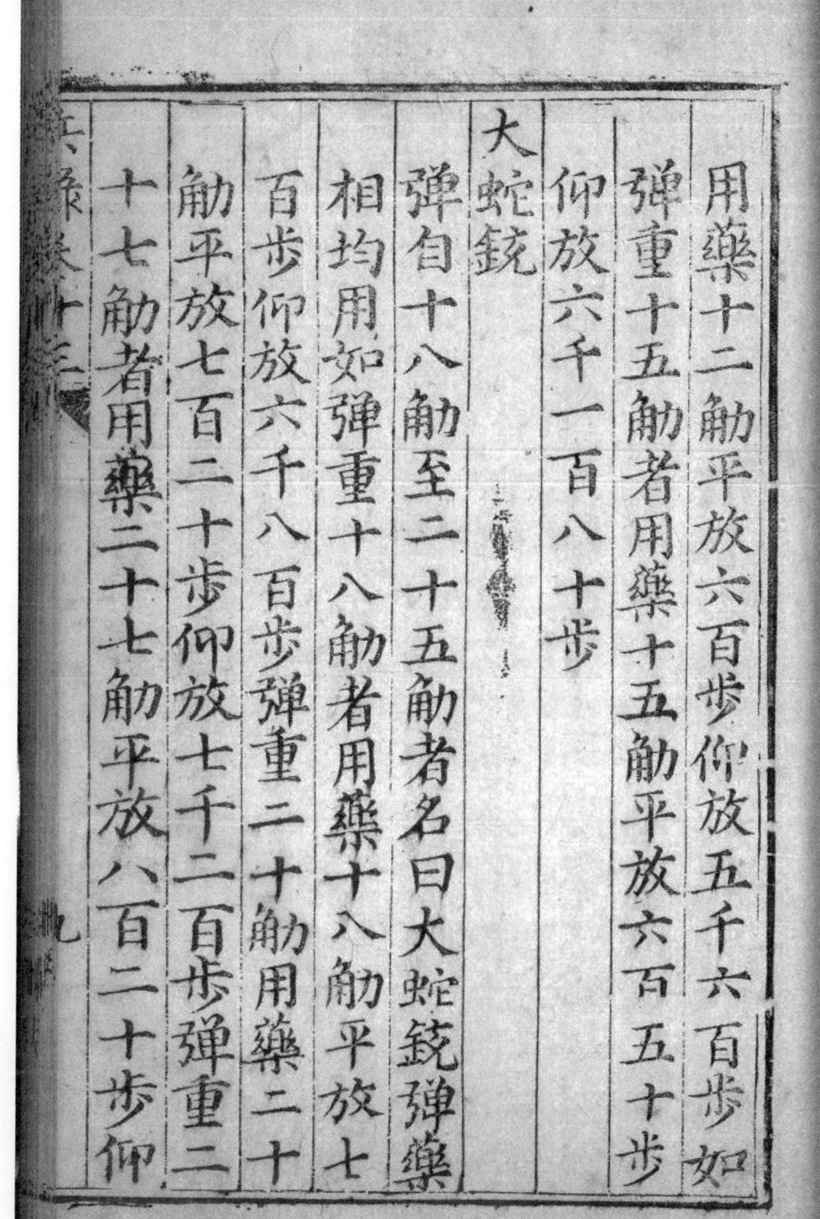
用藥十二觔平放六百步仰放五千六百步如
彈重十五觔者用藥十五觔平放六百五十步
仰放六千一百八十步
大蛇銃
彈自十八觔至二十五觔者名曰大蛇銃彈藥
相均用如彈重十八觔者用藥十八觔平放七
百步仰放六千八百步彈重二十觔用藥二十
觔平放七百二十步仰放七千二百步彈重二
十七觔者用藥二十七觔平放八百二十步仰

用藥十二觔，平放六百步，仰放五千六百步。如彈重十五觔者，用藥十五觔，平放六百五十步，仰放六千一百八十步。

大蛇銃

彈自十八觔至二十五觔者，名曰大蛇，彈藥相均用。如彈重十八觔者，用藥十八觔。平放七百步，仰放六千八百步。彈重二十觔，用藥二十觔，平放七百二十步，仰放七千二百步。彈重二十七觔者，用藥二十七觔，平放八百二十步，仰

放七千三百五十五步彈重二十五觔者用藥
二十五觔平放九百步仰放七千二百六十九
步
倍大蛇銃
彈自二十六觔至四十觔者名曰倍大蛇銃彈
藥亦相均用如彈重三十觔者用藥三十觔平
放九百八十步仰放七千一百九十步
佛狼機銃
佛狼機銃用熟銅椎煉爲之或熟鐵椎煉爲之

放七千三百五十五步。彈重二十五觔者，用藥二十五觔，平放九百步，仰放七千二百六十九步。

倍大蛇銃

彈自二十六觔至四十觔者，名曰倍大蛇銃，彈藥亦相均用。如彈重三十觔者，用藥三十觔，平放九百八十步，仰放七千一百九十步。

佛狼機銃

佛狼機銃，用熟銅椎煉爲之，或熟鐵椎煉爲之。

有子銃或五或九以便換裝疊放母銃身長照
口空徑五十徑至五十五徑而止如口空徑一
寸銃身長或五尺或五尺五寸也子銃照口空
徑長五徑如口空徑一寸子銃淂五寸也子銃
火門腹内空徑幷周牆實徑淂三徑外托子銃
半圍淂一徑如口空徑一寸子銃腹内空徑并
周牆實徑淂三寸外托子銃半圍實徑淂一寸
也銃耳前銃腹空徑并周牆實徑淂三徑半如
口空徑一寸淂三寸五分也銃口後一徑處内

有子銃，或五或九，以便換裝疊放。母銃身長，照口空徑五十徑至五十五徑而止。如口空徑一寸，銃身長或五尺或五尺五寸也。子銃照口空徑長五徑，如口空徑一寸，子銃得五寸也。子銃火門腹内空徑并周牆實徑，得三徑，外托子銃半圍得一徑。如口空徑一寸，子銃腹内空徑并周牆實徑，得三寸，外托子銃半圍實徑得一寸也。銃耳前銃腹空徑并周牆實徑，得三徑半，如口空徑一寸，得三寸五分也。銃口後一徑處，内口空徑并周牆實徑，得三徑七分有一，如口空徑一寸，得三寸一分四釐強也。彈用鐵者，自四兩八錢起，至六兩四錢止。彈作三分，藥用四分。如彈重四兩八錢作三分，用藥四分，則該六兩六錢也。餘倣此。平放三百五十步，仰放二千九百步。

大佛狼機銃

大佛狼機銃，製法用藥如前。但彈自一觔至二觔重者，平放三百二十步，仰放三千二百步。若

彈四觔重者平放四百步仰放四千步盖以彈
觔分既重則銃口空徑亦大口空徑大則銃身
最長而彈出愈遠特椎煉之銃與溶鑄之銃不
同一椎不到全銃受殃故母銃之套接貴密子
銃之湊簨宜深後拴之鎮壓當謹若母銃不用
套接則有炸患子銃不用湊簨則藥洩而彈出
無力後拴不用壓謹則前却而彈出亦無力此
不可不慎也
鳥銃

彈四觔重者。平放四百步。仰放四千步。盖以彈觔分既重，則銃口空徑亦大。口空徑大，則銃身最長，而彈出愈遠。特椎煉之銃與熔[1]鑄之銃不同，一椎不到，全銃受殃。故母銃之套接貴密，子銃之湊簨宜深，後全之鎮壓當謹。若母銃不用套接，則有炸患。子銃不用湊簨，則藥洩而彈出無力。後拴不用壓謹，則前却而彈出亦無力。此不可不慎也。

鳥銃

1 熔，原作"溶"。據文意改。

鳥銃長三尺至長三尺五寸而止煉熟鉄為之
銃身則以鑽鑽之庶體直內光去弾迅速遠到
照星照斗繩直斯準用火索者有披水撥珠用
火石者有鋼機相擊放時以銃木柄貼臉上弾
用鉛子平放八十步仰攻四百三十步其弾畧
小銃口一運可用八錢者止用六七錢湨以弾
作四分藥止用三分如弾重六錢者作四分藥
用三分止該四錢五分弾重七錢者作四分藥
用三分止該五錢二分五厘餘可類推

鳥銃長三尺至長三尺五寸而止，煉熟鐵爲之。銃身則以鑽鑽之，庶體直内光，去彈迅速遠到。照星照斗，繩直斯準。用火索者有，披水撥珠，用火石者，有鋼機相擊。放時以銃木柄貼臉上，彈用鉛子，平放八十步，仰攻四百三十步。其彈略小銃口一運，可用八錢者，止用六七錢。復以彈作四分，藥止用三分。如彈重六錢者作四分，藥用三分，止該四錢五分。彈重七錢者作四分，藥用三分，止該五錢二分五釐。餘可類推。

大鳥銃

身長四尺筒亦以鑽鑚之以木為柄用鐵作半圜下總一鉄柱綰在銃木柄中央復用木直竪受鐵柱左右顧盻照準施放亦用火草撥珠弾用鉛者一两二錢至一两六錢止弾作三分用藥止二分如弾重一两二錢作三分用藥二分止該八錢餘倣此平放二百步仰放一千步

大鳥銃

身長四尺，筒亦以鑽鑚之。以木爲柄，用鐵作半圜，下總一鐵柱，綰在銃木柄中央。復用木直竪受鐵柱，左右顧盻，照準施放，亦用火草撥珠。彈用鉛者，一兩二錢至一兩六錢止。彈作三分，用藥止二分。如彈重一兩二錢作三分，用藥二分止該八錢。餘倣此。平放二百步，仰放一千步。

兵錄卷十三

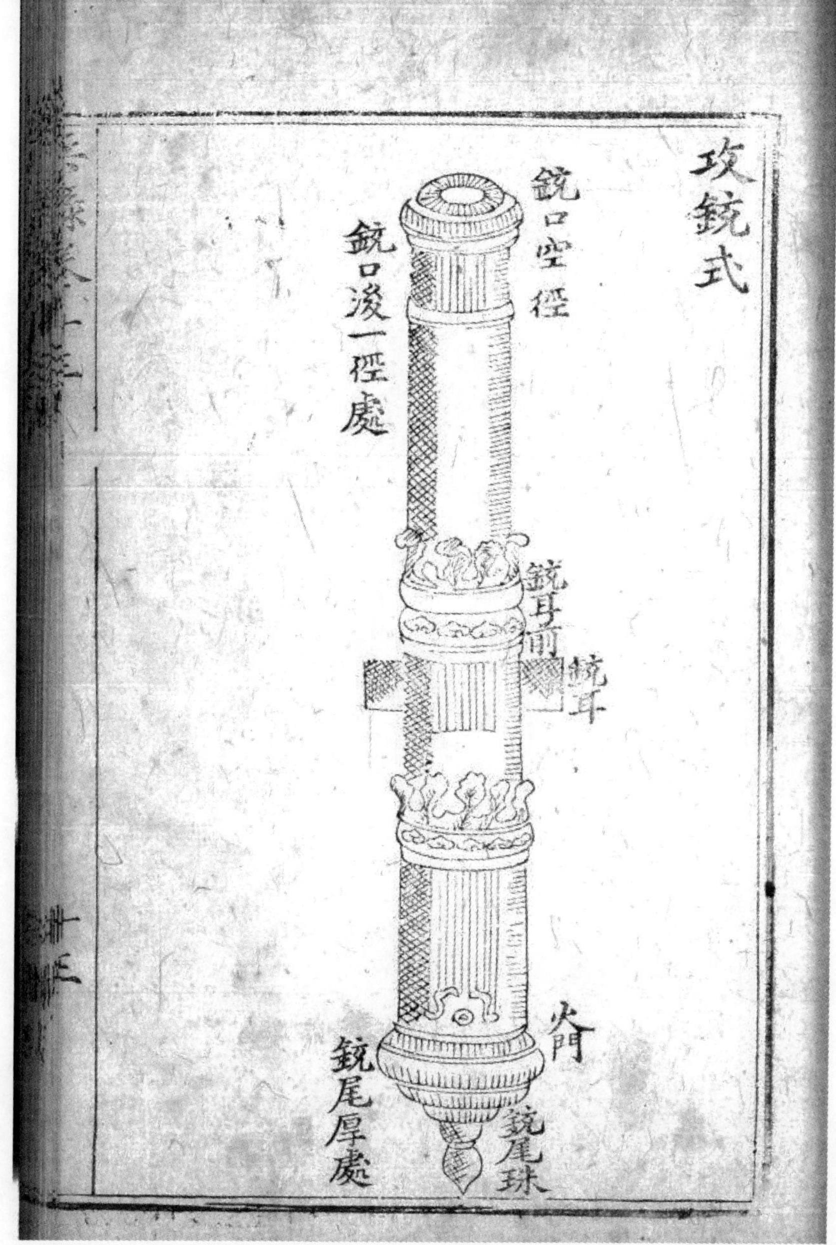

攻銃式

銃口空徑、銃口後一徑處、銃耳前、銃耳、火門、銃尾厚處、銃尾珠。

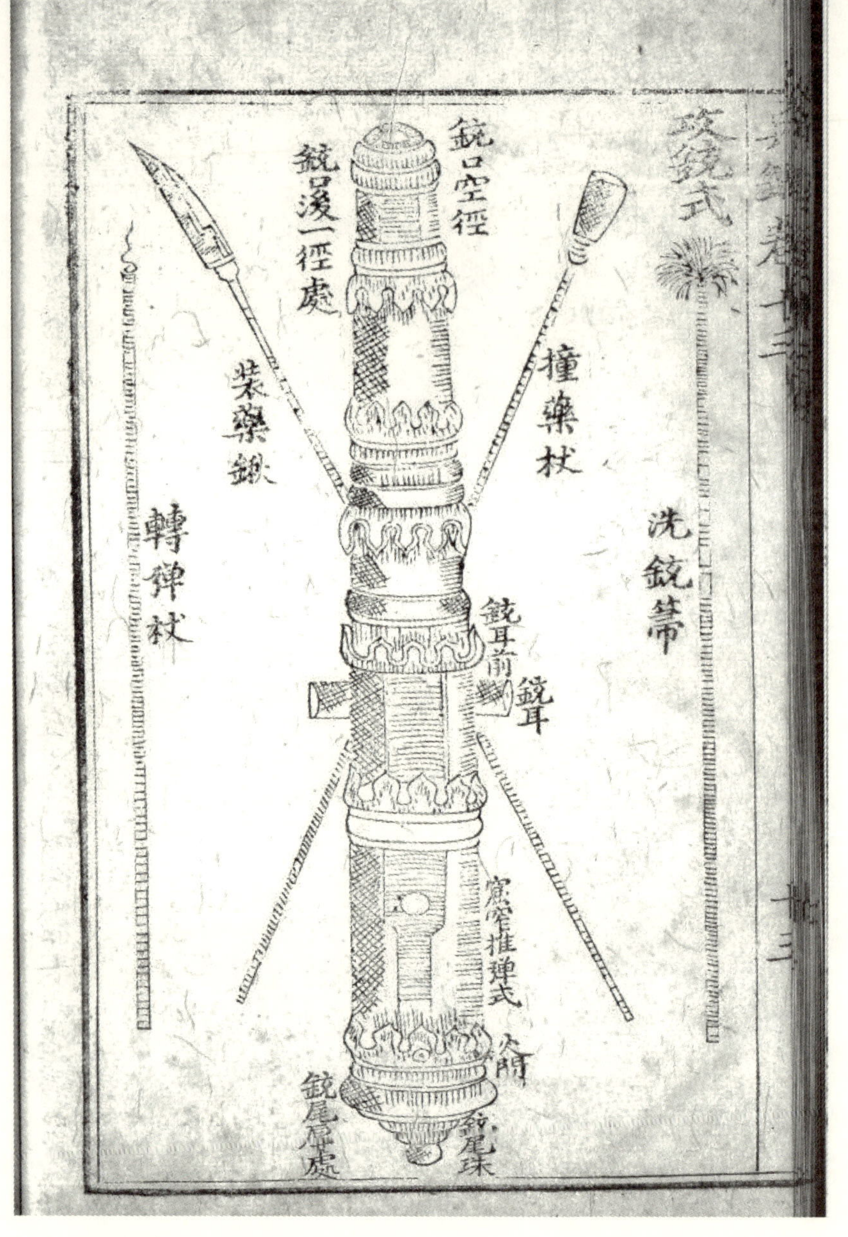

攻銃式

銃口空徑、銃口後一徑處、銃耳前、銃耳、窟窄推彈式、火門、銃尾厚處、銃尾珠。轉彈杖。裝藥鍬。撞藥杖。洗銃箒。

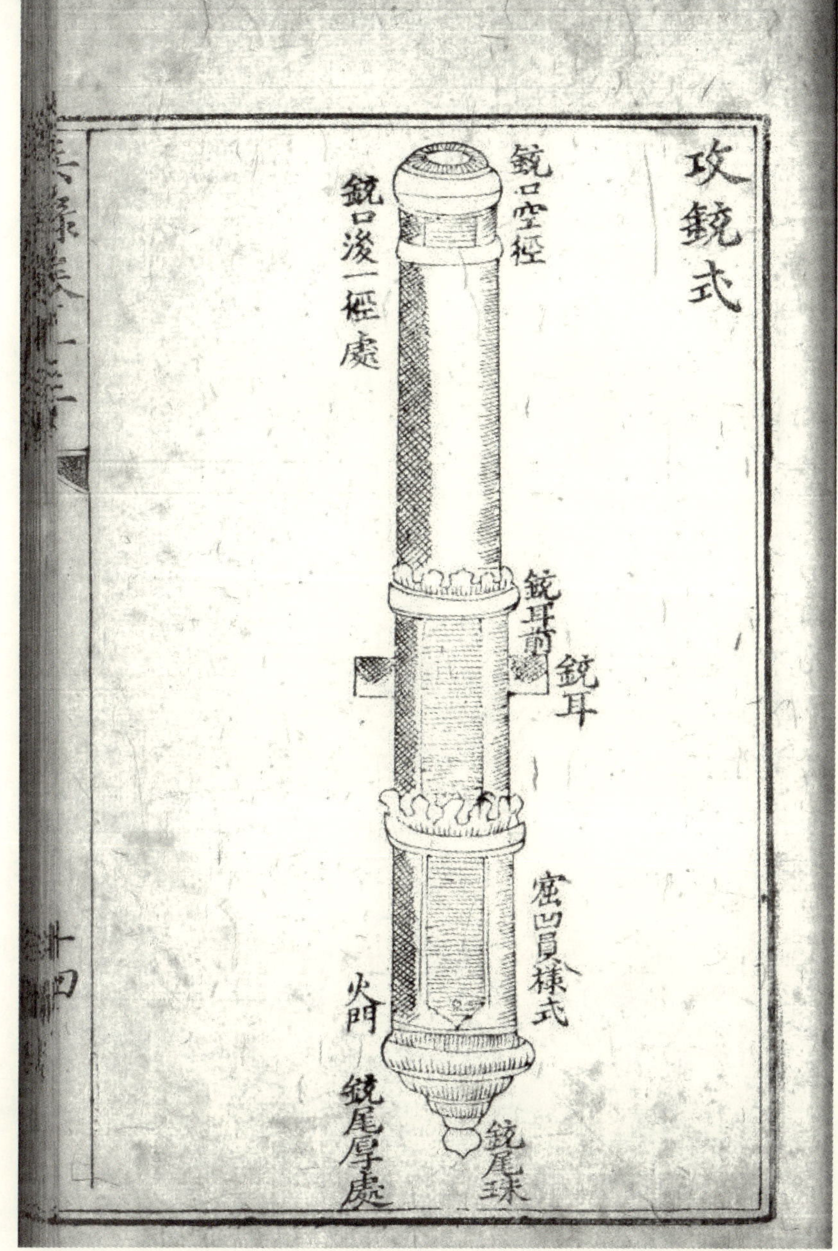

攻銃式

銃口空徑、銃口後一徑處、銃耳前、銃耳、窩凹員樣式、火門、銃尾厚處、銃尾珠。

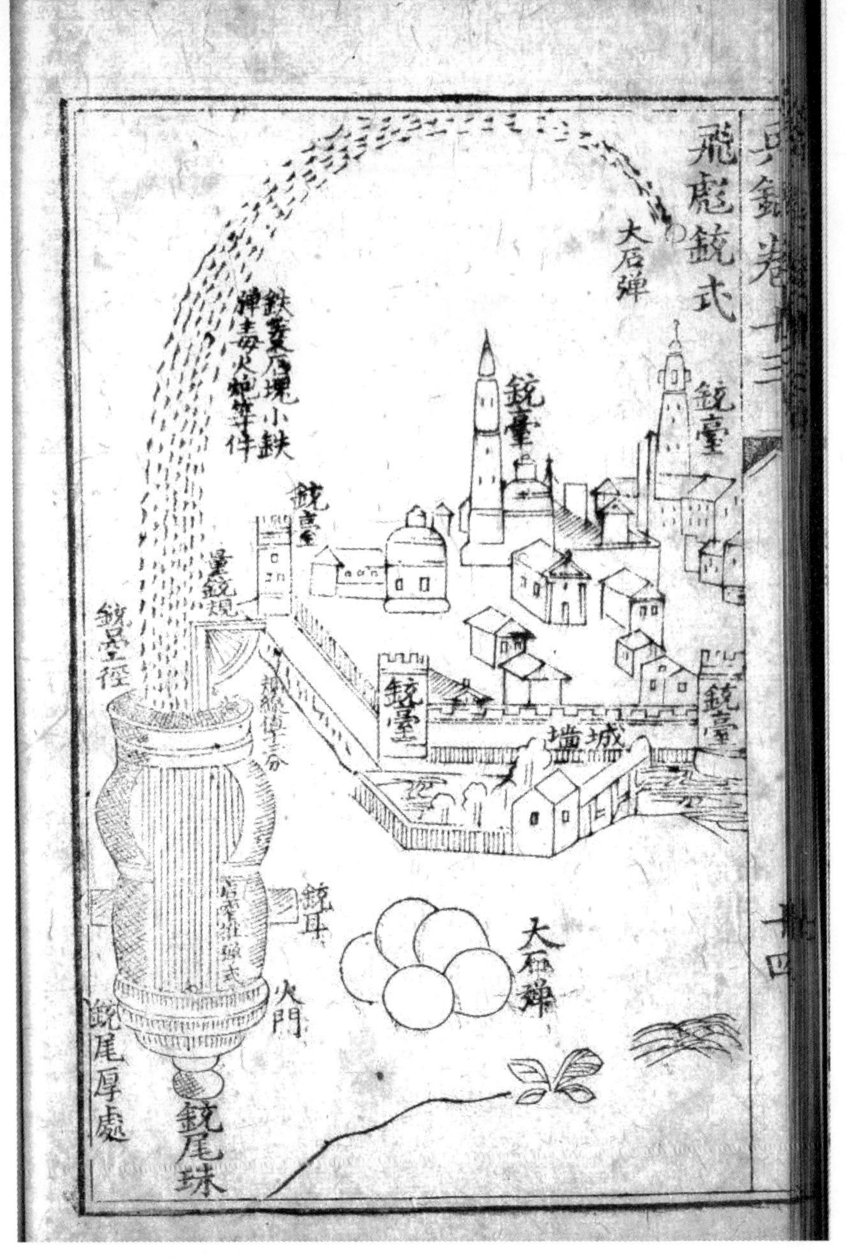

飛彪銃式

量銃規，規線值十二分。銃口空徑、銃耳、后窄推彈[1]式、火門、銃尾厚處、銃尾珠。鐵菱、石塊、小鐵彈、毒火砲等件。大石彈。銃臺。城墻。

1 后窄推彈，後文“西洋鑄造大小攻銃尺量法”作“底窄推彈”。

西洋鑄造大小攻銃尺量法

凡鑄攻銃用弾九觔之上者亦論銃口空徑幾何銃身較口空徑止湏十七八徑如銃口空徑五寸則從銃口至火門當淂八尺五寸或九尺如銃口空徑一尺則從銃口至火門當淂一丈七尺或一丈八尺火門前銃腹空徑并周牆實徑共淂二徑八分有七則外圍共淂九徑十分有一如銃口空徑五寸者銃腹空徑并周牆實徑之二徑八分有七計淂一尺四寸四分弱二徑八分有七謂一徑

西洋鑄造大小攻銃尺量法

凡鑄攻銃，用彈九觔之上者，亦論銃口空徑幾何，銃身較口空徑止須十七八徑。如銃口空徑五寸，則從銃口至火門，當得八尺五寸或九尺。如銃口空徑一尺，則從銃口至火門，當得一丈七尺或一丈八尺。火門前銃腹空徑并周牆實徑，共得二徑八分有七，則外圍共得九徑十分有一。如銃口空徑五寸者，銃腹空徑并周牆實徑之二徑八分有七，計得一尺四寸四分弱。二徑八分有七，謂一徑作八分，二八一十六分，又多七分也。外圍九徑十分有一，計得四尺五寸五分。九徑十分有一，謂一徑作十分，九得九十分，又多一分也。餘可類推。銃耳前腹内空徑并周牆實徑，共得二徑半，則外圍共得七徑八分有一。如銃口空徑五寸者，銃腹空徑并周牆實徑之二徑半，計得一尺二寸五分，外圍七徑八分有一，計得三尺五寸六分强。七徑八分有一，謂一徑作八分，七八五十六分，又多一分也。餘可類推。銃口後一徑處内口空徑并外周牆

實徑淂一徑四分有三外圍得五徑半如銃口空
徑五寸者内口空徑并外周牆實徑之一徑四分
有三計得八寸七分五厘一徑四分有三謂一徑
作四分一四淂四又多三分也外圍五徑半計淂
二尺七寸五分餘可類推火門至銃尾厚處照銃
口空徑一徑銃尾珠在外火門距銃耳處照銃口
空徑六徑半耳際照銃口空徑一徑半耳前距銃
口處照銃口空徑九徑合之淂十七徑如銃身十
八徑則銃耳後加半徑弱銃耳前加半徑強也然

實徑。得一徑四分有三，外圍得五徑半。如銃口空徑五寸者，內口空徑并外周牆實徑之一徑四分有三，計得八寸七分五釐。一徑四分有三，謂一徑作四分一，四得四，又多三分也。外圍五徑半，計得二尺七寸五分。餘可類推。火門至銃尾厚處，照銃口空徑一徑。銃尾珠在外。火門距銃耳處，照銃口空徑六徑半。耳際照銃口空徑一徑半。耳前距銃口處，照銃口空徑九徑。合之得十七徑。如銃身十八徑，則銃耳後加半徑弱，銃耳前加半徑強也。然攻銃銃腹有窟底平正者，有窟凹圓様者，有底窄推弾者，様有不同。要歸計銃口空徑幾何尺寸，用弾幾何觔兩，用藥幾何觔兩。務使弾實貼火藥。若弾前段統直光溜，毫無寬窄隙漏，則弾射遠而有力。溶鑄銅料，黄蠟銃母，須用心詳驗，細檢始妙。

西洋大小攻銃製造點放法

鷹隼銃

鷹隼銃、梟啄銃、半鳩銃、大鳩銃、倍大鳩銃，鑄法尺量載前鑄造大小攻銃尺量中，此亦以用弾輕重分名色也。倶用鐵弹。自九觔至十三觔者，名曰鷹隼銃。弹作三分，藥用二分。如弹重十觔者作三分，用藥二分，止該六觔十兩六錢。餘可類推。平放五百步，仰放三千五百四十步。

梟啄銃[1]

弹自十四觔至十八觔者，名曰梟啄。銃弹作三分，藥用二分。如弹重十六觔者作三分，用藥二分，止該十觔十兩六錢。餘可類推。平放六百步，仰放四千三百八十七步。

1 梟啄銃，《西法神機》作“梟喙銃”。

半鳩銃[1]

十二徑七分有三，謂一徑作七分，十二徑得八十四分，又多三分也。餘可類推。耳前腹内空徑并周牆實徑，得三徑半則，外圍共得十徑七分有五。如銃口空徑一尺五寸者，銃腹空徑并周牆實徑之三徑半，計得五尺二寸五分，外圍十徑七分有五，計得一丈六尺零六分也。十徑七分有五，謂一徑作七分，十徑得七十分，又多五分也。餘可類推。銃口後一徑處，内口空徑并外

1“半鳩銃”僅存題名，以下“十二徑七分有三……耳際照銃口空徑”二百餘字，係衍文，重復虎唬銃條目内容。

周牆實徑，得三徑，則外圍共得九徑七分有二。如銃口空徑一尺五寸者，内口空徑并外周牆實徑之三徑，計得四尺五寸，外圍九徑七分有二，計得一丈三尺九寸強也。九徑七分有二，謂一徑作七分，七九六十三分，又多二分也。餘可類推。火門至銃尾厚處，照銃口空徑一徑。銃尾珠在外。火門距銃耳處，照銃口空徑九徑半。耳際照銃口空徑[1]。

［大鳩銃］[2]

［倍大鳩銃］[3]

［銃腹容彈四十斤至六十斤者，名倍大鳩銃。彈作十分，藥用五分。彈四十斤，藥二十六斤。平九］[4]百步，仰放四千六百二十二步。彈重四十六觔者作十分，用藥五分，止該二十

1 以上“十二徑七分有三……耳際照銃口空徑”二百餘字，係衍文，重復虎蹲銃條目内容。

2 大鳩銃，本段原脱。據《西法神機·點放大小攻銃合用彈藥平仰步數法》補題。

3 倍大鳩銃，本段原脱。據《西法神機》補題。

4 銃腹容彈四十斤……平九，原脱。據《西法神機》補。

三觔。平放九百五十步，仰放四千七百二十八步。彈重五十觔者作十分，用藥五分，止該二十五觔。平放一千步，仰放四千六百五十五步。彈重六十觔者作十分，用藥五分，止該三十觔。平放一千六百步，仰放四千六百步。

虎唬銃

彈自六十觔至百觔者，名曰虎唬銃。銃身長較銃口空徑，二十三徑至二十五徑而止。如銃口空徑一尺五寸者，則從銃口至火門，當得三丈四尺五寸或三丈七尺五寸火門前銃腹空徑并周牆實徑共得四徑則外圍共得十二徑七分有三如銃口空徑一尺五寸者銃腹空徑并周牆實徑之四徑計得六尺外圍十二徑七分有三計得一丈八尺六寸四分十二徑七分有三謂一徑作七分十二徑得八十四分又多三分也餘可類推耳前腹内空徑并周牆實徑得三徑半則外圍共得十徑七分有五如銃口空徑一尺五寸者銃腹空徑并周牆實徑之三徑

四尺五寸或三丈七尺五寸。火門前銃腹空徑并周牆實徑，共得四徑，則外圍共得十二徑七分有三。如銃口空徑一尺五寸者，銃腹空徑并周牆實徑之四徑，計得六尺，外圍十二徑七分有三，計得一丈八尺六寸四分。十二徑七分有三，謂一徑作七分，十二徑得八十四分，又多三分也。餘可類推。耳前腹内空徑并周牆實徑，得三徑半，則外圍共得十徑七分有五。如銃口空徑一尺五寸者，銃腹空徑并周牆實徑之三徑半，計得五尺二寸五分，外圍十徑七分有五，計得一丈六尺零六分也。十徑七分有五，謂一徑作七分，十徑得七十分，又多五分也。餘可類推。銃口後一徑處，内口空徑并外周牆實徑，得三徑，則外圍共得九徑七分有二。如銃口空徑一尺五寸者，内口空徑并外周牆實徑之三徑，計得四尺五寸，外圍九徑七分有二，計得一丈三尺九寸强也。九徑七分有二，謂一徑作七分，七九六十三分，又多二分也。餘可類推。火門至銃

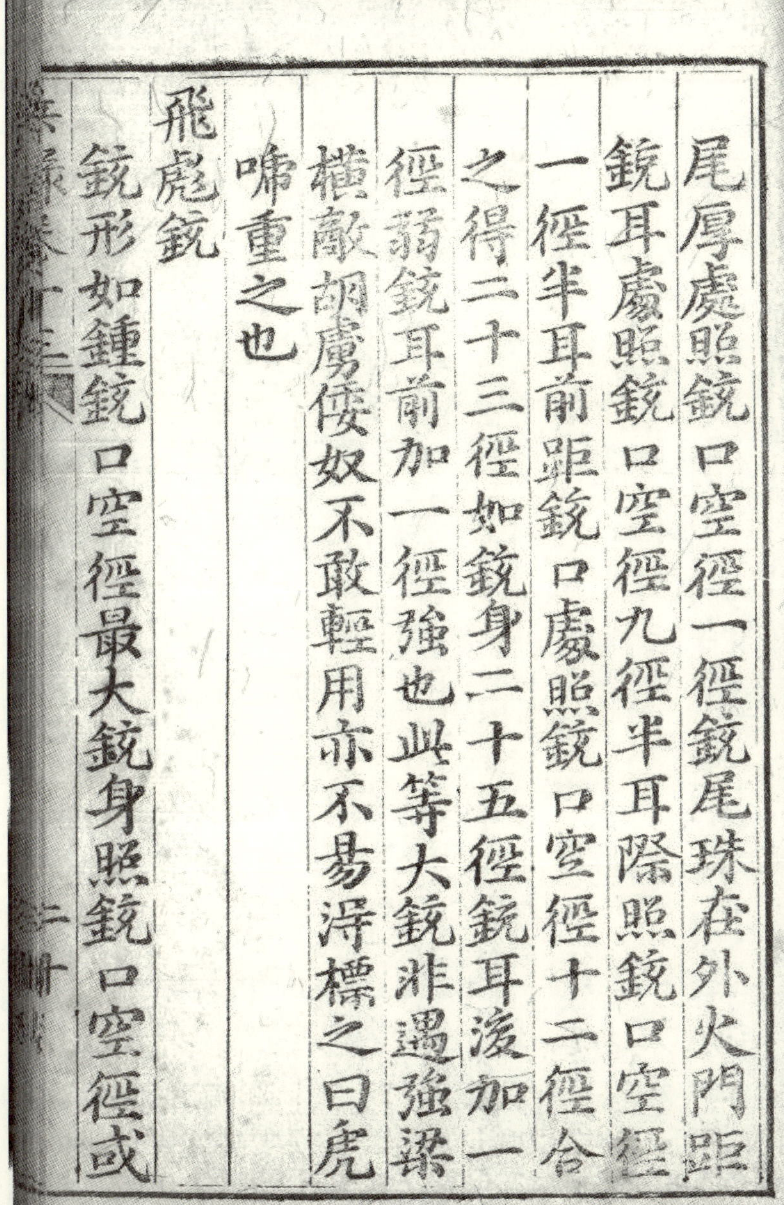

尾厚處，照銃口空徑一徑。銃尾珠在外。火門距銃耳處，照銃口空徑九徑半。耳際照銃口空徑一徑半。耳前距銃口處，照銃口空徑十二徑。合之得二十三徑。如銃身二十五徑，銃耳後加一徑弱，銃耳前加一徑强也。此等大銃，非遇强梁橫敵，胡虜倭奴，不敢輕用，亦不易得，標之曰虎唬，重之也。

飛彪銃

銃形如鍾，銃口空徑最大，銃身照銃口空徑，或四徑或五徑。如銃口空徑二尺者，銃身或八尺或一丈也。銃口空徑并周牆實徑得三徑，則外圍共得九徑。如銃口空徑二尺者，銃口空徑并周牆實徑之三徑，計得六尺，則外圍九徑計得一丈八尺。餘可類推。火門前銃腹内裝藥空徑，得銃口空徑半徑，周牆實徑得二徑半，則外圍共得九徑。如銃口空徑二尺者，銃腹内半徑與周牆實徑之二徑半，計得六尺，外圍之九徑，計得一丈八尺。餘可類推。銃耳距火門，照銃口空

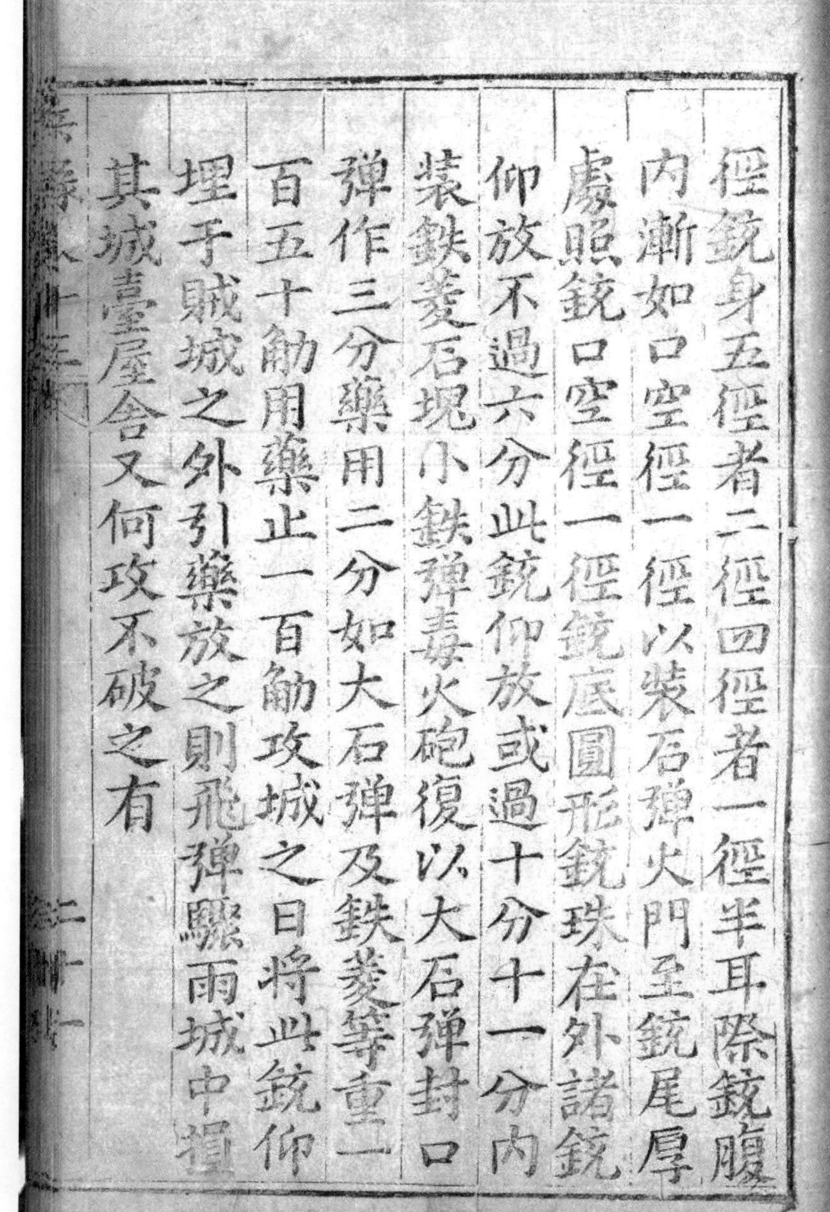
徑銃身五徑者二徑四徑者一徑半耳際銃腹
内漸如口空徑一徑以裝石彈火門至銃尾厚
處照銃口空徑一徑銃底圓形銃珠在外諸銃
仰放不過六分此銃仰放或過十分十一分内
裝鐵蔆石塊小鐵彈毒火砲復以大石彈封口
彈作三分藥用二分如大石彈及鐵蔆等重一
百五十觔用藥止一百觔攻城之日將此銃仰
埋于賊城之外引藥放之則飛彈驟雨城中損
其城臺屋舍又何攻不破之有

徑，銃身五徑者二徑，四徑者一徑半。耳際銃腹内，漸如口空徑一徑，以裝石彈。火門至銃尾厚處，照銃口空徑一徑。銃底圓形，銃珠在外。諸銃仰放，不過六分，此銃仰放，或過十分十一分。内裝鐵蔆、石塊、小鐵彈、毒火砲，復以大石彈封口。彈作三分，藥用二分，如大石彈及鐵蔆等，重一百五十觔，用藥止一百觔。攻城之日，將此銃仰埋[1]于賊城之外，引藥放之，則飛彈驟雨城中，損其城臺屋舍，又何攻不破之有。

1 仰埋，《祝融佐理》、《西法神機》皆作“仰輪”。

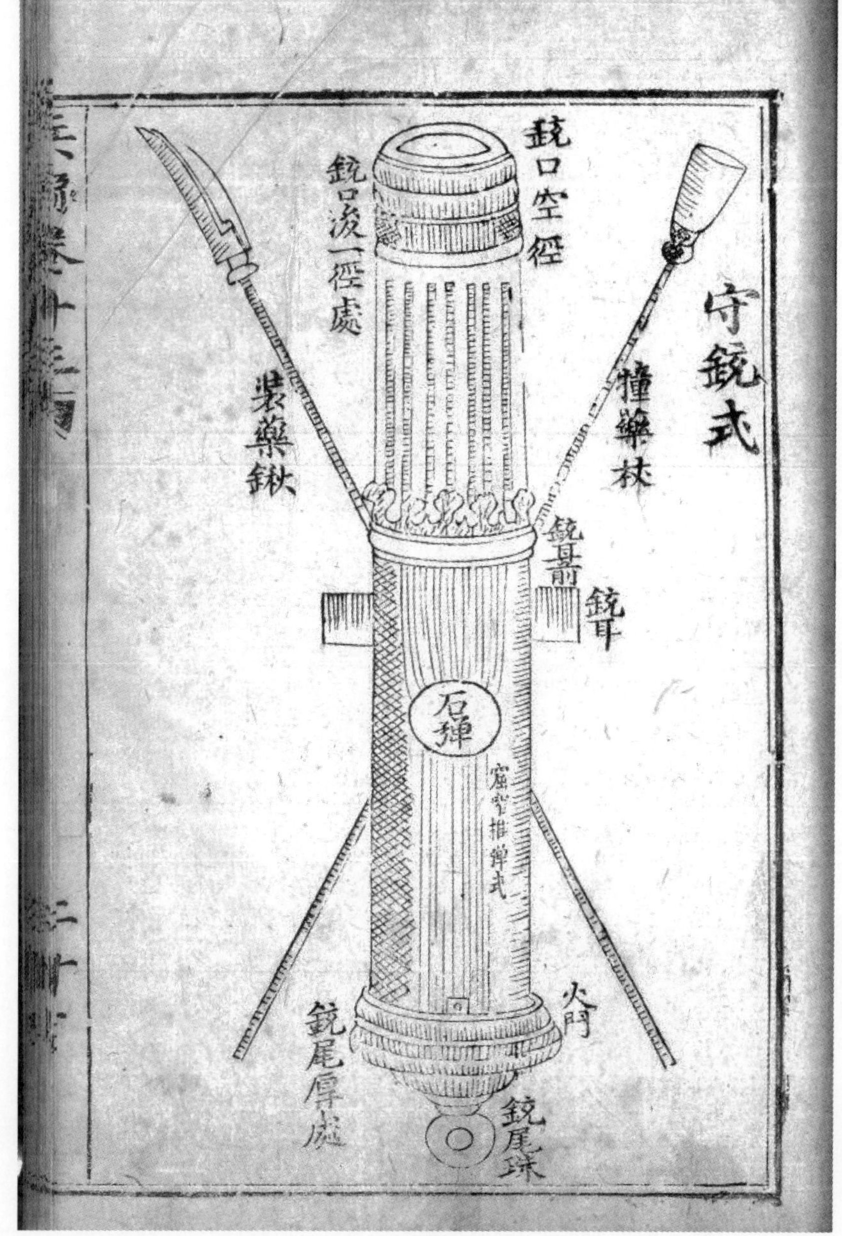

守銃式

銃口空徑、銃口後一徑處、銃耳前、銃耳、石彈、窟窄推彈式、火門、銃尾厚處、銃尾珠。裝藥鍬。撞藥杖。

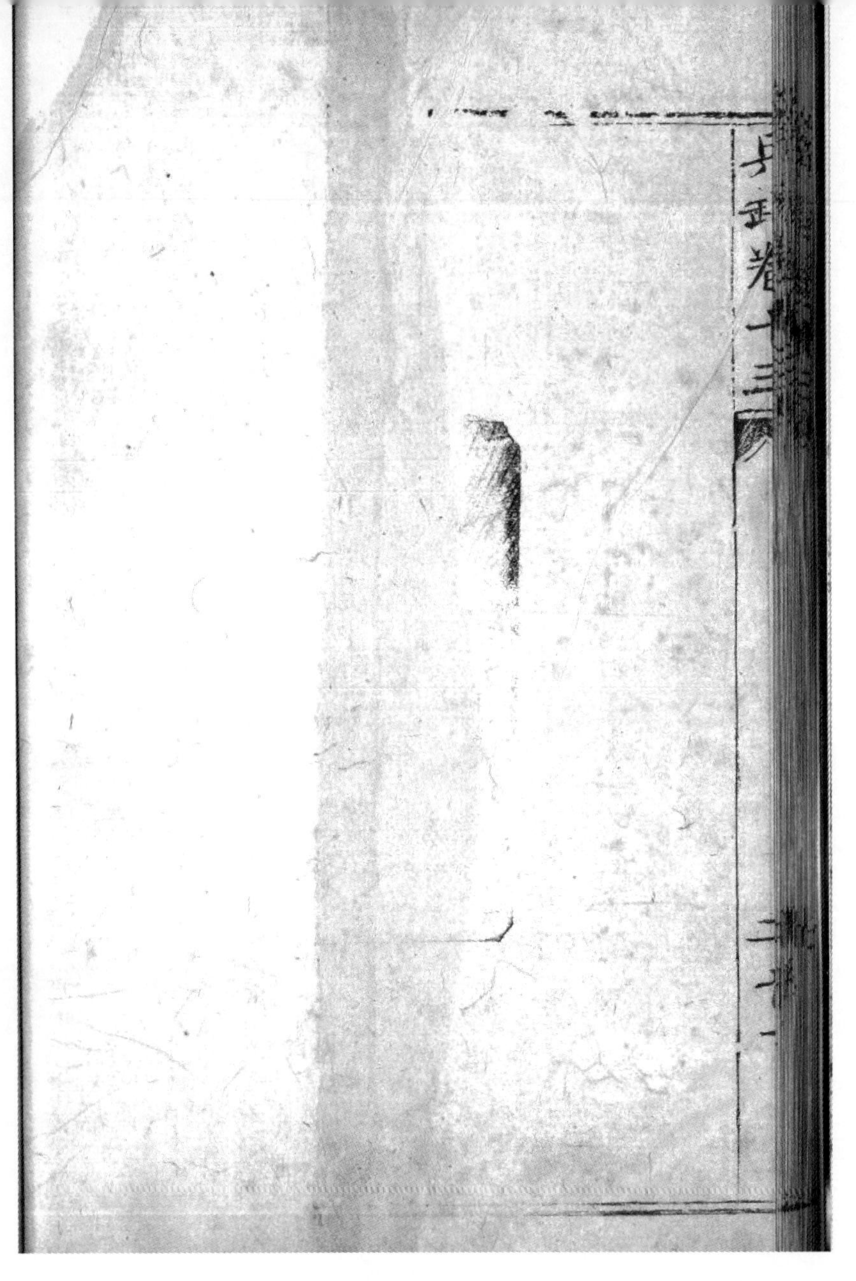

西洋鑄造大小守銃尺量法

凡鑄守銃，尺量與攻銃尺量同。盖以攻是我去近賊，守是賊來近，我用彈不須遠到，故銃身只照銃口空徑十七八徑也。特攻銃之點放，利在併力一處，守銃之點放，利在散漫各處。何者，併力一處，則賊易於殘破，散漫各處，則賊難以屯駐也。守銃用彈，俱以石及鐵菱小彈等樣，裝藥及彈最多。熔鑄[1]守銃，必須擇第一上等銅料爲之。鑄就，以木椿繫之，用藥倍加試放無隙，臨時方不致悞。

1 熔鑄，原作“溶鑄”。

西洋大小守銃製造點放法

半象銃

半象銃、大象銃、倍大象銃、虎踞銃，鑄法尺量，載前鑄造攻銃尺量中。此亦以用彈之大小，分銃名色也。俱用鐵菱、鐵練、石塊、小鐵彈、毒火砲，又以大石彈壓之。如彈等重六觔至十二觔者，名曰半象銃。彈藥相均，用如彈等重六觔，藥用六觔。餘可類推。

大象銃

彈等自十二觔[1]至十八觔者，名曰大象銃。彈等作五分，藥用四分。如彈等重十二觔者作五分，藥用四分，止該九觔九兩六錢。餘可類推。

倍大象銃

彈等自十九觔至二十五觔者，名曰倍大象銃。彈等作四分，藥用三分。如彈等重十九觔者作四分，藥用三分，止該十四觔四兩。餘可類推。

虎踞銃

彈等自二十六觔至五十觔者，名曰虎踞銃。彈

1 十二觔，似當作“十三觔”。

等作三分藥用二分如彈等重三十觔作三分
藥用二分止該二十觔餘可類推巳上半象銃
大象銃倍大象銃并虎踞銃彈藥猛烈推步最
多特用以近臨對準施放故不細開平仰步數
也
西洋煉造大小銃火藥法
磺用生者佳先搥碎去砂土後用牛油煮磺火不
可太旺以木棍旋轉鍋底看磺溶化時方以麻
布作濾巾濾在缸內則油浮居於上磺實沉於

等作三分，藥用二分。如彈等重三十觔作三分，藥用二分，止該二十觔。餘可類推。已上半象銃、大象銃、倍大象銃，并虎踞銃，彈藥猛烈，推步最多，特用以近臨對準施放，故不細開平仰步數也。

西洋煉造大小銃火藥法

磺用生者佳，先搥碎去砂土，後用牛油煮磺。火不可太旺，以木棍旋轉鍋底，看磺溶化時，方以麻布作濾巾，濾在缸内。則油浮居於上，磺實沉於

底去油用磺研細聽用
硝用雞蛋白煉約每觔用蛋二個硝不絜者多用
數枚先将雞蛋白水勻訖次将硝下鍋水高二
指復将蛋水傾入大滚數次則雞白雜硝渣滓
俱浮鍋面以竹箴籬抄起又用細麻布為濾巾
濾過復将前鍋洗淨再以濾過硝水傾入用火
煮成氷塊然後将鍋舉起放在地上一日後冷
了則塩在下硝在上只取上面硝研細聽用
炭用稭骨為之茄梗次之柳杉又次之大都輕浮

底。去油用磺，研細聽用。

硝用雞蛋白煉，約每觔用蛋二個，硝不潔者多用數枚。先將雞蛋白水勻訖，次將硝下鍋，水高二指，復將蛋水傾入。大滚數次，則雞白雜硝渣滓，俱浮鍋面，以竹笊籬抄起，又用細麻布爲濾巾濾過。復將前鍋洗净，再以濾過硝水傾入，用火煮成冰塊。然後將鍋舉起，放在地上，一日後冷了，則塩在下硝在上，只取上面硝，研細聽用。

炭用稭骨爲之，茄梗次之，柳杉又次之，大都輕浮

之木皆可研細聽用
右三種細細製煉秤準明白然後和匀放在銅
鑲木臼内用銅包木杵搗之復將楠檬酸汁破
雨水不時洒濕使搗有力搗藥之人須擇勤慎
者莫使毫釐砂土蒙塵藥内恐搗熱之際石能
生火亦不可犯鉄器鉄亦易生火也藥搗萬杵
後用木板試放畧無渣滓烟起白色快且直者
始妙即以粗細夾篩篩過粗者成珠在上細者
在下畧用樹下日色照乾不可用暴日慮日中

之木，皆可研細聽用。

右三種，細細製煉，秤準明白，然後和勻，放在銅鑲木臼内，用銅包木杵搗之。將楠檬酸汁破雨水，不時洒濕，使搗有力。搗藥之人，須擇勤慎者，莫使毫釐砂土，蒙塵藥内。恐搗熱之際，石能生火。亦不可犯鐵器，鐵亦易生火也。藥搗萬杵後，用木板試放，略無渣滓，烟起白色，快且直者始妙。即以粗細夾篩篩過，粗者成珠在上，細者在下。略用樹下日色照乾，不可用暴日，慮日中

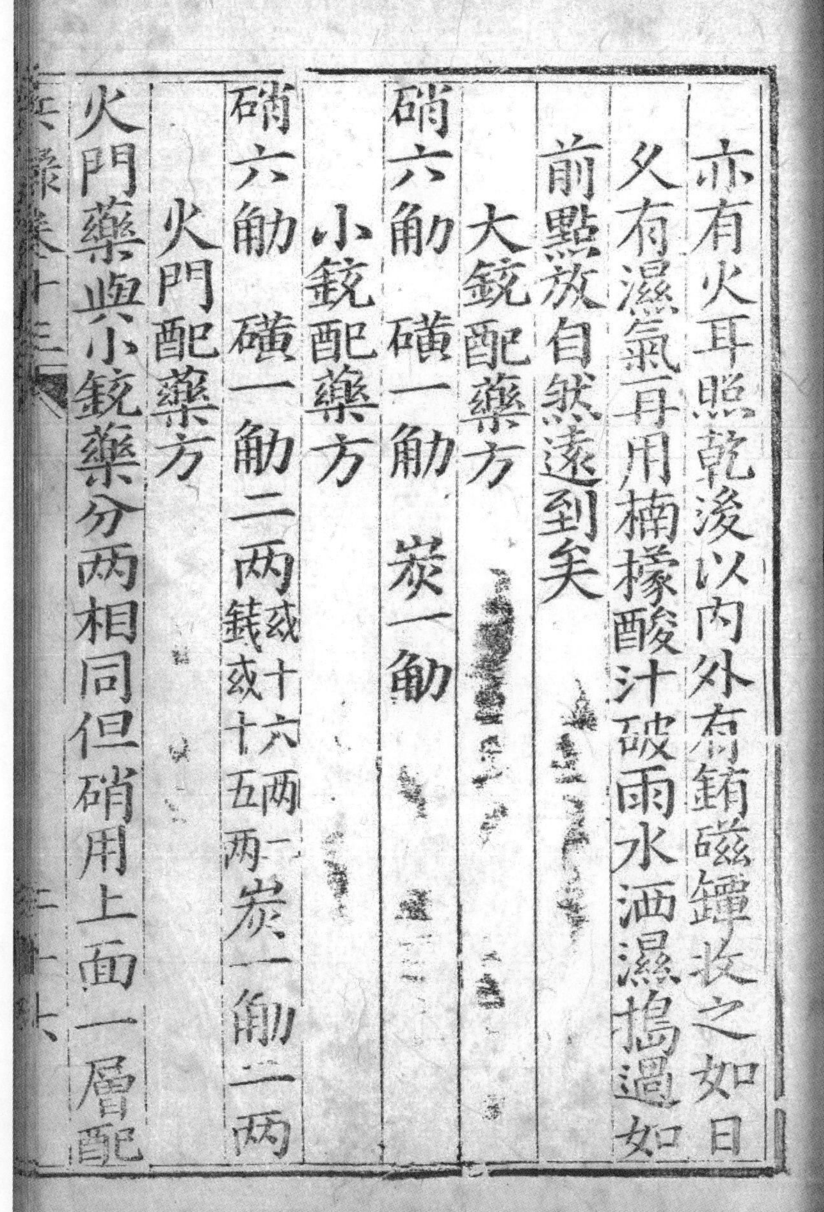

亦有火耳。照乾後，以内外有鍮[1]磁罈收之。如日久有濕氣，再用楠檬酸汁破雨水，洒濕搗過如前，點放自然遠到矣。

大銃配藥方

硝六觔。磺一觔。炭一觔。

小銃配藥方[2]

硝六觔。磺一觔二兩（或十六兩二錢或十五兩）。炭一觔二兩。

火門配藥方

火門藥與小銃藥分兩相同，但硝用上面一層，配

1 鍮，即"釉"。

2 小銃配藥方條，《西法神機》作"硝六斤，磺一斤二兩，或十五兩二錢，炭一斤二兩"。

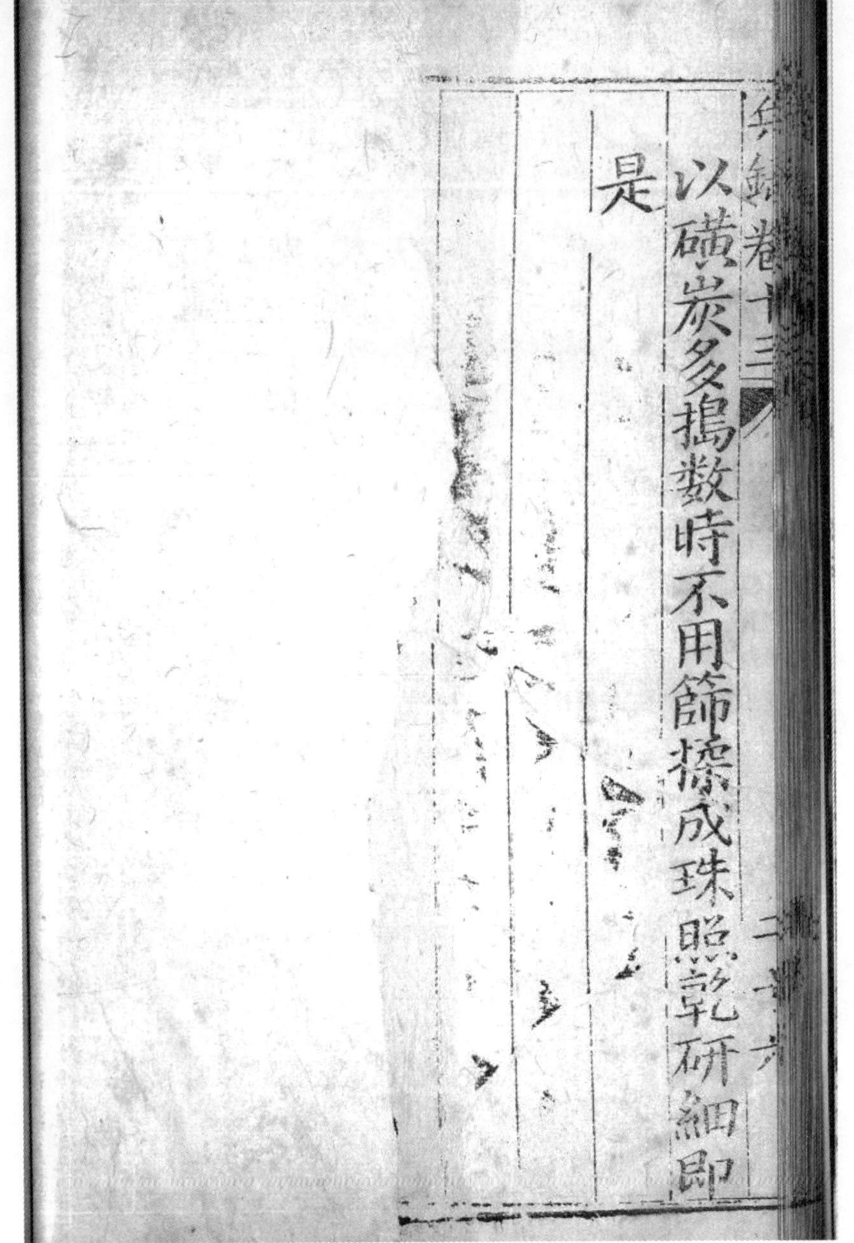

以礦炭，多搗數時。不用篩揉成珠，照乾研細即是。

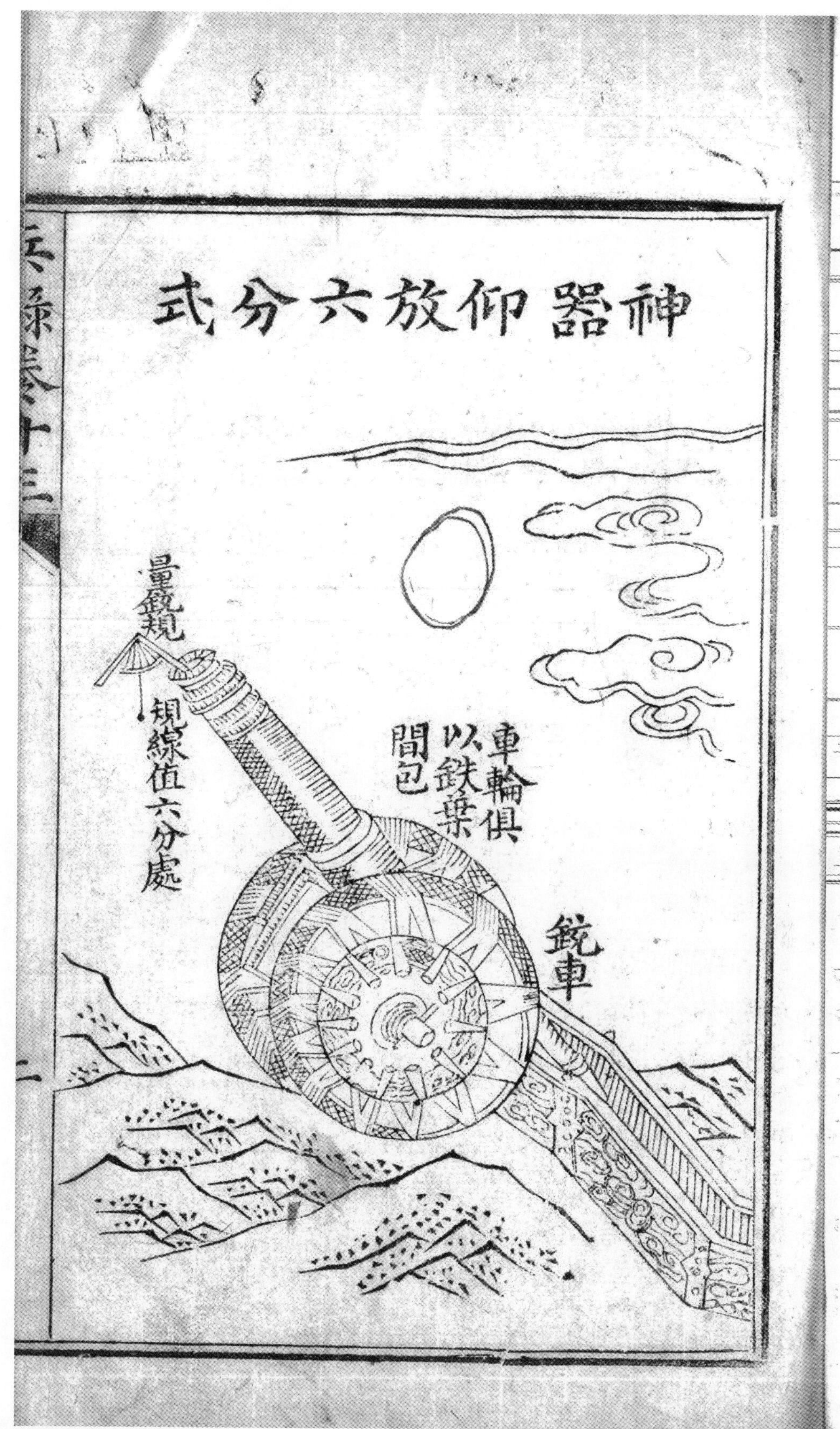
神器仰放六分式
量銃規
規線值六分處
車輪俱以鉄葉間包
銃車

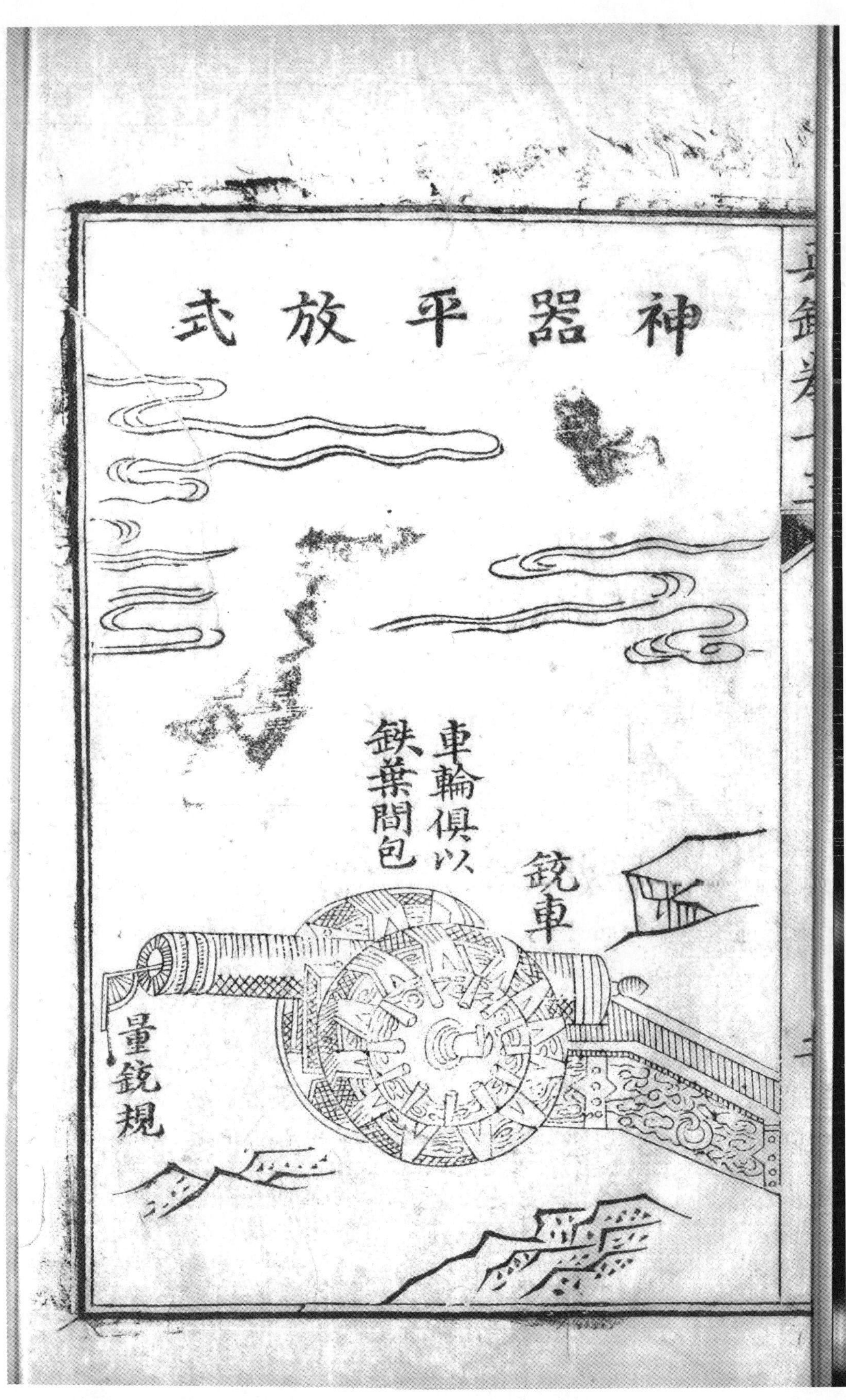
神器平放式
車輪俱以鉄葉間包
銃車
量銃規

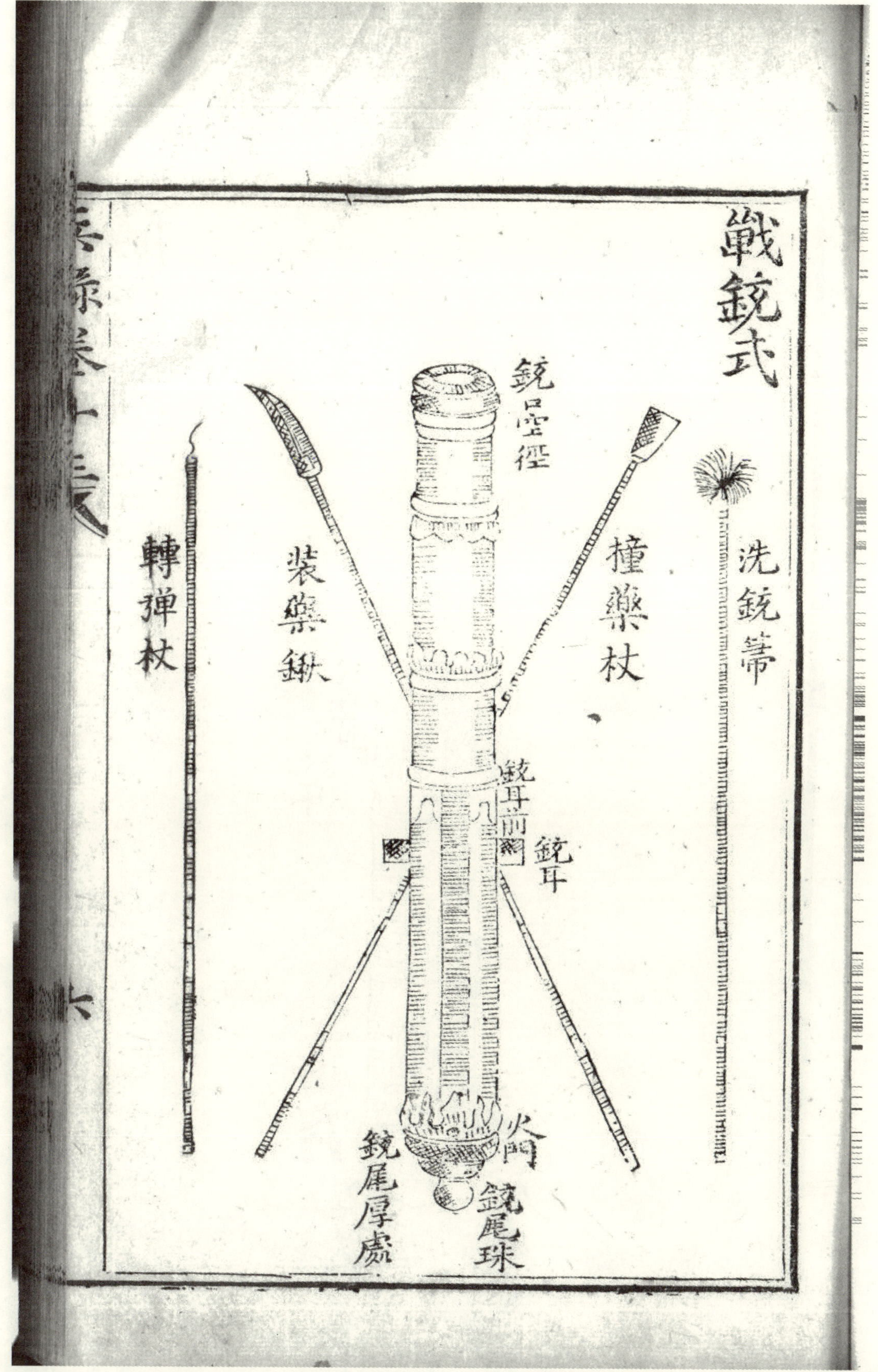
戰銃式
銃口空徑
洗銃箒
撞藥杖
裝藥鍬
轉弾杖
銃耳前
銃耳
火門
銃尾厚處
銃尾珠
兵錄卷之十三
六

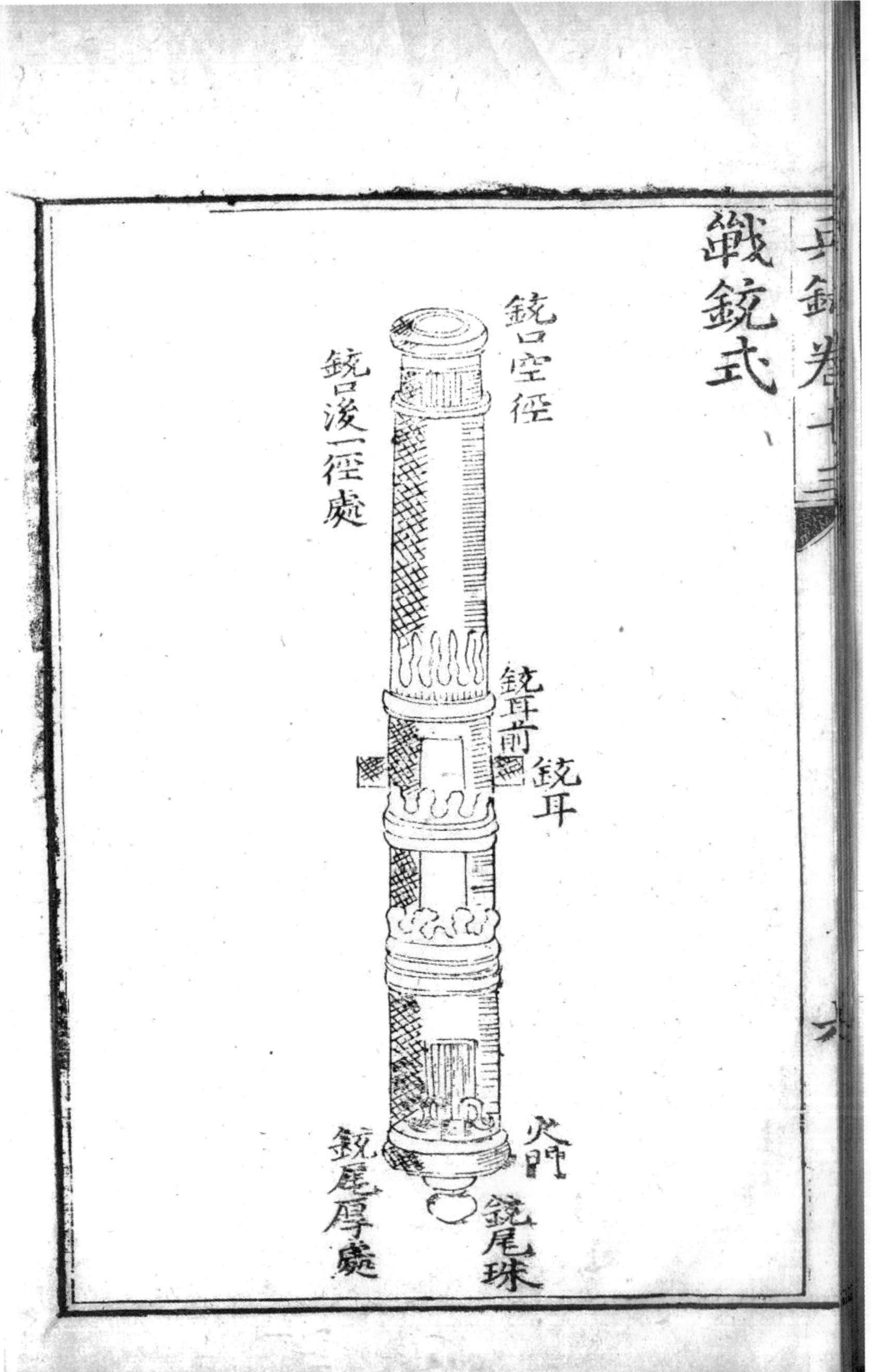
兵録卷十三
戰銃式
銃口空徑
銃口後一徑處
銃耳前
銃耳
火門
銃尾厚處
銃尾珠

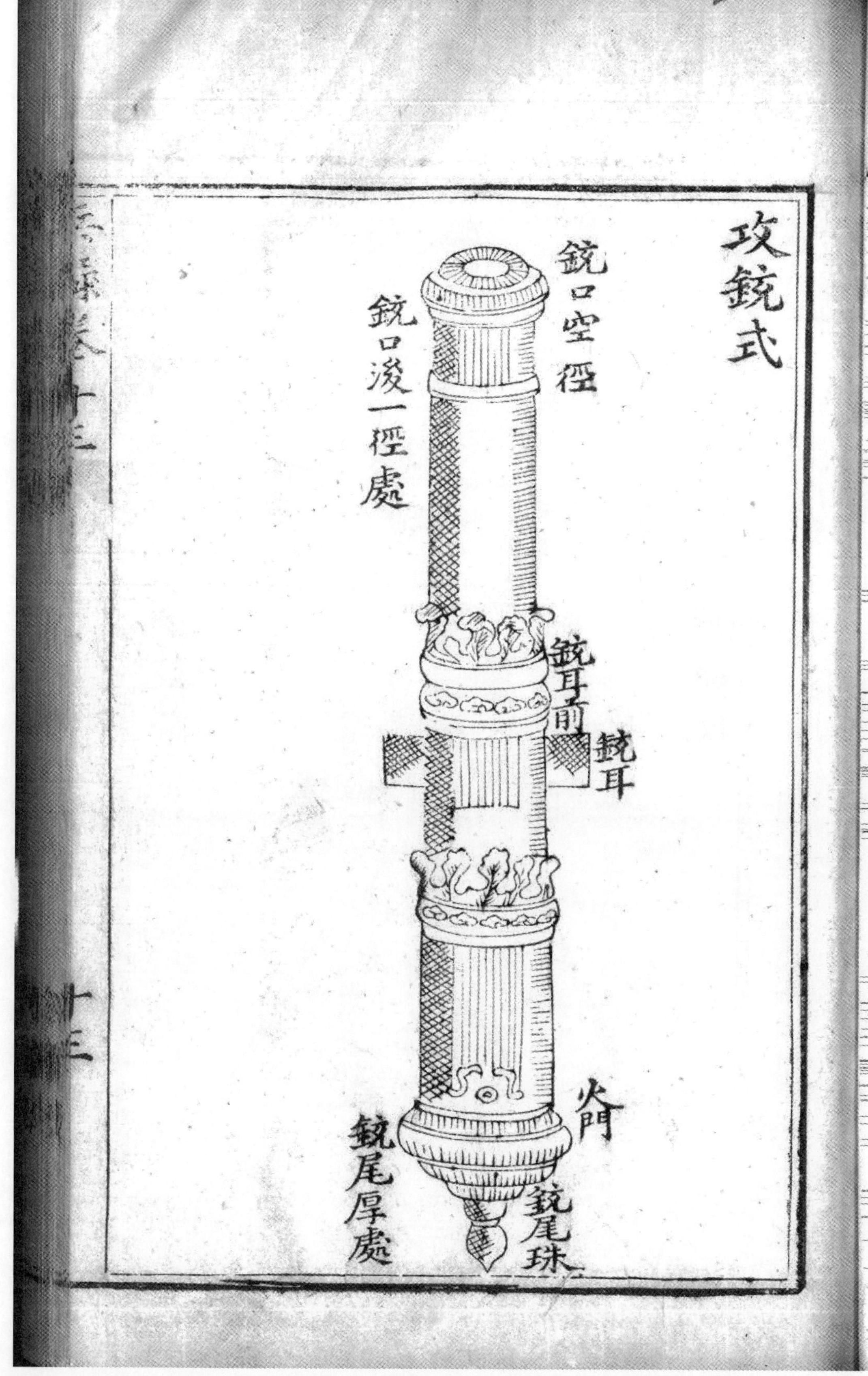
攻銃式
銃口空徑
銃口後一徑處
銃耳前
銃耳
火門
銃尾厚處
銃尾珠

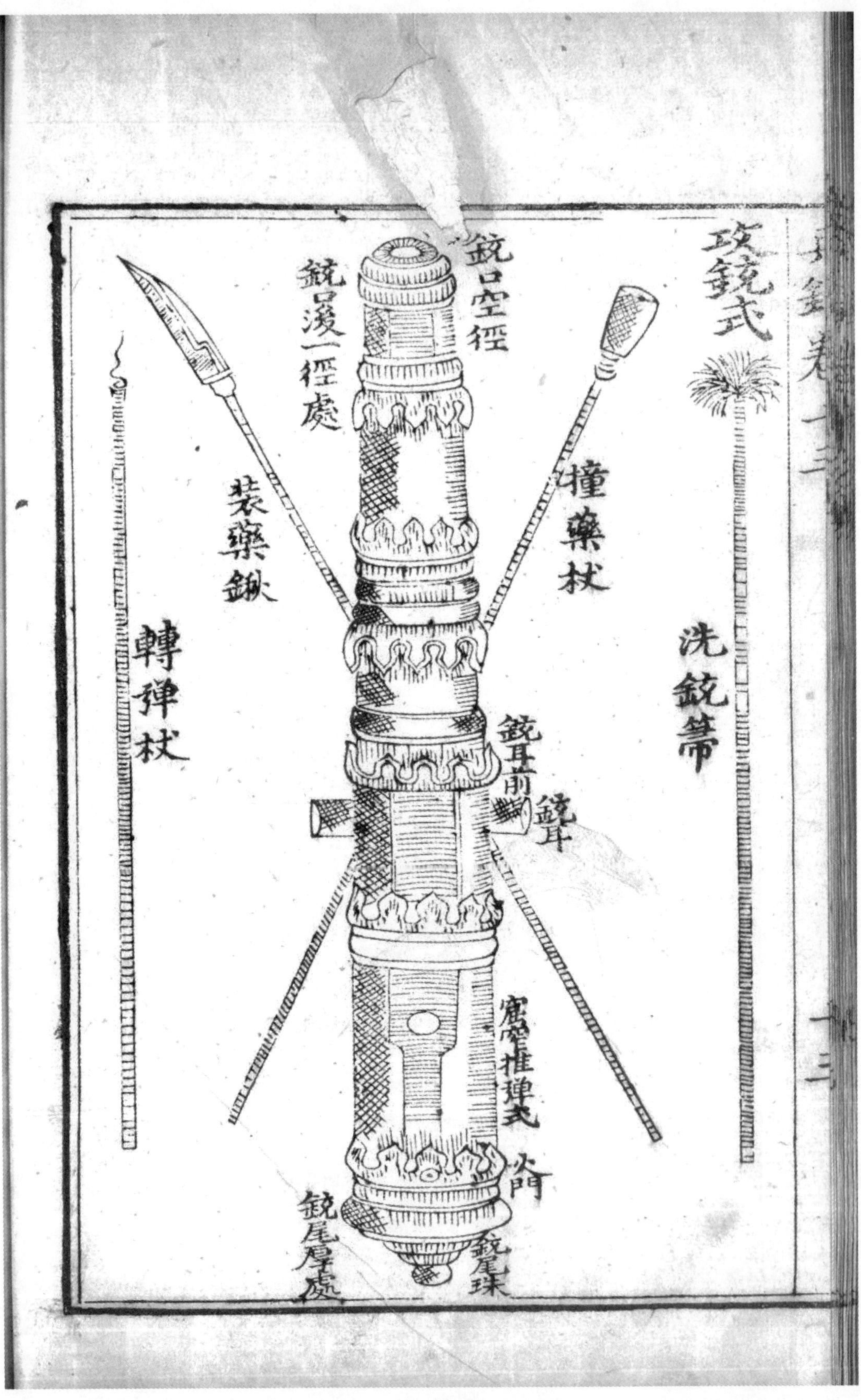
攻銃式
銃口空徑
銃口後一徑處
撞藥杖
裝藥鍬
洗銃帚
轉彈杖
銃耳前
銃耳
寬空推彈式
火門
銃尾厚處
銃尾珠

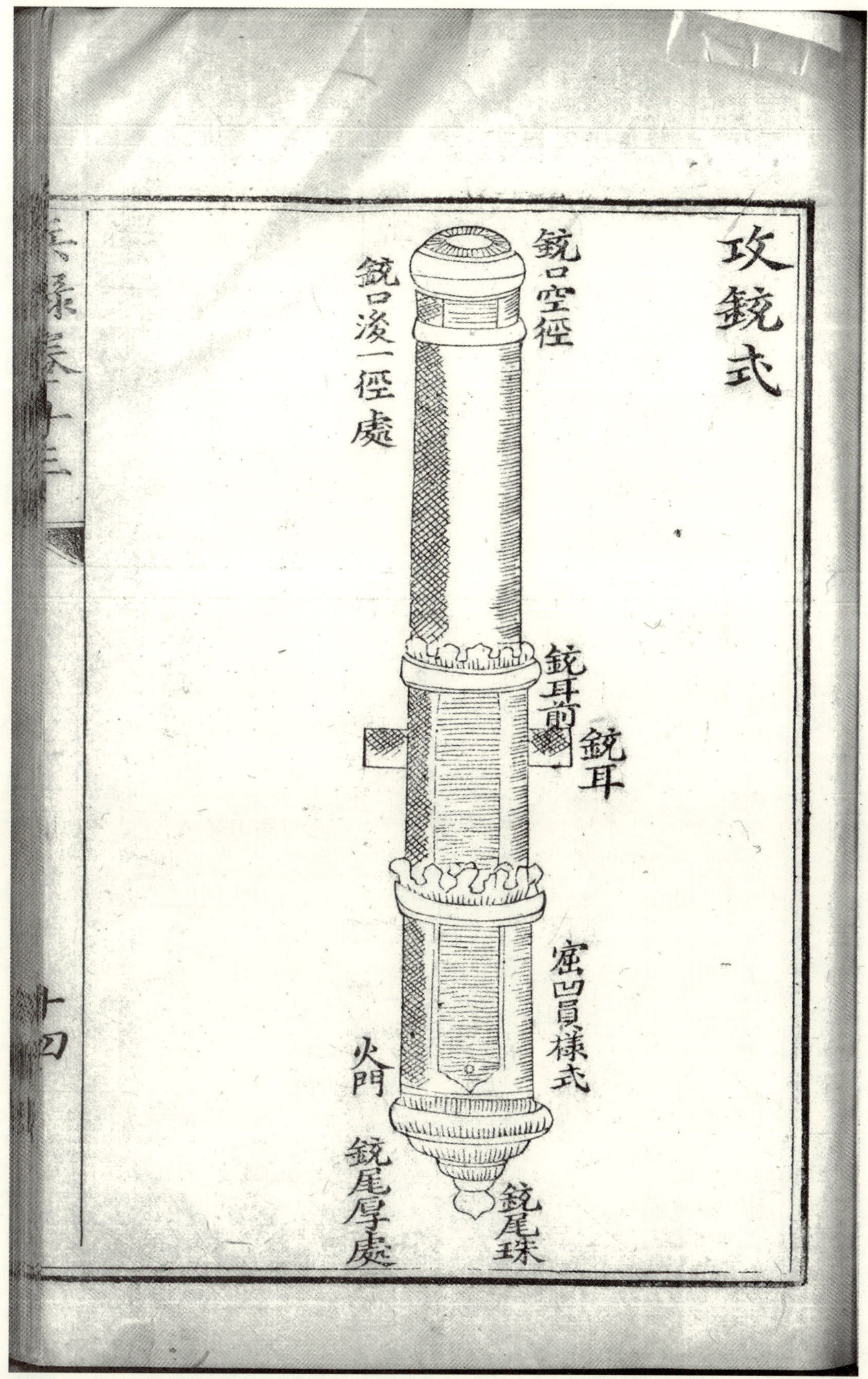
攻銃式
銃口空徑
銃口後一徑處
銃耳前
銃耳
窟凹眉様式
火門
銃尾厚處
銃尾珠

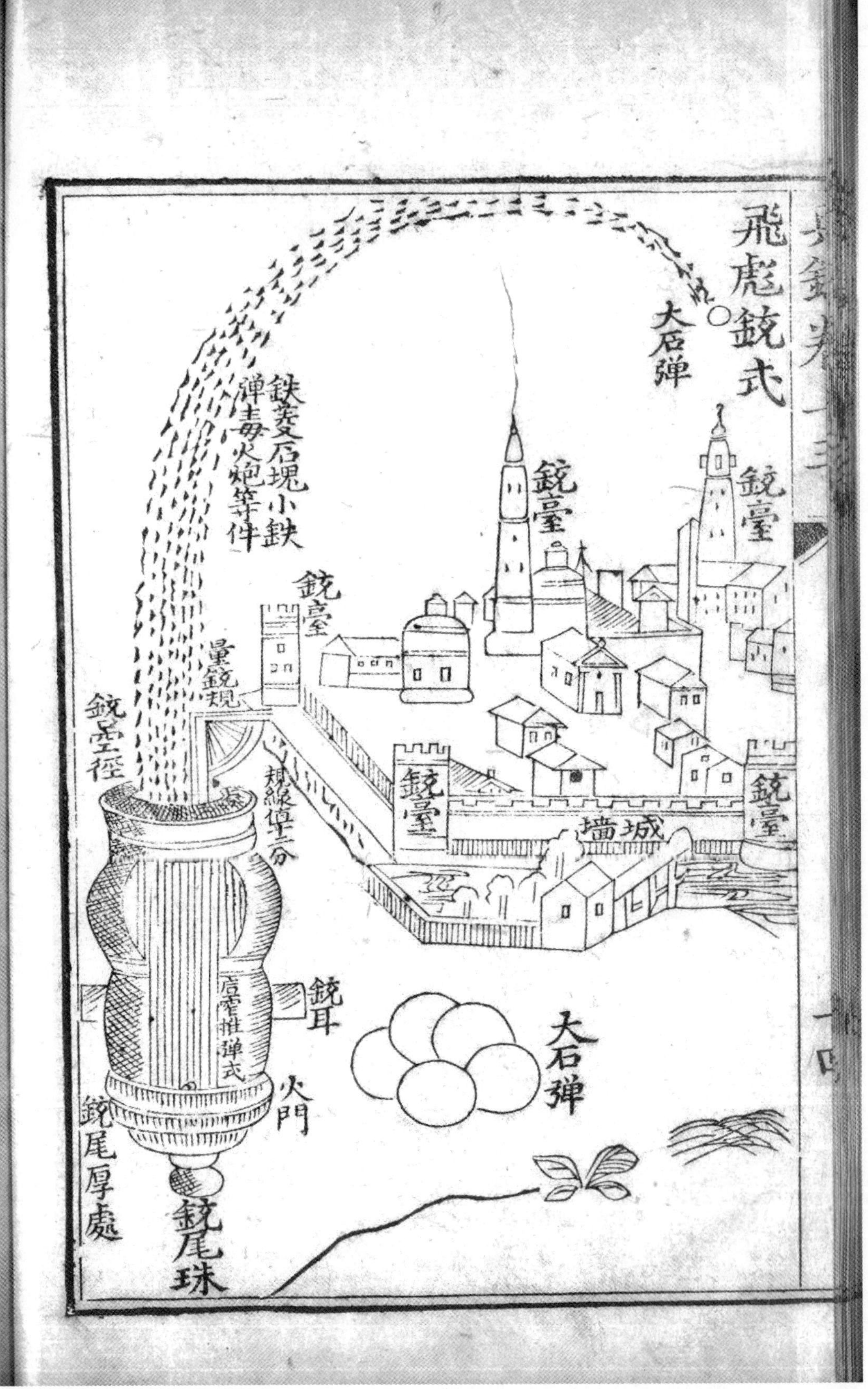
飛彪銃式
大石弾
鉄菱石塊小鉄弾毒火炮等件
銃臺
銃臺
銃臺
量銃規
銃空徑
規線值十二分
銃臺
城墻
銃臺
銃耳
石塞推弾式
火門
大石弾
銃尾厚處
銃尾珠

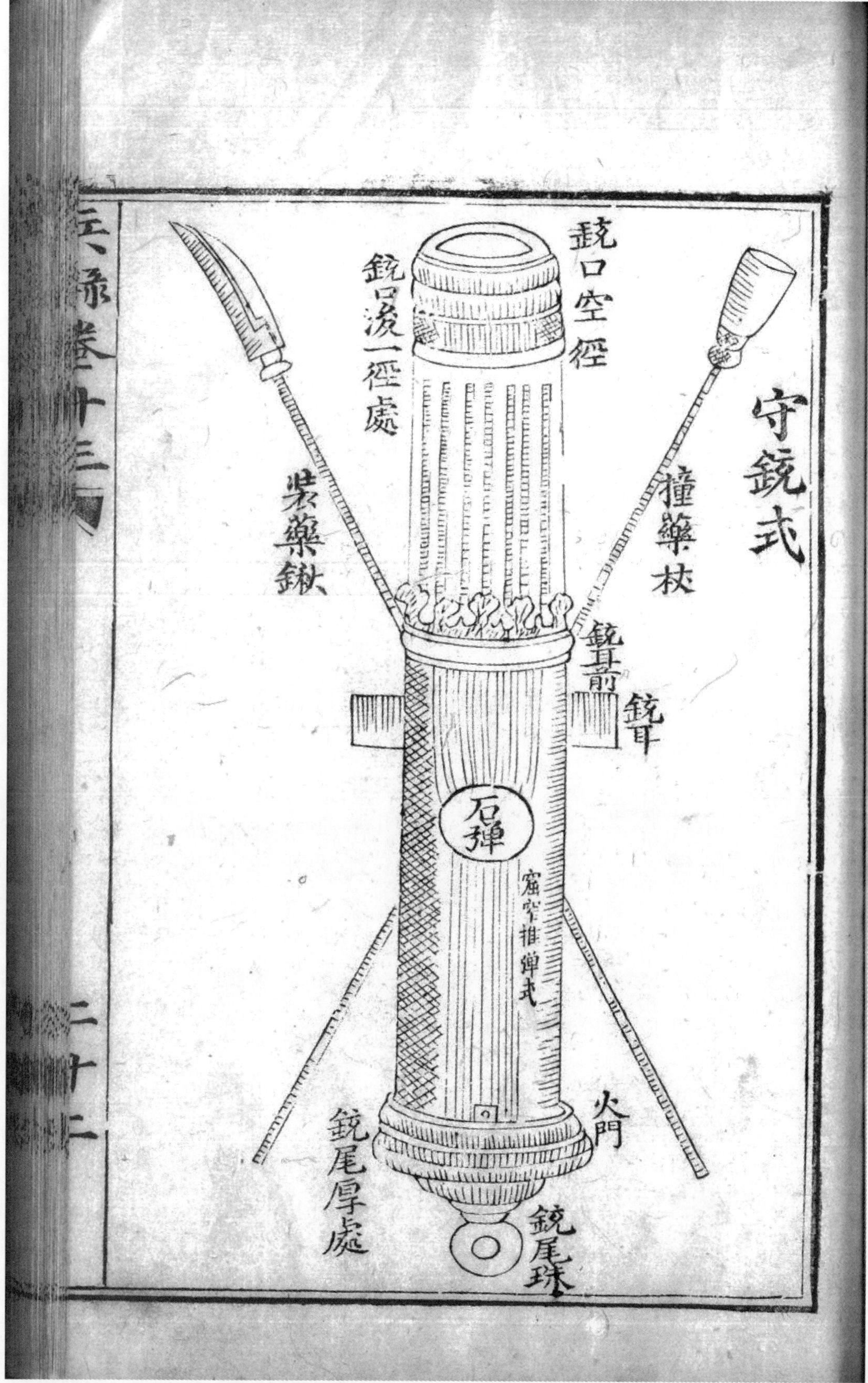
守銃式
銃口空徑
銃口後一徑處
裝藥鍁
撞藥杖
銃耳前
銃耳
石彈
窩空推彈式
火門
銃尾厚處
銃尾珠
兵錄卷十三
二十二

附録二　和刻本序例

整理説明

何汝賓輯、平山潛校《西洋火攻神器説》一卷、物茂卿（荻生徂徠）撰《西洋火攻神器説國字解》一卷、平山潛著《西洋火攻神器説國字解補闕》一卷，享和二年（一八〇二）刊本，二册。半葉十行，行十九字，白口，單魚尾，四周單邊。書前冠平山潛《刻西洋火攻神器説序》及凡例。卷首題署：『西洋火攻神器説　兵録卷十三收／明 吴郡 仲升何汝賓輯／日本 東都 子龍平山潛校』。正文加刻訓讀符號。《西洋火攻神器説國字解》（即日文譯本）卷首題署：『西洋火攻神器説國字解／日本 徂徠物茂卿撰／孟乙堀貞結／子龍平山潛同校』。《西洋火攻神器説國字解補闕》卷首題署：『西洋火攻神器説國字解補闕／東都 平山潛子龍氏著／門生 源貞篤忠叔校』。書前内封『平山子龍先生校正不許翻刻千里必究／西洋火攻神器説／徂徠先生國字解附鐫 青藜閣梓』。書後牌記『寛政十二年庚申十一月御免／享和二年壬戌十二月發兑／書林 京都二條通柳馬場 林伊兵衛／大坂心齋橋安堂寺町 大野木市兵衛／江戸淺草茅屋町二丁目 須原屋伊八』。書後附刊『子龍平山先生校正訓點并著述書目』列舉三十九種及門人源貞安題記。按，平山潛（一七五九—一八二八），字子龍，號運籌真人，通稱行藏，江戸後期兵學家。平山潛编《擁膝草廬藏書目録》（關西大學圖書館藏一九三六年林正章油印本，據無窮會神習文庫藏抄本謄寫），享和二年壬戌條，載有『西洋火攻神器説　一　徂徠國字解附録　此書今年得官准翻刻　余嘗摘出於《兵録》者也』。以下刻書序、凡例，據早稻田大學圖書館藏享和二年刻本移録。

刻西洋火攻神器説序

夫火攻之法，其來尚矣。唐虞之世，業已有焉。所謂益烈山澤，驅孟獸者是也。故孫兵聖有火攻篇，以盡其用矣。自爾以降，其術漸盛。昔者田單有火牛之奇，而騎劫狼狽；黄蓋有焚船至策，而曹瞞褫魄；武侯有藤甲之炬，而南蠻頓服。反掌成功者，不遑枚舉焉。然此唯用火佐攻而已。若夫砲銃之器，彈藥之製，概乎未聞也。粤及于朱明，其法一變，銃砲之器，又大開矣。其小者姑置，至其大者，有發熕、狼機、震天雷、大將軍之類，形狀重大，氣焰猛烈，一線點火，萬雷共震，山嶽陷没，人畜齏粉，僅不出於一瞬目之間，悉爲烏有。於數百步之外，禦戎狄，攘海寇，皆藉此力，可謂以寡制衆，以弱擊強之神器矣。

吾邦戰國之末，剏得此器，而騷擾之際，未遑盡其用。時屬太平，其術日精，專門於此技，馳名于海内者，固不乏於其人也。然顧爲其技，唯推放鳥嘴銃之法以用之於巨砲，而未嘗知放巨砲者，别有放巨砲之法，在是亦不稽而臆斷，無智而妄作者也。愚竊不取。明人何將軍汝賓《兵録》所收《西洋火攻神器説》者，論製造巨砲及裝藥打放之法，明備而盡矣。蓋古今兵譜中所未嘗載者，而亦吾邦火砲家者流所未嘗聞者也。因表而出之，附以徂徠物氏解，校訂以上梨棗，公之於海内。嗚呼，吾邦千百歲不傳之術，今日而赫着於天下者，時哉，盡忠報國之資。則一部神器圖說，賢於十萬之師遠甚矣。寬政十一年己未秋九月東海兵家平山潛子龍氏揮筆於西郊運籌堂。友人田義則書。

凡例

一、原本卷末火藥法下載嚕嘧神銃打放之圖，并銃器雜說數十件，見於趙士禎《神器譜》。按此等之法，纔可用於小鬭，而無益於大戰，故略弗取。唯要一發斃萬衆之偉績而已。

一、篇中往往有脱落，而以無類本，故不能補足，姑仍其舊。

一、《明史·藝文》兵家所載張燾《西洋火攻圖説》者，蓋謂此書歟？《兵録》不録其姓名，故不得取信，而其卷數與此相符，則知其非別書。

一、物氏《國字解》未分曉者，愚別作圖解，附于其末，以備質疑。

附録三　火攻要略

整理説明

《徐光啟著譯集》（上海古籍出版社，一九八三年）影印《兵機要訣》嘉慶九年抄本。抄本原目録題作『兵機要訣總目　雲間徐光啟子先甫著　虞山單侃景略父評』。卷首題『兵法條格附火攻　雲間徐光啟子先甫著　虞山單侃景略甫評』。該書收録《兵法條格》、《火攻要略》、《製火藥法》三部分。《兵法條格》與韓霖輯《守圉全書》（崇禎九年刻本）卷六之二所刊徐光啟《選練條格》前四篇大體相同，似源自《選練條格》的早期版本。《火攻要略》並《製火藥法》一千餘字，僅見存《兵機要略》抄本，一般認爲是徐光啟的著作。本篇将用銃分爲戰、攻、守三法。城隅建臺，相互照應。飛彪大銃，轟擊城雉。全书大旨及火藥製法、配方等事，與《祝融佐理》《西法神機》等書表述相似，屬於明末之西法火攻文獻。

火攻要略

用兵之道，惟戰、攻、守三者盡之。當今兵疲將弱，刀槍劍戟，不能制勝，非火器莫能禦敵也。火器神妙，全在于製造精工，又須練習純熟，施放如意，百發百中，斯爲有用。今海内所鑄，亦復不少，徒有虚名，未收實效，因無傳習故耳。今以戰、守、攻三法呈覽。夫火器非一端，其名類甚多，但用之各有所宜，則無有不勝矣。

一曰戰。

戰具有大銃，必用車載，小銃隨身。列營遇敵，遠則施放大銃對敵，近則疊放小銃。敵不能前，待其退走，以鐵騎數千，各持鳥銃，隨後襲之，或設奇擊之。此戰必勝之道也。

一曰守。

守具必用敵臺，古人止以火器爲一節，所以舊城皆不可以置銃。敵臨城下，便無法可制。因城腳有躲避之處，即發火器，亦不能中耳。今法，須于城隅建造附近敵臺，相互照見。臺上各設大小火銃，遠近擊打，使敵人不能近城。即近城，亦可三面横擊。此守必固之法也。

一曰攻。

攻具須用飛彪大銃。我兵臨城，不必環攻，宜擇一善地，分爲左右中三營，各設大銃，合擊城雉。垜倒城陷，令中營進兵，舉梯上城，左右兩營，分擊餘賊。此攻必克之訣也。

以上三者，巧用火器之秘授，非輕以語人者也。如敵人無火器，我則任意用之。如敵人亦有火器，我則以大而多勝之。因大能及遠，多能勝寡耳。用器之分合正變，與夫隨時得宜，神而明之，存乎其人。

製火藥法

今天下兵家製藥之法，俱不能及遠，不能入微，不能急火，不能輕聲。此法世間所未傳，録以備覽。

煉硝

平置半鍋，每斤雞子清一枚，帶殼同入一器，用手揉碎其殼。攪極匀，漸加水，又攪極匀，傾入硝鍋。令水高于硝三寸，柴煮，木片攪。沫起掠去，清澈可鑑。滴水成珠爲度。滴時不宜近火，恐熱則難凝，硝傷于老。亦不宜避火，恐冷則易凝，硝傷于嫩。以草莖蘸出，即轉身背火，滴于指甲之上可也。試已成珠，預備有釉[一]水磁缸二口，輓油苧布二層，將硝水傾入，置靜處。七日後，結成鎗硝，去水，曬乾，搗細，重絹篩出，聽用。

煉硫

先碾極細，須用淨黄，每末十兩，用麻油、牛油各一斤。先分牛油一半，用麻油入鍋煮化，以油盪鍋令遍。油熱，將黄末徐徐撒下，隨摻隨攪，令速化。摻時須入油中，無使着鍋發火。若黄積成堆，不能速化，恐油枯黄亦着鍋，則從中撥開一竅，以所存牛油投之。令油從底化起，則鍋底盡滲矣。黄化盡，以有釉[二]水缸盆，上蓋蘆蓆，令黄從蓆上漉下，則砂石俱淨。俟黄凝結，搗細，重絹篩出，聽用。

炭

以麻秸、茄秸爲上，或迎春柳枝、梧柳皆可，搗末，篩出聽用。

大銃方藥　即粗藥

硝四斤。或五斤。炭一斤。黄十二兩。

須篩過細藥，水和匀，搗之，搗須急，令藥常熱，時以水灑令潤。杵頭臼底，須用銅鑲，以免火患。搗至三日，膠結成團，用篩揉下，無不成珠，曬乾入罈。一月後，傾出復曬，封固藏之。永無濕氣。

鳥銃藥方　即細藥

硝七斤。炭一斤。黄十兩。

合法如前。

火門藥方

［一］釉，原作『油』。據文意改。

［二］釉，原作『油』。據文意改。

硝一斤。炭一斤。黄一兩。

合法如前。搗至七日爲妙。

又法。

硝一斤。黄二兩三錢。茄秸炭三兩。二兩乾、一兩濕。

搗三日，手試藥過，不熱爲度。

附録四　守圉全書選

整理説明

韓霖（約一五九八—約一六四九），字雨公，號寓庵，山西絳州人，天主教徒，教名多默（Thomas），天啟元年（一六二一）舉人。韓霖著作甚富，軍事方面，即有《守圉全書》、《神器統譜》、《砲臺圖説》。今惟《守圉全書》（崇禎九年刊本）傳世。《守圉全書》是輯録性質的綜合性兵書，分《酌古篇》、《設險篇》、《制器篇》等九篇，保存珍稀史料甚富，特别是西學相關内容，極具特色。《制器篇》論火攻之法，因『利器不可示人』，故而闕於西洋大砲，止録諸家疏章。從軍事技術角度而言，《設險篇》對歐洲築城術的介紹最爲重要，如『敵臺』、『城之隍』、『繕葺舊城』、『島嶼重臺』諸條，均注明『新譯西洋法』。《守圉全書》凡例有云：『築城鑿池，守圉第一要務。不佞留心講求，頗異常法。大砲既精，兵法至今一變。敵臺之制，設險所最急也。余兄景伯從西洋陪臣，新授造城法，乃奉旨所譯旁通西學之一，爲亘古未發之秘。因未呈御覽，不敢付梓，略采數端。當共參訂成書，傳布海内。』所謂西學『造城法』，即《守圉全書》卷首『采證書目』開列之《西洋城堡制》。《西洋城堡制》爲韓霖胞兄韓雲（字景伯）與意大利籍耶穌會士高一志（Alfonso Vagnone，一五六八—一六四〇）合作編譯，很可能了參考義大利軍事工程師 Jacopo Fusto Castriotto（一五一〇—一五六三）的著作《論城市設防》（*Della Fortificatione delle Città*，1564）。

今自《守圉全書》（上海圖書館藏崇禎九年刻本，《四庫禁燬書叢刊補編》第三二册、第三三册影印）輯録西洋築城術、火藥製造相關條目，并附同書所載葡萄牙砲兵軍官公沙的西勞（Gonçalo Teixeira Corrêa，約一五八三—一六三二）事跡。插圖十九幅，統一附於卷末。相關研究，可參閱鄭誠《守圉增壯——明末西洋築城術之引進》，《自然科學史研究》二〇一一年第二期。

【設險篇】

韓子曰：《易》云『王公設險，以守其國。』《程傳》以山河城池爲設險大端。如臺、如墩、如堡，皆城衛也。但制貴變通，爰酌異域奇式以廣之，附地綱、井田之類，備采擇焉。

城之原

人裸而生，無鱗介，無羽毳，無爪牙堅革利角，以衛其身。有燠寒風雨，則作室宇以禦之；有猛獸毒害，則作甲冑矛戟以捍之。蓋從無衛生有衛，斯固善已。有如遘其變，寡不足衛眾，壯不能衛孱。舉所謂瘵痌老穉懦弱，非室宇甲冑矛戟所能盡衛，抑將委之乎不能耶？不能，則必更有策以衛之矣。譬之物焉，鳥巢于林也，欲衛其雛，懸必高而封必固；蟻穴于土也，欲衛其眾，謹其隙而廣其中。微類且然，而況人乎。故夫林揔憑生，有善有惡。善者守己，惡者攘人。有攘之者，斯必有備有守，有蓋藏之密。或揜于幽，隱于微；或邃其居，嚴其扃。恒汲汲而惟不固是虞者，此蓋一人一家之私衛也。合衆人私衛之意，以爲一大公，是之謂城。然則城也者，猶之乎守己也。乃攘之者復廣其術以爲攻。于是虞仰攻，則高壘以衛之；虞直攻，則厚築以衛之；虞其迫于垣而隳劘也，復開隍池爲衛；虞其遠于垣而憑陵也，復加陴院爲衛。衛盡善，守斯盡善。然守城之法，又從攻城之謀而生。試觀古者公輸墨翟，恒相反而恒相師。

城之患

人知將疾，欲絕其根，必察病源，用藥對證，始克奏效。今築城者不悉攻之之具，審攻之之謀，徒壘石積土。雖高峻美觀，不能固圉久據，等于無耳，何益之有？故欲善守，必明善攻，預知患端，方能捍患。故先論城之患。〔一〕

深其隍以蓄水，或引源流繞城，則可防地道火洞。高其臺以遠眺，則能偵敵人之來，可以預備使之難迫于城。彼以銃攻，此以銃守，故銃臺之設，視他事爲尤急焉。

古今攻守之具，新新不已，至大銃極矣，他器俱可置不問。善用銃者，無堅不破，無勇不摧。知銃之患，量銃之力，作爲城隍，庶期可守可久。蓋攻城者利速，守者利久。攻久師老，必致反失，守久彌固，方可待援。

城之所

築城二端，有因有創。因者，或先有村落市邑，而城以保障一方。此因民居之勢而筑也。故不論擇所。創者，或控形勝，創爲雄關要鎮，而城以奠安邊鄙。斯或有山原曠野陂澤之勢，有沙磧斥滷等土之分。然皆有損有益。知其損益，方可與言擇所。

至論極不宜城之所，則衰岡欹坡，半高半坦，或附近于山，敵者得以憑高竊窺城內。其次則沙地也，艱于措料，難築土垣。或有築者，亦爲善所。蓋土皆外載，攻者難作臺堰等事。

城之基

凡諸經營築造，歷歲既久，爲風雨蝕廢頹敗，此則無與人事。若夫工力不庀，基址不實，是在創始有謀之盡善耳。西洋築城全法，惟上層三丈，係板築之土垣；其磚石所甃之下三丈，則皆壂闢，入于地平之下，以深至二丈之自然本土。尚何論其基址不實乎？其他創造，或不能盡用其全法，而基址之定，則不可不謀之允臧，以爲永久鞏固之計。

臺榭樓閣，以及百凡工作之始基，譬猶樹木之根然。其植深，其本大，其土實，斯人力拔之不易，飄風撼之不推。一植物尚爾，而況其重大者。故善工必于定基之始，務令根深土實，而本斯固焉。

所謂深其根者，或開土丈許得石，或類石，或自然之堅土，皆可以爲負重之本所。非必欲其鎚施鑿深，入于地下之數丈也。或欲驗其

〔一〕故先論城之患，書眉刻小字：『攻城善法甚多，不敢輕傳，恐爲敵用也。』

自然之土質，堅鬆與否。其法取土成塊者，沉于水，漬之經晝夜，不稍弛解，斯爲實土。或大車經行其地而不震，亦驗其下必實。若其地爲沙或浮泥，斯必開壑令盡，方可定基。蓋沙及浮泥，皆易受水漬，風雨日久，傾圮必矣。或云浮泥鬆沙之下，未必有本然實土。試觀之掘井者，一層沙，一層泥，最下一層始爲黄土。此必然之理，故知開壑可盡焉。至如窪下沮洳之地，則水樁之用，又不可後矣。樁用不朽堅木，或長五尺，或一丈，其徑或一尺二尺，更大更妙。以火略燒，使其周圍有炭色，方打入土，始難腐爛。蓋炭性極燥，其質不朽。今樁外燒成炭色，是木之本滋去盡，更以不朽之質，護其内體，則水漬自不能入，故無腐爛之理也。

問：大河湖海之中，難以釘樁，更有何法。曰：見建橋法。作基之法亦有二，或開城址後，以石灰拌土堅築，或以磚石甃砌。若築者，如三和土法，亦爲堅久。倘欲省工費，止用土灰二物築之，則歷歲既久，地中濕氣浸漬，必難任重。故總不如磚石甃砌，不受水漬者爲愈也。

基址之大較其上所載者，倍之始妙。若浮屠之類，又須二倍。至其深濶，則視本所之虚實而定之。

【《守圉全書》卷二之一設險篇，一a—五b】

城制〔一〕

城外據山爲險，或城或臺皆可。城遠不便通道，則分人守之。兩敵臺相去城牆，須中繩墨爲合式。【圖一】

城内據山，作堅城高臺，設大砲守之。賊即入城，可保小城，或登臺遠擊。〔二〕圖二】

如恐城大難守，附城另作小城，大城縱破，小城無恙也。【圖三】

此尋常方城，但四面敵臺，俱作三角形。前後敵臺俱圓，四面可相顧。【圖四】

依城内兩山爲險，可保萬全。【圖五】

鴛鴦城制，各省間有之。而三角敵臺，彼此相顧，則奇式也。【圖六】

霖按，今之城制，鮮有合法者。總論其弊有五，而低小頽廢不與焉。城大而人稀，守陴之人不足，一也。敵臺之顧盼，未必得宜，而馬面敵臺，三面受敵，火器矢石，難於施放，二也。城内外山川之險，未必盡爲我用，三也。太平日久，居民稠密，附城而居者，屋宇高大，幾與城齊，寇遠而毁之，人心不服，臨期拆毁不及，四也。惑於堪輿之言，高下向背，不顧有形之利害，而拘無影之陰陽，五也。變通以上六圖，而城之制思過半矣。

城雉　即敵臺也，亦謂之銃臺，亦謂之礮臺。

〔一〕城制，擬題。
〔二〕書眉刻小字：『城墻須用□□如第一圖乃不□用□』。

凡雉出城身外，每五十垛一雉，左右遇角遇門，或多少幾數丈，從便均匀，通變在人，此大概耳。

霖按，《左傳》杜注云：『方丈曰堵，三堵曰雉。一雉之墻，長三丈，高一丈。』徐文長《路史》云：『似雉飛不過三丈也。』鄭端簡《古言》云：『一丈爲板，言其長，五板爲堵，言其高。五堵爲雉，雉長二丈。』其説不同，不知何本，未有以敵臺爲雉者。今世守城書，竟以敵臺爲雉矣。雖承訛襲謬，然無所關係，姑雉之。

臺高於城，當以四五尺爲率。舊制馬面臺不合法。新制三角形合法。【圖七】

【《守圉全書》卷二之一設險篇，八b—一五b】

敵臺　新譯西洋法

敵臺亦有三類，造於城角一也，或於城墻居中造之二也，或於城外另作三也。城角上者，謂之正敵臺，此必不可無者已。墻居中者，因其角鈍，謂之匾敵臺。另作於城外者，謂之獨敵臺。

正臺之式，具於後。偏敵臺之爲用，蓋緣城墻太長，二臺相去甚遠，彼此難於救援。故於其中，再建一臺，以爲犄角。其臺之頤、鼻、眉、眼，以及銃所，皆與正臺同。但二頤所交之角，爲極鈍之形，取其便於用也。獨敵臺者，對城門外，建以掩門，此更爲固守難攻計也。蓋欲攻他臺，必先攻此，即使攻破，尚在城外，何損於守乎。其形皆如他臺，但此不作吭，用橋從城上達之。

又有雙敵臺，其左右各有銃眼，用以守山谷，或湖海之夾洲則建之。

又有雙鼻之臺，此乃建於極鋭角式之城者，其鼻分作二角，便於相救。

城墻

城墻乃二臺相去之墻也。其形貴直。或墻太長，二臺相去太遠，難於銃守。則當於居中，作匾臺、獨臺矣。

護門

護門亦有二法。或門之外，於左右二臺，不相妨處，建一獨臺以掩門。或建於甕門之内，則更大益守者。

銃所　銃窗

凡銃所之地，宜略低向前。蓋銃發時，勢必退後。今後崇前卑，是退而逆上也。其退必少，則銃士易於引往原所。其下或實以石，或襯以堅木厚板，便銃進退[一]。

窗之形長，内外廣而中隘，止容彈發而已。制作之妙，全在中隘。暇時實之以土，用備他虞。圖具於後。

正敵臺圖　細點爲砲路　鼻　吭　珠【圖八】

[一]進退，原闕，據《慎守要錄》補。

匾敵臺圖　獨敵臺　橋【圖九】

雙眉雙眼敵臺　雙鼻敵臺【圖十】

銃窗正面圖　銃窗側面圖【圖十一】

眺臺

眺臺者，更高峙於城垣敵臺之上，用以瞭遠者也。或造於敵臺吭中，或於吭之左右。其形則方、圓、象限、半月等數不拘，第以一目能盡隍底城根爲宜。不用磚石，純用土堅築之。其高大，約以自本敵臺得見對城磋外爲度。然亦不過高出土垣二丈，倘太高，或受敵銃之害，則易於倒塌。其巔則周以護牆，其中平空處，亦爲銃之所，第較之敵臺略小耳。周圍皆成大袤，向内一面，不設護牆，有坡，守者便於馳驟。論其益有五。其一，高能瞭遠，斯可預備，且便用大銃俯擊敵臺。其二，敵欲作臺，用銃破守，此處偵知，預用銃阻。其三，敵隱於對城磋後，將入城隍，眼中諸銃難見，可發此處銃擊之。其四，城或失守，攻者已得敵臺，緣此在上，猶能用銃掃逐。其五，或有奸宄，萌亂於内，從此瞭見，亦易於平。

眺臺圖

甲、下層墻袤。乙、墻之厚。丙、土垣之坡。丁、爲護牆。戊、敵臺平所。己、眺臺之袤。辛、其護牆。庚、其平所。

下圖乃築於吭之左右者也。此則於敵臺平所不相妨，且擊落之土，不積要地。【圖十二】

下圖乃築於臺身者。此則是有銃所三層，悉有其益，任意作之可也。【圖十三】

霖按，城之有敵臺也，如人之有元首四體，如獸之有角距爪牙。登陴而成營陣之形，守禦而兼攻戰之利。今郡邑城制亦略存其意，然合法者鮮矣。求其盡善，莫妙於西洋。蓋西洋之城，全恃此耳。其制有吭、有頤、有鼻、有眉、有眼。眼有珠，珠能左右盼。數里之外，發必命中。精於度數之學，乃能造之。即講明其法，揆之人情物力，多不能行。徐文定公議於京師創造，諄諄藐藐，不能強人必聽也。嘗竊論之，薊鎮守邊之臺，人知今享其利。然當其時，譚二華、戚南塘力主於外，張文忠力斷於中。庸人衆咻，幾敗乃公事。難與慮事〔一〕，今昔同轍。況文忠、文定，時事迥異哉。今采西制大略，師其意，扼要爲守，禦虜寇有餘矣。

【《守圉全書》卷二之一設險篇，三六 a—四二 b】

城之隍　新譯西洋法

鄙諺有言，隍爲城母。蓋各臺皆生於隍中之土，且周抱其城，以阻遏讎敵。故取其義爲喻云。

城隍有恒溢者，有恒涸者，有半有水半無水者。或論免火洞之鑿，免地道之通，無猝然薄城之患，非梯櫓可上而攻，則恒溢者便。至

〔一〕慮事，應作『慮始』。

如敵用柴柵土石以填隍，守者得阻而取之；或擊碎之磚土，積於城根，守者得畀而去之；敵下於隍中，守者得以啓腰門而出禦之，斯固恒涸者便。若夫兼二者之益，則有半有水半無水者，方爲全美焉。

作隍之寛，以城上鳥銃之彈，得到其外岸爲率。大抵爲十五丈。或相去太近，則攻銃力猛，且易爲敵所填。或太遠，則守者鳥銃之力不及外碁，敵得任意出入隍中。又攻者易見城之下層，而擊其根。此臺眼中之銃，難掃彼臺對碁。

隍底則更深更妙。然以臺垣之土，足用爲準，則止於三丈。

隍外里許，皆宜曠野，斯於城守盡善。若夫有村落，則敵或以據而與守持。有臺墖，則敵得以登而瞰虛實。有豐草溝渠，則敵可隱匿。有樹植等物，則敵可資作臺堰。故被困而爲堅壁清野之計，總不若預防之之爲愈耳。

【《守圉全書》卷二之一設險篇，五一b—五二b】

繕葺舊城 新譯西洋法

舊城者，或其牆垣傾圮，隍池壅塞，敵至不難於攻，守者全無所措，此雖有而實無者也。至或不諳銃力，壘垣鑿池，雖則堅完，難禦強敵。然此二者，皆可因其形勢，如法繕葺。即不能盡如崇臺厚垣之全美，而猶庶幾守之者可以制敵云。

一、或傾圮者，或堅完者，皆當於隍中開鑿，倍深倍廣，即用其土〔一〕，幫厚牆垣。將城對碁外，培令稍高。

二、或先有敵臺爲正方形，人守於内，亦可禦外，即以此臺，爲新法之吭〔二〕，而別加作眉頤等類。

三、或舊臺相去太近，不及一箭之地，當去其一，改作稍遠。

四、先有臺或太小，或爲圓形，預須如法，幫築廣大。蓋圓而小，不便用銃也。

五、原有甕門在城外者，當改作爲城内，庶便臺銃彼此救援。

霖按，西洋造城全法，有上下兩層，層各三丈。下用磚甃，藏於深淵，上用土築，必須裹面。攻守兩便，九天九地可譬也。其上護墻，厚至二丈五尺。最薄者五尺，不用垛口。雖至猛之銃，擊之無害。望敵有眺臺，擊敵有銃窗。其制之善，蔑以加矣。今之所采，止可通行郡邑，與中國合式者。至西法全書譯成，當呈御覽，以爲鞏固神京於萬斯年之助。

【《守圉全書》卷二之一設險篇，五七b—五九a】

島嶼重臺 新譯西洋法

湖海島嶼，恐寇猝臨，可於扼要水口，創一重臺以守。將臺址下釘築巨樁，壘以人石，上圍磚垣，其高一丈，亦有護墻。四方設銃之

〔一〕土，原作『圭』。
〔二〕吭，原闕，據《慎守要錄》補。

所，突兀向外，仿佛城之敵臺。居中建一浮屠，周開銃窗，内藏各項守器，屯以戍卒。塔頂然烽，夜可遠瞭。守用短銃石彈，更利擊舟。不作高大土垣者，緣攻銃用於舟上，力衰故也。

重臺【圖十四】

基址【圖十五】

霦按，兵法云『以佚待勞』如李牧居雁門，必謹烽火，充國至金城，常遠斥堠是也。又云『以一擊十，莫善於阨；以十擊百，莫善於險；以千擊萬，莫善於阻。』擊之得力，有猛於今之大砲者乎？苟得其地，得其人，得其法，雖以十擊萬可也。故以烽墩砲臺，次城制後。俟寇至城下而後圖之，晚矣。

【《守圉全書》卷二之一，七〇a—七一b】

小城論 即堡也

西國建置郡邑，斯爲大城。其或村落結聚居民，或地勢難築城池，或費不足用，或兵不足守，則相度形勝，圍一小所，謂之小城。然亦有建重臺者，亦有備諸法者，其損其益，恒相等焉。

城之小者，閭閻相接，奸宄無所藏匿，呼吸可通，緩急互相保。守于茲者，舉凡軍火等器，以至戍卒儲糧，較守大城，不過十之二三。非若其皆欲全備，方能久據，是益于易守一也。建小城，便于擇所，或湖海之隅，或山嶺之巔，費既不多，不礙民家農地。城外不過築建五六敵臺，即可禦寇，是益於易作二也。小城以全法築之較易，大城則難。且城小，其守軍必鮮，惟挑選最勇悍者屯之，乘墉拒攻，無不以十當百，是益于難攻三也。大城五方雜居，一有寇警，則内外戒嚴，經營者出入不能自繇，土著者疲于官司奔命。或不逞之徒，與敵人爲内應，則開門延寇之患，恐所不免。矧人情厭常喜新，困苦之餘，必樂于從亂。小城則比屋可詰，人不雜而守得專，假使内有亂萌，又可從眺臺瞭望，是益于不懼内亂四也。故西國諺云：小城于民，譬御于馬，若遘駑劣之駕，始知御御之功焉。

西國大城之外，欲互相守爲犄角，亦有別築小城者。蓋此或被破，猶可退保于彼。然大城當以土人守之，緣各有家室之虞，其守必固。而小城或守以外來之兵，或投奔竄之難民，且無奸細之虞故也。

或問郡邑作内外二城何如，即攻破外城，猶可退守内城也。曰否。是二守軍之心也。人盡以内城爲可退，則守外者必至懈弛。其政外城失守，敵反得以憑高内擊，則是資敵利也。故西國不作重城，止一層者爲便。

此外洋二堡制，變通之，方圓曲直，無所不可。總以敵臺大砲，可以相顧爲主。外以池環之，與大城同。【圖十六】【圖十七】

蒲城造堡告示〔一〕

〔一〕蒲城造堡告示，擬題。書眉刻小字：『此家兄署篆蒲城，教民築堡式，亦外洋法也。』按，崇禎九年，韓霖之兄韓雲署理陝西蒲城知縣。

署蒲城縣事正堂韓，爲築堡安民事。本廳於修築城池，頗有別傳。目睹各處堡寨，俱不如法，無惑乎賊之能破也。今將堡式開列于後。互相傳説，照式修補，可保無虞。倘未明白，不妨直上堂，面請講説。此諭。

一、堡以高原作基，依水作隍，四面不近高山峻嶺爲第一。此不易得。今人平原築堡，方方圍墻，墻不能站人，賊來一掘即破。今用此式，墻根下取土築墻，于四角作三角形。三角形之内三角，以土築實，便是敵臺，人站立其上，用火器擊之。賊若箭來，鍋蓋就是防牌。墻根外壕深一丈，賊在壕内，便見牆又高一丈矣。牆根無留走路，下作斜形，雨水自不能壞。

一、如此式，亦可作住居房屋院落，自相保守。

甲、壕深一丈。乙、墻。丙、用土築。碎點，砲路。【圖十八】

霖按，堡之興也，其于中古乎。《檀弓》『入保者息』，注云『縣邑小城也。』保轉音堡。今中原曠野，南國水鄉，彌望數百里，不識堡爲何物。流寇經過，殺人盈野。仁人守土，尚速地方爲保障計哉。

【《守圉全書》卷二之二設險篇，六一a—六六b】

【制器篇】

火攻要言　十條

鑄銃用銅，次用生鐵，鐵者比銅加厚，則不炸。

打熟鐵大砲，須用煉鐵打成瓦。第一層厚五六分，捲成筩，二層三層四層，加至二寸厚爲止。

火門要極到底。

彈略小，可免炸。又有髮則炸。

用者自造，造者自用，兼行軍法。

量銃體厚薄，用鐵絲極小直脚，探入火門鉤定，即於門外鐵絲，截作一識，取出。銃體厚於銃空者爲上。若薄於銃空者，不可用也。體之厚，當有彈徑有半。故銃體爲四彈，三彈爲體之厚也。是指銃底而言。銃口之厚，當彈徑三分之二。

藥不精專，雖多亦少。藥能精製，以少爲多。

熬熟老桐油，粘紙作藥線衣，過水入地無礙。

土囊所以壓砲，沸湯用以和藥。

寧可長技短用，不可短技長用。

煉造大小銃火藥法

磺用生者佳，先搥碎去砂土，約每十斤，用牛油二斤。煮溶磺。火不可太旺，以木棍旋攪鍋底，看磺溶化時，方以麻布作濾巾，濾在缸内。則油浮居於上，磺實沉於下。去油用磺，研細聽用。

硝用雞蛋白煉，約每十觔，用蛋二個，硝不潔者，多用數枚。先將雞蛋白水勺訖，次將硝下鍋，水高二指，復將蛋水傾入。大滚數次，則雞白雜硝渣滓，俱浮鍋面，以竹笊籬抄起，又用細麻布爲濾巾濾過。復將前鍋洗净，再以濾過硝水傾入，用文火煮成冰塊。然後將鍋舉起，放在地上，一日冷了，則鹽在下，硝在上。只取上面硝，研細聽用。

炭，稭骨爲上，茄梗次之，柳杉又次之。大都輕浮之木，皆可研細聽用。

右三種，細細製煉，照後方秤準明白，然後和勻，放在銅鑲木臼内，用銅包木杵搗之。復將酸菓汁破雨水或泉水，不時洒濕，使搗有力。搗藥之人，須擇勤慎者，莫使毫釐砂土，蒙塵藥内。恐搗熱之際，石能生火。亦不可犯鐵器，鐵亦易生火也。藥搗萬杵後，用木板試放，略無渣滓，烟起白色，快且直者始妙。即以粗細夾篩篩過，粗者成珠在上，細者在下。界用樹下日色照乾，不可用暴日，慮日中亦有火耳。照乾後，以内外有釉磁罈收之。如日久有濕氣，再取酸菓破雨水泉水洒濕，搗過如前，點放自然遠到矣。

大銃藥方

硝陸斤。磺一斤。炭一斤。

小銃藥方

硝六斤。磺一斤二兩。或十六兩二錢，或十五兩。炭一斤二兩。

火門藥與小銃藥分兩相同，但硝用上面一層者，配以磺炭，多搗數時。不用篩揉成珠，照乾研細即是。

又煉硝法。柴火煮之，木片攪之，沫浮水面，笊去之。清澈可鑑，滴而試之，成珠可用矣。第滴不宜近火，近火恐熱，則難凝而傷老。亦不宜避火，避火則易凝而傷嫩。以草莖醮出，即轉身背火，滴於指甲之上可也。濾法同前。

又煉磺法。蔴油牛油各一斤，油既熱，乃以磺徐徐投入，隨投隨攪，使磺速化。投時勿使纖毫着鍋，恐其發火。

又大銃火藥方

硝四斤。磺十二兩。炭一斤。〔一〕

搗之膠結成塊，用銅木刀切碎，篩珠用細灰再搗。

又鳥銃方

硝七斤。磺十兩。炭一斤。

又火門藥方

〔一〕書眉刻：『當以此三方爲□』

硝一斤四兩。磺二兩三錢。炭三兩。

搗至七日，手試，藥過不熱爲度。

捻藥線法

先捻就麻線數百根，將薄綿紙割成紙條，將麻綿順鋪入內，復將信藥入內捻起，接續相連，可以不斷。外用油紙纏之，再用毛竹截尺半或二尺，用鐵火炷燒紅，烙透竹節。上節用刀內刻略大，下節用刀外削略小。將下節插入上節內，接連可數十丈。先將接就藥線，穿入毛竹內，隨穿隨插，與砲火眼藥線相連。引扯山上，用兵守之。俟賊至十數步內點放，雖陰雨不能壞也。

【《守圉全書》卷三之二制器篇，五〇b—五四b】

【應變篇】

備火砲

賊用火砲攻城，我以大而精者，先發制之。城垛不能當砲擊，須備大篦，徑四五尺以上者，內實以土，人隱其旁擊賊。其篦愈大愈妙。南方編竹爲之，北方編荊爲之。

【《守圉全書》卷七應變篇，一b】

【糾繆篇】

方敵臺

霖按，今之郡邑，敵臺皆作方形，縱兩面相救，前一面受敵矣，故須作三角形爲妙。【圖十九】

【《守圉全書》卷八糾繆篇，二b】

【酌古篇】

公沙效忠紀[一]

公沙的西勞，係極西歐羅巴波爾度瓦爾國人，家居惟崇奉天地萬物真主，西名徒斯，重理敦倫，奉教守分，頗諳軍火技藝[二]。恭聞
天朝德化，遠播四海。公沙國人慕義，兼貿易商販，航海九萬里，繇大西洋達于中華，在廣東香山縣濠鏡澳居住。迄今已一百二十餘年，

〔一〕公沙效忠紀，原無題。據《守圉全書·采證書目》補。

〔二〕頗諳軍火技藝，書眉刻小字：「此係公沙自述，故云頗諳，實精無復加。」

欽承七朝聖主，俯容納餉效忠。公沙攜帶家眷來澳住，亦三十餘年。在澳人無不感戴天朝厚恩，恨未得當以報。於崇禎元年間，兵部因奴酋不庭，知公沙等嫺以大銃拒禦紅夷，可以安邊靖虜。遂疏題，奉聖旨，到澳取人取銃。本澳公舉公沙，及伯多禄、金答、魯未略等四人，併工匠、傔伴等三十二人，賫文上獻大鐵銃七門、大銅銃三門、鷹嘴銃三十門，于二年二月内，繇廣河進發。各銃體重難行，公沙等水土不服，水陸艱辛，苦難言訴。十月内，行至濟寧，忽聞奴虜闌入大安，已破遵化等城。兵部奉旨差官前來催趲。公沙等捨舟從陸，晝夜兼程。十一月二十三日，行至涿州，忽聞□〔一〕薄□都城。公沙等亟行製藥鑄彈，預備禦敵。二十六日，知州陸燧傳言，閱邸報，知兵部奉聖諭『西銃選發兵將護運前來，仍偵探的確，相度進止，爾部萬分加慎，不得疏忽。欽此欽遵。』于十二月初一日，行至琉璃河，忽聞警報，知良鄉已破。因前無據守之地，回轉涿州。比時州城内外士民，怖賊勢兇，咸思束裝逃避。公沙同掌教陸若漢、都司孫學詩，會同知州陸燧，及鄉宦原任大學士馮銓商議，急將取來大銃，分布拒守。星夜入藥裝彈，推車登城。四門點放試演，聲似轟雷，四遠震駭。人心有恃而安。□賊聞聲而阻，不敢南下，于遠隔二十餘里地札營，逡巡北退。

霖按，古有以□攻□之策，然未有以九萬里外人效忠中國如公沙的西勞者。己巳之變，微涿州固守，□長驅如破竹矣。公沙之過彭城也，資斧適竭。余兄景伯爲彭城守，念□逼都門，助二百金，遄其行。中途阻滯，想天意使守涿，爲神京護衛耳。公沙後守登州，以死報國，贈參將。余辛未計偕，晤于都門，贈以詩云：

鯤鵬居北溟，海運則南徙。蜩與鷽鳩咲，安以九萬里。
何謂漆園生，憑虛談厥理。今親見其人，西方之彼美。
在昔神宗朝，聲教訖四海。西儒始來賓，昭事以爲指。
我皇纘祖續，四表重光被。蠢爾□左□，螳臂不自揣。
西儒沐皇恩，憤彼四郊壘。桓赳海外人，堪爲天子使。
上俞廷臣言，用之慰拊髀。允塞哉王猷，殲□如風蟻。
我從西儒游，談天如測蠡。今與西帥交，談兵如聚米。
鄙哉井中蛙，寧不羞弧矢。聖代柔遠人，重譯安足比。

【《守圉全書》卷一酌古篇，九四 a—九六 b】

【制器篇】

西洋大銃來歷略説　公沙的西勞

〔一〕本篇若干空白，係原書剜去，當爲『虜』『夷』『奴』『遼』等字。

西洋統領公沙等係西極歐邏巴沿海國土人，在小西洋之西，故稱曰大西洋，其總名也。自入中華貿易已百二十年，住嶴樂業已七十餘載，恭順天朝，其來久矣。祇因紅夷海寇等類出没海洋，劫掠貨物，公沙等攜帶大銃，禦敵保命。今滋貢獻大銃，皇上賜名神威。奈何間有不究來歷原繇，指大銃曰紅夷銃，指吾輩爲紅夷人。是不免認子作賊。况紅夷爲嶴害，存心叵測，昭昭然不待言説。本嶴統管委黎多等，每每盡力驅逐，求永杜中國隱憂。今乃以紅夷銃、紅夷人混稱我輩，豈不大傷我皇上神威之敕賜，忠順之褒詞乎？故略陳來歷，分別逆順。若欲盡悉其詳，則有本嶴報效始末一疏在，希爲電察。公沙等幸甚。謹白。

【《守圉全書》卷三之一制器篇，九五 a—b】

【附圖】〔一〕

〔一〕圖一至圖十八據《守圉全書》（上海圖書館藏崇禎九年刻本）原書複製。圖十九據《四庫禁燬書叢刊補編》第三三册影印本複製。

圖一

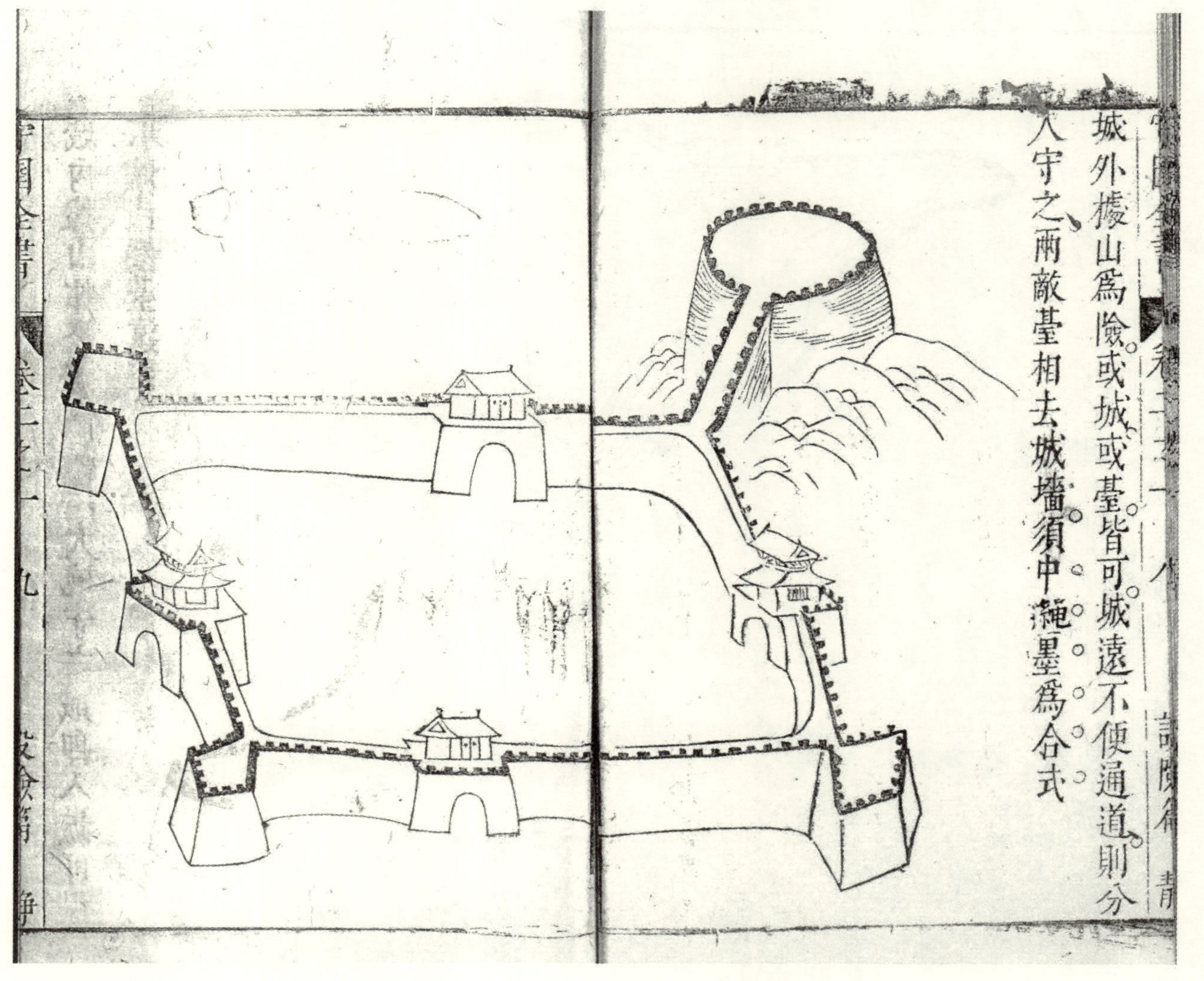

圖二

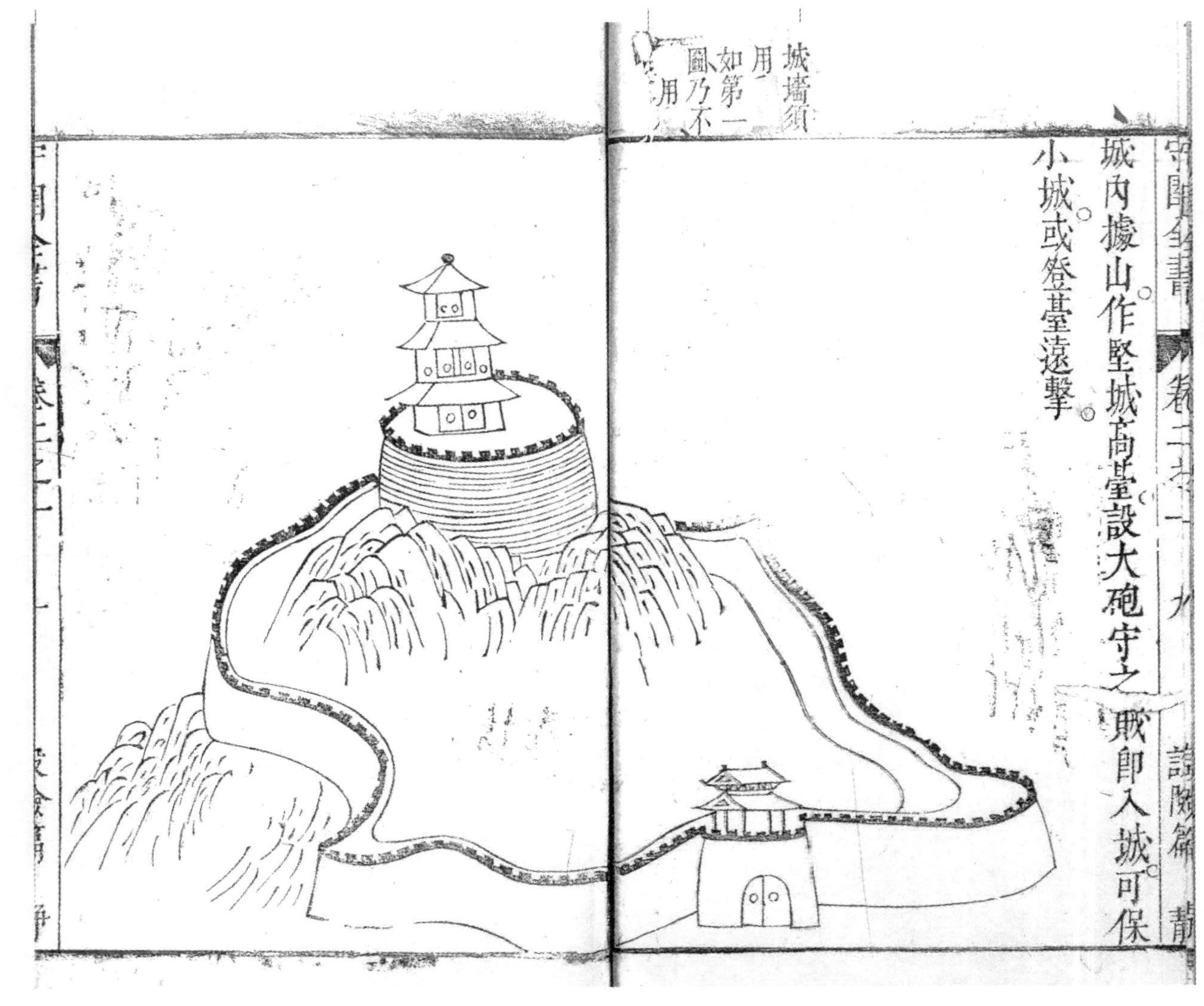

城內據山作堅城高臺設大砲守之賊即入城可保
小城或登臺遠擊

圖三

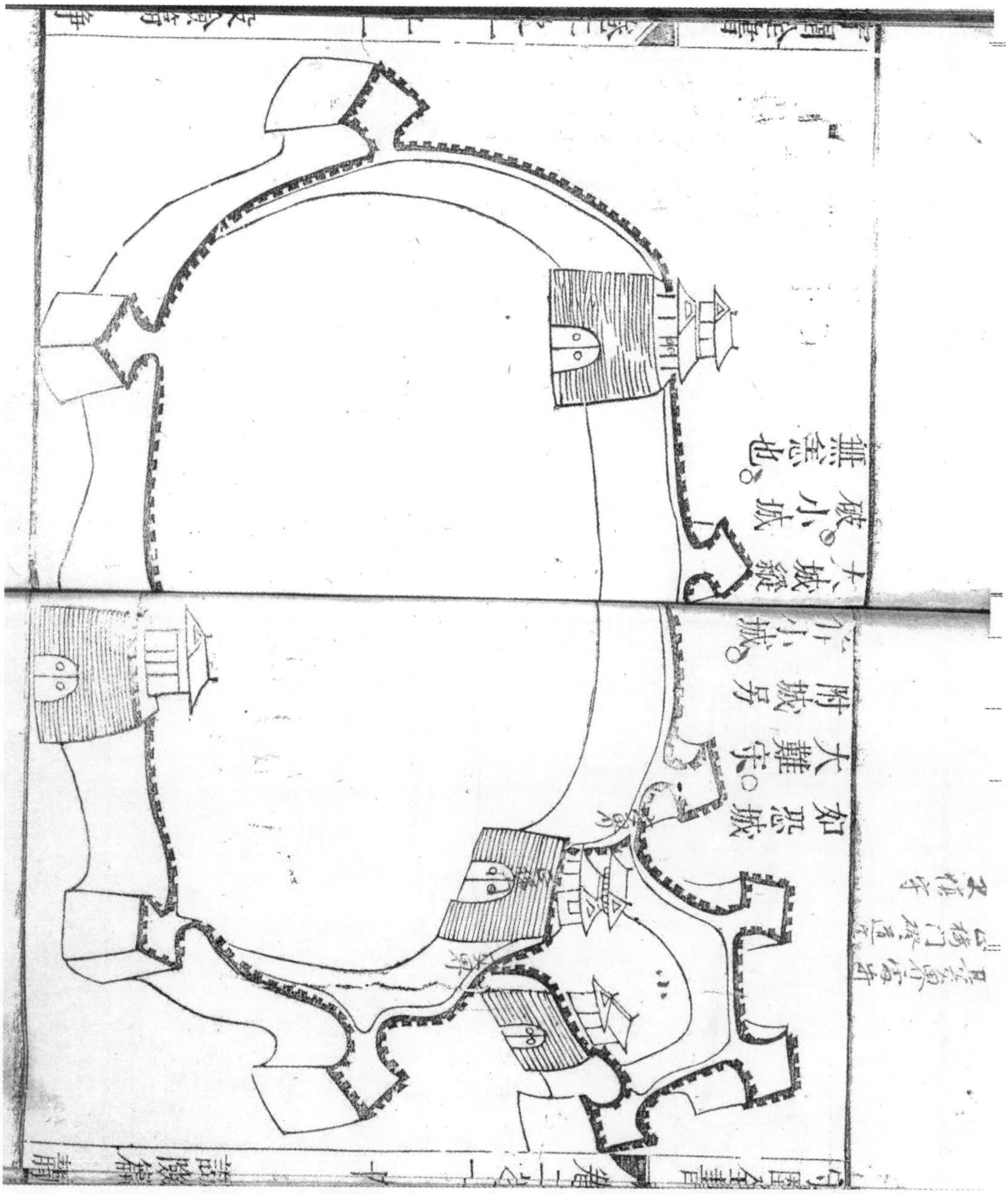

如恐城大難守○附城另作小城○大城縱破○小城無全患也○

圖四

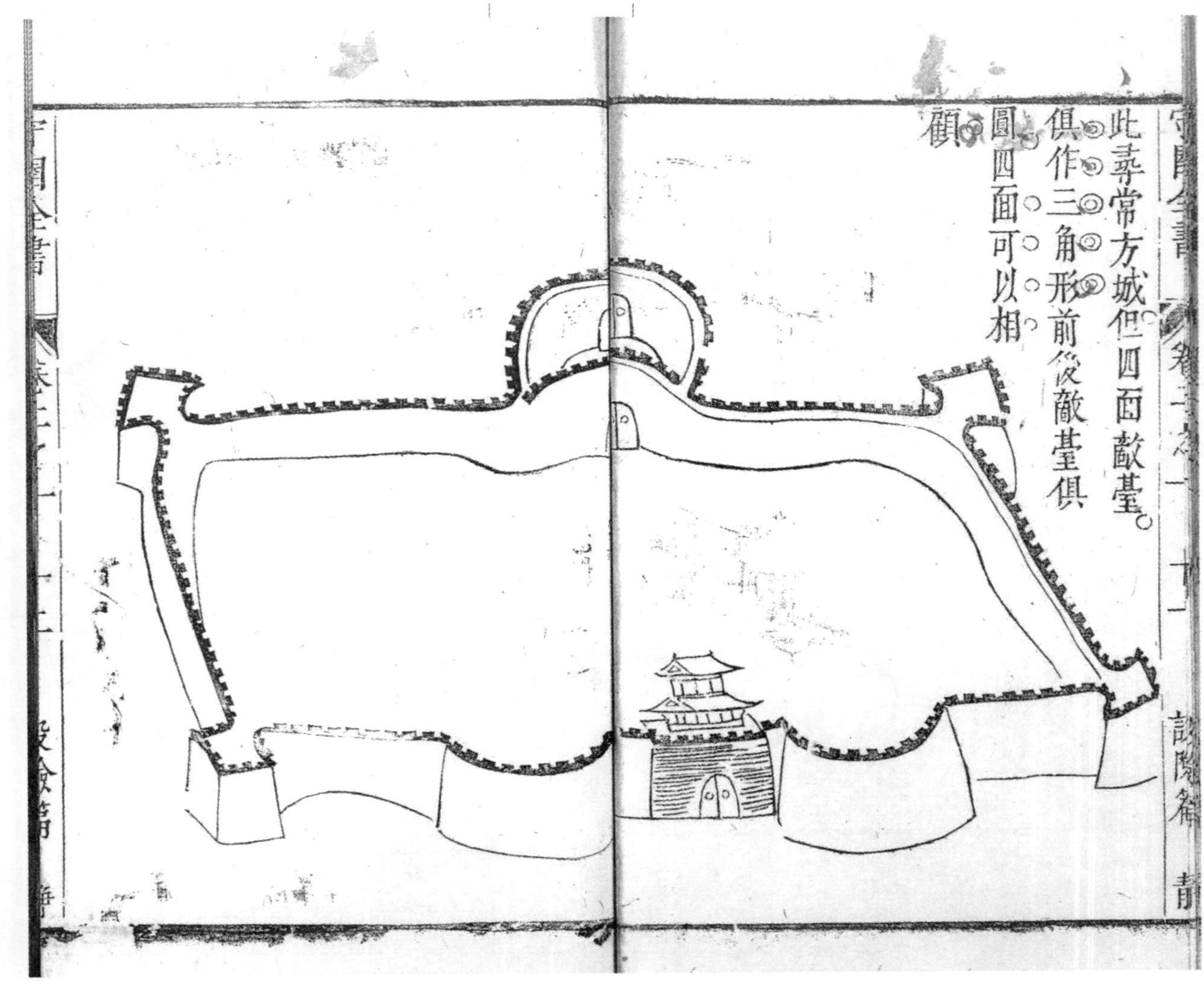

此臺常方城但四面敵臺
俱作三角形前後敵臺俱
圓四面可以相
顧

圖五

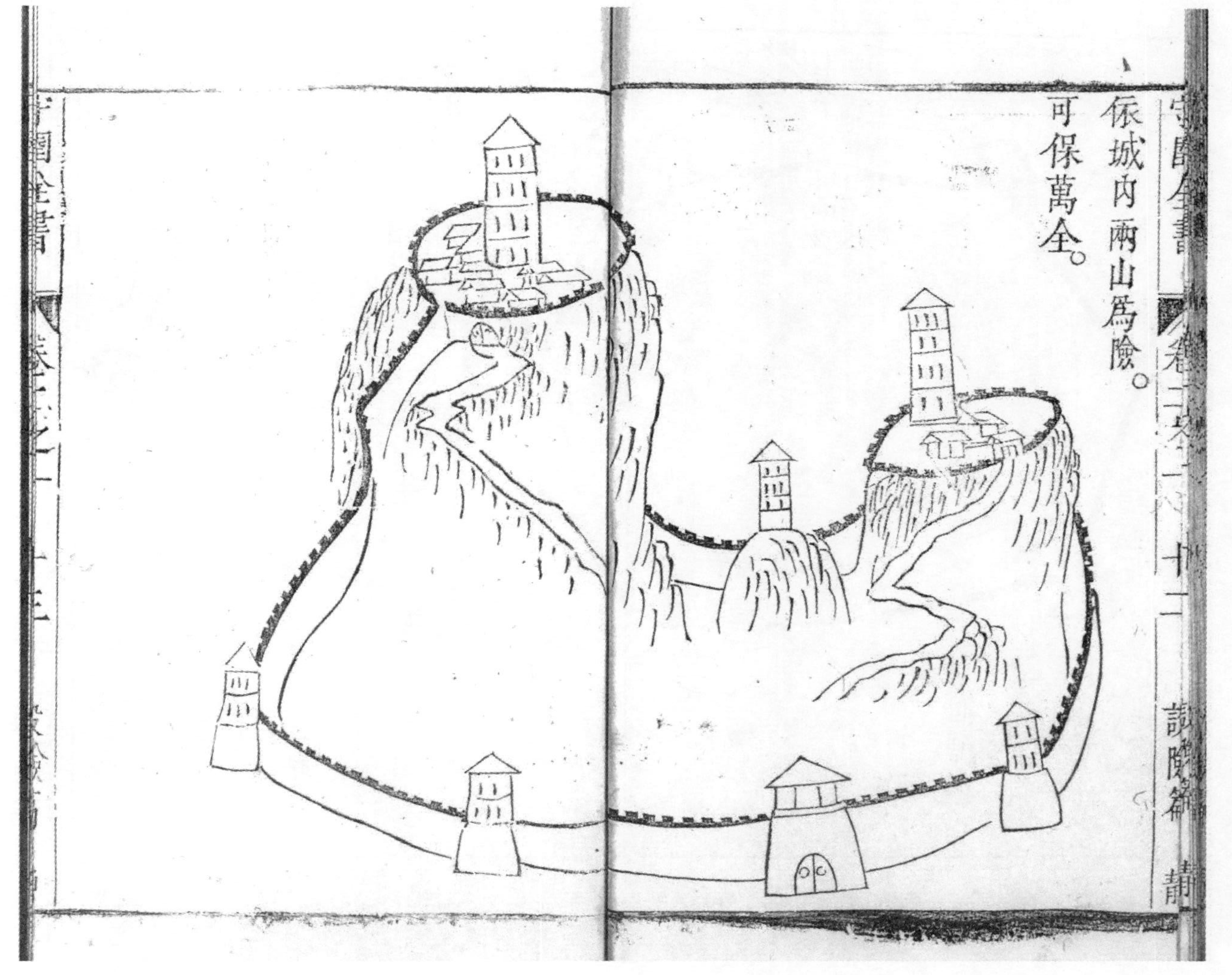

圖六

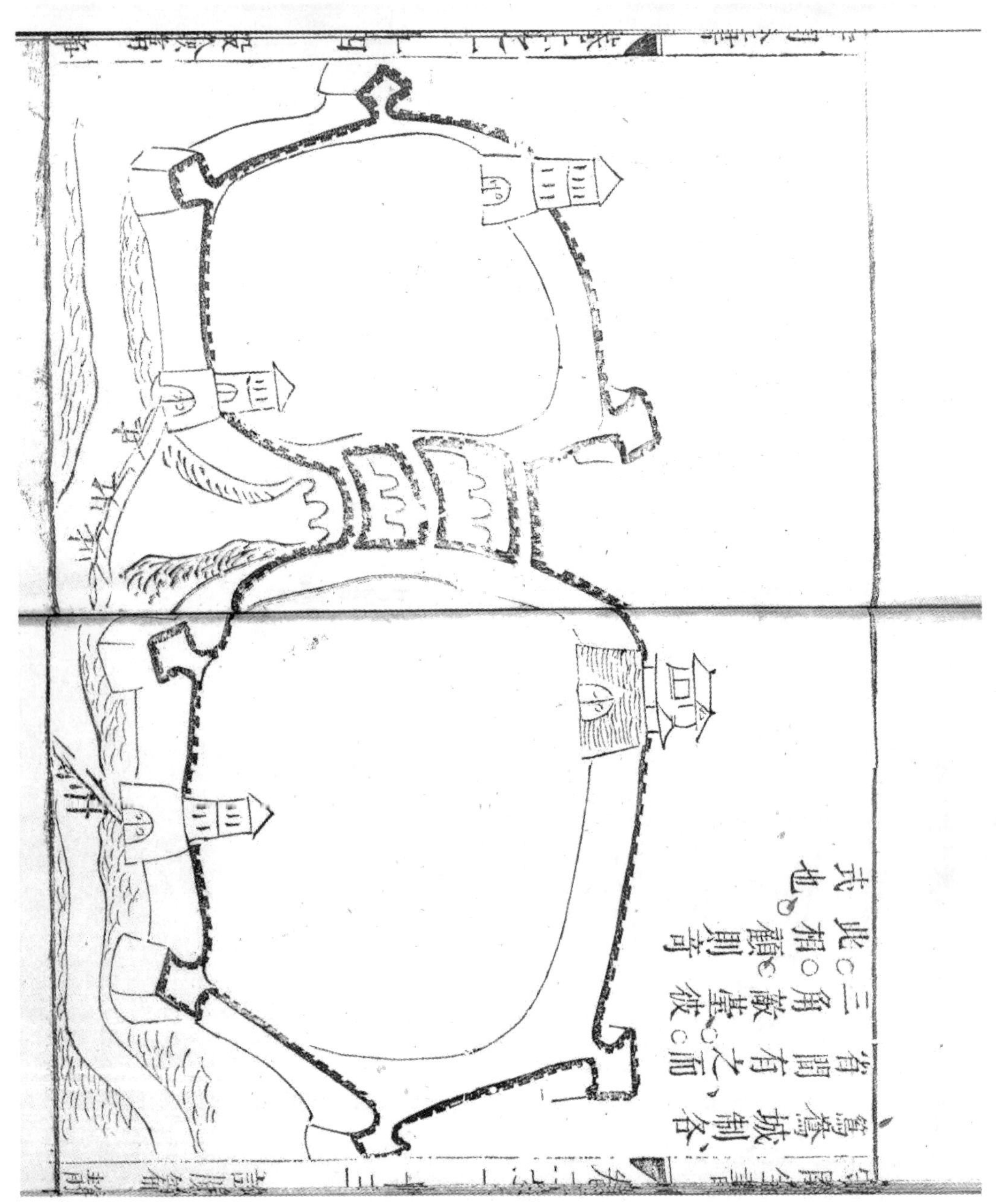

臺高於城，當以四五尺爲率，舊制馬面臺，不合法。

新制三角形，合法。

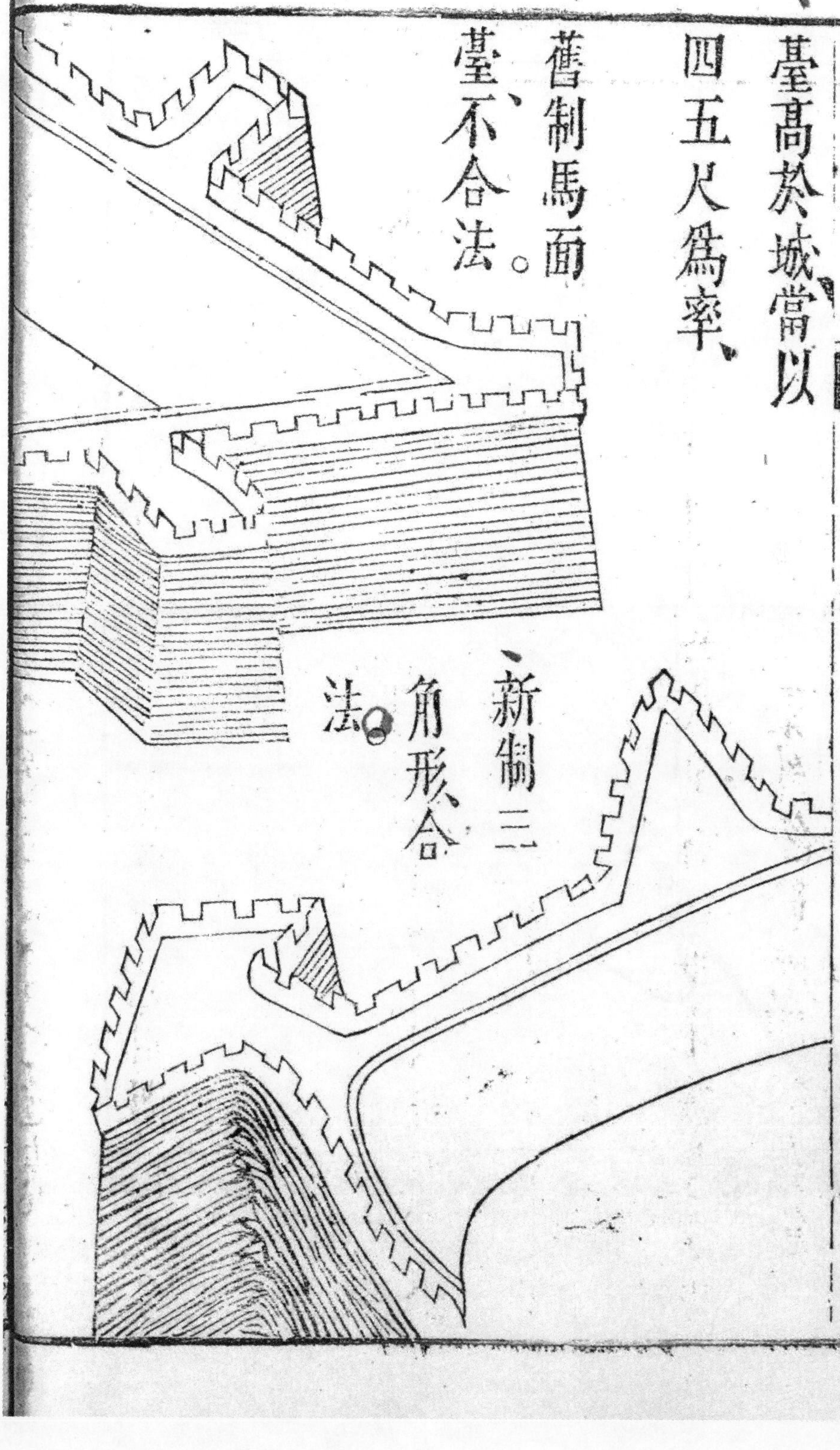

圖八

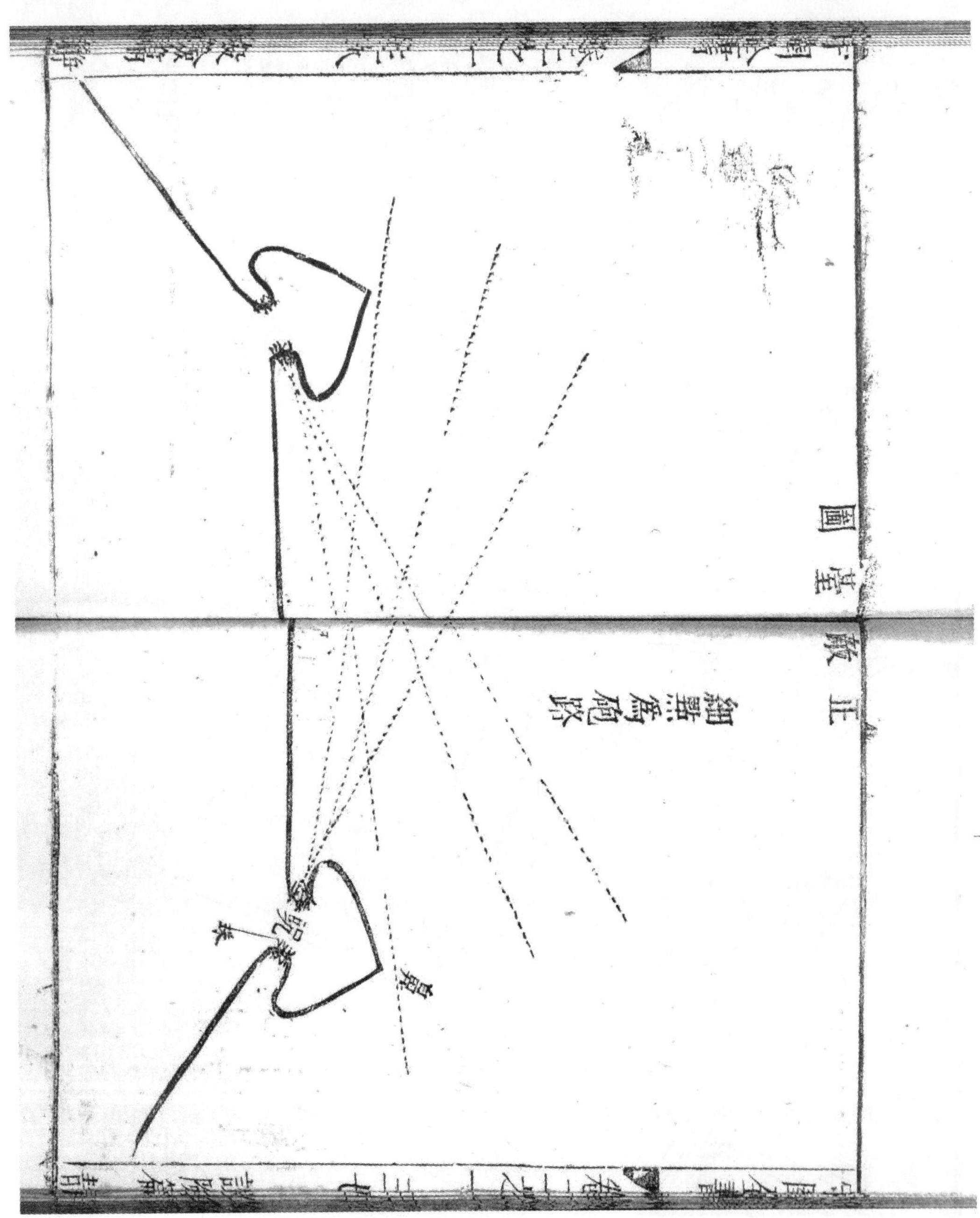

圖九（右）、圖十（左）

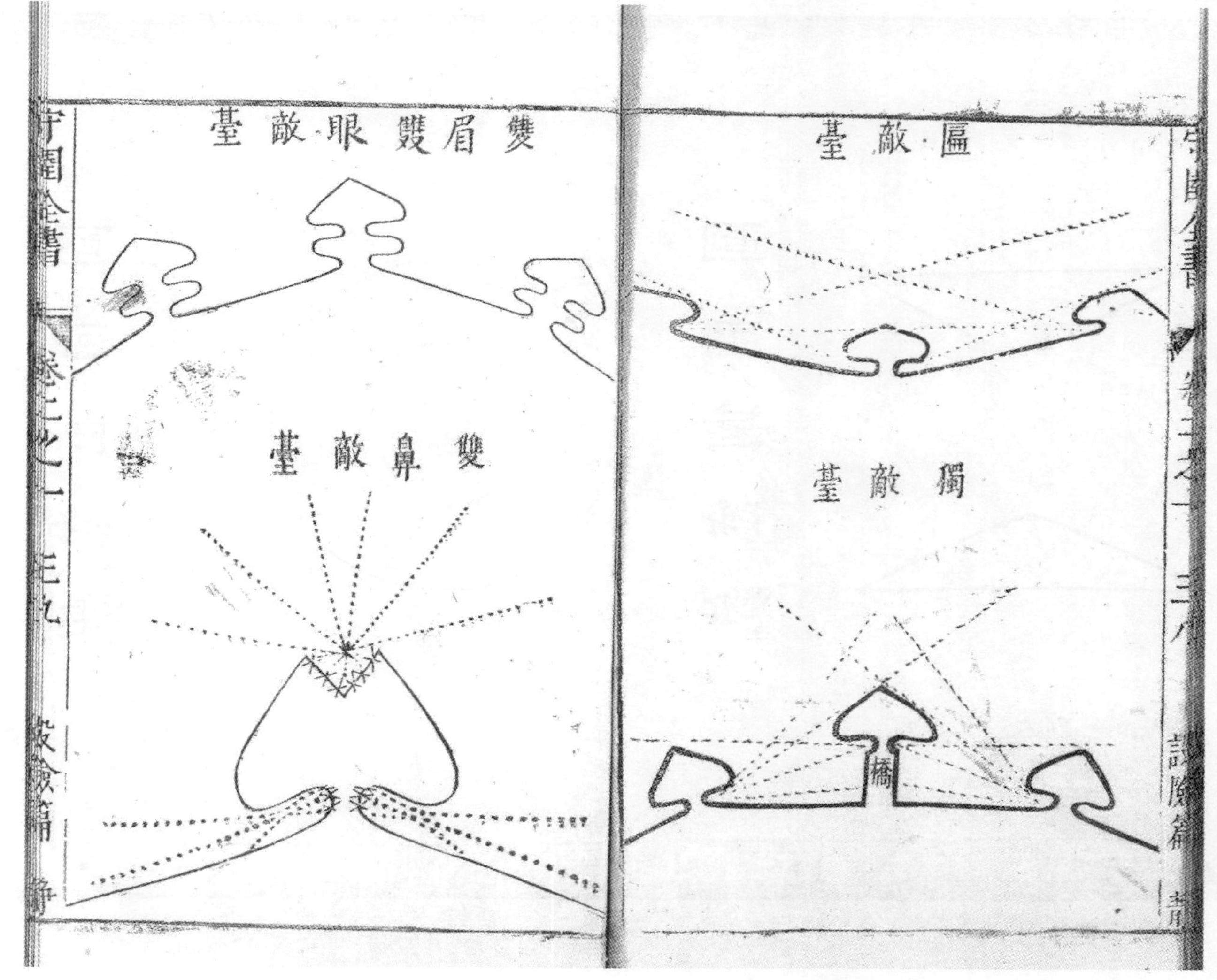

圖十一

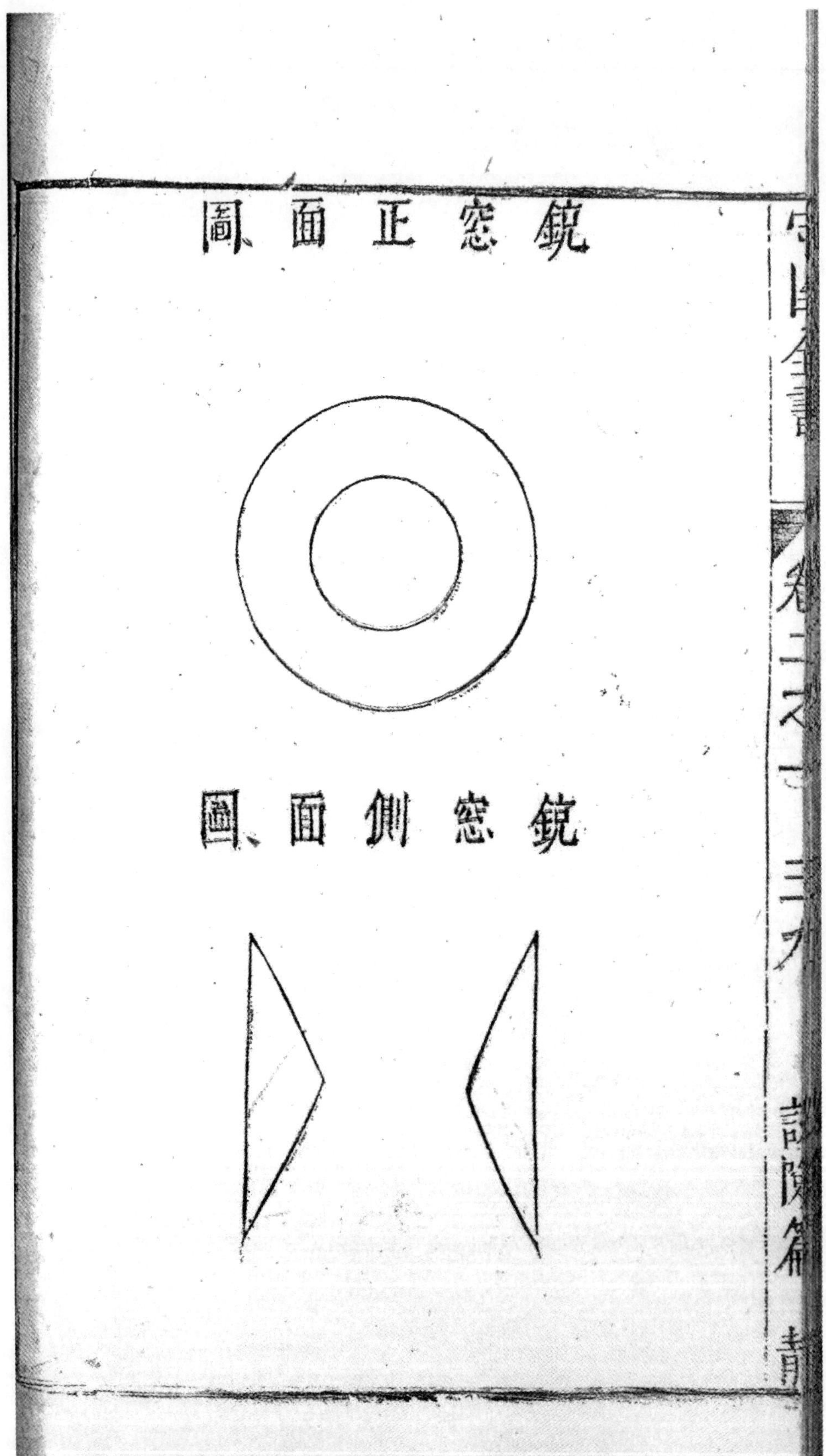

下圖乃築於阬之左右者也。此則於敵臺平所不相妨，且擊落之土不積要地。

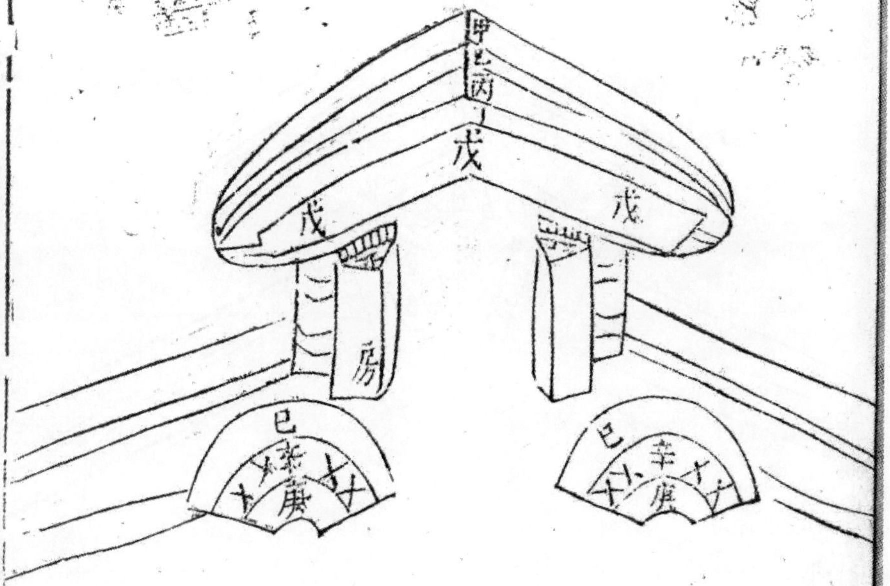

戊
戊
戊
甲乙丙丁
房
巳
辛
庚
巳
辛
庚

圖十三

下圖乃築於臺身者，此則是有銃所三層，悉有其蓋，任意作之可也。

甲
乙
丙
丁
戊
己
辛
庚
戊
戊

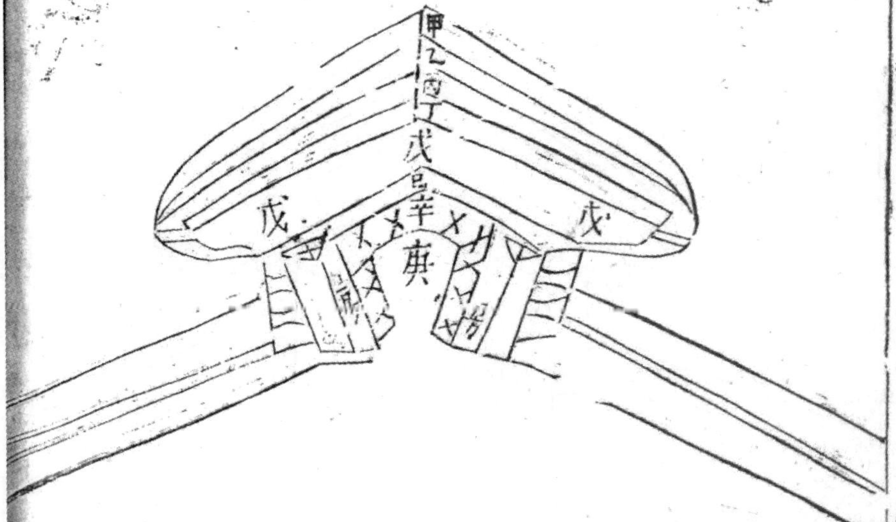

圖十四（右）、圖十五（左）

圖十六

此外洋二堡制變通之。方圓曲直。無所不可。總以敵臺大砲。可以相顧爲主。外以池環之。與大城同。

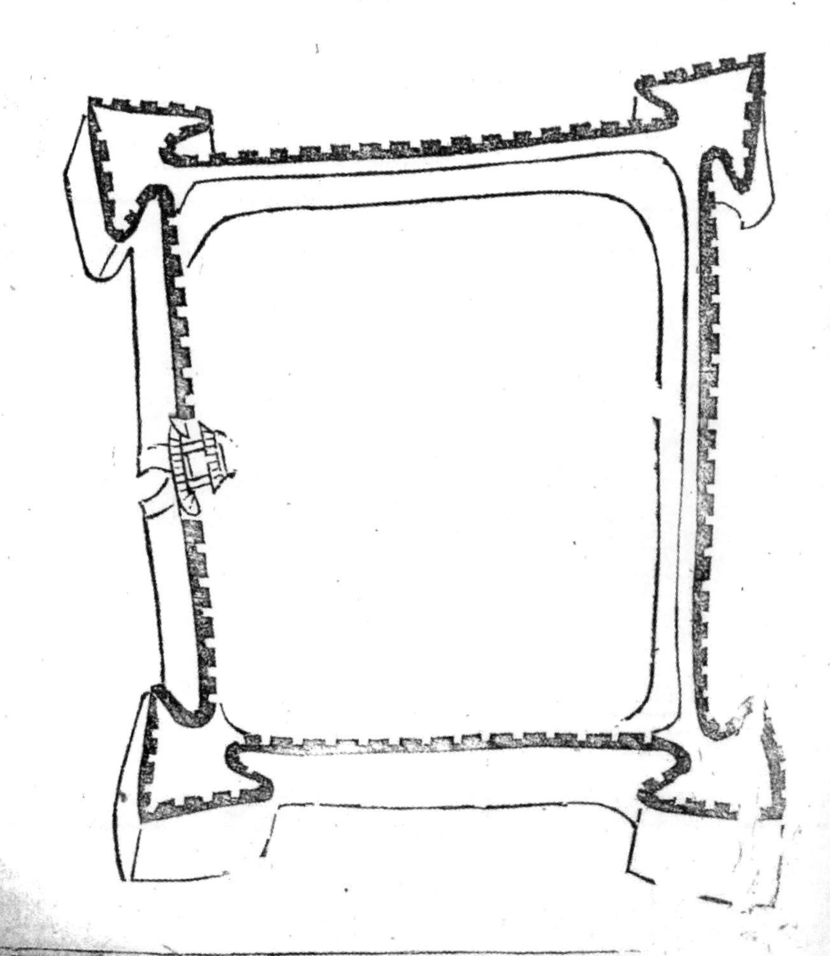

圖十七

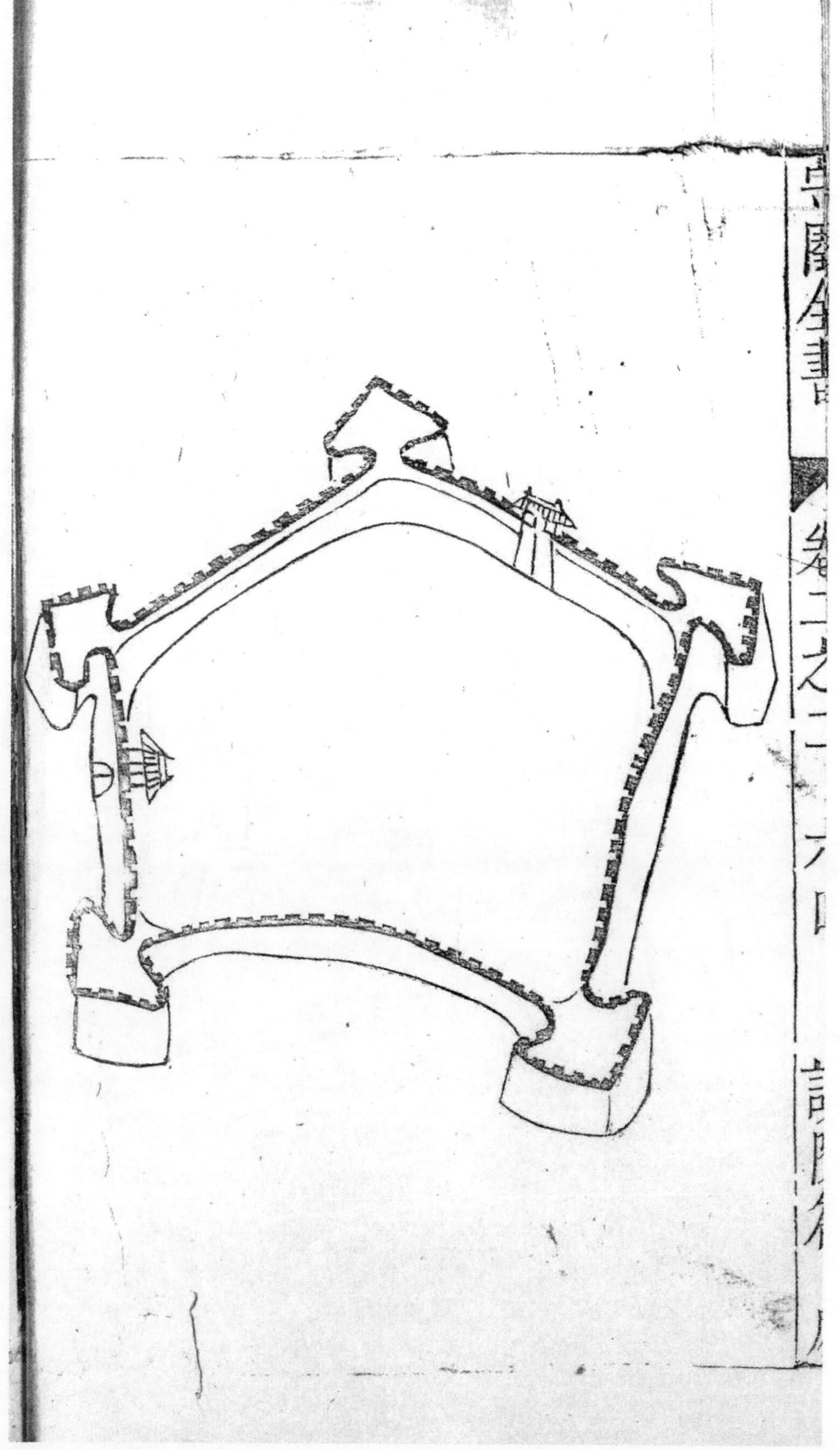

圖十八

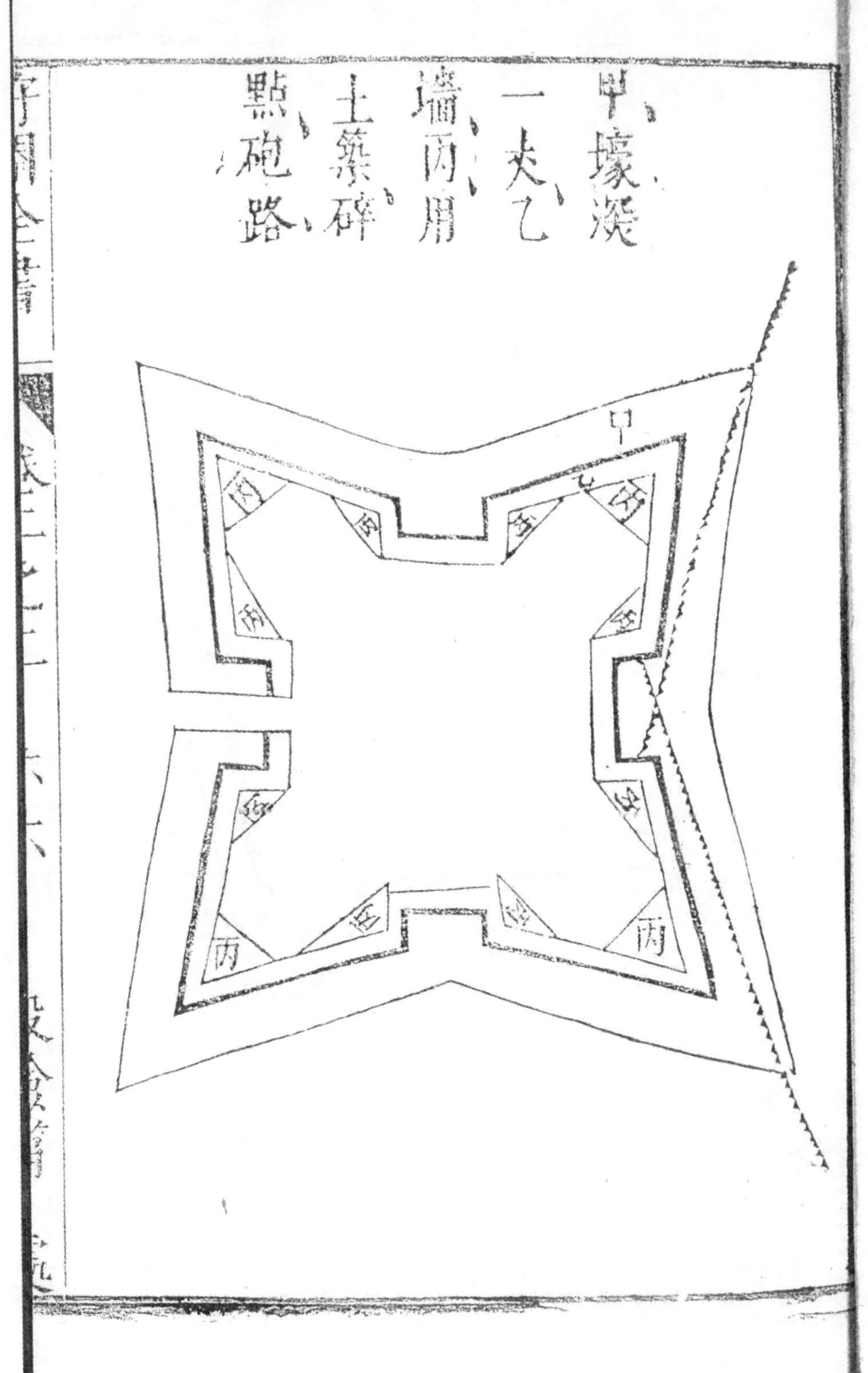

方敵臺

按今之郡邑敵臺皆作方形、縱兩面相救、前一面受敵矣故須作三角形爲妙。

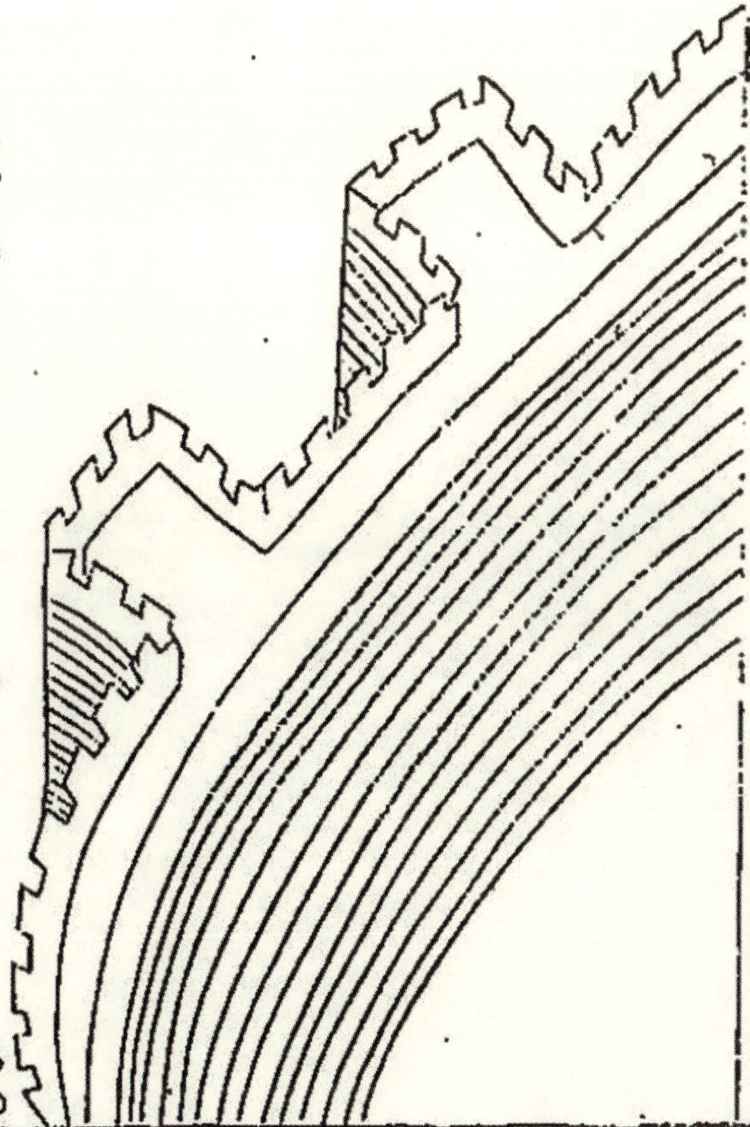

火攻挈要

本書據中國國家圖書館藏莫友芝跋清抄本影印。原書高二七九毫米，寬一八四毫米。無行格欄線。

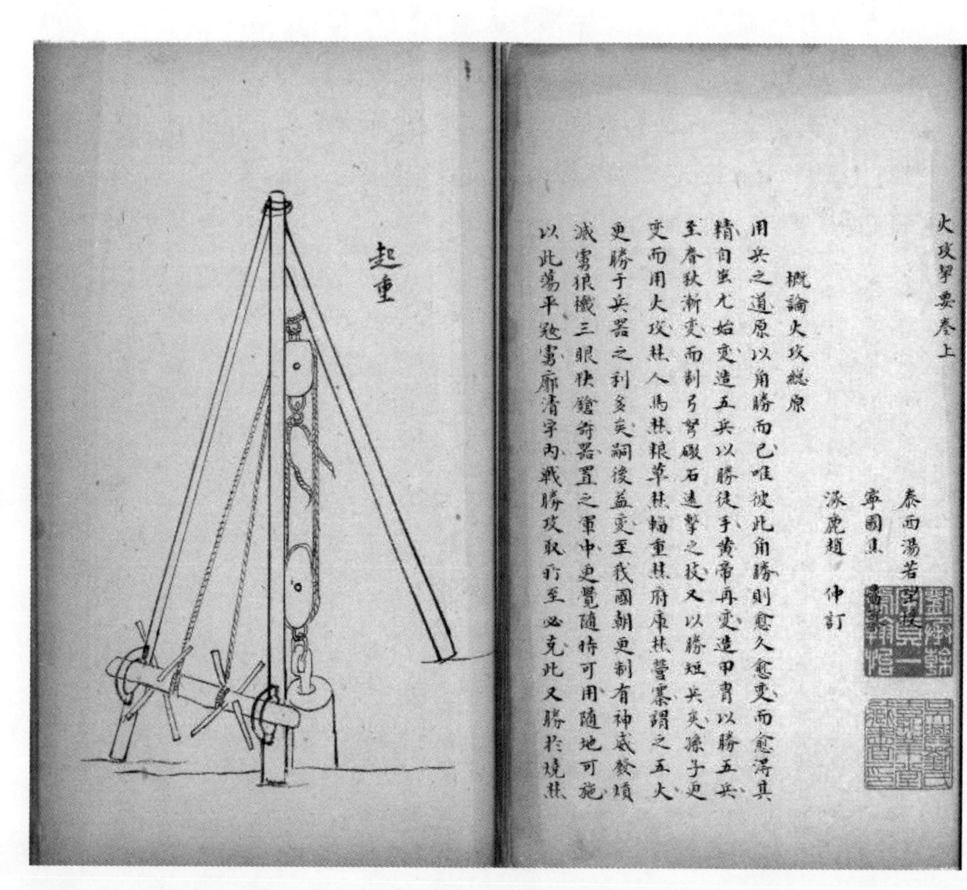

火攻挈要卷上

泰西湯若望授

寧國焦

涿鹿趙仲訂

概論火攻總原

用兵之道原以角勝而已唯彼此角勝則愈久愈變而愈濟其精自蚩尤始變造五兵以勝徒手黄帝再變造甲冑以勝五兵至春秋漸變而制弓弩礮石遠擊之技又以勝短兵矣孫子更變而用火攻其人馬其粮草其輜重其府庫其營寨謂之五火更勝于兵器之利多矣嗣後益變至我國朝更制有神威發熕滅虜狼機三眼快鎗奇器置之軍中更覺隨持可用隨地可施以此蕩平勉虜廓清宇內戰勝攻取所至必克此又勝於境其

整理説明

《火攻挈要》二卷《火攻秘要》一卷，湯若望授，焦勗纂，趙仲訂，崇禎十六年（一六四三）成書，總兩萬五千字，插圖三十餘幅，兹統稱《火攻挈要》。

崇禎年間，耶穌會傳教士湯若望（Johann Adam Schall von Bell，一五九二—一六六六）長居北京，參與曆法改革，編纂《崇禎曆書》。崇禎十五、十六年間，湯若望爲明廷製造火砲，參謀城防事宜，深度介入軍事活動。漢文史料中，傅維鱗（一六〇八—一六六七）《明書·四國傳》歐邏巴篇記載最早最詳：

［崇禎］十五年，傳兵部尚書陳新甲至東閣密述上傳内言，西洋砲乃中國長技，聞有無間大將軍名號，命若望商榷鑄造，工部辦料。又命若望傳習兵仗局内監習法。若望共鑄造無間大小銃二十餘位，大者重一萬二千餘斤，次者三千餘斤，小亦不下數百斤。又命若望教放銃法，及條纂火藥城守書進覽。十六年正月，命若望同恭順侯吴惟英於都城講究火器法，以資演鍊。十六年四月，大學士周延儒出督師，請諸火器并命若望隨往。十六年五月，命若望爲空心砲臺式。懷宗覽，大悦，褒嘉之。十六年八月，命若望造望遠鏡二具。于是每月給費用銀三十二兩，賚予稠疊。十六年十月，命若望赴薊督軍前調度，及傳習採法、火器、水利等項，教授完日來京。十六年十二月，欽賜扁額曰旌忠。十七年正月，賊渡河，急特遣大學士李建泰出山西勦撫，題薦若望。而晉王審烜亦疏請命若望前往山西，指授火攻，及屯田、水利、開採諸事。方至真定，而賊度居庸關，逼都城，徵若望還。〔一〕

崇禎十六年九月二十六日，大學士蔣德璟奉召内庭，於萬壽山（今景山公園内）觀德殿前，親見『庭中有無間大將軍七車，内一號者重一萬二千斤，以大車載之，其輪陷入土尺餘，頗沉重。二號者重二千四百餘斤，三號者重一千三百餘斤，共六車。即泰西遠臣湯若望所

〔一〕傅維鱗《明書》卷一六六，二十 a-b，《四庫全書存目叢書》史部第四十册康熙三十四年本誠堂刻本，四四三頁。本段材料史源不詳。順治間傅維鱗參與分修明史，藉機纂成《明書》一七一卷。康熙十八年明史館重開，傅氏已歿；十九年，《明書》抄本送館參考。尤侗預修明史，分撰歐邏巴傳，即據傅氏《明書》歐羅巴篇删成文，湯若望相關段落，謂『［崇禎］十五年，上傳兵部尚書陳新甲至東閣，言西洋砲有無間大將軍名號，命若望鑄造傳習，共大小砲二十餘位，大者重一萬二千餘斤，次者三千餘斤。又爲空心砲臺式，並望遠鏡二具』云云（參見尤侗《外國傳》卷四，西堂餘集本，徐蜀編《明史訂補文獻彙編》，北京圖書館出版社，二〇〇四年影印，八五九頁）。萬斯同《明史》卷四一四外藩傳歐邏巴，沿用尤侗傳文（《續修四庫全書》史部第三三一册影印中國國家圖書館藏四一六卷抄本，六一四頁）。其後王鴻緒《明史稿》（雍正元年敬慎堂刻本）列傳第二百外國七，歐邏巴題易作意大里亞，文多删改，凡湯若望所涉兵事，俱刊落未載。張廷玉《明史》（乾隆間武英殿刊本）卷三二六外國七意大里亞，仍用王稿傳文，無湯若望造砲事。又按，吴惟英，字國華，時任京營總督。

新造銅銃也……銃口及銃身各處，其製甚精，真滅奴神器也。』[一]這七門銅砲，當即崇禎十五年湯若望所造，惜未聞傳世。

按湯若望所撰拉丁文回憶録稿本：一六四二年，兵部尚書陳某造訪，傳旨命造火砲，固辭不得，只好在毫無經驗的情況下接受任務，僅憑書本知識，帶領中國技工鑄造銅砲。儘管遭到宫廷太監種種阻撓，首次鑄砲二十門獲得成功。城外試砲，效果甚佳。崇禎皇帝又命鑄造輕型火砲五百門。次年，若望一面負責造砲，又奉旨進呈木製敵臺模型一座；崇禎皇帝命其勘察北京城墻，選擇建臺之所。湯若望建議在城墻某處造臺，形似三角（即棱堡）。某太監從術士星命風水之説，揚言三角形利敵害己。新型堡壘最終未能修建。[二]

一六六五年，湯若望的回憶録稿本經過改編，在維也納出版，題作 *Historica narratio，de initio et progressu missionis Societatis Jesu apud Chinenses*（耶穌會中國傳教史），後經重版（一六七二），且有德文譯本（一八三四）。黄伯禄所編《正教奉褒》（一八八四）最早參考西文著作，介紹湯若望爲明廷造砲之事，略云『崇禎十（三）[五]年，兵部傳旨，着湯若望指樣監造戰砲。若望先鑄（鋼）[銅]砲二十位。帝派大臣驗放。驗得精堅利用，奏聞。詔再鑄五百位。』[三]本段文字之源頭，當即湯若望回憶録。

魏特（Alfons Väth）著德文版《湯若望傳》（一九三三），有關崇禎間造砲一節，注明依據湯若望回憶録，以及傅汎際（Francisco Furtado，一五八七—一六五三）所撰一六四二年北部中國耶穌會年信（耶穌會羅馬檔案館藏本，Jap-Sin 119，24v.）[四]。按《湯若望傳》，兵書尚書造訪傳旨，事在一六四二年七月。七月這一時間信息爲回憶録所無，當出自耶穌會年信。

湯若望回憶録既未提及編纂砲學書籍，也未提及出京隨軍效力之事，或有所隱晦。《明書》所謂『條纂火藥城守書進覽』，内容不明，是否與《火攻挈要》存在繼承關係，尚乏證據。

焦勗、趙仲二人生平事蹟不詳，迄無旁證可考。崇禎十六年焦勗《火攻挈要》自序略云『日究心於將略，博訪於奇人，就教於西師』。所謂西師，當即湯若望。崇禎十五十六年間，湯若望指導華人工匠鑄砲，焦勗或爲助手，亦未可知。書末『歸源總説』篇，謂『安得懇求上帝，回怒發慈，大赦衆罪』。崇禎末年，在華耶穌會早已規定『上帝』一詞不得代指『天主』，將其列入出版物禁用術語。焦勗是否爲天主教徒，尚難定論，編著《火攻挈要》，恐未經過湯若望審定。

《火攻挈要》綜合中西文獻，以鑄造、運用歐式前裝砲爲主線，講解火器知識。焦勗對於火器相關著作非常熟悉，自序中羅列十九種之

[一] 蔣德璟《召對萬壽山觀德殿恭記》，《蔣氏敬日草》外集卷八，中國國家圖書館藏明刻本。

[二] *Johann Adam Schall von Bell*, *Relation Historique*, Tientsin: Hautes Études, 1942. pp. 88–92. 一九四二年拉丁版係據湯若望稿本整理，並附法語譯文。

[三] 參見黄伯禄編《正教奉褒》，上海圖書館藏光緒十年上海慈母堂鉛印本，18a–b。按該書凡例『凡前時西士躬預之事，各以西文記述行世者，茲繙譯纂入，悉係原文，以昭憑信。』『十三年』『鋼砲』當係『十五年』『銅砲』之誤。

[四] Alfons Väth. *Johann Adam Schall von Bell S. J. Missioner in China, Kaiserlicher Astronom und Ratgeher am Hofe von Peking*, 1592–1666: *Ein Lebens–und Zeitbild*. Koln: J. P. Baghem G. M. B. H., 1933. pp. 111–113.

多，分類評騭。評價最高者，『惟趙氏藏書、《海外火攻神器圖説》、《祝融佐理》，其中法則規制，悉皆西洋正傳。然以事干軍機，多有慎密，不詳載，不明言者，以致不獲兹技之大觀。』所謂趙氏藏書，或即趙士楨《神器譜》。《海外火攻神器圖説》，或即《兵録·西洋火攻神器説》。至於何良燾《祝融佐理》，在當時即是罕見秘本，屬於耶穌會士與奉教士人的内部資料。焦勗『姑就各書之要旨，師友之秘傳，及苦心之偶得，去繁就簡，删浮採實，釋奥注明，聊述成帙』。从内容方面看，《火攻挈要》明顯利用了《神器譜》、《祝融佐理》、《武備志》、《兵録》等書條目。至於欧式火砲鑄造、加工方法，各銃尺量，射程等核心内容，《火攻挈要》與《祝融佐理》、《西洋火攻神器説》多有異同，或係另據西文資料編譯，具體底本仍待探索。

《火攻挈要》下卷及《火攻秘要》共有五次提及《將略》一書，謂『其部伍、營陣、法令，及臨陣機秘，另載《將略》各卷内』（《火攻挈要》卷下目録）、『其餘法製，另詳《將略》練藝卷内』（教習裝放次第及涼銃諸法）云云。可見《將略》述組織戰術，《火攻挈要》重武器技術，二者原爲相輔而行。惜《將略》未聞流傳。

《火攻挈要》未見明刻本傳世，雖有崇禎十六年焦勗自序，明末恐未曾刊行〔一〕。清代前期，該書流傳極罕，未見其他著作稱引。第一次鴉片戰爭期間，林則徐（一七八五—一八五〇）獲得《火攻挈要》抄本，珍爲秘册，托付友人陳延恩設法刊刻〔二〕。道光二十二年三月，林則徐致蘇廷玉函略云：『弟有抄本《砲書》，上年帶至江浙，經陳登之通守刻於揚州，未知曾入覽否？惟聞所刊多魯魚，亟宜校正。今弟遠去，亦不及問之矣。』〔三〕。道光二十一年（一八四一）揚州知府汪于泗領銜刊刻《火攻挈要》，是爲揚州本〔四〕。三卷分題『火攻挈要卷上』、『火攻挈要卷中』、『火攻秘要卷下』。全書插圖合併，另作一卷。内封與焦勗自序題作『則克録』，蓋取卷上『審量敵情斟酌製器』篇『以戰則克』之語。揚州本圖版粗陋，校勘未精，卷上『審量敵情斟酌製器』、『鑄造各種奇彈圖説』兩節有大段文字互爲錯簡。卷下『循

〔一〕《火攻挈要》一書，《中國古籍善本書目》（上海古籍出版社，一九九六）未著録明刻。許申寧《中國兵書總目》（國防大學出版社，一九九〇，一六七—一六八頁）著録中國人民大學、軍事科學院、中國科學院藏崇禎刻本。《中國古籍總目》子部兵家類（中華書局、上海古籍出版社，二〇一〇，三〇一頁）著録軍科院、上海圖書館、東北師範大學藏崇禎刻本。據筆者調查，以上書目著録者實際均非明刻。鄒振環《晚明漢文西學經典：編譯、詮釋、流傳與影響》（復旦大學出版社，二〇一一）第十章『《火攻挈要》：晚明至晚清火器技術知識的轉移』，介紹《火攻挈要》崇禎刻本，未説明藏地。从描述上看，該本插圖合爲一卷，當爲某種晚清刻本。

〔二〕林則徐信札中稱《火攻挈要》爲『焦氏兵書』、『焦氏書』或『砲書』。參見來新夏等主編《林則徐全集》（海峽文藝出版社，二〇〇二）第七册·信札，二七七頁，二九一頁，三〇六頁，三一五頁。按《火攻挈要·火攻根本總説》：『總之根本至要，蓋在智謀良將，平日博選壯士，久練精藝，膽壯心齊，審機應變，如法施用，則自能戰勝守固而攻克矣。』林則徐之剿夷八字要言『器良技熟，膽壯心齊』，當即化用《火攻挈要》所謂『久練精藝，膽壯心齊』之語。參見《林則徐全集》第七册·信札，三〇六頁，道光二十二年八月上旬於蘭州致姚椿王柏心函。

〔三〕《林則徐全集》第七册·信札，二九一頁。按，陳延恩，字登之，江西新城人。其父陳希祖，嘉慶十四年（一八〇九）會試同考，嘗薦林則徐卷，主考未之取。故陳、林二氏有師生之誼。

〔四〕上海圖書館藏本（索書號：線譜 372220），内封題『道光辛丑冬月鐫／則克録／本衙藏板』。各卷目録前署『署淮南儀所監掣同知新城陳延恩、揚州府知府濼州汪于泗、泰州分司運判錢塘許惇時仝校刊』。九行二十四字，白口，無魚尾，四周單邊。

環之法』全章有目無文。

揚州本是後續諸多印本的母本。道光二十七年（一八四七），潘仕成輯《海山仙館叢書》，重刻揚州本，自序仍題『則克録』，分卷則改作《火攻挈要》上中下卷，删去《火攻秘要》之稱，插圖仍合併獨立成卷。署名改作『泰西湯若望授　寧國焦勗述』，删去趙仲之名[一]。海山仙館本校勘質量優於揚州本，且流傳較廣，多爲後世引據。不過海山仙館本個別措辭，出於忌諱，有所改動（如『虜』改作『敵』），反不及揚州本能存原貌。

道光二十七年，丁拱辰（一八〇〇—一八七五）訪得揚州刻本，重加讎校，咸豐元年（一八五一）於桂林刊刻《增補則克録》，主體爲重刻《火攻挈要》原書三卷，分卷、署名，均同海山仙館本。附録自撰《增補讀則克録記略》、《演砲摘要》二文。《增補則克録》後有福建重刊本及朝鮮銅活字本。此外，《火攻挈要》尚有咸豐三年本[二]、來鹿堂本[三]、火攻要略本[四]，均係翻刻揚州本。故宫博物院圖書館藏《火攻挈要》三卷圖一卷，内府抄本[五]。從本文特點來看，當源於揚州本，而非一般著録所謂康熙間抄本。

目前所知，揚州本系統之外，尚有兩部抄本，更爲接近原稿面貌。

中國國家圖書館藏《火攻挈要》二卷《火攻秘要》一卷，清鈔本，一册（索書號05953）。半葉十二行，行二十四字，無格，朱筆點校。鈔本《火攻挈要》上、下卷，及《火攻秘要》一卷，分别對應清刻本《火攻挈要》之上、中、下卷[六]。是本經莫友芝、劉承幹遞藏，書前原封面有莫友芝題記[七]。插圖散在各卷相應章節内，與清刻本將插圖單列一卷不同。清刻本插圖繪製簡陋，如銃規、銃尺等，細節多

〔一〕上海圖書館藏本（索書號：線譜長59849–50），内封題『道光丁未鐫／火攻挈要／海山仙館叢書』。焦勗自序題『則克録火攻挈要／自序』。九行二十一字，黑口，無魚尾，左右雙邊。海山仙館本已改正揚州本内錯簡。

〔二〕北京大學圖書館藏本内封題『咸豐癸丑春月揚州府衙刊行』。咸豐本分卷、版式、行款、正文字體同道光本，顯係翻刻。可資區别處，咸豐本板框則略小，書口刊卷次葉碼形式稍異（例如咸豐本作『卷上十四』，道光本作『上十四』）。焦勗自序，道光本題作『則克録／自序』，序文用方體；咸豐本題『火攻挈要序』，序文爲寫刻。劍橋李約瑟圖書館藏同版本，内封上半殘闕，下半可見『□丑春鐫』、『則克録／敏果齋合刻』、『敬書堂藏』。

〔三〕自然科學史研究所圖書館藏《則克録》三卷圖一卷，九行二十字，白口，單魚尾，左右雙邊，無行線。内封題『則克録』、『來鹿堂藏板』。卷端、書口均題『則克録』。焦序、正文遇虜寇字樣留空。當係據揚州本重刻者。中國人民大學圖書館藏同版本一部，係張星烺遺囑贈書。

〔四〕上海圖書館藏《火攻要略》四卷（線譜長308197–98）。卷一圖編，卷二至卷四文，書口題『武備火攻要略』，大題作『火攻要略』，實即《火攻挈要》。板式行款同揚州本，然無行線。後附李紱《穆堂兵記别稿》（摘自《穆堂别稿》卷二十一至二十三《廣西二兵記》）。此本延續了揚州本内的大段錯簡。同版之書亦見藏中國國家博物館圖書（無《穆堂兵記别稿》）、軍事科學院軍事圖書資料館（書影參見趙寶利、陳慶平主編《軍事科學院軍事圖書資料館館藏珍品圖錄》，軍事科學出版社，二〇一一年，八七頁。）

〔五〕《故宫珍本叢刊》第三五九册影印，海南出版社，二〇〇一年。

〔六〕按揚州刻本下卷尚題作『火攻秘要卷下』，海山仙館叢書本改題『火攻挈要卷下』。

〔七〕是本書前護葉貼有嘉業堂藏書標籤，又墨書『莫氏藏』。卷首鈐『劉承幹／字貞一／號翰怡』（白文方印）、『吴興劉氏／嘉業堂／藏書印』（朱文方印）。按《嘉業堂藏書志》（繆荃孫、董康、吴昌綬撰，吴格整理，復旦大學出版社，一九九七，四〇三頁）著録：『此莫郘亭舊藏，有莫氏印記。』又按莫友芝《郘亭知見傳本書目》（卷七，十六a）：『火攻挈要三卷圖一卷（明焦（勛）［勗］）撰，西洋湯若望授。崇禎癸未有刊本。道光辛丑揚州重刊，改名則克録，書中多脱譌，圖亦不全。』今國家圖書館藏本封面墨筆題記，字體似出自莫友芝，然未見莫氏署名、鈐印。參照莫友芝跋明萬曆刻本《王文恪公集》（書影見陳先行、石菲《明清稿抄本鑒定》，上海古籍出版社，二〇〇九，二七六頁），手書筆跡相類。

有闕誤，蓋傳抄失實。莫跋本圖式相對完備正確。莫跋本尚存鳥鎗圖、火藥庫圖、小庫圖，更爲清刻諸本所無，具體文字出入，亦略優於揚州本。不過莫跋本涉及明清戰爭之處明顯存在刻意删節（如卷上『概論火攻總原』、卷下『火攻根本總説』），書末又闕『歸源總説』一章。

湖北省圖書館藏《火攻挈要》二卷《火攻秘要》一卷，清抄本，二册，係《經武秘要》叢書内一種（索書號 子72）〔一〕。半葉九行，行二十字，白口，單白魚尾，四周單邊，無行綫。書中『國朝』、『上帝』字樣皆提行。『照』、『常』二字皆避啟禎帝諱作『炤』、『甞』。插圖分散附入相應各章之前，存鳥鎗圖、火藥庫圖、小庫圖，當與莫友芝跋本同源。經武秘要本卷上『築砌鑄銃臺窑圖説』末四十四字、獅吼銃圖、火礶圖、地雷圖，以及《火攻秘要》『循環之法』全章，皆爲莫跋本及清刻本所無。莫跋本删節部分及書末所闕『歸源總説』，大都可據經武秘要本補全。與莫跋本相比，經武秘要本文字佳處較多，插圖細節更爲豐富、準確。特别是起重圖及滑車圖，遠勝他本。藉助此圖可對滑輪組結構作出較爲合理的解釋（參見附録一）。上述特點表明，經武秘要本應是目前所見最爲接近明末原稿面貌之本。惜該本書册略有殘損，闕字頗多。

本次整理，採用影印與録文逐葉對照形式。湖北省圖書館藏抄本爲最全最善之本，惜未獲得館方影印授權。兹採用中國國家圖書館藏莫友芝跋清鈔本爲底本，簡稱莫跋本。參校本凡四種：

（一）湖北省圖書館藏清抄本，簡稱經武秘要本。

（二）道光二十一年揚州知府汪于泗刊本（《中國兵書集成》第四十册影印），簡稱揚州本。

（三）道光二十七年海山仙館叢書本（《中國科學技術典籍通彙・技術卷》第五册影印），簡稱海山本。

（四）故宫博物院藏内府抄本（《故宫珍本叢刊》第三五九册影印），簡稱故宫本。

本次整理主要參校經武秘要本、揚州本、海山本，少量參校故宫本。莫跋本脱文，多據經武秘要補全。補録文字稍多或較重要者，同時加方括號標記，以清眉目。經武秘要本、揚州本、海山本有誤或兩通處，酌情出校，以見異同。校記如僅作經武秘要本作某字，無其他説明，則揚州本、海山本此處同莫跋本。校記如僅據經武秘要本改補，無其他説明，則揚州本、海山本此處同經武秘要本。插圖部分，經武秘要本與莫跋本次序略同，圖像細節具體出入，盡量出校説明。揚州本、海山本插圖基本一致，圖像先後次序與莫跋本、經武秘要本差異較大，且圖像細節出入甚多，僅擇要少量出校。

全書録文加新式標點。分段儘量遵循底本，簡别章節，略有調整。底本雙行小字，今改作單行小字。異體字及避諱字徑改，如炤、炮、

〔一〕佚名輯《經武秘要》九種三十六卷，清抄本，十一册，湖北省圖書館藏。封面書名簽題『經武秘要』及分册書名。鈐有『沔陽歐／陽憺園／珍藏印』朱文方印、『中南／圖書館／藏書』朱文方印。《經武秘要》各册所用稿紙相同。七種爲占候類兵書，另有二種明末西學書，一《火攻挈要》，一《日晷圖法》（題『泰西龐迪我口譯　嘉定孫元化筆受』）。參見陽海清主編《中南、西南地區省、市圖書館館藏古籍稿本提要》，華中理工大學出版社，一九九八年，一八六頁，二〇三—二〇四頁。按，歐陽政慶，號蟾園，湖北沔陽人，藏書家，一九六四年尚在世。

厘、銕、帋，分别改作照、砲、釐、鐵、紙。書前冠以新編總目。選取經武秘要本部分重要插圖，重加摹繪，作爲本書附録一。丁拱辰的兩種短篇作品，《增補讀則克録記略》（自然科學史研究所藏清刻本）、《演礮摘要》（清華大學圖書館藏清刻本），分别作爲附録二、附録三。

鄭誠　謹識

二〇一三年二月十八日初稿

二〇一八年二月十四日修訂

二〇一九年二月二十二日再訂

新編目録

火攻挈要二卷圖附　火攻秘要一卷

是書明崇禎癸未曾刊行，此蓋據爾時刊本録。道光辛丑揚州重刊此書，乃改名《則克録》，脱訛甚多，圖亦未備。[1]

1 本葉後半葉爲空白，影印本省略。

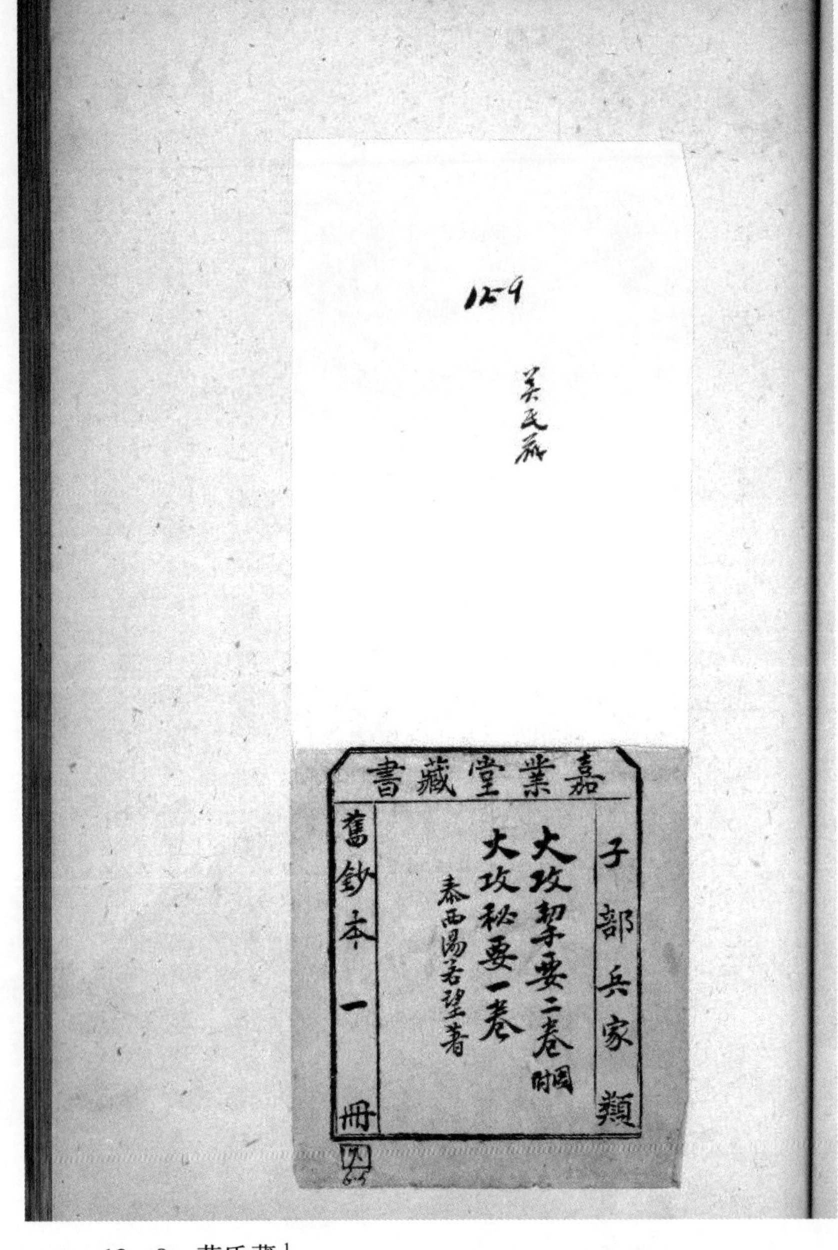

12—9　莫氏藏[1]

1 本葉後半葉爲空白，影印本省略。

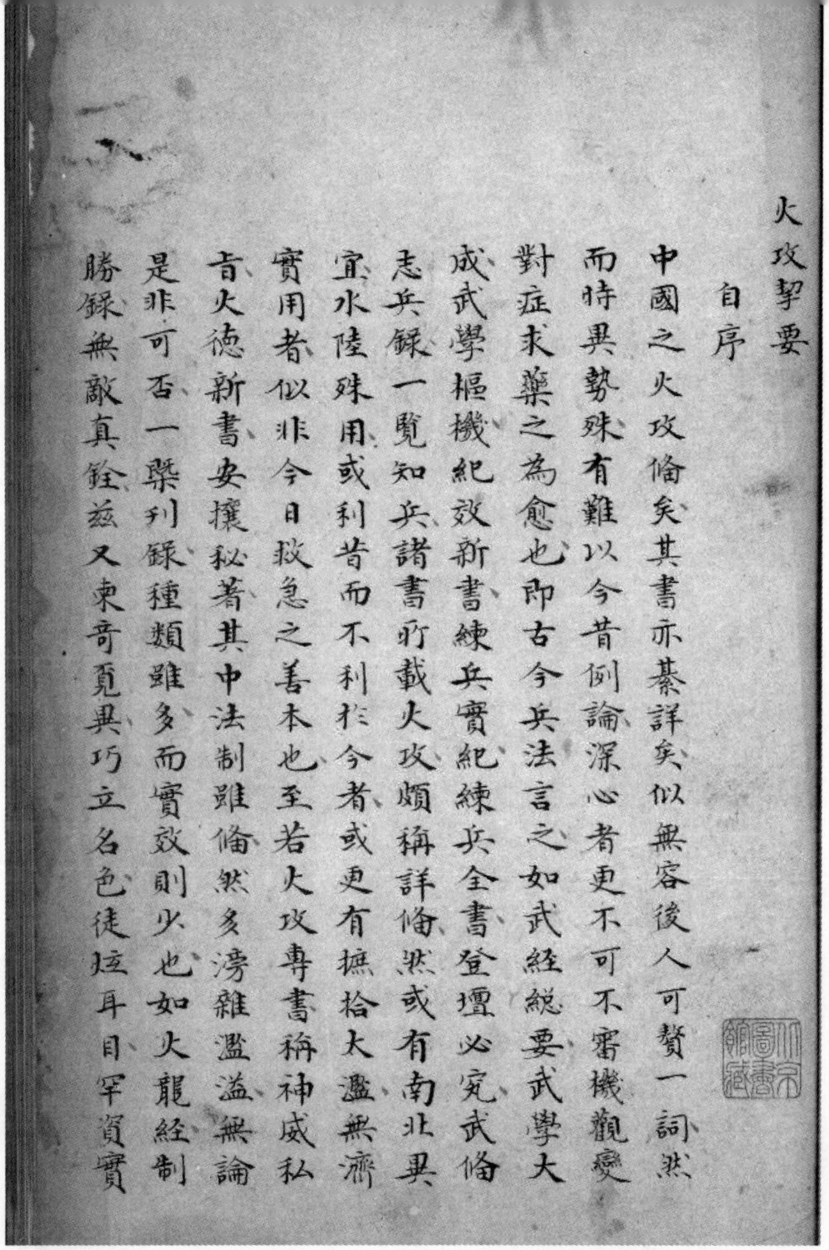

火攻挈要[1]

自序

中國之火攻備矣，其書亦綦詳矣，似無容後人可贅一詞。然而時異勢殊，有難以今昔例論，深心者更不可不審機觀變，對症求藥之爲愈也。即古今兵法言之，如《武經總要》《武學大成》《武學樞機》《紀效新書》《練兵實紀》《練兵全書》《登壇必究》《武備志》《兵録》《一覽知兵》諸書，所載火攻，頗稱詳備。然或有南北異宜，水陸殊用，或利昔而不利於今者，或更有摭拾太濫，無濟實用者，似非今日救急之善本也。至若火攻專書，稱[2]《神威秘旨》《大[3]德新書》《安攘秘着》，其中法制雖備，然多紛[4]雜濫溢，無論是非可否，一概刊録，種類雖多，而實效則少也。如《火龍經》《制勝録》《無敵真詮》諸書，索奇[5]覓異，巧立名色，徒炫耳目，罕資實

1 火攻挈要，經武秘要本自序首二行紙殘，僅存一“序”字。揚州本題作“則克録”。海山本題作“則克録”，其下又題小字“火攻挈要”。故宫本“自序”前無大題。按卷上“審量敵情斟酌製器”章，有“以戰則克”之語，似爲“則克録”一名出處。

2 稱，經武秘要本作“所稱”。

3 大，經武秘要本作“火”。

4 紛，經武秘要本作“滂”。

5 索奇，經武秘要本前有“兹又”兩字。

用。惟趙氏藏書、《海外火攻神器圖説》《祝融佐理》，其中法則規制，悉皆西洋正傳。然以事干[1]軍機，多有慎密，不詳載，不明言者，以致不獲茲技之大觀，甚爲熱衷[2]者之所歉也。𪸩質性愚陋，不諳韜鈐，但以虜寇肆虐，民遭慘禍，因目擊艱危，感憤積弱，日究心於將略，博訪於奇人，就教於西師。更潛度彼己之情形，事機之利弊，時勢之變更。朝夕講究，再四研求，只爲癡憤所激然耳。乃二三知己，誤以𪸩爲深諳茲技，每問器索譜。𪸩茫無以應，因不揣鄙劣，姑就各書[3]之要旨，師友之秘傳，及苦心之偶得，去繁就簡，删浮採實，釋奥註明，聊述成帙，公諸同志，以備參酌云爾。崇禎癸未孟夏十月之吉[4]後學焦𪸩謹識。

1 干，經武秘要本、揚州本、故宫本同。海山本作“關”。

2 熱衷，經武秘要本紙殘闕字。揚州本作“執衷”。故宫本作“折衷”。海山本作“折衝”。

3 各書，經武秘要本、揚州本、海山本作“名書”。

4 孟夏十月之吉，經武秘要本作“月”作“日”。揚州本、海山本僅作“孟夏”。故宫本自序未署年月。

火攻挈要卷上

目録[1]

1 經武秘要本目録首二行紙殘，僅餘一“録”字。揚州本“火攻挈要卷上”與“目録”間刊校勘姓氏三行“署淮南儀所監掣同知新城陳延恩 / 揚州府知府灤州汪于泗仝校刊 / 泰州分司運判錢塘許惇時”。海山本“火攻挈要卷上目録”次行刊“泰西湯若望授　寧國焦勗述”。

2 參，經武秘要本同。底本卷内標題作“察”。

製造銃車尺量比例諸法
裝放火銃應用諸器圖説
收蓋火銃鎖箍圖説
製造各種奇彈圖説
製造狼機鳥機鳥鎗説畧
製造火箭噴筒火礶地雷説畧

製造銃車尺量比例諸法
裝放火銃[1]應用諸器圖説
收蓋火銃[2]鎖箍圖説
鑄造各種奇彈圖説
製造狼機鳥機[3]鳥鎗説略
製造火箭噴筒火礶地雷説略

1 火銃，揚州本、故宫本同。經武秘要本、海山本、底本卷内標題均作“大銃”。
2 火銃，揚州本、故宫本同。經武秘要本、海山本、底本卷内標題均作“大銃”。
3 鳥機，經武秘要本、揚州本、故宫本有。海山本無。

火攻挈要卷上[1]

泰西湯若望授[2]

寧國焦勗纂

涿鹿趙仲訂

概論火攻總原

用兵之道，原以角勝而已。唯彼此角勝，則愈久愈變，而愈得其精。自蚩尤始變造五兵以勝徒手，黄帝再變造甲胄以勝五兵，至春秋，漸變而製弓弩砲石遠擊之技，又以勝短兵矣。孫子更變，而用火攻焚人馬、焚糧草、焚輜重、焚府庫、焚營寨，謂之五火，更勝於兵器之利多矣。嗣後益變，至[3]我國朝[4]，更製有神威、發熕、滅虜、狼機、三眼、快鎗等器，置之軍中，更覺隨時可用，隨地可施。以此蕩平寇虜，廓清宇内，戰陣攻取，所至必克，此又勝於燒焚

1 火攻挈要卷上，經武秘要本首行紙殘闕文。

2 卷首署名三人，經武秘要本、揚州本同。海山本作“泰西湯若望授 寧國焦勗述”，故宫本作“泰西湯若望授　寧國焦勗纂”，皆無趙仲之名。

3 嗣後益變至，經武秘要本同。揚州本、海山本無此語。

4 國朝，經武秘要本此處提行。他本俱連寫。

之技絶相遠矣近来傳得西洋大銃其精工堅利命中致遠猛
烈無敵更勝諸器然則談火攻者豈宜徒執往見哉必應翻然
詳察利獘灼近今所以不勝之故計将来所以致勝之方而後
可此編條分縷晰以求萬全庶講武偹者可識火攻之微意矣

之技絶相遠矣。近來傳得[1]西洋大銃，其精工堅利，命中致遠，猛烈無敵，更勝諸器［百千萬倍，若可恃爲天下後世鎮國之奇技矣。孰意虜得全遼，屢入内地，我之奇技，悉爲彼有］[2]。然則談火攻者，豈宜徒執往見，［概恃爲勝着哉。深心茲道者］[3]，必應翻然［易慮］[4]，詳察利弊，灼近今[5]所以不勝之故，計[6]將來所以致勝之方而後可[7]。［如是講究，革故鼎新］[8]。此編[9]條分縷析，以求萬全，庶講武備者可識[10]火攻之微意矣。

1 近來傳得，經武秘要本作“近年購來”。揚州本、海山本作“近來購來”。

2 百千萬倍……悉爲彼有，莫跋本無。據經武秘要本補。經武秘要本紙殘，闕“鎮國”“悉爲彼有”六字，據揚州本、海山本補。揚州本、海山本均無“虜得全遼屢入内地”八字。

3 概恃爲勝着哉深心茲道者，莫跋本僅作“哉”字。據揚州本、海山本補。經武秘要本紙殘，僅餘“概恃爲勝”四字。

4 易慮，莫跋本無。據揚州本、海山本補。經武秘要本紙殘闕二字。

5 近今，揚州本、海山本作“知近來”。經武秘要本作“知近□”，紙殘闕第三字。

6 計，經武秘要本、揚州本、海山本作“默計”。

7 而後可，經武秘要本、揚州本、海山本俱無。

8 如是講究革故鼎新，原脱。據經武秘要本補。

9 此編，經武秘要本、揚州本、海山本俱無。

10 庶講武備者可識，經武秘要本、揚州本、海山本作“則庶幾乎可以語”。

詳察利弊諸原以爲改圖

軍中所恃以無敵者，火攻是也。先聲能奪人之氣，隔地能傾人之命，一丸之彈，可以斃萬夫之將，一囊之藥，可以敗百千之兵[1]，誠兵器之首利，禦敵之前鋒也。奈何近來徒有火攻之虛名，並無火攻之實效，其故何也。蓋因承平日久，庸將[2]驕兵，粉飾虛文，罔計實用。鑄銃無法，不諳長短厚薄度數之節，不能命中致遠。或横顛倒坐，及崩潰炸裂，而反傷我軍。造藥無法，不諳分兩輕重之數，配合研搗之工，不能摧堅破鋭，或損鎗壞銃，及收晾失事，而延禍極慘。裝放無法，不諳遠近之宜，衆寡之用，循環之術。或先期妄發，賊至而反致缺誤，或發而不繼，乘間而衝突可入，或倉皇失火，未戰而本營自亂。此貽害莫大，勝着果安在哉。爲今之計，必宜改絃易轍，詳悉講求。如鑄銃必如何可以使遠而

1 百千之兵，“千”原作“年”。據揚州本、海山本改。經武秘要本作“千百之師”。

2 庸將，經武秘要本同。揚州本、海山本作“疲將”。

猛疾而準如何使銃身不動無横顛倒坐及炸裂等弊如何分戰攻守三等銃身上下長短厚薄何以合宜如何使子銃與母銃大小長短何以合法如造藥必如何可以使迅速而猛烈如何使燃之手心不熱紙上不焦及不致傷損鎗炮如收藥必如何可以過夏不潮如何使久貯而永無疎失之弊如裝放必如何分仰平倒三法而知彈所到之遠近如何用鉛鐵石彈與何銃相宜如何使擊放寬大而殺賊多如何使循環迭擊而炮不絶如何令擊放終日而無失火之虞如何使熱炮即冷可以復裝如用銃必如何運重爲輕可以疾趨如何轉動機活可以迎凑如何可以升高渡險不致阻滯如臨陣如何擊虜之零賊如何拒虜之全軍如何備虜之迭進如何取虜之主將如何使火器不放而虜騎亦不敢衝突我營必如此詳審則弊自去而利自

猛疾而準；如何使銃身不動，無横顛倒坐及炸裂等弊；如何分戰攻守三等銃身，上下長短厚薄，何以合宜；如何使子銃與母銃大小長短，何以合法。如造藥，必如何可以使迅速而猛烈，如何使燃之手心不熱、紙上不焦，及不致損傷鎗砲。如收藥，必如何可以過夏不潮，如何使久貯而永無疏失之弊。如裝放，必如何分仰平倒三法而知彈所到之遠近，如何用鉛鐵石彈、與何銃相宜，如何使擊放寬大而殺賊多，如何使循環迭擊而砲不絶，如何令擊放終日而無失火之虞，如何使熱砲即冷可以復裝。如用銃，必如何運重爲輕可以疾趨，如何轉動機活可以迎凑，如何可以升高渡險不致阻滯，如臨陣如何擊虜之零賊，如何拒虜之全軍，如何備虜之迭進，如何取虜之主將，如何使火器不放而虜騎亦不敢衝突我營。必如此詳審，則弊自去而利自

存矣
審量敵情斟酌製器
人知攻敵全恃火器未知製器先欲量敵故製器得法可以勝敵則一器可收數器之功若製器無法不能勝敵則百器不獲一器之用今設大敵相遇於此彼人壯馬潑箭利弓强既已勝我多矣且近來火器又足與我相當此時此際自非更得迅利猛烈萬全精技每事務求勝彼一籌或如何以大勝小以長勝短以多勝寡以精勝粗以善用勝不善用則勝斯可必也如目前火器所貴西洋大銃則彼不但有而今且廣有矣我雖先得是銃奈素未多備且如許要地竟無備焉自此而下其大器不過神威發熕滅虜虎蹲小器不過三眼快鎗此皆身短受藥不多發彈不遠且無照準而難中的銃塘外寬内窄不圓不淨兼

1 今設大敵相遇於此，經武秘要本、揚州本作“今之大敵莫過於虜”。海山本作“今之大敵莫患於”。

2 彼，經武秘要本、揚州本作“虜”。海山本作“敵”。

存矣。

審量敵情斟酌製器

人知攻敵全恃火器，未知製器先欲量敵。故製器得法，可以勝敵，則一器可收數器之功。若製器無法，不能勝敵，則百器不獲一器之用。今設大敵相遇於此[1]，彼人壯馬潑，箭利弓強，既已勝我多矣，且近來火器又足與我相當。此時此際，自非更得迅利猛烈萬全精技，每事務求勝彼一籌，或如何以大勝小，以長勝短，以多勝寡，以精勝粗，以善用勝不善用，則勝斯可必也。如目前火器所貴西洋大銃，則彼[2]不但有，而今且廣有矣。我雖先得是銃，奈素未多備，且如許要地，竟無備焉。自此而下，其大器不過神威、發熕、滅虜、虎蹲，小器不過三眼、快鎗，此皆身短，受藥不多，放彈不遠。且無照準而難中的，銃塘外寬内窄，不圓不淨。兼以弾不合口發弾不迅不直且無猛力頭重無耳而轉動不活尾薄体輕装藥太緊即顛躍炸裂似此粗悪疎瑕反足取害安能以求勝哉為今火器無如倣炤西洋其大者依法廣鑄各等大銃小者狼機鳥機鳥鎗只此数種其制亦長短中矩厚薄適宜其用能命中遠致堅利猛烈更以鑄造有傳藥彈兼精装放如法配以精卒利兵翼以剛車堅陣統以智勇良帥以戰則克近有鳥鎗短器百發可以百中遠有長大諸銃直擊數十里之遠横擊数十丈之濶更有大塘象銃擊寬斃衆慘烈無比以攻則飛彪自上擊下人民房舍無不虀碎鰲翻自下擊上鉅郭重墻莫不掀裂更有虎啼獅吼直透堅城如摧朽物以守則有臺垣異制窺遠神鏡長短銃器遠可以洞其形情近可以殄其狂銳如是器美法備制巧技精力省功多兵少威強以是禦敵庶

以彈不合口，發彈不迅不直，且無猛力。頭重無耳，則轉動不活，尾薄體輕，裝藥太緊，即顛躍[1]炸裂。似此粗惡疏瑕，反足取害，安能以求勝哉。爲今火器，無如倣照西洋，其大者依法廣鑄各等大銃，小者狼機、鳥機、鳥鎗，只此數種。其制亦長短中矩，厚薄適宜，其用能命中致遠[2]，堅利猛烈。更以造鑄有傳，藥彈兼精，裝放如法。配以精卒利兵，翼以剛車堅陣，統以智勇良將，以戰則克。近有鳥鎗短器，百發可以百中，遠有長大諸銃，直擊數十里之遠，横擊十[3]數丈之闊。更有大塘象銃，擊寬斃衆，慘烈無比。以攻則飛彪，自上擊下，人民房舍，無不虀碎，鰲翻自下擊上，鉅郭重墻，莫不掀裂。更有虎唬、獅吼，直透堅城，如摧朽物。以守則有臺垣異制[4]，窺遠神鏡，長短銃器，遠可以洞其形情，近可以殄其狂鋭[5]。如是器美法備，制巧技精，力省功多，兵少威強，以是禦敵，庶

1 躍，經武秘要本同。揚州本、海山本作“倒”。

2 致遠，原作“遠致”。據揚州本、海山本乙。經武秘要本紙殘闕字。

3 十，經武秘要本同。揚州本、海山本作“千”。

4 臺垣異制，揚州本錯簡，以下誤接“用鐵鎔鑄……庶得光溜”，以及圓彈、響彈至蜂窩彈十種彈型介紹，來自同卷“鑄造各種奇彈圖説”後半文字；此處應接之“窺遠神鏡……可勝之道矣”誤置於“鑄造各種奇彈圖説”文末。

5 窺遠神鏡……殄其狂鋭，經武秘要本同。海山本作“銃器異宜，更以窺遠神鏡，量其遠近而後發”。揚州本作“窺遠神鏡，酌用銃器，遠近洞其情形，猛烈殄其虜勢”，且錯簡誤置於“鑄造各種奇彈圖説”之末。

幾有可勝之道矣。

築砌鑄銃臺窑圖説

鑄銃之臺，四旁用磚砌，中間用黄土填滿築實。高一丈六尺，寬長各四丈。正面凹進三分之一，其形見方。凹處兩傍及臺後，各用磚砌梯櫈，以便上下。凹處之裏面，又開井窑，以爲安模之用。其窑深二丈，寬徑六尺。正面敞口，底下開竅以通濕氣。其臺上蓆棚，聽候造模化銅之際，隨用所宜，臨時蓋搭，不必預設。臺之閒處，另搭庫棚二間，收藏器具物料等件，以便臨時取用。其大爐必安窑後，以便引銅傾鑄，造模宜近窑［口，且以模尾相對，以便下窑。其起重、運重、引重等器，悉宜安置模旁，以備升引之用。庶免臨時那移安設之勞煩也。］[1]

1 口且以模尾相對……勞煩也，原脱。據經武秘要本補。揚州本、海山本俱脱。按經武秘要本，上文"造模宜近窑"爲前葉最末五字，其後接"鑄銃臺"圖兩個半葉（10b–11a），隔斷下文"口且以模尾相對"等四十四字。

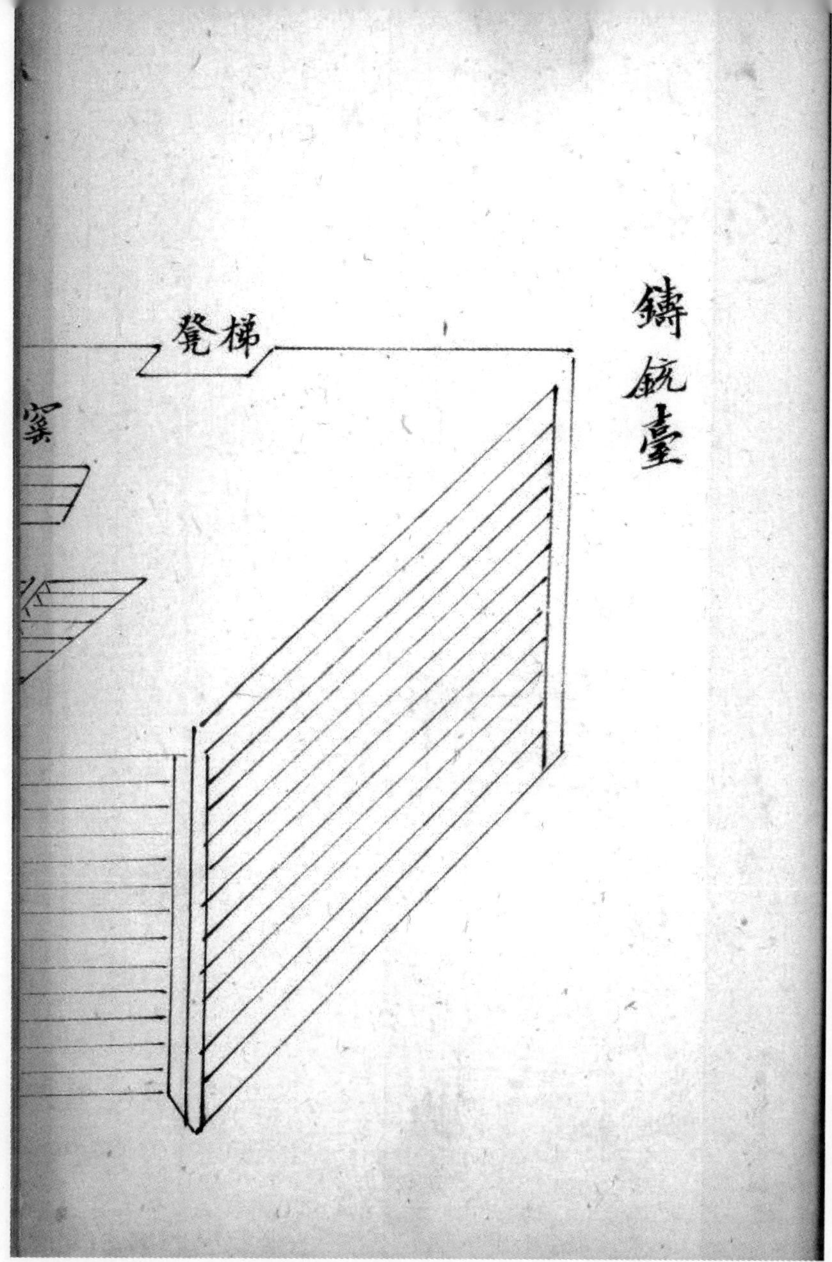

鑄銃臺。窑井。梯凳。

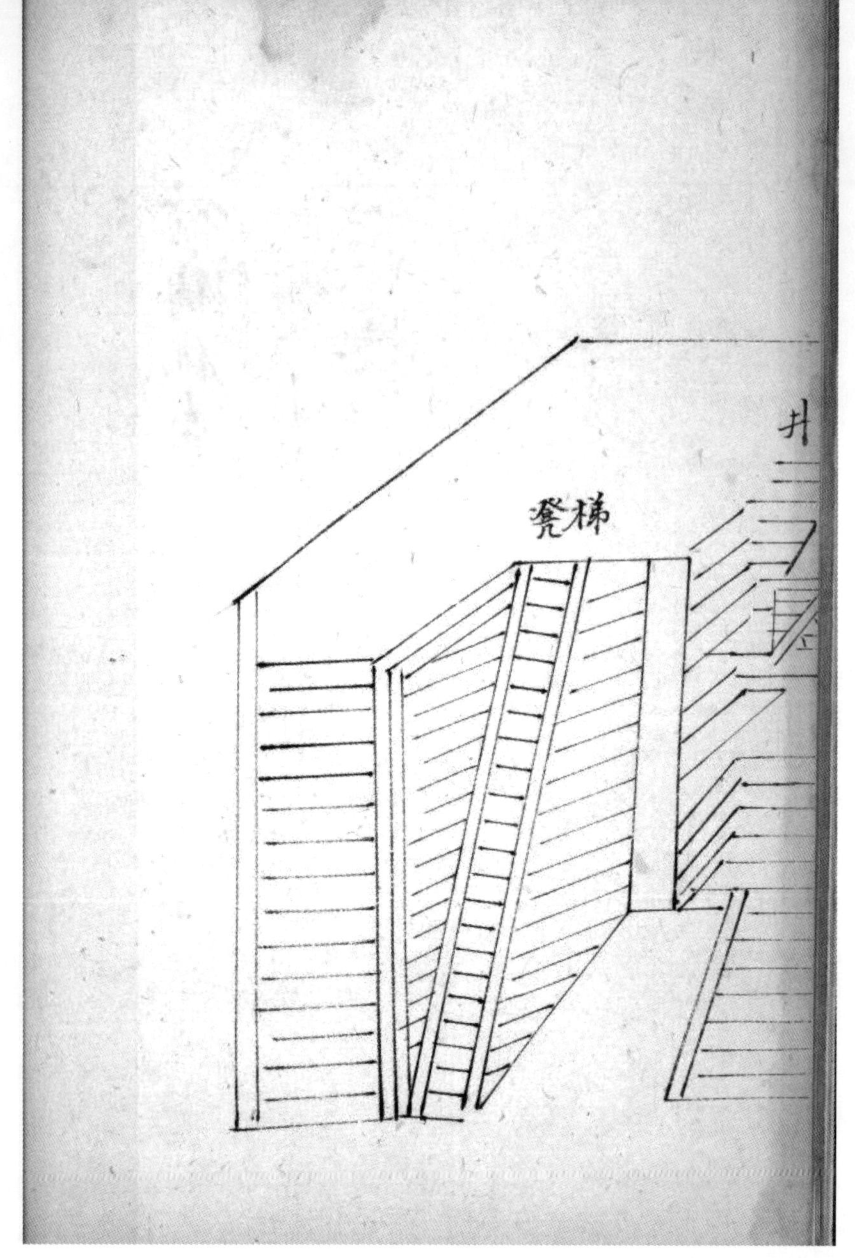

梯凳。

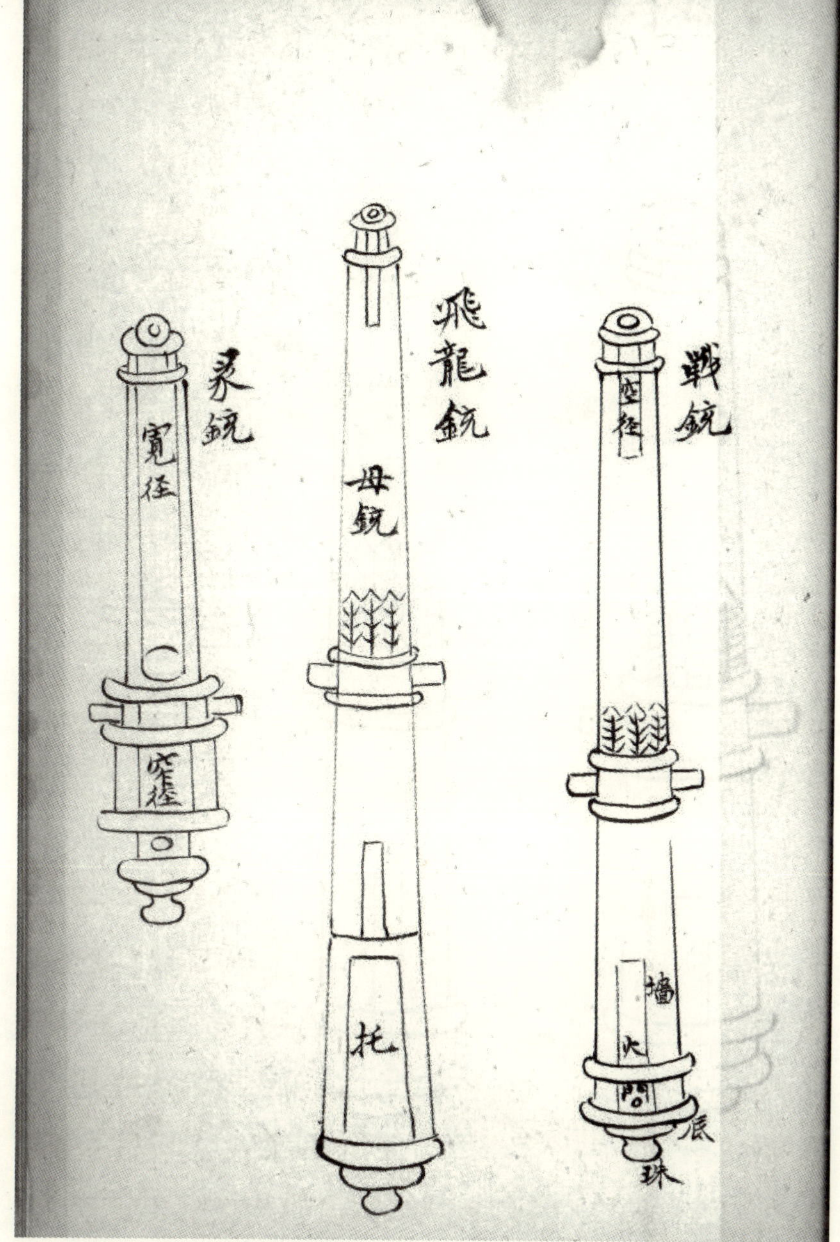

戰銃。空徑。墻。火門。底。珠。

飛龍銃[1]。母銃。托。

象銃[2]。寬徑。窄徑。

1 按經武秘要本飛龍銃圖，飛龍左側繪有子銃三個。莫跋本子銃圖誤置於後文鐵心圖前。

2 按經武秘要本象銃圖，砲膛内圓彈上書“彈”字。

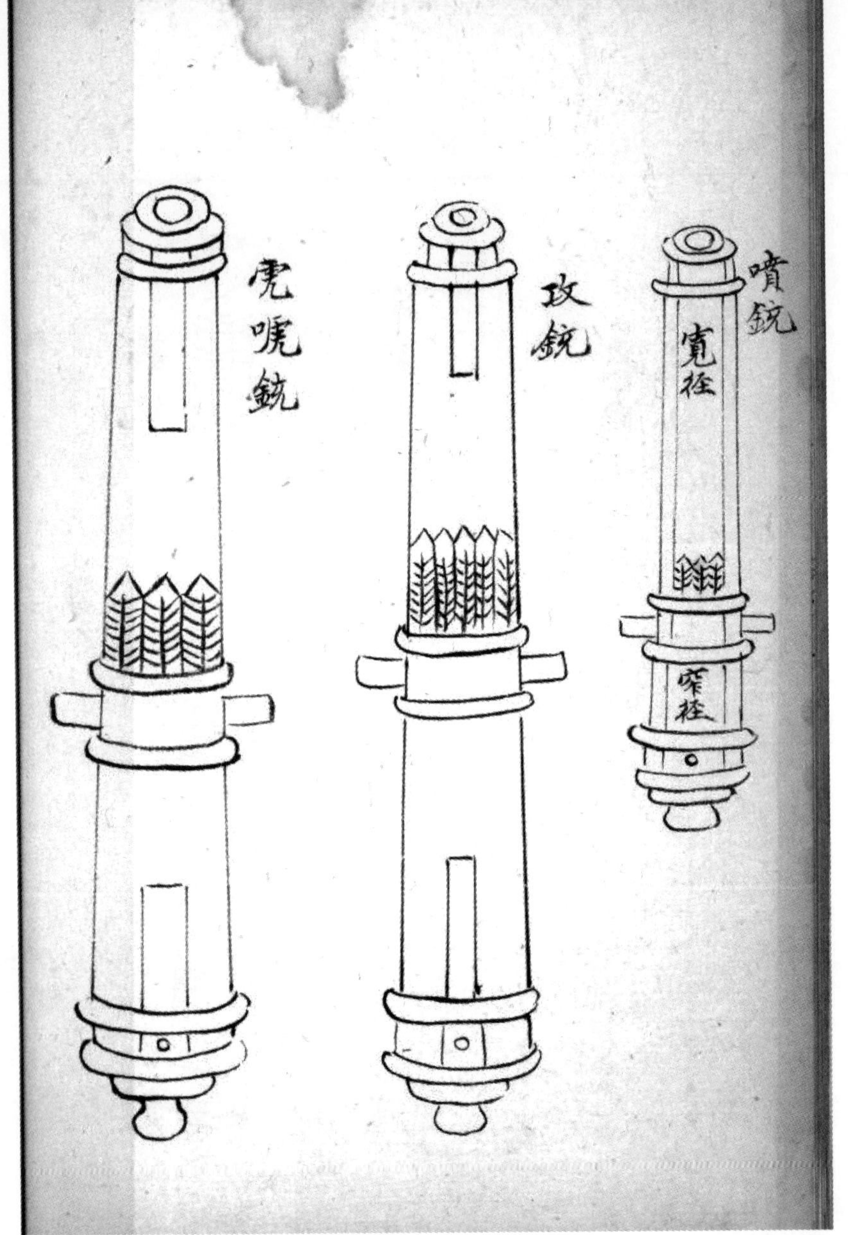

噴銃[1]。寬徑。窄徑。
攻銃。
虎唬銃。

1 按噴銃圖，莫跋本銃身、内膛皆繪作直筒；經武秘要本銃身作直筒、内膛繪作前豐後弇；揚州本、海山本銃身、内膛誤作前弇後豐。

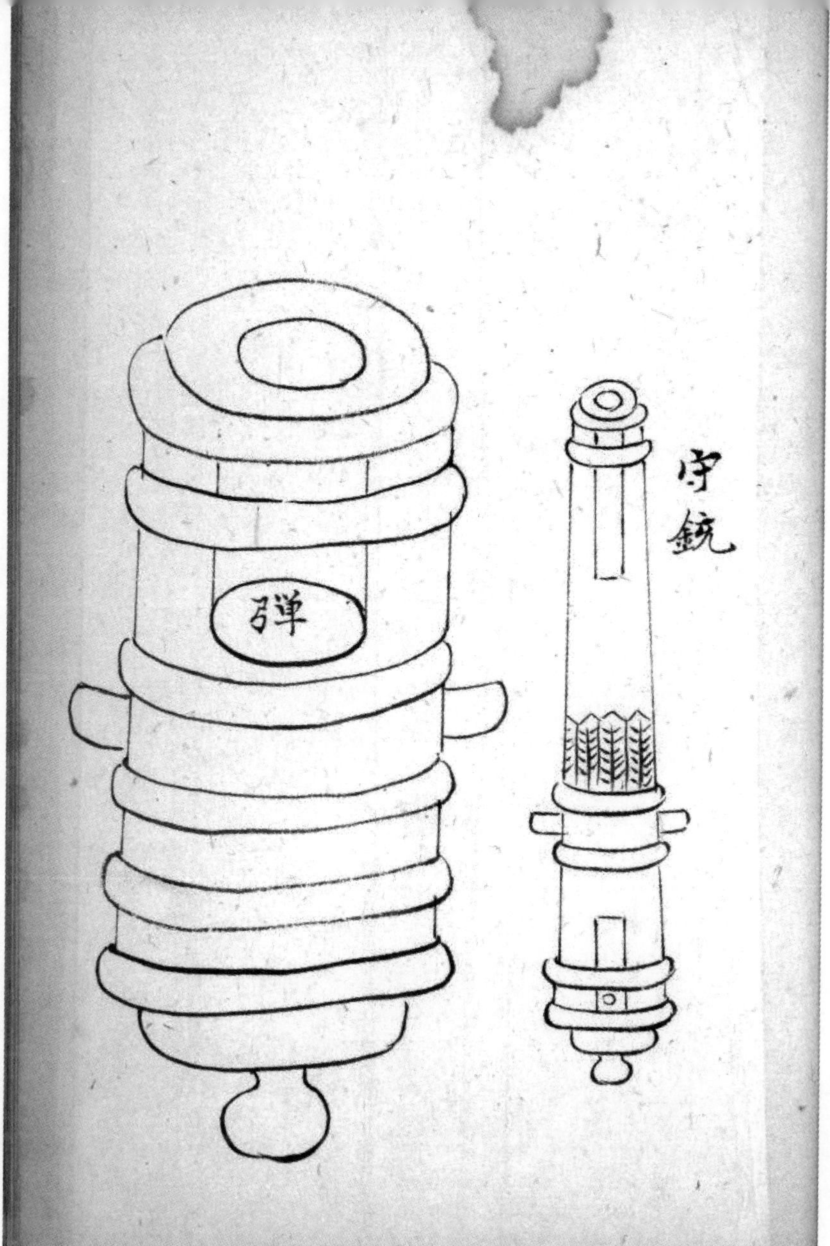

守銃。
［獅吼銃］[1]
［飛彪］[2]。彈。

1 獅吼銃，原闕。據經武秘要本補。重摹圖參見附録一。莫跋本、揚州本、海山本俱闕本圖。按經武秘要本插圖，獅吼銃形制與虎唬銃類似，體型更巨，銃口銃尾分別與上下板框相接，然闕右側銃耳。

2 飛彪，原脱。據經武秘要本補。揚州本、海山本俱脱圖題，且圖内闕左側銃耳。經武秘要本插圖另行繪出飛彪銃膛内砲彈以下藥膛窄徑及火門。

鑄造戰攻守各銃尺量比例諸法

西洋鑄造大銃，長短大小厚薄，尺量之制，着實慎重，未敢徒恃聰明，創臆妄造，以致誤事，必依一定真傳，比照度數推例。其法不以尺寸爲則，只以銃口空徑爲則。蓋謂各銃異制，尺寸不同之故也。唯銃口空徑爲[1]則，是就各銃論各銃，以之比例推算，則無論何銃，亦自無差誤矣。

戰銃空徑三寸起至四寸止，身長從火門至銃口三十三徑，火門前銃墻厚一徑，耳前墻厚七分五釐，徑銃口墻厚半徑，銃底厚一徑。尾珠在外，其珠之長大各得一徑銃，耳之長大俱各一徑，火門至耳際得十三徑，耳得一徑，耳前至銃口徑得十九徑。此係四六比例之法，火門距耳得十分之四，帶耳至銃口得十分之六也。其體重五百斤至千斤止，亦有項大重三千斤者。其彈重四斤至十斤止。

1 爲，原脱。據經武秘要本補。揚州本、海山本俱脱。

飛龍銃，空徑三寸起至五寸止，子母銃身共長五十五徑。大號用子銃三門，小號用子銃五門。子銃身長五徑，底一徑，用墻得一徑。子銃口入篗宜深，後拴鎮壓處當緊，篗處得一徑，拴處得半徑。子銃火門至母銃耳際得二十二徑，耳得一徑，耳前至銃口得三十二徑，餘悉照前。此亦狼機之制，因能遠發，故名飛龍。

象銃，口下空徑五寸，火門前裝藥處空徑二寸五分，身長從火門至銃口八徑。塘内裝藥窄處得二徑，藥前寬處得六徑，裝藥墻厚半徑。銃口墻厚二分五釐徑，銃底厚一徑，尾珠銃耳長大各六分徑。火門至耳際二徑，耳得六分徑，耳前至銃口得五徑四分。此係四分比例之法，謂火門距耳得一分，帶耳至銃口得三分，蓋以銃前塘寬體輕故也。又以塘口極[1]寬，故名象銃。

噴銃，口下空徑一尺，火門前空徑五寸，身長從火門至銃口四徑。塘内從底至口，一直往上如敞口喇叭之形，不比象銃分寬窄

1 極，原作“徑”。據經武秘要本改。

兩截也。火門前墻厚二寸五分，銃口墻厚一寸二分五釐，底厚三寸，尾珠銃耳長大各三寸，餘悉照前。此亦象銃之類，但體更輕，所裝彈藥更多。

攻銃，空徑四寸起至六寸止，身長十八徑至二十二徑止，火門至耳際得八徑，耳得一徑，耳前至銃口得十一徑。彈重十斤至五十斤。銃塘更宜光直，用彈定要緊貼藥上，且與塘内毫無寬縫漏火，則發彈遠射而且有力，餘悉照前。

虎唬銃，空徑六寸起至一尺止，身長二十徑。彈用五十斤至百斤止。銃身較戰銃可加厚三五分，餘悉照前。

獅吼銃，空徑一尺至一尺五寸止，長十五徑。彈用一百斤至三百斤。銃身照戰銃可加厚半徑，餘悉照前。

飛彪銃，口下空徑[1]二尺，火門前裝藥處空徑一尺，身長從火門至銃口四徑。塘内裝藥窄處二徑，藥前寬處二徑，口下墻厚

1 空徑，原作“空一徑”。據經武秘要本改。

半徑，裝藥處墻厚七分五釐徑，底厚七分五釐徑。尾珠銃耳長大各半徑。火門至耳際得徑半，耳得徑半，耳前至銃口得三徑。

守銃，空徑三寸起至五寸止，身長十六徑至十八[1]徑止。彈用四斤至十斤止。餘悉照前。

西洋製守銃殊短之意，蓋備敵人攻城時之所用也。若敵人屯營遠窺，必藉長戰銃遠擊，以亂其營，使彼不敢久停。若蟻聚蜂擁，逼臨城下，又必藉大象銃，以爲擊[2]寬斃衆之計。若高築敵臺，負固對擊，則更必藉大銃攻銃[3]，以爲攻堅之用。總之遠近寬窄，隨宜酌用，變化在人，又豈可拘泥名色，而自誤實用之功效哉。但守銃之耳[4]制，大約以銃口距耳，應得身度三分之二，帶耳至火門應得三分之一，蓋謂守銃利於朝下放故也。其城守之象銃，較戰陣之象銃，又必加長四徑，共得十二徑，方可遠擊而斃

1 十八，原作“八”。揚州本、海山本同。據經武秘要本改。

2 擊，原作“敵”。據經武秘要本改。

3 大銃攻銃，經武秘要本作“火攻銃”。揚州本、海山本作“火銃攻銃”。

4 耳，經武秘要本同。揚州本、海山本俱脱。

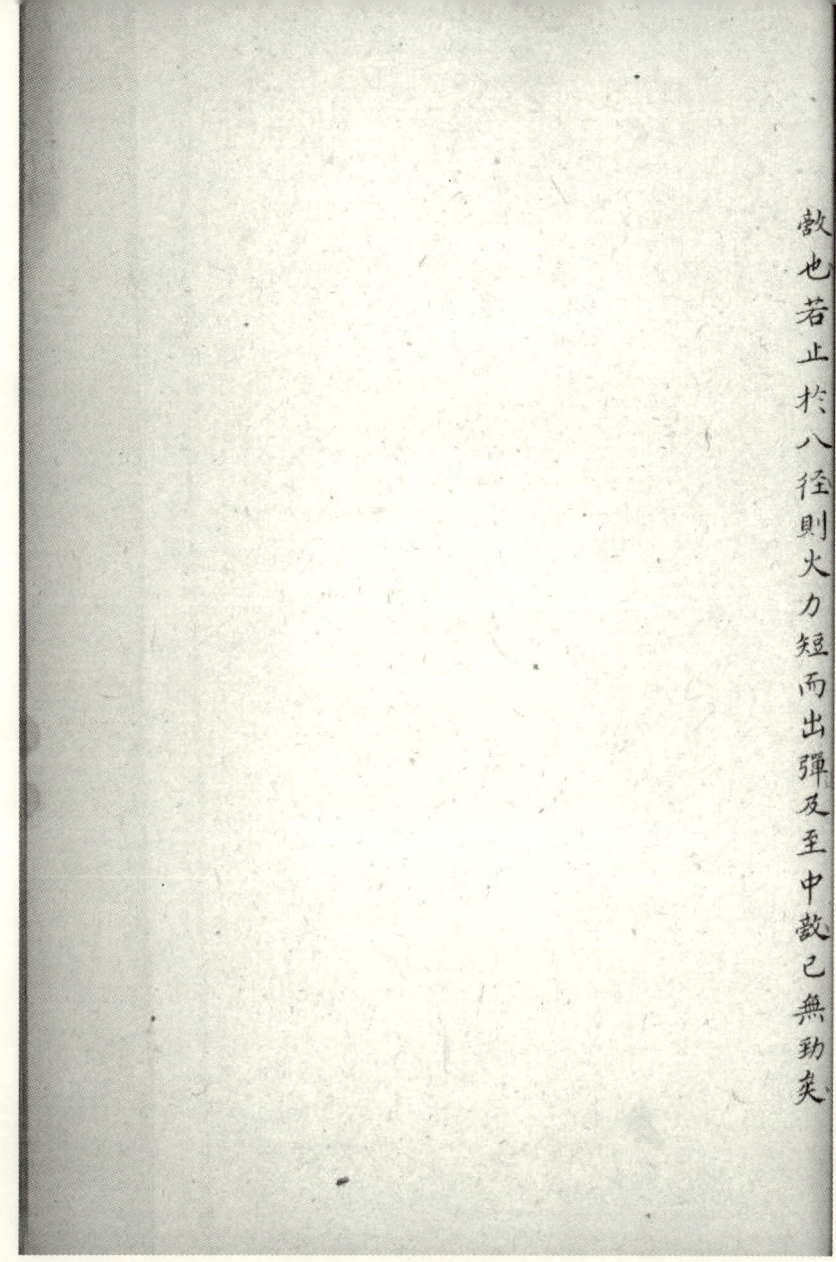

敵也。若止於八徑，則火力短而出彈近，及至中敵已無勁矣。

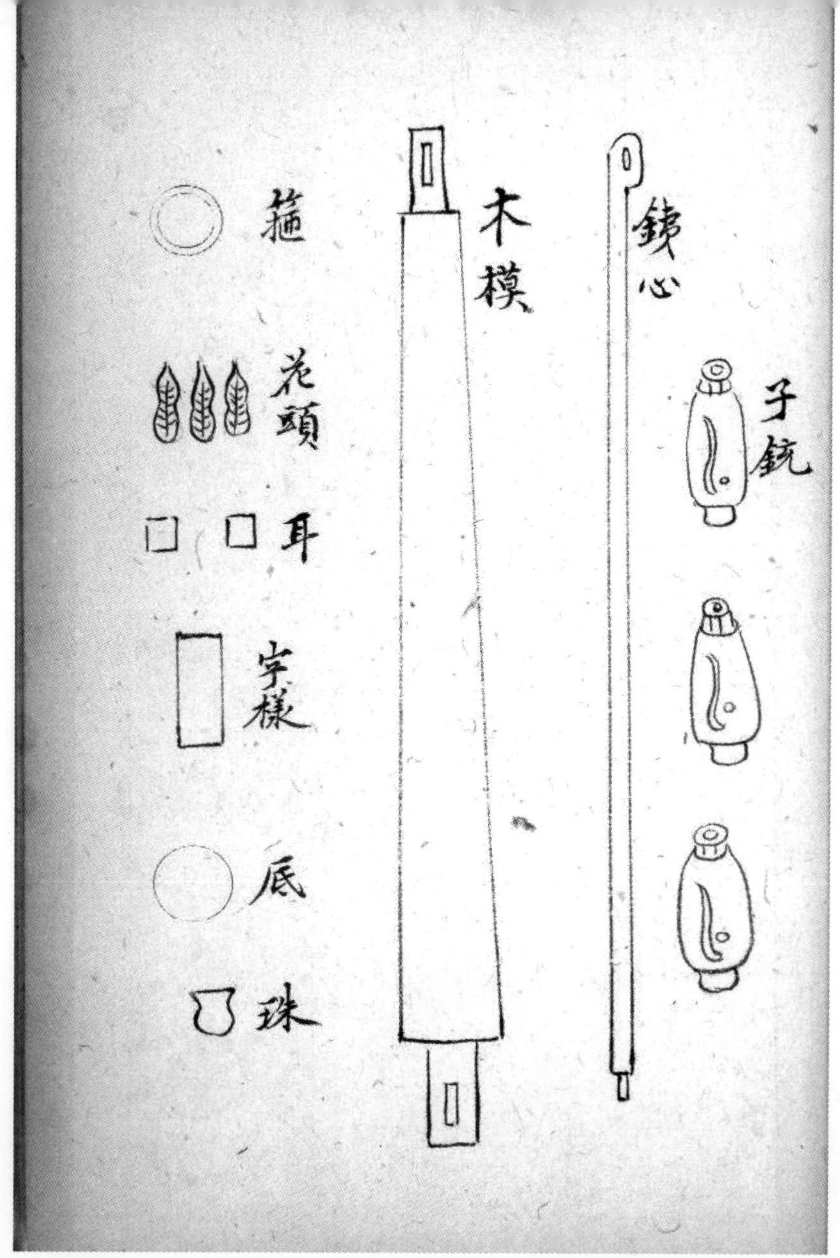

子銃[1]。

鐵心[2]。

木模。

箍。花頭。耳。字樣。底。珠。

1 子銃圖，按經武秘要本，當在前文飛龍銃圖左側。揚州本、海山本均誤置於噴銃圖左側。

2 鐵心圖，按經武秘要本，鐵心上端爲彎曲形狀，上端孔眼下方又有並排長方形孔眼兩個。

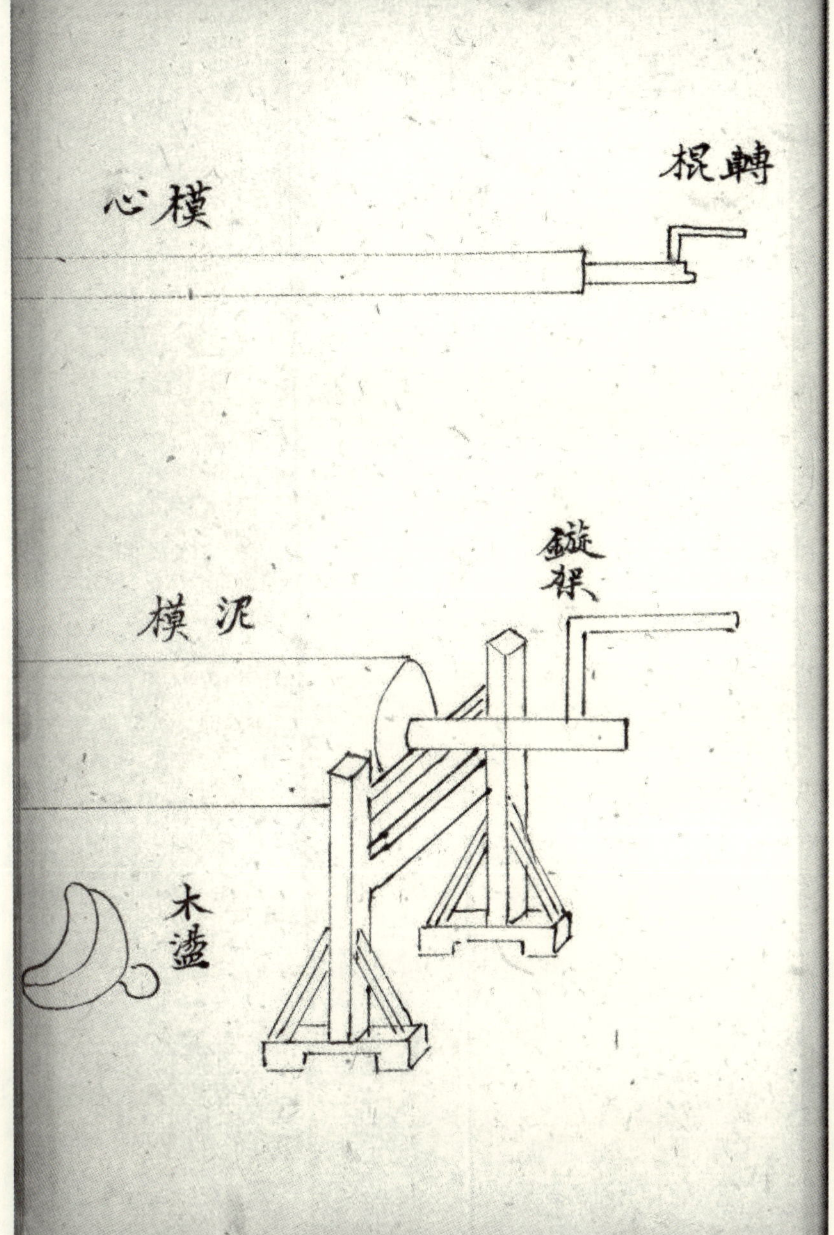

轉棍。模心。
鏇架。泥模。
木盪。

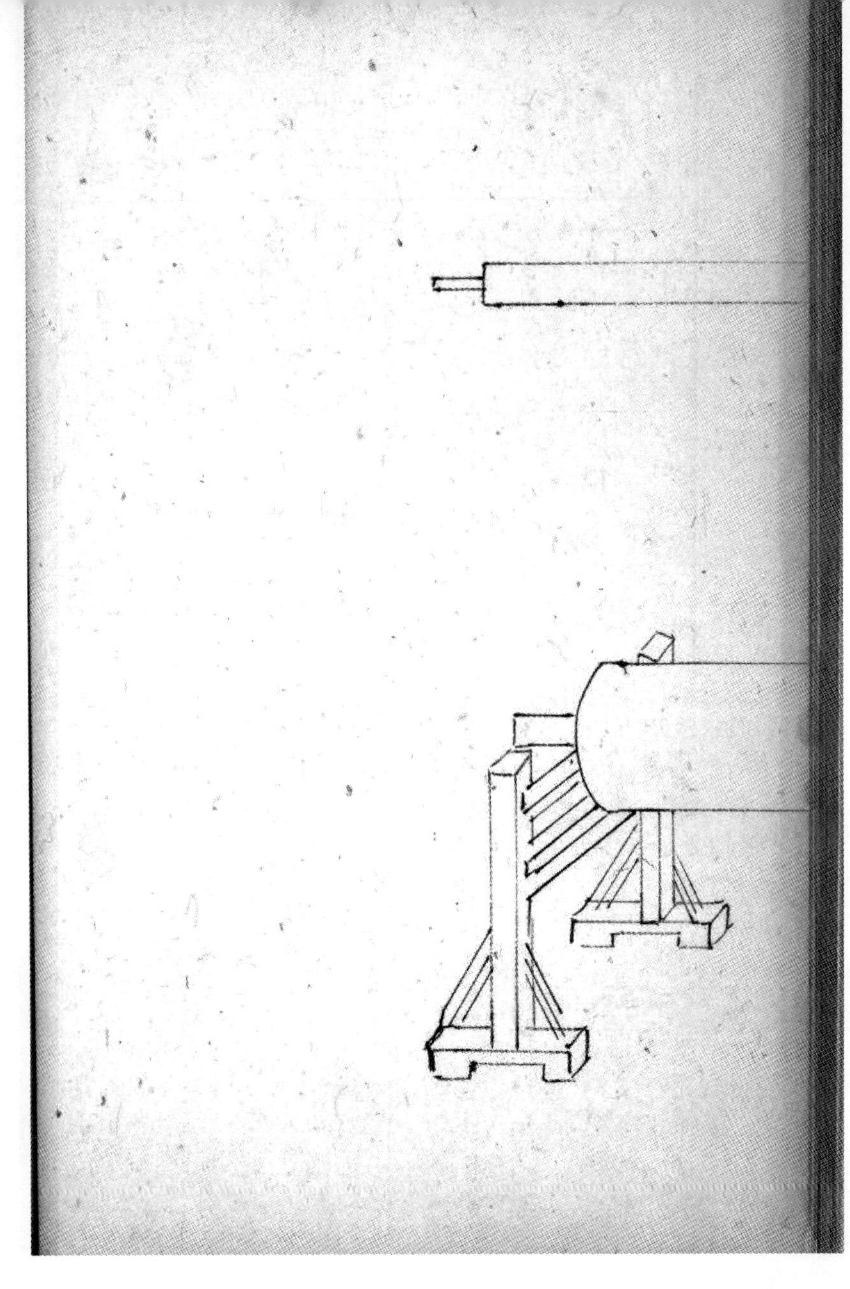

造作銃模諸法

用乾久楠木或杉木，照本銃體式，鏇成銃模。兩頭長出尺許，做成軸頭。軸頭上加鐵轉棍，安置鏇架之上，以便鏇轉上泥。木模既成，將銃耳、銃箍、花頭字様等模安上，用羅細煤灰匀刷一層，候乾。用上好膠黄泥和篩過細砂，二八相參，或用本色砂泥[1]亦可，用羊毛抖開，參入泥内，和匀作經，不可太乾，亦不可太濘，如塗墻之泥爲準。泥或塗在模上，每次約可寸許。塗匀，將轉棍轉動，用圓口木板盪蘸水盪平。候乾，照前再上。其泥之厚薄，照銃口空徑，一徑六分。如銃口徑五寸，則模泥用八寸厚是也。俟上泥厚至三分之二，則以粗條鐵線，從頭密纏至尾。纏畢，照前上泥。俟上至十分之九，則以指大鐵條照依模長，大號模用十六根，次號十二根，小號八根，匀擺模上，作骨。隨用一寸寬、五分厚

1 泥，原作“土”。據經武秘要本改。

鉄箍大號用八道次號六道小號四道照泥模頭尾匀度大小
匀箍鉄條之外又照前上泥上完盪匀候乾透然後可用其乾
之日期大號銃模約待四個月次號三個月小號兩個月可必
乾矣俟乾畢將木心敲出用炭火入模內一則煉乾泥模二則
燒化銃耳銃箍及花頭字樣等件成灰候冷用鷄毛箒掃出灰
渣將木銃模底安定再安尾珠悉照前法上泥上完候乾取出
木底用炭火燒化尾珠俟冷淨聽候下窑鑄造
模心用鉄照本銃空徑長短打成鉄心其徑之大小即照本銃
空徑之半如空五寸則鉄心當用二寸五分周圍之泥共得二
寸五分心尾打方孔深三寸許另安鉄轉棍在內以便鏇轉其
鉄心之首長出二尺折轉五寸為扒頭以便拴繩提放之用鉄
心二三寸之下留一方孔安鉄轉棍鉄心之下尺許留十字方

鐵箍，大號用八道，次號六道，小號四道，照泥模頭尾，自[1]度大小，匀箍鐵條之外。又照前上泥。上完，盪匀候乾透，然後可用。其乾之日期，大號銃模約待四個月，次號三個月，小號兩個月，可必乾矣。俟乾畢，將木心敲出，用炭火入模内，一則煉乾泥模，二則燒化銃耳、銃箍及花頭字樣等件，成灰候冷，用雞毛箒掃出灰渣。將木銃模底安定，再安尾珠，悉照前法上泥。上完，候乾，取出木底。用炭火燒化尾珠，俟冷，淨聽候下窑鑄造。

模心用鐵，照本銃空徑長短，打成鐵心。其徑之大小，即照本銃空徑之半，如空五寸，則鐵心當用二寸五分，周圍之泥，共得二寸五分。心尾打方孔，深三寸許，另安鐵轉棍在内，以便鏇轉。其鐵心之首，長出二尺，折轉五寸爲扒頭，以便拴繩提放之用。鐵心二三寸之下，留一方孔，安鐵轉棍。鐵心之下尺許，留十字方

1 自，原作“匀”。據經武秘要本改。

孔以穿寸大鉄條以便下模閣置外模之上鉄心既成安於鏇
架之上照前法上泥漸次上完用羅細煤灰上匀聽候乾用

孔，以穿寸大鐵條，以便下模閣置外模之上。鐵心既成，安於鏇架之上，照前法上泥，漸次上完，用羅細煤灰上匀，候乾聽用[1]。

1 候乾聽用，原作“聽候乾用”。據經武秘要本改。

1 起重圖，經武秘要本與莫跋本差異較大。經武秘要本僅繪出下輪，無上部定滑輪及砲體；下部動滑輪爲一滑輪組，形狀豎長，上下並排六圓孔。轆轤横軸纏繞兩根繩索，分别位於兩處十字向把手之間空隙。揚州本、海山本插圖更爲簡略，無上輪及砲體，下輪幾未繪出。按圖説，“滑車有上下二具雙層銅盤，共有二十二輪”，則上滑輪或爲雙層每面六輪之定滑輪組，下滑輪或爲雙層每面五輪之動滑輪組。經武秘要本起重滑車圖、新作滑車組結構設想圖，參見附録一。

2 滑車，原脱。據經武秘要本補。經武秘要本起重圖右側支架與中心支架間空白處，繪出“滑車”分圖。滑車爲雙層滑輪組，一面六輪，凡十二輪。揚州本、海山本無題，圖形簡化作一橢圓。

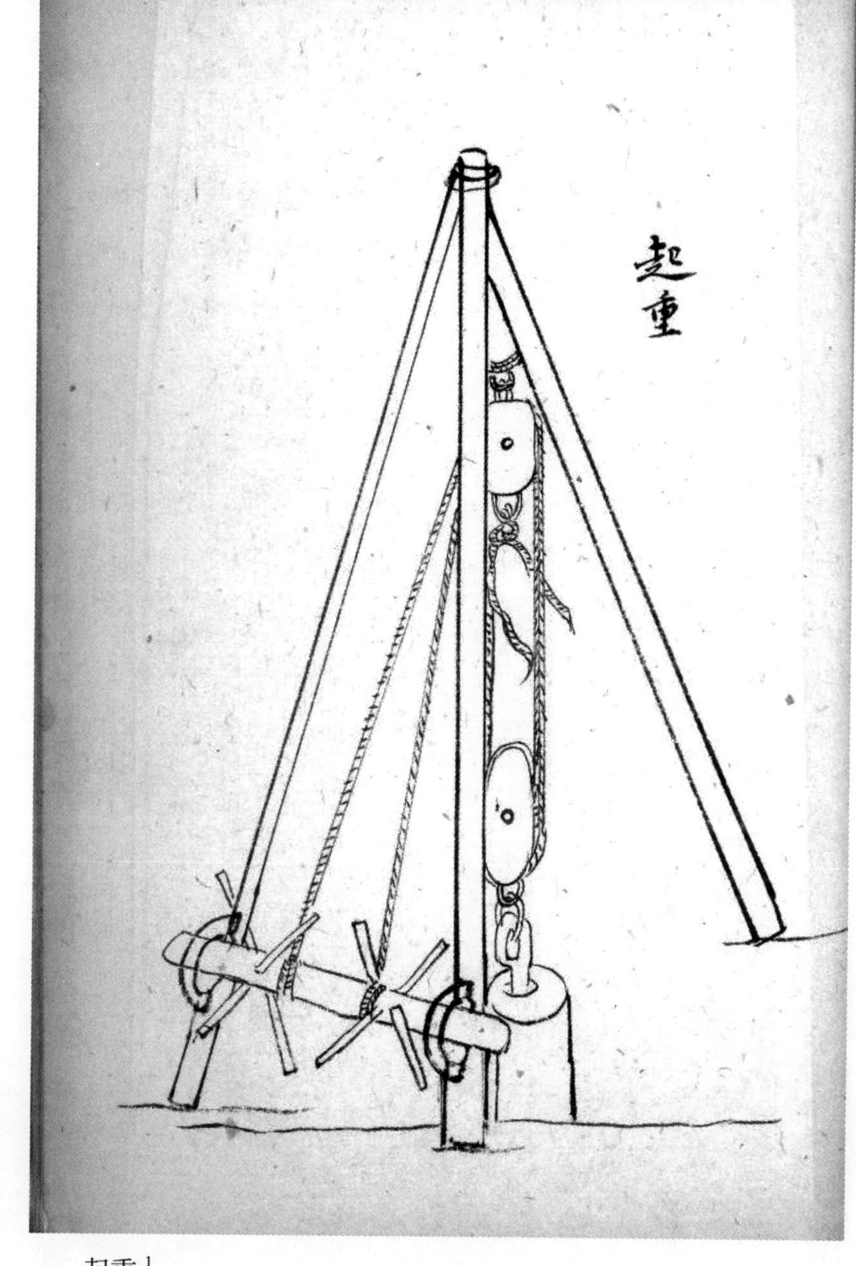

起重[1]

［滑車］[2]

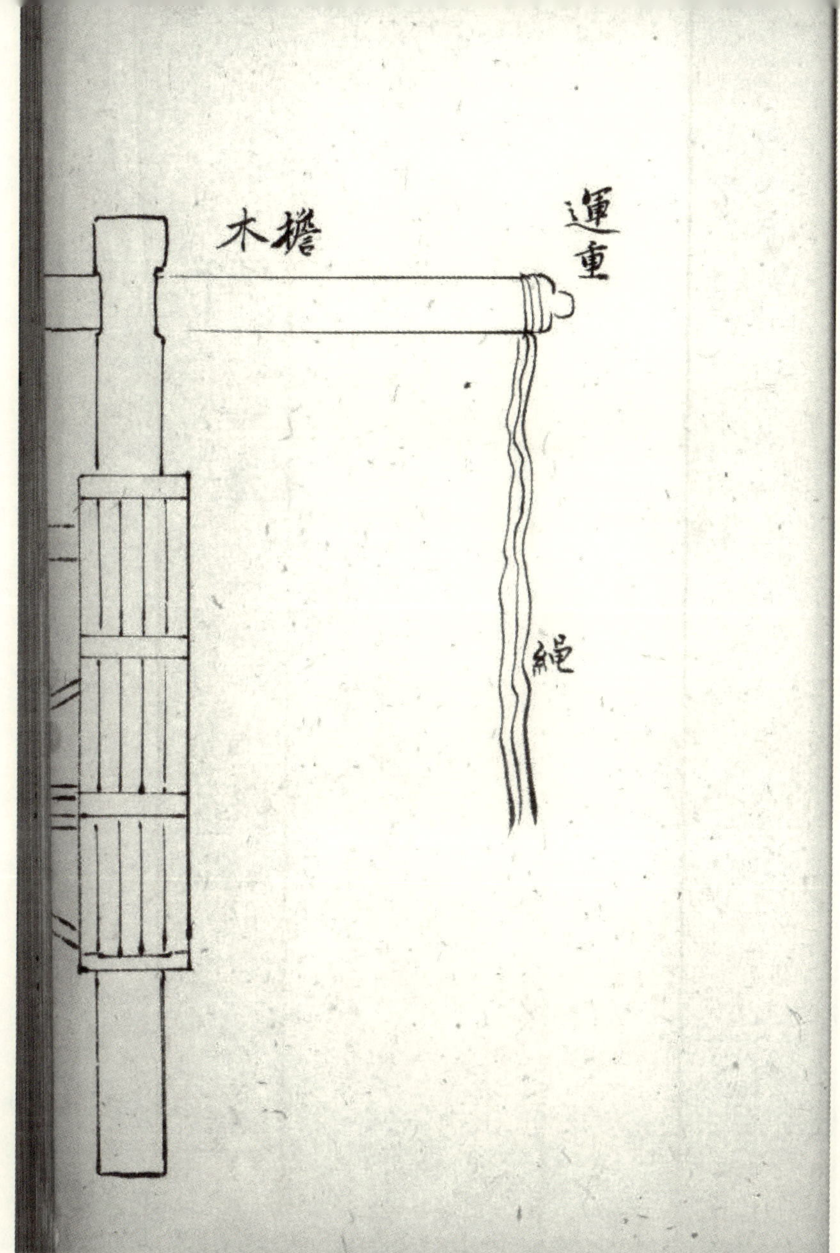

運重。[柱][1]。[套][2]。繩。木擔。

1 柱，原脱。據揚州本、海山本補，書於立柱上端外。

2 套，原脱。據經武秘要本補，書於柱外包套右側。

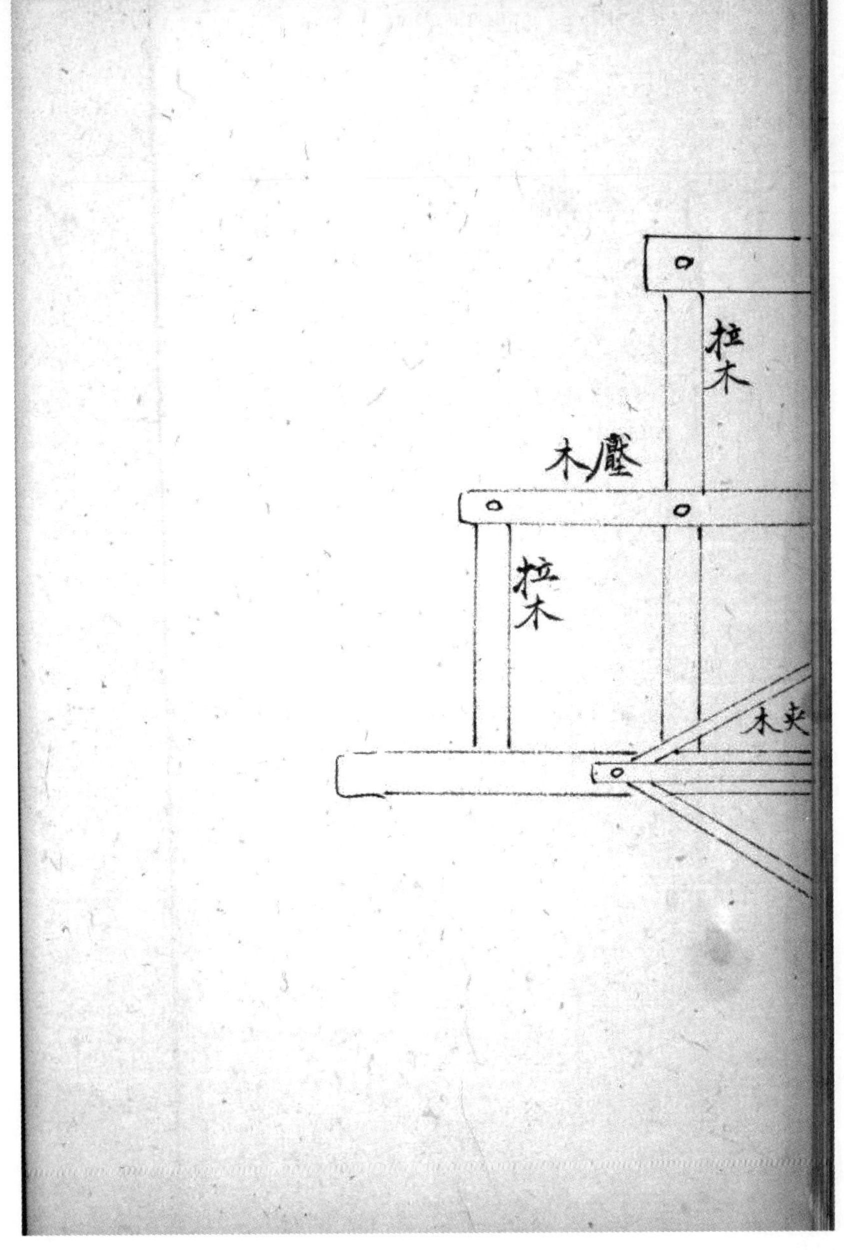

拉木。壓木。拉木。夾木[1]。

1 夾木，揚州本、海山本脫。

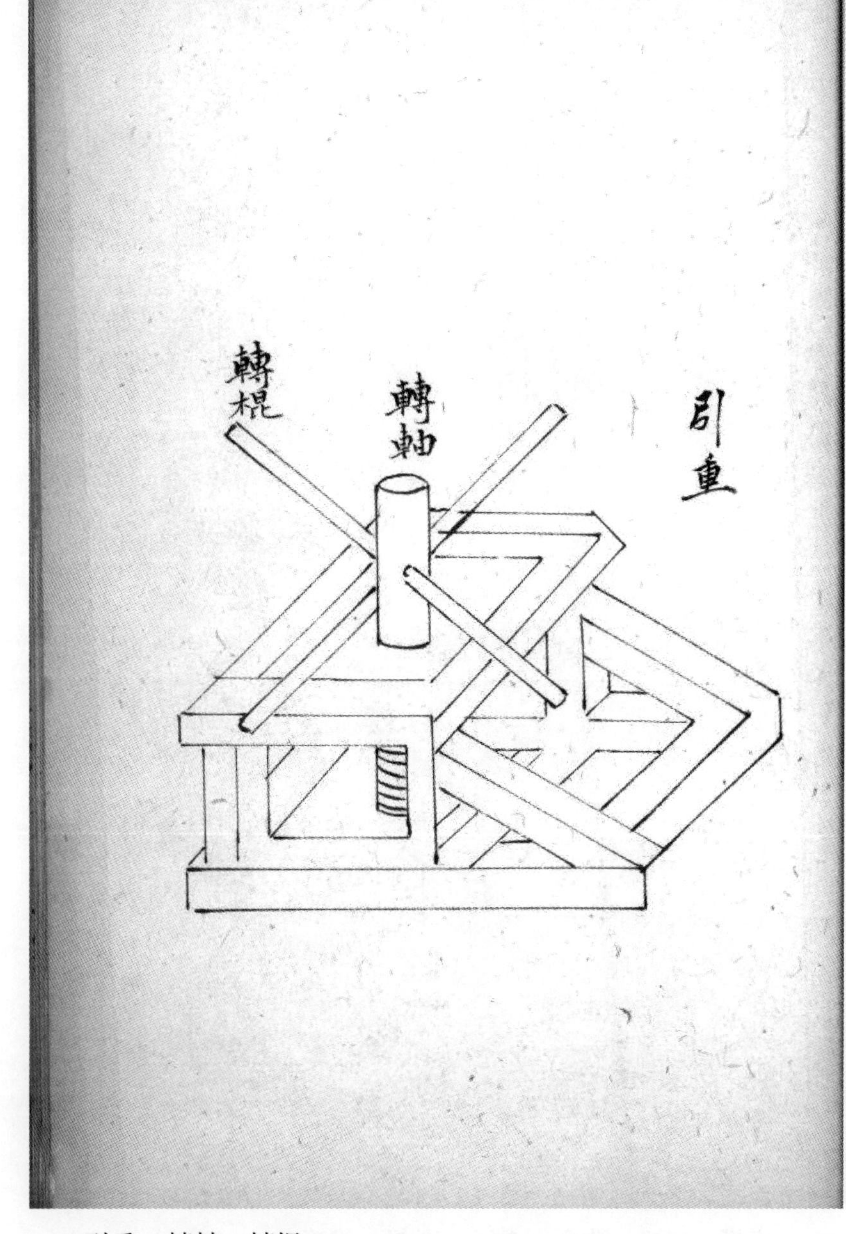

引重。轉軸。轉棍。

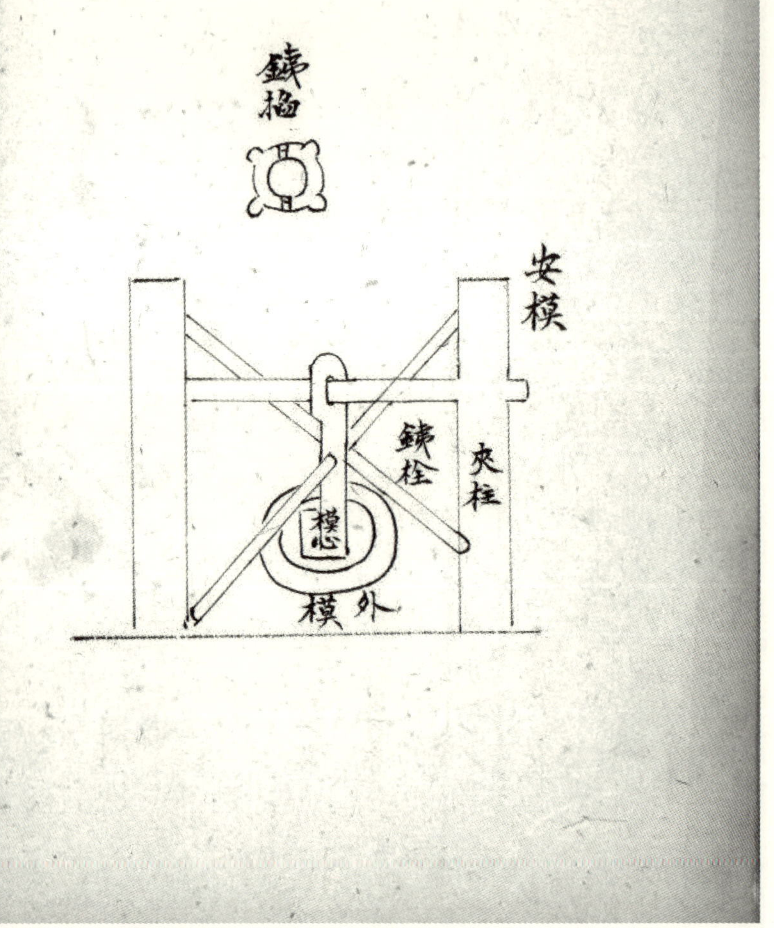

安模。夾柱。鐵栓[1]。模心。外模。鐵掐。

1 安模圖，經武秘要本兩鐵栓四端之下分別墊起二層或三層砖石支撑。揚州本、海山本墊石大爲簡化。莫跋本未繪出墊石。

下模安心起重運重引重機器圖説

凡大銃之模，輕者數千餘斤，重者數萬餘斤，若非預製機器，運重爲輕，則斷不能隨手轉動也。

起重，用六寸徑、二丈長堅木三根作柱。柱頭用鐵箍，箍下鑿一圓孔，二寸徑大。用圓鐵拴一根，長二尺四寸，將三柱穿縮一處。鐵拴之兩頭用鐵箭箭住。將柱品字竪立，於中柱穿拴之下，隔二寸許，鑿圓孔二寸徑大，拴繫雙銅盤滑車，上下二具。以徑寸粗蔴繩二根，穿入上下滑車之内。於[1]二柱下脚，離地二尺五寸許，開半規。用五寸徑堅[2]木一根爲軸，約長七八尺，納柱半規之内。外用木二尺，亦開半規，幫釘軸外。十字穿心，勻安木擔四根，長四尺。將上繩拴繫軸上，下繩拴繫模尾，用四人絞轉軸木，則繩漸升而模自起矣。凡起重物俱可例用。

1 於，原作“拴”。據經武秘要本改。

2 堅，經武秘要本同。揚州本、海山本作“竪”。

此器人用者頗多，但上懸滑車，止有單盤一輪，所以起重猶費力耳。茲則妙在滑車有上下二具雙層銅盤，共有二十二輪[1]，上下繩索，婉轉活利，較之尋常，省力數十倍矣。

運重，用堅木一根，一尺二寸徑，三丈長，爲總柱。鉤[2]分兩截。上截長一丈，頭用鐵箍，箍下四寸許，開馬口方孔，二尺高，八寸寬。孔内之下，安二寸徑鐵圓拴一根，以便含架横擔。孔下鐵箍一道。柱之下頭，亦用鐵箍。箍内嵌以鐵盤，中開方孔，徑二寸五分，深一尺五寸，納以方頭鐵心。下餘一尺，爲圓鋃。鋃頭尖圓，插入下截柱内，以便轉動。下柱長二丈，將一丈埋入土内，土上存一丈。頭用鐵箍，箍内嵌以鐵盤，中開[3]圓孔，徑三寸，深一尺二寸。孔底嵌以鐵臼，鐵臼中心圓窩，外體方形，徑二寸五分，厚二寸。孔塘鑲嵌鐵筒，其長照塘厚一分。上下兩柱交插之際，上柱微粗，下

1 輪，原作“棱”。據經武秘要本改。
2 鉤，原作“鈎”。據經武秘要本改。
3 開，經武秘要本同。揚州本、海山本作“間”。

柱微細，以便轉動。其柱心鐵鋟，略長二三分，柱木相接處略短二三分，則轉動之時，庶不壓住而活便隨手矣。柱外用木圈四筒，小柱五根，長一丈，徑大四寸，造成套式，安置大柱居中之處。上半截實釘柱上，下半截爲活套，稍寬二分。套上安置拉、壓等木，以便轉動。所用擔、壓等木，或榆或檀。擔木八寸寬，一尺厚，一丈二尺長。於擔身三分居二之際，鑿二寸徑七分圓孔[1]，以便含架柱頭鐵圓拴之上。在下壓木，見方六寸大，一丈三尺長。居中壓木，長六尺，見方四寸。拉木各長五尺，厚二寸，寬三寸。兩旁夾木厚三寸，闊四寸。其拉壓之際，各用寸徑鐵圓簨，以便轉動。在上擔木之末，用二寸徑粗蔴繩安套，以挽模首。在下壓木之末，用徑寸蔴繩安套，以便拉挽。

此器中國名爲天秤，但止用柱頂横擔一根，所以用力猶難。玆

1 孔，經武秘要本作“規”。揚州本、海山本脱。

用拉、壓三層，由短漸長，上下牽拽，左右轉動，用人極少而得力極大矣。

引重，轉軸、級[1]担，悉宜高與胸平，則轉絞便於用力。其餘法製簡約顯明，看圖自知，不另立説。

下模，先於模體半乾之時，將火門之上，開一方孔。寬半徑，長一徑，外口略寬，以便安置鐵掐[2]。將原泥仍照孔做成泥塞，煉乾以備塞孔之用。俟模已乾，用運重繩拴住模首，用起重、引重繩各拴住模尾，拴繫既定，將運重、起重一齊升挽，離起原所。以運重壓柄，向前轉送，以引重前拽，引至窑井受模之處，將模漸落，安對模窩。次以模首引扶端正，於火門之上所開方孔，用折叠圓圈十字鐵掐，折轉送入模内，展開安置穩當。其掐徑之鐵條，或五六分大，或一寸大。於模口二尺之外，亦用折叠鐵掐，折轉放

1 級，經武秘要本、揚州本同。海山本作“絞”。

2 掐，原作“搯”。經武秘要本、揚州本、海山本同。按底本附圖内説明文字作“掐”，據改。以下照例統改。

進模内展開從下擠上安妥用壯繩四根各拴鉄鈎〻住鉄擋
将繩頭各拴繫模外聽候安心
安心先将模心照前升挽引至模口極力升起端正〻對掐内
從容放落插入下掐之内安妥将鉄心之上十字鉄拴架平緊
縛兩旁夾柱之上将下口塞緊上鈎取出四圍用乾土築实底
下用法以通濕氣

進模内展開，從下擠上，安妥。用壯繩四根，各拴鐵鈎，鈎住鐵擋，將繩頭各拴繫模外，聽候安心。

安心，先將模心照前升挽，引至模口，極力升起端正，正對掐内，從容放落，插入下掐之内，安妥。將鐵心之上十字鐵拴架平，緊縛兩傍夾柱之上，將下口塞緊，上鈎取出，四圍用乾土築實，底下用法，以通濕氣。

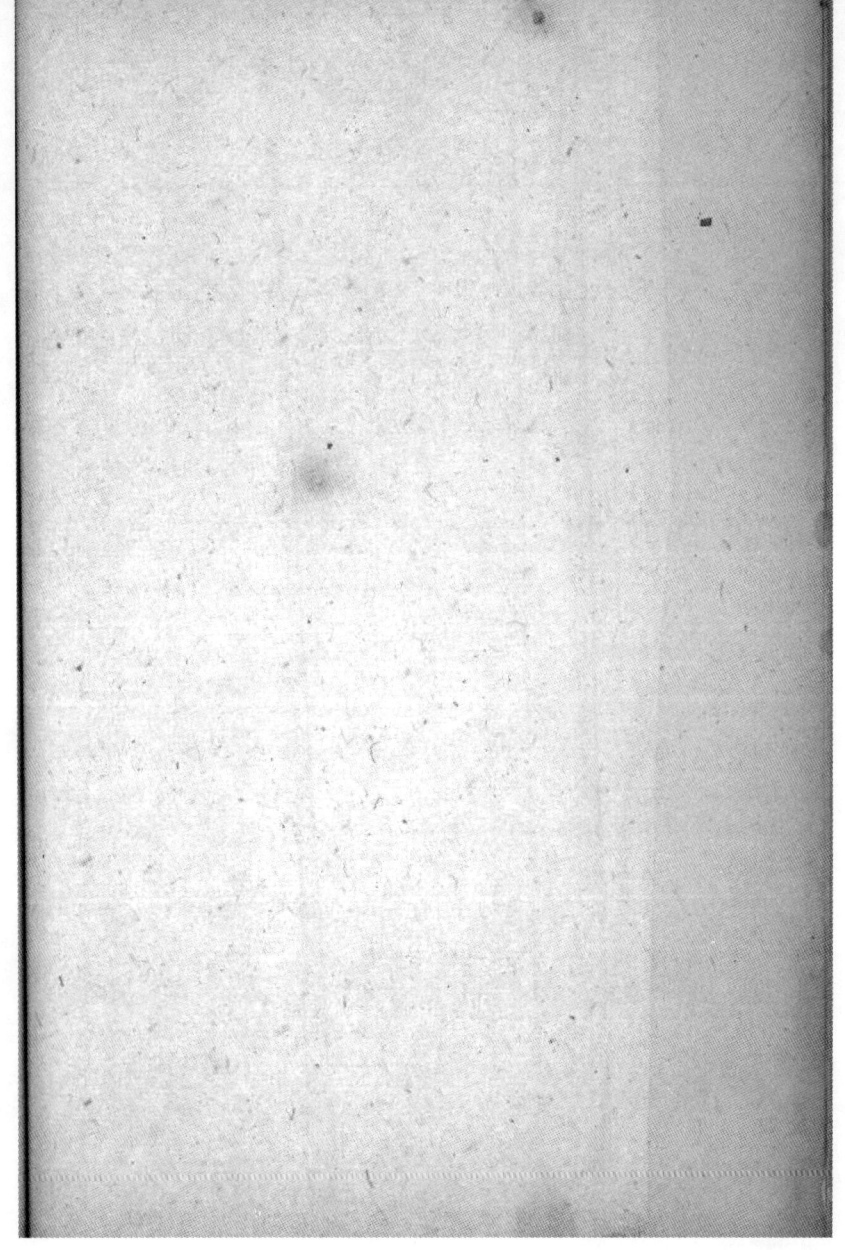

論料配料煉料説略

凡鑄大銃，必先慎用銃之質體。蓋銃之質體，猶人之肌體也。肌體不固，則人必患病，質體不堅，則銃必受傷。鐵質粗疏，兼雜土性，若以生鑄，必難保全。必着實燒煮，化去土性，追盡鐵屎，鍊成熟鐵打造，庶得堅固。銅質精堅，具有銀氣，但出礦之際，人必取去其銀，而反參益以鉛，則銅質亦轉粗疏，恐銃鑄成，多有炸裂之病。今鑄成銅銃，必先將銅煉過，預先看驗質體純雜堅脆若何，如法參兑上好碗錫少許，用尋常爐座，照常法將銅鎔成清汁，以錫參入化匀，傾成薄片，或三斤五斤一塊，聽候燒入大爐鑄造。

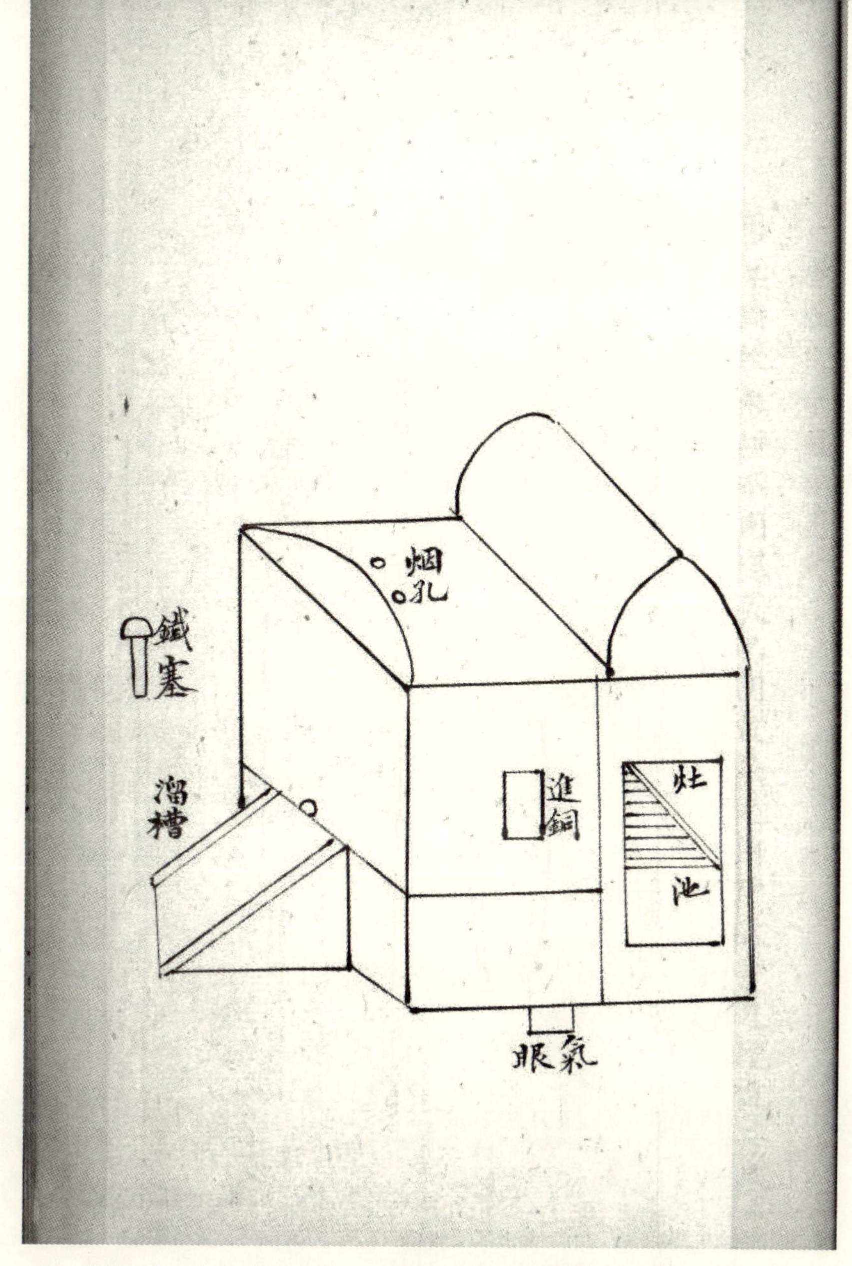

［爐］[1]。灶。池。烟孔。進銅。氣眼。鐵塞。溜槽。

1 爐，原脱。揚州本、海山本俱脱。據經武秘要本補。

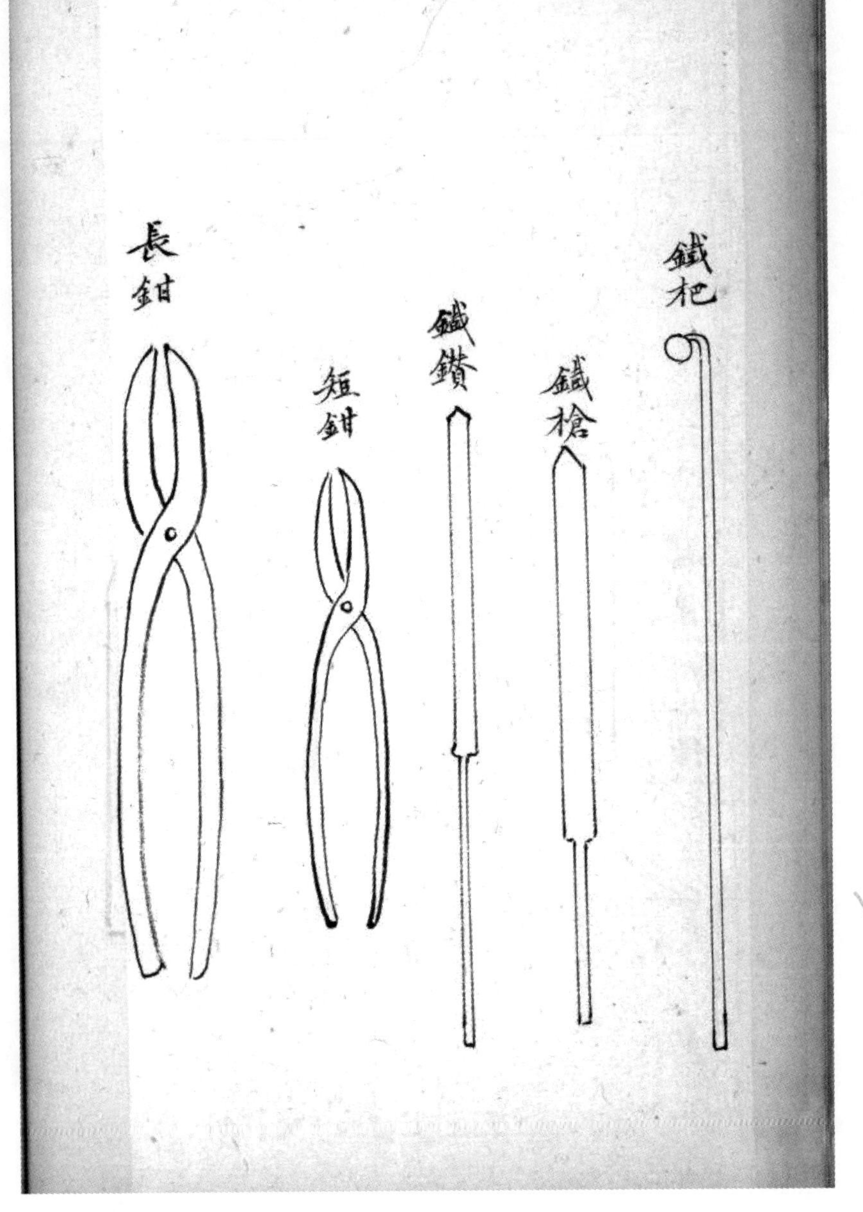

鐵杷。
鐵槍[1]。
鐵鑽。
短鉗。
長鉗。

1 槍，經武秘要本作"創"。

造爐化銅鎔鑄圖説

西洋鑄銃，大爐不用煤炭，只用乾柴。先將爐底旁邊，挖坑二尺餘深，用磚砌爲竈池。其爐底用硬磚砌平，厚五寸許，上用牛羊骨燒灰[1]研麺，同磁麺、黄泥、青灰和匀，塗於爐底之上，及出銅之口與溜槽等處，厚二寸許。再用傾銀罐，用水泡爛，均塗受銅過銅等處，厚五六分。蓋取骨灰等物[2]細膩堅密，不致銅有滲漏之弊。爐底四圍略高，中心微低，於低處至口愈宜漸低，以便出銅。爐之外形，高三尺，内鎔銅之池及燒柴之竈，距頂二尺餘高。其竈形長扁横直，得池之半徑，於池相平處，用寸徑鐵條，横砌竈内上下之中，每條相距二寸，以便架柴漏灰。貼池處砌一墻相隔，上留寬縫三寸許，以通火焰，倒捲入池，不用風扇，其火猛烈，化銅更爲迅速。鐵條之際，外開長形竈門以進柴，下以透風。其

1 灰，經武秘要本、揚州本、海山本作“炭”。
2 等物，原作“物等”。據經武秘要本乙。

灶之頂似捲洞灣形，較前池頂略高二三寸，以暢火勢。爐頂之全形，中高旁低，狀如伏蛙。蛙頭兩傍，各開圓竅二寸餘大，以通烟氣。其銅池圓形，横直得一方徑。池之兩傍，各開小門，寬五寸，高八尺，以便進銅。俟爐造完，略乾，用柴煉至通紅，盡消濕氣，毋令底潮而凝銅也。化銅之際，將銅鉗入池内，輕放池上，慎毋亂摔以傷池面[1]。俟入銅約匀三分之一，即用大火摧化成汁，逐漸添銅，俟化盡又添，否則恐多添冷銅，並前化者亦凝結矣。俟銅汁化清，如油如水，上起金花緑焰之際，將爐口、横口、溜槽等物掃淨，將爐口鐵塞敲進，引出銅汁來，由[2]漸放入模内。候滿本模數寸之餘，即將溜槽開竅，引銅别注平坦之地，結爲薄片，以便後來用時，可以任意敲擊而取用也。倘留在爐内，則體質凝厚而難擊碎矣。

1 面，經武秘要本同。揚州本作“而”。海山本脱。

2 來由，經武秘要本作“繇”。揚州本、海山作“來繇”。

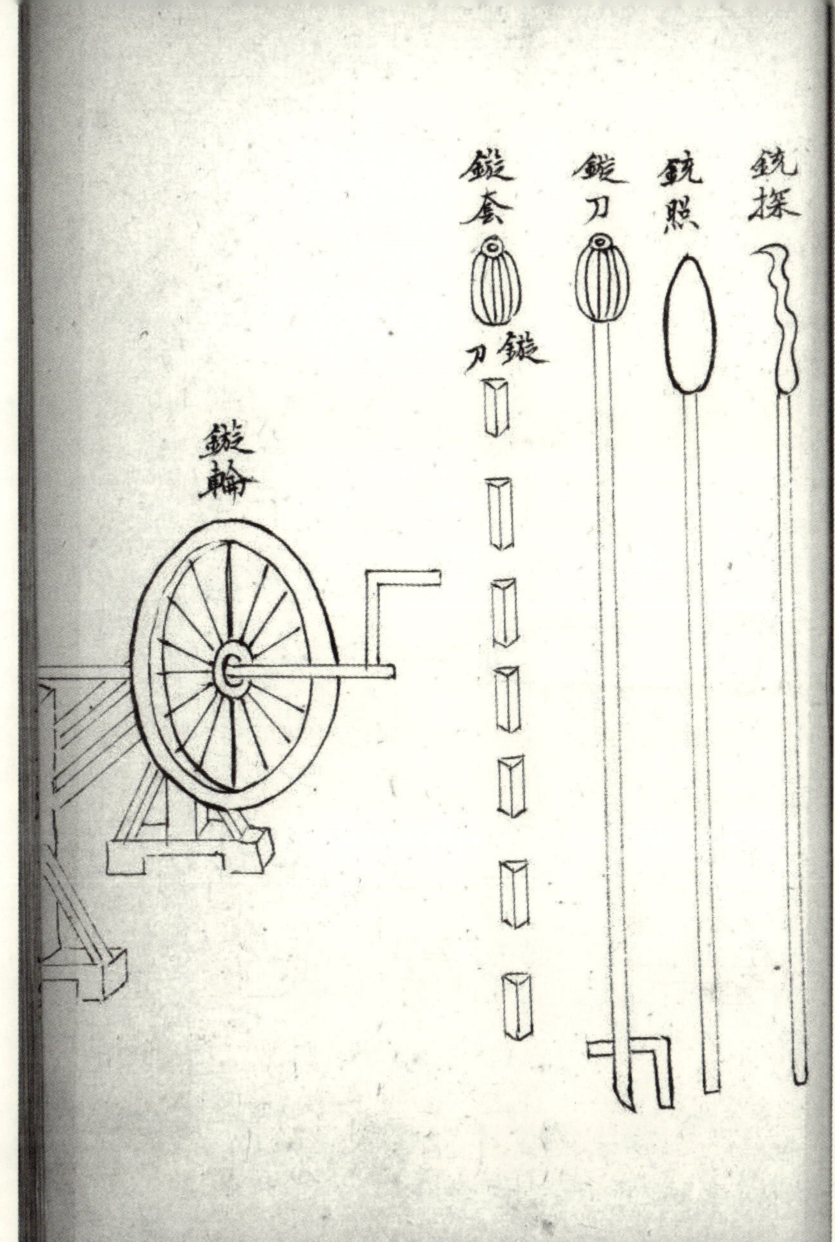

銃探。

銃照。

鏇刀[1]。

鏇套。

鏇刃[2]。

鏇輪[3]。

1 按經武秘要本鏇刀圖，鏇套外繪出多條刃部。

2 刃，原作“刀”。揚州本、海山本同。據經武秘要本改。

3 按經武秘要本鏇輪圖，輪盤中心有十字鐵條，四端用繩栓固條幅之上。

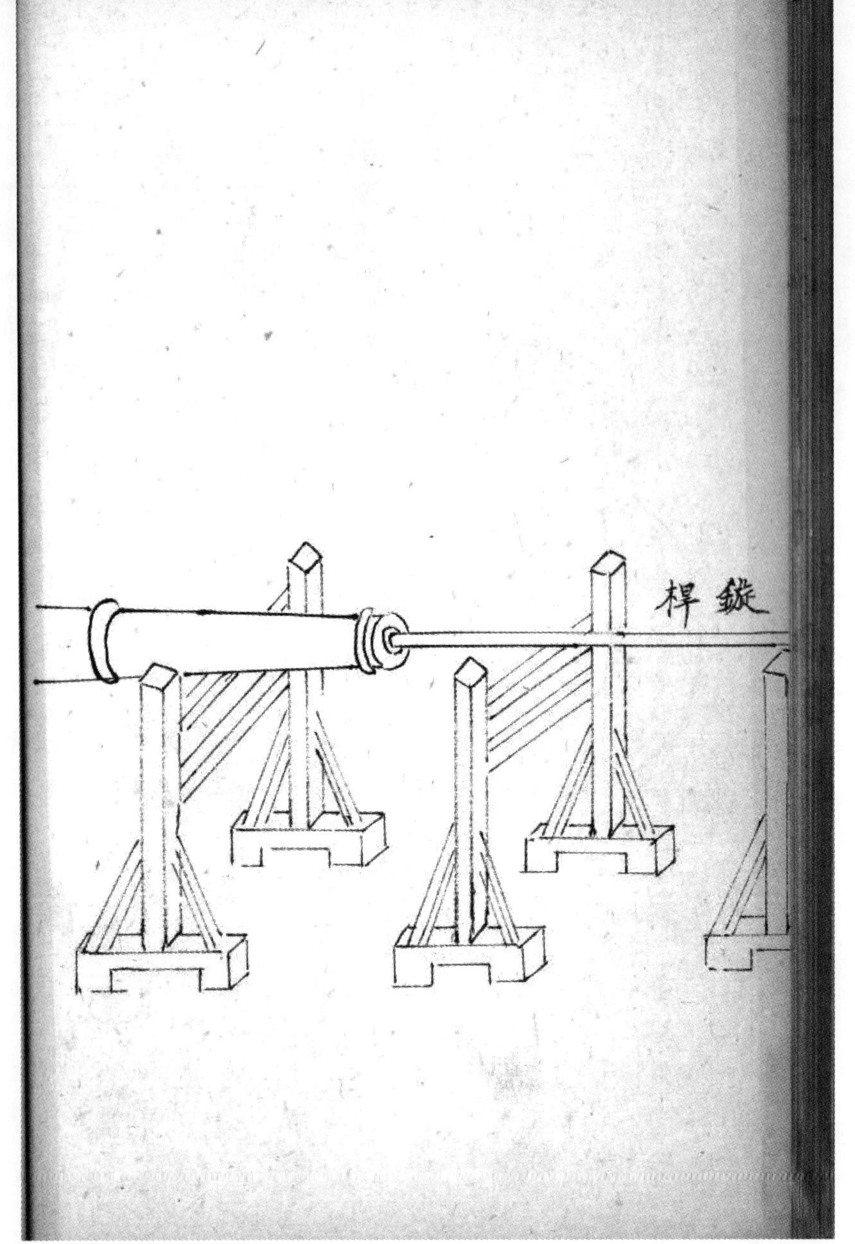

鏇桿。

起心看塘齊口鏇塘鑽火門諸法

起心之法，俟銃鑄成三日之内，將模心摇撼鬆泛，至五日内，用起重將模心起出，至八日内，將土挖開，用起重、引重將銃放倒，拉至平地，兩頭墊起二尺餘高，將模泥打去，内外掃淨。倘銃之外體雖好，尚未知塘内如何，當用看驗之法，驗其内塘。若有深窩漏眼，則爲棄物，必將毁壞而再鑄矣。如果完全光潤，則以爲寶器，當珍惜之。蓋爲西洋本處，鑄十得二三者，便稱國手，從未有鑄[1]百而得百矣。

看塘之法，舊用火鏡對日光，以銃口對鏡，借光反照，看驗如何。此法雖是，但恐陰晴不定，難以應急。又法，以鐵打成螺絲轉杖，名爲銃探，從下探上，但微有窒突，探到便知。此法可用，但未目覩，終屬意[2]度，畢竟不敢放心，總不若新法，以鐵打成棒椎之形，外

1 鑄，原脱。據經武秘要本補。

2 意，經武秘要本作“憶”。揚州本、海山本作“臆”。

安長木柄名為銃炤將此入炉燒至極紅插入銃塘亮若燈光
從下炤上無微不見矣
鏇塘之法即用鉄心去泥下頭方形上安鉄套〻外八面安純
鋼偏刄鏇刀上頭安車輪以十字鉄條絆緊輪外安鉄轉棍將
銃墊起胸齊兩頭平高將刀鏇抬上鏇床平對銃口插入口內
繇漸鏇進鏇下銅末掃去再鏇或三五次以光為度
齊口之法小銃用銅鋸〻齊大銃用鋼鏨〻齊末用大磋〻光
便是
鑽火門之法比炤內塘尺量緊挨銃底以純鋼粗鑽蘸油鑽下
與底相平方為合式凡係銃之倒坐與不倒坐全在於此若畧
高一二分則放銃之時必倒退數十步戰陣之際貽禍不淺慎
之慎之

安長木柄，名爲銃照。將此入爐，燒至極紅，插入銃塘，亮若燈光，從下照上，無微不見矣。

齊口之法，小銃用銅鉤鉤齊，大銃用銅鑿鑿齊，末用大磋磋光便是。[1]

鏇塘之法，即用鐵心去泥，下頭方形，上安鐵套，套外八面安純鋼[2]偏刃鏇刀。上頭安車輪，以十字鐵條絆緊，輪外安鐵轉棍。將銃墊起齊胸[3]，兩頭平高。將鏇刀[4]擡上鏇床，平對銃口，插入口内，由漸鏇進，鏇下銅末掃去，再鏇，或三五次，以光爲度。

鑽火門之法，比照内塘尺量，緊挨銃底，以純鋼粗鑽蘸油鑽下，與底相平，方爲合式。凡係銃之倒坐與不倒坐，全在於此。若略高一尺二分，則放銃之時，必倒退數十步，戰陣之際，貽禍不淺，慎之慎之。

1“齊口之法”一章，原在“鏇塘之法”後。據經武秘要本乙。

2 鋼，經武秘要本同。揚州本、海山本作“銅”。

3 齊胸，經武秘要本同。揚州本作“朐齊”。海山本作“均齊”。

4 鏇刀，經武秘要本同。揚州本、海山本作“刀鏇”。

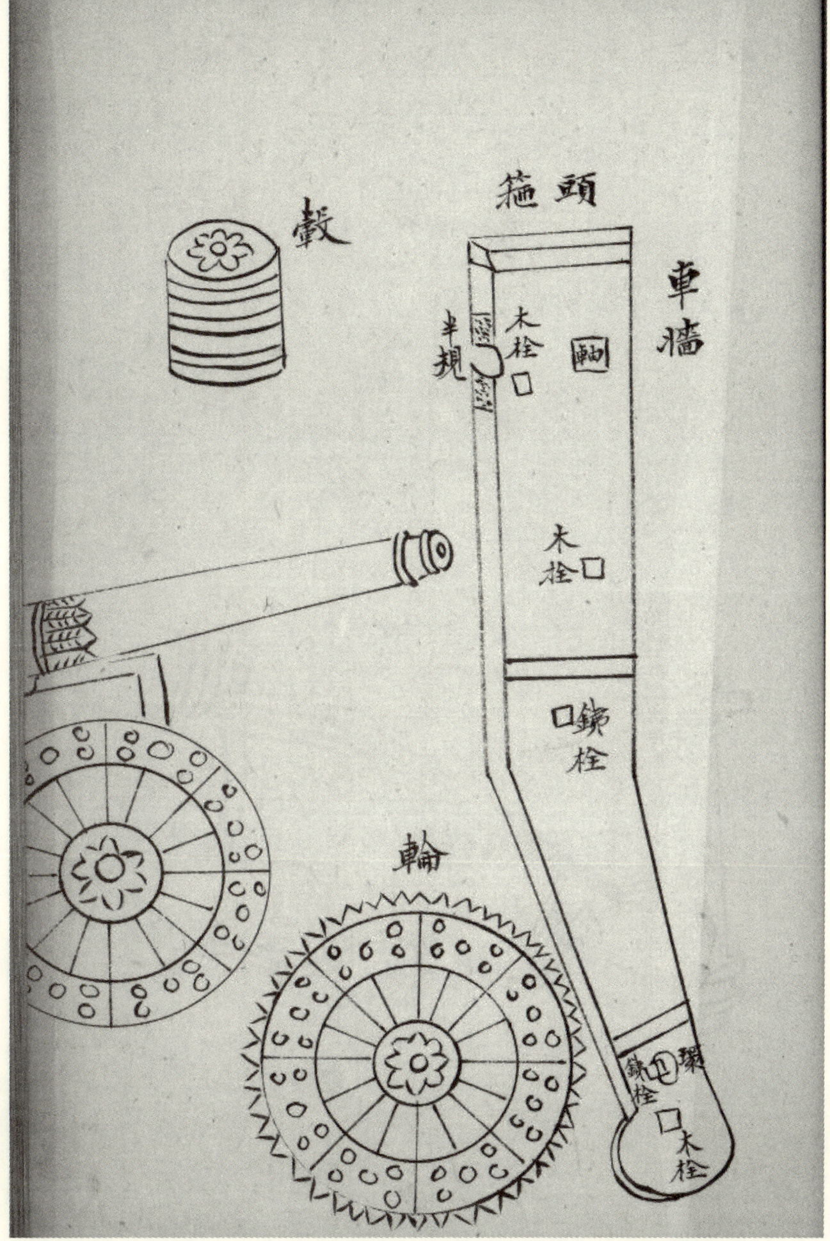

車墻。頭箍。軸。[鐵栓][1]。木栓。半[2]規。木栓。鐵栓。環。鐵栓。木栓。

轂[3]。

輪[4]。

1 鐵栓，據經武秘要本補。按經武秘要本插圖，方形軸稍下偏左有一方形鐵栓，較軸孔稍小。

2 半，經武秘要本同。揚州本、海山本作"生"。

3 按經武秘要本車轂圖，車轂端若齒輪，凡八方齒。

4 按經武秘要本車輪圖，車轂端若齒輪，凡八方齒。車輞七塊，每輞輪釘八枚，每輞外側繪出六處凸起。車輻共十四根。經武秘要本車牆、車轂、車輪圖，參見附録一。

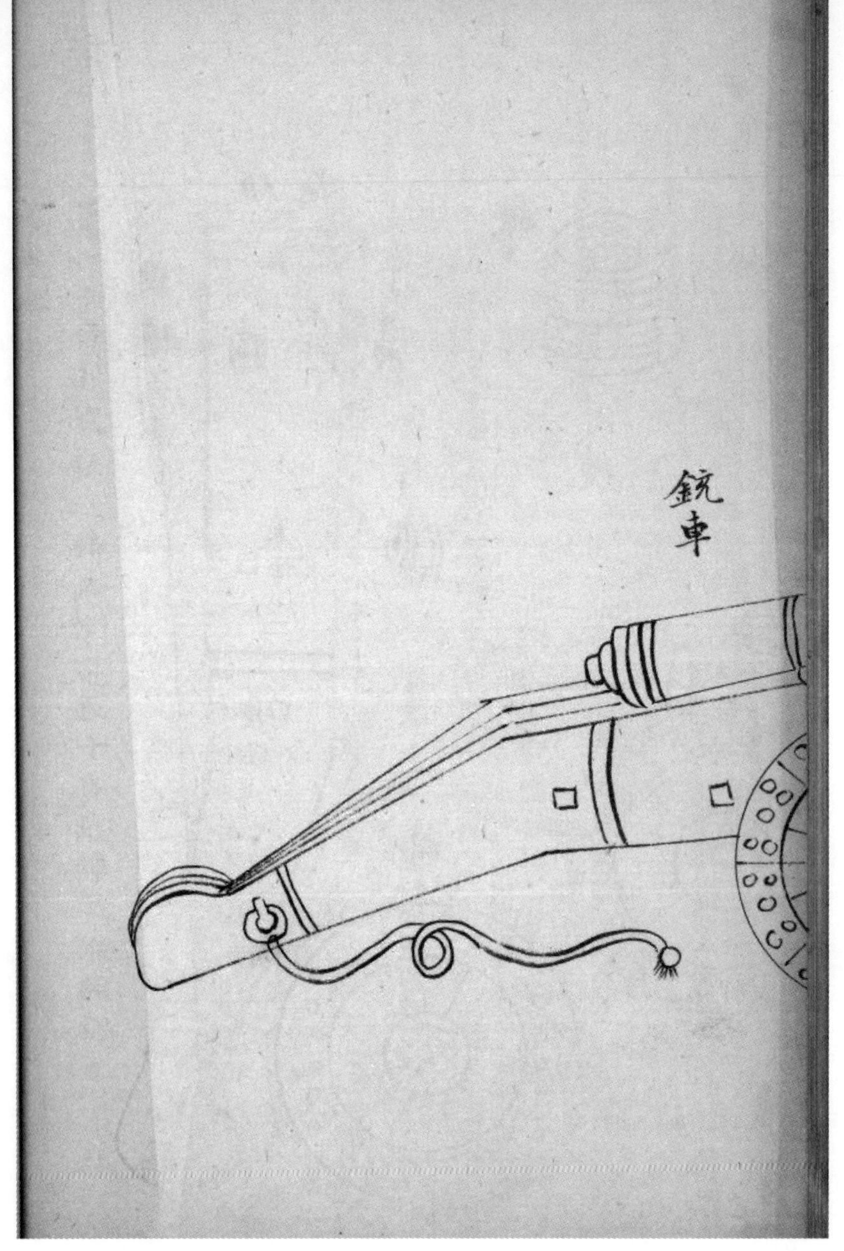

銃車[1]。

1 按經武秘要本銃車圖，車輪細節略同前文車輪圖，車輞七塊，每輞輪釘八枚，車輻共十四根，然車轂作七齒，車輪外緣未繪凸起；銃身葉形裝飾後繪出銃耳，銃尾箍前繪有火門。

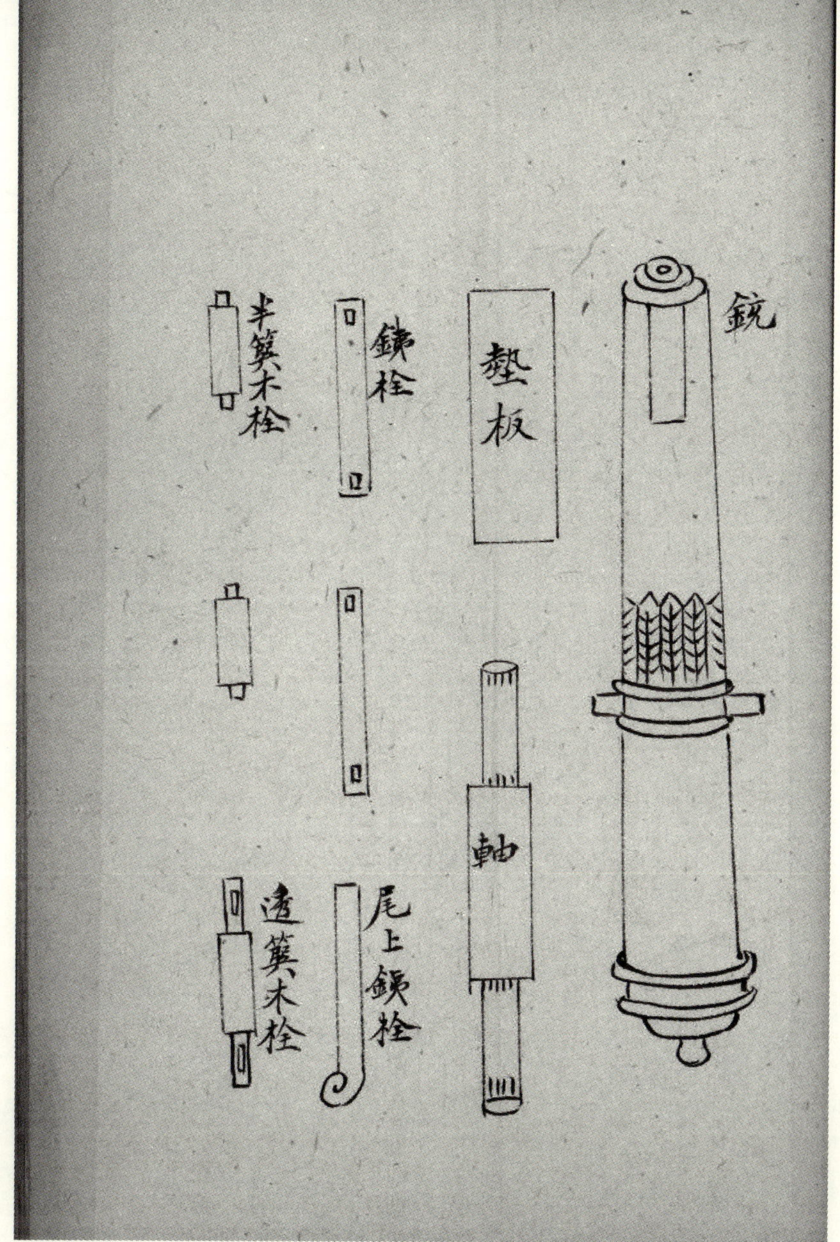

銃[1]。

墊板。軸[2]。鐵栓。尾上鐵栓[3]。半箕木栓。透箕木栓。

1 按經武秘要本銃圖，銃尾箍前繪有火門。

2 按經武秘要本軸圖，軸兩端各有一小方孔。

3 按經武秘要本尾上鐵栓圖，鐵栓兩端各有一小方孔，方孔前近末端處又各有一小環。

製造銃車尺量比例諸法

大銃之必用車，猶利劍[1]之必用柄也。劍非柄則無以把握，銃非車則難以運動。故銃車之制，必長短厚薄大小尺量比例合法，庶擊放之際，不致摇撼，戰陣之間，可追奔而輕便矣。其尺量等法，亦以銃口空徑爲則。以大木爲墻，墻厚一徑，長如銃身加十分之二。墻頭寬四徑半，墻尾寬三徑，自頭距尾十分得六之處微灣下垂[2]。墻頭至身，照墻寬徑一方之處，安車軸。於軸位之上，往前半截，開半規，鑲以一分厚鐵片，以架銃耳。上下均安鐵箍三道，頭一道闊二寸五分，打釘十八個，中一道闊二寸，用釘十六個，尾箍闊一寸五分，用釘十四個。箍厚各二分，釘長二寸。墻頭包裹鐵片，寬八分[3]，長二十徑，厚三分[4]，各用釘十六個，長各三寸。兩墻相合，用木横拴三根，見方一徑，上二根長四徑半，俱

1 劍，原作“器”。據經武秘要本改。

2 垂，經武秘要本同。揚州本、海山本作“重”。

3 分，下原有“徑”字。據經武秘要本删。

4 分，下原有“徑”字。據經武秘要本删。

半簨。其一距墻頭一方徑，居軸之上，墻之中心。其一距墻頭九分之三，墻之下面，拴[1]軸相平。其一距墻尾二徑，居墻之中心，長七徑[2]半，透出墻外一徑，用鐵箭箭之。上覆墊板，長十徑，寬三徑弱，厚分一徑之三。外用透簨鐵拴三根，方半徑，長七徑。其一居墻頭木拴之後，其一距墻頭九分之四，墻之中心，二者兩頭俱用鐵箭箭之。其一居墻尾木拴之前，兩頭貫以鐵環，以便拴繩，拉拽進退高下。車軸長十七徑，大二徑，中爲方簨，透出墻外。距墻半徑，鑿圓徑半之大，穿入輪轂。挨轂之處，用鐵箭箭之。每箭長二寸[3]餘，一寸寬，四分厚。兩端用鐵箍箍之，闊一寸，厚二分。挨箍嵌鐵鍵二[4]轉，每八條，務與軸平，以擋轂内鐵圈。每鍵長二寸，厚四分，闊一寸。車輪共十二徑，大轂長四徑，大亦如之。外用鐵箍四道，每道闊一寸，厚二分。轂内空塘一徑七分，兩頭嵌以

1 拴，經武秘要本作“於”。揚州本、海山本作“與”。

2 徑，經武秘要本同。揚州本、海山本作“尺”。

3 寸，經武秘要本、揚州本、海山本作“徑”。

4 二，原作“一”。據經武秘要本改。

生鐵穿。其穿鐵之徑，各一寸。車輻每輪十四根，各長五徑三分，寬一徑，厚八分徑。車輞各七塊，厚一徑二分，闊二徑，長五徑一分。釘八個[1]，務透輞木，長一徑五分，見方七分。鐵眼錢八個，以便轉釘腳。包輞縫鐵條各七塊，每塊長五徑一分，闊一徑，厚三分。用礦頭釘六個，各長一徑，頭大半徑。

1 八，經武秘要本同。莫跋本行間朱筆改作“七”。

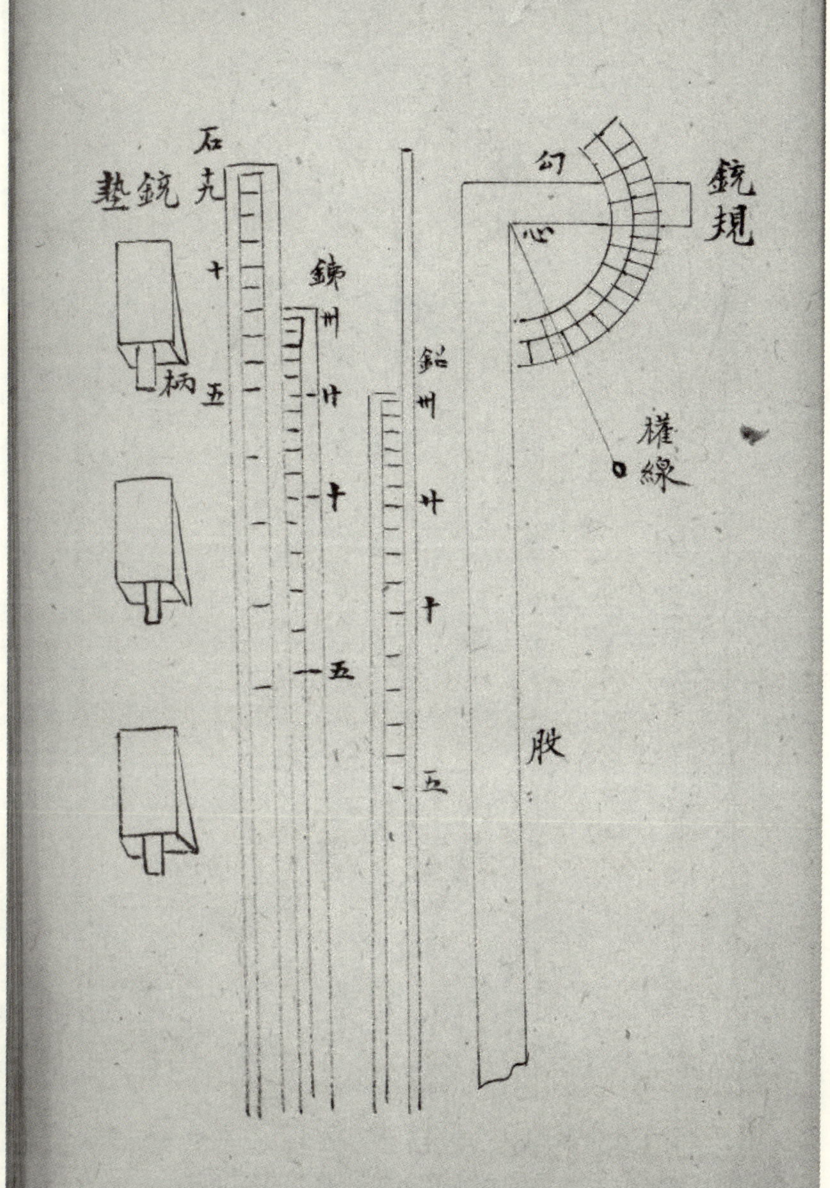

銃規[1]。勾。心。股。權線。

［銃尺］[2]

鉛。［一］[3]、五、十、廿、卅。

鐵。［一］[4]、五、十、廿、卅。

石。［一］[5]、五、十、十九。

銃墊[6]。柄。

1 按經武秘要本銃規圖（參見附錄一），規分上下兩欄，上欄平分十六格，下欄平分三十二格。上欄内寫刻度数字。四分之一規内，自平行勾處“一”格始，至平行股處書“十二”止。四分之一規外，自平行勾處另刻“一”格始，向上書至“四”格。權線位置在“八”度位置。

2 銃尺，原脱。據經武秘要本補。

3 一，原脱。據經武秘要本銃尺圖（參見附錄一）補。揚州本、海山本俱脱。按經武秘要本插圖，鉛、鐵、石彈之三種銃尺皆标注“一”字。且刻度線完整，一至十間，每單位一線，十至二十、三十間，每兩單位一線。

4 一，原脱。據經武秘要本銃尺圖補。揚州本、海山本俱脱。

5 一，原脱。據經武秘要本銃尺圖補。揚州本、海山本俱脱。

6 銃墊圖，經武秘要本繪共有四枚銃墊，與下文藥鍬等同葉。

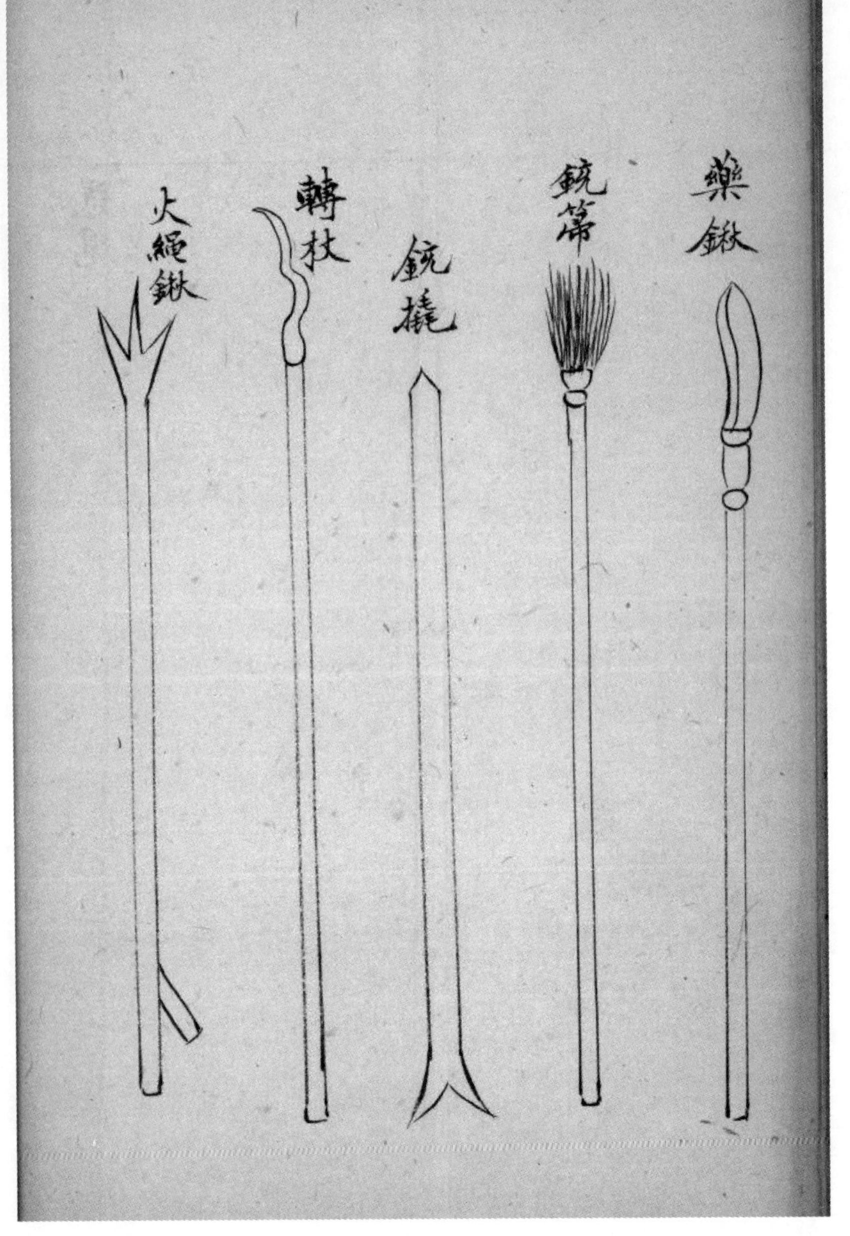

藥鍬。
銃箒。
銃撬。
轉杖。
火繩鍬。

裝放大銃應用諸器圖說

銃規

以銅為之其狀如覆矩濶四分厚一分股長一尺勾長一寸五分以勾股所交為心用四分規之一規分十二度中垂權線以取準則臨放之時以柄插入銃口看權線直某度上則知彈所到之地步矣其權彈用藥之法則以銃規柄畫鉛鉄石三樣不等分度數以量口銃若干大則知彈有若干重應用火藥若干分兩但鉄輕於鉛石又輕於鉄三者雖殊柄上俱有定法無論各樣大銃一經此器量筭雖忙迫之際不惟不致悞事且百發百中實繇此器之妙也

銃墊

每銃四件厚一徑濶二徑長四徑墊後居中造圓柄徑大半

裝放大銃應用諸器圖說

銃規

以銅爲之，其狀如覆矩。闊四分，厚一分，股長一尺，勾長一寸五分。以勾股所交爲心，用四分規之一，規分十二度，中垂權線，以取準則。臨放之時，以柄插入銃口，看權線值[1]某度上，則知彈所到之地步矣。其權彈用藥之法，則以銃規柄，畫鉛、鐵、石三樣不等分度數，以量口銃若干大，則知彈有若干重，應用火藥若干分兩。但鐵輕於鉛，石又輕於鐵，三者雖殊，柄上俱有定法，無論各樣大銃，一經此器量算，雖忙迫之際，不惟不致誤事，且百發百中，實由此器之妙也。

銃墊

每銃四件，厚一徑，闊二徑，長四徑。墊後居中，造圓柄，徑大半

1 值，原作“直”。據經武秘要本改。

寸，長一徑。墊形從厚漸薄至前，以便低昂。

藥鍬

以銅片爲之。長五徑半，闊徑半，捲轉作鍬，寬合銃口半徑。量稱藥數，以爲定準，毋致臨期因寬[1]誤事。其口圓尖，其木柄照銃塘加長一尺，徑大一寸。

銃掃藥撞

以羊毛爲之。徑如銃口，以便掃銃之用。其柄照銃塘加長一尺，末接以檀木，徑如銃口，以便撞藥，即名藥撞。

起刮銃杖

以鐵爲之。長三尺五寸，徑大一寸。頭如鰻尾，尖圓而扁，以便起銃。尾如蟹螯尖利，開深一寸，可刮銃銹，亦可以撬銃，低昂得宜。

1 因寬，經武秘要本作“多寡”。揚州本、海山本脱。

轉彈鉄杖

煉鉄為之長七寸其頭扁尖而利形如烟燒外向柄炤銃塘加長一尺如彈不甚圓以急用悮投銃內致橫擱於半空不出以此撥之而使出也

鉗火繩杖

以銅為之左右各灣長三寸頭各開以便鉗繩點放中除直處三寸裝柄處亦三寸其柄用木長三尺

火繩

以榕樹根最嫩者去皮心椎軟和松脂拈繩或竹青亦可如棉繩麻繩必用新者入黑豆湯內每繩一斤用淨硝二兩煮晾乾聽用

轉彈鐵杖

煉鐵爲之。長七寸。其頭扁尖而利，形如烟燒外向。柄照銃塘加長一尺。如彈不甚圓，以急用誤投銃内，致橫擱於半空不出，則以此撥之而使出也。

鉗[1]火繩杖

以銅爲之。左右各灣長三寸，頭各開槽[2]，以便鉗繩點放。中除直處[3]三寸，裝柄處亦三寸。其柄用木，長三尺。

火繩

以榕樹根最嫩者，去皮心，椎軟，和松脂拈繩，或竹青亦可。如棉繩蔴繩，必用新者，入黑豆湯内。每繩一斤，用淨硝二兩煮，晾乾聽用。

1 鉗，經武秘要本、揚州本、海山本作“箝”。
2 槽，原脱。據經武秘要本補。揚州本、海山本俱脱。
3 中除直處，經武秘要本、揚州本、海山本作“中餘直銃”。

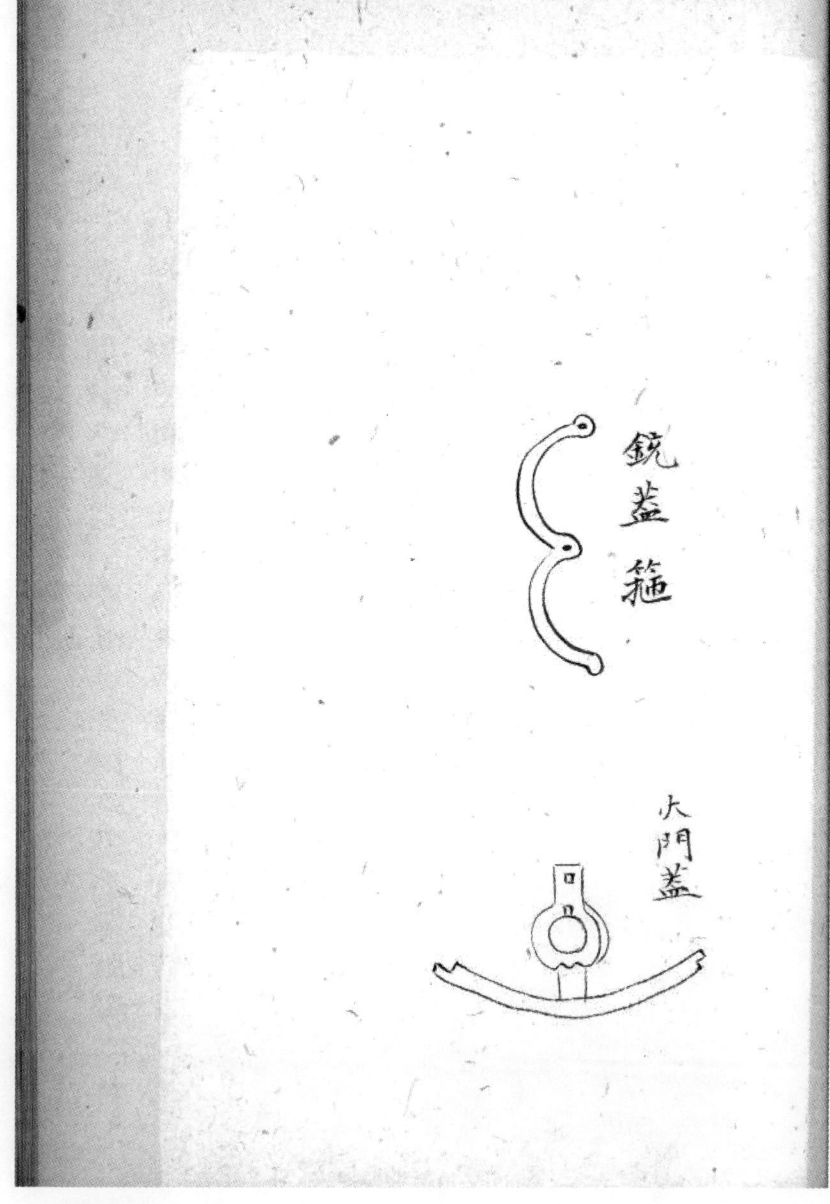

銃蓋箍。
火門蓋。

收蓋火銃鎖箍圖説[1]

蓋口[2]鎖箍

煉鐵爲之。其蓋照銃口外圍，務寬大覆轉，如傘幃樣，以避雨水浸灌。其蓋徑兩際，各繫鐵鑻，灣曲之處，俱用樞紐，以便轉折。以一鑻合樞簡鐵處，横分折叠兩股，以便圍轉。以一鑻開竅，套兩股樞以箭之，以便上鎖。但蓋根底亦可那動，故照銃口空徑，造圓木一寸長，釘於蓋之陰面，如火門柱子一般，那動不開矣。

火門鎖箍

煉鐵爲之。照火門銃身圍圓作箍，厚二分，闊二寸，判爲兩股。股似半規，兩端俱爲樞紐。先以兩股樞，貫以鐵箭，聯而爲一，以便開闔。餘兩股樞，以待合而後鎖之。於近鎖稍偏三寸之

1 火銃，經武秘要本、揚州本、海山本作“大銃”。

2 蓋口，經武秘要本、揚州本、海山本作“口蓋”。

際比箍增濶一寸於箍背面安一鉄柱如火門孔稍以便出
納鎖時先以箍柱插入火門之内然後以兩股合樞上鎖庶
箍有根蒂不致上下那動其見方增濶亦不致雨水之浸

際，比箍增闊一寸。於箍背面安一鐵柱，如火門孔稍細[1]，以便出納鎖時[2]，先以箍柱插入火門之内。然後以兩股合樞上鎖，庶箍有根蒂，不致上下那動。其見方增闊，亦不致雨水之浸[3]。

1 稍細，"細"字原脱。據經武秘要本補。揚州本作"稍"。海山本"梢"。
2 時，經武秘要本同。揚州本、海山本作"匙"。
3 浸，經武秘要本作"侵"。

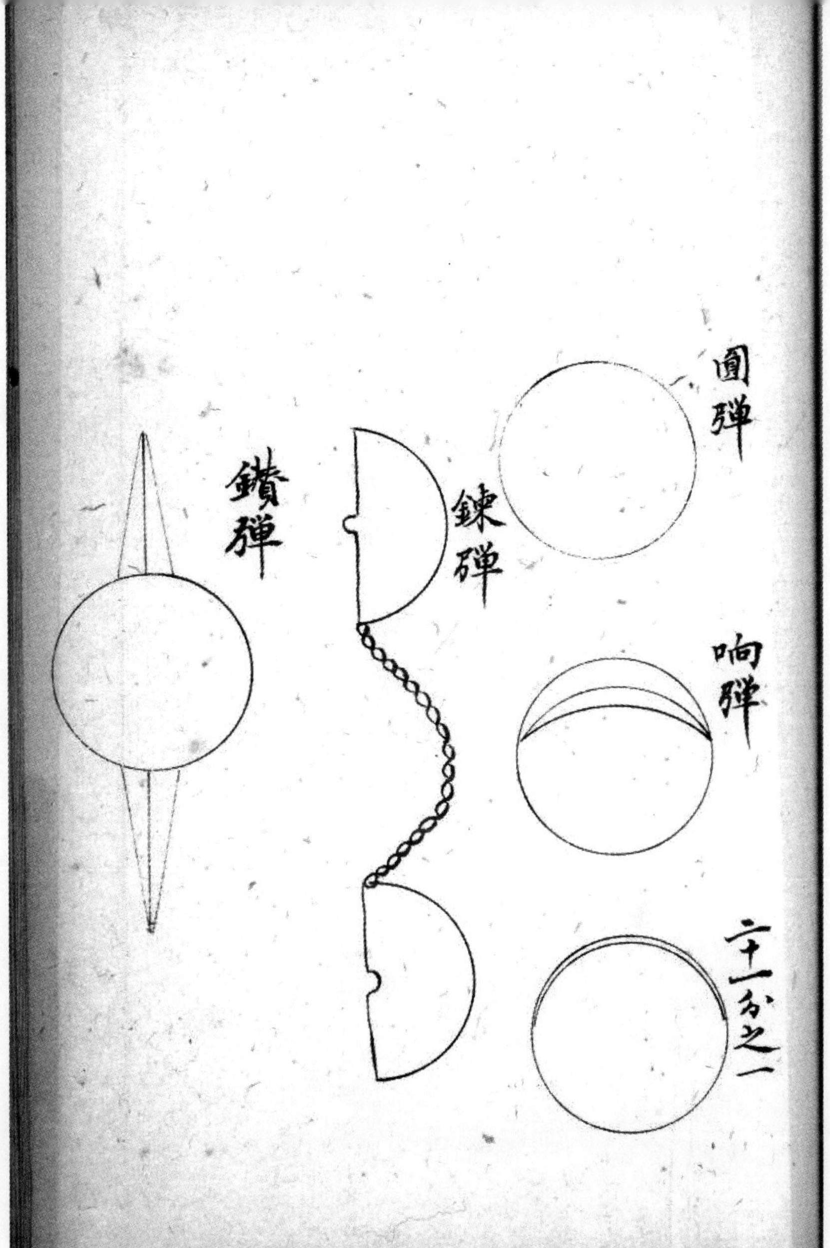

圓彈。
響彈。
二十一分之一[1]。
鍊彈。
鑽彈。

1 二十一分之一，海山本脱。

鏨彈。

分彈。

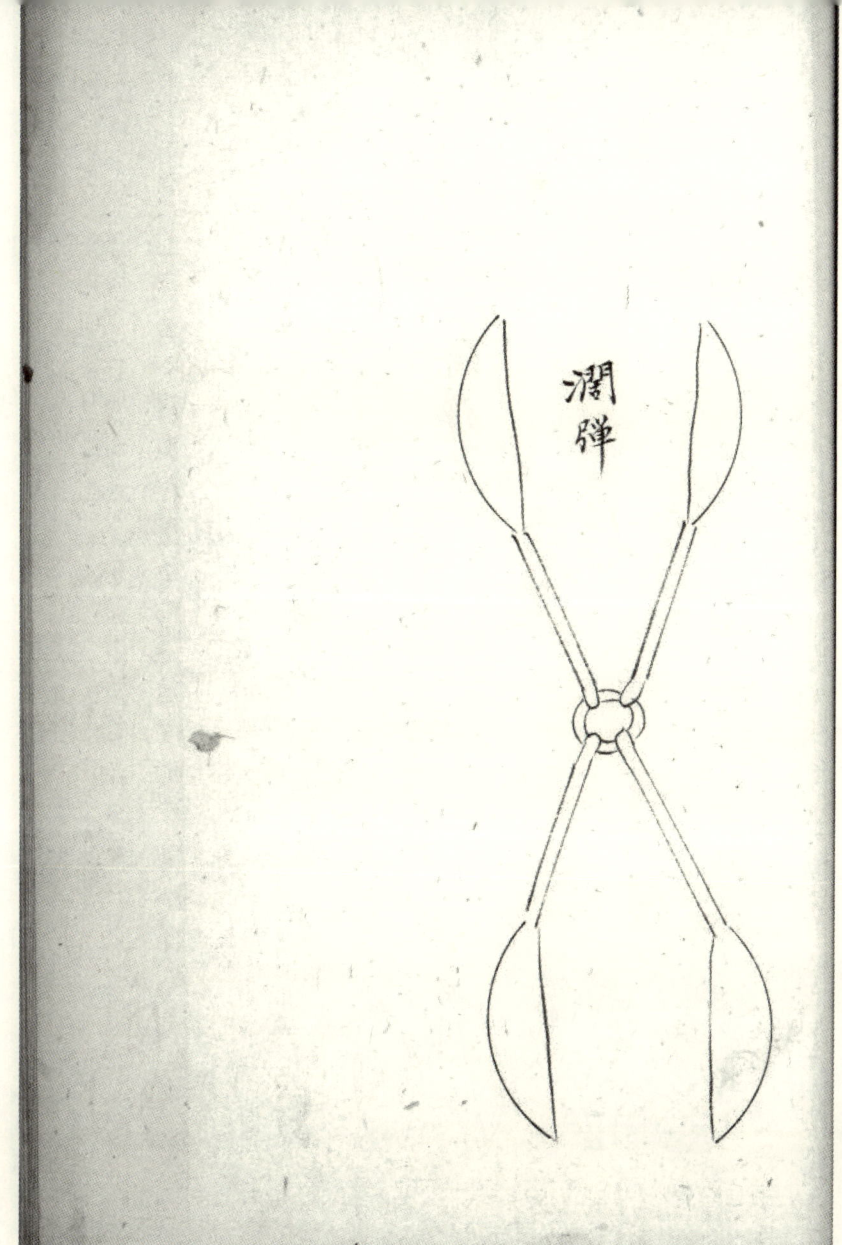

闊彈。

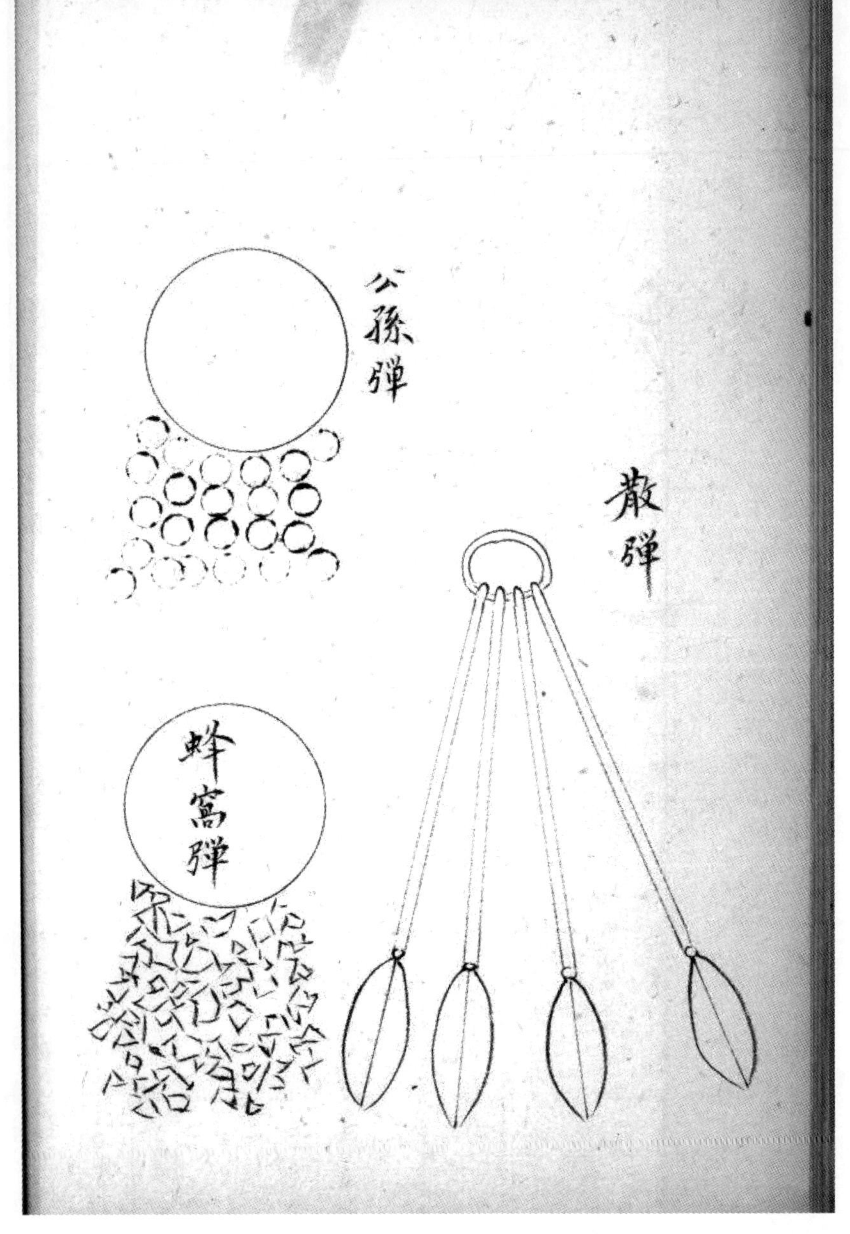

散彈。
公孫彈。
蜂窩彈[1]。

1 按經武秘要本蜂窩彈圖，其中散彈有小圓彈及稍大有棱角不規則者。

鑄造各種奇彈圖説

銃之得力處，全在於彈，故西洋彈制，非止尋常一色，其用彈亦非尋常一法。有專以擊遠者、攻堅者、横截者、開闊者、炸爆者、寬撒者、驚震者、燒焚者，所用不同，故其制各異。惟合口之彈，不可太小，小則銃塘縫寬，火氣旁洩，發彈無力，且不得準。亦不可太大，大則阻擱[1]塘内，倘偶發不出，則銃必炸裂。其法務欲大小得宜，凑合口徑，微小二十一分之一。更欲光溜圓極，毫無偏長歪斜等弊，則擊放之際，火力緊推彈身，必更遠到而中的矣。其鑄法，照鑄銃模之泥兩塊，做成磚形，即以彈徑半規，鐵片鏇成半窩，上以羅細煤灰刷塗，又用半規鏇匀。模成候乾燒過，兩塊對縫筍合，以蔴皮纏裹，前泥封固，聽候[2]用鐵鎔鑄。每鑄或一枚或數枚不拘。俟彈鑄成，鉗置圓窩鐵砧之上，即趁熱將彈上鑄口

1 擱，經武秘要本同。揚州本、海山本作"攔"。

2 聽候，揚州本錯簡，以下誤接本卷"審量敵情斟酌製器"章文末"窺遠神鏡……可勝之道矣"；本章下半應有之"用鐵鎔鑄……庶得光溜"，以及圓彈、響彈至蜂窩彈十種彈型，誤接於"審量敵情斟酌製器"章内"臺垣異制"以下。

縫痕，立即打圓。若彈冷，必再燒再打，定以極圓爲止。若鑄小鉛彈，即以紫石爲模，每一鑄可得數十枚[1]。鑄成，用刀削圓鑄口縫痕，再用鐵滾槽滾過。末用布袋盛稻皮同鉛彈着實擦揉，庶得光溜。

圓彈

前説已盡，茲不贅陳。

響彈

亦名吼龍彈，以生鐵鑄之。鑄時，於模内更爲小模，以空其心。放時以空口外向，則出銃口，迎風而響，如吼龍然。

鍊彈

亦名鴛鴦彈。形中分兩半，彈心鑄存簡釘，長大各五分，如磨心相似，以便簡合渾圓。彈之邊際，各鑄鐵鼻，聯以百鍊鋼鏁，或

1 枚，經武秘要本、揚州本、海山本俱無。

長四五尺七八尺不等放時先以鋼鏁入口次以鐵彈合圓
裝入彈出之際兩頭分開橫拉往前所過無敵
鑽彈
攻寨所用中以百煉純鋼打成粗條長一徑半粗得一徑四
分之一兩頭磋成尖銳鑄時先定中線毋使稍偏輕重長短
以致歪斜不能直貫若攻營寨勢若拉朽
鑿彈
攻城所用亦以純鋼打成粗條長三徑粗得一徑四分之一
兩頭磋寬大劍形鑿頭凡遇攻城先以此彈鑿破繼以圓彈
擊之無不摧倒
分彈
一名橫彈以一彈中分兩半以鋼條爲柄長二徑粗得一徑

長四五尺、七八尺不等。放時，先以鋼鏁入口，次以鐵彈合圓裝入。彈出之際，兩頭分開，橫拉往前，所過無敵。

鑽彈

攻寨所用。中以百煉純鋼，打成粗條，長一徑半，粗得一徑四分之一，兩頭磋成尖銳。鑄時先定中線，毋使稍偏輕重長短，以致歪斜，不能直貫。若攻營寨，勢若拉朽，

鑿彈

攻城所用。亦以純鋼打成粗條，長三徑，粗得一徑四分之一，兩頭磋寬大劍形鑿頭。凡遇攻城，先以此彈鑿破，繼以圓彈擊之，無不摧倒。

分彈

一名橫彈，以一彈中分兩半，以鋼條爲柄，長二徑，粗得一徑

五分之一中用鉄環為紐裝時以細繩輕縛放時則横開向
前此亦鍊彈之意
濶彈
亦名扁彈二圓分為四塊形如分彈但柄短一徑而鉄紐居
中盖取扁濶散陣之意
散彈
圓彈分為四塊每塊鋼柄長弍徑粗炤前然必輕重適均毋
使偏墜此亦濶彈之制但所用更寬散
公孫彈
大彈一枚帶小彈不拘多寡不等裝時先以紙錢緊盖藥上
次裝小彈末用大彈壓口是名公孫
蜂窩彈

五分之一，中用鐵環爲紐。裝時以細繩輕縛，放時則橫開向前，此亦鍊彈之意。

闊彈

亦名扁彈。二圓分爲四塊，形如分彈，但柄短一徑，而鐵紐居中，蓋取扁闊散陣之意。

散彈

圓彈分爲四塊，每塊鋼柄長二徑，粗照前，然必輕重適均，毋使偏墜，此亦闊彈之制，但所用更寬散。

公孫彈

大彈一枚，帶小彈多寡不等。裝時，先以紙錢緊蓋藥上，次裝小彈，末用大彈壓口，是名公孫。

蜂窩彈

大彈一枚帶小彈碎鉄碎石及藥彈諸物多寡不等裝時先
以諸物裝入末用大彈壓口、是名蜂窩、

大彈一枚，帶小彈、碎鐵、碎石及藥彈諸物，多寡不等。裝時，先以諸物裝入，末用大彈壓口，是名蜂窩。

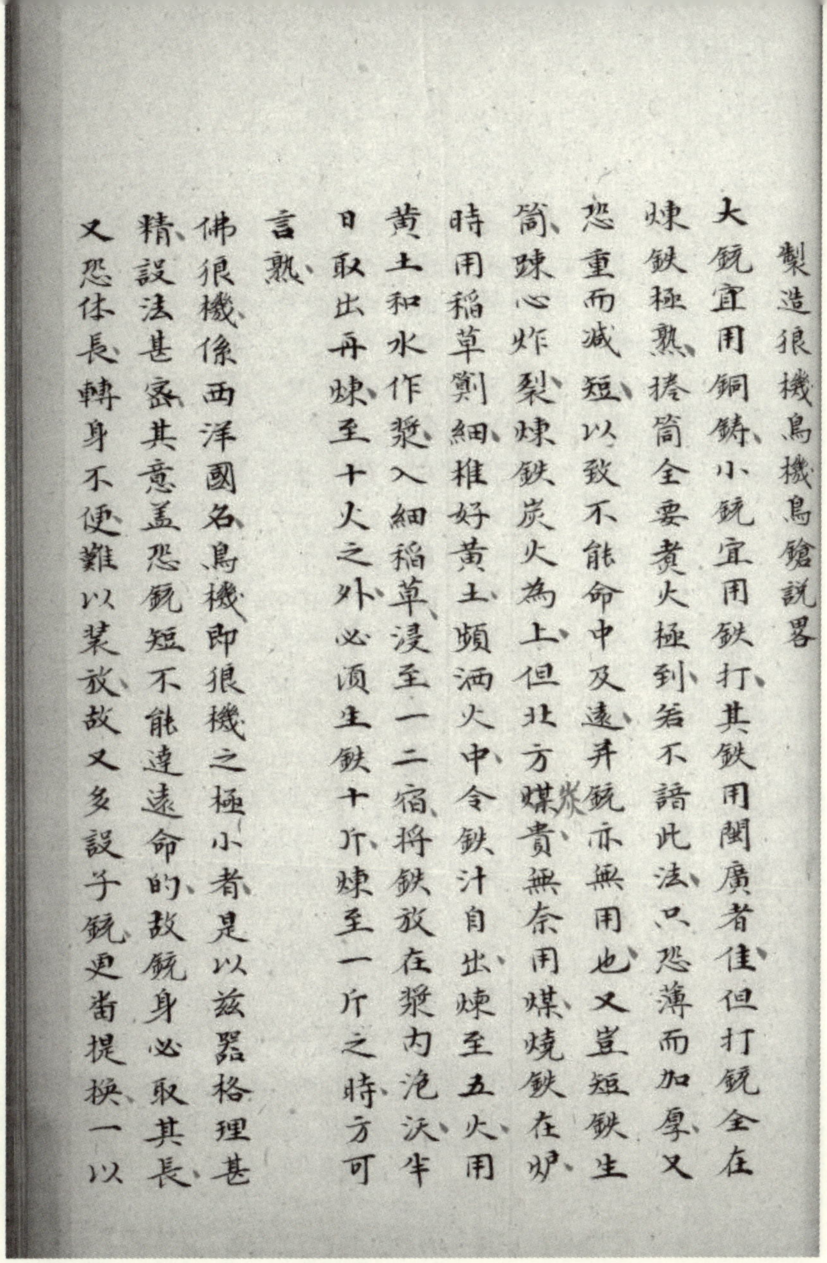

製造狼機鳥機[1]鳥鎗説略

大銃宜用銅鑄，小銃宜用鐵打，其鐵用閩廣者佳，但打銃全在煉鐵極熟，捲筒全要煮火極到。若不諳此法，只恐薄而加厚，又恐重而減短，以致不能命中及遠，並銃亦無用也。又豈知鐵生筒疏，雖厚亦必炸裂[2]。煉鐵炭火爲上，但北方炭貴，無奈用煤。燒鐵在爐，時用稻草剿細，椎好黄土，頻洒[3]火中，令鐵汁自出。煉至五火，用黄土和水作漿，入細稻草，浸一二宿。將鐵放在漿内泡沃半日，取出再煉，至十火之外。必須生鐵十斤，煉至一斤之時，方可言熟。

佛狼機係西洋國名，鳥機即狼機之極小者。是以[4]兹器格理甚精，設法甚密。其意蓋恐銃短不能達遠命的，故銃身必取其[5]長。又恐體長，轉身不便，難以裝放，故又多設子銃，更番提換，一以

1 鳥機，揚州本、海山本無。經武秘要本紙殘，闕本行篇題。

2 豈知鐵生筒疏雖厚亦必炸裂，原作“豈短鐵生筒疏心炸裂”。據經武秘要本改。揚州本作“恐短鐵生筒疏心炸烈”。海山本作“恐短鐵生筒疏心炸裂”。

3 頻，經武秘要本、揚州本、海山本作“憑”。

4 以，經武秘要本作“矣”。

5 其，經武秘要本作“極”。

以便裝，一以免熱。其銃之身長，小[1]者自五十徑起至七十徑，大[2]者自七十徑起至百徑。銃身之後，外爲半徑，以托子銃，其長必過子銃身徑，後鑿拴眼，以受壓拴。子銃身徑[3]，大[4]者十徑，小[5]五徑，底各一徑。底後伸出一徑，以便拴壓。口上套簨，深長一徑。銃之口徑，小者自五分起，以至一寸。大者自一寸起，以至二寸。銃之輕重，鳥鎗自四斤至六斤。鳥機亦同。狼機自五十斤以至百斤，城守者或用二百斤亦可。鉛彈自三錢起，以至一兩。鐵彈自四兩起，以至二斤。

是器之妙，全在子母銃筒，大小合一。其兩口相接之際，必爲鴛鴦長簨，渾凑緊密，不得絲毫大小，後拴鎮壓穩固，故彈出平正直速，自能遠中，而且有力。今人不諳此義，以銃身後截，即爲半徑托銃。蓋托銃既窄，則子銃必小而薄，合之母銃，竟小數分。且

1 小，原作“大”。揚州本同。據海山本改。經武秘要紙殘闕文。

2 小，原作“大”。經武秘要本、揚州本同。據海山本改。

3 大，原作“小”。經武秘要本、揚州本同。據海山本改。

4 徑，原脱。揚州本、海山本者俱脱。據經武秘要本補。

5 大，原作“小”。經武秘要本、揚州本同。據海山本改。

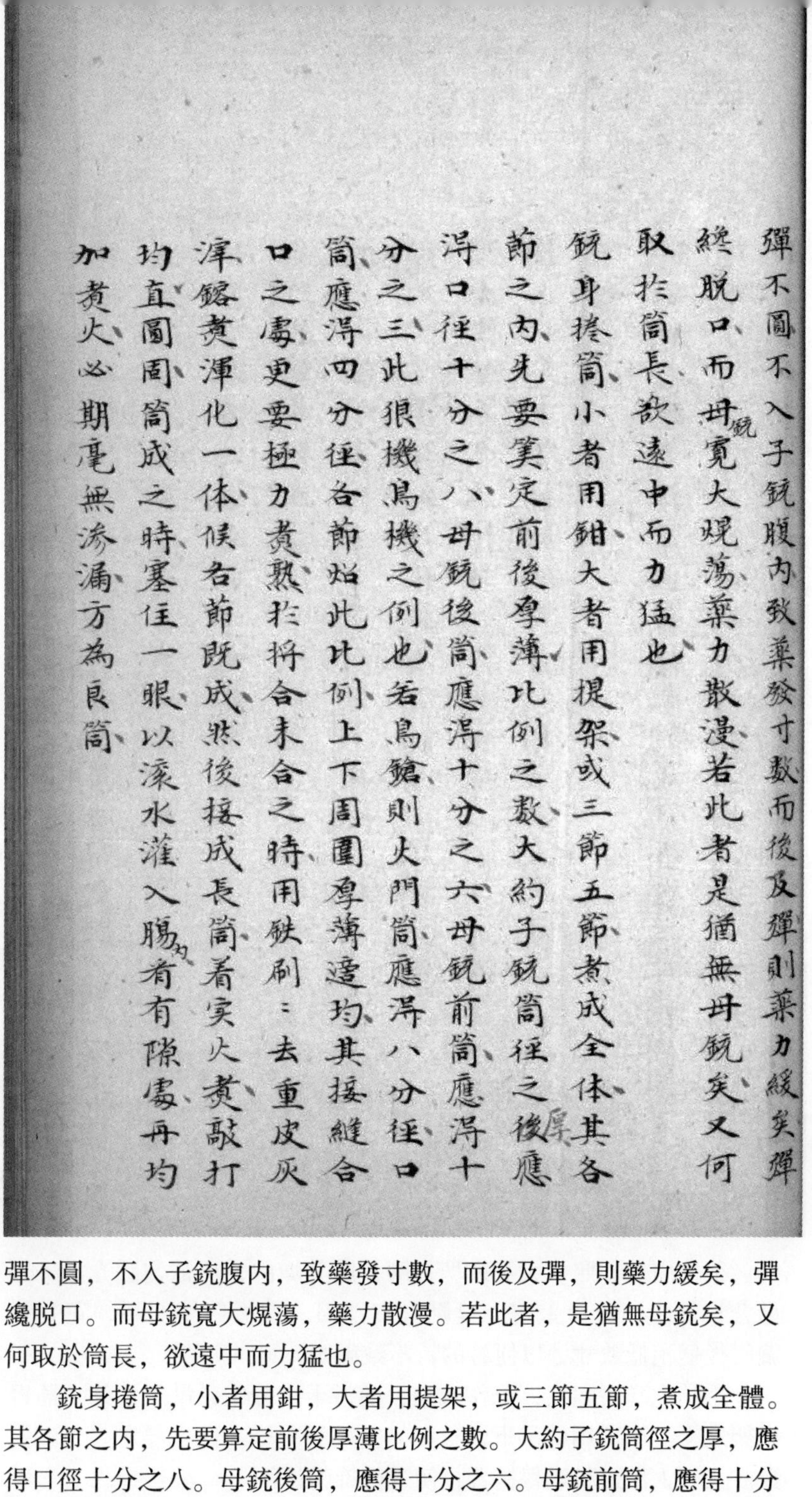

彈不圓，不入子銃腹内，致藥發寸數，而後及彈，則藥力緩矣，彈纔脱口。而母銃寬大煨蕩，藥力散漫。若此者，是猶無母銃矣，又何取於筒長，欲遠中而力猛也。

銃身捲筒，小者用鉗，大者用提架，或三節五節，煮成全體。其各節之内，先要算定前後厚薄比例之數。大約子銃筒徑之厚，應得口徑十分之八。母銃後筒，應得十分之六。母銃前筒，應得十分之三。此狼機、鳥機之例也。若鳥鎗，則火門筒應得八分徑，口筒應得四分徑，各節照此比例，上下周圍，厚薄適均。其接[1]縫合口之處，更要極力煮熟，於將合未合之時，用鐵刷刷去重皮灰滓，鎔煮渾化一體。候各節既成，然後接成長筒，着實火煮，敲打均直圓固。筒成之時，塞住一眼，以滚水灌入腹内[2]，看有隙處，再均[3]加煮火[4]。必期毫無滲漏，方爲良筒。

1 接，經武秘要本同。揚州本、海山本作“節”。
2 腹内，原作“腸内”。揚州本同。據海山本改。經武秘要本作“腹中”。
3 均，經武秘要本、揚州本、山海本俱無。
4 煮火，經武秘要本、海山本同。山海本作“火煮”。

狼機内外，照依大銃鏇塘打磨，磨其塘内，更欲匀圓光溜，子母合口龔縫，着實緊密，拴壓着實穩固。前後照門照星，正直無偏。後柄稍低數寸，以便看的，不致礙眼。

鳥鎗先磋去粗皮，分作八稜，前後十字分中，吊準墨線，插置鑽架之上。架頂用線吊下，直對筒上墨線一樣。用木夓定，二人對鑽。又一人用鉗將鑽根提着，使鑽得旋轉伶俐。

鑽要長短五六根，自一尺起，每根添長三寸，至三尺長止。先鑽上口，至中間翻轉，從底再鑽，相通爲度。交接之處，更宜詳細看線。

銃筒既已鑽去粗皮，又另换長鑽光洗。其鑽之刃[1]頭，須長五寸，頂頭一寸，略作尖鋭，中間四寸，務要均直大小一般，其筒洗出始直。若如棗核子，鑽時隨灣就灣，其筒畢竟歪斜不得均直。

銃

1 刃，經武秘要本同。揚州本、海山本作“兩”。

筒鑽完，磋磨停當，用鐵一條，磋成螺螄旋，或七層九層[1]十二層。後尾方長寸許，比後門微大[2]。再用鐵一塊，打成方眼。將螺螄底方頭插入眼内，將筒曌定架上，以螺螄底放入銃後門，用鉗擰入，將後尾磋去，止留方頭五六分。

火門用鐵磋成，作馬蹄簨，將筒後根鑿一槽，下寬上窄，將火門安入，其眼宜小。次安火門蓋及後紐等件。照門、照星、後尾，俱照狼機。

銃床必要木縷[3]端直乾挺，方爲可用。若歪斜，則放時振動摇撼，銃亦因而不準，又必須漆過，則不怕水濕。

1 九層，經武秘要本同。揚州本、海山本脱。

2 比後門微大，原作“似微大”，行間朱筆注“一作微似門大”。據經武秘要本改。揚州本、海山本作“微似門大”。對比趙士楨《神器譜・神器襍説》:“後尾要方，長三寸許，比後門口微大些”。

3 要木縷，經武秘要本同。揚州本作“安木□”，第三字空一格。海山本作“安木墊”。

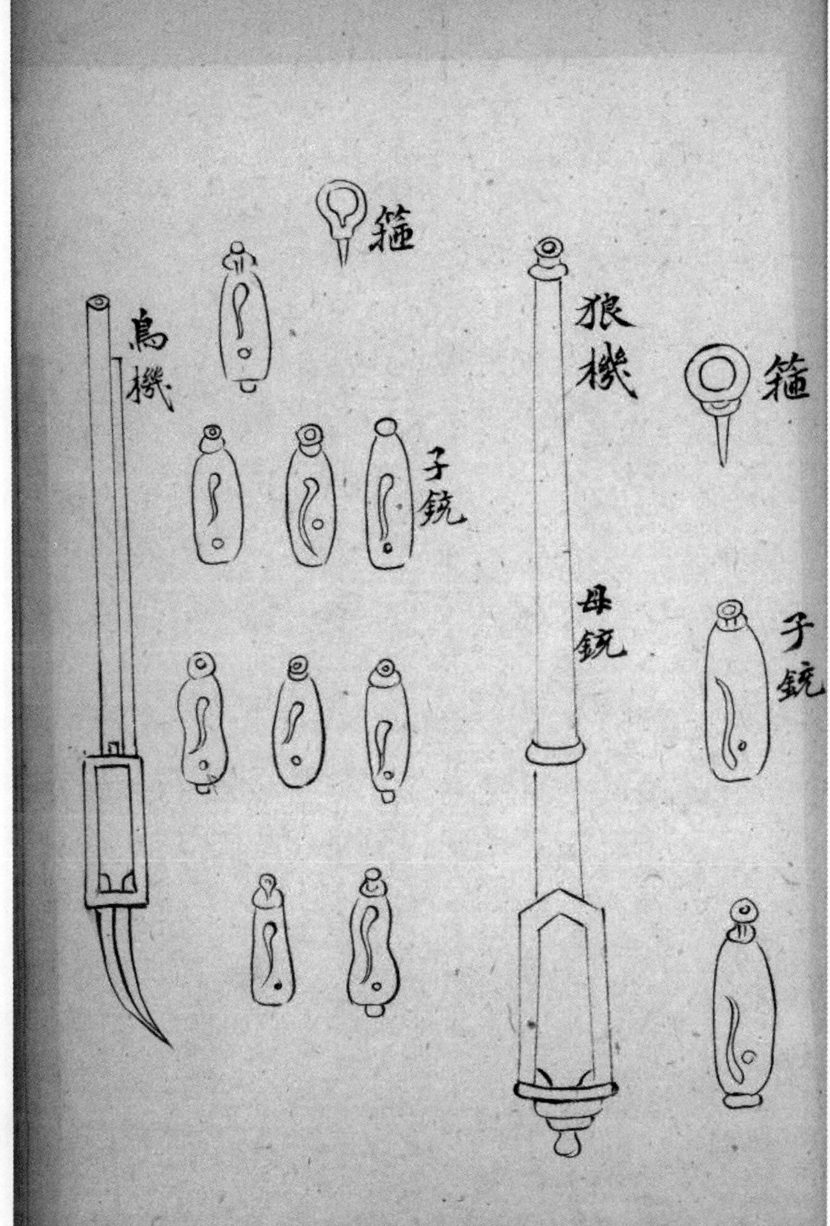

箍。子銃。
狼機[1]。母銃。
箍。子銃。
鳥機[2]。

1 按經武秘要本狼機圖，母銃配有五門子銃並箍爲一圖。母銃銃身中線上有照星照門，子銃繪出前後端筍頭。揚州本、海山本無狼機子銃圖。

2 按經武秘要本鳥機圖，母銃配有七門子銃並箍為一圖。母銃銃身中線上有照星照門，子銃繪出前後端筍頭。揚州本、海山本“鳥機”誤作“高機”，且無鳥機子銃圖。

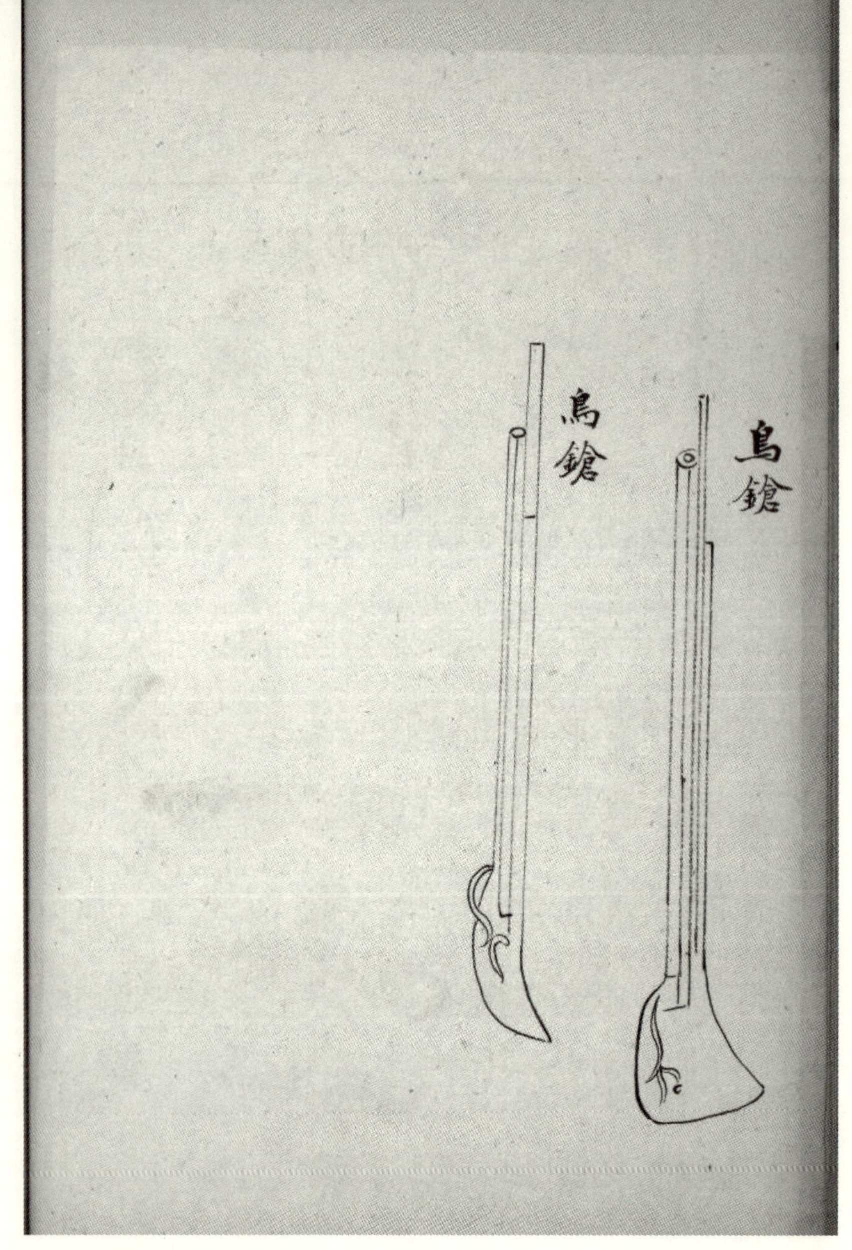

鳥鎗[1]。
鳥鎗。

1 按經武秘要本鳥鎗圖，僅繪出一支，略如莫跋本左側者，然龍頭扳機結構較莫跋本詳備。揚州本、海山本無鳥鎗圖。

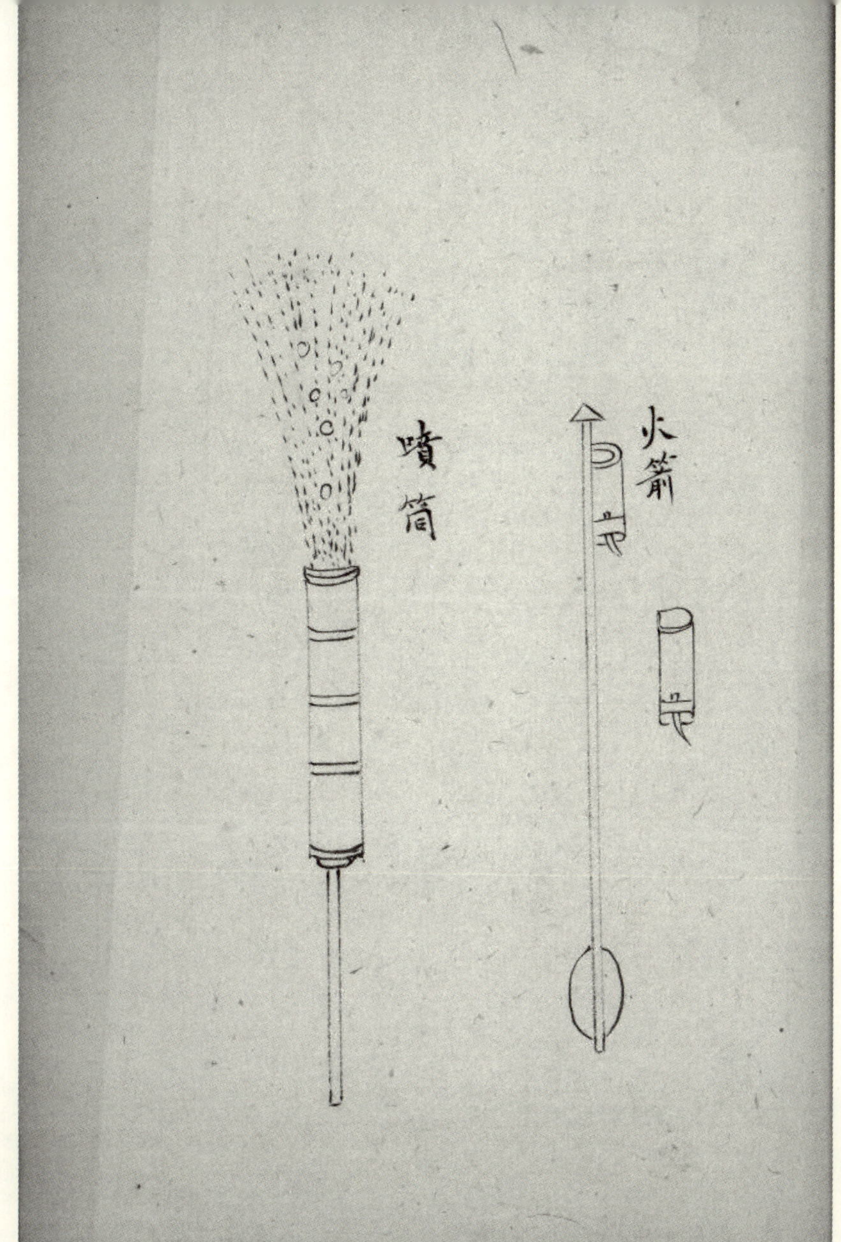

火箭。
噴筒。

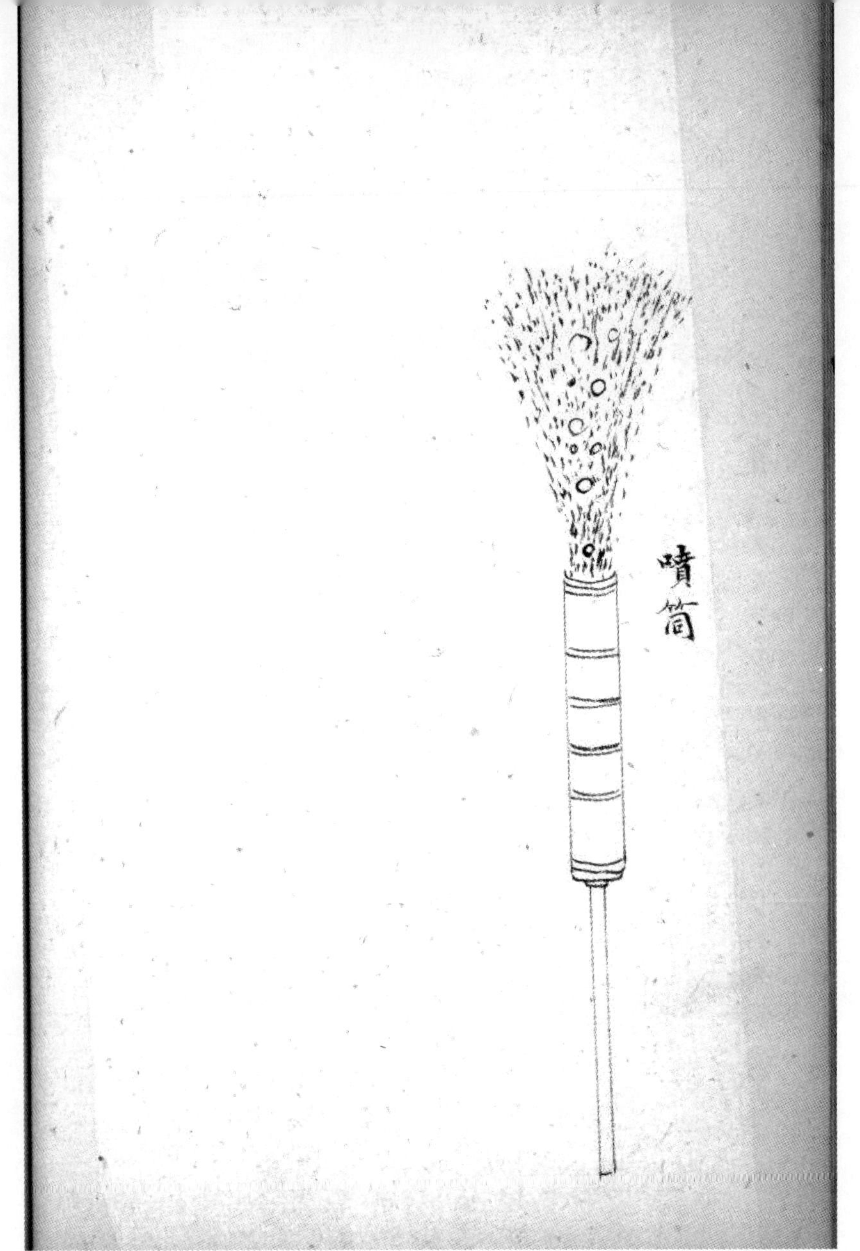

噴筒[1]。

［火礶］[2]

［地雷］[3]

1 按經武秘要本第二種噴筒圖，發射物火焰中有五枚合口大圓彈，相繼而出。揚州本、海山本無第二種噴筒圖。

2 火礶，原闕。據經武秘要本補。揚州本、海山本俱無火礶圖。

3 地雷，原闕。據經武秘要本補。揚州本、海山本俱無地雷圖。經武秘要本火礶、地雷圖參見附録一。

製造火箭噴筒火礶地雷説略

火箭，以褙[1]過棉紙捲筒，緊厚爲度。每下藥一匙，打一百錘，第二匙加一百錘，以後照數遞加，每筒約打至四千餘錘，則發始遠而且勁猛。藥箭須要蔴稭[2]灰，他灰不能透上。鑽孔之法，以藥分爲十分，約鑽至七分爲止，多則通頂，出火不便。其孔要直，不直則歪，以鐵捍打成自然者更妙。且要寬大，可容三根藥線，出則透而有力。若孔細，則線小火微，出則低近而無力矣。箭鏃長五寸，要寬大倒鬚。桿要堅直，長三尺或四尺，重三兩或四兩，用藥二兩五錢。若爲放火燒燃之用，必加後火[3]，始得易着。其放法必加溜筒，方可命中。筒外以礬紙托油紙，兩層包裹，庶過夏不致走硝，可以久留。又有以此法造成數倍然重大者，即名飛鎗、飛刀、飛劒是矣。

1 褙，揚州本、海山本作"揹"。經武秘要本紙殘闕字。

2 稭，原作"楷"。經武秘要本同。據揚州本、海山本改。

3 火，經武秘要本同。揚州本、海山本作"火藥"。

噴筒，以二寸徑粗竹三尺五寸，去節鑿光爲筒。大頭朝上，外用篠絲緝箍五道，均箍於筒之外。於下頭五寸之際，留竹底一節，下安木柄，長四尺，粗寸餘。套柄之處，用鐵釘箭之。於筒内以不灰木[1]膠礬水調成漿水，周圍均漩一次，俟乾，再漩一次。底上以不灰木[2]膠礬水調泥築實，四五分厚。其膠礬分兩，膠一兩，礬二兩，水二斤，照常熬兑。裝藥用小竹筒三尺五寸，去節，裝粗壯雙藥信於内，插入筒底。四圍裝火藥一徑，築實。下藥彈一徑，其彈與藥分兩相半。如此裝滿至頂，空一寸許，用合口火藥餅一個蓋之。餅心留孔，以通藥線，傍用碎紙塞緊。裝畢，將竹管從容拔去，外用礬紙托油紙拴住，筒口中亦留孔，以通藥線。若行營，更加油紙二層，連藥信一並蓋住。用時去外一層點放，高十數丈，遠可四五十步，寬可十數步。此名滿天星噴筒，亦名一窩蜂，無論戰

1 不灰木，原作"不木灰"。經武秘要本、揚州本、海山本同。據文意乙。

2 不灰木，原作"不木灰"。揚州本、海山本同。經武秘要本紙殘闕文。據文意乙。

與守，凡係近用，持柄任意噴燒，傷敵極寬衆。若爲燒焚之用，則以徑大藥餅，兩傍開竅如銀錠樣，裝時用小竹管二根，各裝藥信，插入筒底，兩邊裝藥一層，下餅一個，餘法照前。此名飛天噴筒，亦名霹靂火，燒帆焚寨[1]所必不可少者。[2]

火礶，亦名萬人敵，亦有用生鐵鑄成圓形，名西瓜砲者，總屬一類。每礶用炸藥一斤，或二三[3]斤不等，雜裝爆仗、飛鼠、鐵疾藜、碎鐵、碎石、礦灰、磁砂等物。其鐵石、疾藜要製過，灰砂要炒過。其分兩，每炸藥一斤，雜物二斤。其礶用裏外有釢[4]，庶免過夏發潮之虞。礶口宜小，且要束頸，以便拴固。礶外用四耳，耳上各拴粗蔴繩一截，繩之兩頭，各留二寸蘸磺。放時，將磺頭各點着，隨便擲擊，橫直炸爆，一里餘寬，傷敵甚衆。此係城守水戰，時刻不可少者。

1 寨，原作“塞”。據經武秘要本改。

2 必不可少者，海山本以下加小字注“藥信者火藥引線也”。

3 三，揚州本同。海山本作“五”。經武秘要本紙殘闕文。

4 釢，經武秘要本、揚州本同。海山本作“釉”。

地雷亦名轟雷用裏外有鈂磁罈大小不拘要小口束頸旁有寬嘴每罈用炸藥五斤十斤或數十斤不等裝入罈內約滿八分為度用小管一根照罈長短去節內裝粗信三根兩頭長出寸餘從口插入罈內罈底用油紙封固上用磁碗扣蓋罈下挖坑數尺餘深將罈擱起在內以避水氣四圍用大小堅石堆砌高厚上用大石壓緊外用泥土封固如墳堆樣使人不疑亦有下挖深坑上為平地使人不疑者於罈口藥信處用小磁盆着烘藥緊置口边以便安接走線點放上用大磁盆多覆以防雨水此法大約宜於高阜不宜於低窪蓋恐雨水浸灌之意此係城外埋伏隘口要亦必不可少者其用磁罈之意一則取其能避雨水一則取其倘或未用亦可以收回也

地雷，亦名轟雷。用裏外有鈂[1]磁罈，大小不拘，要小口束頸，旁有寬嘴。每罈用炸藥五斤十斤，或數十斤不等，裝入罈内，約滿八分爲度。用小管一根，照罈長短，去節，内裝粗信三根，兩頭長出寸餘，從口插入罈内。罈底用油紙封固，上用磁碗扣蓋。罈下挖坑數尺餘深，將罈擱起在内，以避水氣。四圍用大小堅石堆砌高厚，上用大石壓緊，外用泥土封固如墳堆樣，使人不疑。亦有下挖深坑，上爲平地，使人不疑者。於罈口藥信處，用小磁盆，着烘藥緊置口邊，以便安接走線點放。上用大磁盆，多覆以防雨水。此法大約宜於高阜，不宜於低窪，蓋恐雨水浸灌之意。此係城外埋伏隘要，亦必不可少者。其用磁罈之意，一則取其能避雨水，一則取其倘或未用，亦可以收回也。

1 鈂，經武秘要本、揚州本同。海山本作“釉”。

火攻挈要卷下

目録

提硝提磺用炭諸法

配合火藥分两比例及製造晒晾等法

收貯火藥庫藏圖説

火攻諸藥性情利用須知

火攻佐助諸色方藥

試放新銃説畧

裝放各銃豎平仰倒法式

試放各銃高低遠近註記準則法

各銃發彈高低遠近步數約畧

教習裝放次第凉銃諸法

火攻挈要卷下 [1]

目録

提硝提磺用炭諸法

配合火藥分兩比例製造晒晾等法

收貯火藥庫藏圖説

火攻諸藥性情利用須知

火攻佐助諸色方藥

試放新銃説略

裝放各銃豎平仰倒法式

試放各銃高低遠近註記準則法

各銃發彈高低遠近步數約略

教習裝放次第涼銃諸法

1 卷下，揚州本、海山本、故宫本作“卷中”。經武秘要本紙殘闕目録首二行。揚州本“火攻挈要卷中”與“目録”間刊校勘姓氏三行“署淮南儀所監掣同知新城陳延恩 / 揚州府知府灤州汪于泗仝校刊 / 泰州分司運判錢塘許惇時”。海山本“火攻挈要卷中目録”次行刊“泰西湯若望授　寧國焦勗述”。

運銃上台上山下山諸法
火攻佐助藥方附餘
本營自衛藥方
火攻要畧附餘
火攻根本総説
其部伍営陣法令及臨陣機秘另載将畧各巻内

運銃上臺上山下山諸法

火攻佐助藥方附餘[1]

本營自衛藥方

火攻要略附餘

火攻根本總説

其部伍、營陣、法令，及臨陣機秘，另載《將略》[2]各卷内

1“火攻佐助藥方附餘”、“本營自衛藥方”兩條，經武秘要本位置同，揚州本、海山本置於“火攻佐助諸色藥方”之後。

2 將略，不明何書，未見流傳。

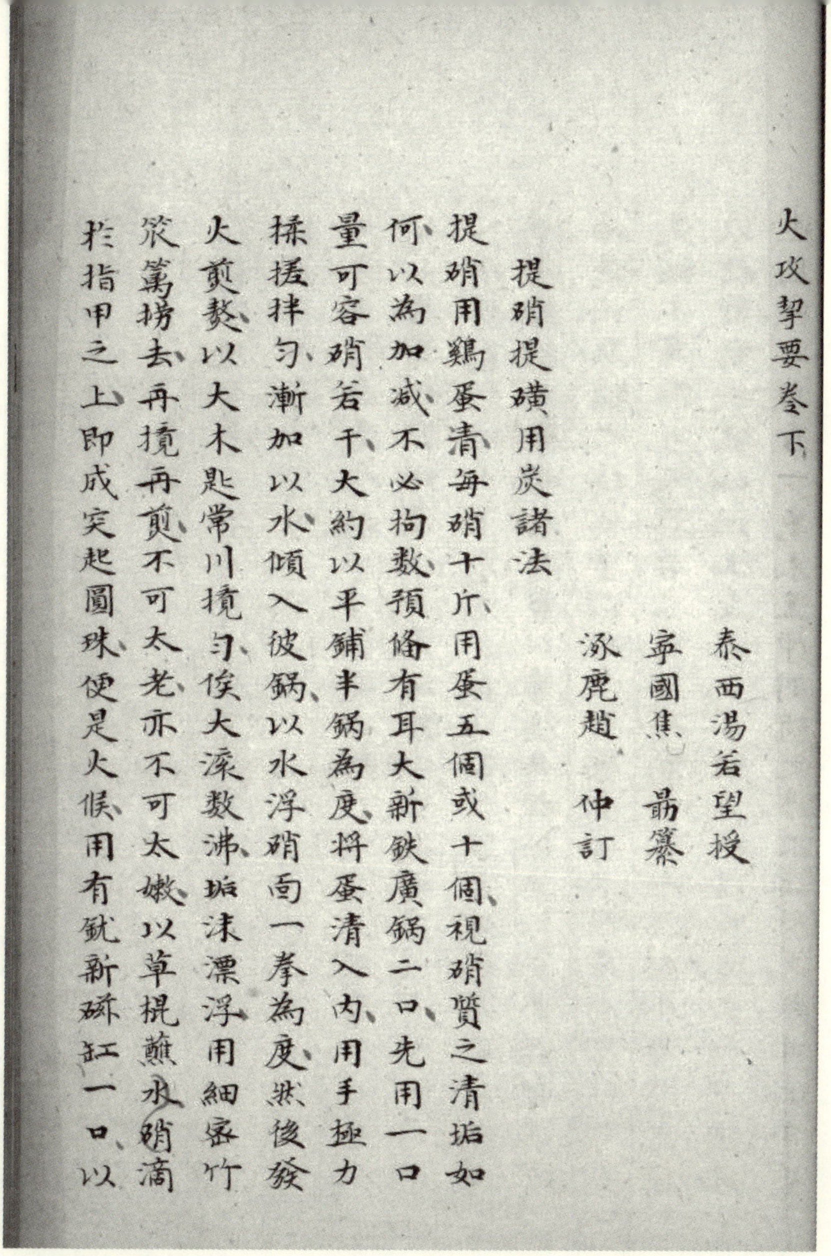

火攻挈要卷下[1]

泰西湯若望授[2]

寧國焦勗纂

涿鹿趙仲訂

提硝提磺用炭諸法

提硝。用雞蛋清。每硝十斤，用蛋五個或十個，視硝質之清垢如何，以爲加減，不必拘數。預備有耳大新鐵廣鍋二口。先用一口，量可容硝若干，大約以平鋪半鍋爲度，將蛋清入内，用手極力揉搓拌匀，漸加以水，傾入彼鍋，以水浮硝面一拳爲度。然後發火煎熬，以大木匙常川攪匀，俟大滾數沸，垢沫漂浮，用細密竹笊篱撈去，再攪再煎，不可大老，亦不可太嫩。以草棍[3]蘸硝水，滴於指甲之上，即成突起圓珠，便是火候。用有釻[4]新磁缸一口，以

1 卷下，揚州本、海山本、故宫本作“卷中”。經武秘要本紙殘闕首行卷題。

2 卷首署名，經武秘要本、揚州本同。海山本作“泰西湯若望授　寧國焦勗述”。故宫本作“泰西湯若望授　寧國焦勗纂”。

3 棍，經武秘要本、揚州本同。海山本作“根”。

4 釻，經武秘要本、揚州本同。海山本作“釉”。

夏布二層，將缸口瞞[1]定，以鍋内硝水傾入，濾過。俟三五日後，硝已成牙，將浮水另換磁缸之内，取硝晒乾，研細，以細絹羅篩過篩，聽候配合。其水中未盡之硝，用前法再熬一次，將硝取盡，則餘水不必存矣。

又方，用甜水，高硝面二寸爲度。每硝二十斤，用水膠一斤。先泡開大蘿蔔一個，切作四五片。皂角二條，鎚碎。炭灰汁水四兩，同入硝鍋煎熬。以大木匙着實攪勻，俟大滾數沸，將浮膠垢沫去淨。候蘿蔔已熟，用細夏布二層濾去，磁盆澄二日，去水取硝，研細聽用。取硝之時，看牙頭明，方可取用。若不明亮，尚有鹹味，則是碱未盡，不可入藥。當用前法，再煎再熬一次，取其餘硝。

此方以硝質原無他垢，以生産地中，多雜鹽碱結成珠。不知硝性主燃，鹽碱主滯，若一毫未淨，則硝之力不猛烈矣。故茲必用灰

1 瞞，經武秘要本、揚州本同。海山本作“鞔”。

汁諸物，正欲盡去鹽硷，淨還硝質之本體耳。

提磺。用生者佳。先搗碎，揀去砂土。每磺十斤，用牛油二斤，蔴油一斤。用有耳大新鐵廣鍋，將油入内盪過，使不沾磺，然後以搗細之磺，徐徐投入，用大木匙旋攪鍋底，勿使少停。俟磺鎔開，用細夏布笊篱，隨時撈去滓垢。封鍋口宜大於竈數寸爲妙，以防火焰。其火宜用炭，不宜用柴，恐柴火焰燃入鍋内。即炭火亦不宜太旺，恐鍋熱而磺即燃，當備瓦數片在傍，以防鍋熱，蓋壓其火。待磺已化盡，將鍋掇起離火，又毋令冷滯，速以細蔴布濾入磁缸。候冷，則油浮於上，磺沉於下，去油用磺，研細聽用。倘油氣未盡，則用薄棉紙一層包裹磺外，入乾爐灰内，埋一二日，其油自淨矣。

又方，每磺十斤，用牛油二斤，用水煮化，以搗細之磺徐投入内。其水不可太多，務使與磺相平，以木匙極力匀攪，俟鎔煮刻許，漸加以水，不可太多，務高磺面三寸爲度。用細夏布、笊篱撈去渣垢，再熬再撈。另以細夏布濾入有釉[1]磁缸之内，候冷，揭油去水，取磺用。

此方以磺中之滓垢固爲難淨，而磺中之油性更爲難淨，人知以牛油去磺之垢是矣，至若油之藏伏於[2]磺者，一毫未淨，則磺性終不猛也。兹故先用牛油入淺水煮攪，以去滓垢，更用深水滚沸，以去油性，則庶幾油垢兩盡，而磺得純淨之本質也。

炭。用蔴稭、茄梗爲上，迎春、梧柳爲次，杉木爲下。大約輕浮之木俱可用，但木俱要盡去皮節，柳木用正月取者有力，餘法照常燒炭研末，羅細聽用。

配合火藥分兩比例製造晒晾等法

大銃藥方

1 釉，經武秘要本、揚州本同。海山本作“釉”。

2 於，原脱。據經武秘要本補。

硝四斤磺十二兩　炭一斤　磺作加一零八，炭作加二零五

鳥鎗藥方

硝七斤磺十兩　炭一斤　磺作零九之數，炭作加一零五

火門藥方

硝一斤四兩磺二兩四錢炭三兩　磺作加一零二，炭作加一零五

將硝磺炭三種，先各用大銅碾，碾末羅細，照前方分兩，配合一處。用淨甜水，拌成半乾半濕。定[1]不可用苦[2]水，又恐有碱氣。又不可用木石及生鐵杵臼搗之，亦不可乾搗，恐乾搗與木石生鐵之器，俱能生火。必將兑成火藥，放在銅鑲木樁[3]、銅包木杵脚碓之内，用人着實躧搗。其人須擇小心勤慎者，勿使毫釐砂土，塵蒙藥内。恐搗擊之際，砂石相磕，偶而生火，貽害不淺。倘搗久藥乾，再用水拌濕，搗萬餘杵。取出，放在手心，燃之不熱。或用木板試

1 定，經武秘要本、揚州本同。海山本作“決”。
2 苦，經武秘要本同。揚州本、海山本作“井”。
3 樁，原作“椿”。據經武秘要本、揚州本改。海山本作“春”。

放，略無形跡，烟起白色，快且直者，方爲得法可用。倘烟起黑色，木板燃焦，手心燒熱，即用前法再搗，如法方止。俟藥已搗成，即用粗細[1]竹篩，其大銃藥用粗篩，篩成黍米珠。狼機藥用中篩，篩成蘇米珠。鳥鎗藥用細篩，篩成粟米珠。惟火門藥不必成珠，但多搗數時，候乾羅細，另裝小礶待用。

或謂藥既搗久，力自猛烈，不必成珠亦可。殊未知諸凡物理，精微莫測。昔西國一兵，偶而[2]放銃，發彈不及數步，且聲亦不響，再過數時放之，銃又炸矣。究其藥原係美藥，問裝法仍照舊法[3]。諸人莫解，銃師亦莫測其故。及再四推度，索彼原藥，仔細詳看，乃知此弊。原因軍人帶藥，奔走摇提挒，以致炭質本輕，漸浮於上，磺質本重，漸沉於下。所以先放無力而不響者，以炭多故也。後放而銃炸者，以磺多故也。且銃筒多長，若用細

1 細，上原有“紙”字。據經武秘要本刪。

2 而，經武秘要本、揚州本同。海山本作“爾”。

3 問裝法仍照舊法，經武秘要本同。揚州本、海山本作“火門裝法仍皆照舊”。

藥，則必粘貼[1]筒上，藥不到底，發彈無力。所以必欲成珠，則諸弊可免。但不可太粗，恐裝不實。必如前法，庶幾可用。

俟藥既篩成珠，或用細蓆或竹筐，鋪藥於上，略用樹蔭日色照乾，萬不可用暴日夏日晒之，恐日中生火，猝難救耳。

俟藥晾乾，用內外有釻[2]磁罈一口，須有束頸，以便拴固。罈外須用竹絡，以便抬掇。收藥務要稱準定數，每罈百斤或五十斤，以便分發，庶免臨警稱散，倉皇而失事也。藥既入罈，先用礬紙托油紙，箬皮[3]拴緊，上用大磁碟，蓋在口外，再用膠泥封固，候乾。另交藥庫之内收貯。

倘各軍所領零藥，因日久發潮，即取酸菓汁[4]，或破[5]雨水泉水，洒濕，如前法搗過，篩珠晾乾，則火藥之力仍舊猛烈矣。

1 粘貼，經武秘要本、揚州本、海山本作“沾粘”。

2 釻，揚州本同。海山本作“釉”。經武秘要本紙殘闕字。

3 箬皮，原作“著”。據經武秘要本改。揚州本、海山本作“着實”。

4 即取酸菓汁，“取”原作“收”。據經武秘要本改。揚州本、海山本無此語。對比《祝融佐理・煉造火藥説》:“如日久有濕氣，再放酸果汁破雨水泉水，灑濕搗過如前，點放自然遠到矣。”

5 或破，原作“或被”。揚州本、海山本同。據經武秘要本改。“或”疑爲衍文。

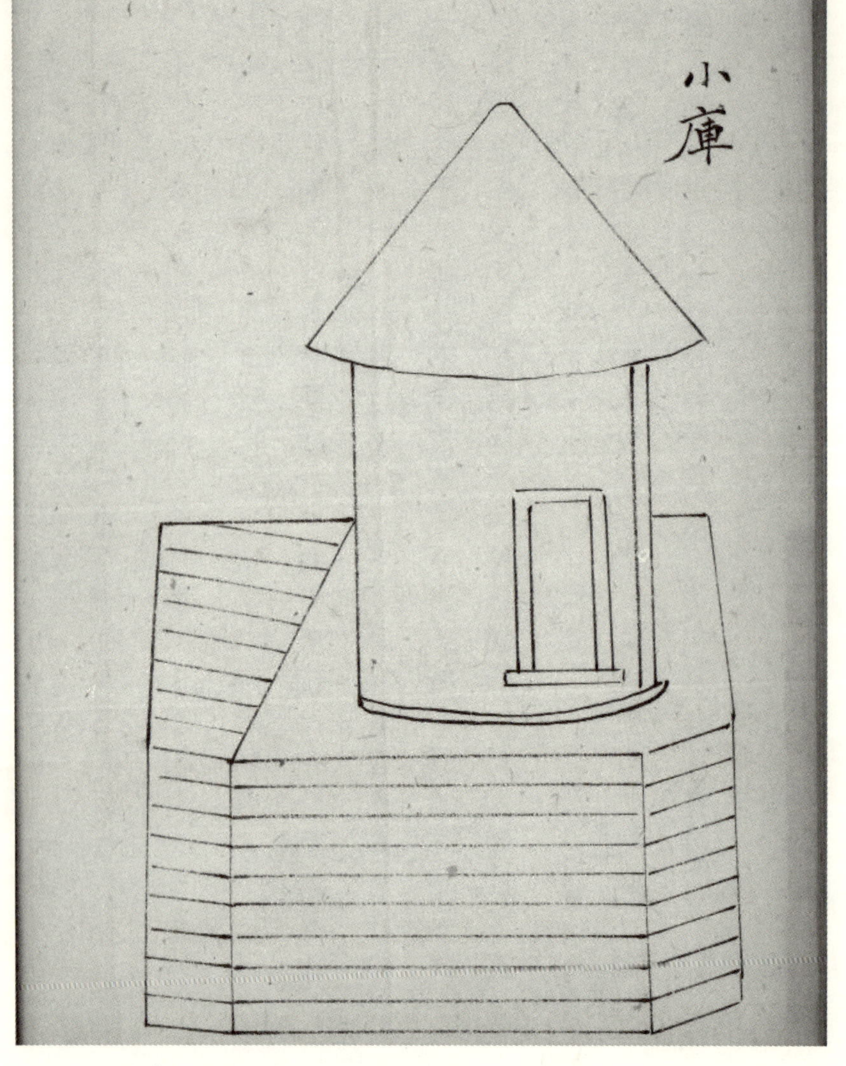

小庫[1]。

1 按經武秘要本小庫圖，庫門左側與門框間繪出一物，似是門鎖。揚州本、海山本俱無小庫圖。

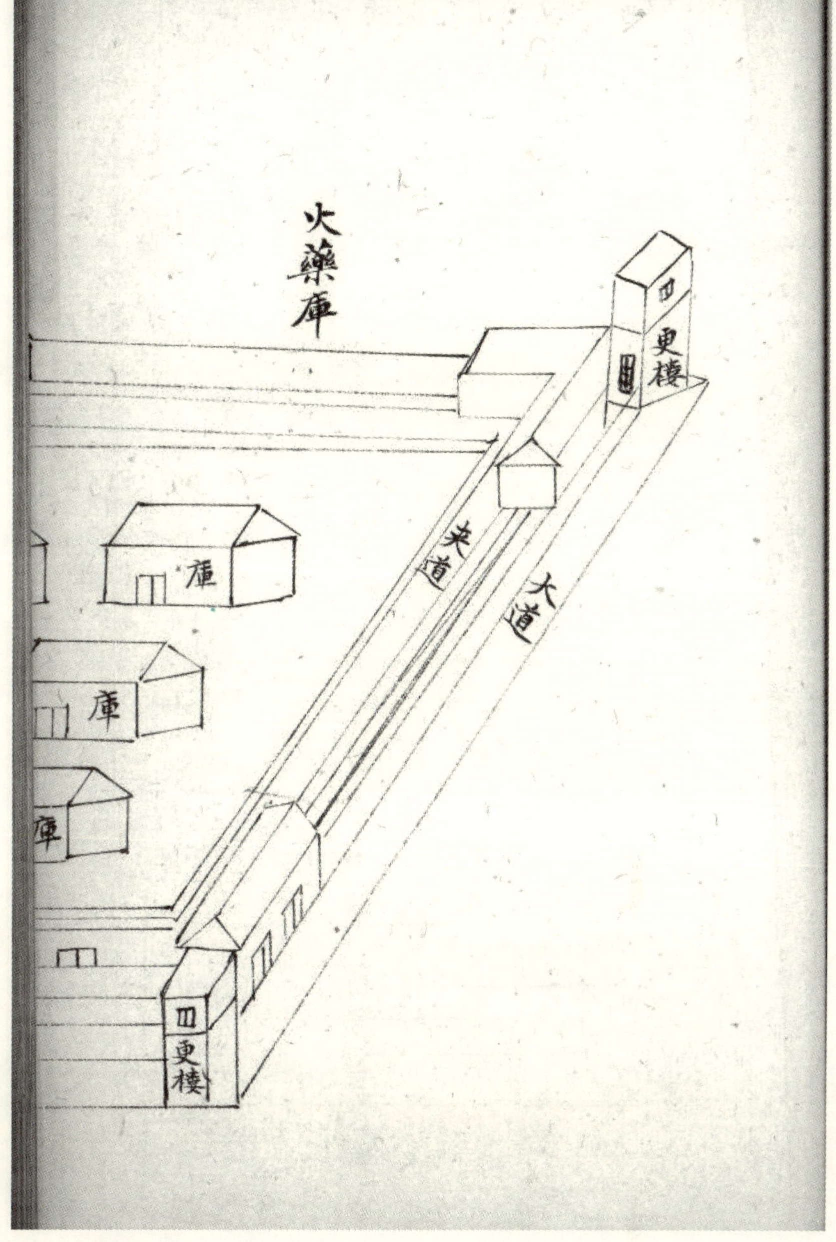

火藥庫[1]。
大道。更樓。夾道。庫。

1 火藥庫，經武秘要本題作“藥庫”，畫面更爲細緻準確：火藥庫共有三層圍墻（莫跋本欠明確）。最内層庫房外圍墻南面西側有一雙開門（莫友芝跋本無），夾道外第二層圍墻南面東側繪有一雙開門，最外層大道内圍墻南面西側繪有一雙開門（莫友芝跋本此門誤繪於大道）。南面官廳三座並排相連，中間高兩側底（莫友芝跋本僅繪出一座）。西南角更樓二層朝東有一雙開窗，一層朝東有一柵欄窗；東北角圍房朝東並列兩處雙開門（皆爲莫友芝跋本所無）。揚州本、海山本俱無火藥庫圖。

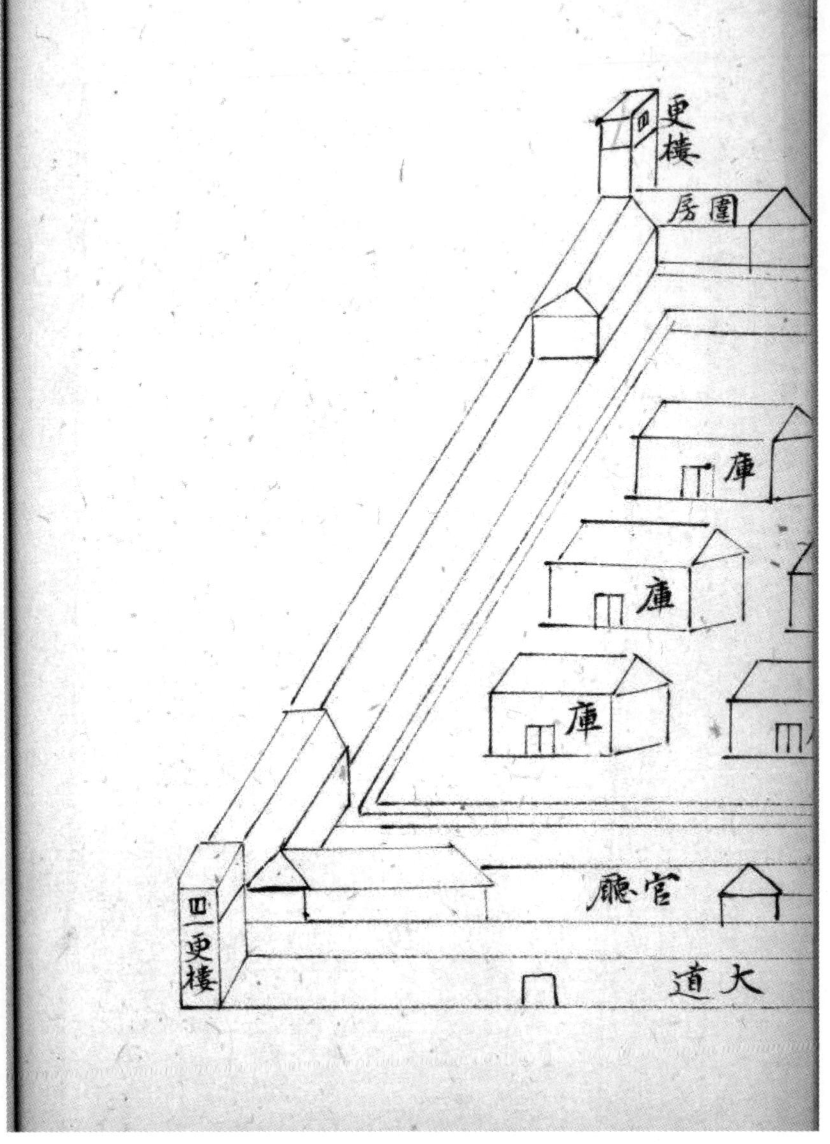

庫。夾道。官廳。圍房。更樓。大道。

收貯火藥庫藏圖説

火藥原備傷賊之用，若收藏無法，偶致自傷，其害更大。如小城用藥不多，不過分置各處静所，封鎖嚴固，或可無虞。至若都省邊鎮，軍興之際，未免常開局廠，終歲製造。積藥既多，若無良法收貯，如京城王公廠、盔甲廠、安民廠屢變之慘，豈非前鑒哉。藥庫之制，總以避火爲主，最要緊者，藥庫不可同在造藥之局，亦不可逼[1]近人烟密處，更不可深藏坑窖，以致地中遊火偶發，震動地脈，延禍極廣。其庫基必擇閑[2]空高爽之處，以避濕氣。其房屋不得多用木料，墻垣不用磚石，只用土築。房簷包入墻内，墻必包過房脊。庫門用鐵皮裹緣，不露寸木，以絶招火之端。庫房之内，用寸厚板漫平，離地一尺五寸，以絶地中遊火。四隅用磚砌曲折風孔，以通濕氣。孔内用銅網隔住，以絶外面火入。庫簷

1 逼，原作“過”。據經武秘要本改。
2 閑，經武秘要本同。揚州本、海山本作“間”。

四隅，亦開曲孔透風。孔内亦隔銅網，以絶空中火入。庫之内外，一概不得鋪蓆糊紙及堆積柴草，並蘆葦麻稭[1]、蓋瓦夾籬之類。門軍邏卒，止許居住外層。炊爨許用煤炭，不許用柴草，以絶發火之根。其庫房之大小多寡，不拘定數。大約一城之藥，不宜總歸一處，恐偶有失事，復遇變警，猝難製造。即一處之庫，亦不得接連合一，只宜一二間或三間，各爲一庫。俱用厚築土墻，包隔各庫，彼此相離二丈餘地。庫門不得直對夾道，必曲折開向，外加土墻，上門封鎖。衆庫之外，總用厚土圍墻一道，高過房脊。總墻之外，各二丈寬許夾道。夾道之外，各築圍房一層，四隅[2]住邏卒，門俱外向。别房貯别器者，門俱内向。惟南面開門之處，多加圍墻夾道一條，高闊照前。夾道之外，造圍房一列，以數間爲官府署廳[3]，以數間爲門軍住房，廳房門俱内向。其多餘房間，不得賃住[4]外人

1 麻稭，原作“秣稭”。據海山本改。經武秘要本作“秣楷”。揚州本作“禾木稭”

2 隅，經武秘要本同。揚州本、海山本作“隔”。

3 廳，原作“所”。據經武秘要本改。

4 賃住，原作“令”。據經武秘要本改。揚州本、海山本作“賃”。

出入。總門不必立大門樓，只用磚券[1]小門。其各門路徑，不得直通到底，俱要紆回曲折。圍房之外，各空大道一條，寬二丈，各與民房隔絶。其大道之四隅，各立眺樓一間，四面開窓。至晚各派邏卒二名，在上輪替瞭望。下安柵欄，以阻人行。其内外各門，至晚各派門軍二名看守，日間禁絶閑人出入，違者即以奸細論罪。官府入庫，跟伴不得私窺庫門。其守庫軍卒，務擇土著熟人，仍互相保結，連坐賞罰，以示鼓勵，斷不可妄用生人，以防奸細。管庫官不時巡察，稽其謹怠。

西洋另有小庫之制。即於城頭閑空之處，附城裏面，幫築方臺之形，高與城等。大者見方三丈，小者二丈，周圍編以荊笆爲墻，用羊毛和泥塗於笆上，外用桐油石灰披蓋三分餘厚。其笆裏外兩層，相距四尺，其頂尖圓，亦照圍墻兩層，泥抹灰蓋。門用木

1 券，經武秘要本、揚州本同。海山本作“圈”。

板，鐵包裹外兩層，曲折安置。四隅上下，曲折開孔透風，亦用銅網蔽之，以防火氣。其藥照前用罈裝貯，每庫可藏數萬餘斤。將門封鎖，只須二三邏卒，輪流看管。較之大庫，更爲省便。州縣小城，極宜倣此。此庫之妙，正取頂圍不用木石磚瓦，止用荆笆，體輕料微，縱有失事，火性炎上，一轟而起，所傷無幾。萬不可將藥藏貯寺塔城樓等處，倘有不測，則木石飛揚，貽害不可言矣。當事者慎之。

西洋更有一法。存貯火藥，不可盡數合成。但將各料煉淨研細，分貯聽候。臨用，多以連柏[1]，齊衆合搗，即日可成，無患不及。若將所積之藥料，盡數合成，恐積多日久，偶遇地火遊行，時有焚燒。此人事之不謹耳，非天灾之謂也。

火攻諸藥性情利用須知

1 柏，經武秘要本、揚州本同。據海山本作“臼”。

火藥之性情迥異，火攻之作用亦殊。習此技者，若非熟知諸藥本來之力，與夫相需佐助之功，則方藥之是非可否，無從辨别，製作之變易加減，亦無從斟酌。如硝性主直，直者利於攻擊，磺性主横，横者利于炸爆，炭性主燃，燃者利於噴發。但炭有不一，茄梗、麻稭主烈，葫蘆、竹箬主爆，楊柳性急，杉木性緩，性既有異，用亦隨宜。以上係火攻常用之主藥也。如雄黄急而焰高，石黄燥而迅烈。磺灰、皂麵、蓁艽[1]傷眼。銀銑[2]、硇砂、磁鋒爛肉。人言[3]巴豆、胆礬、乾糞主毒。松脂、洞油主燒而鑽粘。潮腦、豆麵、乾漆主焚而發旺。艾納[4]烟聚而突起，蘆花、銀杏葉火散而飛揚，狼糞烟尖[5]直挺，江猪灰逆風返衝，水馬蟲見水[6]更急。以上亦火攻偶用之佐藥也。外有猛火油，出占城國[7]，入水愈熾。九尾魚脂，出暹羅國[8]，遇風逆烈。此藥雖難得物，藥性亦所當知。以上藥内，多有非常用者，似

1 蓁艽，經武秘要本作“秦椒”。揚州本、海山本作“秦艽”。

2 銑，經武秘要本、揚州同。海山本作“釉”。

3 人言經武秘要本、揚州同。海山本作“白砒”。

4 艾納，原作“艾胸”。據海山本改。經武秘要本作“艾胸”。揚州本作“艾”。

5 煙尖，經武秘要本作“煎風”。揚州本作“煙煎”。海山本作“煙焰”。

6 水，原脱。據經武秘要本、海山本補。揚州本脱文。

7 出占城國，經武秘要本作雙行小字。

8 出暹羅國，經武秘要本作雙行小字。

乎不必濫稱。但爲將之道，正宜詳格物理，且偶逢奇正，或可兼資，緩急不妨咸備。若[1]臨機應變，隨宜施用，斟酌在人可矣。

火攻佐助諸色藥方

藥製毒彈方

硼砂　銀銶[2]　桐油　班貓

右各等分研細，將鉛鐵小彈及碎鐵、碎石、磁鋒等件，俱先入人中汁内，浸三日，用火[3]炒乾，將藥滚上，着敵立斃。

藥彈方

柳屑　一斤，晒極乾　松香　三斤　潮腦[4]　二斤　硫黄　一斤　乾漆　半斤　牙皂　一斤　石黄　半斤　硼砂　半斤

右各研細末，以白芨麵或榆麵一斤，調稀和匀，做成指頂小彈，晒乾聽用。此用以近燒人馬，緊鎖皮肉，疼痛莫當，

1 倘，原作“恐”。揚州本同。據經武秘要本改。海山本作“若”。
2 銶，經武秘要本、揚州本同。海山本作“釉”。
3 用火，原脱。據經武秘要本補。
4 潮腦，原作“朝腦”。經武秘要本、揚州同。據海山本改。

且毒氣浸發，不時斃矣。

藥餅方

硝 二斤 磺 一斤 石黃 一斤 潮腦[1] 一斤 乾漆 十兩 柳屑 二斤 芸香 半斤 松香三斤 好蔴 六兩，搥軟剪寸許長作線

右各研細末，用白芨麵一斤，或榆麵亦可，調成稀糊，投諸藥入内和勻。每餅用藥一兩七錢，加鉛三錢，入模印成餅子。兩旁各留圓孔，如銀錠樣，晒乾聽用。此用以燒帆寨，有如膠粘，卒難解救，燒焚之功，最爲第一。

火箭藥方

硝 十兩 磺 五錢 炭 三兩五錢

右味共研細拌勻，搗法照前。

起火藥方

1 潮腦，原作“朝腦”。揚州本同。據經武秘要本、海山本改。

硝 十兩 磺 三錢 炭 三兩五錢

右方有加密陀僧五錢，除炭五錢者，搗合照前，造法亦如火箭。

喷筒藥方

硝 十兩 磺 五錢 炭 三兩，配合研搗，悉照前法

喷銃藥方

硝 十兩 磺 一兩 炭 二兩，雜物在外，餘法照前

火罐藥方

硝 十兩 磺 三兩 炭 二兩，每火藥一斤，用雜物二斤

地雷藥方

硝 十兩 磺 三兩 葫箬灰 二兩 石黄 五錢 雄黄 三錢 硼砂[1] 五錢[2] 用[3]桐油巴油炒過

1 硼砂，揚州本、海山本同。莫跋本行間加朱筆“一作細砂”。經武秘要本作“細砂”。

2 五錢，經武秘要本作“乙兩”。

3 用，經武秘要本無。

爆火藥方

硝　十兩　磺　二兩五錢　班貓　五錢，搗合照前　炭　一兩五錢

火信藥方

硝　十兩　磺　三錢　葫箬灰　三兩五錢，此係常藥，若裝竹管亦可

埋伏走線藥方

硝　十兩　磺　一兩　炭　三兩　班貓　一兩　白砒　三錢　潮腦[1]　二錢　水馬　一兩

右照前法配合。先撚就[2]蔴線若干聽用，以薄棉紙裁成直條，一寸寬許，將蔴線順鋪紙上，以信藥入内，照常加粗二倍，捻成圓條，接續相連，令其不斷。外用礬水麵糊，周圍抹過，晒乾，令成硬條，以免散開。外用熟油紙爲衣，再用毛竹截斷，長短不拘，上下接連套合，凑長可數十丈。以接就藥線

1 潮腦，原作“朝腦”。經武秘要本、揚州本同。據海山本改。

2 就，原脱。據經武秘要本補。

入竹筒内，隨套隨穿，務與銃眼烘藥相連。隨機點放，可以過水入雨，水不能壞也。

又埋伏扁線藥方

藥方照前。用細布裁條，六分餘寬，以稀麵糊刷過，乘濕厚敷信藥於上，雙摺成條，用棉紙纏固，粘貼壁上，令乾揭下。用熟桐油紙封裹，外用松香三兩、黄蠟二兩、潮腦[1]五錢、白砒三錢、雄黄三錢、石黄五錢、水馬一兩、班貓五錢。先將松香、黄蠟化開，後將諸藥投入攪勻。用黄牛尾刷子蘸藥，將扁信勻刷一層，令乾，可避雨水。

飛兔飛鼠方

即火箭起火之制，但不用鏃桿，紙筒略短三分之一，尾加後

1 潮腦，原作“朝腦”。經武秘要本、揚州本同。據海山本改。

火，兩頭各繫銅絲小圈，以便走溜即是。

火種方

不灰木[1] 一斤 鐵末 三兩 硬炭末 八兩 麩皮 三兩 紅棗肉 六兩

右用泔水[2]，挼[3]成圓餅，每餅重一兩。用時燒通紅，以燒過熱爐灰埋藏，可經數日。

1 不灰木，經武秘要本、揚州本、海山本作"不木灰"。

2 泔水，經武秘要本同。揚州本、海山本作"洱水"。

3 挼，經武秘要本、揚州本、海山本作"搓"。

試放新銃説略

西洋鑄銃之法，雖是詳備，但以各處銅鐵質體之精粗不等，地界水土之燥濕不同，以致鑄時難保必成。即雖彼處亦必萬分加慎，於鑄成之銃，外貌倘似完固，而内體或有疏瑕，以致試放而或炸裂者多矣。是以試放新銃，無論大小，一概宜加謹慎，防備炸裂。其極大者，用鉅木三根，入土丈餘，夾銃而固縶[1]之。中者小者[2]照常架於車上。先用半藥烘一二次，再用常藥常彈，實放二三次，然後加倍彈倍藥，點放數旬，完固無變，則永無炸弊，斯爲實用之利器也。其加倍彈倍藥之説，謂以常法大彈重五斤者，所帶小彈亦重五斤，共算十斤之數，則用藥亦宜十斤，此常彈常藥之説也。今所謂加倍者，謂將小彈外加五斤，共算彈重一十五斤之數，將藥亦加五斤，共湊一十五斤，此即所謂

1 縶，經武秘要本、揚州本同。海山本作“絷”。

2 中者小者，原作“中小者用車”。據經武秘要本改。揚州本、海山本作“中者用小車”。

倍彈倍藥也。若所加太多，則亦恐誤事。試放之際，預築鬆土厚墻，置銃於墻外，走線放之，萬無疏虞。若試狼機、鳥鎗，亦須倍彈倍藥，試放數旬而無誤者，庶臨陣之際，始敢從容放心而擊敵也。

裝放各銃竪平仰倒法式

裝放高下，固在隨時取便，但諸銃所用，亦有各法不同。唯竪放止有飛彪銃，十一度十二度，攻城可用。倒放止宜守銃，一度至四度，守城時下擊可用。平放之法，最宜用於戰陣，百發百中，萬無一失。仰放之法，止一度以至六度上下不等，大概宜於攻銃。若飛龍銃[1]，亦嘗[2]用仰法。但學者不可拘泥，亦不可錯誤，唯相機觀變，斟酌用之可矣。

試放各銃高低遠近註記準則法

1 飛龍銃，經武秘要本作“飛龍戰銃”。揚州本、海山本作“飛戰銃”。

2 嘗，原作“當”。據經武秘要本改。此處避啟禎帝諱，“嘗”即“常”字。

凡各等大銃既經試放無失必先分定各等次第挨次編立字
號預造空冊一本將各字號挨次登記如某等某字某號銃一
位依法照常彈藥用平度試放看準本彈所到之靶多少步數
照數註記本銃之下又照常彈藥用高一度試放看準本彈所
到之靶多少步數又照數註記如此依法照前自平度試起以
漸試至六度而照數註準及各銃試準註完即照冊上原號原
數挨次刻記暗號於各銃之上以便司銃者臨用之際量敵遠
近以為擊放之高下也俟各銃刻記完畢將本冊照樣共造三
本一存鑄銃官留底一存帥府備察一存本將教練仍將各銃
度分步數抄寫小帖分給司銃軍士責令熟記以便演習此法
無論戰攻守銃皆所必用但守銃更宜詳悉如城之上其銃既
有定位即將城外遠近地面或隘口或橋梁或要路約量緊急

凡各等大銃，既經試放無失，必先分定各等次第，挨次編立字號。預造空册一本，將各字號挨次登記，如某等某字某號銃一位。依法照常彈藥，用平度試放，看準本彈所到之靶，多少步數，照數註記本銃之下[1]。又照常彈藥，用高一度試放，看準本彈所到之靶，多少步數，又照數註記。如此依法，照前自平度試起，以漸試至六度，而照數註準。及各銃試準註完，即照册上原號原數，挨次刻記暗號於各銃之上，以便司銃者臨用之際，量敵遠近，以爲擊放之高下也。俟各銃刻記完畢，將本册照樣共造三本，一存鑄銃官留底，一存帥府備察，一存本將教練。仍將各銃度分、步數，抄寫小帖，分給司銃軍士，責令熟記，以便演習。此法無論戰、攻、守銃，皆所必用，但守銃更宜詳悉。如城之上，其銃既有定位，即將城外遠近地面，或隘口，或橋梁，或要路，約量緊急

1 本銃之下，海山本以下衍文："又照常彈藥，用平度試放，看準本彈所到之靶多少步數，照數註記本銃之下。"

去處閒常偹細試放記明如某處遠者用某度可到某處近者
用某度可到照數熟記明悉仍詳註暗號小帖隨身庶臨敵之
際可從容暇裕隨宜擊放無有不中者矣其註記之例萬不可
悞認彈到之處以為定則盖火力迅急多有彈已落地仍復激
起而去数里若是乃餘氣之所飄至實非正力之所推擊此等
苗頭不但難於定準且強弩之末雖中亦無用也其法只以彈
著靶者為準今篇内增繪三等圖式正防學者誤認而錯註也

去處，閒常備細試放記明。如某處遠者用某度可到，某處近者用某度可到，照數熟記明悉，仍詳註暗號小帖隨身，庶臨敵之際，可從容暇裕，隨宜擊放，無有不中者矣。其註記之例，萬不可誤認彈到之處，以爲定則。蓋火力迅急，多有彈已落地，仍復激起而去數里。若是，乃餘氣之所飄至，實非正力之所推擊。此等苗頭，不但難於定準，且強弩之末，雖中亦無用也。其法只以彈著靶者爲準。今篇内增繪三等圖式，正防學者誤認而錯註也。[1]

1 海山本段末加小字注："苗頭，視學也，謂測視遠近之準則，俗呼望遠，其音如苗。"蓋清人所補。

豎放。[1]

1 按經武秘要本豎放圖更爲詳細，銃規上有刻度，四分之一規内分爲十二度，超出部分又分四度，詳見前文銃規圖注。權線在十度位置。

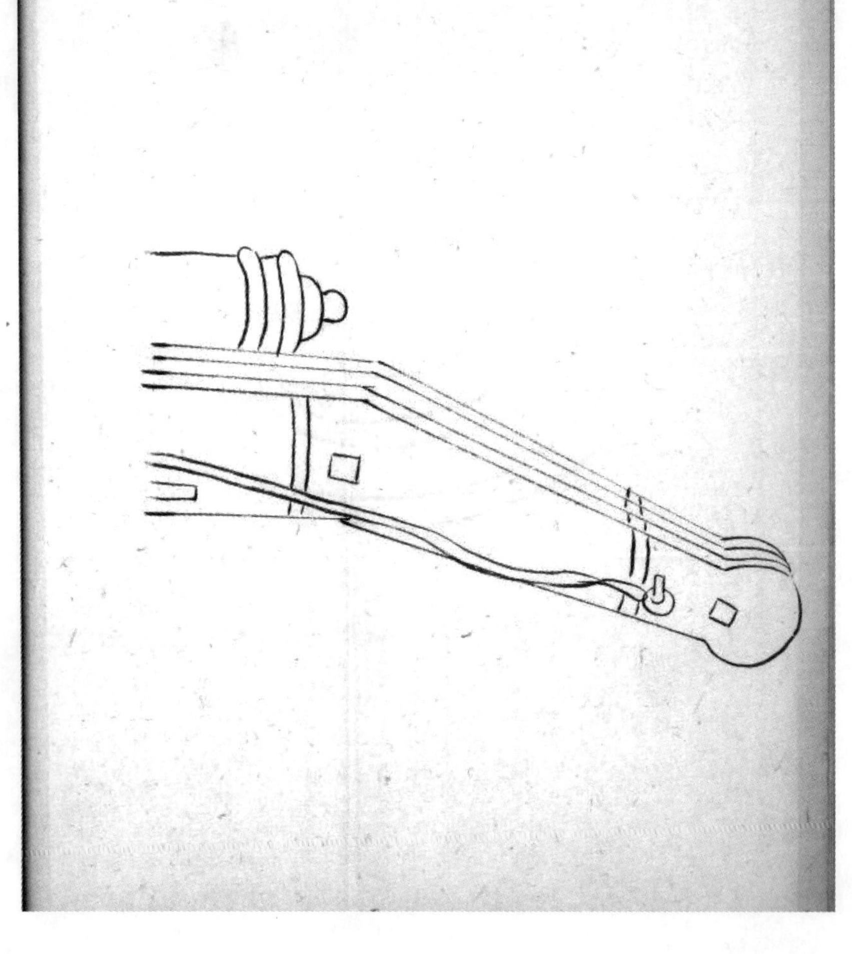

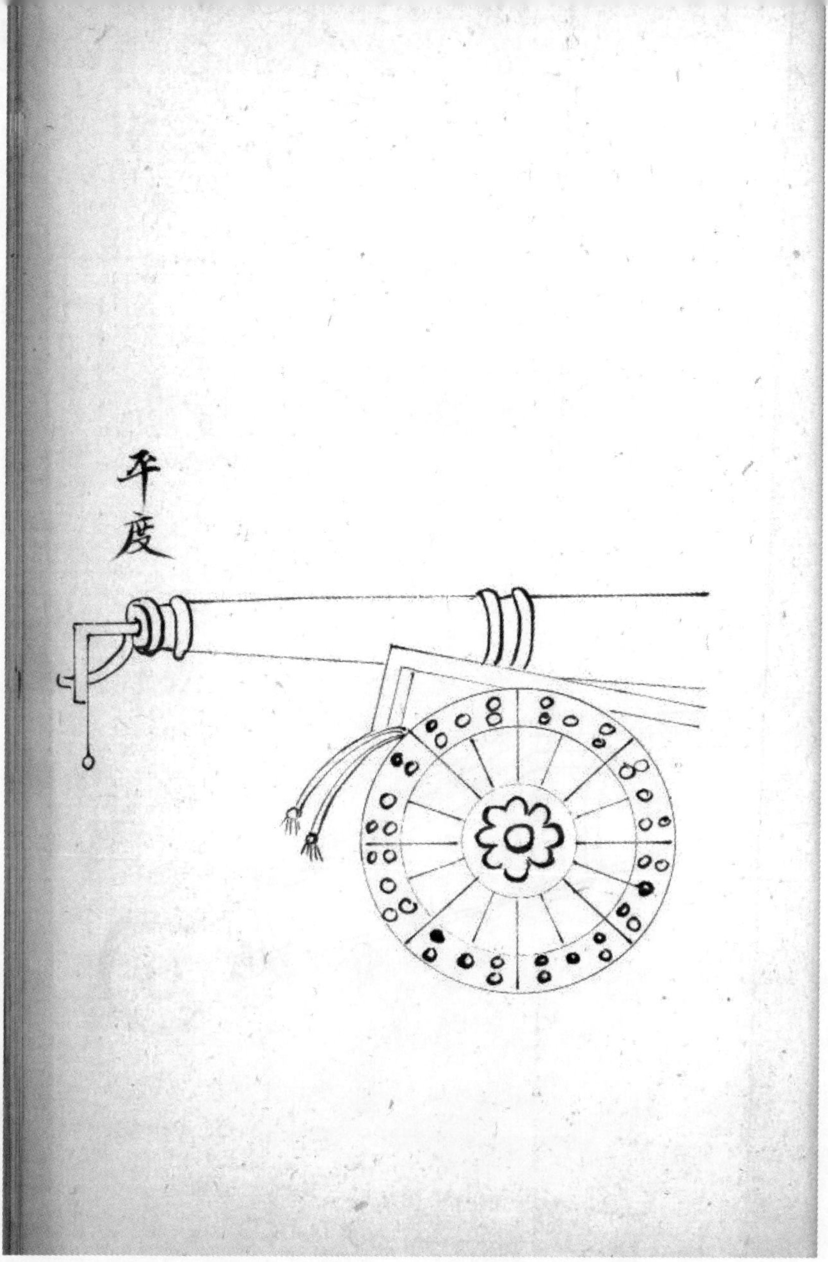

[平放][1]。平度。[2]

1 平放，原脱。據經武秘要本補。字樣在銃尾上方。

2 按經武秘要本圖内銃規上有刻度，形制見前文銃規圖注。權線在零度位置。又銃耳前繪出葉形花紋。銃尾下方繪出墊片。銃尾箍前繪出火門。車輻、車轂表現較爲立體準確，形制詳見前文銃車注。

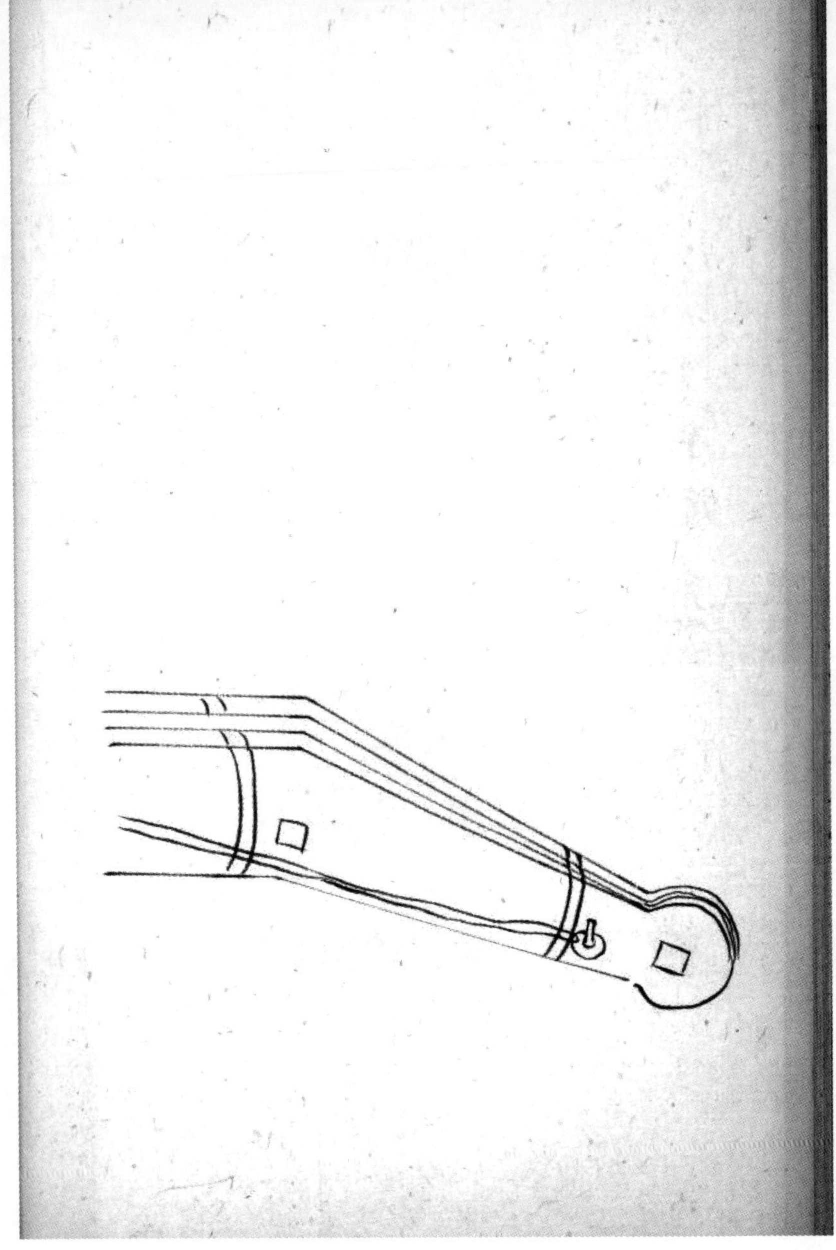

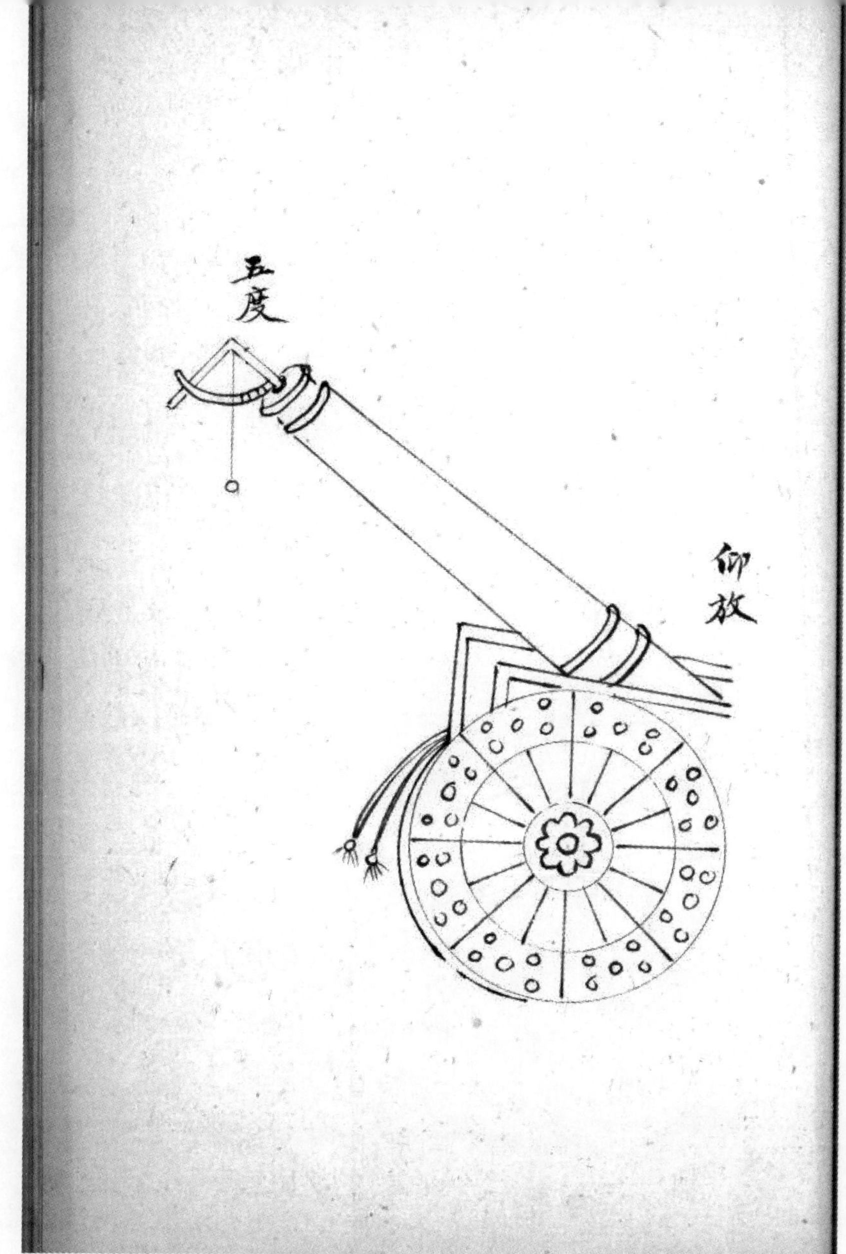

仰放。五度。[1]

1 按經武秘要本銃規圖上有刻度，銃車圖形制詳見前文銃車圖注。

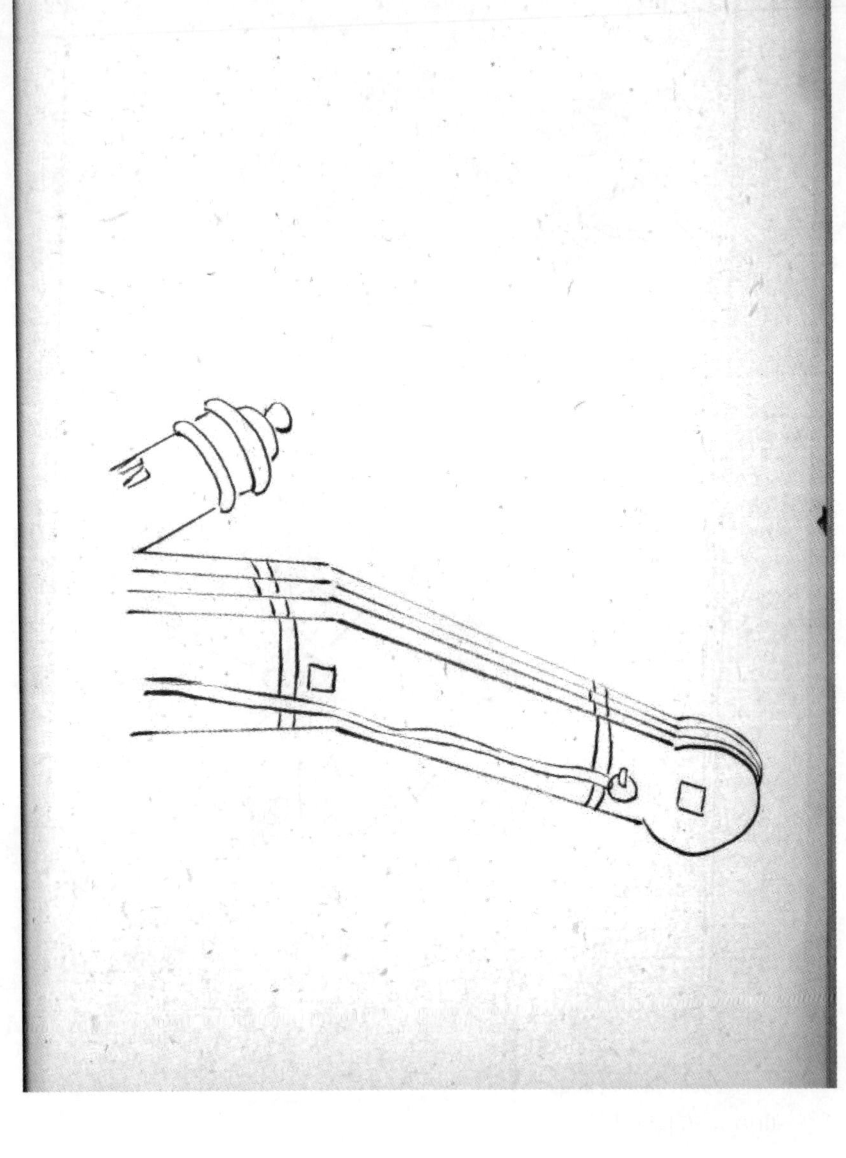

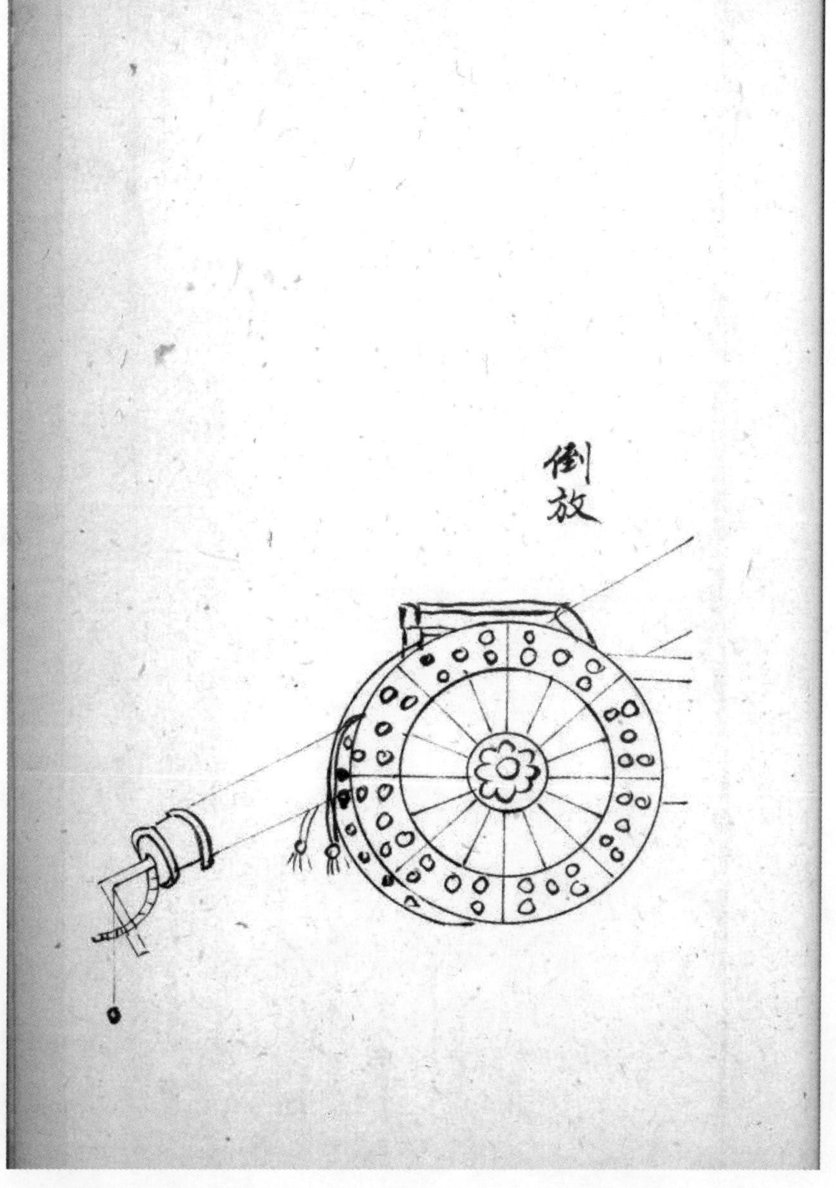

倒放。[一度][1]。

1 一度，原脱。據經武秘要本補。揚州本、海山本俱脱。按經武秘要本圖式銃規上有刻度，銃口右上方注“一度”，權線在一度位置；銃車形制詳見前文銃車圖注。

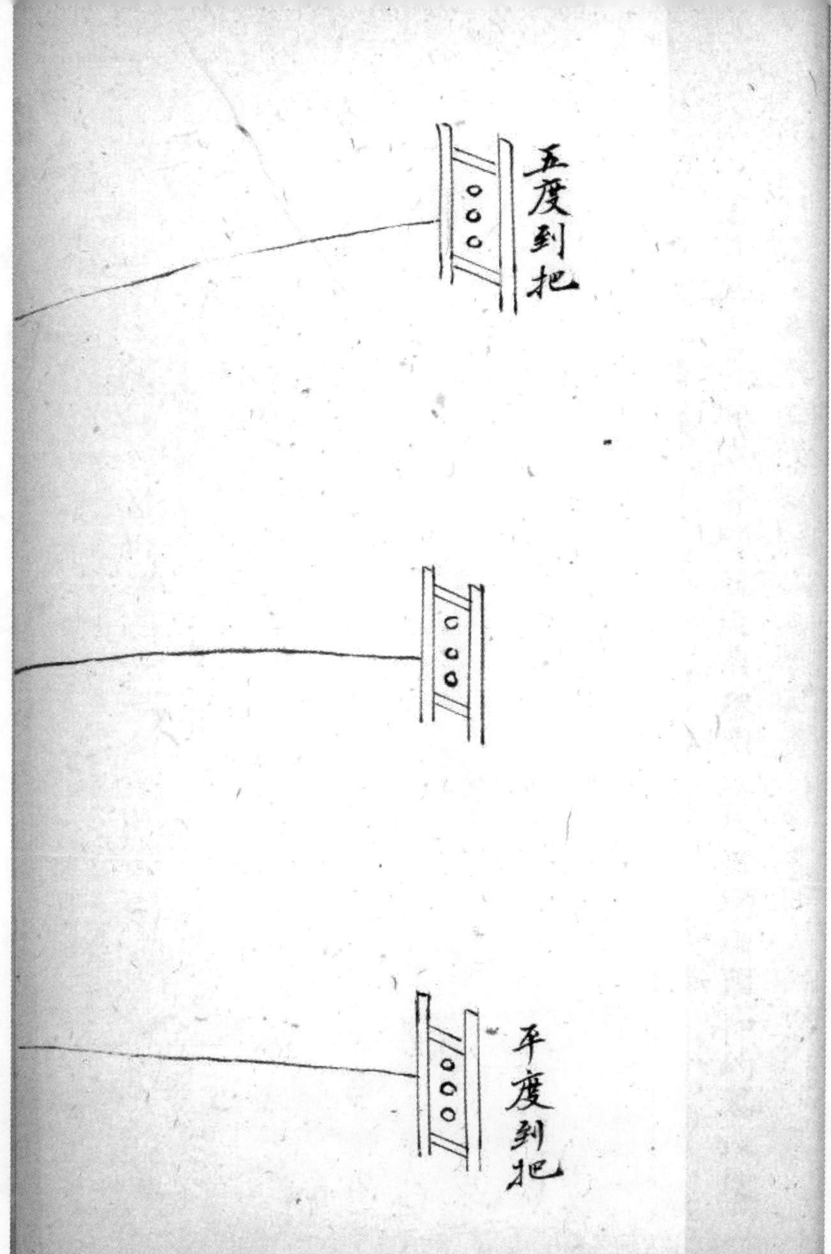

五度到[1]把。

［三度到把］[2]。

平度到把[3]。

1 到，經武秘要本同。揚州本、海山本作“倒”。按經武秘要本五度、三度、平度到把三圖銃規皆有刻度，形制見前文銃規圖注，權線在相應刻度位置。

2 三度到把，原脱。據經武秘要本補。揚州本、海山本俱脱。

3 平度到把，經武秘要本同。揚州本、海山本俱脱。

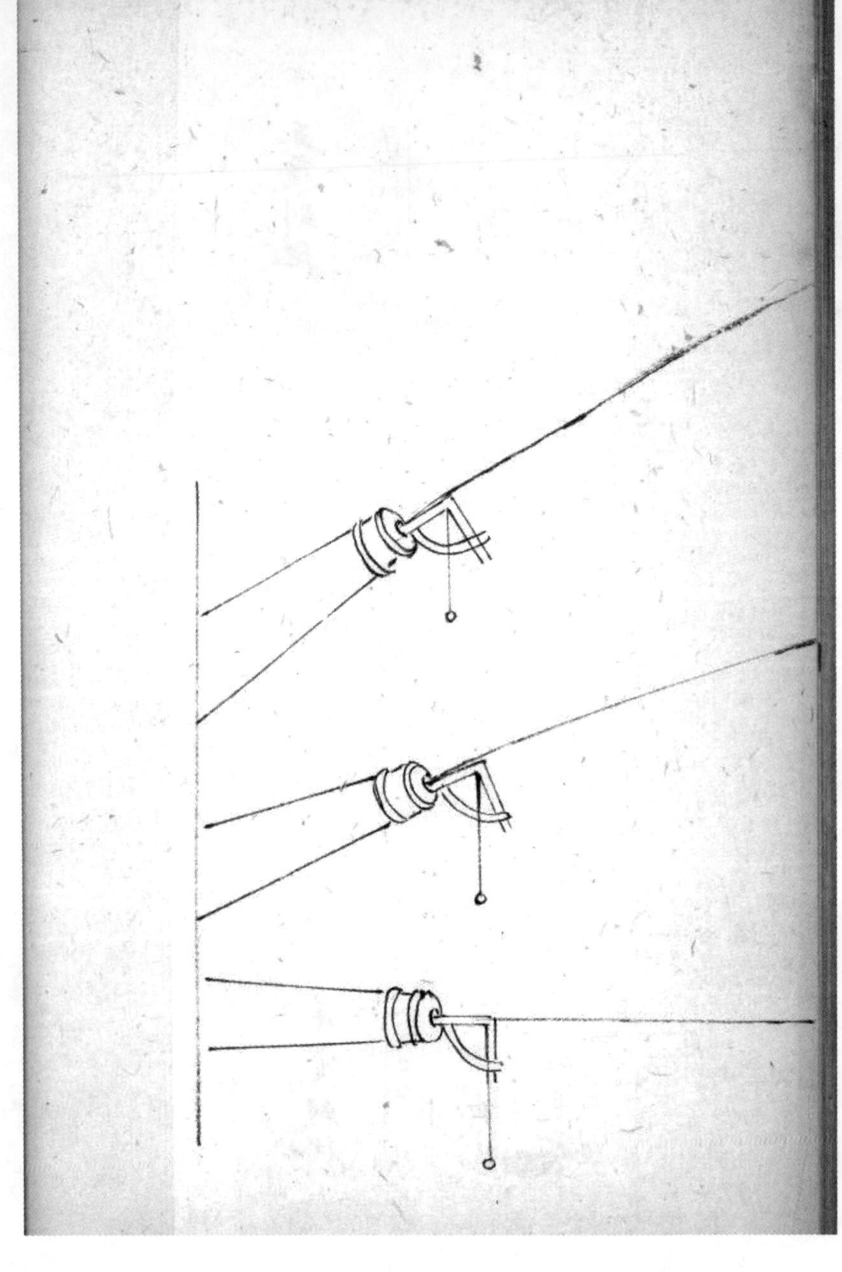

各銃發彈高低遠近步數約畧
各銃大小迥異發彈遠近有殊用火攻者務須預知約畧以便
臨敵之際酌量長短隨宜施用也
三號大銃用彈三四斤重者平度擊放可到四百步仰高一度
可到八百步高二度可到一千四百步高三度可到一千八百
步高四度可到二千步高五度可到二千一百步高六度可到
二千一百五十步若高七度則發彈太高從上墜落其彈無力
且及近矣諸凡放銃平仰度數之法皆可以此推例
二號大銃用彈六七斤重者平放可到七百步仰放可到三千
五百步
頭號大銃用彈九斤重者平放可到一千步仰放可到五千步
頂尖飛龍戰銃用彈二十斤重者平放可到七八里仰放可到

各銃發彈高低遠近步數約略

各銃大小迥異，發彈遠近有殊。用火攻者，務必預知約略，以便臨敵之際，酌量長短，隨宜施用也。

三號大銃，用彈三四斤重者，平度擊放可到四百步，仰高一度可到八百步，高二度可到一千四百步，高三度可到一千八百步，高四度可到二千步，高五度可到二千一百步，高六度可到二千一百五十步[1]。若高七度，則發彈太高，從上墜落，其彈無力，且反近矣。諸凡放銃平仰度數之法，皆可以此例推。

二號大銃，用彈六七斤重者，平放可到七百步，仰放可到三千五百步。

頭號大銃，用彈九斤重者，平放可到一千步，仰放可到五千步。

頂尖飛龍戰銃，用彈二十斤重者，平放可到七八里，仰放可到

1 二千一百五十步，揚州本、海山本下文作“計一千零七十五丈合六里地”。莫跋本、經武秘要本無此句。應是清人臆補。按“二千一百五十步”若計爲“一千零七十五丈”，則一步合五尺，與《祝融佐理》《西法神機》《西洋火攻神器説》定義射程單位一步合二尺不同。《火攻挈要》射程單位長度，書中未特別説明。參考射程數值亦應爲一步合二尺。

三十餘里
攻銃彈重十斤至四十斤者平放可到五百步仰放可到一千
五百步以至五千步
小銃狼機用彈重半斤至一二斤止平放可到三五百步仰放
可到二三千步
大銃狼機用彈重三斤至五斤者平放可到七八百步仰放可
到三四千步
鳥機鳥鎗平放可到百餘步仰放可到三百步火箭亦同
以上俱係約畧大數盖以銃塘有長短不同藥性有緩急不
等裝法有鬆緊不一故不便执定細数以滋疑慮倘必欲細
数亦必將各銃依法俻細試驗註記明白方可定数以為準
則也

三十餘里。

攻銃，彈重十斤至四十斤者，平放可到五百步，仰放可到一千五百步以至五千步。

小銃狼機，用彈重半斤至一二斤止，平放可到三五百步，仰放可到二三千步。

大銃狼機，用彈重三斤至五斤者，平放可到七八百步，仰放可到三四千步。

鳥機、鳥鎗，平放可到百餘步，仰放可到三百步。火箭亦同。

以上俱係約略大數。蓋以銃塘有長短不同，藥性有緩急不等，裝法有鬆緊不一，故不便執定細數，以滋疑慮。倘必欲細數，亦必將各銃依法備細試驗，註記明白，方可定數以爲準則也。

教習裝放次第及涼銃諸法
西洋教練火器未肯令草率粗技之人便許當兵粮必另有學
教官大設教廠聽從民間有願習武者各開籍貫投詞里老親
族連絡保結送入學內投拜學師群居肆業教官量才教授各
藝朝夕演習就如幼童學藝一般不得時刻間斷以期速成俟
藝將熟教官自行十日一考先將應用什物查看如一有遺忘
一不如法者即照例行罰次以考藝簿冊每人各居一行各註
於下中上三等九級款例隨藝填註高下進者有賞退者有罰
原等者免罰再次原等者量責示辱以為激勵三次原等者倍
責四次原等者再責五次原等者免責逐回改業又約學藝限
期以一季為度必欲造成若逾期不成即行革退不許復留以
滋勞費其一應器械飯食悉係官給學者一無所費但亦無廩

教習裝放次第及涼銃諸法

西洋教練火器，未肯令草率粗技[1]之人，便許當兵食糧。必令有學教官，大設教場[2]。聽從民間願習武者，各開籍貫，投詞里老親族，連絡保結，送入學内，投拜學師，羣居肆業。教官量材教授各藝，朝夕演習，就如幼童學藝一般，不得時刻間斷，以期速成。俟藝將熟，教官自行十日一考。先將應用什物查看，如一有遺忘、一不如法者，即照例行罰。次以考藝簿册，每人各居一行，註名[3]於下，上列[4]三等九級款例，隨藝填註高下。進者有賞，退者有罰，原等者免罰，再次原等者量責示辱，以爲激勸，三次原等者倍責，四次原等者再責，五次原等者免責，逐回改業。又約學藝限期，以一季爲度，必欲造成。若逾期不成，即行革退，不許復留，以滋勞費。其一應器械飯食，悉係官給，學者一無所費，但亦無廩

1 技，經武秘要本、揚州本同。海山本作“踈”。
2 場，原作“廠”。據經武秘要本改。
3 註名，原作“各註”。據經武秘要本改。
4 上列，原作“中上”。據經武秘要本改。揚州本、海山本作“上”。

糧。必俟學成精藝，方許教官開送選武官處，先將一切器械藥彈等件，逐一察驗，是否全備合法。驗畢無差，然後演試各技。大約以十發而中五六者，止稱通藝，不准收用，仍令回學再習。十發不差一者，稱成藝，方准收入營内，厚給廩糧衣甲等件，候用立功，即名武士。其體儀服飾，咸旌異之，以示高貴。百發不差一者，始稱精藝，其給廩旌異，超等優示。其教官之責，即以所教武士技藝精粗多寡，以爲升降賞罰。其餘法製，另詳《將略》練藝卷内。

凡初學火器，無論大小新舊，切不可遽用常藥裝放。蓋銃冷及天冷，雖厚者亦怕驚裂。必先用半藥烘過一二次，然後照常裝放，屢試無病，方可以授學者。凡初學，切不可用他人及未經慣者裝飽之銃[1]。倘偶有裝成者，亦必用㮳杖探過深淺如何，然後可

1 裝飽之銃，原作“裝砲裝銃”。據經武秘要本改。揚州本作“裝炮之銃”。海山本作“裝造之銃”。

免疏虞。

凡彈，必要逐一看驗圓潤與否，務與銃相合。仍將各彈俱要裝入本銃，筒内上下滚過不礙，止略小一線，則出便利而銃亦不受傷。

凡初學，先將銃身安置平正，以照門照星，對准靶子，令學者做成架勢，着信藥於火池内。旁著一人點火，看烟起時，頭不仰避，目不閃動。然後令其自點，看頭目兩手不動，然後着藥在内，撞緊空放。看銃響時，身子頭眼俱不慌亂。然後着彈打靶。蓋初學秘法，全在循序而進，久練熟慣，以使胆壯心定，則技自能漸精。若不循次序，遽令着彈打靶，則心驚手战，諸病不可除矣。凡裝銃，必先以銃箒細細掃淨，然後裝藥下彈。蓋恐銃筒之内，略有砂土，則出彈猛烈而壞矣。

凡裝藥，用合式銅鍬，素經量稱，藥數有定準者。每次用藥一鍬，裝入筒内底邊，用藥撞撞緊，然後下彈。又法，恐用鍬稍遲，先以圓木照銃口空徑，或布或裱紙，照樣做成藥袋，長四徑有餘。量准藥數定規，俟裝滿，封固縛緊，照銃口略小一分，以便裝入，不致滯澀。上書以號，以免差誤。臨用裝入銃腸，撞緊，以鐵錐破其布紙，用信藥引放，尤覺便利，不致遲誤。

凡裝彈，先用故絹，包裹縛勻，或故布亦可，塞入銃腹[1]，庶免寬而滚溜。又須緊貼藥上，則火力猛烈，出彈自遠而且準矣。

凡打把[2]，先以右眼對照門，照門[3]對照星。照星對[4]把，[此不易之正法也。但銃筒十無二三正準者，或偏左右][5]，或偏上下。學者必須備細詳察其性，看其所出[6]之彈，落頭[7]偏向如何，隨偏凑就，則萬無一失者矣。

凡銃把，以木爲框，高六尺，闊一尺五寸，外釘蘆席，糊蓋白紙，上畫紅日三輪。立於平淨鬆土之地，以便彈落

1 銃腹，原作“腸銃”。據經武秘要本改。揚州本、海山本作“銃腸”。

2 把，經武秘要本同。揚州本、海山本作“靶”。

3 照門，原脱。據經武秘要本補。揚州本、海山本俱脱文。

4 對，原作“與”。揚州本、海山本同。據經武秘要本改。

5 此不易……左右，原脱，僅存一“無”字。據經武秘要本補。揚州本、海山本俱脱本段。

6 出，經武秘要本、揚州本、海山本作“發”。

7 頭，原作“地”。據經武秘要本改。

塵起，得知落頭偏向之病。其靶之遠近，如小者自六十步起以至百步，大者自百步以至二百步。若太遠，則眼力有限，不便看利弊。

凡銃，若放久[1]筒熱，則以銃箒蘸米醋，攪潤内外，則醋行火斂，不必待涼而可裝放。

凡鳥鎗放法，西洋多站立，側身向前，以單手挺架而點放者，亦有左手之下加一拄杖者。蓋因彼處戰鬬，多用步兵，且器技相等，兼以習慣藝精，拚死潑戰，始宜此法耳。若教練我軍，以禦強虜，自非攢營結陣而進，萬不能當。今之鳥銃，又有於前床一尺之下，順安指大支棍二根，長二尺，於棍頭二寸之際銷孔，以粗綿繩拴繫活扣，可以交叉爲鼓架之形。臨放，先將支棍架定鎗首。銃士蹲足，以銃尾安架左膝之上，庶前後穩當，不致摇動，而可從

1 久，經武秘要本同。揚州本、海山本作“火”。

容以討準矣放完将支棍順床拴定更為軽便
凡初學秘要首欲習慣精熟練壯胆氣以從容審決必中為主
若畧生疎則手慌心乱必難命中且行軍所帯藥彈有限臨敵
忙廹裝放亦甚艱難況火器又在諸器之先交鋒之始凡欲壯
我軍之胆挫敵人之氣勝負関頭全在此銃之中與不中又豈
容莽撞乱放以致悞事哉司教練者謹記謹記

容以討準矣。放完，將支棍順床拴定，更爲輕便。

凡初學秘要，首欲習慣精熟，練壯胆氣，以從容審決，必中爲主。若略［有］[1]生疏，則手慌心亂，必難命中。且行軍所帶藥彈有限，臨敵忙迫，裝放亦甚艱難。况火器又在諸器之先，交鋒之始。凡欲壯我軍之胆，挫敵人之氣，勝負關頭，全在此銃之中與不中。又豈容莽撞亂放，以致誤事哉。司教練者，謹記謹記[2]。

1 有，原脱。據經武秘要本補。揚州本、海山本俱脱文。

2 謹記謹記，經武秘要本同。揚州本、海山本作“謹記之”。

運銃上臺上山下山諸法[1]

俗謂西洋火銃雖精，但恐沉重，不便行動。殊不知西洋[2]每銃必配有銃車，其制作堅利活便，可以任意奔馳。即升高渡險，亦另有起引之法，可以運重爲輕，而不致阻滯也。

運銃上臺。先於臺下挨邊之際，設立起重一架。又挨邊安置直引重一具，臺後安設横引重一具。各用寸徑粗蔴繩一根。先將銃車起至臺上。次將各繩同拴大銃耳際，務令兩頭輕重適均。每器用壯夫四名，齊力絞轉，雖極重之銃，可以頃刻而升起矣。俟銃上臺，更加升起數尺，即將銃車安置銃下。將銃從容放落，安置停妥，又省後次安置之勞也。

運銃上山，先將大銃照常安置車上。次於山上路徑，隨處修平，毋令欹斜，以致傾跌。於轉灣之處，用引重二具，各以寸徑粗繩，

1 上山下山，經武秘要本同。揚州本、海山本作“下山上山”。

2 洋，經武秘要本、揚州本、海山本作“法”。

同拴銃車鉄環之上毎一引重各用壮夫四名齊力絞轉引至
灣處將車轉過向前依法引之雖極高遠之山亦可繇漸而上
升也
運銃下山亦用引重二具將繩滿纏軸上置于銃車之後以繩
頭拴繫車尾鉄環銃車左右用壮夫四名或六名各持鎗棍以
備轉車之用两傍挾車而行車後引重各用壮夫四名將引重
轉棍極力持握從容漸放庶重車就下之勢不致滚溜而傾跌
矣繩已放完將銃墊穩引重那近銃車將繩滿纏軸上照前從
容漸放遇轉灣之際將車轉過照法放行

同拴銃車鐵環之上。每一引重，各用壯夫四名，齊力絞轉，引至灣處。將車轉過，向前依法引之。雖極高遠之山，亦可由漸而上升也。

運銃下山，亦用引重二具，將繩滿纏軸上，置於銃車之後，以繩頭拴繫車尾鐵環。銃車左右，用壯夫四名或六名，各持鎗棍，以備轉車之用，兩旁扶[1]車而行。車後引重，各用壯夫四名，將引重轉棍，極力持握，從容漸放，庶重[2]車就下之勢，不致滾溜而傾跌矣。繩已放完，將車墊穩，引重那近銃車，將繩滿纏軸上，照前從容漸放。遇轉灣之際，將車轉過，照法放行。

1 扶，原作“挾”。經武秘要本改。

2 重，經武秘要本同。揚州本、海山本作“眾”。

火攻佐助藥方附餘
放火藥方
芦花十斤不見風日密室晾干再用桐油拌晒　松香三斤　艾葯　朝腦　豆麵各一斤
乾漆　銀杏葉　石黄各半斤　班猫四両
右各研細末與火藥三七配合此方藥力迅利飛步高遠
用以燒焚粮草营塞見此無不着矣
逆風藥方
狼糞　艾葯各八両　江猪骨一斤燒灰存性　江猪油一斤
以前藥合油拌匀晒干研細與火藥三七配用此方力能
鬥風凡用火攻若風不順必加此藥則逆風而愈硬矣
烽烟藥方
狼糞百斤晒干研細　柳炭二十斤　净硝十斤　榆麵二十斤

火攻佐助藥方附餘 [1]

放火藥方

蘆花　十斤，不見風日密室晾乾，再用桐油拌晒　松香　三斤　艾納[2]　潮腦[3]　豆麵　各一斤　乾漆　銀杏葉　石黃　各半斤[4]　班貓　四兩

右各研細末，與火藥三七配合。此方藥力迅利，飛步高遠，用以燒焚糧草、營塞，見此無不着矣。

逆風藥方

狼糞　艾納[5]　各八兩　江猪骨　一斤，燒灰存性　江猪油　一斤

以前藥合油拌勻，晒乾研細，與火藥三七配用。此方力能鬥風，凡用火攻，若風不順，必加此藥，則逆風而愈硬矣。

烽烟藥方

狼糞　百斤，晒乾研細　柳炭　二十斤　淨硝　十斤　榆麵　二十斤

1“火攻佐助藥方附餘”“本營自衛藥方”二章，經武秘要本位置同。揚州本、海山本置於“火攻佐助諸色藥方”之後。

2 納，海山本同。經武秘要本作“肭”。揚州本作“芮”。

3 潮腦，原作“朝腦”。經武秘要本、揚州本同。據海山本改。

4 斤，經武秘要本同。揚州本、海山本脱文。

5 納，經武秘要本作“肭”。揚州本作“芮”。海山本作“絨”。

先將硝用水煮化，以榆麵調成稀糊，將狼糞、柳炭入内拌揉，造成斗大線香之形，晒乾。遇警燃起，烟衝半空，日黑夜紅，風吹不散。

本營自衛方

解火毒藥

烏梅　一斤　甘草　一斤

右共研細末，稀米糊爲丸，如指頂大。每服一丸，可解諸般火毒。

又方，用血餘燒灰存性，每服五錢，白湯送下，可解諸毒。

又方，用萬年花　四時青　含香木　劉寄奴

右各等分爲細末，米糊爲丸，如指頂大。每服一丸，可解諸毒。

避火毒藥方

凡製造諸般火攻毒藥，必先用真阿魏，抹擦口鼻眼耳，可免毒氣侵入。

敷火毒藥方

瓦松　一兩　雄黄　三錢

右用烏雞血，和搗泥爛，敷貼傷處，立愈。

貼火瘡藥方

鮮猪油　二兩五　錢黄蠟　一兩

右先用藤黄二錢、水二碗，將黄蠟同入淨鍋煮化製過，滚沸片時，掇起聽用。次將猪油熬化去渣，投入蠟内，攪匀成膏，油紙攤貼傷處，立愈。諸般瘡毒及各樣傷處，以此貼之，俱有速效。

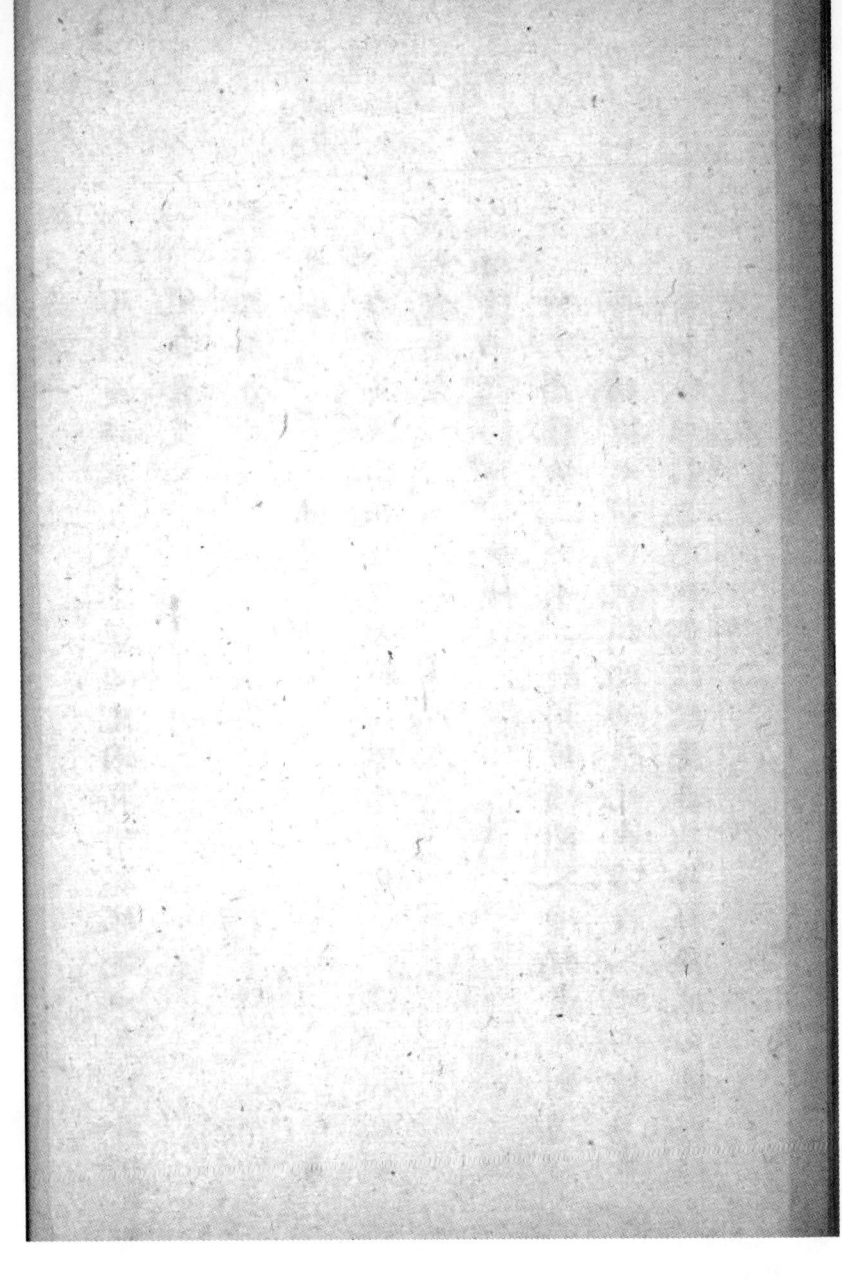

火攻要略附餘

凡火攻之事，干係甚大，若少不如法，非止無益，且傷害甚慘。故凡所得方法，雖稱異傳，然亦不可輕用，以致誤事。必先度量理之是非，再加親身試驗，如果真善，然後用之，庶幾可免疏虞矣。

凡大小火器，大約必宜本營如法自造爲妙。倘萬一不便，偶用官銃，或買新銃，或陳久舊銃，斷不可輕用，以防誤事。必先看[1]驗體質堅瑕如何，制作短長厚薄如何，銃塘光直如何，火門高低如何。果係合式，即照前法，試放數回，庶可放心禦敵。若體有蜂窩漏眼及銹爛深窪，此銃終必炸裂，萬不可用。若銃形頭大尾薄而身短者，則發彈不遠，亦不能命中，且顛躍崩潰諸弊，定不能免，亦不可用。若銃不光，則發彈不遠不準，且亦易熱。必照前法，另行鏇過，或三次或五次，定以圓淨光直爲止，則放時斯有

1 看，經武秘要本同。揚州本作“有”。海山本作“自”。

實用。若火門太高，則銃必然倒坐。當以探杖先量塘内銃底若干深淺，再量外邊火門是否相合。倘高幾許，即將原眼用鐵條釘閉緊密，塘内眼縫用不灰木[1]調泥研緣[2]，另於緊挨銃底之際鑽火門，則可免倒坐之弊。若銃係生鐵，則難鑽孔，必量準火門，比銃底果高幾許，即以幾許厚銅片一塊，照底徑鏇圓，嵌入銃底之上，用鐵撞緊嚴密，傍邊微縫，亦以不灰木[3]調泥研緣[4]，俟乾可用。若小器，火門用久爲火力噴大，亦當以時常修理。

凡鉛、鐵、石彈，亦宜本營照依銃口，如法自造爲妙。若用官彈，則大小徑度，斷不能合式。且長扁[5]歪斜，及鑄口縫稜，斷不可裝用。倘萬一無奈，偶用官彈，宜將大小各等，比照銃口，分配停當，只[6]許略小一運，仍入銃口内[7]，滚溜無礙，方爲圓厚合式。若太大太小及歪扁[8]者，必宜改鑄。若鐵彈有稜，須將彈燒至紅熟，鉗置圓

1 不灰木，原作“不木灰”。經武秘要本、揚州本、海山本同。據文意改。

2 緣，經武秘要本同。揚州本、海山本作“錄”。

3 不灰木，原作“不木灰”。經武秘要本、揚州本、海山本同。據文意改。

4 緣，經武秘要本同。揚州本、海山本作“錄”。

5 扁，經武秘要本同。揚州本、海山本作“偏”。

6 只，經武秘要本作“止”。

7 略小一運仍入銃口内，經武秘要本同。揚州本、海山本作“略小一膜運入銃内”。此處“運”指口徑與彈徑之間的游隙。

8 扁，經武秘要本同。揚州本、海山本作“偏”。

窩鐵砧之上，用錘趁熱打圓。如一火不勻，再燒再打，必以圓潤爲止。若鉛彈有稜，用刀削圓，仍以鐵滚槽滚過，亦以圓潤爲止。

凡火藥，亦宜[1]本營自造爲妙。倘官藥，亦必察明分兩是否合法，藥形成珠與否，燃手心或熱與否，方可試用。若藥料有差，或不成珠，或潮濕，或燃手尚熱，俱要另行配足搗過，如法方止。

火攻根本總説[2]

世之論兵法者，咸稱火攻。論火攻者，咸慕西洋。此言固爲定論。然而西銃之傳入於中國，不止數十餘處，[其得利者，止見於京城之固守、涿鹿之阻截、寧遠之殄虜[3]，與夫崇禎四年孫中丞[4]令西洋十三人救援皮島，殄虜[5]萬餘。是何[6]其猛烈無敵，著奇捷之效者[7]此也。及遼陽、廣寧[8]、濟南等處，俱有西銃，不能自守，盡[9]以資敵。登州西銃甚多，徒付孔賊[10]，而反以之攻我。昨救松錦之師，西銃不下數十門，亦盡爲虜[11]有矣。深可歎者][12]，同一銃法，彼[13]何以歷建奇勳，此[14]何以屢見敗績。是豈銃法之不善乎？抑亦用法者之未善[15]耳。總之，根本至要，蓋在智謀良將，平日博選壯士，久練精藝，膽壯心齊，審機應變，如法施用，則自能戰勝守固而攻克矣。不則徒空有其器，空存其法，而付託不得其人，是猶以太阿利器

1 宜，原作“以”。據經武秘要本改。

2“火攻根本總説”，故宫本闕本章。

3 殄虜，揚州本同。海山本作“力戰”。

4 孫中丞，揚州本同。海山本作“某中丞”。按孫中丞即登萊巡撫孫元化。

5 虜，揚州本同。海山本作“敵”。

6 何，揚州本、海山本無。

7 著奇捷之效者，經武秘要本作“奇捷之者”。據揚州本、海山本補。

8 廣寧，揚州本、海山本俱誤作“廣陵”。

9 盡，揚州本同。海山本作“反”。

10 孔賊，揚州本、海山本俱作“之人”。按孔賊即孔有德。

11 虜，揚州本作“彼”。海山本作“敵”。

12 其得利者……深可歎者，莫跋本闕。據經武秘要本補。揚州本、海山本文字小異。

13 彼，原脱。據經武秘要本補。

14 此，原脱。據經武秘要本補。

15 抑亦用法者之未善，經武秘要本同。揚州本、海山本作“抑以用法之不善”。

而付嬰孩之手未有不反以資敵而自取死耳諺云宝劔必付烈士奇方必須良醫則庶幾運用有法斯可以得器之濟得方之效矣

而付嬰孩之手，未有不反以資敵而自取死耳。諺云，寶劍必付烈士，奇方必須良醫。則庶幾運用有法，斯可以得器之濟，得方之效矣。

火攻秘要目録
攻銃説略
鼇翻説略
模窑避濕
木模易出
泥模須乾
模心易出
兑銅分兩
爐底避濕
化銅防滯
設棚避風
爐池比例

火攻秘要目録[1]

攻銃説略

鼇翻説略

模窑避濕

木模易出

泥模須乾

模心易出

兑銅分兩

爐底避濕

化銅防滯

設棚避風

爐池比例

1 火攻秘要目録，經武秘要本同。揚州本作“火攻秘要卷下”。海山本作“火攻挈要目録卷下”。故宫本作“火攻挈要卷下 / 目録”。揚州本“火攻秘要下”與“目録”間刊校勘姓氏三行“署淮南儀所監掣同知新城陳延恩 / 揚州府知府灤州汪于泗仝校刊 / 泰州分司運判錢塘許惇時”。海山本“火攻秘要卷下目録”次行刊“泰西湯若望授　寧國焦勗述”。

銃身比例
修補銃底
修整灣銃
彈藥比例
彈銃相宜
彈制説略
製彈説略
裝彈機宜
裝藥比例
藥信説略
遠近之節
衆寡之用

銃身比例
修補銃底
修整灣銃
彈藥比例
彈銃相宜
彈制説略
製彈説略
裝彈機宜
裝藥比例
藥信説略
遠近之節
衆寡之用

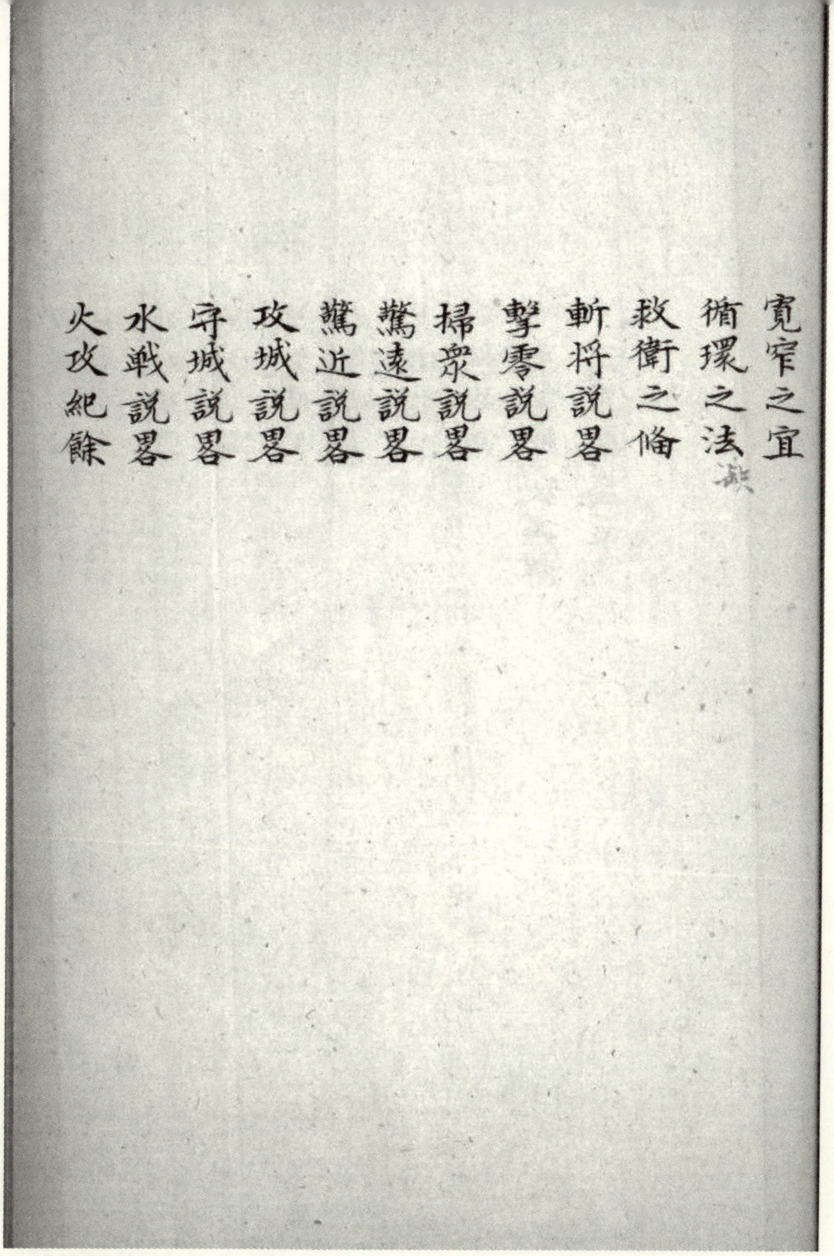

寬窄之宜
循環之法[1]
救衛之備
斬將説略
擊零説略
掃衆説略
驚遠説略
驚近説略
攻城説略
守城説略
水戰説略
火攻紀餘

1 下朱筆注“缺”字。“循環之法”正文，唯見於經武秘要本，他本俱有目無文。

火攻問難
火攻索要
火攻慎傳
火攻需備
火攻需資
火攻推本
歸源總説
未盡機秘另詳將畧各卷之内

火攻問難
火攻索要
火攻慎傳
火攻需備
火攻需資
火攻推本
歸源總説
　未盡機秘另詳《將略》各卷之内

火攻秘要[1]

泰西湯若望授[2]

寧國焦勗纂

涿鹿趙仲訂

攻銃説略

西洋攻銃，極大名虎唬、獅吼，飛彪諸種，用鐵彈重百斤至五六百斤者，蓋取彈重力大，用以攻擊堅城，無有不崩潰矣。但銃體重滯，少則數萬斤，多數十萬斤，斷非車輛[3]馬牛及人力所能運動者。其法，即於敵城之外，三五里之内，擇有山崗崖岸墩臺之處，或立築活機城臺，以避城中外擊之患。次於平地[4]築起土臺，計算尺量，即就臺心於模底之上，預爲徑寸泥繩，以爲火門之模。造完，着[5]實煉乾，傍置大[6]爐數座，將鐵一齊化開，注入模内。俟

1 火攻秘要，經武秘要本同。揚州本作“火攻秘要卷下”。海山本、故宫本作“火攻挈要卷下”。

2 卷首署名，經武秘要本、揚州本同。海山本作“泰西湯若望授　寧國焦勗述”。故宫本作“泰西湯若望授　寧國焦勗纂”。

3 輛，經武秘要本同。揚州本、海山本作“軸”。

4 地，經武秘要本同。揚州本、海山本作“城”。

5 着，經武秘要本、揚州本同。海山本作“看”。

6 大，原作“火”。據經武秘要本改。

稍冷，將鐵心[1]取出，火門通開，灰土掃淨，不須鏇塘齊口，即時可用。其飛彪銃亦有就地挖模鑄成者，但造模[2]之際，定要算就銃規十二[3]度之例，以定模體。則俟銃之鑄成，不必那動，即可裝用。蓋因銃重，實不能那動故也。如虎唬、獅吼，則於鑄成之時，即於銃[4]旁地上，酌量銃規，比照攻城度數之例，應得寬窄高下如何，開挖停當，將銃放倒，即可裝用。蓋亦以銃體太重，不比他銃，可以置之車上，任意轉動故也。

鼇翻説略

鼇翻之説，即轟城之別稱也。中國亦多[5]有用之者，但西洋不過運用有法，更爲猛烈而已。其法，必先酌量城之遠近，池之深淺，挖通地道，正對地底中心，不得高下歪斜，以致差誤。其裝藥之處，必照城體，挖長裝滿，則所掀城口必闊。若堆積一處，則所掀城

1 心，原脱。據經武秘要本補。揚州本、海山本俱脱。

2 造模，“模”字原脱。據經武秘要本補。揚州本、海山本作“鑄造”。

3 十二，經武秘要本、揚州本、海山本作“十一”。

4 銃，經武秘要本同。揚州本、海山本作“鑄”。

5 多，原脱。據經武秘要本補。

中亦窄矣。又必於城底中心。略靠外邊裝藥，則城之磚石泥土，必俱飛落城裏。略靠裏邊[1]裝藥，則磚土必飛落城外，又恐反傷我軍。用藥定要多着萬餘斤或數萬斤，裝滿洞腸。預將大竹劈開去節，用拳粗藥信接長，油紙封固，安置竹内，插入藥洞，長通外口。藥洞之傍，用鉅石乾土築實，臨用將[2]走線點[3]引入内。其藥力猛烈，掀揭鉅城如揭紙條。若用藥太少，則火力微弱，其城不過崩裂而已，斷不能掀揭數丈而立破大口，以便進我兵[4]馬也。

以上二端，係西洋攻法之[5]最猛裂最機秘者，無論城之堅瑕與否，凡一經此法，則從來未有能保存者矣。

模窑避濕

凡銃模埋入窑内，四圍必用乾土築實。但遇[6]春夏之際，雖二三日[7]内，亦必有地氣上升，以致蒸濕模體，則銃不可鑄矣。其法，先

1 略靠裏邊，經武秘要本、揚州本、海山本作“若靠裏”。

2 將，原作“時”。據經武秘要本改。

3 點，經武秘要本同。揚州本、海山本作“照”。

4 兵，揚州本、海山本同。經武秘要本作“軍”。

5 攻法之，原作“之攻法”。據經武秘要本乙。

6 遇，原作“避”。據經武秘要本改。

7 日，原作“月”。據經武秘要本改。

于窑底之下以破磚捲起橋洞橋上用石條黃土鋪平以安銃
模裏外各用竹筒下頭插入洞內上頭向外通氣則可免蒸濕
之患矣
木模易出
凡用乾木造模若經濕泥塗上其木模必將泡開而漲大矣日
後必然難出泥模其法于木模既成之時先用熟礬水厚刷一
次盖取礬性能隔水氣濕泥不能泡之謂也候乾用砂皮磨光
將羅細炭灰以清水調成稀糊刷在模上一分多厚要勻要光
候乾始上炭灰上泥盖取炭灰体質鬆浮以便日後欲取木模
則不必費力而一敲可出矣
泥模須乾
其鑄銃泥模務令萬分乾透兼用炭火燒過然後可用若微有

于窑底之下，以硬磚捲起橋洞。橋上用石條黃土鋪平，以安銃模。裏外各用竹筒，下頭插入洞內，上頭向外通氣，則可免蒸濕之患矣。

木模易出

凡用乾木造模，若經濕泥塗上，其木模必將泡開而漲大矣，日後必然難出。泥模，其法於木模既成之時，先用熟礬水厚刷一次。蓋取礬性能隔水氣，濕泥不能泡之謂也。候乾，用砂皮磨光。將羅細炭灰，以清水調成稀糊，刷在模上一分多厚。要勻要光。候乾，始上炭灰，上泥。蓋取炭灰體質鬆浮，以便日後欲取木模，則不必費力，而一敲可去矣。

泥模須乾

其鑄銃泥模，務令[1]萬分乾透，兼用炭火燒過，然後可用。若微有

1令，經武秘要本同。揚州本、海山本作“於”。

潮氣則銅鉄入内必定噴出而不全到矣縱到亦必有蜂窩漏
眼終為棄物耳
模心易出
其模心上泥待上九分徑許用指頭大粗麻繩從頭密纏至尾
又用泥土匀盪光候乾再用羅細煤灰調濕上匀候乾聽用其
用粗繩密纏之意蓋取热銅注入内繩体必化為灰銃冷之後
則模心寛蕩可易出矣若模心用泥則热銅注入其泥亦燒熟
成磚且與銅体銲成一家任用何法亦不能取出矣
兑銅分兩
凡鑄銅銃必先將銅煉過每銅百斤参兑上好碗錫八斤和調
始剛柔得中而堅壯矣若全不用錫則銅体必過于脆若兑錫
太多則銅体必過于柔矣

潮氣，則銅鐵入内，必定噴出[1]而不全到矣。縱到亦必有蜂窩、漏眼，終爲棄物耳。

模心易出

其模心上泥，待上九分徑許，用指頭大粗蔴繩，從頭密纏至尾，又用泥土匀盪光。候乾，再用羅細煤灰，調濕上匀，候乾聽用。其用粗繩密纏之意，蓋取熱[2]銅注入模[3]内，繩體必化爲灰。銃冷之後，則模心寬蕩，可易出矣。若模心用泥，則熱[4]銅注入，其泥亦燒熟成磚，且與銅體銲成一家[5]，任用何法，亦不能取出矣。

兑銅分兩

凡鑄銅銃，必先將銅煉過，每銅百斤，參兑上好碗錫八斤，則銅[6]始剛柔得中而堅壯矣。若全不用錫，則銅體必過於脆，若兑錫太多，則銅體必過于柔矣。

1 定噴出，揚州本、海山本同。經武秘要本作“將噴起”。

2 熱，經武秘要本同。揚州本、海山本作“熟”。

3 模，原脱。據經武秘要本補。

4 熱，經武秘要本同。揚州本、海山本作“熟”。

5 銲成一家，經武秘要本、揚州本“銲”作“撼”。海山本作“攙成一處”。

6 則銅，原作“和調”。據經武秘要本改。

爐底避濕

火炉化銅炉底之下最怕地氣上蒸雖燒過極干之炉臨期未有不潮濕者若不預為防備即銅雖化開其貼底一層必然凝滯有悞鑄時之急用矣其法于炉之下預将硬磚捲成十字空洞與火池相通旁開竅以通濕氣則化銅之際可免凝底之弊

設棚避風

化銅之際更怕起風刮散火力則銅必然難化又化開出離炉口經過溜槽下模之際亦怕起風吹冷銅汁半途凝凍則銃亦難鑄成其法先於台上四圍搭起蓆棚三丈餘高以避刮風頂上免搭以通火氣俟銅化開将出口之際先将大炉口边與模口边及溜槽内用炭火着实燒紅仍用蓆排棚数扇将炉口模口溜槽等處盖緣以避寒氣則凝凍之弊概可免矣

爐底避濕

大[1]爐化銅，爐底之下，最怕地氣上蒸。雖燒過極乾之爐，臨期未有不潮濕者。若不預爲防備，即銅雖化開，其貼底一層，必然凝滯，有誤鑄時之急用矣。其法，於爐之下，預將硬磚捲成十字空洞，與火池相通，四旁開竅，以通濕氣，則化銅之際，可免凝底之弊。

設棚避風[2]

化銅之際，更怕起風，刮散火力，則銅必然難化。又化開出離爐口，經過溜槽下模之際，亦怕起風，吹冷銅汁，半途凝凍，則銃亦難鑄成。其法，先於臺上四圍搭起蓆棚，三丈餘高，以避刮風，頂上免搭，以通火氣。俟銅化開，將出口之際，先將大爐口邊與模口邊，及溜槽内，用炭火着實燒紅。仍用蓆排棚數扇，將爐口、模口、溜槽等處蓋緣[3]，以避寒氣。則凝凍之弊，概可免矣。

1 大，原作“火”。揚州本同。據經武秘要本、海山本改。

2 “設棚避風”章，按莫跋本目録、經武秘要本、揚州本、海山本俱在“化銅防滯”章後。

3 緣，經武秘要本、揚州本同。海山本作“嚴”。

化銅防滯

凡欲化銅先將火爐燒至通紅然後下銅即於大爐火發之際先另用小爐燒紅然後送入大炉以後添銅入炉俱要燒紅方可送入庶免冷銅攙入以致凝滯之弊

爐池比例

爐池大小之制必先用法筭合銅体相當之数為妙若太小則不能受銅若太大則枉費火力其法以周圍上下方徑一尺之池可鎔銅三百三十三斤執定此数為準則知用銅多寡應造池之大小其法可例推矣其深淺之制不可太深亦不可太淺蓋太深則凝底太淺則費火其法必以一六之数比例推筭庶為合式知池之深徑該用一尺則寬徑橫直應淂六尺是矣

銃身比例

化銅防滯[1]

凡欲化銅，先將大[2]爐燒至通紅，然後下銅。其銅[3]即於大爐火發[4]之際，先另用小爐燒紅，然後送入大爐。以後添銅入爐，俱要燒紅，方可送入，庶免冷銅攙入，以致凝滯之弊。

爐池比例

爐池大小之制，先用法算合銅體相當之數爲妙。若太小，則不能受銅。若太大，則枉費火力。其法，以周圍上下方徑一尺之池[5]，可鎔銅三百三十三斤。執定此數爲準，則知用銅多寡，應造池之大小，其法可例推矣。其深淺之制，不可太深，亦不可太淺。蓋太深則凝底，太淺則費火。其法，必以一六之數，比例推算，庶爲合式。如池之深徑，該用一尺，則寬徑橫直，應得六尺是矣。

銃身比例

1“化銅防滯”章，按莫跋本目録、經武秘要本、揚州本、海山本俱在“設棚避風”章前。

2 大，原作“火”。揚州本同。據經武秘要本、海山本改。

3 其銅，原脱。據經武秘要本補。

4 火發，經武秘要本作“發火”。揚州本、海山本脱“發”字。

5 池，經武秘要本同。揚州本、海山本作“地”。

凡鑄銃用銅必先筭定本數恰足之外畧餘二分為妙若太多則空費火力太少則鑄不滿矣其法以本銃所用合口鉄彈輕重之數為準合銃身一徑以十一倍筭之則知每徑應該用銅若干之數如鉄彈重十斤則銃一徑應得用銅一百一十斤如戰銃三十三徑則銃身該用銅三千六百三十斤常用大銃悉以此法比例推筭毫無差謬若飛彪狼機噴象銃不在此例倘筭鉄銃則以十倍筭之足矣

修補銃底

凡螺螄銃底倘日久有壞不知筒內淺深長短何如不便造補必先將筒內用墨塗濕以硬帋一片捲作小筒入銃後門將紙撒開再用小圓研〻之即可印出筒內螺形然後照樣磋成補入庶免差悮

凡鑄銃用銅，必先算[1]定本數，於足用[2]之外，略餘二分爲妙。若太多則空費火力，太少則鑄不滿矣。其法，以本銃所用合口鐵彈輕重之數爲準，合銃身一徑以十一倍算之，則知每徑應該用銅若干之數。如鐵彈重十斤，則銃一徑應得用銅一百一十斤。如戰銃[3]三十三徑，則銃身該用銅三千六百三十斤。常用大銃，悉以此法比例推算，毫無差謬。若飛彪、狼機、象銃、噴銃，不在此例。倘算鐵銃，則以十倍算之足矣。

修補銃底

凡螺螄銃底，倘日久有壞，不知筒内深淺長短如何，不便造補，必先將筒内用墨塗濕，以硬紙一片，捲作小筒，入銃後門。將紙撒開，再用小圓砑砑之，即可印出筒内螺[4]形。然後照樣磋成補入，庶免差誤。

1 算，經武秘要本同。揚州本、海山本作“數”。
2 於足用，原作“恰足”。據經武秘要本改。揚州本、海山本作“於足”。
3 戰銃，經武秘要本同。揚州本、故宫本作“如彈銃”。海山本作“彈重”。
4 螺，經武秘要本作“鏇”。揚州本、海山本作“鍬”。

修補灣銃

凡鳥鎗用久或偶為他物壓灣則銃不可用矣其法先將銃身烘熱用合口鉄条以絹裹包放在筒内安置厚板櫈上用木椎顛直再吊一線看其灣直何如再顛可也

彈藥比例

火銃既分攻戰與守其銃塘自有淺深别制禦敵亦有遠近殊用故配藥更有多寡異宜司火攻者若不預定約畧謹記熟練倘萬一臨期悮事貽害不可言矣

凡火器量彈用藥小者彈作五分藥作六分中者彈藥相宜大者彈作六分藥作五分此尋常比例之畧數也

凡公孫蜂窩鍊彈諸種所帶鋼条鋼鍊小彈及碎鉄碎石藥彈等物俱作彈數分兩配藥其大小相配比例之法又以大彈每

修整灣銃

凡鳥鎗用久[1]，或偶爲他物壓灣，則銃不可用矣。其法，先將銃身烘熱，用合口鐵条，以絹裹包，放在筒内，安置厚板櫈上，用木椎顛直，再吊一線，看其灣直何如，再顛可也。

彈藥比例

火銃既分攻戰與守，其銃塘自有淺深别制，禦敵亦有遠近殊用，故配藥更有多寡異宜。司火攻者，若不預定約略，謹記熟練，倘萬一[2]臨期誤事[3]，貽害不可言矣。

凡火器量彈用藥，小者彈作五分，藥作六分；中者彈藥相均；大者彈作六分，藥作五分。此尋常比例之略數也。

凡公孫、蜂窩、鍊彈諸種，所帶銅[4]條、鋼鍊、小彈及碎鐵、碎石藥彈等物，俱作彈數分兩配藥。其大小相配比例之法，又以大彈每

1 久，經武秘要本、揚州本、海山本作“火”。
2 萬一，經武秘要同。揚州本、海山本脱。
3 事，經武秘要本、揚州本、海山本作“用”。
4 銅，經武秘要本同。莫跋本加朱筆改作“鋼”。

重一斤小彈等物亦重一斤此定則也萬不可太多若飛彪象
銃則又以塘寬發近大小彈物必欲裝滿銃口爲度盖取其擊
寬而斃衆也
凡攻銃体厚更欲推空彈藥俱可均用鳥鎗鳥機狼機之属又
以筒長擊遠配藥必用加二加三庶藥多力猛而能遠到其飛
彪象銃噴銃所裝藥料彈物極多且塘寬遠發近用藥只須四分
彈作五分可也尋常大銃只是彈藥相均不必加減守銃務于
擊寬用彈必帶小彈諸物甚多朝下倒放其彈藥亦必均用庶
幾有力
彈銃相宜
凡火器之道不過遠近寬窄之妙用其鉛鐵石彈等物亦有堅
脆聚散之殊能故必隨宜酌施庶戰守攻取不致臨時悞事矣

重一斤，小彈等物亦重一斤。此定則也，萬不可太多。若飛彪、象銃，則又以塘寬發近，大小彈物，必欲裝滿銃口爲度，蓋取其擊寬而斃衆也。

凡攻銃體厚，更欲摧堅[1]，彈藥俱可均用。鳥鎗、鳥機、狼機之屬，又以筒長擊遠，配藥必用加二加三，庶藥多力猛而能遠到。其飛彪、象銃、噴銃所裝藥料、彈物極多，且塘寬發[2]近，用藥只須四分，彈作五分可也。尋常大銃，只是彈藥相均，不必加減。守銃務於擊寬，用彈必帶小彈諸物，且[3]多朝下倒放，其彈藥亦必均用，庶幾有力。

彈銃相宜

凡火器之道，不過遠近寬窄之妙用。其鉛、鐵、石彈等物，亦有堅脆聚散之殊能。故必隨宜酌施，庶戰守攻取，不致臨時誤事矣。

1 摧堅，原作“推空”。揚州本、海山本同。據經武秘要本改。
2 發，經武秘要本同。揚州本、海山本作“遠”。
3 且，原作“甚”。據經武秘要本改。

凡鉛彈宜于鳥鎗鳥機及小彈之用盖取体重透甲而傷命也
凡鉄彈宜于大小狼機戰銃攻銃盖取其体重硬以便擊遠攻
堅破鋭之用
凡石彈宜于短銃近發者盖取其体脆見火碎裂散寛而斃衆
也
凡小彈諸物宜于守銃戰銃獨不宜于攻銃盖戰與守悉利寛
而傷衆者唯攻則止用獨彈力能摧堅足矣
彈制説畧
西洋只以攻銃始用鐵鑄獨彈盖取以堅攻堅之意若戰與守
則不過取傷人馬足矣其彈又不在于大而堅而在于寛而廣
也盖謂獨彈之用如徑大一寸者其力只能攻一寸之寛如徑
大五寸者其力亦止能擊五寸之寛若差半寸之外斷不中敵

凡鉛彈，宜於鳥鎗、鳥機及小彈之用，蓋取體重透甲而傷命也。

凡鐵彈，宜於大小狼機、戰銃、攻銃，蓋取其體硬，以便擊遠攻堅破鋭之用。

凡石彈，宜於短銃近發者，蓋取其體脆，見火碎裂，散寬而斃衆也。

凡小彈諸物，宜於守銃、戰銃，獨不宜於攻銃。蓋戰與守悉利寬而傷衆者，惟攻則止用獨彈，力能摧堅足矣。

彈制説略

西洋只以攻銃始用鐵鑄獨彈，蓋取以堅攻堅之意。若戰與守，則不過取傷人馬足矣。其彈又不在於大而堅，而在於寬而廣也。蓋謂獨彈之用，如徑大一寸者，其力止能擊一寸之寬。如徑大五寸者，其力亦止能擊五寸之寬。若差半寸之外，則斷不中敵矣。西洋所謂大銃而小用者，深可惜也。是以大銃有分彈、鍊[1]彈、闊彈、散彈之製。戰銃、守銃、狼機、鳥機、鳥鎗，有公孫之製。彖銃、噴銃、飛彪有蜂窩之製。此非故爲博巧炫奇，止係深心物理，變化多方，窄銃而得寬用，少[2]銃而得廣用之利矣。跡淺意深，慎毋忽之。

製彈說略

銃彈雖稱首利之器，然亦有傷人不死之時。蓋謂[3]彈物若果中人致命之處，則頃刻可斃，不待言矣。倘僅中腿膀厚肉，穿皮而過，則雖受傷，亦未必死也。是以西法於公孫、蜂窩所用小彈及碎鐵、碎石藥彈等件，必俱用磠信[4]諸藥，如法製過，庶略沾皮肉而人可立斃。西洋亦謂[5]弱彈而強用者是也。

裝彈機宜

1 鍊，原作“練”。揚州本同。據經武秘要本、海山本改。

2 少，經武秘要本、揚州本同。海山本作“小”。

3 謂，原作“爲”。據經武秘要本改。

4 信，經武秘要本同。揚州本、海山本作“砒”。

5 西洋亦謂，經武秘要本、揚州本、海山本作“西法所謂”。

凡大銃用蜂窩彈者，必將碎鐵、碎石，用朽絹或朽布，各薄包一層，安置銃之中心。將小圓彈安放傍邊，庶發彈之際，不致傷銃。其封口大彈，照常更小一分，庶發彈之際，不致堆塞，又免炸裂。其大彈亦用朽絹或朽布包裹，以免滚動之弊。用公孫之法亦然。

裝藥比例

凡裝藥比例之法，銃規已詳備矣。倘偶無銃規，不知彈重多少，應該用藥若干者，則以[1]本銃口徑爲準。如用鉛彈，則裝藥五徑爲度。用鐵彈，則裝藥四徑爲度。石彈，則裝藥三徑爲度。蓋謂[2]鉛鐵與石，輕重不同故也。其彈亦以合口爲準，若彈大小，則不符矣。此係約略秘規，其法止[3]與常數相合，依法用之，可免臨時錯誤也。若用公孫、蜂窩，又必計量小彈及雜物分兩，如法加配可也。

1 則以，經武秘要本同。揚州本、海山本作“見”。

2 謂，原作“爲”。據經武秘要本改。

3 止，原作“正”。據經武秘要本改。

藥信[1]説略

凡藥信[2]之制，最似粗跡無甚微奥者，俱每以忽略。或多微細鬆軟及兩頭撒藥，以到點放之際，爲害甚大。其説爲何？蓋以細微則燃火不快，鬆軟則難入火門，兩頭撒藥則上頭急點不着，下頭不能引火入塘。是以造信之時，必欲粗壯撚[3]緊，用麵糊抹過晒乾，各隨長短剪斷，兩頭用磺[4]蘸過。則藥撒而信體粗壯堅硬，可以直入火門。且藥多有磺[5]，易點速燃，而又深達銃腹也。

遠近之節

中國徒有火攻而不能取勝於敵者，雖云製造之不精，抑亦用法之未善也。如遇敵兵，或纔見塵起，即將火器極力擊放，及至將近而反致缺誤，是不知遠近之節，空費急用於無用也。今則不許輕發，如大器平度能到三四百步者，則必待敵至五六十

1 信，揚州本誤作“性”。

2 信，揚州本誤作“性”。

3 撚，原作“拈”。經武秘要本、揚州本同。據海山本改。

4 磺，原作“黄”。經武秘要本同。據揚州本、海山本改。

5 磺，原作“黄”。經武秘要本同。據揚州本、海山本改。

步而後發如小器平度能到百餘步者則必待敵至二三十步
而後發此謂長器短用之法其命中可必而傷敵亦多也
衆寡之用
或前哨零賊始來窺探即將全營火器盡放是不明衆寡之用
費多而獲少也今則不許浪用如零賊窺探不必盡發諸器亦
不必坐視不應須派每隊另設小器一種專為擊零之用聽號
如法施放則所彈藥不多而零賊亦不能脫漏矣
寬窄之宜
或敵兵四圍蜂擁衝來而我猶以尋常銃彈擊之致彈少賊多
不能盡殄是不識寬窄之宜利器而鈍用也今則不用常法如
敵兵四面圍繞必另以公孫蜂窩諸術近發寬散如風捲潮奔
雖敵兵愈衆必愈斃於羅網矣

步而後發。如小器平度能到百餘步者，則必待敵至二三十步而後發。此謂長器短用之法，其命中可必，而傷[1]敵亦多也。

衆寡之用

或前哨零賊，始來窺探，即將全營火器盡放，是不明衆寡之用，費多而獲少也。今則不許浪用，如零賊窺探，不必盡發諸器，亦不必坐視不應。預[2]派每隊另設小器一種，專爲擊零之用，聽號如法施放。則所費彈藥不多，而零賊亦不能脱漏矣。

寬窄之宜

或敵兵四圍蜂擁衝來，而我猶以尋常銃彈擊之，致彈少賊多，不能盡殄，是不識寬窄之宜，利器而鈍用也。今則不用[3]常法，如敵兵四面圍繞，必另以公孫、蜂窩諸術，近發寬散，如風捲潮奔。雖敵兵愈衆，必愈斃於羅網矣。

[循環之法][4]

[或賊用狡計，逼我難民，前來擋砲。伺我銃不繼，即以積銃[5]衝入我營。是不諳循環之法，巧技而拙施也。今則不許盡放。如敵兵更番迭進，而我亦以更番之法禦之。或數器排連輪發，或子母先後換擊。裝者自裝，放者自放，大小繼進，長短間出。雖擊放終日，亦可以變化而不窮矣。]

1 傷，經武秘要本同。揚州本、海山本作“勝”。
2 預，原作“須”。據經武秘要本改。
3 用，經武秘要本同。揚州本、海山本作“拘”。
4“循環之法”章據經武秘要本補。他本俱有目無文。經武秘要本紙殘，闕篇題“循環之法”四字，據目録補。
5 積銃，原文如此。

救衛之備
俗謂兵家諸器無如火器為勝然而臨敵久戰或銃熱難裝或
彈藥偶缺或風雨不時即火器亦有不可以專恃者又謂火器
之用唯能以遠擊為勝然而敵兵未有先遠而後不漸近者是
以必宜周慮始末預計萬全長技與短技間迭而出兵器與火
氣互相為助擊法與衛法兼資以用且更以堅車密陣剛柔牌
盾連環部伍長短兵器遠近相救彼此相衛此時雖不用火攻
而虜之烈馬利矢亦無所以逞其能矣而況火攻更自有妙用
不絕者乎必如是轉變不窮完固無缺則庶幾戰勝守固而敵
莫犯矣
斬將說略
西洋臨敵交戰必先以法取其主將其法首欲伺明敵將之踪

救衛之備

俗謂兵家諸器，無如火器爲勝。然而臨敵久戰，或銃熱難裝，或彈藥偶缺，或風雨不時，即火器亦有不可以專恃者。又謂火器之用，唯能以遠擊爲勝。然而敵兵，未有先遠而後不漸近者。是以必宜周慮始末，預計萬全，長技與短技間迭而出，兵器與火器[1]互相爲助，擊法與衛法兼資以用。且更以堅車密陣，剛柔牌盾，連環部伍，長短兵器，遠近相救，彼此相衛。此時雖不用火攻，而虜之快馬利矢，亦無所以逞其能矣，而況火攻更自有妙用不絕者乎？必如是轉變不窮，完固無缺，則庶幾戰勝守固，而敵莫犯矣。

斬將説略

西洋臨敵交戰，必先以法取其主將。其法首欲伺明敵將之踪。

1 器，原作“氣”。揚州本、海山本同。據經武秘要本改。

蓋將踪外狀，必有潛藏，而招標暗號，不無稍異。我既以稍異而知是將，則將平日所派每隊，另備最準狼機一位，彈用公孫之法，更擇精技數人司之。每面約備數十處不等，臨敵不許隨諸器同放，專備斬將之用。俟敵將近，號令諸銃，悉向來將，如雨注蝗集，拱聚[1]而擊，勢若萬虎攢羊，從來未有能脱者也。

擊零説略

凡敵兵恃強，故使零賊前來窺犯，我則嚴戒士卒，不許輒動，全營諸器，肅静以待。預令原備斬將器技，兼備擊零之用。俟其將近，約量銃力可及，號令該司，隨便擊打。則零賊將來斷然不敢輕犯，而我之全營火力，亦不致於空費矣。

掃衆説略

凡敵兵令嚴，如蜂擁蝗聚，拚死前進，則斷非尋常器技所能殄

1 聚，原作“眾”。據經武秘要本改。

滅也。必更用寬塘象銃、噴銃，彈用公孫、蜂窩之法，俟其到近。號令諸銃，寬散迭擊。則銃内所發小彈及碎鐵、碎石藥彈諸物，如浪滚潮湧，萬火齊發。敵兵雖衆，安得不悉死於火陣矣。

驚遠説略

凡敵兵遠來，我欲令彼驚潰，則先以遠鏡看明敵營所在，次則測量地步遠近如何，再以銃規算合所到度數。出其不意，以飛龍大銃，照準營頭，連發數彈，如雷從天降，即雖強敵，亦未有不驚散而奔潰也。

驚近説略

凡敵兵到近，圍營死進，我則照常隨機迭擊。俟發彈數次，鋭[1]氣少挫之際，潛令合營各用大小響彈，兼以響頭火箭，出其不意，忽然向敵齊發。聲若萬龍齊吼，令敵莫測其故，有如天降神異。

1 鋭，原作"銃"。據經武秘要本改。

敵雖萬分精強，偶而聞此，亦未有不魂飛而胆裂也。

以上五端，俱止就火攻而言，其餘機秘，另詳《將略》各卷之内。

攻城説略

凡攻堅城，先必遠駐五六十里之外，俟夜半之際，多方虛擊，令其愴惶。徐察稍瑕之處，暗用筐土活城之法，架護大小攻銃。先以鑽[1]彈摧倒城垜[2]，使守卒不能存站。次以鑿彈破其城磚。末以虎唬、獅吼大圓彈攻其墻心，如扇軸排拱，攢集而擊，城雖堅固，未有不立破也。又以飛彪鉅銃，滿裝大小彈物，從外飛擊，城中房舍，無不摧裂。更有鰲翻挖洞，穿入城底，實藥千萬餘斤，掀揭鉅城，如紙飛空。此皆西洋攻城最猛之技，全恃火器之功力也。

守城説略

西洋守城[3]所用火攻，無甚奇異。但凡城之突處，必造銃臺。其臺[4]制揑

1 鑽，經武秘要本、揚州本、海山本作“中”。

2 垜，原作“築”。據經武秘要本改。

3 守城，經武秘要本、揚州本、海山本作“城守”。

4 其臺，原脱。據經武秘要本補。揚州本、海山本無“臺”字。

腰三角尖形，比城高六尺，安大銃三門或五門，以便循環迭擊。外設象銃，以備近發。設鍊[1]彈以禦雲梯。臺[2]上另築眺臺二層，高三丈，上設視[3]遠鏡，以備瞭望。且各臺遠近左右，彼此相救，不惟可顧城腳，抑且可顧臺腳。是以臺可保銃，銃可保城，兵少守固，力省[4]而功鉅也。

水戰説略

西洋水戰所用火攻，雖以大銃爲本，亦更以堅厚大船爲基。海上戰船，大者長六十丈，闊二十丈；中者長四十丈，闊十二丈；小者長二十丈，闊六丈底。用堅大整木合造。底内四圍，用鉛澆厚尺餘。船體分隔上下三層，前後左右，安設大銃數十餘門。其彈重五斤起，以至數十斤。其戰法，專以擊船爲主，不必擊人。先以一人坐於桅斗之上，用遠鏡窺望。俟敵船將近數里之内，用銃

1 鍊，原作“練”。揚州本同。據經武秘要本、海山本改。

2 臺，經武秘要本同。揚州本、海山本作“合”。

3 視，揚州本、海山本同。經武秘要本無。

4 力省，原脱。據經武秘要本補。

對準擊放，不必數彈，敵船立成虀粉，敵兵盡爲魚蝦。且更有鍊彈橫截船桅，如利刀斬草，有噴銃藥彈燒燬[1]船蓬，如燒紙片。自古水戰之法，技擊之強，猛烈無敵，亦稱西洋爲綦[2]極矣。

以上三端，亦止就火攻而言，其餘機秘，另詳《將略》各卷之內。

1 燬，原作“煅”。據經武秘要本改。揚州本、海山本作“毀”。
2 綦，原脱。據經武秘要本補。

火攻紀餘

凡城中擊外，當攻其堅，又宜寬散。蓋謂[1]堅處必彼之技擊所在，寬散則傷彼者衆矣。城外擊内，當攻其瑕，又宜攢聚。蓋謂[2]瑕處則易攻，攢聚則易破矣。

火攻問難

或問：兵法必以火攻致勝，其説是矣。倘敵人亦有，則如之何？答曰：若兩火相敵，唯用長器而遠擊者勝。若兩長相敵，唯裝放有法而疾速者勝。若兩法相敵，惟膽壯心齊而用命者勝。

火攻索要

夫火攻何以重西洋乎？爲其能遠能準又能速[3]也。是以人莫能敵，最可貴者此也。故凡習此技者，必究心於所以然製造之法，與所以然運用之方，得其要領肯綮，則凡銃皆可化西銃矣。不

1 謂，原作“爲”。據經武秘要本改。

2 謂，原作“爲”。據經武秘要本改。

3 速，經武秘要本作“狠”。

則徒恃無敵之虛名，而不獲致勝之實效，則雖[1]有西銃何補哉！

火攻慎傳

兵法所以禦亂也，若匪人得之，則反足以生亂，况火攻又係兵法中之最猛者乎。西師之所以不肯輕傳者，爲此故也。且人[2]嘗有言，凡軍國秘機，雖云不可秘傳，然更不可妄傳。諳[3]茲技者，謹戒謹戒[4]。

火攻需備

火攻雖稱兵法之首務，然亦不過兵法中之一着耳。若以總端言之，則部伍營陣之制，形名[5]分數之法，勸諭鼓舞之方，臨敵戰鬭之秘，數者之於兵法，孰非緊要之機宜乎？是故以火攻論火攻，則凡事務於精詳，必自能得制敵之勝算，似未必獲全局之成功。然則習火攻者，更當於火攻之外，兼求完備之道，斯可矣。

1 雖，原脱。據經武秘要本補。

2 人，經武秘要本、揚州本、海山本作“又”。

3 諳，原作“曉”。據經武秘要本改。

4 謹戒謹戒，經武秘要本同。揚州本、海山本作“謹戒”。

5 形名，經武秘要本同。揚州本、海山本作“刑名”。按形名指旌旗金鼓。

火攻需資

西洋火攻最精，爲其器精而兵更精故也。殊未知精器必須重[1]價，精兵必須厚餉。孔子言足兵必先[2]足食，言教之必先富之，其意固已深矣。然則論火攻者，又不得不先爲理財計。

火攻推本

火攻之士卒，固貴胆壯心齊而用命矣。然胆不易壯，心不易齊，命亦不易用也。必須賢能良將，有完固必勝之略，能使士卒内有所恃，外無所懼，則胆不期壯而自壯矣。有感召節制之方，常與士卒恩威並用，賞罰分明，則心不期齊而自齊矣。是則恩信結之於裹，功利誘之於前，嚴刑迫之於後，則命不期用而自無不用矣。有此良將，又何患火攻之不精，功績之不成哉。

1 重，經武秘要本、揚州本、海山本作“厚”。
2 先，原作“須”。據經武秘要本改。

[歸源總説][1]

[嗟嗟，代不乏人，堂堂中國，豈乏良將。是何國初高皇帝崛起草莽，偏多如許賢能，而能逐胡元於全盛。今金甌鞏固[2]，將士雲屯，而反屢挫於小醜。其故何也？蓋以良將之出没，關世運之盛衰，豈今人民過惡深重，獲罪於上帝[3]，故令我列闖昏懦，縱兹虜寇[4]狂逆，以爲假手罰罪意乎？安懇[5]上帝[6]，回怒發慈，大赦衆罪，速降良將，盡殄妖氛，永建太平。予日望之。予日望之[7]。]

1“歸源總説”章莫跋本有目無文。據經武秘要本補。經武秘要本紙殘，闕開首“歸源總説”至“豈乏良將”十八字及“高皇帝”三字，據揚州本、海山本補。

2 鞏固，經武秘要本作“全盛”，與前文重複。據揚州本、海山本改。

3 上帝，揚州本、海山本作“天”。經武秘要本此處提行，他本俱連寫。

4 虜寇，揚州本、海山本作“闖賊”。

5 安懇，揚州本、海山本作“安得懇求”。

6 上帝，經武秘要本此處提行，他本俱連寫。

7 予日望之予日望之，揚州本、海山本作“予日望之”。

附録一　經武秘要本插圖選

説明

插圖凡六幅。圖一至圖五，據湖北省圖書館藏《經武秘要》叢書内《火攻挈要》清抄本插圖摹寫。圖一之獅吼銃，圖二之火礶、地雷，目前僅見於經武秘要本，他本未載。圖三之銃車部件，圖四之銃規、銃尺，圖五之起重、滑車，經武秘要本插圖細節較他本精確完善，可資參考。圖六係參考圖五及相關圖説擬作之滑車組結構設想圖。選印插圖皆爲閆星汝女士手繪。

圖一　獅吼銃、守銃

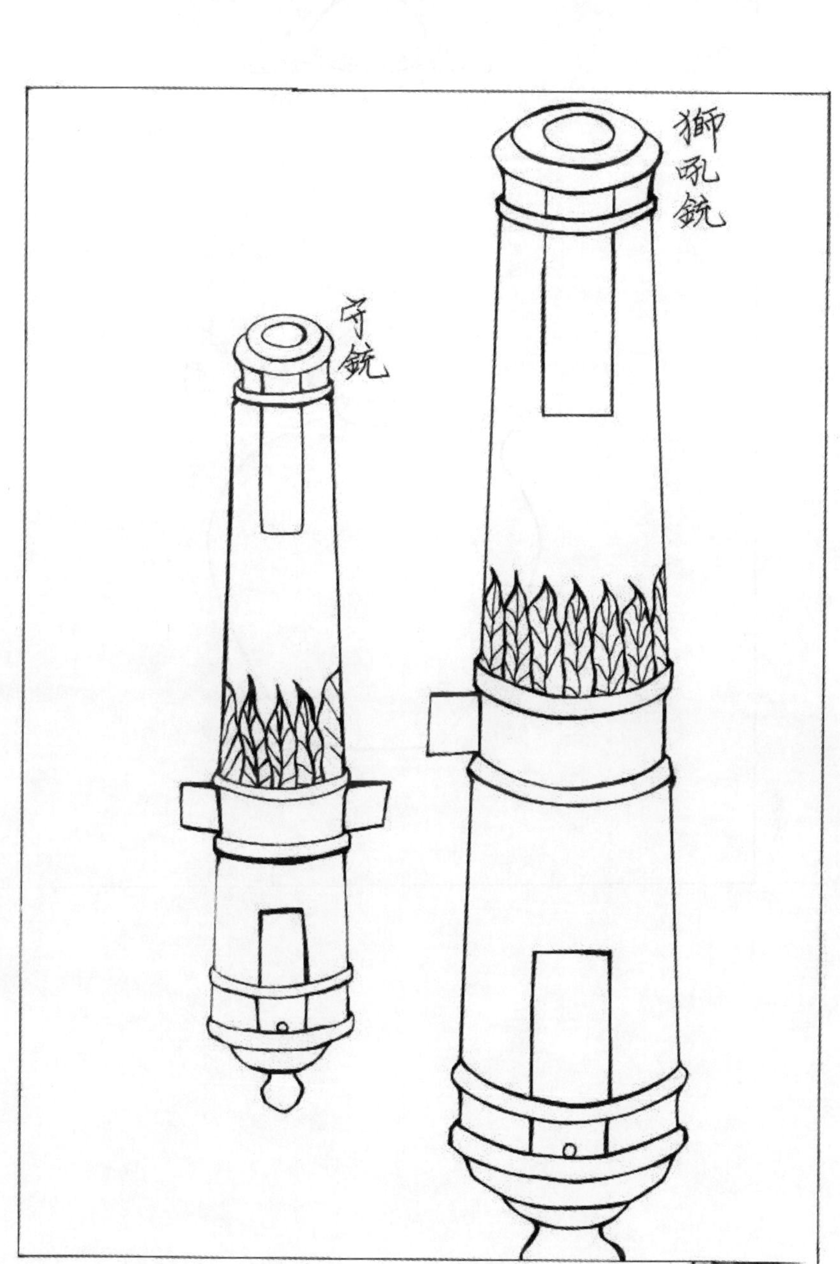

圖二　火礶、地雷

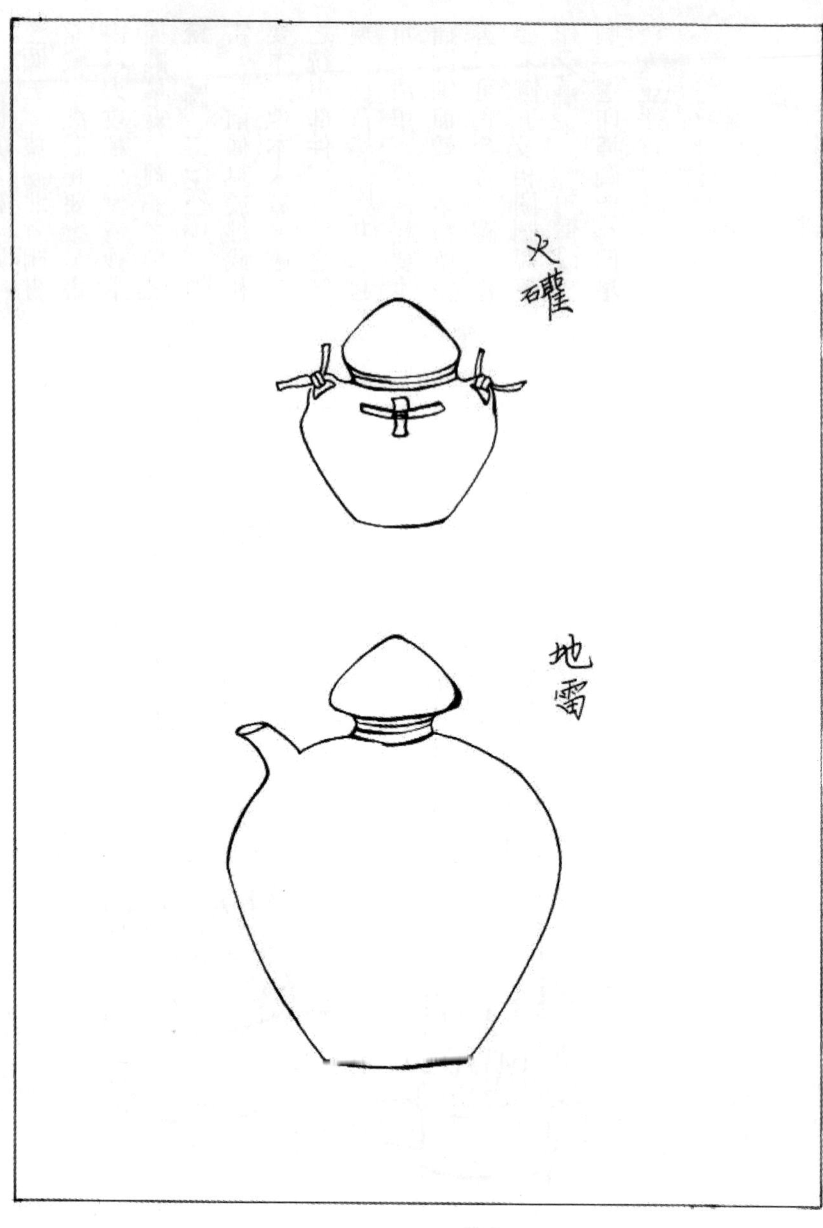

圖三　車墻、轂、輪

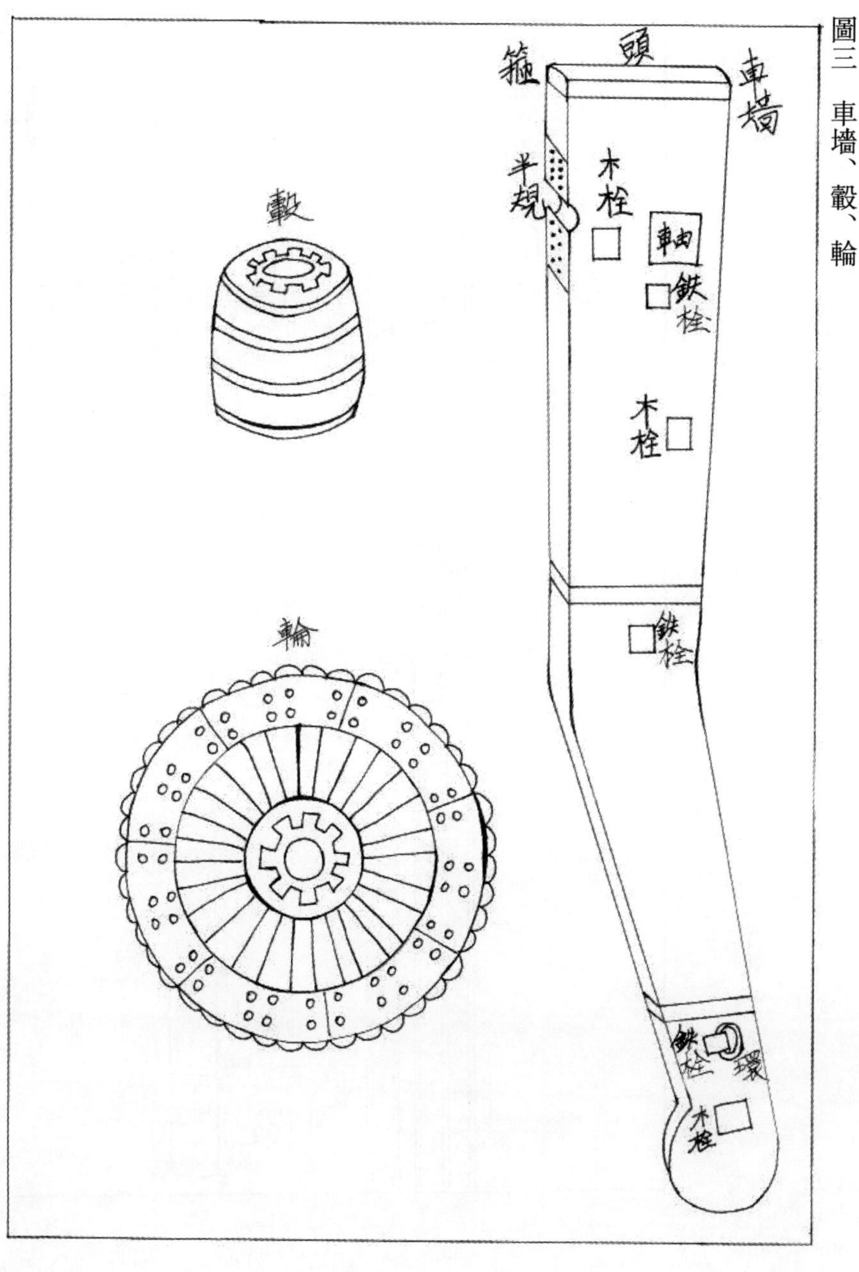
車墻
頭
箍
半規
木栓
軸
鉄栓
木栓
鉄栓
鉄栓
環
木栓
轂
輪

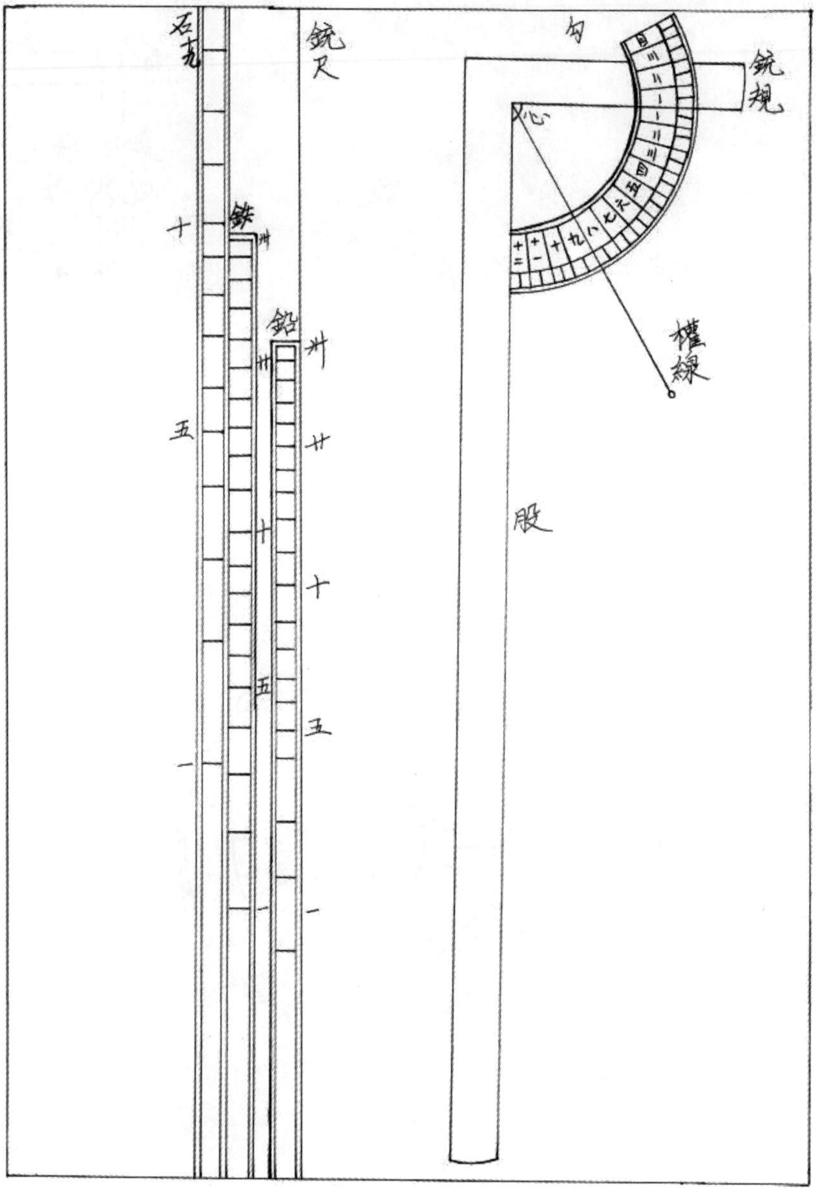

圖四　銃規、銃尺

圖五　起重、滑車

圖六　滑車組結構設想圖

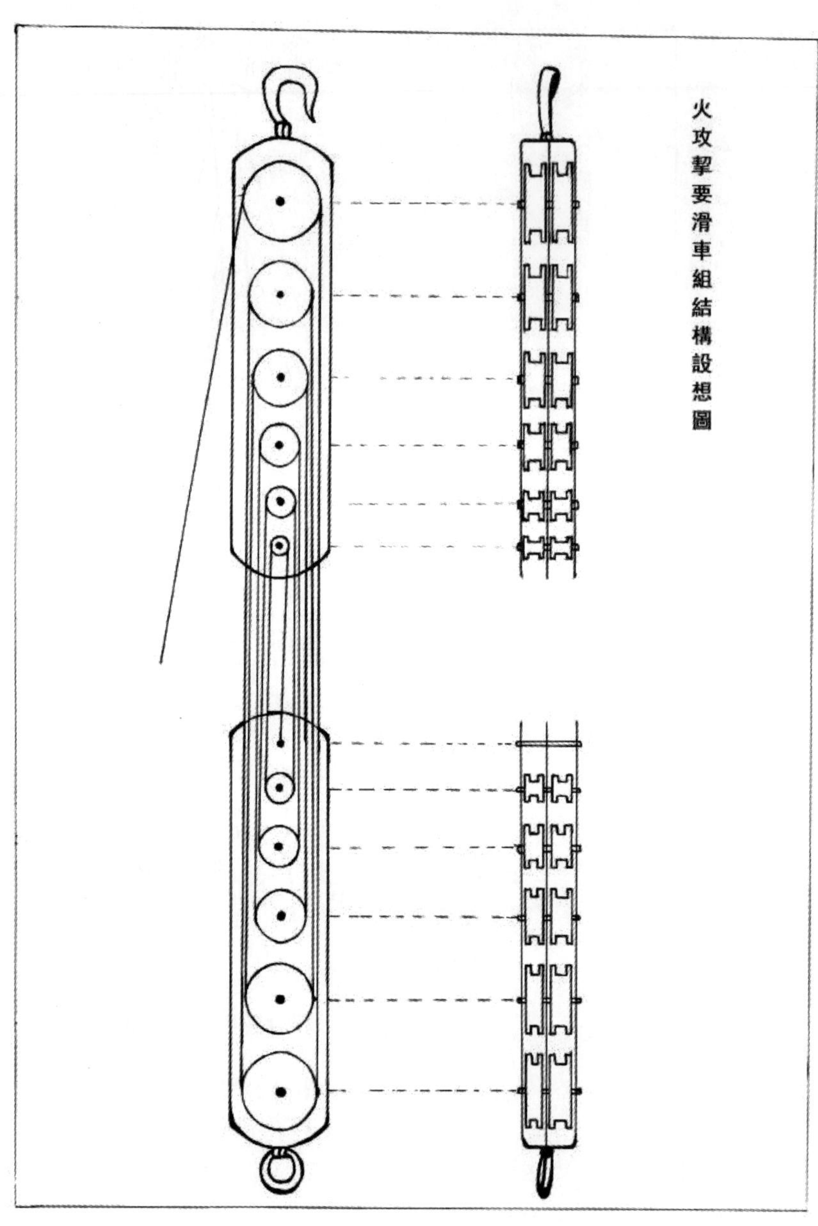

按《火攻挈要》卷上“下模安心起重運重引重機器圖説”:“茲則妙在滑車有上下二具雙層銅盤，共有二十二輪，上下繩索，婉轉活利，較之尋常，省力數十倍矣。”經武秘要本起重、滑車圖（見圖五）不能完整反映機械結構。茲新作設想圖。上方爲雙排定滑輪組，凡六軸十二輪，下方爲雙排動滑輪組，凡五軸十輪，總二十二輪。承蒙孫烈先生、劉金岩女士、張柏春先生帮助分析滑車組結構。

附録二　增補讀則克録記略

整理説明

丁拱辰（一八〇〇—一八七五），譜名君軫，字淑原，號星南，福建晉江人。道光十一年（一八三一）附外國海船出國經商，遊歷吕宋諸島，即究心測量技術。鴉片戰爭事起，道光二十一年（一八四一），丁拱辰向廣州當局進獻《演礮圖説》，欲從軍自效。太平天國事起，咸豐元年（一八五一），丁拱辰帶領工匠，應聘至桂林指導鑄造、演練火砲〔一〕。著作有《演礮圖説》（辛丑本、壬寅本）、《演礮圖説輯要》、《演礮圖説後編》、《增補則克録》〔二〕、《西洋軍火圖編》（佚）、《指南尺牘生理要訣》〔三〕、《荔鏡西廂》〔四〕。

《增補則克録》三卷附録一卷，咸豐元年（一八五一）桂林初刻，後有福建重刻本、朝鮮銅活字本〔五〕。該書主體爲《火攻挈要》，據道光二十一年揚州刻本（改題作《則克録》）修訂重刻，署名作『泰西湯若望授　甯國焦勗述』。書後附録丁拱辰評注，題作《增補讀則克録記略》，以及《演礮摘要》（咸豐元年九月丁拱辰跋）。

中國科學院自然科學史研究所圖書館藏福建重刻民國間後印本，鈐『晉江縣文獻委員會藏書』（朱文長印）。内封題『咸豐元年十月

〔一〕莊景輝編校《陳埭丁氏回族總譜》（香港：緑葉教育出版社，一九九六），第一一三至一一六頁，丁拱辰傳。

〔二〕丁拱辰《演礮圖説》二卷，道光二十一年廣州刻本（簡稱辛丑本），分爲『道光辛丑孟夏鐫演礮圖説』『道光辛丑臘月鐫演礮圖説續後編』兩部分。本書稀見，中國國家博物館圖書館藏一部一册。《演礮圖説》一卷，道光二十二年廣州刻本（簡稱壬寅本），内封題『道光壬寅年孟冬重訂演礮圖説』，稀見，哈佛大學哈佛燕京圖書館藏一部一册。壬寅本篇幅僅爲辛丑本的五分之一，可視爲辛丑本的補編。《演礮圖説輯要》四卷，道光二十三年泉州初刻，後有朝鮮銅活字本。《輯要》乃就前刻二種《演礮圖説》重輯增訂，傳世刻本多爲民國間後印本（或係翻刻）。《回族典藏全書》第二二〇册影印《演礮圖説輯要》精抄本（甘肅文化出版社、寧夏人民出版社，二〇〇八）。泉州文庫收録《演礮圖説輯要》整理本（黄天柱點校，上海辭書出版社，二〇一三）。《演礮圖説後編》二卷，咸豐元年桂林初刻，咸豐三年福建重刻。泉州文庫收録《演礮圖説後編　增補則克録》整理本（陳忠義點校，商務印書館，二〇一八）。

〔三〕丁拱辰纂輯《指南尺牘生理要訣》（又題《初學指南尺牘全集》）四卷，同治二年廣州五桂堂刻本、同治九年大文堂藏版、同治十一年上洋大文楨記刻本、光緒元年上海啟秀堂藏版、光緒二年汀郡萬卷樓藏版、光緒十二年古月軒刻本、光緒十三年永言堂刊本。參見王振忠《筆墨功夫濟世才》，《文匯報》，二〇一三年十月二十日。

〔四〕《荔鏡西廂》内容與閩南梨園名劇《陳三五娘》大致相同，有插圖，廈門大學歷史系藏抄本。參見黄天柱、蔡長溪、廖淵泉《中國近代軍火科學家丁拱辰》，《福建論壇》一九八二年第一期，第八〇至八三頁。

〔五〕《增補則克録》清刻本（十行二十五字白口單魚尾四周雙邊），見藏自然科學史研究所圖書館、故宫博物院圖書館、山東圖書館、廈門大學圖書館、泉州市圖書館、『國家圖書館』（臺北）等地。朝鮮銅活字本（十行二十三字白口單魚尾四周雙邊），見藏甘肅省圖書館、韓國國立中央圖書館、韓國學中央研究院藏書閣、高麗大學圖書館、日本國會圖書館（東京）、東京大學圖書館、東洋文庫等地。

鐫／增補則克録／細詳校對已無一字差錯　晉江丁氏重刊」。卷末刻「桂林王輔坪楊鴻文堂刊」。書前有張維屏序、王懿德奏片（咸豐三年九月），皆與丁拱辰著《演礮圖説輯要》所冠之文相同，非爲《增補則克録》而作。本次整理，底本據自然科學史研究所圖書館藏本，點校《增補讀則克録記略》。

增補讀則克録記略　晉江丁拱辰星南校訂

此書一部三卷，明崇禎十六年癸未，西洋湯若望字道未口授寧國焦勗，勗參所見聞，合而纂之。道光辛丑嘆夷不恭，辰著《演礮圖説》一册，於癸卯重爲釐正，號曰《演礮圖説輯要》，計四卷。山東日照人戸部主政家心齋先生守存，爲辰作後序，有言湯道未《則克録》一書，始知有此。詢之心齋先生，云向來藏書家一二有之，俱是鈔本，得者每什襲之。辛丑海氛之時，揚州知府汪公刊刻，始有印本耳。辰於丁未托人往蘇州購求，細詳讎校，其中專言火器礮位，最爲詳備。其言演用製鑄，以及製造藥彈、舉重引重，攻戰守城諸法，無不詳述。辰《演礮圖説輯要》所載，上下二百餘年，語多暗合。惟未言中線差高加表準則。又所論彈發遠近，殊爲迥異。《則克録》云[一]：彈發平放，可四百弓步。計二百丈。銃高一度，則象限儀七度半，可遠八百弓。計四百丈。辰謂象限儀平放數十丈；高一度四分，可遠一百二十丈；使高七度半，致遠是二百餘丈，斷不能多。現西洋各國戰船，當面試放，平放略高約一度四分，亦只百餘丈而已，再遠則無準。即與佛蘭西國、花旗國、大吕宋國各將弁，以及澳夷識礮法者講求，亦果實百餘丈力量而已，斷不能如《則克録》所云之遠。然中國人傳言大礮利害，遠可二三十里，西人亦有此言，不特舉之於其口，而又筆之於其書。乃無親歷演試，以訛傳訛之説。人常與辰爭辯遠近之説，再四質問西人之司礮者，皆云百餘丈合用而已。曾令渠下藥彈面試，果實此力量。視嘆夷迫礮臺對礮之際，相距丈尺可證耳。不知湯氏之錯，或焦氏誤採他書之説乎？明理者鑒之，司礮者試之，可盡知也。又有言試靶近者，只可一百弓步，計五十丈，遠者二百弓步，計一百丈，再遠則渺朦細微，審視不真。此則與辰所言吻合，分毫不差。二語皆出湯氏之書，而遠近殊相歧異，即此一節，已可概見。

又云用彈及配火藥，對半均配，與辰云西洋用彈三觔，配藥一觔不同。倘謂古時之藥粗陋，以口徑配彈，如礮大者用彈三十觔，配藥三十觔論之，則礮腹食藥三十觔之多，豈不裝滿礮腹，再加一彈，而彈已在近口，安能致遠乎？此斷斷無是理也，不知當日果湯氏之言，抑焦氏見聞不確歟？

至云鑄戰銃，以空徑計長短，如空一徑作四寸者，耳與尾珠各一徑即四寸，身長二十徑，則長八尺。此法惟以戰銃而論，與拙作中佛蘭西無表長礮所注尺寸配法相同，卻爲良法。至若守銃口徑六寸者，必不能照戰銃配耳及珠也，必當別様配法。細視所繪各様銃圖，多繪

［一］參見《火攻挈要》卷下「各銃發彈高低遠近步數約略」：「三號大銃，用彈三四斤重者，平度擊放可到四百步，仰高一度可到八百步」。

失真，不甚明顯。即就各説尺寸另行繪出視之，惟戰銃一圖，略與今之西式相近，然亦過長且薄。此外各圖，或前重後輕，或頭大於尾，無一圖可以仿效。而起重、引重、滑車、絞架諸圖，與拙作重相同，惟年久抄傳，漸次失真，暗晦不明，閲者無從曉悟。茲將其所載，逐題詳核，批注於後。

火攻挈要卷上

一、『概論火攻總原』題内所敘極合，末段四行云：必更翻然易慮，用心講求，革故鼎新，以求萬全。所言與辰『演礮差高圖説』首題，若合一契也。

一、『詳察利弊諸原以爲改圖』題内云當時鑄造無法，火藥不美，不諳演放，不曉配彈，不審遠近，先期妄發等語。則今昔皆然。

一、『審量敵情斟酌製器』題内首先六七行所論，猶今之敵人礮火勝我多矣，非講求精熟，加造夾板戰艦，無虞抵敵。與辰『變通籌備久遠』末題之言相同。又云爲今火器，無如仿照西洋廣鑄大礮。與辰言須仿照佛蘭西長礮之式鑄造，語語相合。又有云直擊數十里，横擊數千丈之闊。此言大謬也。仰放直擊，只二三里，横擊亦然耳。又云飛彪之利害。此卻無奇，今視嘆夷所用天礮，或謂西瓜礮，即飛彪也。自上墜下，在地瞬息，一響炸開，其鐵皮所噴，僅只破屋，不甚利害。向聞落彈之處，滾成潭窟，今始知不足畏之物，夷人亦罕用之。辰『西洋各式火彈圖説』題内已詳陳矣。

一、十種彈子各圖説，與辰『各式礮彈圖九種』相似，内圓彈、响弹，亦時常所用之物。又云口徑配彈小二十一分之一，如口徑二寸一分，彈徑二寸是也。現在西洋口徑如四寸二分，彈徑四寸一分，則爲小四十二分之一。拙作口徑四寸二分，彈徑三寸八分，則小十分之一。鍊彈、分彈、闊彈、散彈，與辰并蒂彈相似，擊夷船甚妙，因其繩索甚密，遭之必斷。鑽彈、鑿彈，如用之，必不甚利便，一者不能致遠，二者亦不能傷城垣，不如獨彈較妙耳。公孫彈、蜂窩彈，此二者與辰羣彈、菠蘿彈相似也。

一、『鑄造戰攻守各銃尺量比例諸法』題内：

戰銃空一徑，即徑三寸，長三十三徑，耳及珠各得一徑，與今夷人配法相符，惟厚不及，恐致炸裂耳。

飛龍銃，即子母銃，空徑三寸，身長至二丈七尺五寸，如此之重大，與今大殊。今之子母銃，空徑一寸許，長七八尺，重百觔爲多，安有此長大乎？抑古法有之無定耶？

象銃之圖，甚爲舛錯，以口徑五寸，長八徑計四尺；裝藥處厚二寸五分，則尾徑一尺；口徑五寸，加厚一寸二分五釐，得頭徑七寸五分，頭似過薄，一放必炸無疑也。且耳前五徑四，耳六分徑，耳後二徑，則前重後輕，更難演放，理甚易明。

噴銃口下徑一尺，火門前空徑五寸，身長從火門至銃口四徑，得四尺。塘内從底至口下直往上，不分寬狹兩截。火門前墻厚二寸五分，則尾徑一尺，銃口墻厚一寸二分五釐，則尾徑一尺二寸五分。尾珠、銃耳，長大各三寸。似此則頭反大於尾，顛倒之至。

虎嗁及攻銃、守銃三者尺寸不詳明。今吕宋礮有一式，與此相似。

飛彪銃，口下空徑二尺，火門前至口徑，得長八尺。裝藥處二徑，得四尺。藥前寬處二徑，得四尺。口下厚一尺，得頭徑四尺；藥處厚一尺五寸，則尾徑四尺，頭與尾一樣大。尾珠及耳，長大各半徑，計一尺。火門至耳際徑半，得三尺。耳半徑，得一尺。耳前至口三徑，得六尺。則共長一丈，不止八尺，殊不相符。不若仿辰佛蘭西無表長礮式鑄造，久久不易也。

一、『造作銃模諸法』題内用乾木鏇成一銃樣，尾大頭小，身直順，再如木線、木耳、木珠、木花等物，用火燒化諸木，掃淨灰末，傾鑄入内，冷時取出。故西洋之礮，無成節痕跡。此法甚妙，較今内地，繪礮木板之上，去其餘木，鋸爲數段，中安軸心，規成泥模，數段合而爲一。安定模心，從口灌鑄，鑄成節節有痕跡，不如此中木模之爲愈也。至安木模心，則與内地相似耳。

起重、運重、引重、諸圖與辰滑車、絞架、絞盤相同。惟諸圖數説暗晦不明，運重之器，圖式不甚分明，卻未能解，諒與辰撬柄相似。拙作滑車絞架，有軸半徑算法，《則克録》無之。

一、『論料配料煉料説略』題内云銅須和錫，與拙作云銅當和鉛相似。今人俱云鑄礮之生鐵，須和紋銀，遍訪夷人，及翻譯西書，皆無此説。

一、『造爐化銅鑄礮圖説』[一]内云銅鐵鎔好之後，要傾入模，須開溜槽，上遮蓋槨密，不見涼風；衆溜槽須合爲一槽，使鐵水流入模内，一氣凝結成銃，庶無炸患。此比今法，更爲奥妙。

一、『起心看塘齊口鏇塘鑽火門諸法』題内所云與今相同。

看塘用鐵燒紅入内照看有無弊病，不及今用鏡對日反照之爲愈。

鏇塘之法，與今不異。

鑽火門須齊塘底，不可前進一分，以致退縮後坐。與辰『鑄造礮位圖説』題内，所言密合。

一、『製造銃車尺量比例諸法』題内所論銃車之製，則與辰陸路大輪礮車相同，而辰有軸輪半徑算法，較爲明晰。

一、『裝放大銃應用諸器圖説』題内之銃規，《兵録》謂之銅規。辰謂之象限儀。據《則克録》云：此器勾一寸五分。倍之則圓中徑三寸，外邊弧周九寸四分有奇。分爲四限之一，則一限弧二寸三分有奇，再分爲十二度，則一度約尺之一分九釐。其器過小，而度過狹，難以取準。辰象限儀，一限分爲九十度，且儀器大於銃規數倍。銃規一度爲象限儀七度五分，若演放之時差半度，則爲象限儀三度七分五釐，彈發差之百餘丈，安能取準乎？辰象限儀分爲九十度，甚利於用。又欲量銃口配鐵彈、石彈徑若干，計算各彈重幾何，繪鐵鉛石三等分寸於銃規之柄，似不便於用。拙作算彈重數内用營造尺，量彈徑如四寸者，作長闊高各四尺，自乘得十六寸，再乘得六十四寸，圓折方以五二三六折，得實積三十三寸五分，以每寸方生鐵重五兩八錢一分，計之得重十二觔，餘可類推。此較便捷耳。

[一] 造爐化銅鑄礮圖説，《火攻挈要》作『造爐化銅鎔鑄圖説』。

一、『收蓋大銃鎖箍圖』〔一〕題內云引門上加銅蓋，并可封鎖。此不及辰繪夷人用鉛蓋、銅蓋之爲愈，則不用加鎖，更爲便捷也。

一、『製造各種奇彈圖說』論口徑二十一分彈徑二十分，謂彈小於口二十一分之一，則彈比口九五折也。西人現用九七五折。辰『中西礮論』及『鑄造礮位圖』內，以內地之彈不圓正，口不直順，權變作九折，均各合式。今軍中配彈無法，配不上八折，安能適用。又論鑄彈用泥模合而爲一，然後灌鑄，如此腰必起凸線，不如辰用蠟模爲愈。聽候窺遠神鏡，察其遠近，然後放銃。此言未有實事。窺遠鏡只能視遠若近，難測道里丈尺，夷人放銃，不重遠鏡，全憑審視。臨敵先放一礮探視，不及加高，太過放低。銃上有高低短尺作後表，一窺前表。辰『佛蘭西前後表圖說』題內已繪明矣。

一、『製造狼機鳥銃說略』題內謂佛狼機係西洋國名，與辰首篇云巴社人謂銃爲佛郎機，以其國號名之，二語相同。

一、『製造火箭噴筒火礶地雷說略』題內詳論火箭一事。其火箭夷人用之不效，此無用之物。噴筒必加意講求，能似安南火噴筒之製，遠可三四十丈，連發火毬數個，着物糜爛，膠附焚燒不脱，水戰燒帆甚利於用。至云萬人敵火礶及地雷，二極爲奧妙，軍營宜用之。

火攻挈要卷中

一、『提硝磺用炭諸法』題內大銃藥方製火藥一百觔，內用硝六十九觔半，磺十三觔半，炭十七觔半。辰『西洋製礮用法』題內云今西洋用硝七十五觔，磺十觔，炭十五觔，加好泉水及火酒，舂練足透，置掌中燃之，無礙爲度，便美矣。

一、『收盛火藥庫藏圖說』題內此安置極密，可爲後人觀法。又硝磺炭各另製好存盛，臨用方調和合搗，此法甚妙。二者拙作未言及。

一、『裝放各銃豎平仰倒法式』謂飛彪銃十二度攻城可用。但銃規十二度，即象限儀九十度，向天頂放上，彈必墜下頭上自傷，是斷斷不可用，此甚易明耳。

一、『試放各銃高低遠近注記準則』〔二〕題內論立靶分別遠近演驗，與辰『立靶遠近規模』題內，極爲密合。惟銃規分十二度，過於疏闊，必分九十度方能合用。又彈已落地，仍復激起數里，乃餘氣所飄，非正力所推，此爲強弩〔三〕之末。雖中亦無力，必以着靶者爲準。此與辰吻合。今人見彈下水仍復跳去，以及下地復輾轉沸騰三四百丈者，以爲可能如此致遠，不亦謬乎！

一、『各銃發彈高低遠近步數約略』題內論彈三四觔者，銃規平放，可四百弓步，計二百丈；高六度，可至一千零七十丈。彈六七觔者，平放可七百弓步，計三百五十丈。彈二十觔者，平放七八里，計一千四百丈云云。斷無此理。此題種種錯誤。

一、『教習裝放次第及涼銃諸法』題內論教習銃手，與辰述『西洋養兵習武』題內相同。涼銃之法，亦略同。又凡初學放火器，未可

〔一〕收蓋大銃鎖箍圖，《火攻挈要》作『收蓋大銃鎖箍圖説』。
〔二〕試放各銃高低遠近注記準則，《火攻挈要》作『試放各銃高低遠近注記準則法』。
〔三〕弩，原作『努』。據文意改。

驟用足藥，徐徐加之，方不驚裂，此甚高見。又裝彈必親操，如別人裝便，必當探看合式與否，方不誤事。又云每放一出火藥必裝做一袋，徑與藥膛徑小一分，與辰『西洋製礮用法』題内吻合。又云打靶須苗照星對靶云云，當時焦氏必參用内地照星之法，未見加表之妙處。又云立靶高六尺，闊一尺五寸。當以鳥銃論之，如放大銃則靶過小，安能中肯。又云大礮靶自一百弓步計五十丈，至二百弓步一百丈止，過遠則眼力有限，不便看利弊。似此則平放不七百丈，與前言歧異。辰『立靶分別遠近』題内，云試放大礮先於六十丈立近靶試之，驗其彈子高低，次於一百丈及一百二十丈、一百三十丈，各立遠靶試驗，恰與相符。

一、『運銃上下臺諸法』論用礮車，與辰所繪陸路大輪礮車相同。

一、『火攻要略附餘』題内所論火攻干係甚大，具見卓識。

火攻挈要卷下

一、『鰲翻説略』及『攻城説略』二題云攻城埋火藥轟陷城基，現西洋攻城，俱用此法。

一、『木模易出』題内勝内地全用泥模之法。

一、『兑銅分兩』題内云銅礮須和錫，與辰謂和鉛相似。

一、『銃身比例』題内論鑄礮配尺寸以口徑配身長及耳與珠，與辰相似。惟彼所配各式，質薄不堅固，不堪演放，難以效法。

一、『彈藥比例』題内云大銃藥彈對配相均，如配彈三十觔，用藥三十觔之多。似此斷然炸裂，不堪用。問司礮者可知也。

一、『遠近之節』題内云大礮平放，可三四百弓步計二百丈者，必待敵人至距五六十弓步遠而後發，命中可必。此比辰所言反近，較彼所云平放二百丈，言不相副。

一、『守城説略』，論礮臺形勢，與辰『佛蘭西礮臺圖説』題内相近。

一、『水戰説略』題内所云與辰『西洋戰船』相同，惟云船底四圍用鉛繞之，厚尺餘，無此事理也。

一、『火攻紀餘』、『問難』二題，所論甚是。

一、『火攻索要』云如得其要領肯綮，凡銃皆可化西銃，與辰云知礮法者，中西礮皆可用之之言相合。

一、『火攻慎傳』、『需備』、『需資』三題所言盡合。

一、『火攻推本』題内所言與辰『礮法問疑』題内盡合。

一、『歸源總説』題内所論武備廢弛不知整頓耳。

右逐題注明，以便比較。《則克録》一書，已二百餘年，雖多奥妙，古今不同，間有得失，不以瑕掩瑜，遂拋全部。是以逐題批注大略，俾人古今合參，就中擇用，不致悮事。苟不爲之注明，執此用之，必有悮者。因西洋礮法、戰法，三五年一增修，十年一更訂，况於二百餘年之久，安能盡合，不可泥古也。

道光二十七年丁未冬十一月晉江丁拱辰星南謹識。

附録三　演礮摘要

影印説明

清華大學圖書館藏《演礮摘要》單刻小册一部，經摺裝，夾置清刻《火龍經》（典藏號：戊 750/6833）函内。書高二六二毫米，寬一二二毫米。框高二一五毫米，寬一一二毫米。封面印書名『演礮摘要』，下刊小字，漫漶難辨，似爲『□□門 □□』（末二字雙行）。正文四葉，半葉九行，行二十八字，白口無魚尾，四周單邊，無行綫。内容與丁拱辰《演礮圖説後編》附録《演礮摘要》略有差異。此種小册，似軍前應用之物，或爲咸豐元年（一八五一）桂林初刻，流傳至今，極爲難得。今加影印，以廣流傳。

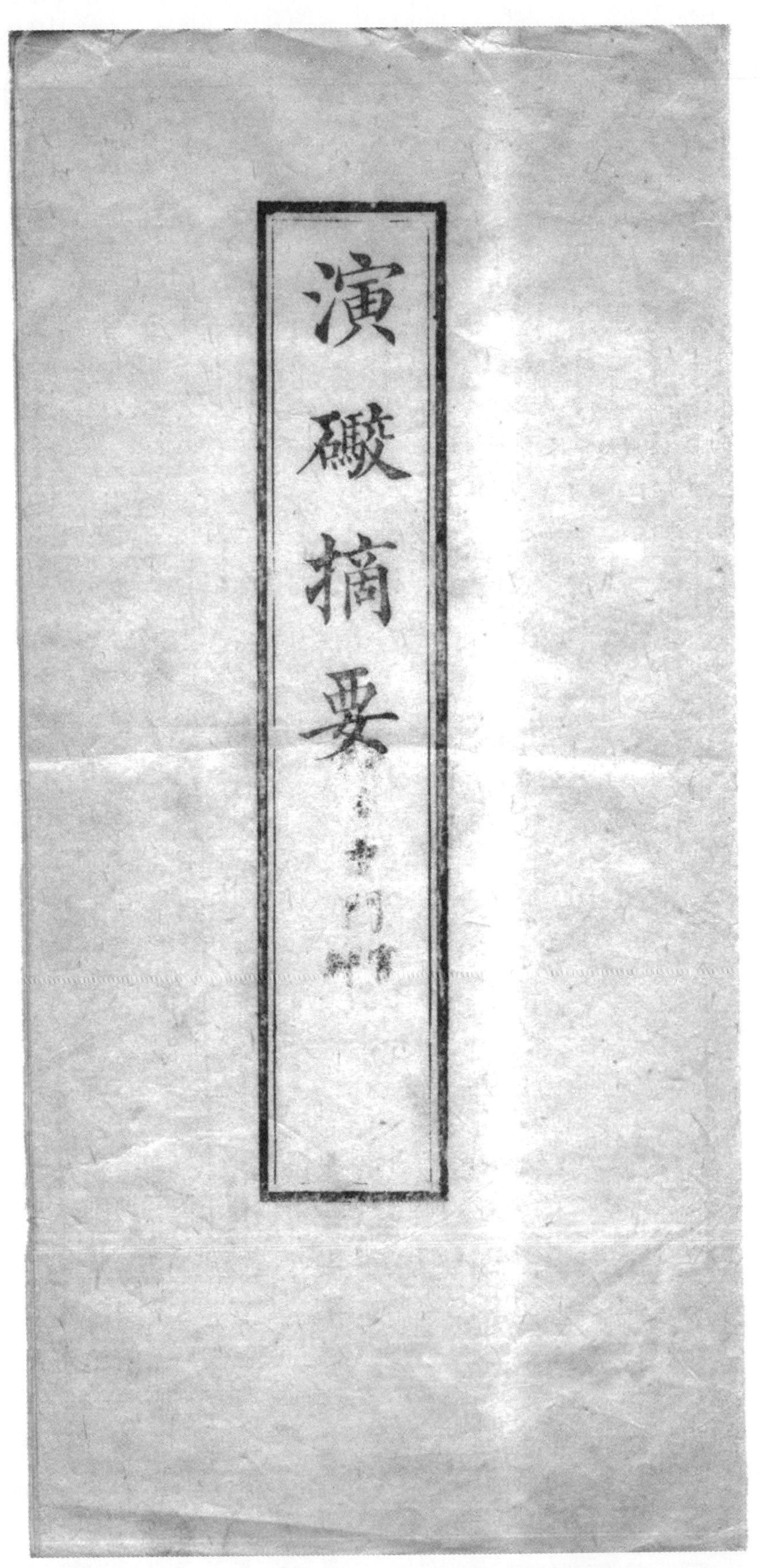
演礮摘要

工部營造尺式

一寸　二寸　三寸　四寸　五寸

將此尺照後七條相距丈數。自起至止量準。令人站止處。卻從起處察看止處之人。形色長短明暗。以定用礮之高低。習熟後可一望而得其標準。

用礮測量準則

相距二十五丈。略見彼人眉目口鼻。

相距五十丈。不見眉目。視彼人面赤。

相距七十五丈。視彼人面赤轉青白。身略朦。

相距九十丈。視彼人面色淡白而愈小。
相距一百丈。視彼人面色微白。見面僅盈寸。
相距一百二十丈。視彼人面色只一點。似有似無。
相距一百三十丈。視彼人面黑身朦。
出此以外。身愈朦朧。丈數愈遠。在水攻萬斛之舟。在陸擊盈丈之靶。亦難命中矣。以上言用礮準頭　至若試彈遠嚇敵人。或敵船連帮擁駛。或攻敵城池。撼敵營寨。或敵衆蟻聚蜂屯。則將礮口酌量昂起。雖遠亦可中之。但不宜多放。須留裕後用。以上言用礮擊遠　演礮最要緊者。當知彈力或遠或近。礮頭應高應低。方能中的。試放之時。立靶高二丈。濶一丈。距礮六十丈。先試嫻熟。次距一百丈試之。再距一百二十丈。及一百三十丈試之。視飛彈之高低。以定礮口之俯仰。存記在心。在平地演熟後。復在水上分泊靶位習放。庶可得心應手。（以上言平時操演）如未及演練。或無曠地可演。猝遇敵至。無論水陸。遠見人面色一點。似有似無之形。在一百二十丈內。漸行漸近。至能見眉目。在二十五丈外。若眇視端正。則彈到處。約差高一丈。放時在水。當眇視船底下擊之。方中船面。在陸。當眇視人足下擊之。方中人身。如敵人稍遠。面色黑而身朦。在一百三十丈外者。方可眇視端正。如面深黑。身愈朦。須眇視稍高。再遠。再眇視加高。過此漸無準矣。（以上言臨時應急）凡礮不宜眇視高。恐彈子飛空而過。不能中肯。切宜眇視低。即彈飛不到。尚能穿水面三四百丈。猶望撞中也。以上言失之高不如失之低　其藥彈配礮之法。每礮百斤。有配藥四兩者。究不如論礮口徑若干。彈徑小于口十分之一。如口徑四寸。則彈徑須配三寸六分。如彈重十斤。則用火藥五斤。所謂一藥送二彈。餘可類推。自百斤至萬斤之礮。法無不同也。以上言配合準則。間有口徑過大之礮。若以口配彈。以彈配藥。則彈重藥多。礮發必致跳縮。須每百斤用藥三兩。漸演漸加。演至聲響而礮身只退縮尺許。便合度矣。如口徑過小之礮。彈輕藥少。不妨酌增藥力。發彈更遠。

臨陣裝放大礮法

凡開礮擊敵。照前說審測遠近。鑑貌辨色。細心記憶。法既得矣。臨用之時。每礮三人。一司洗舂。一司藥箱。一司準頭。各佩短刀護身。司洗舂者汲水一桶。立於礮右。先將鏟棍探入礮腹。驗無陳藥渣滓。即將礮刷浸水入礮腹旋轉洗一次司藥箱者亦汲水一桶備用先立礟左侯洗春者洗刷畢卽取火藥一袋送入礟腹洗春者將刷棍用力連春十下使藥結實又用棍輕輕送彈子入礟腹微春一下使貼藥爲度則彈易轟出（彈塞緊甚就難出礟口）又用棍送麻彈入口輕鋪周至使彈子不輾轉走出司藥箱者退在礟後左邊護定藥箱司準頭者在礟尾右邊取引門針插入引門鑽破藥袋卽下烘藥凡烘藥鬆則易發實則吐火略久乃發須測準敵人相去遠近將礟身擡準左右礟口酌合高低卽用火繩點放發必有準礟發後司準頭者用引門針對引門鑽通以口氣吹之司洗春者將礟刷浸水洗一次以熄餘燼看準頭者將引門用手指壓住使不通風司藥者身須偏旁不宜

與礮口正對。將火藥復入礮口。洗舂者身亦宜偏。照前舂實之後加礮彈麻彈。如法演放。如連放三礮。礮身覺熱。宜洗二次。停片刻。方可再放。倘緊急要用。須將火藥酌減些少。分兩方。無炸裂之患。如一陣列礮十位。不可齊放。宜分作兩輪。每五礮一輪。挨次點放。放至五位而止。將已放之礮先後推退。入好藥彈。仍挨次推進。如此兩輪互為進退。連環攻擊。方能接續不斷。如敵人迫近六七十丈之遠。不用獨彈。可用羣子裝作盒彈。眇視敵人頭上約二人之高。即是準頭。如八九十丈之遠。須眇視加三人之高。方準。前說眇視宜低。何以此處又說須加高。緣獨彈力猛。飛去漸高。羣子力散。飛去漸低。故眇視高低不同也。礮子一發。到半途散開。自三十丈至八九十丈。一路羣子飛去。中敵必多。至一百丈亦尚可

三

中也。擡礮之夫。擇其勇往有膽量者。必與帳房。以蔽風日。護礮兵器。籐牌。鳥鎗。長槍。短刀。互相應援。此戚少保鴛鴦陣增減之法也。

盒彈法

製盒彈。用馬口鐵片或銅片製造。徑與獨彈等。長比徑加十分之二。將大如龍眼如鈕扣之羣子。裝入盒內。用錫汗緊。便與獨彈同重。其羣子須大小合裝。方能密實滿盒。否則內空。而所裝無幾。至于粒細如沙。飛出着人不能得力。宜篩出勿用。緣羣子用布包。倉猝間非長則濶。難合礮口。或過多則礮位退縮。過少則不足用。故酌用盒彈。與礮口配準。易入礮腹。兼能去遠。又無輕重之失。

隨礮器具

每礮架一個。礮橇一枝。其末長方。便于橇正。礮棍一枝。一頭搜棕備洗。一頭備舂。礮劘一枝。一頭作劘。備取彈之用。一頭作螺絲。備取出礮內火藥之用。水桶二隻。汲水候用。礮箱一隻。裝火繩引門針烘藥角等物件。火繩竿一枝。點放之用。火藥袋一口。裝藥若干。足用。小布袋若干。裝藥入礮之用。麻彈若干。塞彈子之用。獨彈若干。羣子或白鐵盒彈若干。竹升一個。量藥之用。工部尺一枝。量遠近及彈子礮門之用。小稱一枝。稱藥之用。烘藥篩一個。烘藥角一個。油紙一張。防雨。戒置箱內以上均宜備足。隨礮行止可也。

中外火法部

本書據中國科學院圖書館藏康熙刻本影印。原書高二三七毫米，寬一四六毫米。半葉版框高一九五毫米，寬一二五毫米。

曆學會通致用

火法　重學

卷八

曆學會通　中外火法部

南海穆尼閣撰

海岱薛鳳祚纂

火法

氣與火同類內經云氣有餘即是火

兩間皆氣充塞雖金石之堅無不透入若窓穴之中氣入秘塞

積久奮出而地爲震裂火器之義也

空中皆氣充滿物搖動則成聲

二月陽氣壯將雨陰雲作大聲爲雷以爆竹騐之陽動而陰氣

迸裂故將雷[illegible]有火光爲電斯出地奮之意

整理説明

《中外火法部》一卷，題穆尼閣撰、薛鳳祚纂。薛鳳祚（一五九九—一六八〇），字儀甫，號寄齋，山東益都人，編著《天步真原》、《曆學會通》（分作《正集》、《考验部》、《致用部》）、《兩河清匯易覽》、《車書圖考》等書。順治年間，薛鳳祚曾在南京與波蘭籍耶穌會士穆尼閣（Johannes Nikolaus Smogulecki，一六一〇—一六五六）交游，學習西學知識。康熙三年（一六六四），薛鳳祚彙刻《曆學會通·致用部》十六卷，收録三角演算法、樂律、醫藥、占驗、選擇、命理、水法、火法、重學、師學十種，會通中西，成一叢書。其中部分品種係前人舊作。例如《律吕部》二卷取自《古今律曆考》。《中外水法部》一卷，摘編《泰西水法》、《遠西奇器圖説》。《中外重學部》一卷，取自《遠西奇器圖説》。《中外師學部》二卷，主要採用《守圉全書》設險篇、中令篇條目。

《中外火法部》，《曆學會通》總目内題作《火法》。書前有薛鳳祚序、『中西火法目録』。卷端題『曆法會通　中外火法部』，署『南海穆尼閣撰／海岱薛鳳祚纂』。正文凡三千餘字。該卷後收入《古今圖書集成·經濟彙編·戎政典》第九十五卷火攻部彙考，改題『穆尼閣西洋火器法』。這篇文獻羅列多種火器形制及若干火藥配方，也包含正切表、高遠測量法等數學内容，素材來源駁雜，實爲薛鳳祚輯録，並非皆出穆尼閣之手。其中有關歐式火砲尺量、操作，以及銃尺的部分，他書罕見，或係穆尼閣傳授。

清初吕磻、盧承恩輯《兵鈐外書》（康熙十四年成書，牛津大學圖書館藏清抄本）[一]卷五『火攻』載有神威大將軍（紅夷砲）圖説，其火砲尺量數據與《中外火法部》類似，或係參考《曆學會通》改編。《兵鈐外書》收録神威大將軍圖、神威將軍車圖，則爲《中外火法部》所無。

本次整理《中外火法部》，底本據中國科學院圖書館藏《曆學會通·致用部》康熙刊本[二]，參校《古今圖書集成》本『穆尼閣西洋火器法』。原書雙行小字，改作單行小字。附録《曆學會通·致用部》薛鳳祚序及總目、《兵鈐外書》神威大將軍圖説。

〔一〕吕磻、盧承恩編《兵鈐内書》八卷《兵鈐外書》八卷附《指南正法》，清抄本，七册。無格、無葉碼。前有康熙十四年（1675）何良棟序、吕磻自序。鈐『曾存定府行有恒堂』朱文方印。牛津大學 Weston Library 藏本，編號 Backhouse 578。全書書影參見 serica.bodleian.ox.ac.uk。中國科學院圖書館、北京大學圖書館、南開大學圖書館亦存《兵鈐内外書》抄本。

〔二〕索書號：叢 135/4473。影印收入《四庫未收書輯刊》第八輯第十一册，五三九—五四七頁。

新編目録

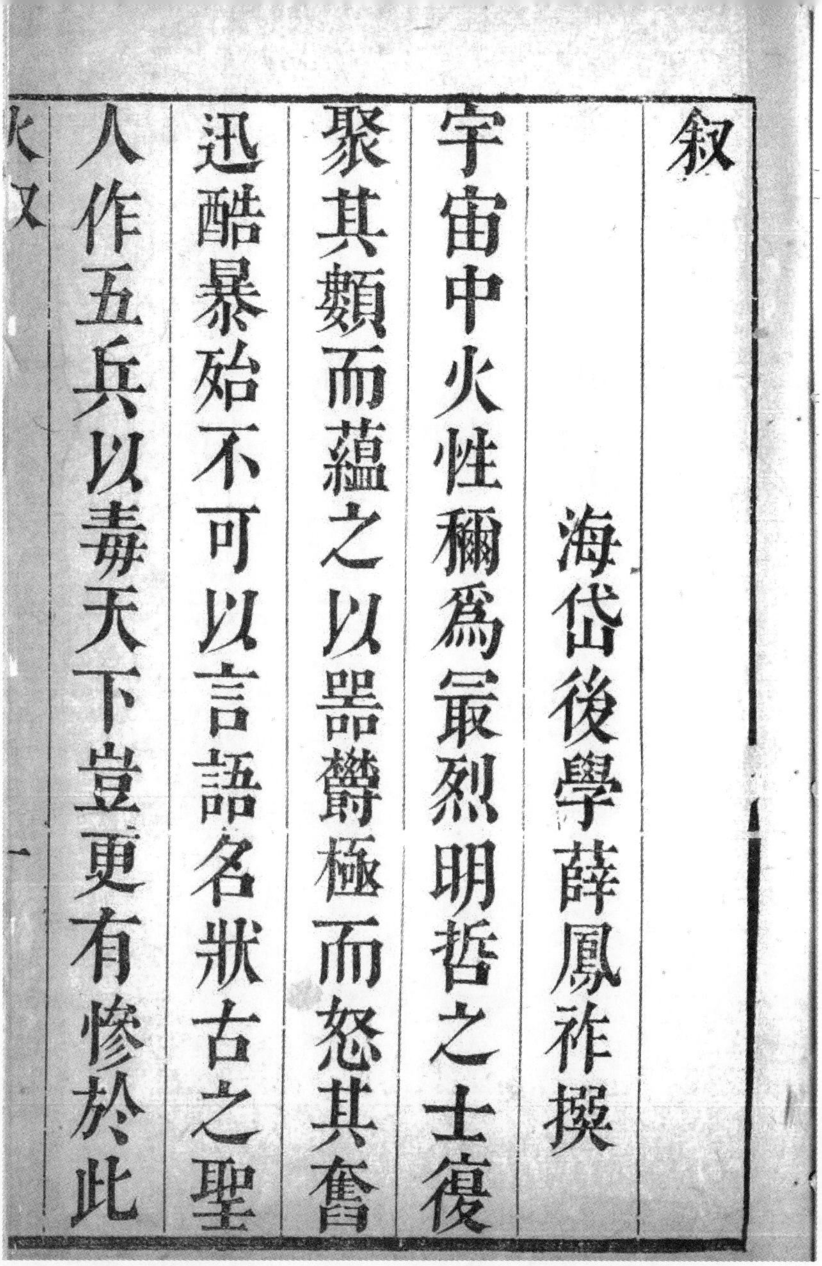

叙

海岱後學薛鳳祚撰

宇宙中火性稱爲最烈明哲之士復聚其類而蘊之以器鬱極而怒其奮迅酷暴殆不可以言語名狀古之聖人作五兵以毒天下豈更有慘於此

火攻叙 一

敘

海岱後學薛鳳祚撰

宇宙中火性稱爲最烈。明哲之士復聚其類而蘊之以器，鬱極而怒，其奮迅酷暴，殆不可以言語名狀。古之聖人作五兵以毒天下，豈更有慘於此

者乎嗚乎
上帝好生卽一物之微不忍其失所
何忍合萬彚而空之一擊中也
儻能令强者不以好勝迫人弱者亦
不爲後起自救殺機卽生機矣昔永
樂時神機火鎗得之交南嘉靖時佛

者乎。嗚呼，上帝好生，即一物之微，不忍其失所，何忍合萬彙而空之一擊中也。儻能令強者不以好勝迫人，弱者亦不爲後起自救，殺機即生機矣。昔永樂時神機火鎗得之交南，嘉靖時佛

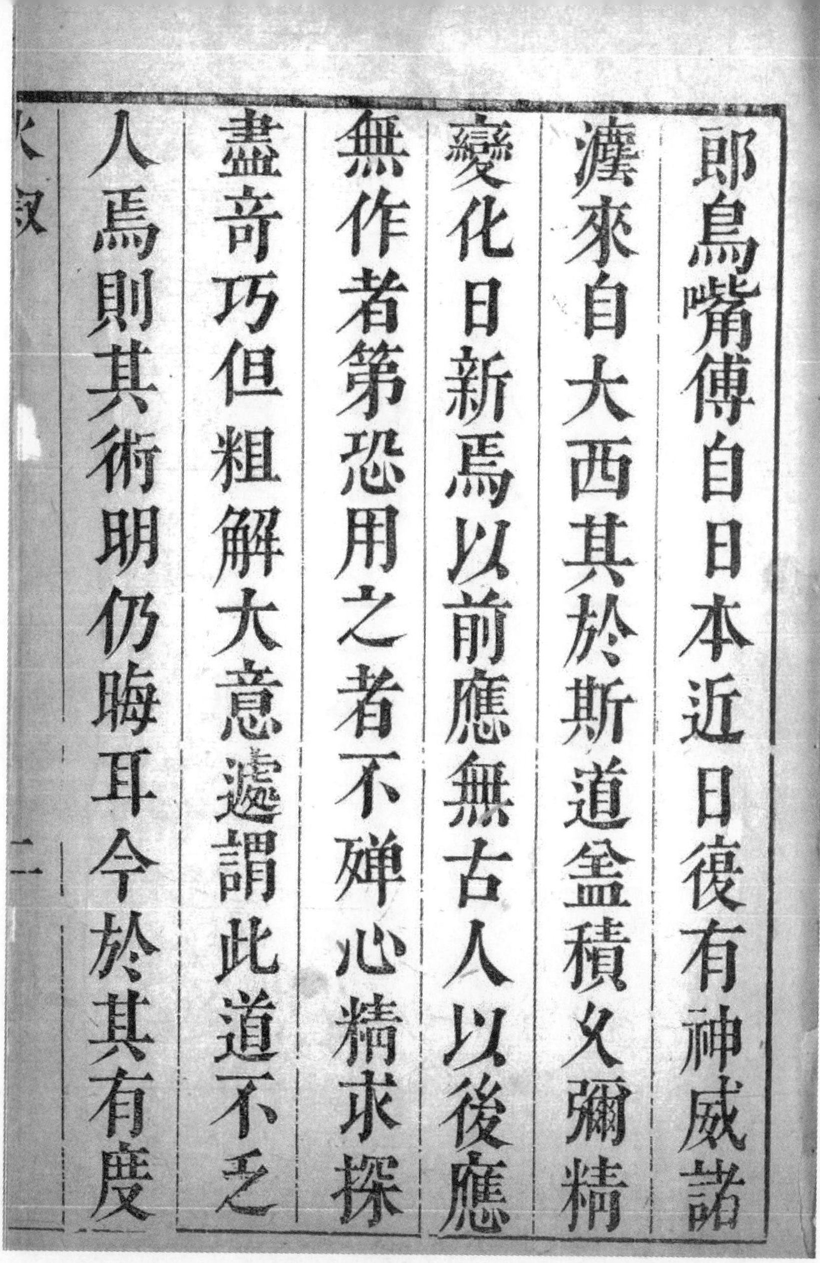

郎鳥嘴傳自日本近日復有神威諸
瀌來自大西其於斯道盇積久彌精
變化日新焉以前應無古人以後應
無作者第恐用之者不殫心精求探
盡奇巧但粗解大意遽謂此道不乏
人焉則其術明仍晦耳今於其有度

郎、鳥嘴傳自日本。近日復有神威諸瀌，來自大西。其於斯道，蓋積久彌精，變化日新焉。以前應無古人，以後應無作者。第恐用之者不殫心精求，探盡奇巧，但粗解大意，遽謂此道不乏人焉，則其術明仍晦耳。今於其有度

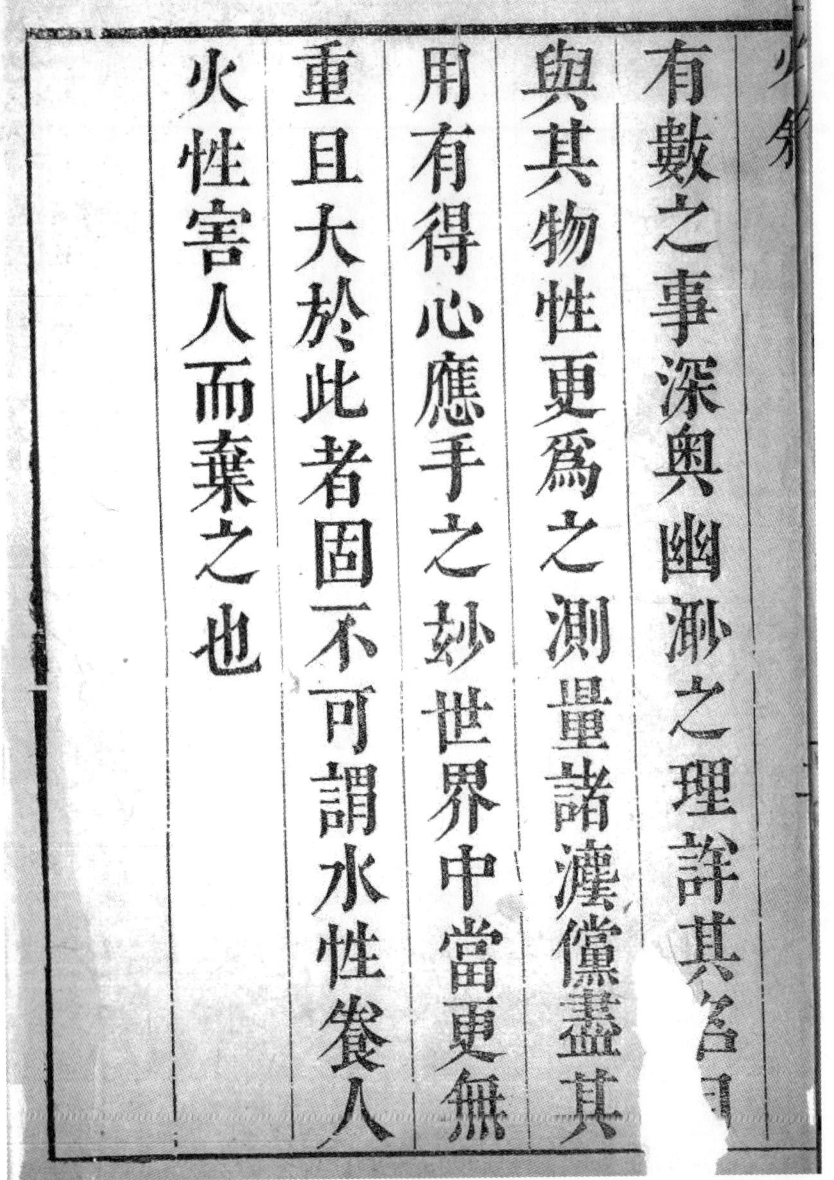

有數之事，深奧幽渺之理，詳其名目與其物性，更爲之測量諸瀍。儻盡其用，有得心應手之妙。世界中當更無重且大於此者，固不可謂水性養人，火性害人而棄之也。[1]

1 固不可謂水性養人，火性害人而棄之也，對比鄭以偉《泰西水法序》（一六一二）："永樂時神機火槍法得之交南，嘉靖時刀法、佛狼機、鳥嘴炮法得之日本。然金火之用耳。師金火以致利，詘水土而廢巧，則爲敢于殺人而不敢于養人矣，而可乎？"按，"刀法"指倭刀法。

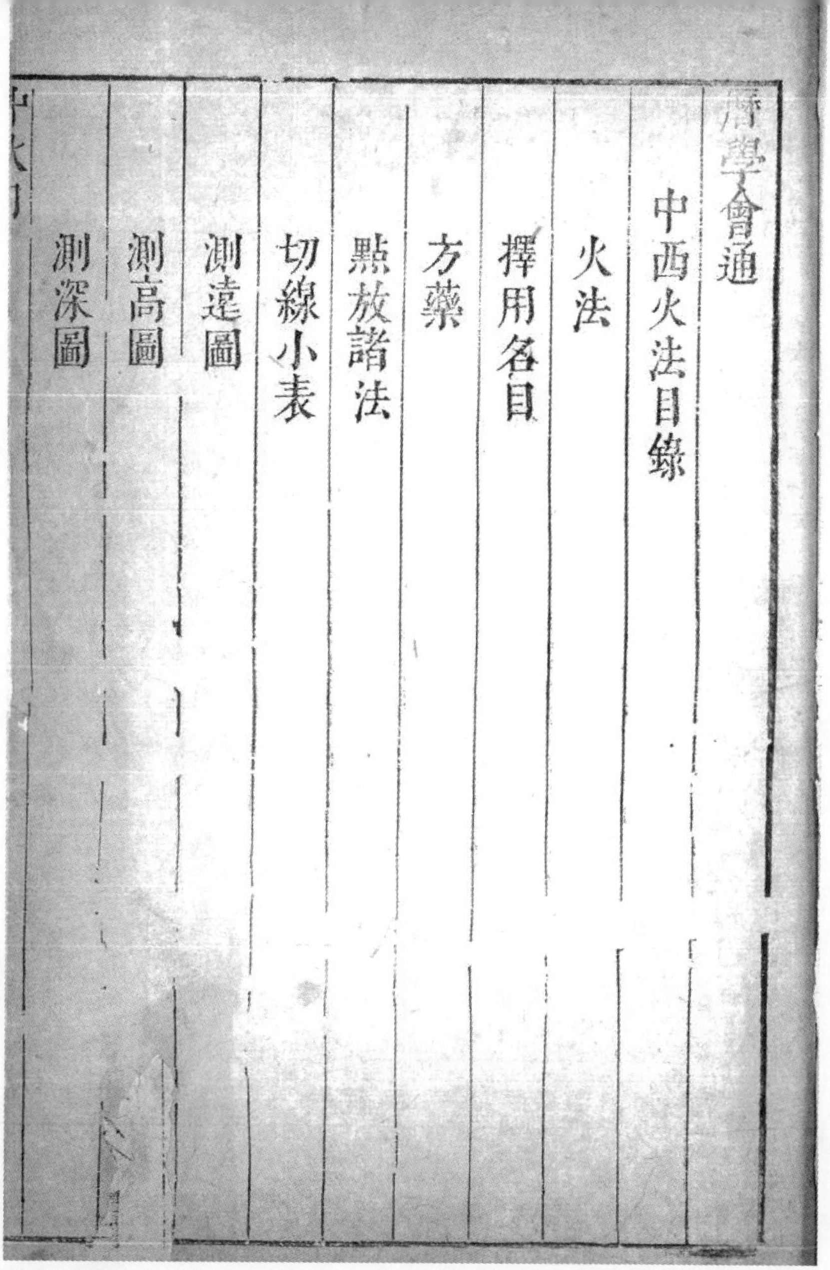

曆學會通

中西火法目錄

火法

擇用各目

方藥

點放諸法

切線小表

測遠圖

測高圖

測深圖

曆學會通

中西火法目録

火法

擇用各目

方藥

點放諸法

切線小表

測遠圖

測高圖

測深圖

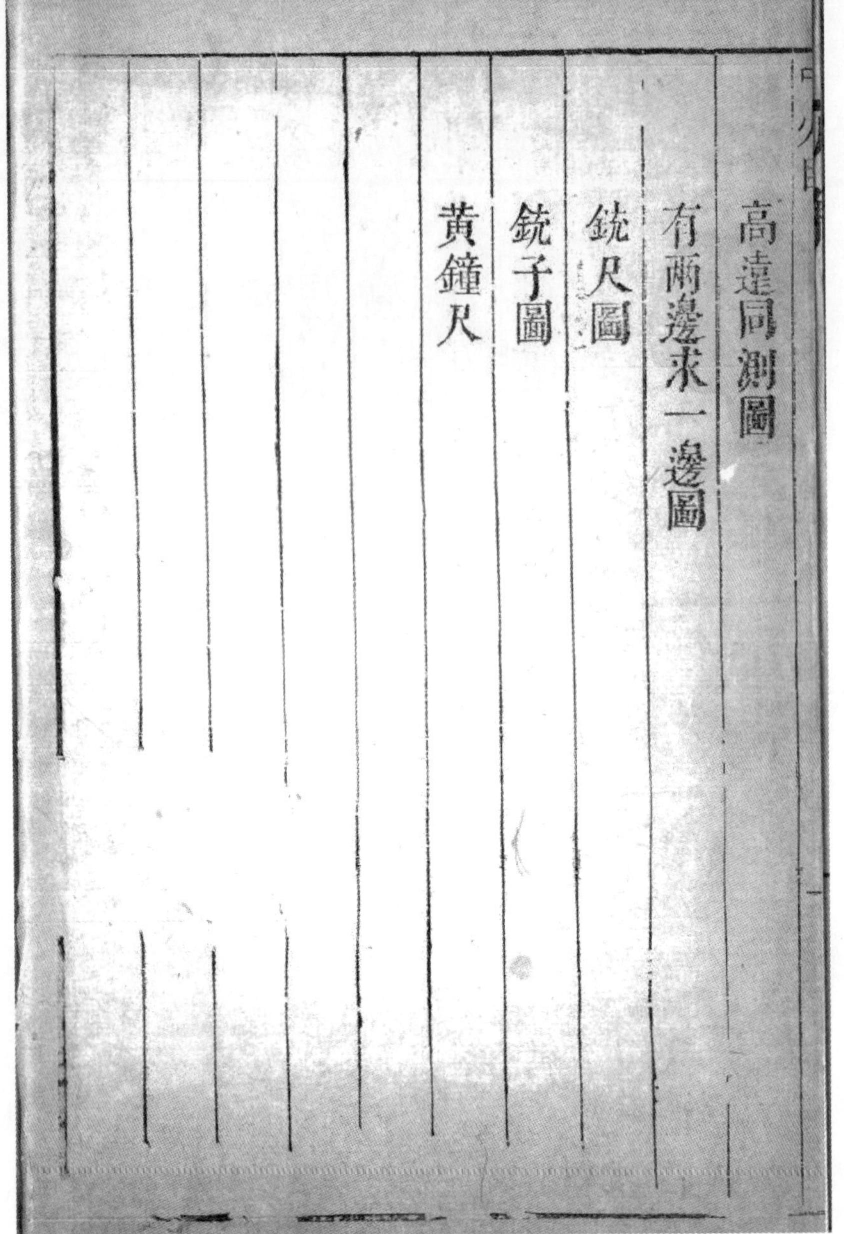

高遠同測圖

有兩邊求一邊圖

銃尺圖

銃子圖[1]

黃鐘尺

1 銃尺圖、銃子圖，按正文分別題作“銃圖”、“子圖”，實際應爲“銃規圖”、“銃尺圖”。

曆法會通

中外火法部[1]

南海穆尼閣撰

海岱薛鳳祚纂

火法

氣與火同類。《内經》云：氣有餘，即是火。

兩間皆氣充塞，雖金石之堅，無不透入。若空穴之中，氣入秘塞，積久奮出，而地爲震裂。火器之義也。

空中皆氣充滿，物摇動，則成聲。

二月陽氣壯，將雨，陰雲作大聲爲雷。以爆竹喻之，陽動而陰氣迸裂。故將雷，先有[2]火光爲電，似出地奮之意。

1 曆法會通中外火法部，《古今圖書集成·火攻部彙考》（以下稱古今圖書集成本）題作“穆尼閣西洋火器法”，前無薛序、目録，後無署名。

2 先有，紙殘闕字。據古今圖書集成本補。

古人用火有神奇者。聞之西士，其國有強寇侵逼，時方亢陽，以窪心巨鏡照之敵人營塞，皆焚。今火鏡其制也。太陽爲真火，鏡面外高中下，火氣皆聚于中，故燃耳。

擇用名目

世傳機械之屬，種類繁多，以奇巧欺人，正誤事之大者。取其要用，惟鳥嘴、佛郎、神威三種，餘置之可也。至於火箭、火礶，竹、石等砲，有可備緩急之用者附之。

神威將軍第一等，長一丈一尺三寸半，兩耳各長三寸。口至耳五尺五寸 得四分八厘五毫，耳中至火門三尺六寸 三分〇八〇，餘爲尾。内塘口徑四寸一分，外圍三尺。耳面闊二尺二寸。尾加耳面一倍。

神威將軍第六等長七尺四寸兩耳各長三寸其餘分數同上口徑三寸其餘分數同上第二等第三等第四等第五等皆消詳推之

同上者一等口至火門四分八厘五毫之數也以類推

佛郎機子或五或九器無大小俱可爲之毋長照口徑四五十徑長則力愈大子口徑一寸尾外圍三寸五分平三百五十步仰九倍毋之套接貴密子之湊筍欲深拴之鎮壓欲緊此要訣也

鳥鎗有大小二種嘗用不厭小造時就原小孔用鑽鑽之日寸許及底爲上子須光圓合口子大則入不及底出口便落小則藥氣先洩不能致遠必用星斗繩直方准藥要精細輕重與子

1 佛郎機子銃，原脱“銃”字，據文意補。

神威將軍第六等，長七尺四寸，兩耳各長三寸，其餘分數同上。口徑三寸，其餘分數同上。第二等、第三等、第四等、第五等，皆消詳推之。

同上者一等口至火門四分八厘五毫之數也。以類推。

佛郎機子銃[1]，或五或九，器無大小，俱可爲之。母長照口徑四五十徑，長則力愈大。子口徑一寸。尾外圍三寸五分。平三百五十步，仰九倍。母之套接貴密，子之湊筍欲深，拴之鎮壓欲緊，此要訣也。

鳥鎗有大小二種，嘗用不厭小。造時就原小孔，用鑽鑽之，日寸許，及底爲上。子須光圓合口。子大則入不及底，出口便落，小則藥氣先洩，不能致遠。必用星斗繩直，方準。藥要精細，輕重與子相稱。用火索者，有披火撥機。用火石者，用鋼機相擊。子用鉛，小者平八十步，高五倍。大者平二百步，高五倍。子容一錢者合式。

攻守二器，照口徑三十三徑以及十七八徑皆可。大抵以長爲貴。大砲

彈一斤至八斤，藥照彈配。九斤至十七斤，彈作五分，用藥四分。十七斤至二十六斤，彈作四分，用藥三分。二十七斤以上，彈作三分，用藥二分。

此言其概耳，用時必細試容藥幾何，用彈幾何。惟藥能作轉身，砲身不甚後坐則止。

石砲乃守禦利器，用藥横力大，大者可以崩山。

磁砲欲其炸裂之易或者以泥爲之纏火繩於上下數處燃火
一器可燒畝許舟中亦可擲用器作四鼻各纏火繩可以稍久不誤
木砲大抵中有鐵筒外束以木爲權宜救急之用
竹將軍用茅竹厚者四尺通節留頭節作底節後留一尺四五
寸安木柄依竹凹凸形直抵竹處周圍用肥釘釘之以繩辮自
柄至口緊束底上置黃泥二寸以一分合口大錢置泥上錢上
開眼放時木杈爲架尾以大石抵住躰輕費省隨地立刻可辨
雖一發即費而絶無傷人之患
茅竹截筒長三尺先用湯藥浸透外以鐵繩固之堅木爲柄内
藏毒藥發於上風名爲竹筒

磁砲欲其炸裂之易，或者以泥爲之，纏火繩於上下，數處燃火，一器可燒畝許。舟中亦可擲用。器作四鼻，各纏火繩，可以稍久不誤。

木砲大抵中有鐵筒，外束以木，爲權宜救急之用。

竹將軍，用茅竹厚者四尺。通節，留頭節作底。節後留一尺四五寸，安木柄，依竹凹凸形直抵竹處，周圍用肥釘釘之，以繩辮自柄至口緊束。底上置黄泥二寸，以一分合口大錢置泥上。錢上開眼。放時，木杈爲架，尾以大石抵住。體輕費省，隨地立刻可辨，雖一發即費，而絶無傷人之患。

茅竹截筒，長三尺。先用湯藥浸透，外以鐵繩固之，堅木爲柄。内藏毒藥，發於上風，名爲竹筒。

火箭勢猛力大善造者可得七百步遠一枝約費二萬鎚頭上回火約十分之二鏃用點鋼茨骨頭長信入箭腹中三寸信外銼一肩與箭竹湊合竹鐵交處筋纏漆漆其翎花亦漆下方耐風雨濕氣眼用打成者妙其肯綮全在箭眼正則直不正則斜太深則後門出火淺則低頭落地筒用礬紙間以油紙夏不走硝可留二年

石砲以下數法用者在神而明之一言耳至於從來古器如百子滅敵等莫不皆有可用但難定准頭落頭

方藥

火藥硝爲君黄爲臣灰爲使諸毒藥爲佐硝性主直黄性主横

火箭勢猛力大，善造者可得七百步遠。一枝約費二萬鎚。頭上回火約十分之二。簇用點鋼。茨骨頭長信入箭腹中三寸，信外銼一肩，與箭竹湊合。竹鐵交處，筋纏漆漆，其翎花亦漆下，方耐風雨濕氣。眼用打成者妙，其肯綮全在箭眼，正則直，不正則斜，太深則後門出火，淺則低頭落地。筒用礬紙，間以油紙，夏不走硝，可留二年。

石砲以下數法，用者在神而明之一言耳。至於從來古器，如百子、滅敵等，莫不皆有可用，但難定準頭羅頭。

方藥

火藥，硝爲君，黄爲臣，灰爲使，諸毒藥爲佐。硝性主直，黄性主横，

灰性主火諸灰柳最鋭杉稍緩箬性燥葫蘆性烈䕸性急速蔴
灰無聲柳灰鋭烈
性直者遠擊硝九而黄一　性横者爆擊硝七而黄三　雄黄氣高
而火燄神火之君石黄氣猛而火烈法火之君砒黄氣臭而火毒毒火之君金
汁銀銹硼砂製鐵子磁屑則傾爛見骨牙皂姜霜椒末配飛砂
神霧着人則墮瞎雙目草烏巴豆雷藤少加水馬煎藥矢龍鎗
則見血封喉江子常山半夏合川黄造噴筒藥礶則禁唇不語
桐油豆粉松香利用焚粮刼寨人精鐵汁巴油用破革車皮帳
狼糞晝黑夜紅遞傳警報江豚逆風愈勁尤顯神奇
鳥銃方君十臣一使二　大砲君十臣十之一八八使二

灰性主火。諸灰，柳最鋭，杉稍緩，箬性燥，葫蘆性烈，䕸性急速[1]。蔴灰無聲，柳灰鋭烈。

性直者遠擊，硝九而黄一。性横者爆擊，硝七而黄三。雄黄氣高而火燄，神火之君。石黄氣猛而火烈，法火之君。砒黄氣臭而火毒，毒火之君。金汁、銀銹、硼砂，製鐵子、磁屑，則傾爛見骨。牙皂、姜霜、椒末，配飛砂、神霧，着人則墜瞎雙目。草烏、巴豆、雷藤，少加水馬，煎藥矢、龍鎗，則見血封喉。江子、常山、半夏，合川黄，造噴筒、藥礶，則禁唇不語。桐油、豆粉、松香，利用焚糧劫寨。人精、鐵汁、巴油，用破革車皮帳。狼糞晝黑夜紅，遞傳警報。江豚逆風愈勁，尤顯神奇。

鳥銃方。君十，臣三，使二。

大砲。君十，臣十之一八八，使二。

1 䕸，似當作“蔴”。參照《火攻挈要·火攻諸藥性情利用須知》：“但炭有不一，茄梗、麻稭主烈，葫蘆、竹箬主爆，楊柳性急，杉木性緩”。

炸砲君十臣三使二　崩山君十臣五使一石黄一雄黄一之半
火彈君十臣四使一
火餅君十兩臣六兩雄黄十六兩鉛粉十六兩樟腦十兩柳灰
四兩爲細末燒酒煮以糯米糊爲餅拌藥築實如棋子上開孔
穿藥線
噴藥硝二兩細砂七錢半桐油巴油炒灰三兩竹筒用
火箭硝四兩黄三錢灰一兩三錢　急引君十使三　慢引君
十使一
神火石黄三斤燒酒浸桐油炒松香一斤雄黄雌黄黑信蘆花艾朒豆末銀
杏葉乾糞巴霜火藥三七加

炸砲。君十，臣三，使二。

崩山。君十，臣五，使一，石黄一，雄黄一之半。

火彈。君十，臣四，使一。

火餅。君十兩，臣六兩，雄黄十六兩，鉛粉十六兩，樟腦十兩，柳灰四兩。爲細末，燒酒煮，以糯米糊爲餅，拌藥築實，如棋子，上開孔穿藥線。

噴藥。硝二兩，細砂七錢半，桐油、巴油、炒灰三兩，竹筒用。

火箭。硝四兩，黄三錢，灰一兩三錢。

急引。君十，使三。

慢引。君十，使一。

神火。石黄　三斤，燒酒浸桐油炒，松香　一斤，雄黄、雌黄、黑信、蘆花、艾朒、豆末、銀杏葉、乾糞、巴霜。火藥三七加[1]。

1 火藥三七加，古今圖書集成本以下多一段："加火藥七分，神火藥三分。火藥者，大約是君十，臣一，使二耳。"

烈火。銀杏葉、松香　各一斤，硫黄　二斤，石黄、雄黄信　各三兩，硝　七斤，灰　二十八兩。

飛火。蘆花　十斤，桐油泮[1]，松香、豆黄、銀杏葉、乾糞、皂角末　各半斤，松香　三斤，三七加火藥。

毒火。雄黄　一斤，黑砒、巴霜、乾漆、乾糞、松香、艾朒、石黄　各四兩，四六加火藥。

逆風狼糞。艾朒，江豚　骨煅灰，肉煉油，泮[2]硝黄，曬極乾，斑貓，二八加火藥。

竹將軍湯藥。白芨，膏砒、明礬、末陀参[3]，不拘多少，合一處煎水，入竹筒内，浸一時，傾出待乾，又浸三四次爲度，藥不傷竹。

解毒方。明礬　半斤，丹砂　二兩，白鴨血泮浸，九曬。又菉豆湯、白蘿蔔汁、藺根汁，各三浸三曬，爲細末。烏梅　二兩，甘草　八兩，熬膏和丸。製毒藥，

1 泮，古今圖書集成本作“拌”。

2 泮，古今圖書集成本作“拌”。

3 末陀参，似指“密陀僧”。

口噙一丸，仍用真阿魏抹口耳鼻竅。

點放諸法

新舊砲久不用者，先以礲糠火煨一晝夜，必内外打磨，令熱氣通徹，然後可用。放一次，用鐵鏟鏟過，用鵝翎打掃乾淨，方再入藥。二三次必熱，用濕沙土入内，鏟淨。四五次必大熱，令蔴箒蘸醋入内，攪洗乾淨。

火門用粗細鐵條，隨火門大小鎚眼，藥線務期神速。裝藥預用紙袋，裝就便臨時任用。入藥以合口木舂，以木榔頭擊數下，入木送子一個，方下鉛子，次下合口大子。

火繩，用𦭃[1]繩加砲藥煮，二人[2]加進盤柱上。

1 𦭃，似當作“麻”。
2 二人，古今圖書集成本作“一人”。

攻打要意氣安閒，百步内用何器，幾十步用何器。以七人爲率，一人耑主點放，二人主運飽砲，二人專運空砲，一人洗，一人裝。如頭砲纔放，二砲已在右手下。空砲纔徹，飽砲已上。二砲未放，頭砲已刷洗。二砲既放，頭砲已裝藥。二砲纔徹，頭砲已裝完，在右手下。飽者自右而上，空者自左而下，五砲更番，循環無端矣。

硝重灰輕，久收或馳載必致重沉輕浮，用時必攪和均匀。或先爲丸，則無此患。

兩器皆精，則大及先發者勝，尤要在摘攢二法。

神器隨樣大小作厚墻鐵圍車架，銃耳其上。銃力最猛，必得活輪，以殺其勢。砲雖如法，亦必少坐，以活輪故，少動猶不動也。

點放有三法，曰平，曰仰，曰俯。尾備木墊，以便高下。

平放高至六分止有圖
城守俯放可至九分半右法前一後二謂一分懸車一分墊砲
懸能四分七十墊亦如之
製銅量器爲四分規之一以銅柄插砲内看線所至分數即可
知銃力到處高一分較平放過倍至六分遠到乃止有圖
彈有鉛鐵石之别照度數用之有圖鉛子要小口徑一運其鐵
菱鐵練小鐵彈碎石俱准斤兩
望遠鏡可看數十里爲神器必用之物
割圓切線小表
初 二五 五十 七五

平放高至六分止　有圖[1]。

城守俯放，可至九分半。右法，前一後二，謂一分懸車，一分墊砲，懸能四分七十墊亦如之。

製銅量器，爲四分規之一，以銅柄插砲内，看線所至分數，即可知銃力到處，高一分較平放過倍，至六分遠到乃止　有圖。

彈有鉛、鐵、石之别，照度數用之 有圖。鉛子要小口徑一運[2]。其鐵菱、鐵練、小鐵彈、碎石，俱准斤兩。

望遠鏡可看數十里，爲神器必用之物。

割圓切線小表

	初	二五	五十	七五

1 有圖，原文如此，實無附圖，以下同。

2 按"運"相當於口徑與彈徑之間的游隙（windage）。

釐数	一	〇〇一七四	〇〇二一八	〇〇二六二	〇〇三〇五
	二	〇〇三四九	〇〇三九九	〇〇四三七	〇〇四八〇
	三	〇〇五二四	〇〇五六八	〇〇六一二	〇〇六五五
	四	〇〇五九九	〇〇七四三	〇〇七八七	〇〇八三一
	五	〇〇八七五	〇〇九一九	〇〇九六三	〇一〇一六
	六	〇一〇五一	〇一〇九五	〇一一三九	〇一一八三
分数	七	〇一四〇五	〇一二七二	〇一三一六	〇一三六一
	八	〇一四〇五	〇一四四九	〇一四九四	〇一五三九
	九	〇一五八四	〇一六二八	〇一六七三	〇一七一八
	一〇	〇一八六三	〇一八〇八	〇一八五三	〇一八九八

一一	〇一九四三	〇一九八九	〇一〇三四	〇二〇八〇
一二	〇二一二五	〇二一七一	〇二二一六	〇二二六〇
一三	〇二三〇六	〇二三五五	〇二四〇一	〇二四五七
一四	〇二四九三	〇二五三九	〇二五八六	〇二六三三
一五	〇二六七九	〇二七二六	〇二七八三	〇二八二〇
一六	〇二八六七	〇二九一五	〇二九六二	〇三〇〇九
一七	〇三〇五七	〇三一〇五	〇五一五三	〇三二〇一
一八	〇三二四九	〇三二九七	〇三二四六	〇三三九六
一九	〇三四四三	〇三四九二	〇三五四一	〇三五九〇
二〇	〇三六四〇	〇三六八九	〇三七三九	〇三七八八

一一	〇一九四三	〇一九八九	〇一〇三四	〇二〇八〇
一二	〇二一二五	〇二一七一	〇二二一六	〇二二六〇
一三	〇二三〇六	〇二三五五	〇二四〇一	〇二四五七
一四	〇二四九三	〇二五三九	〇二五八六	〇二六三三
一五	〇二六七九	〇二七二六	〇二七八三	〇二八二〇
一六	〇二八六七	〇二九一五	〇二九六二	〇三〇〇九
一七	〇三〇五七	〇三一〇五	〇五一五三	〇三二〇一
一八	〇三二四九	〇三二九七	〇三二四六	〇三三九六
一九	〇三四四三	〇三四九二	〇三五四一	〇三五九〇
二〇	〇三六四〇	〇三六八九	〇三七三九	〇三七八八

二一	○三八三九	○三八八九	○三九三九	○三九九○
二二	○四○四○	○四○九一	○四一四二	○四一九三
二三	○四二四五	○四二九六	○四二四八	○四四○○
二四	○四四五二	○四五○五	○四五五七	○四六一○
二五	○四六六二	○四七一六	○四七七○	○四八二三
二六	○四八七七	○四九三一	○四九八六	○五○四○
二七	○五○九五	○五一五○	○五二○六	○五二六一
二八	○五三一七	○五三七三	○五四三○	○五四八六
二九	○五五四三	○五六○○	○五六五八	○五七一五
三○	○五七七三	○五八三二	○五八九○	○五九四九

三一	〇六〇〇九	〇六〇六八	〇六一二八	〇六一八八
三二	〇六二四八	〇六三〇九	〇六三七〇	〇六四三二
三三	〇六四九四	〇六五五六	〇六六〇八	〇六六八一
三四	〇六七四五	〇六八〇八	〇六八七二	〇六九三五
三五	〇七〇〇二	〇七〇六七	〇七一四二	〇七一九九
三六	〇七二六五	〇七三三二	〇七三九九	〇七四六七
三七	〇七五三五	〇七六〇四	〇七六七三	〇七七四二
三八	〇七八二二	〇七八八三	〇七九五四	〇八二〇五
三九	〇八〇九七	〇八一七〇	〇八二四三	〇八三一六
四〇	〇八三九一	〇八四六五	〇八五四〇	〇八六一六

四一	○八六九二	○八七六九	○八八四七	○八九二五
四二	○九○○四	○九○八三	○九一六三	○九二四三
四三	○九三二五	○九四○七	○九四九八	○九五九二
四四	○九六五六	○九七四一	○九八二七	○九九一三
四五	一○○○○	一○○八七	一○一七六	一○六二五
四六	一○三五五	一○四四六	一○五三七	一○六三○
四七	一○七二三	一○八一七	一○九一三	一一○○六
四八	一一一○六	一一二○四	一一三○二	一一四○二
四九	一一五○三	一一六○五	一一七○八	一一八一二
五○	一一九一七	一二○二三	一二一三一	一二二三九

五一	一二三四九	一二四五九	一二五七一	一二六八九
五二	一二七九九	一二九一五	一三〇三二	一三一五〇
五三	一三二七〇	一三三九一	一三五二四	一三六三八
五四	一三七六三	一三八九〇	一四〇一九	一四一四九
五五	一四二八一	一四四一四	一四五五〇	一四六八七
五六	一四八二九	一四九六六	一五一〇八	一五二五二
五七	一五四九八	一五五四六	一五六九六	一五八四九
五八	一六〇〇三	一六一五九	一六三一八	一六四七九
五九	一六六四二	一六八〇八	一六九七六	一七一四三
六〇	一七三二〇 [1]	一七四九六 [2]	一七六七四	一七八五六

1 底本漫漶，據古今圖書集成本補。

2 底本漫漶，據古今圖書集成本補。

二倍数

六一	一八〇四〇	一八三二七	一八四一七	一八六一〇
六二	一八八〇七	一九〇〇六	一九二〇九	钱九四一六
六三	一九六二六	一九八三九	二〇〇五六	二〇二七八
六四	二〇五〇三	二〇七三二	二〇九六五	二一二〇三
六五	二一四四五	二一六九一	二一九四三	二二一九九
六六	二二四六〇	二二七二六	二二九九八	二三二七五
六七	二三五五八	二三八七四	二四二四六	二四四四三
六八	二四七五〇	二五〇六五	二五三八六	三五七一五
六九	二六〇五〇	二六三九四	二六七四六	二七一〇六
七〇	二七四七四	二七八五二	二八二三九	二八六三五

三倍	七一	二九〇四二	二九四五九	二九八八六	三〇三二六
	七二	三〇七七六	三一二四〇	三一七一五	三二二〇五
	七三	三二七〇八	三三二二六	三三七五九	三四三〇五
四倍	七四	三四八七四	三五四五七	三六〇五八	三六六七九
	七五	三七三二〇	三七八八二	三八六六七	三九三七五
	七六	四〇一〇七	四〇八六六	四二六五三	四二四六八
	七七	四三三一四	四四一九三	四五一〇七	四六〇五七
	七八	四七〇四六	四八〇七六	四九一五一	五〇二七三
五倍	七九	五一四四五	五二六七一	五三九五五	五五三〇〇
	八〇	五六七一二	五八一九六	五九七五七	六一四〇二

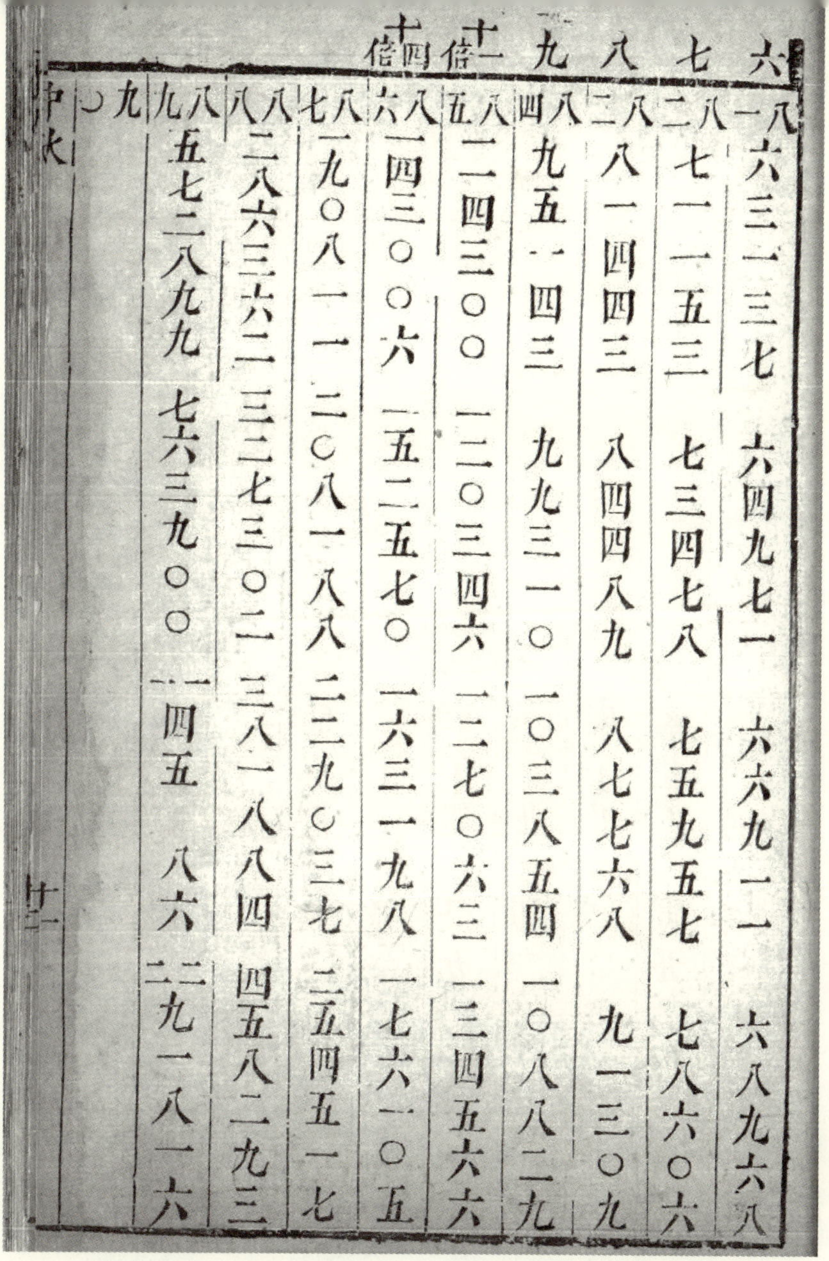

六　七　八　九　十一倍　十四倍

八一　六六三一三七　六四九七一　六六九一一　六八九六八
八二　七一一五三　七三四七八　七五九五七　七八六〇六
八三　八一四四三　八四四八九　八七七六八　九一三〇九
八四　九五一四三　九九三一〇　一〇三八五四　一〇八八二九
八五　一一四三〇〇　一二〇三四六　一二七〇六三　一三四五六六
八六　一四三〇〇六　一五二五七〇　一六三一九八　一七六一〇五
八七　一九〇八一一　二〇八一八八　二二九〇三七　二五四五一七
八八　二八六三六二　三二七三〇二　三八一八八四　四五八二九三
八九　五七二八九九　七六三九〇〇　一一四五〇八六　二二九一八一六
九〇

廿二

1〇，據古今圖書集成本補。

六	八一	六三一三七	六四九七一	六六九一一	六八九六八
七	八二	七一一五三	七三四七八	七五九五七	七八六〇六
八	八三	八一四四三	八四四八九	八七七六八	九一三〇九
九	八四	九五一四三	九九三一〇	一〇三八五四	一〇八八二九
十一倍	八五	一一四三〇〇	一二〇三四六	一二七〇六三	一三四五六六
十四倍	八六	一四三〇〇六	一五二五七〇	一六三一九八	一七六一〇五
	八七	一九〇八一一	二〇八一八八	二二九〇三七	二五四五一七
	八八	二八六三六二	三二七三〇二	三八一八八四	四五八二九三
	八九	五七二八九九	七六三九〇〇	一一四五〇[1]八六	二二九一八一六
	九〇				

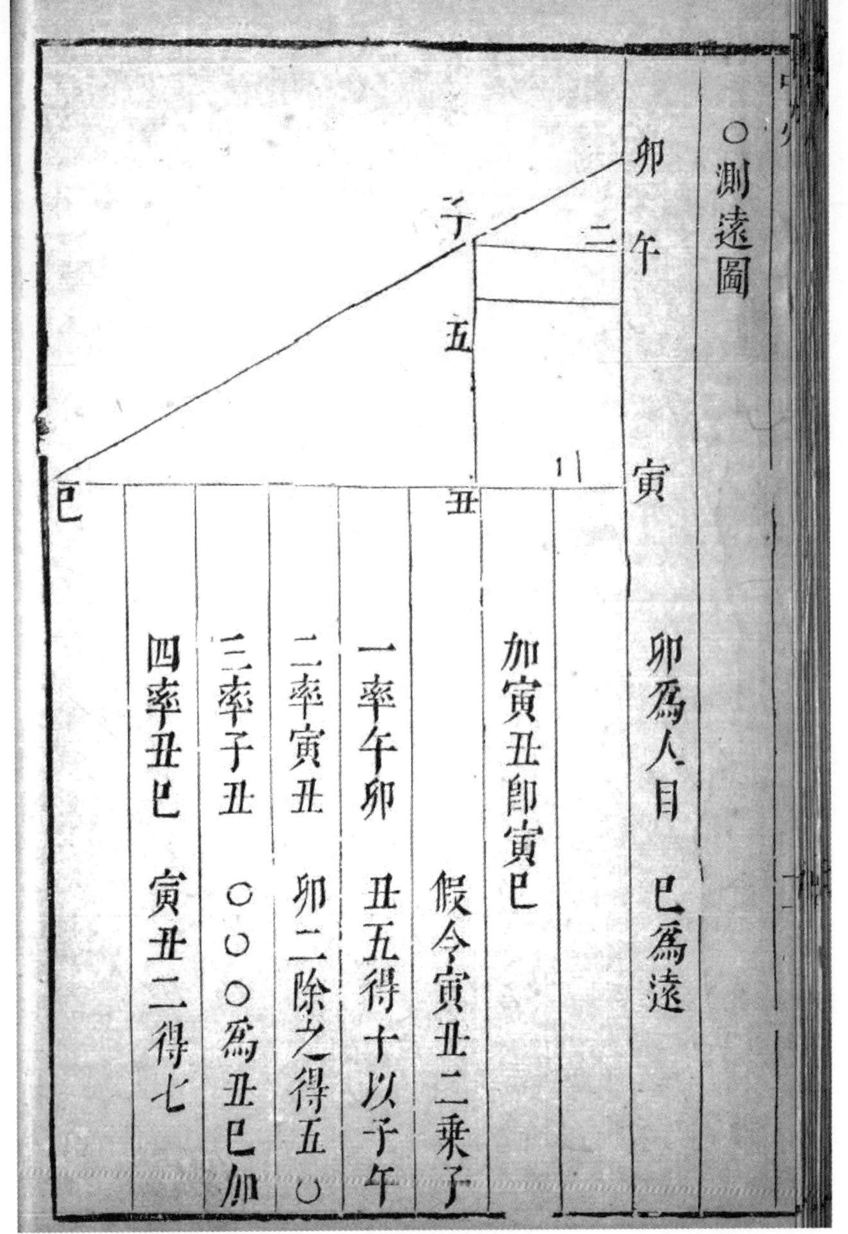

○測遠圖
卯爲人目　巳爲遠
加寅丑即寅巳
假令寅丑二乘子
一率午卯　丑五得十以子午
二率寅丑　卯二除之得五○
三率子丑　○○○爲丑巳加
四率丑巳　寅丑二得七
卯
午
子
二
五
寅
丑
巳

測遠圖

一率午卯。二率寅丑。三率子丑。四率丑巳。

卯爲人目，巳爲遠。

［丑巳］[1]加寅丑即寅巳。

假令寅丑二，乘子丑五，得十。以午卯[2]二除之，得五，○○○○爲丑巳，加寅丑二，得七。

1 丑巳，原無，據文意補。

2 午卯，原作“子午卯”。

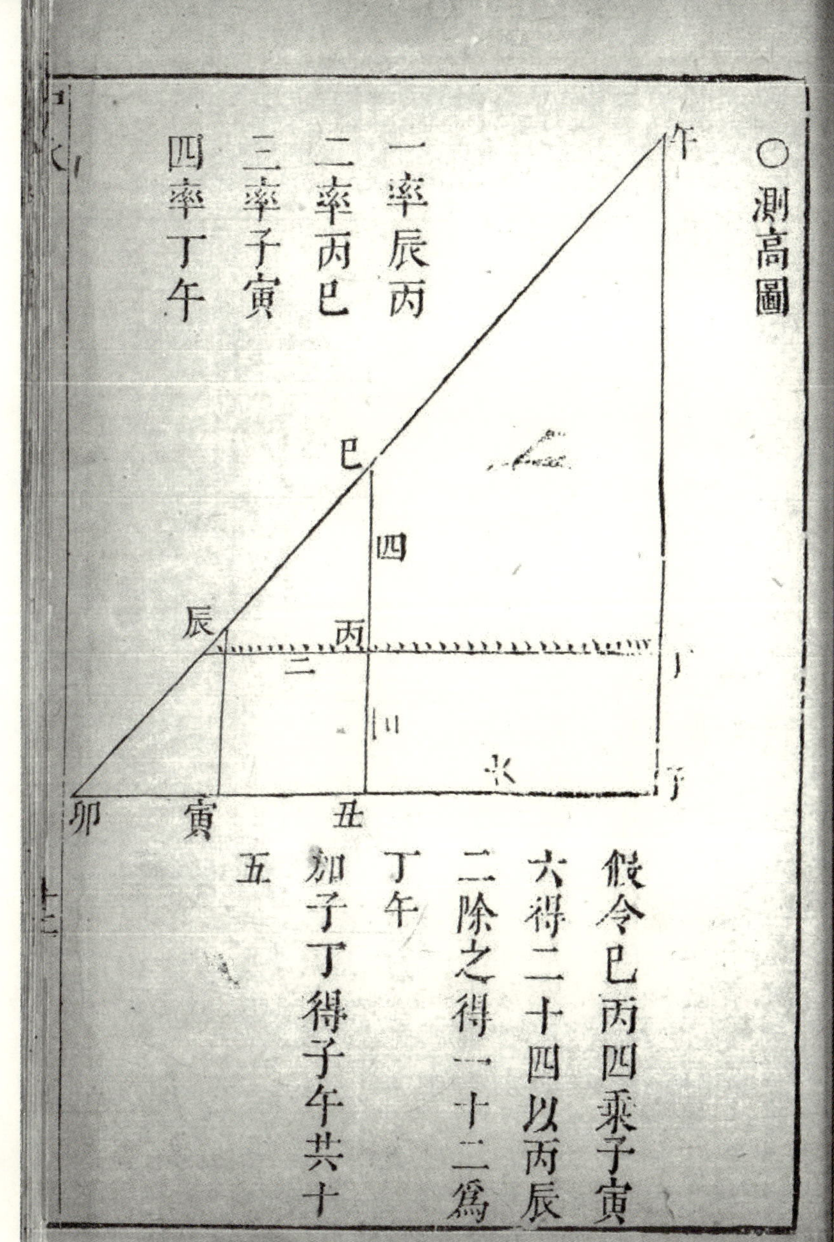

測高圖

一率辰丙。二率丙巳。三率子寅。四率丁午。

假令巳丙四，乘子寅六，得二十四。以丙辰二除之，得一十二，爲丁午。加子丁，得子午，共十五。

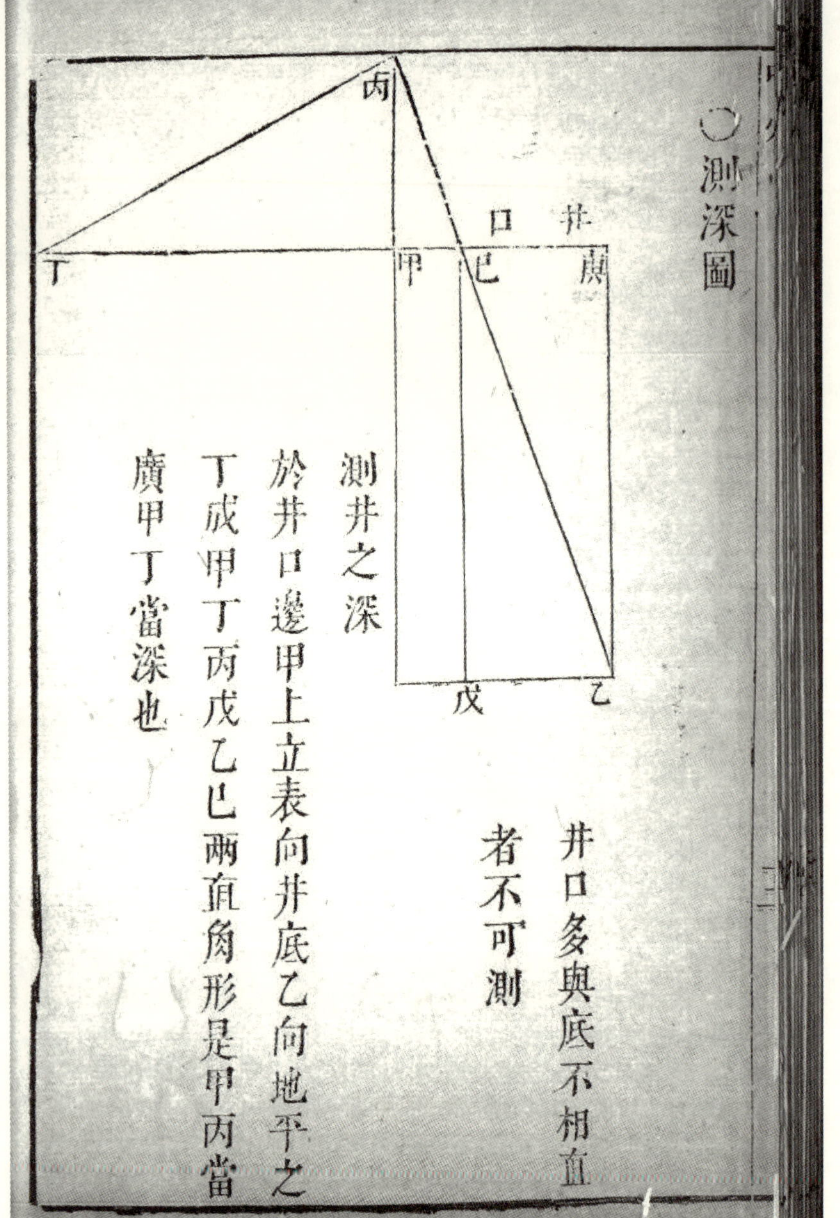

測深圖

井口多與底不相直者不可測。

測井之深，於井口邊甲上立表，向井底乙，向地平之丁，成甲丁丙、戊乙巳兩直角形。是甲丙當廣，甲丁當深也。

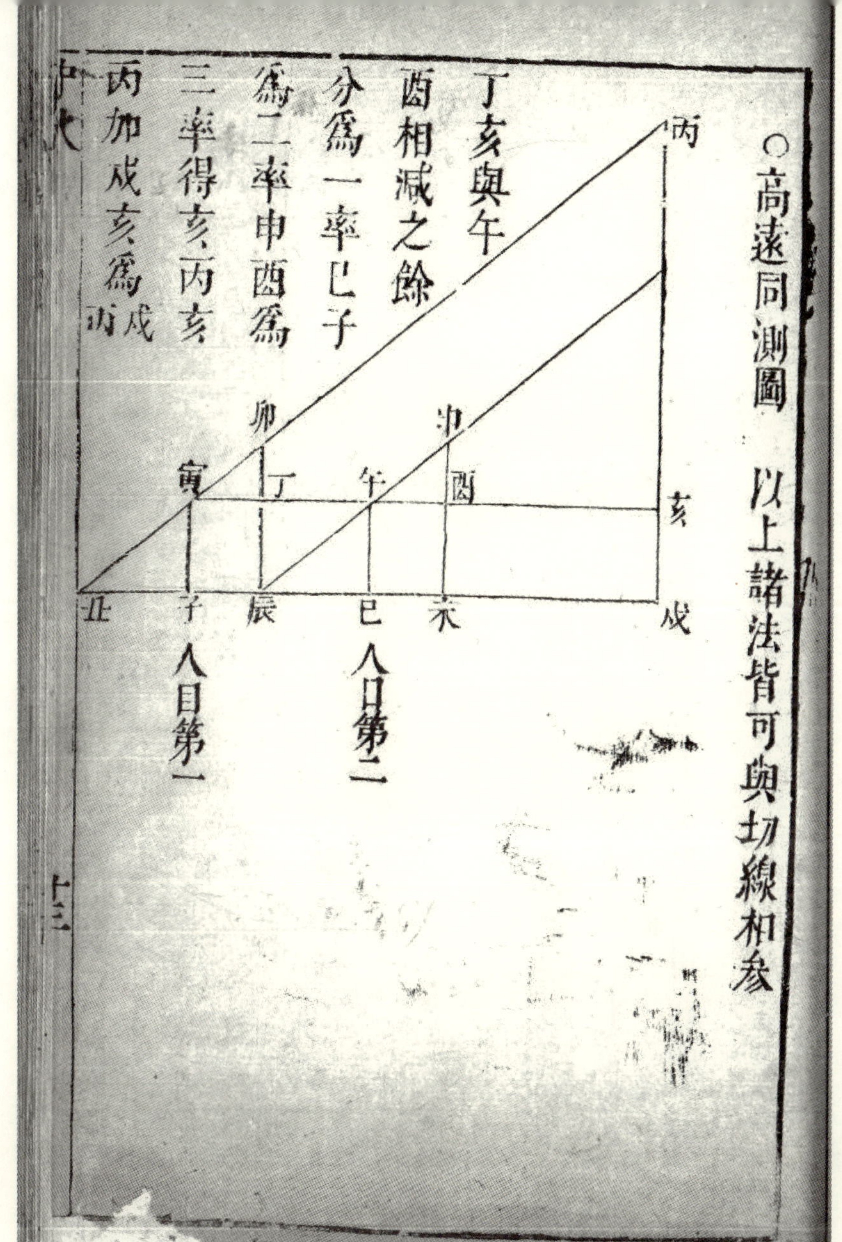

高遠同測圖　以上諸法，皆可與切線相參。

丁亥與午酉相減之餘，分爲一率。巳子爲二率。申酉爲三率。得亥丙。亥丙加戊亥，爲戊丙。

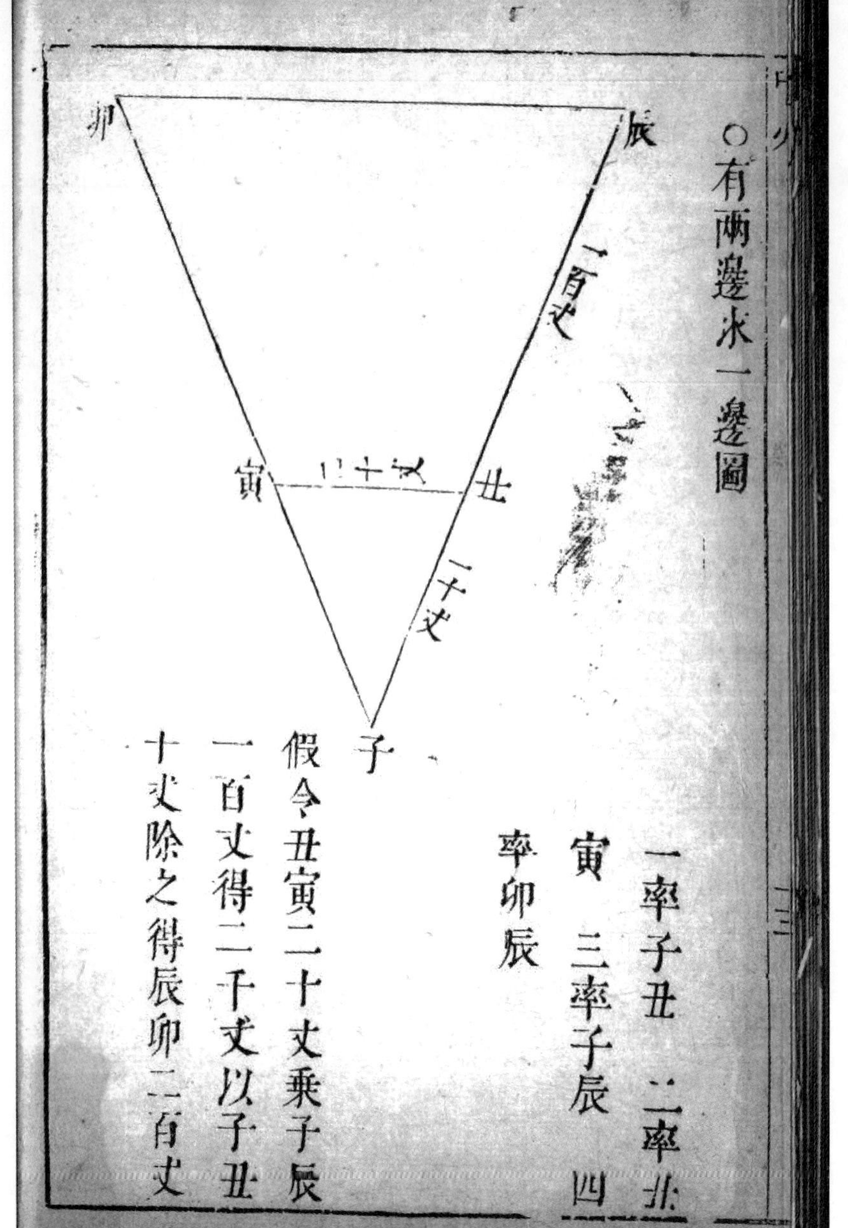

有兩邊求一邊圖

一率子丑。二率丑寅。三率子辰。四率卯辰。

假令丑寅二十丈，乘子辰一百丈，以子丑十丈除之，得辰卯二百丈。

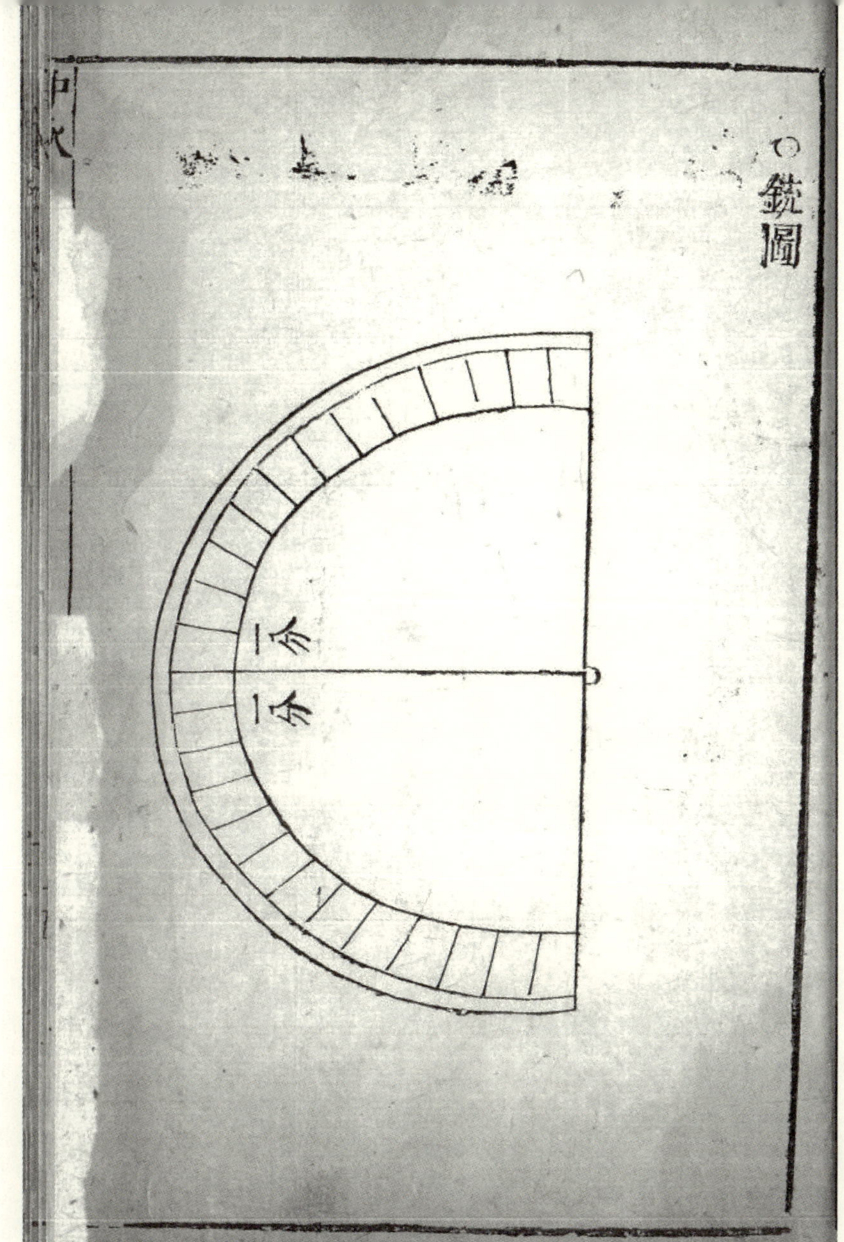

銃圖[1]

1 銃圖，古今圖書集成本作“銃圖説”。按，實爲銃規圖。

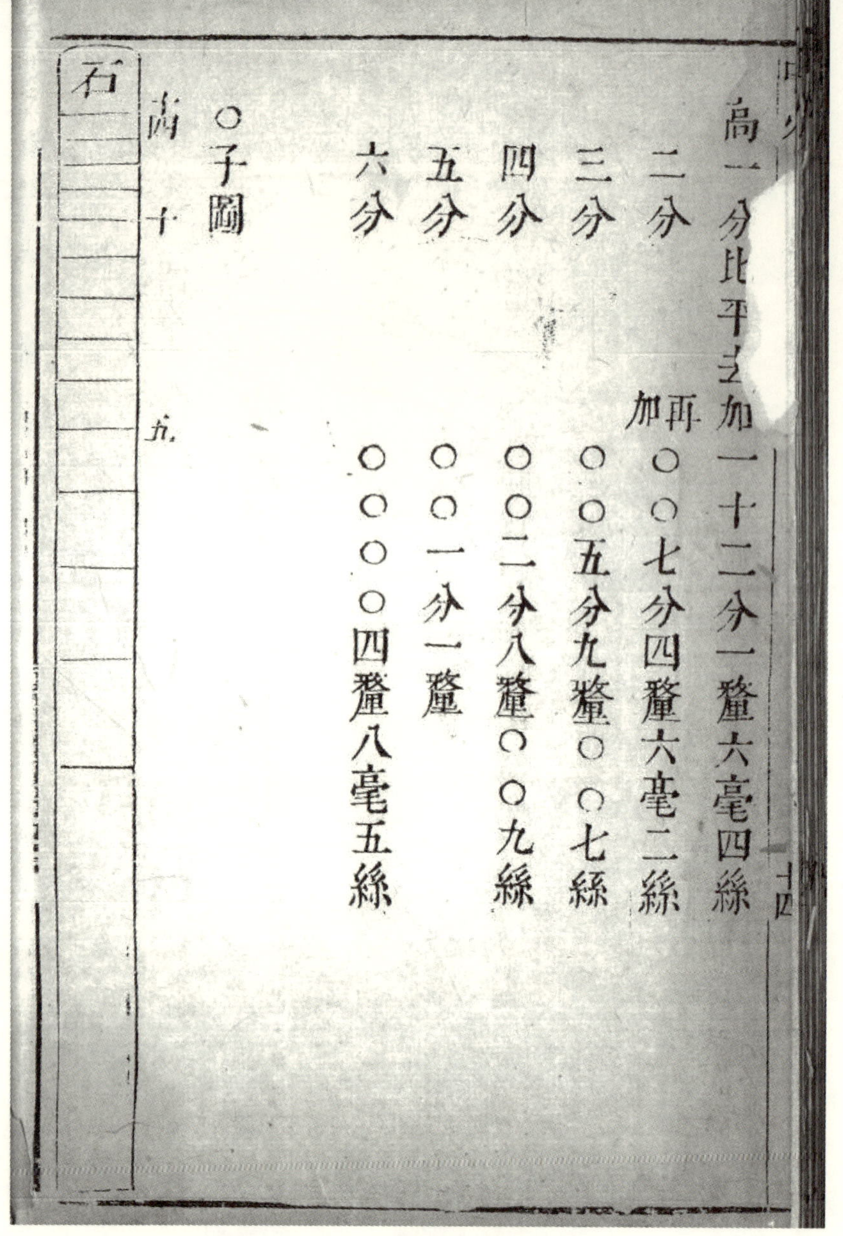

高一分比平去加一十二分一釐六毫四絲。
二分　　再加〇〇七分四釐六毫二絲。
三分　　　　〇〇五分九釐〇〇七絲。
四分　　　　〇〇二分八釐〇〇九絲。
五分　　　　〇〇一分一釐
六分　　　　〇〇〇〇四釐八毫五絲。
子圖[1]
石。

1 子圖，實即銃尺圖，按砲彈材質，分石、鐵、鉛三尺。

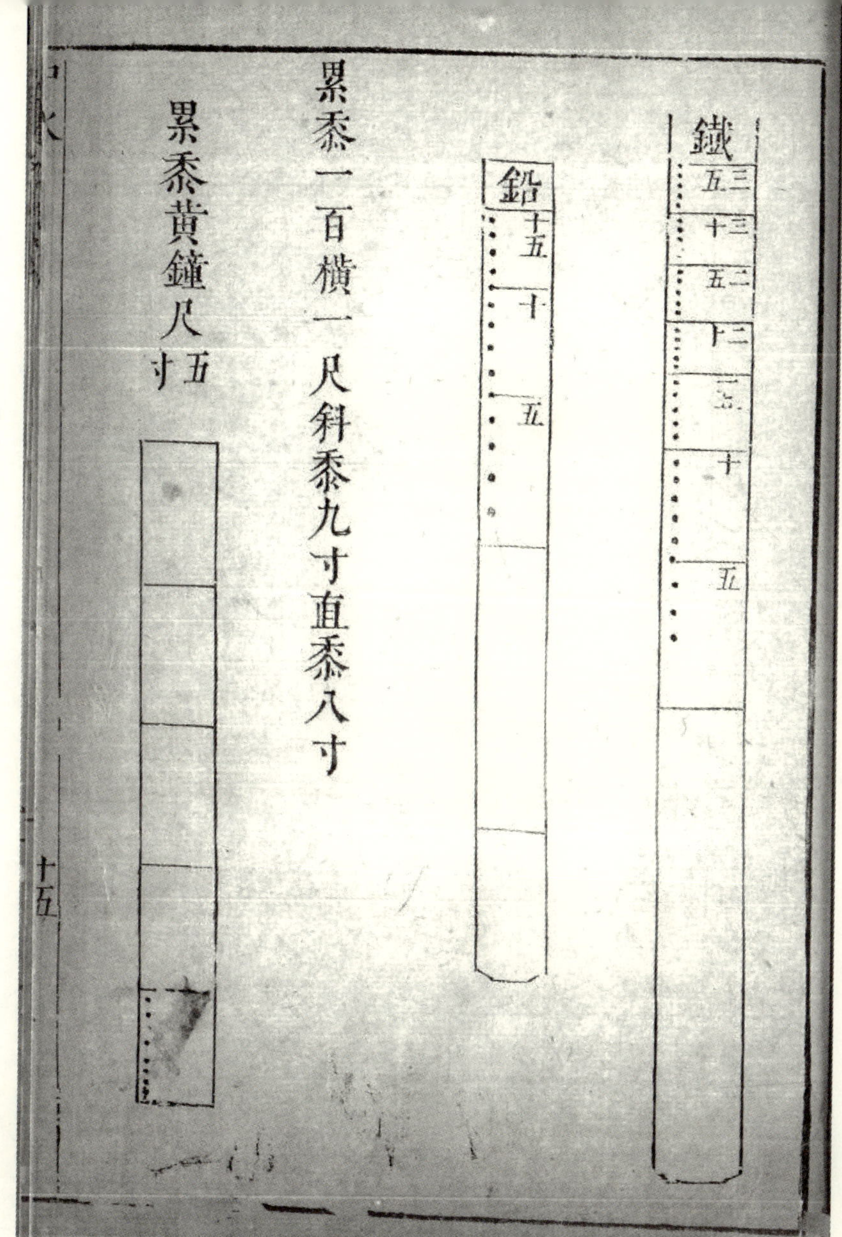

鐵。

鉛。

累黍黃鐘尺 五寸

累黍一百，衡一尺，斜黍九寸，直黍八寸。

附録一　《曆學會通・致用部》序目

致用敘

聖人體天之撰，以前民用，行習于其中者，咸知其當然矣。而不明其所以然，不知深微之理，即在此日用尋嘗中也。而不特此也。于是引而申之，觸其類以長之，幾令人駭懼以爲神明于不可測，而不知亦即此行習之中，其所不察不著者是也。天下極大極重之務莫如天，極繁賾奥渺之理莫如數。人事無一事不本於天，則亦無一事不本于數。其理自占驗、選擇之外，種種多端，特以未經指明，相沿相忘之日久矣。丙子歲，東省李性參藩伯疏題羅列款目〔一〕。今逐段詳覈，莫不各有至理。其淺者足以防患儲備于未然，其大者能開美利之原，返極重之勢。遵其道而善用之，則勞可使逸，貧可使富，亦且危可爲安，否可轉泰。儻亦有所謂斡旋造化者耶！非天學之全能，其孰能與于斯。今博選上下今昔畸文，並搜之六合内外密笈，積而成帙，兼就正有道，反覆討論，略窺半斑。恐久而易堙，竭力成集，稱難苦矣。但此皆形而下者事也。苟無其德，六代之樂空懸。且彼沃土之民，佚則忘善。世人之患，不起于所不足，而起于有所恃。聖人所以合德於穆者，別自有在。而吾輩耑求之藝術之淺事抑末耳。

北海薛鳳祚記

曆學會通

致用部

三角算法

樂律

醫藥

占驗

選擇

〔一〕丙子歲東省李性參藩伯疏題羅列款目，按，崇禎八年四月二十七日，督修曆法山東布政使司右參政李天經上疏『敬申旁通事宜以便翻譯製造』，重新啟動崇禎二年徐光啟提出的『度數旁通十事』計劃。崇禎九年四月二十八日，李天經再上疏『恭進旁通書器事』。參見徐光啟等《西洋新法曆書・奏疏》，明刻清印本，《故宮珍本叢刊》第三八三冊影印，海南出版社，二〇〇〇年，第一四〇至一四三頁。

命理

水法〔一〕

火法

重學

師學

〔一〕按，水法、火法、重學、師學，四條下原刻「闕」字。正文各卷均完整。

附録二 《兵鈐外書》神威大將軍圖説〔一〕

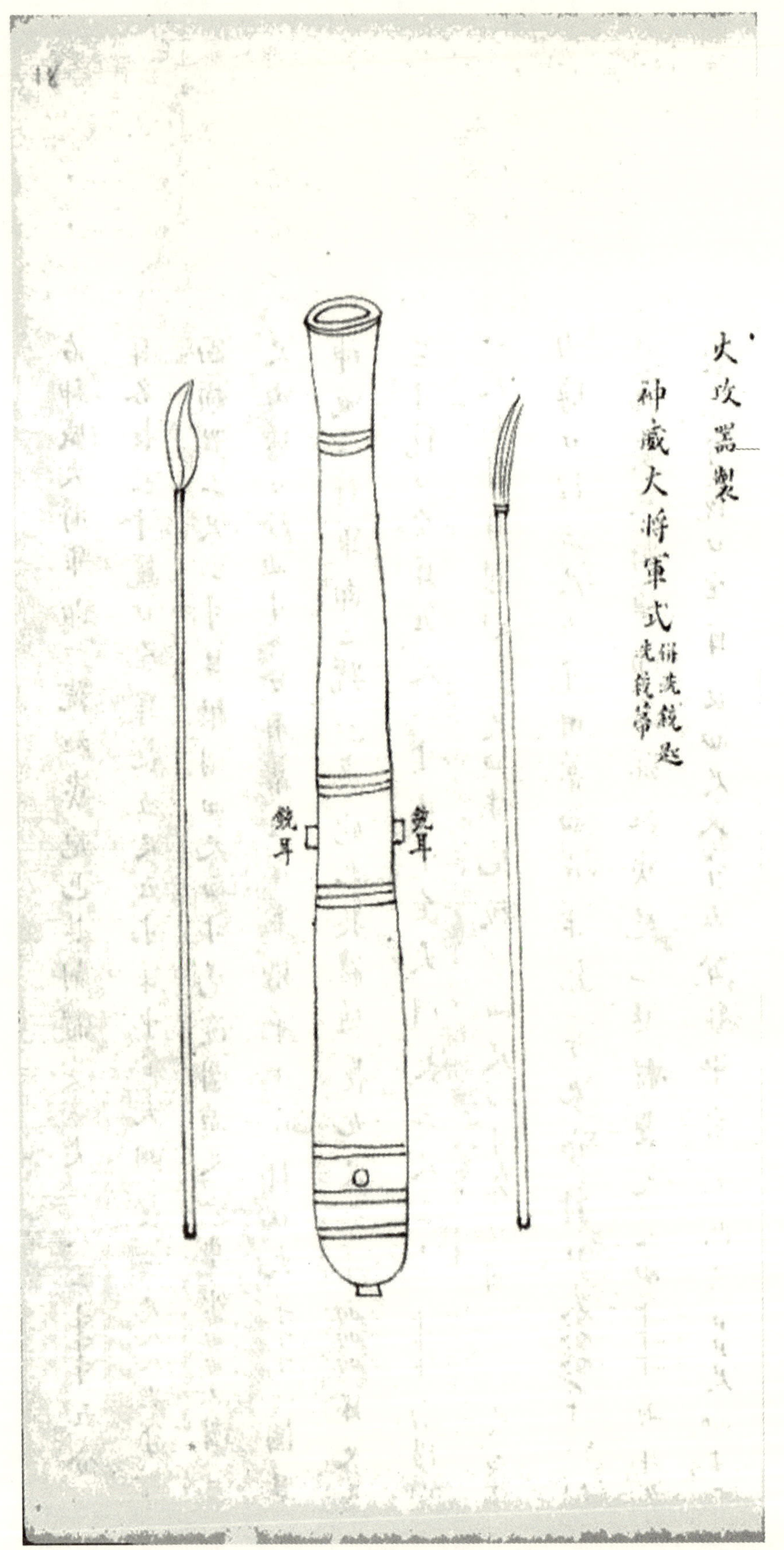

〔一〕録文據吕磻、盧承恩輯《兵鈐外書》（牛津大學 Weston Library 藏清抄本）卷五火攻·火攻器製。原文雙行小字，改作單行小字。原文『炮』『砲』二字混用，統改作『砲』。

神威大將軍式　併洗銃匙、洗銃箒。銃耳。

右神威大將軍，即一號紅夷砲也。其制體長一丈一尺三寸五分，兩耳各長三寸，銃口至耳長五尺五寸，耳中至火門長三尺六寸，耳面横闊二尺二寸，耳根圍四尺四寸，尾後圍四尺六寸，外口圍三尺，內塘口徑四寸一分。用藥五斤半，鉛子十斤，封口大子一個。

其神威二將軍，即二號紅夷砲也。其體通長九尺六寸，兩耳各長三寸，銃口至耳五尺二寸，耳中至火門長三尺三寸，耳面横闊一尺七寸，耳根圍三尺四寸，尾後圍四尺四寸，外口圍二尺七寸，內塘口徑三尺五寸。用藥四斤半，鉛子九斤，封口大子一個。

其神威三將軍，即三號紅夷砲也。其體長九尺四寸，兩耳各長三寸，銃口至耳長四尺八寸五分，耳中至火門三尺四寸，尾後圍〔一〕四尺零二分，外口圍二尺八寸，塘口徑三寸五分，耳面横闊一尺七寸，耳根圍三尺四寸。用藥三斤半，鉛子七斤，封口大子一個。

其神威四將軍，即四號紅夷砲也。其體通長八尺九寸，兩耳各長三尺，銃口至耳長四尺五寸，耳中至火門長三尺二寸五分，尾後圍三尺八寸，外口圍二尺四寸五分，塘口徑三寸，耳面根闊一尺六寸，耳根圍三尺二寸。用藥三斤，鉛子六斤，封口大子一個。

其神威五將軍，即五號紅夷砲也。其體通長八尺七寸，兩耳各長三寸，銃口至耳長五尺二分，耳中至火門長二尺五寸，尾後圍三尺三寸五分，外口圍三尺一寸五分，塘口徑四寸，耳面横闊一尺二寸，耳根圍共三尺二寸。用藥二斤半，鉛子五斤，封口大子一個。

其神威六將軍，即六號紅夷砲也。其體通長七尺四寸，兩耳各長三寸，銃口至耳長三尺八寸五分，耳中至火門三寸五分〔二〕，尾圍三尺三寸三分，耳面横闊一尺六寸，耳根圍二尺六寸，外口圍二尺一寸，塘口徑三寸。用藥二斤，鉛子四斤，封口大子一個。

平時將藥分兩，照數兑準，用紙袋盛之，或布袋亦可，每一砲一袋，臨時隨手取裝。用鐵鏟鏟洗，蔴箒刷淨，封口用稻草，不用泥土。如火門寬大，放時恐藥氣後噴，則發出無力，當先用黃豆塞住，用錐另鑽。

放法：用兩輪車一輛，以砲置車上，砲口露出車外，砲尾安車横木上。用大小木撥數塊，厚薄如斧頭樣，看定砲之苗頭高低，以木撥撥之。數砲皆如此。但車之大小，須照砲體爲之。其藥之分兩，即照各開之數。然必須隨時酌量砲之遠近，藥之乾濕，漸漸加增，不可執定分兩，一頃入砲，恐有倒衝震動之患。

〔一〕尾後圍，原作「耳根圍」，據文意改。

〔二〕三寸五分，疑有誤。按前文，此處長度應較「二尺五寸」略小。

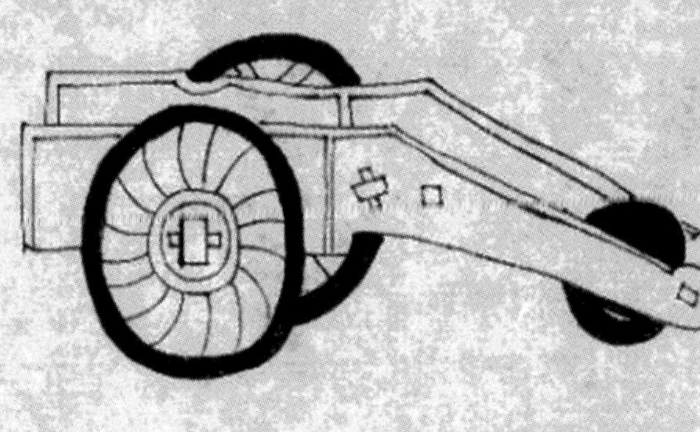

神威將軍車式

右神威將軍車，用檀木爲之，其二墻與三輪，俱用鐵箍箍堅固，砲體重大，恐有崩壞之患。

圖書在版編目（CIP）數據

明清之際西法軍事技術文獻選輯 / [明]何良燾等撰，鄭誠整理. —— 長沙：湖南科學技術出版社，2019.12
（中國科技典籍選刊. 第四輯）
ISBN 978-7-5710-0347-0

Ⅰ. ①明… Ⅱ. ①何… ②鄭… Ⅲ. ①軍事技術—文獻—匯編—中國—明清時代 Ⅳ. ①E295

中國版本圖書館 CIP 數據核字（2019）第 230933 號

中國科技典籍選刊（第四輯）
Mingqing Zhiji Xifa Junshi Jishu Wenxian Xuanji
明清之際西法軍事技術文獻選輯
撰　　者：[明]何良燾等
整　　理：鄭　誠
責任編輯：楊　林
出版發行：湖南科學技術出版社
社　　址：長沙市湘雅路 276 號
　　　　　http://www.hnstp.com
郵購聯係：本社直銷科 0731-84375808
印　　刷：長沙鴻和印務有限公司
　　　　　（印裝質量問題請直接與本廠聯係）
廠　　址：長沙市望城區金山橋街道
郵　　編：410200
版　　次：2019 年 12 月第 1 版第 1 次
印　　次：2019 年 12 月第 1 次印刷
開　　本：787mm×1096mm　1/16
印　　張：39
字　　數：798000
書　　號：ISBN 978-7-5710-0347-0
定　　價：198.00 圓

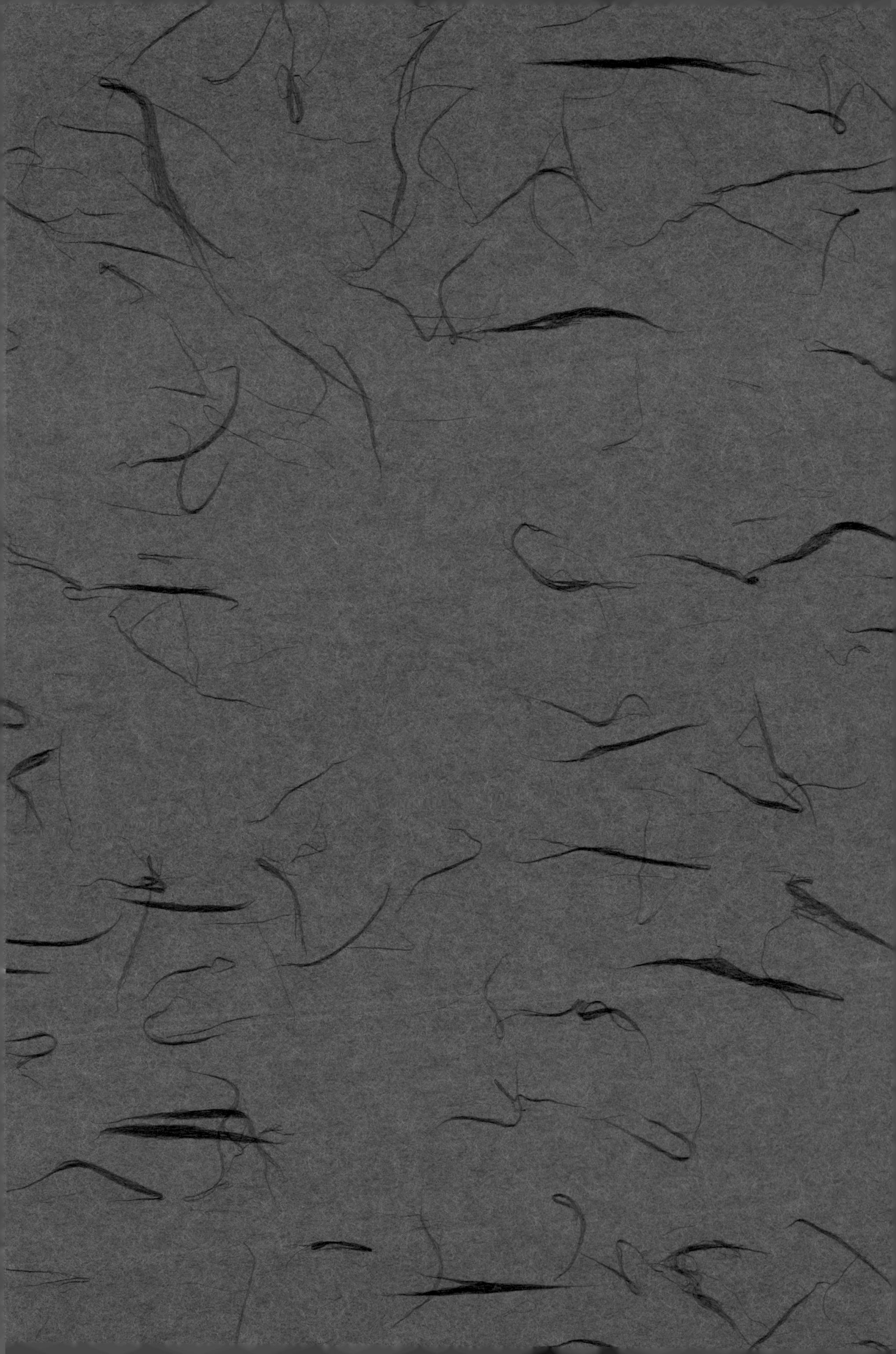